資料 日中戦争期阿片政策

――蒙疆政権資料を中心に――

江口圭一編著

岩波書店

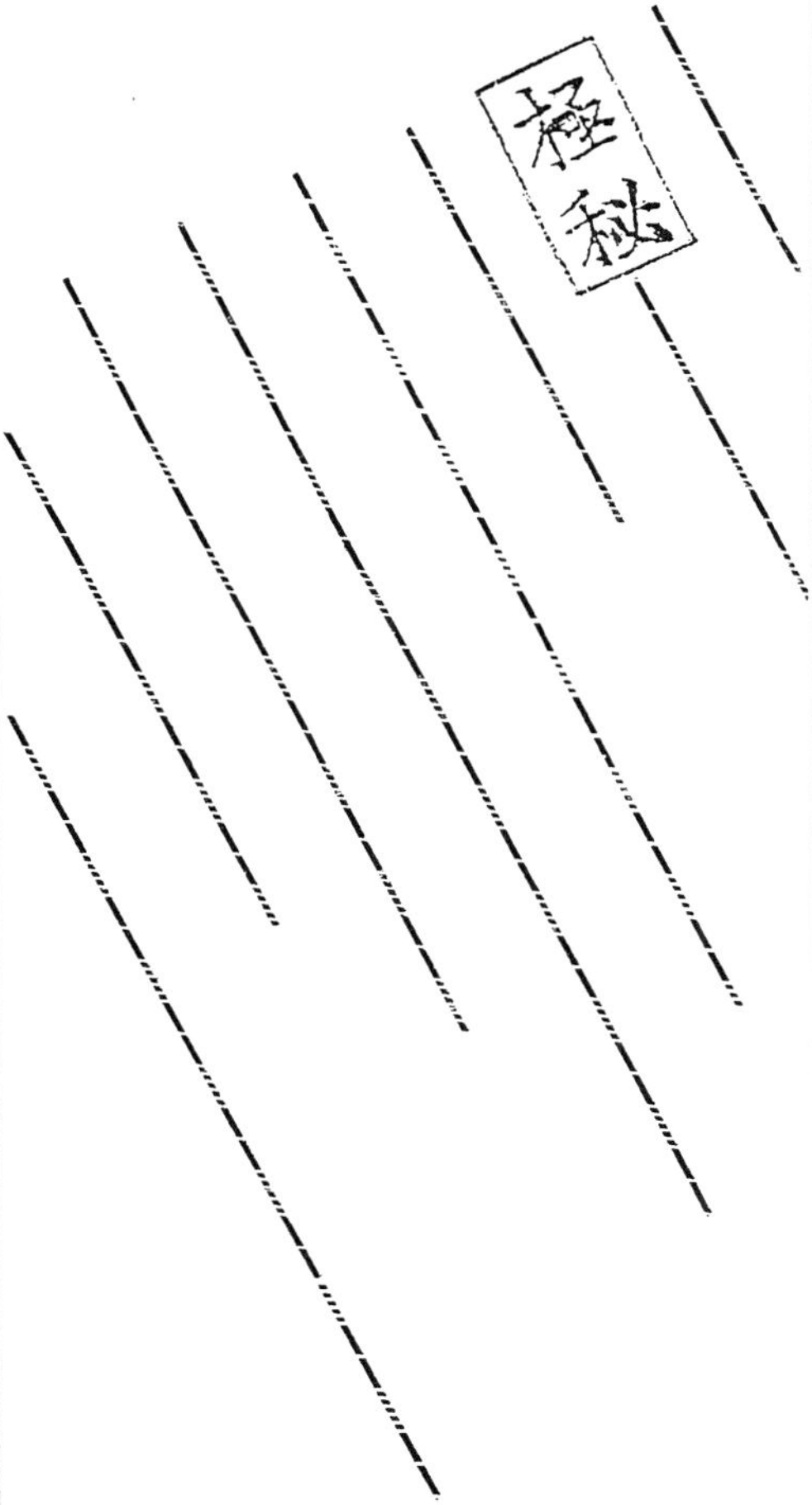

資料 日中戦争期阿片政策

——蒙疆政権資料を中心に——

凡　例

一、資料は第一部・第二部を通じ原文のまま収載・引用したが、次のような補正・変更を加えた。

1　誤字・誤記の明白なものは訂正し、その他には(ママ)を付した。

2　適宜に句読点を補い濁点を付したが、法令・契約書等は原文のままとした。

3　旧字体・旧表記は新字体・新表記に変えたが、個人名については原文のままとした。なお資料の一部には「土葯」が用いられているが、すべて「土薬」に統一した。

4　欧米の外来語に付された「　」は省略し、ゴチックは明朝体に変更した。

5　引用に際して難読の地名等にはルビを付した。

6　第二部の表の一部については、スペース等の関係で、組み方や単位の表示位置等を変更した。

二、資料および引用文中の〔　〕、……は編著者によるものである。ただし原文に……が用いられている場合には(ママ)を付した。

三、「満州国」「蒙古連合自治政府」等は中国によって偽国・傀儡として否認されたものであり、本文中では「　」を付すべきであるが、あまりにも頻出し繁雑となるので省略した。

西暦・年号等対照表

西暦	日本年号	中華民国紀元	満州国年号	成紀（ジンギスカン紀元）
1931	昭和 6	20		726
1932	7	21	大同 1	727
1933	8	22	2	728
1934	9	23	康徳 1	729
1935	10	24	2	730
1936	11	25	3	731
1937	12	26	4	732
1938	13	27	5	733
1939	14	28	6	734
1940	15	29	7	735
1941	16	30	8	736
1942	17	31	9	737
1943	18	32	10	738
1944	19	33	11	739
1945	20	34	12	740

目　次

目次

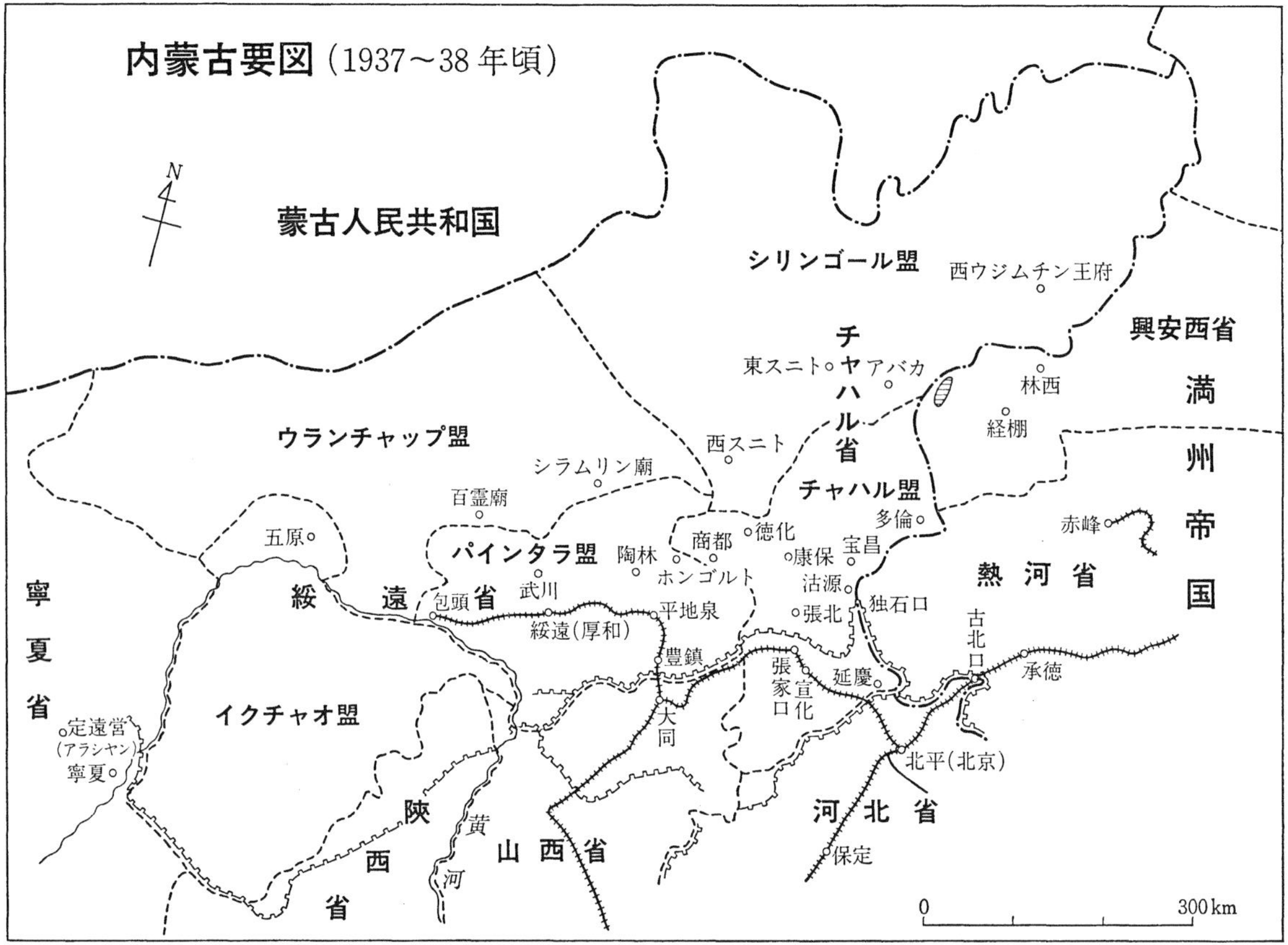
内蒙古要図（1937～38年頃）
N
蒙古人民共和国
シリンゴール盟
西ウジムチン王府
興安西省
チャハル省
東スニト
アバカ
林西
経棚
満州帝国
ウランチャップ盟
西スニト
シラムリン廟
チャハル盟
百霊廟
多倫
赤峰
五原
パインタラ盟
陶林
商都
徳化
康保
宝昌
ホンゴルト
沽源
熱河省
寧夏省
綏遠
包頭
省
武川
平地泉
張北
独石口
綏遠（厚和）
古北口
豊鎮
張家口
宣化
延慶
承徳
イクチャオ盟
大同
定遠営
（アラシヤン）
寧夏
北平（北京）
陝西省
黄河
山西省
河北省
保定
0
300 km

第一部　解説／日中戦争と阿片

序章　問題の所在と研究史

極東国際軍事裁判の判決文は、「第五章　日本の中国に対する侵略」のなかで、

日本は満州におけるその工作の経費を賄うために、また中国側の抵抗力を弱めるために、阿片と麻薬の取引を認可し、発展させた。……日本は……〔国際〕阿片条約調印国として、中国領土内の麻薬の製造と販売を制限し、また中国内への麻薬の密輸入を防ぎ、それによって、阿片吸飲の習癖の根絶について、中国政府を援助する義務を負っていた。……日本陸軍の進出した中国の至るところで、軍のすぐあとから、朝鮮人や日本人の阿片行商人がついて来て、日本側当局から何の取締も受けずに、その商品を販売した。……日本は中国における占領地域に阿片法を公布した。……これらの法律は、阿片と麻薬を官許の店に配給する政府統制の専売機関をつくり上げたのであって、これらの専売機関は、麻薬からの収入を増加するために、その使用を奨励する徴税機関にすぎなかった。日本に占領されたあらゆる地域で、その占領のときから、日本の降伏に至るまで、阿片と麻薬の使用は次第に増加していた。

と指摘した。(1)

判決文の阿片・麻薬に関する指摘を、その当時、もっとも鋭く深刻にとらえたのは竹内好「中国人の抗戦意識と日

本人の道徳意識」[2]であった。竹内は、密輸と麻薬による日本の中国侵略の実態を暴露し告発した林語堂の小説"Moment in Peking"(一九三九年)をとりあげ、東京裁判判決はこの小説の記述が「事実そのものである」ことを立証したと述べたうえ、

日本軍部が麻薬を侵略の手段に使ったことは、日本資本主義の弱さのあらわれであって(イギリスの資本主義は百年まえにそれをやめた)、それ自体が憎むべきことであるが、それよりも、それが「王道」とか「東亜新秩序」という美名を仮面にかぶって、そのことで国民の価値意識を混乱させ、良心を麻痺させたことに、私はいっそう堪えがたい憎しみを感ずる。……侵略に麻薬を利用した日本軍部は、ナチ流のニヒリズムからそれを利用したのでなく、たんに金もうけのために手段を選ばぬ無恥からそれを利用したのだろう。日本の独占資本は、独占資本といっても、今日でも原始蓄積時代の野蛮さを保っているのではないか。

と論じ[3]、さらに日中両国民の国民倫理の高低の問題に論をすすめた。

中国侵略を通じて、日本は数々の野蛮で残虐な行為を演じた。平頂山事件(一九三二年)・南京事件(一九三七年)に代表される大量虐殺、万人坑、三光政策、石井細菌戦部隊、毒ガスの使用などはその典型であるが、阿片・麻薬の使用もこれらと並ぶ反人道的な戦争犯罪であった。しかもとくに阿片の生産・販売は、単に現地軍や商人によるもの、あるいは偶発的なものであったのではなく、日本国家の系統的・組織的な政策の産物であった。東京裁判判決は、「一九三七年以後に、中国の阿片売買に関係していたのは、日本の陸軍、外務省及び興亜院であった」と指摘し[4]、一九三八年一二月設置された興亜院——総裁は首相、副総裁は外・蔵・陸・海の各相——について、「興亜院の管掌した種々の事項の中に阿片があった。興亜院は中国の各地方における阿片の需要の状態を研究し、蒙古から華北、華中及び華南への阿片の配給を取計らった」と述べている[5]。日中戦争における阿片政策は日本の国策の一環であり、日本国家

そのものの演じた犯罪であった。

しかしこのような重要性にもかかわらず、日中戦争史研究において阿片・麻薬問題は今日まできわめて不十分にしか検討されてこなかった。日中戦争史については幾多の研究書・戦史・資料・回想ないし体験記が公にされてきたが、阿片・麻薬問題はほとんどまったくといってよいほど取りあげられていない。もっとも、この問題を正面から扱った文献も若干は存在している。以下はその主なものである（発表順）。

井上晴丸・宇佐美誠次郎『危機における日本資本主義の構造』(6)は、東京裁判の書証その他を資料として、日本の阿片政策に着目し、それを「軍資金獲得のための無差別的衝動」(7)の「一つの頂点」としてとらえた。阿片・麻薬問題の重大な意味を明らかにした最初の研究書であるが、記述は二頁足らずである。

山内三郎「麻薬と戦争――日中戦争の秘密兵器」(8)は、一九二九年青島でヘロイン製造の技師となり、三三年一〇月大連でヘロイン製造にのりだし、三四年南満州製薬株式会社を設立してヘロイン製造にあたった筆者の「綴った苦汁と怒りの手記」(9)である。ヘロインの製造法、運搬法、軍との関係など、興味ある体験が述べられ、日本は財源の獲得と麻薬による愚民政策との二つの目的のため、「ヘロインをもって、支那大陸侵略の野望を充たさんとした」(10)ことが力説されている。しかし残念ながら、自らの体験に密着することよりも、ヘロインにまつわる一般的なエピソードを取りあげることに記述が流れ、記述の時間的前後関係に判然としない点が多く、資料的裏付けもまったくあたえられていない。

満州帝国政府編『満州建国十年史』(11)は、同国の正史として一九四一年以降編纂され、日本の敗北にともなって出版計画が中断されたのち、衛藤瀋吉により新編集されて公刊されたものであるが、「第二部　政治　第十章　厚生　第五節　禁煙行政」で、満州国における阿片専売制と禁煙政策を概観し、「断禁主義に基く漸減方針」(12)の正当性をうたっている。また「第三部　経済　第六章　財政」では阿片専売制と財政との関連が述べられている。

満州国史編纂刊行会編『満州国史　各論』[13]は、「第十三編　民政　第三章　阿片断禁政策」で、この政策の推移を述べているが、その成果をうたう点では『満州建国十年史』と同じである。「一九四一年大東亜戦争の勃発以後戦争遂行上必要とする阿片を日本から要求されたので、その増産を図るなど特別の措置を講ずるに至った」[14]ことについては、それ以上具体的に述べられていない。なお「第七編　財政経済」でも阿片専売が取りあげられている。

『高原千里　内蒙古回顧録』[15]および『思出の内蒙古　内蒙古回顧録』[16]は、日中戦争下に樹立された傀儡政権の一つである蒙古連合自治政府いわゆる蒙疆政権の関係者の回想録集で、若干の執筆者が阿片ないし罌粟（けし）について回想している。

二反長半（にたんおさなかば）『戦争と日本阿片史　阿片王二反長音蔵の生涯』[17]は、後藤新平の支持をうけて大阪府下などで罌粟栽培にあたり「阿片王」と称された二反長音蔵の伝記であって、満州国および蒙疆政権下での阿片生産についても言及されている。

黒羽清隆『十五年戦争史序説』[18]は、「もう一つのアヘン戦争――日中戦争史の一断面」と題する一篇で、『極東国際軍事裁判速記録』・『中国共産党史資料集』その他の文献を渉猟して、日中戦争下の日本・重慶政府・中国共産党の阿片政策を追跡し、「王道楽土」や「大東亜共栄圏」の虚妄性を明らかにしている。もっとも、筆者によれば「中間的ノートとして、一応の仕上げを行なった」[19]ものである。

千田夏光『皇軍〝阿片〟謀略』[20]は、「局地戦として解決できたはずの〝支那事変〟を、あそこまで拡大させたのは〝阿片の魔力〟でなかったかとの疑問をなげかけてみたい」という意図で書かれ、蒙疆銀行員・関東軍参謀ら関係者からのヒアリングをもとに、関東軍参謀長東条英機中将によって強引に推進されたチャハル作戦は同地方の阿片の獲得が目的であったという説を展開し、蒙疆政権・興亜院の阿片政策を追跡している。この説は、日中戦争と阿片との深いかかわりを突くものであって、きわめて刺激的である。残念なのは、全体が対話体で書かれるなど、記述があまりにも読み物調で、精密さに欠け、ヒアリングした人物の氏名をふくめ典拠も示されていないことである。しかし同書の説は実に示唆的である。

倉橋正直「日本の阿片・モルヒネ政策[21]」は、佐藤弘編『大東亜の特殊資源』(一九四三年)その他の文献・統計をもとに、「世界有数の一大麻薬帝国を築きあげた」「国家ぐるみの犯罪[22]」としての近代日本の阿片・モルヒネ政策を総合的に把握しようとしている。ただ主題の設定の仕方からいって、日中戦争との関連づけに重点はおかれていない。

回想記その他での断片的な言及を別にすれば、日中戦争史における阿片・麻薬問題を扱った主な文献は以上である。満州国関係の二冊を除いて、共通するのは記述がもっぱら回想・記憶・伝聞および二次的資料に依拠してなされており、日本側の一次資料がほとんどまったく用いられていないことである。また満州国関係の二冊は、満州国の正当性を前提とする「正史」的色彩が濃厚である。

近年、日中戦争期の占領地支配に関する研究が活発となった。小林英夫『「大東亜共栄圏」の形成と崩壊[23]』、浅田喬二編『日本帝国主義下の中国——中国占領地経済の研究[24]』、中村隆英『戦時日本の華北経済支配[25]』はその代表的成果であるが、阿片・麻薬についてはほとんどまったく取りあげられていない。

劉明修『台湾統治と阿片問題[26]』は、台湾における阿片専売制・阿片漸禁政策の展開を解明したもので、戦後日本における阿片問題関係の唯一の学術研究書であり、太平洋戦争期の蒙疆・南方の阿片問題にも、日本の極秘文献を使用して、若干の言及がなされているが、主題はあくまで台湾の問題におかれている。

結局、日中戦争における阿片・麻薬問題の解明は、今日までのところ、きわめて不十分であるといわざるをえない状況にある。その理由は、この問題への関心の度合やあり方を別にすれば、劉明修が指摘する通り、「日本が太平洋戦争に敗北したため、阿片問題に関する文献や史料は、敗戦の混乱と問題の特殊性からほとんど散佚、または意図的に隠滅された。当時の関係者もインタビューに際して、この問題を意識的に避けてきた。このような史料状況の制約を受けている」ことにある。[27] 阿片・麻薬問題に関する日本側の一次資料の欠如が研究を妨げてきた最大の理由である。

ところで私は、一九四一年六月から四二年一〇月まで蒙古連合自治政府経済部次長の職にあった沼野英不二(てるふじ)[28]が職務上所持していた文書を偶然に入手し、[29] そのなかに相当数の阿片政策に関する一次資料を発見した。

蒙古連合自治政府いわゆる蒙疆政権と阿片との関係について、東京裁判の判決文は、

一九三五年の土肥原・秦徳純協定の後に、北チャハルから中国軍が撤収してから、日本の勢力はチャハル省と、綏遠省に及んだ。それから後は、農民に対して、阿片をさらに栽培することが奨励された。その結果として、阿片の生産は相当に増加した。

と指摘し、[30] すでにみたように、興亜院が「蒙古から華北、華中及び華南への阿片の配給を取計らった」と述べている。検察側の書証の一つ北京市政府「占領期ノ状況」は、北京市の「阿片来源ハ均シク日本人ノ奨励ニ依ル耕煙地区ノ蒙疆政府ノ設立ノ蒙疆組合ノ販売ニ依ル」と述べ、[31] 検察側最終論告は、北平市における「阿片の主要供給者が蒙古傀儡政府により管理され日本軍により阿片栽培を奨励された蒙疆組合であり、運搬及販売は日本人及朝鮮人により行はれたものである」と指摘している。[32]

蒙疆政権こそ全中国占領地における「阿片来源」であり、「阿片の主要供給者」であった。その蒙疆政権で阿片の生産・配給(販売)を管掌した経済部の次長——満州国の場合と同様に事実上の長官——の職にあった人物の所持した文書のなかに、阿片政策に関する一次資料——以下「沼野資料」と呼ぶ——が含まれていたとしても、なんら不思議

ではない。

沼野資料は、そのほとんどが、これまでまったく公開されたことのない蒙疆政権・興亜院等の内部文書であって、蒙疆における阿片の生産・配給に関連して作成・執筆された方針・意見・報告・記録・契約書・統計の類である。これらの一次資料の出現はこれまでの研究を妨げてきた制約を大きく打破しうるものである。また沼野資料は、おそらくその多くが、これ以外には現存していないと考えられるものである。

このような重要性と貴重性に鑑みて、本書は沼野資料をできる限り——断片的なものや資料価値の低いものは除いて——原形のまま掲載することとした。また関連する資料の確保につとめ、そのうち必要なものは沼野資料とあわせて掲載するとともに、これらの諸資料をもとに、蒙疆における阿片政策の展開を概観することとした。

以下、本書では、まず阿片および阿片と中国・日本との関係について簡単に確認したうえ(第一章)、舞台となった蒙疆政権の樹立過程と実態を検討し(第二章)、次に阿片政策の展開を逐年的に考察することとする(第三章)。

(1) 「極東国際軍事裁判判決速記録」一一七頁、『極東国際軍事裁判速記録〈一〇〉』雄松堂書店、一九六八年、七〇一頁、以下『裁判速記録〈一〇〉』と略記し、雄松堂書店版の頁数をかかげる。なお、判決文は七一八・七二四—七二五頁でも阿片・麻薬問題をとりあげている。

(2) 竹内好「中国人の抗戦意識と日本人の道徳意識」『知性』一九四九年五月号、のち『現代中国論』河出書房、一九五一年、普通社、一九六三年、『新編　現代中国論　竹内好評論集〈一〉』筑摩書房、一九六六年、『竹内好全集〈四〉』筑摩書房、一九八〇年などに収録。引用は筑摩書房一九六六年版による。

(3) 同前、四六、四八、五〇頁。

(4) 『裁判速記録〈一〇〉』七二四頁。

(5) 同前、七一八頁。

(6) 井上晴丸・宇佐美誠次郎『危機における日本資本主義の構造』岩波書店、一九五一年。

(7) 同前、一〇〇頁。
(8) 山内三郎「麻薬と戦争――日中戦争の秘密兵器」『人物往来』一九六五年九月号。
(9) 同前、一六四頁。おそらくは口述を編集者がまとめたものであろう。
(10) 同前、一六七頁。
(11) 満州帝国政府編『満州建国十年史』原書房、一九六九年。
(12) 同前、二六六頁。
(13) 満州国史編纂刊行会編『満州国史　各論』満州同胞援護会、一九七一年。
(14) 同前、一二一九頁。
(15) 『高原千里　内蒙古回顧録』らくだ会本部、一九七三年、以下『高原千里』と略記。
(16) 『思出の内蒙古　内蒙古回顧録』らくだ会本部、一九七五年、以下『思出の内蒙古』と略記。
(17) 二反長半『戦争と日本阿片史　阿片王二反長音蔵の生涯』すばる書房、一九七七年、以下『戦争と日本阿片史』と略記。
(18) 黒羽清隆『十五年戦争史序説』三省堂、一九七九年。
(19) 同前、二五五頁。
(20) 千田夏光『皇軍〝阿片〟謀略』汐文社、一九八〇年。
(21) 倉橋正直「日本の阿片・モルヒネ政策〈その1〉〈その2〉〈その3〉」『近きに在りて』第四号、一九八三年、第五号・第六号、一九八四年。
(22) 「日本の阿片・モルヒネ政策〈その1〉」三頁。
(23) 小林英夫『「大東亜共栄圏」の形成と崩壊』御茶の水書房、一九七五年。
(24) 浅田喬二編『日本帝国主義下の中国――中国占領地経済の研究』楽游書房、一九八一年。
(25) 中村隆英『戦時日本の華北経済支配』山川出版社、一九八三年。
(26) 劉明修『台湾統治と阿片問題』山川出版社、一九八三年。
(27) 同前、ii頁。
(28) 沼野英不二は、一八九六年六月東京に生まれ、一九二二年東京帝国大学法学部政治学科を卒業、専売局に入り、大阪・熊本・宇都宮・東京各地方専売局に在勤、専売局経理部主計課長・同会計課長・同販売部販売課長等をへて、四一年四月同煙草事業部煙草課長、同年六月七日同塩脳部長となったが、六月一四日付で蒙古連合自治政府経済部次長に任じられた。四二年一〇月二七日付で辞職、同年一一月神戸税関長、四三年一一月神戸海運局長、四五年二月満州拓殖公社東京支社長、四六年三月日本食塩回送株式会社社長、五五年一〇月以降オリエント時計株式会社監査役・取締役等となった。一九八一年七月死去。

(29)　文書のいくつかに「沼野次長殿」等と宛名が書かれていること、沼野宛の書信が含まれていることから、沼野が在職中に所持し、辞職の際に持ち帰った文書であることは確実である。この文書は通常の古書販売ルートで入手した。なお本書「あとがき」を参照。

(30)　『裁判速記録〈一〇〉』七二五頁。

(31)　『裁判速記録〈一〉』七九九頁。

(32)　『裁判速記録〈八〉』六八九—六九〇頁。

第一章

阿片と中国・日本

阿片は罌粟（けし）から採取される。(1) 罌粟の果実が未熟のときに傷をつけ、分泌される乳状の液を固化させたものを生阿片（しょう）といい、生阿片を加熱・溶解し、一定の混入物を加えて、煮つめたうえ冷却したものが阿片煙膏である。阿片煙膏を阿片槍と呼ばれるパイプにつめて燃焼させ、発生する煙を吸飲する――これが阿片の吸食（吸煙）である。

阿片を吸うと、肉体的苦痛が鎮静し、不快感や煩悶が除去され、快楽感を催して、「心気朦朧として一種名状すべからざる状態に陥る」(2)。この効果のため阿片吸食は習癖となりやすく、中毒――癮（いん）へ進む。癮に陥ると阿片を絶つことは不可能となり、身体の衰弱と心神喪失を来たし、廃疾に至る。なお癮者の阿片吸食量は個人差がいちじるしいが、一人あたり年間二五乃至四〇両（一両は三六グラム）であるとされる。

阿片の麻薬作用は、生阿片に五―一五％（多い場合には二〇％）含まれているモルヒネによってもっぱらもたらされる。生阿片から精製されたモルヒネ（略称モヒ）は、鎮痛・鎮咳・鎮静・催眠のための薬剤として用いられるが、連用すると中毒となる。

ヘロインはモルヒネのアセチル化合物＝ジアセチルモルヒネで、元来はドイツのイー・ゲー・ファルベン系のドイツ・バイエル会社の登録商品名であった。薬剤効果はモルヒネとほぼ同様であるが、モルヒネよりも多幸感が強くえられるため麻薬として用いられやすく、容易に中毒化する。

モルヒネ・ヘロインいずれの中毒もはげしい禁断症状をおこし、身心の衰弱を来たして、廃疾となる。なお、阿片も麻薬の一つであるが、本書で麻薬という場合はもっぱらモルヒネ・ヘロイン等を指して用いる。

阿片の吸食は、一七世紀初め頃、オランダの植民地であったジャワから明朝末期の中国南部にもたらされ、たちまち中国全土にひろがっていった。清朝政府は再三禁令を発したが効果なく、イギリス東インド会社による中国への阿片輸出は増加を重ね、阿片戦争をへて、中国の阿片の輸入と吸食はますます増大した。清朝政府はイギリスの阿片輸入に対抗するため罌粟の栽培を奨励したが、これはかえって阿片吸食の蔓延を招き、救いようのない状態となった。

中国の阿片禍は国際問題化し[3]、一九〇九年上海に最初の国際阿片会議が召集され、一九一二年には阿片・麻薬の生産・製造・取引等の取締に関するハーグ国際阿片条約が調印された。第一次世界大戦後、阿片・麻薬の禍害は欧米でも深刻な社会問題となった。国際連盟によって召集された一九二四年のジュネーブ国際阿片会議は英米の対立から紛糾したが、二五年二つの国際阿片条約が成立した。ジュネーブ第一阿片条約は、生阿片・煙膏の輸入・分配を政府の独占事業とし、癮者以外の煙膏使用を禁止するなど、阿片吸食の漸進的な制止をはかるものであった。ジュネーブ第二阿片条約は、麻薬およびその原料の生産・分配・輸出入・販売の取締りに関するもので、条約実施を監督するために常設中央阿片委員会が設置された。さらに一九三一年ジュネーブで麻薬製造制限会議が開催され、麻薬製造制限分配取締条約が成立し、麻薬とくにヘロインについて厳重な制限を加えた。

一九一二年・二五年・三一年の四つの国際阿片条約のいずれについても、日本は調印・批准をし、「その拘束を受けていた[4]」。

この間、中国では一九一七年三月末日をもって阿片の輸入が禁止され、中国政府は同年末阿片禁煙令を発布し、一八年一月上海で阿片一二〇七箱を焼棄するなど、禁煙に腐心したが、内戦がうちつづくなかで、実効はほとんどあがらなかった。むしろ、阿片が莫大な財政収入をもたらすことから、地方軍閥は罌粟の栽培を奨励し、阿片はしばしば軍閥間戦争の目標となった。(5)

中国国民政府は、(6)阿片の厳禁を説いた孫文の「禁煙遺訓」にのっとり、一九二七年一一月、二八年より三年以内に完全に阿片・類似薬品を禁絶する計画を発表し、二八年七月北伐完了と同時に国民政府禁煙委員会を発足させ、同年九月禁煙法・同施行条例を公布するとともに、一一月南京に第一次全国禁煙会議を召集した。同会議で決議された「宣言」はその末尾で、

最後ニ本会ハ友邦各国ニ対シテ進言セザルヲ得ザルハ、凡ソ禁煙事業ハ必ズ国際間ノ同情援助ヲ得ズシテ完全ヲ期シ難キ処ニシテ、今若シ例令(ママ)貴州、雲南ヲシテ禁煙セシムルトモ緬甸(ビルマ)、安南ヨリ之ヲ輸入シ、東北禁煙ストモ日本方面ヨリ嗎啡(モヒ)ヲ輸入スルガ如キコトアリ、加ヘテ各国汽船ノ入港ニ中国政府ノ検査ヲ拒絶シ、外国商人ノ営業ニ中国法律ノ制限ヲ受ケズ、又租界ヲ化外ニ置キ鉄道ヲ外国兵ノ占領ニ委スルガ如クシテハ、之等毒品ノ来源ヲ杜絶シ得ベキ方法更ニ無ク、為メニ禁煙ノ功ハ永久奏功ヲ望ミ難ク本会ノ議決モ亦空文ニ終ルベシ。故ニ世界各国ニシテ猶若シ正義ヲ有スルモノトセバ、国際間相率ヒテ同情ヲ以テ我国禁煙事業ヲ迎ヘラレタク、我方ニ於テハ勿論極力之ガ励行ニ努ムベクモ友邦諸国ノ援助ヲ仰グ所以亦茲ニ在リ。

と訴えた。(7)右の二八年の禁煙法は公布後に修正され、一九二九年七月二五日国民政府令をもって禁煙法が公布・施行された。(8)

このような国民政府の阿片政策については、

財政上ノ収入ヲ目的トスル漸進政策ヲ捨テ、断禁政策ヲ採用シ、禁煙機関ヲ設クル等、従来ニ比シ甚ダシク進歩

セルノ観ヲ与フルモノアリ、且又地方ニヨリテハ特別法ヲ設ケ真摯ナル取締ニ努力シ居ルト認メラルル処アルモ、(イ)吸煙ノ陋習根強クシテ一朝ニ撲滅シ難キコト、(ロ)国民政府ノ実権及バサル地方多キコト、等ノ理由ヨリ、取締ノ実績ハ其ノ唱フル処ト甚ダ遠ク、支那ニ於ケル阿片問題ノ解決ハ未ダ殆ド予測スルヲ得ズ。但シ国民政府ガ少クトモ表面上ハ禁煙断行ヲ以テ其重要政策ノ一トナシ、実際上ニ於テモ多少ナリトモ禁煙ニ向ヒ進ミツアルハ否ムコトヲ得ザル事実ナルベシ。

と観察された。(9)

その後一九三五年、国民政府はあらためて五カ年禁煙計画を設定し、麻薬の即時禁止、癮者の登録、阿片の販売・購入の統制・制限、罌粟栽培の制限をおこない、一九四〇年までに阿片を禁絶しようとした。(10) 東京裁判判決文は、「中日事変が起る前に、阿片の吸飲を撲滅するために、中国政府は決然として努力を続けていた」と述べ、「南京の阿片の吸飲は、一九三七年までにほとんど一掃されていた」と指摘した。(11)

日本は幕末以来、阿片をきびしく禁制し、かつ禁制に成功してきた。しかし日清戦争に勝利し、台湾を領有したことから、阿片問題に直面した。(12) 台湾は福建とともに中国でももっとも早くから阿片吸食がはじまった土地であり、その悪習が蔓延し、財政収入もその半ば以上を阿片に依存する状態にあった。日本は、内務省衛生局長であった後藤新平の主張にもとづいて阿片漸禁政策をとり、その間の阿片専売制度を実施した。阿片漸禁政策は一九三〇年前後を境に二期に区分され、前期にあっては、阿片吸食者の自然的廃煙と自然死を柱として、膨大な阿片収入を獲得するものであったが、内外の批判のたかまった後期にあっては、台湾人医学者杜聡明の尽力のもとに、矯正事業が推進され、太平洋戦争下に原料阿片の輸入杜絶を機として、遂に阿片吸食にピリオドがうたれた。台湾における阿片の禁断は、「半世紀におよぶ日本の台湾統治が台湾史の上に残した痕跡のなかで、最も重要なものの一つ」であった。(13)

日本は日露戦争後さらに関東州および満鉄付属地でも阿片問題に当面することとなった。[14] 日本は阿片の輸入・製造・販売について当初は個人特許制度をとったが、一九一五年以降は大連宏済善堂に特許をあたえ、阿片の輸入・販売をおこなわせた。一九二四年関東州阿片令を制定し、阿片漸禁政策をとり、一九二八年以降は関東庁専売局を大連に設置して阿片の輸入・売下を独占した。しかし関東州の状況は、

当局では〔国際阿片〕条約の精神を尊重して管理取締の適正を期すると共に、正当消費の円滑なる統制を図ることに力めてゐるが、地理的関係から麻薬類の最大消費国たる支那各地と接続し、其の間の交通も極めて頻繁で、年々数十万の浮動的移民の来往ある等、之が取締には幾多の困難を伴ふので、未だ充分所期の目的を達することが出来ない実状である。

と当局が認めざるをえなかったように、[15] 制限はルーズで、とくに大連は「日本側の阿片・モルヒネの密輸出の一大拠点」[16] であったとみられる。

日本が併合した朝鮮では、とくに中国との国境地方で阿片の吸食が盛んであった。[17] 日本は朝鮮刑事令によって阿片吸食を取締るとともに、癮者にたいしては漸禁主義をとった。第一次世界大戦に際して薬品類の暴騰にともない、平安北道・咸鏡北道等で罌粟栽培者が続出したため、一九一九年朝鮮阿片取締令を発布し、罌粟栽培を制限するとともに、阿片をすべて政府に納入させることとした。その後、薬品価格の下落によって罌粟栽培は減少し、総督府の指定面積を大幅に下廻った。

しかし一九三〇年代とくに日中戦争下に朝鮮では罌粟の栽培と阿片・麻薬の生産が増大した。東京裁判に検察側書記として提出された外務省条約局の『昭和十三年度執務報告』によると、朝鮮産の生阿片は「台湾総督府及関東局ノ専売阿片ノ資料トシテ供給スル外、満州国専売制度ニ協力スル為之ヲ満州国政府ニ譲渡スルヲ得ルコト」が三三年四

第1表　朝鮮における阿片・麻薬の生産・輸出状況

年度	罌粟栽培面積	栽培農夫数	生阿片生産高	モルヒネ	ヘロイン	生阿片輸出			
						粉末阿片	関東州専売局向ケ	満州国専売局向ケ	台湾専売局向ケ
	エーカー	人	キログラム	キログラム	キログラム	キログラム	キログラム	キログラム	キログラム
1935	6,253	14,254	18,160.487	84.250	12.383	5.030	7,500.193	3,752.996	無
1936	6,169	18,582	27,085.588	無	2.560	11.900	15,021.605	11,283.051	無
1937	6,444	23,349	27,608.343	無	3.120	63.760	6,700.002	17,461.157	無
1938	12,622	30,670	26,538.071	87.050	1,244.000	22.395	9,010.149	28,668.158	無
1939	16,622	40,678	26,702.091	141.565	1,327.100	45.380	8,523.731	4,258.746	10,059.070
1940	18,384	52,198	32,928.689	239.028	195.700	25.010	12,498.126	8,500.617	7,314.856
1941	21,256	69,142	30,738.847	184.180	10.242	無	20,109.743	17,007.930	11,472.694
1942	16,799	65,117	25,970.852	無	10.106	52.880	16,838.772	11,031.529	8,139.475
1943	18,914	79,360	39,433.020	無	無	無	17,418.142	8,377.091	4,777.452
1944	19,220	82,640	37,810.728	542.160	3.560	35.215	12,000.000	無	無
1945	不明	不明	不明	不明	不明	不明	無	無	224.292

表記以外に，生阿片輸出日本海軍向ケ 1944 年 6,011.42 キログラムがある．

月一一日閣議決定され、これにともない、「台湾総督府、関東局及満州国政府ニ供給又ハ譲渡スル生阿片ノ量及其ノ生産ニ必要ナル罌粟栽培面積ハ関係官庁間ニ於テ協議ノ上之ヲ決定スルコト」が三八年一二月二三日閣議決定された。(18) 朝鮮は台湾および後述の満州国における専売制のための原料阿片供給地として位置づけられ、「台湾総督府及関東局ニ於テハ専ラ煙膏製造原料トシテ外国産阿片(主トシテイラン産)ヲ輸入シ居タルガ、為替管理ノ実施ニ伴ヒ輸入不可能トナリ、昭和十四年度以降ハ概ネ朝鮮産阿片ヲ以テ之ニ充当シツツアル(19)」状態となり、朝鮮における罌粟栽培面積の拡張と阿片の増産が促進されたのである。

その状況は東京裁判に検察側書証として提出された朝鮮総督府専売局薬品工場の記録[20]に示されているが、法廷での朗読が省略されたので[21]、第１表として掲げることとする。この表でとくに注目されるのは、一九三八・三九両年度にヘロインが異常に多量に生産されたことであろう。同記録によると、ヘロインは三七年度一〇〇・六、三八年度一二〇〇、三九年度一二〇〇、四〇年度三六〇各キログラムが、いずれも満州国専売局を荷受人として輸出されている。なおモルヒネは三七年三〇キログラムが満州国専売局へ、四四年五〇〇キログラムが在朝鮮日本軍へ販売された。

日本は台湾領有・関東州租借・朝鮮併合によってそれぞれ阿片にかかわるようになったが、一九一〇年代乃至二〇年代の大きな問題は日本から中国に阿片・麻薬の密輸・密売がなされたことである。

麻薬とくにヘロインは麻薬効果が大きく、その割に低廉・簡易で[22]、しかも一時は阿片禍を追放しうる阿片代用品として喧伝されたこともあって、急速に中国大陸にひろがり、中国は麻薬でも世界最大の市場となった。

一方、日本では第一次世界大戦でドイツからの医療用モルヒネの輸入が杜絶したため、その国産化がはかられ、台湾総督府から粗製モルヒネの独占的払下げをうけた星製薬株式会社がモルヒネの精製を開始し、のちに大日本製薬株式会社・三共株式会社等も製造に加わった。

山内三郎によると、これらの大手製薬会社の製品が中国に運ばれ、各地の政商を通じて売り込まれたほか、大正も末期になると大阪道修町の製薬業者などはヘロイン製造を支那現地でやる方法をとり始め、数多くの技術者や工人が大陸へ渡っていった。現地で作られたものを売り捌く販売網としては、富山の薬売り商人がこれに参加したのだった。現地生産組は、主に満州、北支那に腰をおろし、熱河産阿片を原料としてヘロイン製造を開始した。……日本の薬業者が現地生産を始めた地域は満州、北支という、日本軍駐屯地域内で、日本軍を隠れ蓑にするどころか、充分な保護を得られる全くの金城湯池だったのである。

ヘロイン製造が、現地で業者たちに有利だったことの一つに、製造用器具が至って簡単なもので間に合ったということがある。大がかりな工場などは必要がなく、阿片の他に副原料である無水酢酸、エーテルなどを充分に手配することができれば、小家屋内の湯殿工場でも、一日に五キロや一〇キロを生産することができたという。[23]

また山内は、「日本人のヘロイン製造販売業者に対しての日本軍、とくに憲兵隊から渡された〝安導券〟は、彼等にとって全く何にも変えがたい宝であったといえるだろう。その保護がなければいかに支那・満州の官憲が弱腰であったからといって、あれほど安全な商売をやっていけるはずはなかった」と述べ、将校・憲兵にリベートが支払われたほか、業者が「さかんに飛行機を買って、これを献納した。陸軍の戦闘機の献納者名簿にはヘロイン屋の名が数多く記されてあった」ことを回想している。[24]

日本の阿片・麻薬の密輸・密売のいま一つの舞台は、日本が第一次世界大戦で占領した山東であった。[25] 日本は台湾から阿片煙膏を輸出したほか、日本軍・日本官憲も阿片密売に暗躍し、巨利を博したという。

黒島伝治の作品『武装せる市街』[26]は、済南における情景を、

ここの硬派、軟派は、新聞社内の二つの区別じゃ勿論なかった。武器を扱う商売が硬派だった。そして、阿片、モルヒネ、ココイン、ヘロイン、コデイン等を扱う商売が軟派だった。すべて支那人相手の商売である。……支那人は、誰でも、一号か、二号か、三号か、どれかがなければ、一日だって過ごして行けなかった。そんな習慣をつけられていた。……一号、二号、三号……(ママ)というのは阿片、ヘロイン、モルヒネなどの暗号だ。……

邦人達は、たいてい、この軟派を仕事としている。饅頭屋、土産物屋、時計商、骨董屋などの表看板は、文字通

り表看板にすぎなかった。……そんな商売をやる人間がここには一千人からいた。

と描いている。[27]

日本の阿片・麻薬の密輸・密売は、しばしば国際的非難の対象となった。その非難には、阿片に関する汚名を日本に転嫁しようとするイギリスの政略によるところも少なくなかったとみられるが、「自ら阿片癮者となり、自ら密売者の一人として支那に二十年間[28]」あった菊地酉治は、

一度足を我が植民地に踏むならば……日本人程多く阿片、モルヒネ密売関係者はない事実に接するのである。全く官憲の取締と反対なる奇現象を来たし、阿片関係者は別として、モルヒネ外麻酔毒物の関係者の八九割は日本人なる驚くべき実状を呈してゐる。製造輸出国は英、独なれど、仲介者の多くは日本人なる為に検挙されたる件数は非常に日本人に多く、又、小売業者にいたつては全部日本人なる為に、支那人側より見るならば、日本官民が一致して利得し、一方には政策に由り支那を害する者と信ずるも由なきことではない。

と述べ[29]、「支那で公使館や多くの領事館に在職」した岩村成允は、

モルヒネは近来益々盛んになつて参りまして、其集散地は矢張南は上海で、北は大連に輸入して参り、是も多くは欧羅巴方面の産物が多いやうであります。日本の神戸辺に一度陸揚され、それから積替へて南方は上海に、北方満州方面に分散されるものは、殆ど多くは大連に輸入されると云ふ話であります。……此商売に日本人で関係して居る者が多いと云ふことは甚だ遺憾であります。只今申したやうに支那に持つて参ります所の阿片、モルヒネを日本の船舶に積むものもあるやうです。殊に此毒物を船の中に積んで、さうして支那側と結託して之を船の中で以て、支那側の手に渡したと云ふ犯罪を聞いたこともあります。又色々な荷物の中に入れて、さうして密輸入をして支那に売込んだと云ふことも沢山あります。支那に在留する日本人の中に於きまして、南方北方を問は

ず此密輸入密売買に関係して居る人が多いと云ふことを聞きます。尤も此阿片輸入は支那人の手に依るものが勿論多い。又北方に於ては露西亜人が沢山輸入する。南方に於ては欧米人も関係致して居るさうでありますが、モルヒネの方は、どうも日本人が多く関係致して居るやうに聞いて居ります。

と述べている。(30)

とくに麻薬について、密輸・密売の主役は疑いもなく日本であり、日本軍・日本官憲も直接・間接にこれに関与し、あるいはそれを助長していたのである。(31) 一九二八年中国の第一次全国禁煙会議の「宣言」が、前述のように、とくに日本の名をあげ、禁煙への「同情援助」を求めたのは、きわめて理由のあることであった。

一九三二年三月、日本は中国東北に傀儡国家満州国を樹立した。阿片吸食は東北にもひろく蔓延しており、とくに熱河省は中国有数の罌粟栽培地で、省財政の半ばを阿片収入に依存する状況であった。

日本は満州国においても阿片の漸禁政策と阿片専売制を採用し、三二年一一月阿片法を公布した。また一九三七年七月には麻薬法が公布され、同年一〇月には阿片麻薬断禁一〇ヵ年計画が発表された。

満州国における阿片政策については、前述のように、『満州建国十年史』『満州国史　各論』にその概要が述べられているが、両書とも政策の成果と貢献の記述にもっぱら終始している。これにたいして東京裁判では、検察側最終論告が満州国で「実行された計画が漸進的禁圧の如きものではなく、取引を奨励する為に考え深く考察されたものであった」と断じ、(32) 判決文も、

日本は阿片条約に調印し、これを批准したので、麻薬取引に従事しない義務を負っていたのに、満州国のいわゆる独立によって、しかし実は虚偽の独立によって、全世界にわたる麻薬取引を行い、しかもその罪をこの傀儡国家に帰するという都合のよい機会を見出したのである。朝鮮で産出された阿片の大部分は、満州に輸出された。

満州で栽培され、また朝鮮とその他の地方から輸入された阿片は、満州で精製され、世界中に送られたと指摘しており[33]、評価は隔絶している。満州国における阿片・麻薬問題の実態と全容を解明することは、今後の重要な研究課題である。

なお沼野資料の一つに「満州国ニ於ケル阿片政策」[34]と題する蒙疆政権側の観察があるので、関連資料として本書に掲載した。

一九三三年五月の塘沽停戦協定によって設定された河北省東部の非武装地帯は、日本による華北分離工作の足場となるとともに、麻薬の密輸・密売の舞台となった。一九三五年の梅津・何応欽協定および同年末の冀東政権の樹立によって、この密輸・密売はますます猖獗をきわめた。林語堂"Moment in Peking"(一九三九年)[35]はその様相を生々しく描きだしている。

山内三郎によると、

この冀東地区こそ、満州、関東州などから送り込まれるヘロインなどの密輸基地の観を呈し始めたのである。首都は通州に所在したが、この首都郊外ですら、日本軍特務機関の暗黙の了解のもとに、麻薬製造が公然と行なわれたのである。

冀東地区から、ヘロインを中心とする種々の麻薬が、奔流のように北支那五省に流れ出していった。全満州、関東州は、冀東景気で沸き返った。徴兵検査前の日本人の青少年がヘロイン製造と販売のいずれかにちょっと手を染めるだけで、身分不相応な収入を得ることができ、彼等の遊び興ずる姿が、天津の花柳界に夜な夜な見うけられるようになった。大連の花町やダンスホールなどは、当時の金で一晩に数百円の遊びをする青年たちによって埋められた。ヘロインの結晶づくりで、一キロにつき千円の儲け(工賃)があり、一晩に五キロや一〇キロは大し

た苦労もなしに作ることができたから、金を湯水のように浪費することは当然のように考えられていたのである。という。(36)

東京裁判では、この時期に関する検察側書証として、上海駐在アメリカ財務官M・R・ニコルソンの二つの報告書が提出された。一九三六年七月三〇日付「北支ニ於ケル日本ノ麻酔政策」は、

塘沽条約ノ締結並ニ非武装地帯ノ確立後、支那政府ハ権力ニ依リ麻薬取引ヲ抑制スルコトガ出来ナクナリ、全河北省ハ日本人ニ北支ニ於ケル彼等ノ麻酔政策ヲ遂行スルガ儘ニ委ネラレタ。……従来北支ニ於テ売買サレタ麻酔薬ハ大部分綏遠及察哈爾(チャハル)ヨリ輸入サレタ。……最近ハ両者共、安価ニシテ高性能ヲ有スル大連ヨリ輸入サルル麻薬ニ地位ヲ奪ハレタ。

と述べ(37)、一九三七年一月一一日付「通県及北平ニ於ケル日本人ノ薬種密輸入機関」は、

通県ノ日本軍隊ガ北平へ召喚サレタ時、支那人巡査ノ取調ヲ避ケルタメ、多量ノ薬品ガ軍隊ニヨツテ北平ニ運バレタ。ソシテ浪人達ハ是等薬品ガ北平へ搬入サレタ後、純益ノ三割五分ヲ報償トシテ軍隊へ提供シタ。……密輸機関ハ、一九三六年(昭和十一年)九月中、北平及通県ニ創立サレタ。北平ニ出来タ機関ハ東亜同楽分社トイツテ、東交民巷ノ日本軍兵営建物内ニ事務所ヲ置キ、通県ニ出来タ機関ハ東亜同楽社トイツテ馬家胡同ニ事務所ヲ置イタ。此倶楽部ノ会員ハ日本人及朝鮮人ノ薬種密輸入者ニ外ナラナカツタ。

と述べている。(38)

これらの回想や報告の正確性ないし信憑性にまったく問題なしとはしえないであろうが、日本による麻薬の密輸・密売が華北分離工作の過程でいっそう大規模となり厚顔無恥となったことは疑いようがない。こうした状況下に、一九三七年七月盧溝橋事件を機として、日中戦争の全面化を迎えることとなる。

最後に日本内地では、台湾領有後、〝阿片王〟と称された二反長音蔵らの尽力で、三島郡を中心とする大阪府および和歌山県を主産地として罌粟栽培がおこなわれた。[39] 罌粟の栽培と阿片の生産は内務省の管轄下におかれ、阿片はすべて政府に買上げられた。一九三〇年代には栽培面積八〇〇―一〇〇〇ヘクタール、阿片生産量一万キログラム内外に達したが、日中戦争下に医薬品用の原料阿片の需要が増加したのにたいし、「内地産阿片ハ諸物価高ニ因ル対抗作物ノ値上リ、賠償金率ノ低廉、労力ノ不足、肥料配給ノ不円滑等、時局下種々ノ影響ヲ蒙リ、罌粟栽培反別ノ逓減ハ逐年其ノ生産量ヲ低下シツツアリ」という状況となり、[40] 太平洋戦争下には和歌山県で罌粟栽培の強制割当もおこなわれた。[41]

（1）　罌粟・阿片については、蒙古連合自治政府経済部煙政塩務課「蒙疆阿片事情概説」《資料4》一九四頁以下、蒙古自治邦政府経済部煙政塩務科『蒙疆ニ於ケル罌粟阿片』《資料6》三七六頁以下、参照。

（2）　野波静雄『国際阿片問題』平凡社、一九二五年、一一頁。

（3）　国際阿片問題については、宮島幹之助『国際阿片問題の経緯』日本国際協会、一九三五年、前掲・劉明修『台湾統治と阿片問題』一一七―一四六頁、参照。

（4）　極東国際軍事裁判判決文、前掲『裁判速記録〈一〇〉』七〇一頁。同裁判起訴状付属書Bで、これらの三つの国際阿片条約は「日本の侵犯せし条約」のなかに掲げられた。朝日新聞法廷記者団『東京裁判〈上〉』東京裁判刊行会、一九六二年、一三五、一三七、一四三、一四四頁。

（5）　中国軍閥の阿片政策の一事例を解明したものとして、菊池一隆「陝西省における軍閥支配とアヘン――一九二〇年代から三〇年代前期における農民闘争と関連して」『近代中国』第四巻、一九七八年、参照。

（6）　中国国民政府の阿片政策については、興亜院華北連絡部「国民政府時代ノ阿片根本政策ト法規ノ変遷」一九四〇年、東京大学社会科学研究所蔵『島田文書一―一一三　軍令部第六課「支那ノ政党結社及阿片問題」』所収、参照。

（7）　同前、八頁。

（8）　禁煙法《資料1》一七六頁。

(9)「国民政府時代ノ阿片根本政策ト法規ノ変遷」。
(10)「阿片吸煙禁止処理経過事情」《資料48》六二七頁。
(11)『裁判速記録〈一〇〉』七二四、七二五頁。
(12)台湾における阿片問題については、劉『台湾統治と阿片問題』、参照。
(13)同前、ii頁。
(14)関東州の阿片制度については、関東局『関東局施政三十年史』一九三六年、七二六―七二七、九四三―九四七頁、参照。
(15)同前、九四六頁。
(16)前掲・倉橋正直「日本の阿片・モルヒネ政策〈その2〉」四一頁。
(17)朝鮮における阿片の状況については、朝鮮総督府『朝鮮総督府施政年報』各年版、『朝鮮要覧』各年版、同『朝鮮総督府施政三十年史』一九四〇年、名著出版、一九七二年復刻、五四三頁、参照。
(18)『裁判速記録〈二〉』七八一頁、外務省条約局『昭和十三年度執務報告』(機密)一九三八年、二〇二―二〇三頁。
(19)厚生省衛生局「参考資料」《資料2》一七九頁。
(20)在朝鮮アメリカ軍軍政部本部財務局長室調査、東京大学社会科学研究所蔵『極東国際軍事裁判記録 検察側証拠書類〈82〉』。
(21)『裁判速記録〈二〉』八一六頁。
(22)阿片の吸食には相当の設備、技術、手数を必要とするが、麻薬は注射や丸剤等の内服によって効果がえられ、煙草に混入または付着させて吸煙する方法もひろく用いられた。
(23)前掲・山内三郎「麻薬と戦争――日中戦争の秘密兵器」一六六―一六七頁。
(24)同前、一七〇―一七一頁。なお飛行機献納は満州事変後のことであろう。
(25)日本の山東における阿片の密輸・密売問題については、前掲・二反長半『戦争と日本阿片史』九四―一二三頁、参照。
(26)黒島伝治『武装せる市街』日本評論社、一九三〇年、発禁、青木書店、一九五三年、『黒島伝治全集〈3〉』筑摩書房、一九七〇年、『筑摩現代文学大系〈38〉』一九七八年、『日本プロレタリア文学集〈9〉』新日本出版社、一九八四年。
(27)青木書店版、二〇―二二、二六頁。
(28)菊地酉治「支那に於ける阿片の害毒」一九二八年二月二五日述、菊地・岩村成允・渋沢信一・賀来佐賀太郎『阿片問題の

研究』一九二八年、国際連盟協会、所収、一二頁。
(29) 菊地酉治「阿片害毒運動に関する意見」同前書、三一四頁。
(30) 岩村成允「支那に於ける阿片取締の実況」一九二八年二月二五日述、同前書、二五、三一―三三頁。
(31) 天津での日本人の麻薬密輸事件に関する日本側領事裁判の「茶番劇」ぶりを例として、劉明修は「中国における日本人の阿片や麻薬密売の行為を助長したのは、常識を麻痺した日本の官憲である」と述べている(『台湾統治と阿片問題』一三五頁)。
(32) 『裁判速記録〈八〉』六六五頁。
(33) 『裁判速記録〈一〇〉』七〇二頁。
(34) 「満州国ニ於ケル阿片政策」《資料3》一八五頁。
(35) 佐藤亮一訳『北京好日』芙蓉書房、一九七二年。
(36) 山内「麻薬と戦争――日中戦争の秘密兵器」一六八―一六九頁。
(37) 『裁判速記録〈一〉』七九五頁。
(38) 同前、七九七頁。なお通県は通州を指す。
(39) 内地における罌粟・阿片生産については、二反長『戦争と日本阿片史』、倉橋「日本の阿片・モルヒネ政策」、高槻市史編さん委員会編(細尾幸作執筆)『高槻市史〈二〉本編Ⅱ』高槻市役所、一九八四年、六六九―六七七頁、参照。
(40) 「参考資料」《資料2》一八〇頁。
(41) 倉橋「日本の阿片・モルヒネ政策〈その2〉」三七―三八頁。

第二章　蒙疆政権

第一節　日本と内蒙古

内蒙古の地方を日本の勢力下に収めようとする試みは、すでに日露戦争の時期に着手されている。一九〇五年奉天会戦の直後、駐清公使内田康哉は、チョソット盟(のちの熱河省の東南部)を支配するカラチン王らへ一万一〇〇〇両の借款を供与し、蒙古王公の取り込みをはかった。(1)

内蒙古の支配をめぐる日本の最大のライバルは帝制ロシアであった。日本は一九〇七年の第一回日露協約で、韓国併合への支持とひきかえに、「外蒙古ニ於ケル露西亜国ノ特殊利益ヲ承認シ」たが、(2)一九一二年一月第二次西園寺内閣は、「内蒙古ハ我勢力範囲タル南満州ト最密接ナル関係ヲ有スル地域ナルヲ以テ、適当ノ時機ニ於テ日露両国間ニ右ニ関スル協定ヲ遂ゲ置クコト帝国将来ノ発展ノ為……得策」であると閣議決定した。(3)同年七月に結ばれた第三回日露協約は、内蒙古を北京の経度(東経一一六度二七分)をもって東西に分割し、日本は内蒙古西部におけるロシアの特殊利益を、ロシアは内蒙古東部における日本の特殊利益を、相互に尊重することを約した。

ここに日本では〝東部内蒙古〟という地域概念が成立したが、これは中華民国ののちの省制では熱河省を中心とし、奉天省(遼寧省)・吉林省・黒竜江省・チャハル省の各一部を含む地域であって、満州蒙古とも呼ばれる。一方、〝西部内蒙古〟はチャハル省の大部分と綏遠省から寧夏省にわたる地域である。なお〝満蒙〟という概念も第三回日露協約に関連して一般化するようになった。「支那に関する外交政策の綱領」(一九一三年)は、「第三回日露協約ニ依リ我勢力範囲ヲ内蒙古東部ニ拡張シタルニ伴ヒ、所謂満州問題ヨリ更ニ一歩ヲ進メ満蒙問題解決ナルモノ人口ニ上ルニ至リ」と述べている。(4)

第三回日露協約が結ばれる直前の一九一二年二月から五月にかけて、第一次満蒙独立運動が企てられた。これは大陸浪人の川島浪速と陸軍の一部が、辛亥革命に乗じ、粛親王・カラチン王らを擁立して〝満蒙王国〟の樹立をはかったものであるが、失敗におわった。さらに一九一六年にもふたたび川島および陸軍などにより、パプチャップ・粛親王あるいは張作霖を擁立する第二次満蒙独立運動が起こされたが、これまた失敗した。(5)

この間一九一五年、二一か条要求により南満州および東部内蒙古に関する条約が結ばれ、「日本国臣民カ東部内蒙古ニ於テ支那国国民ト合弁ニ依リ農業及附随工業ノ経営ヲ為サムトスルトキハ支那国政府之ヲ承認スベシ」(第四条)、「支那国政府ハ成ルベク速ニ外国人ノ居住貿易ノ為自ラ進ミテ東部内蒙古ニ於ケル適当ナル諸都市ヲ開放スベキコトヲ約ス」(第六条)ものとされた。(6)

一九一七年ロシア革命によって社会主義国家ソ連が出現し、二四年外蒙古にモンゴル人民共和国が成立してソ連と連なったことは、内蒙古の政治的・軍事的意義を増大させた。日本にとって、内蒙古は〝中国赤化〟の通路となるか、あるいは〝赤化防止〟の障壁となるかという位置にたったのである。また国家総力戦として戦われた第一次世界大戦を通じて資源問題の重大性が立証されたことは、経済的な意味でも満蒙支配の欲求をたかめた。一九二六年一一月陸軍大臣宇垣一成はその日記に、「日本帝国は、国家の存立を標準とする経済に於ては単位をなさぬ。技術も備はり資本もあり労力にも不足はなけれども資源が欠けて居る。……少くも満州内蒙と日本とが経済の一単位を為すことが日本存立の最低限度の条件である」と書いた。(7)

もっとも、ロシア革命後の日本陸軍の対ソ作戦計画は、主作戦を北満州に、支作戦を沿海州および北樺太とその対岸地方に指向するもので、「対支作戦においては、満州なかんずく南満州一帯および北満の一部にわたって完全に戡定することを目標とした。遼西とくに渤海沿岸に対する作戦は計画していたが、熱河地方はまだ計画を樹立する程度に兵要地誌の調査が成果を得ていなかった」(8)という状況にあった。

一九三一年九月一八日の柳条湖事件を発端とする満州事変は、日本が内蒙古支配を達成するうえでの決定的な画期となった。九月二二日関東軍は「満蒙問題解決策案」を策定し、「我国ノ支持ヲ受ケ東北四省及蒙古ヲ領域トセル宣統帝ヲ頭首トスル支那政権ヲ樹立シ在満蒙各種民族ノ楽土タラシム」という方針を掲げた。(9)ここにいう東北四省とは、東北三省(東三省)すなわち奉天省(遼寧省)・吉林省・黒竜江省に熱河省を加えたものである。熱河省の地域は右にみたように内蒙古に属し、中華民国では当初は行政上の特別区域とされていたが、張作霖の支配下におかれたことから政治的には東三省に連なるようになり、一九二八年九月省制の施行と、同年一二月の張学良政権の易幟(国民政府への合流)にともなって、東三省に熱河省をあわせて東北四省(東四省)という呼称が生まれた。またこの文書で「蒙古」というのは必ずしも判然としないが、熱河省を除いた内蒙古すなわち西部内蒙古を指すものであろう。

満州国の樹立に関連して、一九三二年二月六日付の関東軍司令部「満蒙建設に伴ふ蒙古問題処理要綱」は、「蒙古人の為に特定の一省を設定して牧畜経済を主体とせる自治を行はしめ、他の各省内に於ては蒙古人雑居地帯に限り暫く特殊の行政を行ふを以て根本方針とす」という方針を掲げ、その「自治省地域は東部内蒙古、呼倫貝爾を一区画とし漸を遂ひて察哈爾省(錫林郭爾十旗及察哈爾八旗)を合流せしめ」、これに「興安省なる呼称を与へ蒙古省等の如き民族意識を蘇生せざる如くす」るとした。[10] ここではチャハル省の満州国への編入が予定されている。

一九三二年三月一日の「満州国独立宣言」は、その領域を東北四省、東省特別区(中東鉄道付属地)および「蒙古各盟旗」であるとし、[11] 三月九日には、チョリム盟(黒竜江省南部および奉天省西北部)・ホロンバイル(黒竜江省西部)・チャオウダ盟(奉天省西部および熱河省北部)を省域とする興安省、「国務院に隷属し興安省に関する一般行政事項並旧蒙古地域に於ける蒙古人の保護に関する事項を掌る」興安局が設置された。[12]

しかし満州国はその呼号したような実態を当初から備えていたわけではなかった。日本が満州国を承認した直後の一九三二年九月二七日、興安省の一部とされたホロンバイルで蘇炳文が反乱をおこし、独立を宣言した。関東軍は武力を行使し、一二月六日満州里を占領して、反乱を鎮圧した。

一方、パプチャップの遺児カンジュルジャップらは、満州事変に乗じて内蒙古の独立を企て、関東軍の援助をうけて内蒙古自治軍を編成し、軍事顧問に松井清助予備役大佐らを戴き、一九三二年二月二三日通遼付近から熱河省にむかって進軍したが、二五日熱河省境で東北軍に迎撃され、松井顧問が戦死して、潰滅し去った。その後満州国は熱河省主席湯玉麟を参議府副議長に任命したが、湯は張学良にも通じて去就を明らかにせず、熱河省は満州国の圏外にあった。

一九三三年一月以降の熱河作戦と五月三一日の塘沽停戦協定は、まさに熱河省を武力によって満州国へ編入するものであった。日本は第三回日露協約以来追求してきた東部内蒙古にたいする支配をここに達成したのである。

関東軍はさらに新しい目標を西方に設定し、内蒙工作に着手する。興安省の設置と熱河省の満州国編入によって、東部内蒙古は消滅し、内蒙古という場合にはもっぱら従来の西部内蒙古を指すようになる。この内蒙古――チャハル省・綏遠省の地域を日本の支配下に取り込む工作が内蒙工作である。

(1)　柳生正文「蒙古借款問題について——東部内蒙古への日本の進出——」『駒沢大学史学論集』第一二号、一九八二年。
(2)　外務省編『日本外交年表竝主要文書〈上〉』原書房、一九六五年、二八一頁、以下『主要文書〈上〉』と略記。
(3)　同前、三五九頁。
(4)　同前、三六九—三七〇頁。
(5)　栗原健「第一次・第二次満蒙独立運動と小池外務省政務局長の辞職」栗原健編『対満蒙政策史の一面』原書房、一九六六年、参照。
(6)　『主要文書〈上〉』四〇七頁。
(7)　宇垣一成『宇垣一成日記〈1〉』みすず書房、一九六八年、五五五—五五六頁。
(8)　防衛庁防衛研修所戦史室(島貫武治執筆)『戦史叢書　大本営陸軍部〈1〉』朝雲新聞社、一九六七年、二五九頁。
(9)　小林龍夫・島田俊彦・解説『現代史資料〈7〉満州事変』みすず書房、一九六四年、一八九頁。
(10)　同前、三六八頁。なお、省制の施行にともなって、日本側では熱河の地域を「東部内蒙古」と呼ぶよりももっぱら「熱河」と呼ぶようになった。このため「東部内蒙古」は従来通りの使い方のほか、より狭く大興安嶺以東の蒙古族の居住する地域を指して用いられるようにもなった。たとえば、「新国家建設ニ伴ヒ東部内蒙古及呼倫貝爾ハ一省ヲ形成シ興安省トナリ、之ガ為熱河省ノ一部即チ西剌木倫河(シラムリン)北側地区……ハ興安省ニ編合セラルルモノニシテ……」(関東軍指示、一九三二年三月三日、同前、四〇〇頁)という場合の「東部内蒙古」は明らかに狭義の地域を指している。「満蒙建設に伴ふ蒙古問題処理要綱」における「東部内蒙古」も狭義で用いられている例とみられる。
(11)　稲葉正夫・小林龍夫・島田俊彦編『現代史資料〈11〉続・満州事変』みすず書房、一九六五年、五二五頁。
(12)　『現代史資料〈7〉満州事変』四二四頁。なお興安省の変遷については、本章第二節註(11)、詳しくは山崎惣與『満州地名大辞典』一九三七年原刊、国書刊行会、一九七七年、二三三頁以下、参照。

第二節　内蒙工作と内蒙自治運動

関東軍の内蒙工作(1)は熱河作戦と並行して着手された。一九三三年一月、陸軍切っての蒙古通であった松室孝良大佐が騎兵第一連隊長から関東軍司令部付に転任を命じられ、承徳特務機関長として、「熱河省政府の内面指導に任ずるとともに蒙古民族の懐柔に努める」という任務にあたった。(2)

熱河作戦の過程で、東北軍の崔興武旅団に属する李守信（チョソット盟トムト旗出身）が日本側に寝返り、崔にかわって旅長となった。松室大佐は李守信軍に兵器・被服・軍費等を支給し、関東軍の謀略部隊としてチャハル省へ侵攻させた。李軍は四月二八日多倫（ドロン）を占領し、退却・再占領をへた後、日本の指導下に多倫県に察東特別自治区を設定して、赤地に白丸の旗をかかげ、李守信が行政長官を兼任した。こうして熱河省に接するチャハルの一角が日本の支配下に入り、関東軍の内蒙工作の根拠地となった。

さらに松室大佐は田中久少佐を西ウジムチンに派遣し、シリンゴール盟盟長ソーナムラプタン（索王）に接触させ、シリンゴール盟各旗の代表を集めて、新京（長春）で関東軍首脳や満州国執政溥儀に会見させた。

関東軍の内蒙工作の意図は、関東軍参謀部「暫行蒙古人指導方針要綱案」（一九三三年七月一六日）によれば、「西部内蒙古に於ては蘇支両国勢力の波及を排撃する自治権の樹立を促進し、又外蒙古に在りては逐次蘇連の覊絆を脱して親日満の趨向に転ぜしむる如く指導す」るにあった。(3)また関東軍参謀部「対察施策」（一九三四年一月二四日）は、「将来先づ察東及錫林郭勒（シリンゴール）盟をして自発的に満州国と経済的に密接不可分の関係に在る行政地域たらしめ、以て満州国統治及国防を容易ならしむると同時に、北支及外蒙に対する諸施策の根拠地たらしむる如く準備指導す。……又将来情勢の推移によりては施策範囲を更に西方に拡張す」という方針を掲げた。(4)

関東軍の内蒙工作の意図は、満州国の西側の安全を確保し、対ソ戦争に際して外蒙古から華北方面へ南下するソ連軍を阻止しうる態勢をつくるとともに、外蒙古や華北へさらに膨張する足場を獲得しようというにあった。

ちょうどこの頃、内蒙古の王公らによる内蒙自治運動が成長していた。かつてユーラシア大陸を制覇した蒙古民族も、明・清の両朝を通じて漢民族に完全に圧倒され、内外蒙古の草原地帯で、ジンギスカンの末裔の封建的王公の支配下に衰残の遊牧生活を送っていた。しかし辛亥革命後、中国中央政府の統制力が弱まり、外蒙古では一九二四年モンゴル人民共和国が成立し、内蒙古の政情も流動化した。

国民政府は一九二八年熱河と同時にチャハル・綏遠にも省制を施行し、チャハル省にシリンゴール盟とチャハル部を、綏遠省にウランチャップ盟・イクチャオ盟をそれぞれ編入したが、この結果蒙古民族は従来の盟と省政府との二重行政をうけることになり、行政をめぐる内蒙古王公と省政府との対立が増大した。さらに一九三二年満州国が出現し、熱河作戦をへて、東部内蒙古におけるホロンバイル部・チョリム盟・チョソット盟・チャオウダ盟が満州国に吸収されたことは、内蒙古王公に衝撃をあたえた。

塘沽停戦協定後の一九三三年七月一五日、内蒙古各盟旗の王公らは百霊廟(綏遠省ウランチャップ盟)で蒙古自治準備会議(内蒙古全体会議・蒙古王公会議ともいう)を開催し、内蒙古自治問題について協議した結果、八月一九日国民政府行政院その他にたいして「自治要求請願文」を通電し、

　既に外蒙はソ連に剝奪されて十年、今や哲里木(チョリム)盟、呼倫貝爾(ホロンバイル)また日本に併呑され、昭烏達(チャオウダ)、卓索図(チョソット)の両盟も相継いで覆没されるに至った。あまつさえなお西蒙古を策動し、華北を脅かしつつある現況である。蒙古は今や千鈞

一髪の危険に曝されているといえる。……蒙古が急遽努力して自決自治を図って対応しなければ、一旦強敵が国境に迫らんか、たちまち国土は覆没し、弱小蒙古は悉く蚕食し去るべし。

と述べ[5]、蒙古の「自決自治」を要求した。

内蒙古王公らはその後も会議を重ね、一〇月二四日内蒙古自治政府組織大綱を発表し、委員長ウンダンワンツカ(雲王、ウランチャップ盟盟長・)副委員長ソーナムラプタン(索王、シリンゴール盟盟長)・同サクトルチャプ(沙王、イクチャオ盟盟長)・政務庁長トムスクトンロップ(徳王、シリンゴール盟副盟長)などの人事を決定した。このなかでイニシァティブをとっていたのは西スニト旗の長である徳王であった。

内蒙側の要求にたいして、国民政府は曲折の末に結局譲歩し、一九三四年三月蒙古自治問題弁法原則八項令、蒙古地方自治政務委員会組織大綱等を公布し、四月二三日百霊廟で右と同じ顔ぶれによる蒙古地方自治政務委員会(蒙政会)が発足した。

蒙政会の発足によって内蒙自治運動は一応の目的を達成した。しかし国民政府およびチャハル省政府(主席宋哲元)・綏遠省政府(主席傅作義)はその後も蒙政会にたいする妨害や切り崩しを重ね、蒙政会内部でも徳王への反感などで紛争が絶えず、徳王側は国民政府側への反発を強めた。[6]

こうしたなかで、一九三五年に入り関東軍は内蒙工作をいよいよ本格的に推進しはじめた。同年一月四日関東軍は、新任の板垣征四郎参謀副長を中心に幕僚・特務機関長・中国駐在武官らの参加する会議を大連でひらき、華北分離工作・内蒙工作について検討した。その際の関東軍参謀部「昭和十年一月大連会議ニ於ケル関東軍説明事項」は従来知られていない文書[7]なので、以下に内蒙工作の部分を紹介しておこう。

五、対蒙情勢判断

(一)、内蒙ニ対シテハ従来主トシテ文化経済的扶植発展ヲ策シ同地方蒙民ヲシテ日満依存ニ導キタルガ、満州国ノ発達ニ伴ヒ略々其緒ニ就キ将来有事ニ際シテハ若干ノ援助ト圧力トヲ加フルコトニ依リ我欲スル如ク指導シ得ルノ確信ヲ得タルモ、今後益々既往施策ノ拡充ヲ図ルト共ニ首脳者ノ実力培養ヲ直接目的トスル政治工作特ニ一般民心ノ把握ニ努メンコトヲ期ス。

之ガ為通遼蒙古軍官学校ニ於ケル察哈爾人材ノ養成、塩政策等ノ外、首脳者ニ対スル物質的援助、対蒙貿易ノ促進殊ニ対蒙交通、通信機関ノ整備等ニ努力ス。而シテ之ガ実施ニ方リテハ機ニ応ジ喇嘛(ラマ)教ヲ利用シテ精神的ニ人心ヲ把握スルニ努メ、又徒ラニ物質的恩恵ヲ施シ彼等ヲシテ之レニ狎レシメザルコトニ着意ス。

内蒙ニ浸潤セントスル外蒙勢力ノ排除ニ関シテハ朱〔実夫〕、白〔海峰?〕ノ如キ赤系人物ノ処分並蒙古自治政府ノ強化ニ依リ其ノ目的ヲ達セン コトヲ期ス。

(二)、外蒙ニ対シテハ従来未ダ充分ナル施策ヲ講ジ得ザル状況ニアルモ、将来特ニ機会ヲ作為シ対外蒙施策ノ端ヲ啓キ、満蒙貿易ノ復活延テ両国ノ相互承認ニ迄発展セシメ、為シ得レバ庫倫(クーロン)等ニ満州国領事館ノ開設ヲ促シ、其他察省西北境ニ於ケル諜報網ノ拡充等ヲ図リ外蒙ニ対スル諜報宣伝謀略上更ニ一歩ヲ進メンコトヲ期ス。

六、錫林郭勒盟長問題

錫盟長索王は十二月上旬北平方面ニ出発セリ、其旅行ハ索王ノ信仰ニ依ルカ支那政府ノ誘出ニ依ルカ未ダ明カナラザルモ、少クモ北平方面ニ滞在間支那側ヨリ不良ノ作用ヲ受クルノ公算ハ大ナリト予期セザルベカラズ。若シ索王ニシテ反満的トナルガ如キコトアラバ軍ハ特別施策ニ依リ徳王ヲ以テ之ニ代ラシムルモ一案ナルベシト信ズ。

七、宋哲元軍ニ対スル態度

軍ハ満州国境外ニシテ〔塘沽〕停戦協定線ノ延長部分間ニ在ル宋軍ノ配置ハ黙認スルモ、明カニ満州国内ニ在リ若クハ国境線上ニ在ルモノニ対シテハ常ニ之ガ撤退ヲ要求ス。之ガ為満州国内ニ於テハ所要ニ応ジ在満兵団ヲ使用スベク、又国境外ニ於テハ飛行隊ヲ以テ視察監視スルノ外、特ニ北平武官ノ協力ニ依頼ス。

八、熱河省西南部国境問題

軍ハ該地方ノ国境ヲ殊更ニ明確ナラシムルノ要ヲ認メズ。支那側ニシテ我信ズル国境線ヲ犯シアル時ハ我方ノ見解ニ基キ各種手段ヲ講ジ之ガ駆逐ヲ図ルコト前述ノ如シ。

関東軍トシテハ多倫ハ永久ニ之ヲ支那側ニ接収セシムル意志ナシ。之カ為左記ノ理由ヲ以テ応酬セントス。満州国内ニ対シ支那方面ヨリ陰謀団ノ進入スル現況ニ鑑ミ多倫ヲ接収セシムルハ益々其策源地化スルノ虞アルモノト認ム。

殊ニ李守信軍ノ治安維持ニ関スル貢献ニ鑑ミ軍ハ該地方ノ動揺ヲ惹起スルノ虞アル変革ヲ希望セズ。

この大連会議の方針は、要約すれば、内蒙にたいする政治工作を強化すること、従来工作対象としてきた索王にかえて徳王の起用を考慮すること、チャハル省の宋哲元軍を満州国国境から排除すること、多倫の李守信軍による察東特別自治区をあくまで確保することなどであった。もっとも大連会議での関東軍の関心は、河北省を当面の対象とする華北分離工作により大きく向けられており、内蒙工作はこの時点ではなお控え目なものであった。

しかし大連会議後間もない一月二三日、チャハル省境から熱河省内に入った宋哲元軍と関東軍とが衝突し、宋軍を長城線外へ撃退するという第一次熱西事件がおこった。これは大連会議の方針の七を実行に移したものであり、関東軍の実力による宋軍排除の第一歩となった。また三月には田中隆吉中佐――第一次上海事変の謀略を仕組んだ――が関東軍第二課参謀として着任し、かつて一九二七―二九年支那研究員として張家口に駐在した際、「徳王と相知り、共に語り合った仲」[8]であることを利用して、徳王を対象とする工作を積極化した。

一方、河北省では五月末から支那駐屯軍が動き、六月一〇日の梅津・何応欽協定で国民党勢力を河北省から排除した。この華北分離工作の進行に呼応して、関東軍は内蒙工作を推進した。六月五日関東軍特務機関員が宋哲元軍に一時監禁される第二次張北事件、ついで一一日満州国官吏が熱河省内で宋軍から射撃される第二次熱西事件が発生すると、関東軍は宋哲元側を威圧し、二七日奉天特務機関長土肥原賢二少将とチャハル省主席代理秦徳純とのあいだで、チャハル省東部の熱河省に接する地域からの宋軍の移駐、排日機関の解散、責任者の処罰、日満の対蒙工作の承認、日本人の軍事・政治顧問の招聘、日本軍の飛行場・無線電信の設置、その他をとりきめた土肥原・秦徳純協定が成立した。

この協定により宋軍は河北省に移駐し、宋軍が撤退した地域の治安維持には中国人・蒙古人の両隊からなるチャハル省保安隊があたることになり、蒙古人保安隊の長官にはチョトパジャップ(卓王)が就任した。

土肥原・秦徳純協定により関東軍の内蒙工作は大幅に前進した。関東軍が徳王らと対立する宋哲元軍を排除したことは、関東軍にたいして警戒的であった徳王の態度を変化させ、関東軍に接近させた。七月関東軍は徳王に旅客機を贈り、徳王も西スニトの飛行場建設に同意するなど、両者間の提携がはじまった。

七月二五日関東軍参謀部「対内蒙施策要領」が策定されたが、それは「軍は対蘇作戦並之が準備の為必要とする平時諸工作を有利ならしめ、且満州国の国防及統治を安全容易ならしむる目的を以て、先づ内蒙に於ける親日満区域の拡大強化を図り、北支工作進展に伴ひ内蒙をして中央より自立するに至らしむ。施策の重点は多倫及西蘇尼(スニト)特方面に指向す」という方針のもとに、チャハル省では徳王・卓王・李守信を連携させ、綏遠省では「先づ傅作義の態度、真意を明徴にし、若し彼にして誠意なきに於ては之を打倒す」と定めた。[9]

八月五日張家口特務機関長松井源之助大佐とチャハル省保安隊の中国側保安司令張允栄とのあいだで、中・蒙両保安隊の守備境界線が協定された。

九月一八日関東軍の板垣参謀副長・河辺虎四郎第二課長・田中隆吉参謀が西ウジムチンに徳王を訪れ、徳王支援の意向をつたえた。[10]

一一月徳王は答礼に新京を訪れ、関東軍司令官南次郎大将と会見し、蒙古人部隊の編成訓練の希望を述べ、板垣参謀副長から五〇万円の工作費を受領した。その際、徳王は興安西省の割譲を要求したが、関東軍側はこれを拒否し、[11]チャハル省での地盤拡張に向かわせた。徳王は帰途に多倫に立ち寄り、李守信とはじめて対面し、提携した。

関東軍は保安隊守備境界線に関する松井・張協定を楯に、一二月察東特別自治区の李守信軍を支援して、チャハル部左翼四旗の地域である口北六県(沽源・宝昌・康保・徳化・張北・商都、察東六郡ともいう)へ南下させた。李軍は口北六県を占領して行政を掌握し、通貨には満州国幣を導入した。

この察東事件(六郡事件)によって、中国保安隊は長城以南へ追われ、チャハル省の長城線以北の農耕地帯が徳王＝李守信したがって関東軍の支配下に入った。徳王側は翌三六年一月二三日従来のチャハル部をチャハル盟に改組し、[12]蒙古人保安隊長官の卓王を盟長にすえて、地盤を固めた。

この間に河北省では、三五年一一月二五日冀東防共自治委員会(一二月二五日冀東防共自治政府と改称)の出現につづき、察東事件に出動した関東軍の威圧をも背景として、一二月一八日冀察政務委員会が成立し、華北分離工作もさらに前進した。

徳王と日本側の動きに対抗して、国民政府は一九三六年一月二五日綏遠省境内蒙古各盟旗地方自治政務委員会暫行組織大綱を発布し、ウランチャップ盟・イクチャオ盟の各旗、綏東五県のチャハル盟右翼四旗、帰化城トムト旗を地域とする綏境蒙政会をつくり、イクチャオ盟盟長沙王を委員長に任命した。これはチャハル盟の結成を阻止するとともに、蒙政会を分裂させる措置であり、従来の蒙政会は徳王派のシリンゴール盟・チャハル盟の一部のみの組織となった。

蒙政会の分裂によって対立はいちだんと激化した。徳王側は、関東軍の指導のもとに、二月一〇日西スニトで蒙古軍政府(内蒙軍政府ともいう)を樹立し、当初は秘密としたが、五月二五日徳化を首都として公然化させた。主席に徳王、副主席兼蒙古軍総司令官に李守信が就任し、六月には徳王・李守信が新京に赴き、満州国との間に相互援助協定を結び、徳王は満州国皇帝溥儀から武徳親王の称号を授けられた。

関東軍の方針もますます大がかりとなった。「昭和十一年度関東軍謀略計画」では、内蒙・西蒙・外蒙工作はもとより、青海工作・新疆工作・欧亜連絡航空路基地設定などの西北工作がとりあげられ、「満州国からトルキスタンに至り、ドイツとの連携をも予期する防共回廊の建設という関東軍の遠大な構想の一端」が示された[13]。

七月には田中隆吉参謀が内蒙古特務機関長を兼任し、綏遠省への武力侵攻を積極的に推進した。田中は冀東特殊貿易の収益を主な資金として謀略部隊を編成し、関東軍の援助・指導のもとに、蒙古軍を綏遠省に侵攻させた。しかし一二月一四日以降ホンゴルトを攻撃した蒙古軍は中国軍の反撃をうけて潰走し、さらに二四日蒙政会の本拠であり前進根拠地とした百霊廟を傅作義の率いる中国軍に強襲され、占領された。田中は蒙古軍に百霊廟奪回を命じたが、中国軍に撃退されたうえ、蒙古軍の一部はシラムリンで反乱を起し、軍事顧問の小浜氏善予備役大佐らを殺害して、中国軍に投降した。

こうして綏遠事件は、蒙古軍＝関東軍側の惨敗に終り、中国の抗日意識のいちじるしい高揚という皮肉な結果をえただけで、内蒙工作の一頓座を来たした。

（1） 内蒙工作および内蒙自治運動については、福島義澄編『蒙彊年鑑　成紀七三九年（昭和十九年）版』蒙疆新聞社、一九四三年、七一頁以下、秦郁彦『日中戦争史』河出書房新社、一九六一年、一〇五頁以下、島田俊彦「華北工作と国交調整」日本国際政治学会太平洋戦争原因研究部編『太平洋戦争への道〈3〉日中戦争〈上〉』朝日新聞社、一九六二年、二二五頁以下、稲葉正夫「内蒙工作」島田俊彦・稲葉正夫・解説『現代史資料〈8〉日中戦争〈1〉』みすず書房、一九六四年、lix頁以下、松井忠雄『内蒙三国志』原書房、一九六六年、中嶋万蔵（蒙古連合自治政府総務庁総務科長）「蒙彊回顧録」前掲『高原千里』四三頁以下、その他を参照。

（2） 稲葉「内蒙工作」lxii頁。

（3） 『現代史資料〈8〉日中戦争〈1〉』四四七頁。

（4） 同前、四六八頁。

（5） 中嶋「蒙彊回顧録」五二頁。なお満州国の出現が内蒙古王公の内蒙自治運動に及ぼした影響について、たとえば「興安省を設け、漢人の入植を禁止して、ここに他省よりも寛大な自治をみとめたことによって……彼らの民族意識をあおった」（島田「華北工作と国交調整」二二六頁）とか、満州国が「蒙古民族を一員として五族協和を標榜し……蒙古に広範な自治を認めたことにより、内蒙古王公らに「自治の希望が油然と湧き上って来た」（中嶋「蒙彊回顧録」五一頁）とかと、しばしば肯定的に評価されるが、通電に明らかなように、満州国・熱河作戦・内蒙工作は、内蒙古王公らに民族の「覆滅」「覆没」をもたらす脅威として受けとめられたのである。一九三五年八月関東軍第二（情報謀略）課長になり徳王工作にあたった河辺虎四郎（当時大佐）は、「徳王は元々「ジンギスカン」蒙古の再現を夢想して居りましたので、蒙古の独立は希望する所であるけれども併し満州側に入って仕舞ふことは嫌だといふ感じを持って居り、関東軍に対しては一抹の疑惑を持ち容易に靡いて来なかったのでありますと回想している（「河辺虎四郎少将回想応答録」小林龍夫・稲葉正夫・島田俊彦・臼井勝美・解説『現代史資料〈12〉日中戦争〈4〉』みすず書房、一九六五年、四〇五頁）。

（6） 中嶋「蒙彊回顧録」によれば、「徳王の家柄は郡王であり、また他の老王公達からみれば若輩であり、旗も特別に裕福とはいい難い。自治運動の推進者としては情熱と能力は認められていたが、彼も他の王公に対しては相当遠慮があったようで、常に理解者である雲王をたてて行動していた」という（五五頁）。なお「郡王」とは清朝から授けられた爵位で、「親王」の次位にあたる。また満州国国務院総務庁秘書処長・総務庁参事官・参議府秘書局長等を歴任した神尾弌春『まぼろしの満州国』日中出版、一九八三年、は「日本軍に蒙古通がおらず、成吉斯汗以来の名家をさしおいて、家筋の点で劣る野心家徳王を利用した点で、対蒙政策は初めからピントが外れていた」という(三五頁)。

(7) 陸軍省『昭和十年満受大日記(密)十一冊内其一』(国立公文書館蔵)所収。この文書の華北分離工作に関する部分については江口圭一「十五年戦争史研究の課題」『歴史学研究』第五一一号、一九八二年一二月、一六一―一七頁で紹介した。

(8) 田中隆吉「上海事変はこうして起された」『別冊知性〈5〉秘められた昭和史』河出書房、一九五六年、一八四頁。

(9) 『現代史資料〈8〉日中戦争〈1〉』四九二―四九三頁。

(10) この会見について、島田「華北工作と国交調整」は一九三五年五月とするが(二二八頁)、河辺が第二課長となるのは三五年八月一日である。また防衛庁防衛研修所戦史室(森松俊夫執筆)『戦史叢書　支那事変陸軍作戦〈1〉』朝雲新聞社、一九七五年(以下『支那事変陸軍作戦〈1〉』と略記)は、三五年五月とするとともに、板垣・田中および第一課長石本寅三大佐が会見したとする(六一頁)。しかし七月二五日付の「対内蒙施策要領」には、「特に徳王に対し適当の機会に満州国内少くも多倫又は貝子廟(ベイズミョウ)に来り関東軍に敬意を表し軍最高責任者と意志の疎通を図らしめんことを期す」(『現代史資料〈8〉日中戦争〈1〉』四九七頁)とあり、すでに板垣らが徳王と会見済みであるような記述はみられない。「昭和十年九月十八日、丁度満州事変記念日でしたが、其の日板垣参謀副長は徳王を西烏殊穆沁(ウジムチン)王府の包の中に訪ひましてしみ〴〵と説得せられました。私は其の時御供をしました……この日の会見が終ってから数週間を経て、徳王は新京に参りまして完全に恭順の意を表しました」(「河辺虎四郎少将回想応答録」四〇六―四〇七頁)の回想が正確であろう。

(11) 一九三二年三月九日設置された興安省には、四月五日興安南・東・北の三分省がおかれ、熱河作戦をへて、三三年三月一〇日シラムリン河北側のチャオウダ盟の地域に西分省が設置されたが、三四年一二月他の各分省とともに省として独立し、興安西省となった。

(12) チャハル省南部の蒙古人は清朝に早くから服属したため、清朝はこれを直属として八旗にわけ、他の蒙古各族と異なって世襲の旗長を設けず、中央任命の総管をおき、張家口都統が統轄した。一九二八年省制施行に際して、右翼四旗は綏遠省に編入された。徳王側はこのようなあり方を不満として、かねてから盟の結成を目指していた。

(13) 秦『日中戦争史』一一〇―一一一頁、松井『内蒙三国志』一六一―一六四頁。

第三節　内蒙工作と阿片

熱河作戦と同時に開始された内蒙工作は、蒙古王公の内蒙自治運動を利用しつつ、察東特別自治区の設定、土肥原・秦徳純協定、察東事件、蒙古軍政府の樹立、綏遠事件と展開されてきたが、それではそれは阿片とはどのようなかかわりをもっていたであろうか。

一九三六年一月関東軍参謀部「対蒙(西北)施策要領」は、前述した前年七月の「対蒙施策要領」を発展させ、

軍は帝国陸軍の情勢判断対策に基き、対蘇作戦準備の為必要とする外蒙古の懐柔及反蘇分離気運の促進を図ると共に、対支工作の進展に資し且満州国の統治及国防の基礎を鞏固ならしむる目的を以て、徳王の独裁する内蒙古軍政府の実質を強化すると共に其勢力を逐次支那西域地方に拡大し、北支工作の進展に伴ひ内蒙をして中央より分離自立するに至らしむ。施策の重点は当初現在の軍政府の管轄区域内重要部門の整備強化に置き、其成果挙がるに従ひ之を根拠として其勢力を綏遠に扶植し、次で外蒙古及青海、新疆、西蔵等に拡大せんことを期す。

という方針を掲げた(1)。

またこの関東軍の方針にたいして軍中央が指示した「対内蒙施策実施要領」は、関東軍の行動を抑制しつつ、「経済指導の中心は蒙民の牧畜助長改善を主眼とし、漢人の搾取を防遏し又地下埋蔵資源の開拓に著意するものとす。食糧資源の運営は我方に其実権を掌握すること必要なり」と指摘した(2)。

日本陸軍の内蒙工作は、これらの文書に示される方針によるかぎり、対ソ戦争準備の一環として、満州国西方の内

蒙古を確保し、さらにその内蒙支配を足場として、華北・外蒙・西北に支配を拡大しようという軍事的・政治的目的を追求するものであり、それに付随して地下埋蔵資源を主とする戦略物資の獲得を期待するものであったといえよう。

関東軍の内蒙工作に関する公的決定には、阿片の獲得自体を内蒙工作の目的の一つとして掲げるような記述はまったく見出せない。ただ一つ、チチハル特務機関長松室孝良大佐の「満州国隣接地方占領地統治案」(3)(一九三四年二月)において、「蒙古地方の産業は牧畜を主とし今尚原始状態にありて未だ資本主義経済の殆んど発達せざる現状に鑑み之れに統制を加へず。但し左の諸事業は国営とす」として、「阿片の専売」が、塩専売・鉱業・林業・通信事業・鉄道事業・自動車営業・電気事業とともに挙げられているにとどまる。(4)

しかしこのことは内蒙工作が阿片と無関係であったことを意味するものではない。内蒙古特務機関長として綏遠事件をひきおこした田中隆吉は、「元々内蒙の地は不毛の荒地で、農産鉱産に乏しく、牧畜と阿片取引が主たる財源であるが、傅〔作義〕軍が山西から綏遠にかけて進出して来たので、対南方交易特に阿片取引は途上で阻止されるようになり、その上南京政府からの経費は後れ勝ち(ママ)なので、徳王は傅作義軍を、南方に退けたいと熱望するようになり、関東軍に接近して来たのである」と述べている。(5)

綏遠事件の際の内蒙古特務機関補佐官であった松井忠雄(当時大尉)も、「実際……は、蒙古軍政府の経済的破綻という破目に追いやられていた。〔田中〕隆吉は軍政府の自立は可能だとして、阿片の生産にたよった。しかし、この経済参謀は、耕地に単位面積当り生産数字をかけただけで安心していた。だが、阿片の栽培は技術がいり労力がいる。そして質がものをいう。出来秋のそれを、満州専売局の手で検査して貰うと、全部落第、引取る条件は劣悪だった。そこで、これを救うためには、綏遠省東部に併合されていたチャハル蒙古の土地を軍政府に吸収することが考えられた。この地方は雑穀の産地で、平津地区の下層民の台所を賄っていた」と記している。(6)

また百霊廟特務機関嘱託として徳王の側近にあった中嶋万蔵は、「軍政府の財政収入源として頼るところは察哈爾盟以外になく、それも漢人地帯の各県からの収入であり、徳化では察哈爾公署の仕送りで徒食している状態であり……関東軍も蒙古軍政府が出来たものの、この地盤だけでは到底財政的に自立は困難であり、蒙古側も出来得れば、穀倉地帯の旧察哈爾西四旗を綏遠省から取りかえたい(ママ)との希望もあり……機会あるごとに関東軍に〔綏遠攻略を〕勧奨していた」と回想している。(7)

徳王の本来の地盤であるシリンゴール盟は、面積約一七万八五二〇平方キロメートルで、日本本州の約七七%に及ぶ広大な地域であるが、一九三六年末現在の蒙古人人口三万九五八八人、一九四三年三月末の漢人を含む総人口五万八三一三人にすぎず、「産業の主要なるものは牧畜にして次で鉱業で、農林については気候、風土、慣習よりして見るべきものなし」という状態であった。(8)

これでは徳王や関東軍が蒙政会あるいは蒙古軍政府を作っても、財政的にまったく自立しえないことは明らかである。このため蒙政会の発足にあたっては、蒙古自治問題弁法原則八項令で、蒙政会経費を中央から支給すること、「省県が盟旗地方に徴する地方税収はすべからく若干を盟旗に支給し、その建設費とする」(9)ことがうたわれたが、この経費・税収問題は蒙政会と国民政府側との確執の最大の焦点の一つとなった。

「内蒙税収問題ヲ廻ル蒙古地方自治政務委員会ト綏遠省政府トノ確執」と題する外務省文書(10)によると、

蒙古地方自治政務委員会(蒙政会)成立以来、南京政府ハ該会ノ経費トシテ月額三万円ヲ支給スルコトトナリ居タルガ、種々ノ口実ノ下ニ之ガ支給ヲナシタル形跡ナク、蒙政会ハ維持困難ニ陥リ、一時蒙政会撤廃ノ風聞サヘ流布サレ、徳王ハ……中央ニ対シテ三万元ノ支給方ヲ懇請シ居タルモ埒明カズ、之ガ報復手段トシテ、従来百霊廟ニ於テ綏遠省側ガ甘粛、寧夏方面ヨリ来レル阿片、其他ノ商品貨物ニ対シ徴税シ居タルト別ニ、徳王ハ百霊廟ノ外、黒沙図(ハシャト)(百霊廟西北五百支里)、烏泥烏蘇(ウニウス)(百霊廟西北五百六十支里)等ニ本年〔一九三五年〕二月初旬保安隊三百余名ヲ派遣シ、此等ノ地ヲ通過スル自動車、駱駝ニ通行税或ハ阿片通過税及貨物税ヲ徴収セリ。一方、綏遠省側ニ於テハ第七十師王靖国ガ……兵ヲ前記黒沙図、烏泥烏蘇ニ分駐セシメ、保商隊ト称シ、蒙政会保安隊ト対抗シ課税ヲ強制スルニ至リ……徳王ノ保安隊ハ……王靖国部隊ニ圧迫サレ、之ガ解散ヲ余儀ナクサレタリ。

蒙政会ニ於テハ自治指導長官タル何応欽ニ対シ、之ガ了解解決ヲ求ムル一方、黒沙図、烏泥烏蘇ニ於ケル王靖国部隊ノ撤退ヲ綏遠省ニ要求シ……三月ニ至リ……綏、蒙双方ハ黒沙図其他四ケ所ニ連合稽査処ヲ設ケルコトトシ、税額ノ三分ノ一ヲ蒙政会ニ支給スルコトニナリ、蒙古側ハ承認セルモ、徳王ハ付帯条件トシテ張家口ヨリ甘粛方面ニ至ル張甘汽車公司ノ自動車路保護ト之ガ輸送貨物徴税ヲ確保センコトヲ提議シ、再ビ紛糾ヲ醸スニ至レリ。綏遠省政府首席傅作義ハコノ問題ニ対シテハ初メヨリ緘黙ノ態度ヲ取リ、徳王ノ該付帯条件ナド問題ニセザル有様ニテ、今尚考慮中ト称シ、王靖国軍モ包寧路護路ノ責任アリト称シ全然撤退セズ、一方又綏遠、包頭等ノ商人モ蒙古側各地ノ徴税ニ反対ノ請願ヲ省政府ニ提出シ、蒙政会ハ苦境ニ立到レリ。

と観察されていた。

徳王は綏遠攻撃にあたって一九三六年一一月五日傅作義あての通電で、綏遠省側の蒙政会「破壊」の企図の第一として、「貴省の各項税収はすべてこれを蒙地及び蒙古人から徴収している。中央の発布した蒙古自治の原則に従へば、貴省は各項税収を以て一律その若干を蒙古に分割支給すべきことになっている。……〔しかし〕明令を曲解し種々の口実を設けて年余を経るも結局分文も支給しなかった」ことを挙げ、糺弾した。(11)

この時期の綏遠省の財政収入については、

国家歳入および地方特税

禁煙稽査処	二七〇万円
塞北関	八〇万円
懇務総局	三〇万円
塩務収税所	一二万円
財政庁（印花税）	一〇万円
財政庁（菸酒税）	三〇万円
統税査験所	一万円
小　計	四三三万円
省地方収入	
財政庁（各県公署）	三〇〇万円
禁煙弁事処	一〇〇万円
其　他	五万円
小　計	四〇五万円
総　計	八三八万円

という数字があげられている。(12)

このうち禁煙稽査処と禁煙弁事処が阿片税収である。禁煙稽査処は「阿片ニ関スル徴税方面ヲ分担スル官庁デアッテ山西省太原ノ晋綏財政整理処ノ直轄ニ属シ、其ノ収納セル正税ハ山西軍閥ノ収入ニ帰属シ、付加税（教育付加款・

賑款）ハ本政府〔綏遠省政府〕ニ属シテキタ」[13]。また禁煙弁事処は「省政府ニ直属シ主トシテ各県煙畝罰款ノ収納ニ当ツタ」[14]。右の数字では前者二七〇万元、後者一〇〇万元、計三七〇万元で、財政収入総計八三八万元のうち約四四％が阿片税収であった[15]。

一方、傅作義軍の軍費は約三〇〇万元で、うち約一〇〇万元が中央からの補助により、約二〇〇万元が綏遠省税収によって支弁されていた[16]。これにたいして関東軍・満州国は軍費として蒙古軍政府に月額約三〇万元の補助をあたえていた[17]。

シリンゴール盟とは比較にならぬほど人口稠密で物産豊富・流通旺盛な察東乃至平綏線（北平―綏遠）沿線地方は、徳王側にとってまさに垂涎の地であり、関東軍にとっても、徳王勢力を内蒙工作の手先として利用しようとする限り、ぜひとも手中に収めねばならぬ地域であった。この欲望と必要とから察東事件がおこされ、さらに綏遠事件が企てられた。

察東事件に関連して、東京裁判ではいくつかの検察側書証が提出された。その一つである上海駐在アメリカ財務官E・M・ジャコブソンの一九三六年六月六日付「北察哈爾六県ノ陥落以来ノ同地ニ於ケル麻酔剤ノ脅威」と題する報告書は[18]、

李守信統率ノ傀儡軍隊ハ芥子ノ増産ヲ百姓ニ奨励シタ計リデ無ク、日本人ノ意志ニ従ツテ「麻酔政策」ヲ実施シ始メマシタ。北察哈爾各六県ニハ「ヘロイン」ノ店ガ開カレ、多倫ニハ「モルヒネ」及ビ「ヘロイン」ヲ作ル工場ガ設ケラレマシタ。

最近板原組合ト云フ名称ノ一薬店ガ、南察哈爾十県ニ麻酔剤ヲ売ル目的ヲ以ツテ、張家口ニ設立サレマシタ。張家口衛戍司令官張元栄ハ其レヲ事前ニ防グ事ハドウシテモ出来マセンデシタ。北察哈爾カラ張家口及ビ西察哈爾

迄ノ麻酔剤ノ輸送ハ、傀儡軍ノ車輛護衛ノ下ニ張家口―庫倫(クーロン)公道ヲ通ジテ行ハレテ居リマス。此等ノ地方ニ於ケル販売代理人ハ殆ンド地方ノ無頼漢デアリマス。

北察哈爾ニ於ケル麻酔剤取引ニ関スル統計表左記ノ如クデアリマス。

第一表　北察哈爾六県ニ於ケル麻酔剤販売店

県名	店舗数	経営者ノ国籍
多倫(ドロン)	十五	日本人
宝昌	九	同右
沽源	十二	同右
張北	九	同右
商都	五	同右
康保	五	同右

第二表　張家口及ビ北察哈爾六県ニ於ケルヘロインノ値段

地名	一タエル当リ
多倫	三十七弗
宝昌	三十八弗乃至三十七弗
沽源	同右
張北	同右
商都	同右

張家口　　四十五弗

と述べている。

また上海駐在アメリカ財務官M・R・ニコルソンの一九三七年四月八日付「北察哈爾ニ於イテ日本側ガ罌粟栽培ヲ奨励ス」と題する報告書は、(19)

最近、阿片用罌粟栽培ノ奨励手段トシテ、北察哈爾ノ六県地方ニ於ケル日本官憲ハ、地方ノ県長官ノ名デ百姓ニ布告ヲ発シ、罌粟ヲ要求通リ、栽培スル様奨励シ、栽培者ニ対スル報酬ヲ次ノ如ク発表シタ。

(一)　阿片用罌粟ヲ、要求通リ栽培スル者ニ対シテハ、地租ヲ免除セラルルコト。

(二)　五畝以上ノ栽培者ニ対シテハ、前記(一)ニ記載セル報償ノ外ニ、強制兵役ヲ免除セラルルコト。

(三)　廿畝以上ノ栽培者ニ対シテハ、(一)及(二)ニ記載セル報償ノ外ニ、県政府ヨリ名誉証ヲ交付セラルルコト。

(四)　五十畝以上ノ栽培者ニ対シテハ、(一)、(二)及(三)ニ記載セル報償ノ外ニ、村又ハ地方ニ於ケル長老ノ資格ヲ与ヘラレ、且公職候補者トシテ登録セラルルコト。

(五)　阿片配給協力協会ヲ、日本商社及地方ノ県政府合同主催ノ下ニ、関係六県地方ニ創立スルコト。是等ノ協力協会ハ百姓カラ阿片ヲ一両($1\frac{1}{3}$オンス)六拾仙ノ定価デ買ヒ取リ、ソレヲ、日本ノ庇護ノ下ニ北支方面デ売リツケル。斯クノ如クニシテ、是等ノ六県地方ノ財政状態ハ、著シク恩恵ヲ蒙ムルモノデアルト傀儡官憲ハ謂ツタ。日本人ハ阿片ヲ栽培者カラ定価デ買ヒ取ル為、六県地方ニ阿片蒐集機関ヲ開設シタ。罌粟畑一畝毎ニ、生阿片百テール宛ヲ専売代理店ヘ売リ渡サネバナラナイ。傀儡政権ノ国境内ノ阿片常用者ハ、彼等ノ阿片消費量ヲ減ズルコトヲ許サレナイ。阿片栽培者又ハ常用者側ノ些少ノ落度モ厳重ニ処分サレル。阿片ニ他ノ成分ヲ混ジテ専売局ヘ売渡シタタメニ、多数ノ阿片栽培者ガ死刑ニ処セラレテ居ル。

と述べている。

さらに上海駐在アメリカ財務官E・M・ゼーコブソンの一九三六年五月九日付「察哈爾及熱河ニ於ケルヘロイン製造ニ関スル報告書」[20]は、

日本軍ノ北察哈爾六省侵入後、坂田組ハ張家口ニ支社ヲ設置シタ。此所ニ於テハ一七〇人ノ就業員ガキテ、一日八十包ノヘロイン製造能力ヲ有シテ居ル。各包ノ正味ノ重量ハ一八両デ価格ハ六百弗デアル。……坂田組ノ張家口支社ニハ大型水瓶四十個以上、井戸、ポンプ、木製圧搾機十二個、攪拌棒八十本、濾過器五十個、木製大桶四十個、木製杓六十、及数百ノ布製袋、大量ノ石炭、工業用紙、其他此ノ目的ノ為ニ必要ナル物品ヲ備ヘテキル。

と述べている。

日本の内蒙工作は阿片と深く結びついて推進され、罌粟栽培および阿片・麻薬の奨励を伴うものであった。日本の勢力範囲の拡張は、同時に、阿片・麻薬による汚染範囲の拡張であった。綏遠事件に際して海軍側は、「今回ノ内蒙経略ニ関シテハ陸軍部内ニ於テモ絶対極秘トシ当地陸軍武官等ニモ事実何等ノ通知ナシ。然レドモ……諸情報ヲ綜合スルニ……現ニ内蒙経略ニ要スル経費ノ一半ハ冀東政府特殊貿易収入中ヨリ捻出サレアルガ、内蒙ノ財政難ヲ緩和シ且将来本工作ヲ進捗セシムルニハ、是非綏遠包頭方面ニ出デ同地方ニ於ケル阿片収入ヲ押エザルベカラザル実情ニアリ。旁々第一段ノ目標ハ長城線黄河以北ノ綏遠ニアルモノト推測[21]」していたが、この推測は正鵠をえていたのである。

(1) 前掲『現代史資料〈8〉日中戦争〈1〉』五四〇頁、前掲・秦『日中戦争史』三三九頁。なお、両書ともこの文書を一九三六年一月策定とするが、三六年二月一〇日成立の蒙古軍政府が「現在の軍政府」と記されており、日時が前後する。この点、前掲・松井『内蒙三国志』は、前掲「昭和十一年度関東軍謀略計画」(四一頁)が「『西北施策要領』として関東軍の永年計画に決定されたのは、〔三六年〕五月、田中隆吉が起案して幕僚会議にかけて認可されたことによる。これは十一年度計画を骨子としたもので、蒙古軍政府を母胎としてこれを育成強化し、これを西北工作の基盤とするというのだった」(一六四頁)と述べており、時間的には五月とする方が経過により合致している。

(2)　『現代史資料〈8〉日中戦争〈1〉』五四七頁。

(3)　松室は前述のように承徳特務機関長として内蒙工作を推進したが、「あまり蒙古にばかり熱中したため」、三三年一〇月チチハル特務機関長に転任を命じられた(前掲・稲葉「内蒙工作」lxiv 頁)。

(4)　『現代史資料〈8〉日中戦争〈1〉』四七八頁。

(5)　前掲・田中「上海事変はこうして起された」一八四頁。

(6)　松井『内蒙三国志』一七二頁。

(7)　前掲・中嶋「蒙彊回顧録」六〇—六一頁。

(8)　前掲『蒙疆年鑑　成紀七三九年(昭和一九年)版』一七五頁。なお鉱業とは主にダブスノール(塩湖)の採塩を指す。

(9)　中嶋「蒙彊回顧録」五三頁。

(10)　「内蒙税収問題ヲ廻ル蒙古地方自治政務委員会ト綏遠省政府トノ確執」一九三五年三月三〇日、外務省記録「満蒙政況関係雑纂　内蒙古関係　五」A—6—1—2、所収。

(11)　北支那経済通信社編刊『北支・蒙疆現勢　昭和十三年度版』一九三八年、五五五頁。

(12)　東亜同文会業務部編刊『新支那現勢要覧』一九三八年、三七四頁、『北支・蒙疆現勢　昭和十三年度版』七二七頁。

(13)　満鉄・北支経済調査所「蒙疆ニ於ケル阿片」《資料5》二三一頁。

(14)　同前、二三〇頁。

(15)　同前によれば、一九三四年度禁煙稽査処徴税額は二四六万四〇〇〇元(二三五頁)、一九三六年度禁煙弁事処賦課額は一二〇万元(二三〇頁)であった。

(16)　『北支・蒙疆現勢　昭和十三年度版』七二七頁。

(17)　関東軍参謀部「蒙古工作の過去の経緯及将来に於ける軍の方針」一九三七年一月、『現代史資料〈8〉日中戦争〈1〉』六一二頁。

(18)　前掲『裁判速記録〈一〉』七九四—七九五頁、上記で省略された部分は東京大学社会科学研究所蔵『極東国際軍事裁判記録　検察側証拠書類〈81〉』による。なお、この報告書では多倫を含めて「北察哈爾六県」と呼んでいるが、一九三五年一二月李守信軍が占領した口北六県の地方は一般には察東と呼ばれる。

(19) 『裁判速記録〈一〉』七九五頁。

(20) 同前、七九一頁、『極東国際軍事裁判記録　検察側証拠書類〈81〉』。なおE・M・ゼーコブソンは前出(四九頁)のE・M・ジャコブソンと同一人物であろう。

(21) 一九三六年一一月一一日付、在北平・桑原重遠大使館付武官補佐官発、次官ほか宛、機密電報、『現代史資料〈8〉日中戦争〈1〉』六二一頁。

第四節　チャハル作戦

一九三七年七月七日蘆溝橋事件が発生すると、関東軍はきわめて積極的に反応した。八日、関東軍は参謀本部に出動準備を通報し、二〇時一〇分には「暴戻なる第二十九軍の挑戦に基因して今や北支に事端を生ぜり。わが軍は多大の関心と重大なる決意を保持しつつ厳かに本事態の成行を注視す」と声明した。(1) 関東軍が所管外の事件についてこのような声明を発表するのは「異例」であり、関東軍の「異常な関心」のほどを示すものであった。(2) 参謀本部第三(作戦)課員であった西村敏雄(当時少佐)によれば、「関東軍は数年前より内蒙と独特の関係を以て居りまして満州国の西境を安全にする為に謀略的にも戦略的にも亦戦術的にも相当の工作をして居ったのでありますが、北支事変が起った当時に此の関東軍の「イデオロギー」は再び活動を始め」たのであった。(3)

七月二八日、日本軍は平津地区で中国軍にたいする総攻撃を開始した。関東軍は内蒙古における兵力行使を軍中央に強く要請し、参謀本部の抑止方針を押し切って、八月五日に部隊を多倫(ドロン)に、さらに八日張北へ進出させた。九日参謀本部は「概ネ張家口以東ノ支那軍ヲ掃滅スベ」きチャハル作戦の実施を支那駐屯軍・関東軍に下令したが、(4) 関東軍は軍中央の意図をはるかにこえる大規模な構想のもとに作戦に臨んだ。

八月一三日付関東軍司令部「察哈爾(チャハル)方面政治工作緊急処理要綱」は、

帝国軍の平綏沿線経略に伴ひ先づ察哈爾省地域を粛正安定し、以て接満地域を明朗化し併せて平津方面に対する脅威を除去し、将来対内蒙並綏遠、山西工作等を有利に進展せしむるを以て根本方針とし、之が施策の為関東軍並満州国側より所要の支援を与ふ。

という方針のもとに、チャハル省に徳王の内蒙自治政府および察南自治政府からなるチャハル政権を樹立し、これを関東軍司令官隷下の張家口特務機関および日本人顧問の指導下におくこと、また「満州中央銀行援助の下に速に察哈爾銀行を管理」すること、「機を失せず満州国交通部関係官吏、満鉄職員、電々、電業会社等の技術員を派遣し交通、通信の確保、郵政の接収、配電等に遺憾なきを期す」ことなどを企図した。(5) これはチャハル省を〝第二満州国化〟して併呑しようという構想にほかならない。八月一四日付関東軍司令部「対時局処理要綱」でも、「北支問題の解決は……多分に自主独立性を有する地方政権を樹立し、接満地域の明朗化を図り対蘇作戦準備の為に一正面の安全を確保するを以て第一義とし、併せて日満北支等の経済ブロックの基礎の確立を期するに在り。尠くも察哈爾、河北、山東各省の地域を粛正自立せしむ」、「河北及山東を以て二省連省自治の一政権とし……将来山西を統合す」、「察北、察南を統合する政権を樹立し……将来綏遠を統合す」などとうたった。(6)

関東軍は八月一四日チャハル派遣兵団司令部を編成し、一七日多倫に戦闘司令所を開設したが、その長には関東軍参謀長東条英機中将が就任した。参謀長が司令官の任務にあたることはきわめて異例であった。関東軍は、内地から支那駐屯軍に増派された第五師団(師団長板垣征四郎中将)と連携しつつ、満州国軍・内蒙軍をも動員して、チャハル省内を侵攻し、八月二七日張家口を占領した。

八月三〇日参謀本部は支那駐屯軍・関東軍にたいして「察哈爾省特ニ平綏鉄道沿線ノ安定確保ニ任ズベシ」と指示し、(7) 陸軍省は九月四日付「察蒙処理要綱」において、「差当り関東軍の政務指導地域は察北、察南の範囲とし、必要の場合張家口以西平綏沿線の施策を担任し、将来察南の政務指導及平綏線地方に対する施策は北支〔那方面〕軍之に当り、関東軍は錫〔林郭爾〕(シリンゴール)盟及察〔哈爾〕盟の大部(工作の進展後は烏〔蘭察布〕(ウランチャップ)盟に及ぶ範域)に対する工作を実施す」、

「察南は察北の内蒙政権に合併することなく……同地方漢族民衆に基礎を置く機関をして治安の維持、民心の安定、経済の開発等に当らしむ」という方針を示した。[8] これは軍事的にも政治的にも関東軍の行動範囲をチャハル省北部に限定しようとするものであった。

しかし関東軍は軍中央の抑止を振り切って行動した。関東軍は九月四日張家口に察南自治政府を樹立する一方、第五師団と併進して山西省内に侵攻し、一三日大同を占領した。軍中央は作戦範囲を山西省にまで拡大することは危険であると判断し、関東軍部隊の前進を控制しようとしたが、「関東軍の意志は内蒙を此の際徹底的に攻略すると共に、北部山西省に進入、作戦を指導して河北省作戦に相呼応すると言ふ様な積極的考へ」であり、「此の思想は第五師団の思想とぴつたり一致して最後迄北支那方面軍及東京を引摺つて来た[9]」。

関東軍は一〇月一日「蒙疆方面政治工作指導要綱」を策定した。これは、軍の察哈爾沿線経略に伴ふ蒙疆方面政治工作の一般方針は、該地域を粛正し、特に接満地帯の安定を鞏化し、対内外蒙古並山西工作を有利に進展せしめ、国、共打倒並日、漢、蒙融和を基調とする明朗化を図ると共に、赤化防壁を完成し、以て該方面を我実権下に把握して軍事の要請を充足し対蘇支策を容易ならしむるに在り。

という方針のもとに、既設の察南自治政府のほか、内蒙古自治政府および山西省大同地方に晋北自治政府を組織し、この三政権により張家口に蒙疆連合委員会を設け、最高顧問金井章次以下の日系顧問をおき、張家口以下の特務機関長が内面指導にあたり、鉄道・通信・郵政・幣制・財政・鉱業・重要産業について管理ないし統制をおこない、治安維持は「帝国軍を中核」としてあたるとするものであった。[10]

関東軍は、すでにみたように八月一三日付「察哈爾方面政治工作緊急処理要綱」でチャハル省の〝第二満州国化〟を構想していたが、一〇月一日付「蒙疆方面政治工作指導要綱」では、関東軍の行動をチャハル省北部に押しとどめようとした陸軍省の九月四日付「察蒙処理要綱」を無視して、〝第二満州国化〟の対象を綏遠省および山西省北部にまで拡張し、その方策をいち早く具体化してみせたのである。(11)

軍中央は、関東軍のこのような動向について、その本来の任務である対ソ作戦準備をおろそかにし、「全般の国防指導上由々しい危機を齎らしむる」ものと判断し、「北支事変から関東軍に手を切らせる必要を痛感し」た。(12)その結果、新たに第二六師団(師団長後宮淳中将)が編成され、内蒙に配置されることになった。関東軍の諸部隊は、一〇月一二日以降は後宮中将の指揮のもとに、綏遠省内を西方へ侵攻し、一四日綏遠を、一七日平綏線の終点である包頭を占領して、いわゆるチャハル作戦を終った。この間、関東軍の構想にもとづいて、一〇月一五日には大同に晋北自治政府が作られ、ついで一〇月二八日厚和豪特(ホホコト)(厚和)と改称した綏遠に蒙古連盟自治政府が設立された。さらに一一月二二日には張家口に蒙疆連合委員会が発足した。

(1) 『大阪朝日新聞』一九三七年七月九日。
(2) 前掲『支那事変陸軍作戦〈1〉』一五四頁。
(3) 「西村敏雄回想録」前掲『現代史資料〈12〉日中戦争〈4〉』四六六頁。
(4) 『支那事変陸軍作戦〈1〉』二四一頁。
(5) 臼井勝美・稲葉正夫・解説『現代史資料〈9〉日中戦争〈2〉』みすず書房、一九六四年、一〇七―一〇八頁。
(6) 同前、二九―三〇頁。
(7) 同前、一一五頁。
(8) 同前、一一六―一一七頁。
(9) 「西村敏雄回想録」四六八頁。
(10) 『現代史資料〈9〉日中戦争〈2〉』一二〇―一二一頁。
(11) 臼井勝美「日中戦争の政治的展開(一九三七―一九四一年)」日本国際政治学会太平洋戦争原因研究部編『太平洋戦争への

道〈4〉日中戦争〈下〉』朝日新聞社、一九六三年、は「軍事占領地域の急速な拡大と現地政権の樹立とは、関東軍の対内蒙政策に重大な変化をあたえた。関東軍司令部が九月四日に決定した「察蒙処理要綱」と、十月一日同司令部決定「蒙疆方面政治工作指導要綱」とは内容上多くの差異がみられたが、両決定の間には山西北部作戦が展開され、大同の陥落、晋北地方の日本軍占領などの事態がおこっており、その間の差異はこのような情勢の展開に応ずるものであった」とする(一四〇頁)。この記述では九月四日付「察蒙処理要綱」が関東軍司令部決定とされているが、内容・表現からいって関東軍側のものとは考えられず、『現代史資料〈9〉日中戦争〈2〉』に註記されているように「陸軍省決定のものと推察さる」べきであろう(一一七頁)。両決定間の差異は、情勢の展開に対応する関東軍の対内蒙政策の「重大な変化」をあらわすものではなく、軍中央と関東軍との方針の対立をあらわすものである。

また防衛庁防衛研修所戦史室(森松俊夫執筆)『戦史叢書　北支の治安戦〈1〉』朝雲新聞社、一九六八年(以下『北支の治安戦〈1〉』と略記)は、一〇月一日決定について「従来の察哈爾政権構想から飛躍して、綏遠、晋北をも含めた蒙疆政権を樹立しようとする青写真である」とする(四七頁)。たしかに具体的な政権構想は八月一三日付「察哈爾方面政治工作緊急処理要綱」における チャハル省を対象とするものから、一〇月一日決定の綏遠省・山西省北部をも対象とするものに変化した。しかし八月一三日決定は当面のチャハル政権の樹立により「将来対内蒙並綏遠、山西工作等を有利に進展せしむる」ことをすでにうたっており、関東軍はチャハル作戦の当初から綏遠・山西をもその射程内に収めていたのであって、それゆえに軍中央の抑止にもかかわらず山西省に侵攻したのである。ただし八月一四日付「対時局処理要綱」では山西を将来は河北・山東連省政権に統合するとしており、政権構想という点ではなお未熟ないし流動的であった。一〇月一日決定は、従来の政策の「重大な変化」あるいは「飛躍」というより、軍事行動の進展に即応して、本来意図していた綏遠・晋北にたいする支配を政権構想として具体化させたものであるといえよう。

(12)「西村敏雄回想録」四六八頁。

第五節　蒙疆政権の樹立

一九三七年九月四日張家口に、日中戦争下の日本による最初の傀儡政権として、察南自治政府が樹立された。この政権は察南一〇県（一万六四〇〇平方キロメートル、人口約一四五万人）を管轄し、最高顧問に満州国間島省長の金井章次（一〇月二五日以降竹内元平）、最高委員に于品卿・朴運宇が就任した。

一〇月一五日大同に作られた晋北自治政府は晋北（山西省北部）一三県（二万三八〇〇平方キロメートル、人口約一五〇万人）を管轄し、最高顧問に前島昇、最高委員に夏恭が就任した。

一〇月二八日厚和（綏遠）に成立した蒙古連盟自治政府は、「蒙古固有の疆土を以て領域とす」（蒙古連盟自治政府組織大綱第二条）として、ウランチャップ盟・シリンゴール盟・チャハル盟・パインタラ盟・イクチャオ盟・厚和市・包頭市（四六万六六〇〇平方キロメートル、人口約二五四万人）を管轄し、最高顧問に金井章次、次席最高顧問に宇山兵士、主席に雲王、副主席に徳王、蒙古軍総司令に李守信がそれぞれ就任した。またジンギスカン紀元（成紀）を採用した。[1]

ついで一一月二二日張家口に右の三政権の代表を集め、蒙疆連合委員会[2]が発足させられた。蒙疆連合委員会設定に関する協定によれば、委員会は「各政権に相関連して影響甚大なる産業、金融、交通其の他必要なる重大事項の処理に関し、各政権の有する権能の一部を移譲せられ」（第一条）、総務委員会および産業・金融・交通の各専門委員会からなり（第二条）、連合委員会を「総理」し「代表」する総務委員長および日本人の最高顧問・参議・顧問をおき（第三・

四条)、「連合委員会の決議は凡て関係委員並に最高顧問及び関係顧問の合議を要するものとす」(第五条)と定められ、「総務委員長欠員に際しては最高顧問又は特に委員会の合議決定したる委員を以て事務取扱たらしむるものとす」ることが「了解」された。(3) 最高顧問・総務委員長代行には金井章次、参議には村谷彦次郎が就任した。

同日、蒙疆連合委員会から関東軍司令官植田謙吉大将にたいして、

一、……蒙疆地方に於ける本委員会の処理すべき一切の命令及執行に関しては貴軍占拠に伴ふ軍事の要請に応ぜしむべく、就ては貴軍並日満両国より充分なる協力を仰ぎ度く特に貴軍司令官の内面的指導に関しては深甚なる配慮を仰ぎ度きこと。

二、本委員会の最高顧問、参議、顧問及委員会職員中主たるものは貴軍司令官の推薦する日満両国の者を充当致度こと、……

三、本委員会の管理若は統制すべき重要交通及重要産業に関しては必要に応じ貴軍司令官の指定する日満各機関に経営を委任し若は合弁事業を営ましむることあるべく、此場合は特に便宜を与へられたきこと。……

(四、略)

五、本委員会は当分貴帝国軍の駐兵を希望し……財政上の余力を生ずるに至れば貴帝国軍駐兵に伴ふ経費に関し現金又は物納の形式を以て之を分担することあるべきこと。

(六、略)

という書簡がだされ、二五日植田軍司令官は「当方の支障なき限りに於て協力することと致度」と回答し、両者間の秘密交換公文とされた。(4)

以上はすべて前述の一〇月一日付関東軍司令部「蒙疆方面政治工作指導要綱」の筋書によるものであった。同決定

は「張家口特務機関長は蒙疆政治工作一般指導に関し軍の命ずる所に従ひ各地特務機関を統制区処し、又各地特務機関長は各地最高顧問を通じ内面指導に任ず」と定めたが(5)、張家口特務機関長には吉岡安直大佐ついで松井太久郎大佐が、大同特務機関長には羽山喜郎中佐ついで田中実中佐が、また綏遠(厚和)特務機関長には桑原荒一郎大佐ついで高場損蔵大佐がそれぞれ任命された(6)。

こうして、関東軍司令部↓張家口特務機関長↓最高顧問↓蒙疆連合委員会・察南自治政府および張家口特務機関長↓大同・綏遠(厚和)特務機関長↓各最高顧問↓晋北・蒙古連盟両自治政府という支配のシステムが作りあげられ、関東軍による蒙疆の〝第二満州国化〟が実現した。

関東軍がチャハル省はいうに及ばず綏遠省から晋北地方までをも支配下に収めたことは、軍中央および政府の意図に反することであった。一九三七年一二月一四日、北支那方面軍の主導下に、中華民国臨時政府が北京に樹立されたが、一二月一五日大本営陸軍部は「事変対処要綱案」において、「蒙疆方面に関しては現蒙疆連合会をして指導せしめ、親日満防共と蒙漢協和とを政策の根基たらしめ、時機を見て察南晋北両自治政府又は全蒙疆を北支政権傘下に合流せしめ其特別区たらしむ」と予定し(7)、二四日第一次近衛内閣は閣議決定「支那事変対処要綱(甲)」において、「北支新政権ニ包含セラルベキ地域ハ……略河北、山東、山西ノ三省及察哈爾(チャハル)省ノ一部トス……察南及晋北両自治政府ハ時期ヲ見テ右新政権ニ合流セシムルモノトス。又蒙古自治政権トハ密接ナル連携ヲ保持セシム」と定めた(8)。

これにたいして植田関東軍司令官は一二月二六日杉山元陸相・閑院宮載仁参謀総長宛の電報「察南晋北処理ニ関スル件」で、「今日察南晋北ヲ北支ニ統合スルガ如キハ既成事実ヲ無視シ皇軍ノ信ヲ失フノミナラズ今日迄拮据経営セル万般ノ諸工作ヲ根底ヨリ破壊スルモノニシテ……当軍ノ断ジテ同意シ能ハザル所」と強く反発した(9)。既成事実のうえにたつ関東軍の強硬な態度に中央は譲歩を余儀なくされ、一二月二八日梅津美治郎陸軍次官は東条関東軍参謀長宛の電報で、「政府ノ期スル所ハ、蒙疆ノ処理ハ、当分ノ間現状ヲ維持シ今遽ニ右地方政権ノ存廃帰属ヲ律スルモノニアラズ……将来適当ナル時期、換言スレバ北支政権発達シ之ト蒙疆各政権トノ関係ヲ確立シ得ル時期ニ於テ察南晋北両政権トノ関係ヲ調整セントスルモノナリ」と述べて[10]、現状を事実上容認した。

察南は行政上は内蒙古の一部を構成するチャハル省に属していたが、住民は漢民族で占められ、平津地方と深く結びついていた。また晋北は中国本部の山西省の一部であった。関東軍がこれらの地域をあくまで蒙疆政権に編入しようとしたのは、すでにみたように、チャハル省・綏遠省の蒙古民族が居住する草原地帯のみでは傀儡政権をとうてい自立させえず、察南・晋北の物産と財源を手中に収める必要があったからである。

とくに「察南の竜烟鉄鉱、晋北の大同炭鉱の存在だけをみても、このような豊富な埋蔵資源を管轄内に保持しようとするのは、当然の願望であった[11]」とみられる。竜烟鉄鉱は察南自治政府管内の宣化・竜関の両県にまたがり、埋蔵量は九二〇〇万トンで中国の第一位(総埋蔵量の二八%)を占め[12]、鉱質も優良であった。また晋北自治政府管内の大同炭鉱(晋北炭鉱)は埋蔵量九六億トンとも一二〇億トンとも二〇〇億トンとも称され[13]、炭質は優良な瀝青炭(粘結炭)であった。一九三七年一〇月一日付関東軍司令部「蒙疆方面政治工作指導要領」は、すでに触れたように、「炭鉱、鉄鉱其他重要鉱物の採鉱……は連合委員会に於て統制す」として[14]、その掌握をめざしていた。

阿片もまた竜烟鉄鉱・大同炭鉱に勝るとも劣らぬ魅力をもっていたものと考えられる。右の一〇月一日決定では、「財政を調査し努めて自給自足を図る。之が為塩務、阿片、煙草等に関し各政権に関連すること多きものは連合委員会に於て統制す」と定められた[15]。また一〇月四日付植田関東軍司令官の松井張家口特務機関長にたいする指示では、「阿片、塩務政策ノ確立ニ方リテハ特ニ蒙疆方面ノ財源ノ捻出ニ留意スルト共ニ我実権下ニアラザル支那他地方ニ対スル財源阻止及食糧封鎖ノ着意ヲ以テ指導スベシ」とされた[16]。阿片は蒙疆政権の最重要の財源の一つとして統制がはかられ、さらに非占領地方の財政をも左右しうる物資として戦略的価値をあたえられていた。鉄鉱・炭鉱そして阿片にかかわって、察南・晋北および平綏線沿線がいずれに帰属するかは切実な問題であり、死活の意味を帯びていたとさえいえよう。

一九三八年一月一六日近衛内閣は「爾後国民政府を対手とせず」と声明し、近衛首相は一八日記者会見をおこなったが、そのなかで「蒙疆自治政府が北支政府に加はるか否かの問題も将来の問題であつてまだ決つてゐない。あるひは加はることがあるかも知れぬ。これが加はらないと北支政権が自立し得ない立場にあるから」と述べた。[17] しかし一月二七日第七三議会貴族院本会議で浅田良逸議員(公正会所属、男爵・予備役陸軍中将)からこの発言を批判されると、二八日の本会議で、近衛首相は「政府ト致シマシテハ防共主義ニ基ク自治政府ガ此ノ方面ニ成立致スコトヲ希望シ、且之ヲ援助スル考デアリマス」と答え、広田弘毅外相は、蒙疆「政権ガ、将来北支或ハ支那全体トノ関係ニ於テドウ云フ風ニナツテ参ルカト云フコトハ、是ハ将来ノ発展ニ俟タナケレバナラヌト思フノデアリマスケレドモ、大体ニ於テ従来其ノ方面ノ住民ノ希望ト云フモノモアリマスノデ、是ハ別個ノ存在トシテ発達シテ参ルコトデアラウト存ジテ居ルノデアリマス」と答弁した。[18]

察南・晋北の帰属について、中央は関東軍の強引な態度に押され、既成事実を容認する方向にむかった。一方、対ソ戦準備に専念するべき関東軍が蒙疆方面に深入りすることへの憂慮から、すでに述べたように、第二六師団が編成されたが、関東軍自身も「蒙疆方面に於ては軽易且特殊の一軍を配置して該方面の安定確保特に接満地域の明朗化を図るの外、赤化防壁完成の後拠たらしむ」という方策を主張し、[19] 一九三七年末、中央直轄の駐蒙兵団が編成されることになった。[20] 兵団司令官には蓮沼蕃中将、参謀長には石本寅三少将が任じられ、司令部要員の大部分は関東軍から転補された。兵力は第二六師団と独立混成第二旅団(三八年三月編成)を基幹とし、のち騎兵集団を加えた(三八年末。

にたいして、四二年戦車第三師団に改編)。一九三八年一月四日閑院宮参謀総長から駐蒙兵団・関東軍・北支那方面軍の各司令官にたいして、

一、駐蒙兵団司令官ハ内蒙及察南晋北地方ニ於ケル主要地域ノ安定ニ任スベシ。

二、駐蒙兵団ト関東軍トノ作戦地域ノ境界ハ満州国ト内蒙及察哈爾省トノ境界線トシ又北支那方面軍トノ境界ハ内長城及綏遠、陝西省境長城ノ線トス。……

との命令が下された。(21)

これにたいして一月一日植田関東軍司令官は蓮沼兵団司令官と、また東条参謀長は石本参謀長とそれぞれ懇談し、駐蒙兵団が関東軍の従来の施策を変更することなく継承するよう申し入れ、「将来重要なる事項に関し其内容に調整を加へんとするが如き場合には特に満州国指導上将又当方各般の施策への影響にも鑑み事前に充分隔意なく連絡協議せられんことを切望」した。(22)

駐蒙兵団は関東軍に忠実で、二月一二日陸軍省にたいして、「蒙疆地方ハ概ネ現機構ノ如ク察南、晋北及蒙古連盟自治政府ヲ一体トシ、北支政権トハ別個ニ指導発達セシムルヲ最適ナリト認ム」と具申した。(23)関東軍=駐蒙兵団の強い意向に軍中央は結局したがうこととなった。一九三八年七月駐蒙兵団は駐蒙軍に改組され、北支那方面軍の隷下に入ったが、陸軍省は七月六日付「蒙疆政務指導要綱」で、

一、蒙疆ノ政務指導ニ方リテハ該地域ニ広汎ナル自治ヲ認メ且其特殊性ヲ保持ス。

二、蒙疆ノ行政機構、行政区域ハ現状ノ儘トス。

(三、四、略)

五、北支那方面軍司令官ノ蒙疆ニ対スル政務指導ハ前記各項ニ依ル外、重要事項ハ陸軍大臣ノ認可ヲ受ケテ之ヲ

行ヒ、尚満州国ト関係ヲ有スル事項ハ関東軍司令官ト密接ニ連携ス。

と定めた(24)。こうして察南・晋北の帰属問題は関東軍＝駐蒙軍の主張通りに解決した。

この間、一九三八年三月二四日蒙古連盟自治政府主席雲王が死去し、副主席徳王が主席の職務を代行したが、七月一日徳王が主席、李守信が副主席に就任した。また八月には蒙疆連合委員会の機構が改革され、従来の総務・産業・金融・交通の四委員会制は総務・産業・財政・交通・民生・保安の六部制となった。

(1) チャハル盟右翼四旗とトムト旗により新たに結盟した。

(2) 「蒙疆」の概念について、「古来蒙疆といふ字が何を意味するかについては種々の説がある。「蒙」は蒙古を指していることは勿論であるが「疆」については万里の長城の内外長城線の中間地帯を指してゐるといふ説と、或ひは漠然と辺疆を意味するといふ説、さては新疆省の疆であるといふ者もある」(前掲『蒙疆年鑑　成紀七三九年(昭和十九年)版』一〇〇頁)。一九二一年張作霖が蒙疆経略使となったが、これが「蒙疆」の語の公的に使用された最初の例で、「蒙古人は経略使の設置以来この言葉を喜んでいない」(大島豊『蒙疆の資源と経済』実業教育振興中央会、一九三九年、四頁)。事実、徳王ら蒙古人側は「蒙疆」の呼称に不満で、金井最高顧問室駐日代表部勤務であった野村泰三によれば、「蒙疆連合委員会の呼称の改変を迫って、蒙古人は極めて執拗であった。……モンジャンつまり蒙疆をモンゴとすべきであるのを、何時まで延引するのかと……事態はこじれてしまっていた」という(野村「回想三題」前掲『高原千里』一九一頁)。

なお、「疆」が新疆省を指すという説について付言すれば、一九三八年一一月汪兆銘工作に際しての「日華協議記録」で、「蒙疆ノ辞句ハ蒙古及新疆ト誤解セラルル恐アリト称シタルヲ以テ之ヲ内蒙地方ト改メタリ」という経緯がみられた(外務省編『日本外交年表竝主要文書〈下〉』原書房、一九六六年、四〇三頁、以下『主要文書〈下〉』と略記)。

(3) 前掲『新支那現勢要覧』三七七―三七八頁、前掲『現代史資料〈9〉日中戦争〈2〉』一二三―一二四頁。

(4) 『現代史資料〈9〉日中戦争〈2〉』一二四―一二五頁、一六八―一六九頁。

(5) 同前、一二一頁。のち綏遠特務機関長が統轄するように変更される。

(6) 日本近代史料研究会編『日本陸海軍の制度・組織・人事』東京大学出版会、一九七一年、二一二頁。

(7)　『現代史資料〈9〉日中戦争〈2〉』五七頁。
(8)　『主要文書〈下〉』三八二頁。
(9)　『現代史資料〈9〉日中戦争〈2〉』一七四頁。
(10)　同前、一七四頁。
(11)　前掲・臼井「日中戦争の政治的展開（一九三七―一九四一年）」一四二頁。
(12)　君島和彦「日本帝国主義による中国鉱業資源の収奪過程」前掲・浅田編『日本帝国主義下の中国――中国占領地経済の研究』二〇二頁。
(13)　前掲『北支・蒙疆現勢　昭和十三年度版』五九五頁、馬場鍬太郎『北支八省の資源』実業之日本社、一九三七年、八四頁、岩崎継生『蒙古案内記』一九三九年、三二―三三頁。なおその後一九三九年五月蒙疆連合委員会産業部は大同炭鉱の推定埋蔵量四〇〇億トン以上と発表した（『蒙疆新聞』一九三九年五月二七日）。一九三二年八月教化振興会主催満蒙講習会において、前満鉄調査室長村上鈑蔵は、「撫順炭だけでは、まあ如何にも十億〔トン〕からあれば十分のやうに思へるが、日本の石炭の将来を考へると、これにばかり期待を掛けることは出来ない。結局は山西の五百六十五億〔トン〕といふ石炭に我々は気を附けなければならないといふ結論に達する」と述べた（教化振興会編『満蒙講座』立命館出版部、一九三四年、一〇六一頁）。大同炭鉱など山西省の石炭は早くも満州事変の時期から注目されていた。
(14)　『現代史資料〈9〉日中戦争〈2〉』一二一頁。
(15)　同前、一二一頁。
(16)　同前、一二七頁。
(17)　『大阪朝日新聞』一九三八年一月一九日。
(18)　社会問題資料研究会編『帝国議会誌　第七三回帝国議会貴族院』東洋文化社、一九七八年、八六頁。
(19)　一九三七年一〇月一一日付関東軍司令部「支那事変対処具体的方策要綱」『現代史資料〈9〉日中戦争〈2〉』四五頁。
(20)　駐蒙兵団・駐蒙軍については、前掲『支那事変陸軍作戦〈1〉』四五〇―四五二頁、森松俊夫「蒙疆八年の守り――駐蒙軍の歴史」前掲『思出の内蒙古』、参照。
(21)　『現代史資料〈9〉日中戦争〈2〉』一七九頁。

(22) 「蒙疆方面の施策に関し関東軍司令官より駐蒙兵団司令官への対談要綱」、同前、一七六頁。
(23) 前掲『北支の治安戦〈1〉』八〇頁。
(24) 同前、八〇頁。

第六節　蒙疆政権の実態

一九三八年一二月一六日、陸軍と宇垣一成外相との抗争をへて、興亜院が設置された(1)。興亜院は対中国中央機関として、「支那事変ニ当リ支那ニ於テ処理ヲ要スル政治、経済及文化ニ関スル事務」、その政策立案と執行、各省庁の中国関係行政事務の統一などにあたり、総裁(首相)・副総裁(外・蔵・陸・海相)・総務長官のもとに、政務部・経済部・文化部・技術部をおいた。また「支那ニ於ケル興亜院ノ事務ノ連絡ヲ掌ル」現地機関として、華北・蒙疆・華中・厦門(アモイ)の四連絡部および青島(チンタオ)出張所が三九年三月一〇日設置された。

興亜院蒙疆連絡部は張家口を所在地とし、酒井隆中将が長官に就任した。三月一一日、駐蒙軍は興亜院蒙疆連絡部その他の機関と業務分界に関する覚書を取りかわしたが、それは、

一、……各機関ハ常ニ軍ヲ中心トシテ一致協力、情況ノ推移ニ応ジ運用ノ妙ヲ発揚スルモノトス。

二、軍ハ蒙疆ノ国防、軍事、警備、治安ニ関係アル事項ニ就テハ現地内外ノ全機関ニ対シ指導権ヲ把握ス。

三、興亜院連絡部ノ管掌事務中、国防、軍事、警備、治安ニ関スルモノハ軍ノ区処ヲ受クルモノトス。

四、主要事項ノ企画審議ハ蒙疆連絡会議ニ付スルモノトス。……

五、蒙疆政権ニ対スル興亜院連絡部ノ協力ハ其要度ニ応ジ軍ニ連絡ノ上、蒙疆連合委員会最高顧問……又ハ各自治政府最高顧問ヲ通ジテ行フモノトス。

とするものであり、蒙疆連絡会議は現地最高指揮官管理のもとに、軍参謀長・興亜院連絡部長官・蒙疆連合委員会最

高顧問およびその他特に必要と認めたものによって構成すると規定された。(2) 興亜院蒙疆連絡部の設置は駐蒙軍の指導権をなんら変更するものではなかった。

一九三九年四月一〇日第一回興亜院連絡部長官会議で、酒井蒙疆連絡部長官は、

蒙疆ニ於キマスル政府ノ実体ハ殆ンド日本人官吏ガ之ヲ実行シテ、実際ニ運用シテオル様ナ状況デアリマスルガ為ニ、連絡部トシテハ差当リ現在ノ仕事ニ何等不便ヲ感ジテオリマセヌ(ママ)。……連合委員会ニ於キマシテハ科長科員ト云フ様ナポストニ迄日本人官吏ガ這入ツテオリマス。ソレデ今申シマシタ様ニ指導運営ノ点ニ於テ困ル様ナコトハナイノデアリマス。ソレカラ軍トノ関係デアリマスガ、軍ハ治安及ビ警備ニ関係ノアル諸事項ニ付テ密接ナル連携ヲ有ツテオリ、又従来軍ガ政権ヲ指導シテオリマシタ行懸上、幾多ノ問題ガ依然現状ニ於テハ大ナリ小ナリ皆軍ト連鎖ヲ有ツテオリマス。従ツテ当分ハ仕事ヲ円滑ニ運営スル為ニ或ル程度従来軍ニ於テ遣リツツアツタ方針、現ニ遣リツツアル人員、是等モ其ノ儘利用シテ行クト云フ必要ガアリマス。……蒙疆ニ付キマシテ現在ヤツテオリマス仕事ノ中デ主ナルモノハ総テノ産業及ビ政治形態ヲ速カニ日本ノ作戦行動、戦時体勢ニ協力シ得ル方向ニ向ケルト云フコトヲ目標ニシテヤツテオリマス。

と報告した。(3) また同年蒙疆を視察した名古屋市産業部長中川貞三は、

御役所に行きますと、極く小さい処ですから日本人ばかりが目につきます。何でも政府の役人がよく笑つて話すことですが、「朝、何か立案すると、それが夕方には法律になつて出る」と言つて居ります。……そんな具合で、全く張り切つて、てきぱきと行つて居るのであります。

と報告した。(4) これらの報告に蒙疆政権の実態が素直に語られているといえよう。

一九三九年四月二九日蒙疆連合委員会の総務委員長に徳王が就任した。その後、駐蒙軍の主導のもとに単一政権の

樹立がはかられ、九月一日張家口に蒙古連合自治政府が成立した。主席に徳王、副主席に于品卿・夏恭、蒙古軍総司令部長官に李守信、最高顧問に金井章次が就任し、総務・民政・治安・司法・財政・産業・交通の各部からなる政務院が設けられた。

蒙古連合自治政府は駐蒙軍の強力な支配下におかれ、その成立は蒙疆の〝第二満州国化〟の完成を意味した。しかし蒙古連合自治政府は矛盾にみちた存在であった。一方で、それは〝蒙古〟を名乗り、ジンギスカン紀元を用い、蒙古人が政権首脳部を占めたが、一九四三年三月末日の調査によれば、総人口五五二万七六七一人のうち、五二七万九二九九人(九五・五〇%)は漢民族であり、蒙古人はわずか一五万八七〇〇人(二・八七%)を数えるにすぎず、ことに察南・晋北の地域には、政権のおかれた張家口市に六三一人が住むほかは、まったく居住していなかった。[5] 政権のいちじるしい蒙古色は、漢民族が圧倒的多数を占める住民構成にそぐわないものであった。他方で、徳王ら蒙古人側は蒙古の独立を強く要望し、〝蒙古国〟の樹立を唱えてやまず、〝蒙古自治邦〟という妥協案が作られたが、駐蒙軍および軍中央の意向により〝蒙古連合自治政府〟に落着し、蒙古人の要求をみたすものとはならなかった。結局、「連合政府」とすることにより、蒙古民族の不満を買い、「蒙古」を冠称することにより、漢民族の不興を齎らす結果となった」[6] のが蒙古連合自治政府であった。

日本側が蒙古の独立を否認したのは、いわゆる汪兆銘工作とも関連していた。一九三八年一一月三〇日御前会議決定「日支新関係調整方針」は「蒙疆ハ高度ノ防共自治区域トス」と定めたが、[7] これは汪による新中央政権の樹立と徳王らの蒙古独立要求とを両立させようとする方策によるものであった。しかし汪側はこの日本の方針に不満であり、一九三九年一一月一日以降上海でおこなわれた日本側の梅機関と汪側との協議会における争点の一つとなった。汪側は、蒙疆とは中国の観念ではチャハル・綏遠の両省を指すものであり、「山西北部の十三県は完全に漢民族化せる地域」であって、蒙疆・華北の「境界に関し華北に属するものを蒙疆に……属せしめる如く之を雑然とする時は中国民(ママ)の感情上又紛争を惹起するに至るべし」と主張した。(8) しかし日本側は既定の方針で押し切った。

一九四〇年三月三〇日汪兆銘の中華民国政府(汪政権)が南京に成立し、一一月三〇日日華基本条約が結ばれたが、その秘密交換公文で、

蒙疆(内長城線(含マズ)以北ノ地域トス)ハ前記条約ノ規定ニ基キ国防上及経済上華日両国ノ強度結合地帯タル特殊性ヲ有スルモノナルニ鑑ミ、現状ニ基キ広汎ナル自治権ヲ認メタル高度ノ防共自治区域トスルモノトス。

中華民国政府ハ蒙疆ノ自治ニ関スル法令ニ依リ蒙疆自治ノ権限ヲ規定スベク、右法令ノ制定ニ付テハ予メ日本国政府ト協議スルモノトス。

との確認がなされた。(9) こうして「高度ノ防共自治区域」という蒙疆の位置が確定した。

この場合の「自治」とは、もちろん、蒙疆地域における蒙古人あるいは中国人の自治を意味するものではまったくなかった。それは、「自治」の名のもとに、汪政権の関与すら排除して、蒙疆を完全に日本の支配下におくことにほかならなかった。

日本の支配は、なによりも、日本軍の武力による支配であり、残酷な住民虐殺をともなう支配であった。徳王府主治医であった吉福一郎は、「東条兵団の大部隊の去った後」――年月は明示されていないがおそらく一九三八年前半――張家口に近い万全へおもむいたところ、

街は異常に静かで人影は全くない。城内に入っても静かだ。子供が二人ポカンと突っ立って、そばに白髪の老人が愕然としていた。何となく城内に血の臭いが漂っていて不気味であった。私達は医者だから心配するな、と説き伏せて事情を聞いてみた。私達はびっくりした。老人と子供だけを残して、日本軍が住民を皆殺しにしたとい

うことであった。遺体は城壁の四隅に運び込んだらしい。

理由はこの万全県城にスパイが潜入したらしいということだけらしかった。……昨夜、この野蛮な事変が起こったのであった。夜明けと共に騒ぎは一層激しくなり、虐殺はエスカレートしていった。……射たれたり刺されたり斬り殺される犠牲者が増え、老若男女の区別なく殺されていった。

煙草を吸いながら老人は話を続けた。

「息子の嫁は子供を抱いたまま銃剣で刺された。息子はふき出す血でべっとりとなった嫁を城壁まで運ばれていった。そして城壁のところで息子も銃剣で突き刺された……(ママ)」

死体が増えてくると、部落の若い者達に荷車に積ませ、城壁の隅まで運ばせると、彼等もその場で殺された。城壁の四隅に私達は行ってみた。どこも血の海であった。中には半殺しのまま捨てられ、うめき声をあげている人もいたが、手当てのかいもなく死んでいった。

事件の主人公でない私達は、この時ほど自分達の無力さを痛切に感じたことはなかった。

と回想している。(10)

日本軍の武力支配を背景として、日本人は支配者・指導者として君臨し、そのある者は日本当局も黙視しえないような暴行・非行におよんだ。

張家口総領事館警察の記録するところによれば、一九三七年には、

邦人中事変匆々ノ際ヲ利用シ、或ハ軍ノ名ヲ騙リ、掠奪、暴行、圧迫等不正ヲ働キタル者若干アリタルヲ以テ、邦人ヲ嫌悪恐怖スルモノアリ。我方警務機関ハ徹底的ニ此等不良邦人ノ取締ニ任ジ、支那側ノ対日空気融和ニ努力シアリ。

という状況であった。[11]

その後一九三九年初になっても、小長谷亮作張家口領事館警察署長が旧正月の特別警戒について、

泥酔、暴行、諸規則違反で検挙される邦人が取締の対象になった傾向のあるのは甚だ残念だ。あれではまるで華人の正月ではなく邦人の正月のようで、大通を酔歩蹣跚したり、高歌放吟したり、甚だしいのになると酔ひにまかせて善良な華人と論争殴打したり等々、指導的立場にある邦人の態度としては絶対に許容し難いものだ。

と語るように、[12]事態は改善されず、「昭和十四年中在張家口総領事館警察署事務状況」は、「賭事ニ耽リ、身分不相応ノ遊興ヲ為シ、或ハ泥酔シテ喧嘩口論ヲ為ス等、治安ヲ紊リ、善良ナル邦人ノ発展ヲ阻害スル者ナシトセズ」と認めざるをえなかった。[13]

さらに一九四四年五月刊の蒙疆日本人興亜協力会『皇道宣布の尖兵』でも、

よく街頭で酔態を見かけます。大声で放歌したり、通りかかりの婦女をからかつたり、甚だしいのは寝てゐる商店の戸を叩いたり、抜刀して樹木をきつたり、洋車(ヤンチョ)を引つくり返したりするのさへ見かけることが有ります。こちらは上機嫌で悪意があるわけではありませんが、現地の人々は家の中でふるへてゐます。見馴れぬ現地人は気狂だといひます。……

よく樹木を伐つたり、枝を折つたり、馬を繋いだりしてあるのを見ます。甚だしいものは面白半分に抜剣して試し切りの材料にする以ての外の不心得者さへあります。

と指摘され、事情はまさに「賽の河原の鬼と同様」であった。[14]

在留日本人の一人は、「在留邦人といふものは兎角内地の邦人とは人種が違ふのではないかといはれる位、柄がよくないものである」と書いているが、[15]支配者としての驕りあるいは〝大東亜の指導民族〟としての優越感はしばしば

在留日本人をさえ顰蹙させるような非常識な行為となってあらわれた。「愛国生」と名乗るものの「巷で拾つた三つの話」と題する投書は、以下のように述べている。(16)

▽張家口の郊外で日本人の奥さんの連れたセパードが突然通りがかりの十七、八歳の支那人の男の右脚膝関部に喰ひ付いた。支那人は泣き乍ら帰つて行つた。その奥さんは笑つてゐるだけであつた。

▽駅発大境門行きのバスが超満員の客を乗せて怡安街の停留所に停車した折、待合せた客の中、紳士の服装をした日本人が泥酔してバスに乗り、乗客に向ひ「もつと奥につめろ、コラッ！　ぶんなぐるぞ！　チャンコロの奴なんかが沢山乗つてやがつて」と大声で怒鳴り散らしてゐた。

▽同バスが清河橋の辺りに来た時、身動きならぬ乗客を押し分けて来た廿七八歳の協和服を着た日本人の男、隙間もない腰掛の先客の膝の上に「御免！」と言ひ乍らドッカリ腰を下した。自分の膝の上に腰掛けられた若い支那人の男は黙つて立上りその協和服に席を提供した。協和服の男は恰もそれが当然なことのやうに悠然と座り込み、大きな鼾を立てて眠り出した。その服には在郷軍人の徽章が心なしか悲しく啼くやうに瞬いてゐた。

▽以上の行為を果敢(ママ)てした日本人よ今一度自分と言ふものを考へて見る必要はないだらうか……(ママ)？

また「家庭教育を忘れた親達」と題する投書は、

お買物の帰途バスに乗つた私の立つてゐる前の座席に日本人の小学生が三人横座りに悠々と掛けてゐるので、掛けようかと思つたがそのまま立つてゐた。間もなく赤ん坊を抱いた支那婦人が掛けようとしたら、いきなり頭をなぐりつけ掛けさせなかつたのが女の子だ。そして連の子供達はこの乱暴者の女の子を英雄視してゐるかに見受けられたのである。次は朝日市場付近でのこと。折からの人出に卵を売つてゐる華人三人、そこへ四歳位の男の子が出て来て、さつとばかりに卵を盗んで駈けてゆく。あわてて華人が追ひかけたら、卵を石に投げつけて笑いながら歩いて行つた。

と書き[17]、これをうけた投書「家庭教育に就て更に一言」は、

私も日本人の子供が支那人に対する優越感から心なき所業の実情をみて痛感したことがあります。先日街路で働いてゐる苦力に六、七歳の男の子が石を投げ付けてゐる。苦力が子供の方を向いて睨み付けると逃げて行くが、また来ては石を投げる。そのうちに子供の母親らしいのが出て来て子供に一寸注意したらしいが、強ひて止めさせるでもなく又引込んでしまひました。相手が日本人の子供だから仕方がないと支那人は我慢してゐる。それをいいことにして子供は支那人を馬鹿にする。親達はそれを強ひて止めようともしない。それでいいでせうか。

と指摘した[18]。

このような老若男女を問わぬ日本人の日常的・恒常的な暴行・非行もさることながら、いっそう重大なのは日本大企業による大がかりな略奪・収奪行為であった。天津総領事館警察部長大江晃が一九三八年二月二一日張家口へ巡閲した際の訓示は、

邦人中ニモ確実ナル大商店、大会社ヲ背景トシ、軍部機関ヲ利用シ、善良ナル支那人ノ建造物ヲ不法ニ占拠シ、或ハ事業ヲ非合法的ニ継承スル等、表面善美ヲ装ヒ其ノ実最モ悪質大袈裟ニ不良行為ヲ為シ居ル者亦尠カラズ。此等ハ……不正業者乃至不良邦人ト共ニ厳重取締ヲ要スル事項ニシテ……個々ノ問題ヲ取締ル以外大資本、大事業ノ動向ニモ注意シ……

と指摘し[19]、大企業の行為が日本官憲の目にも余るものであったことを明らかにしている。

しかし実は、日本大企業以上に、まさに「表面善美ヲ装ヒ其実最モ悪質大袈裟ニ不良行為ヲ為シ居ル者」が存在していた。阿片の生産・販売に狂奔した日本国家とその傀儡蒙疆政権である。

日本側官憲はとくに麻薬については禁制品として一応取締りの対象とした。日中戦争が全面化する直前、一九三七年六月現在の張家口総領事館管内の在留邦人は九四〇名で、「在留民中、綏遠方面ノ特殊事情ヲ利用シ、京津方面当業者ト結託シ、麻酔薬ノ製造運搬ニ従事スル者尠カラズ」とみられ[20]、大江天津総領事館警察部長の右の訓示では、「不正業者増加スル傾向ヲ見ルニ至リ、之ヲ放任センカ将来拾(ママ)収シ難キモノアルニ鑑ミ……邦人ニ対シテハ厳罰主義ヲ以テ抜本的措置ヲ講ズルト共ニ、支那人ニ対シテモ支那側従来ノ強行禁断政策ヲ支持シ其ノ取締ニ協力スル[21]」ものとされた。

その後の報道によれば、

張家口領事館警察署では、市内半島人のモヒ密売業者の絶滅を期し張家口の画期的明朗化をはかるべく、連日の如く果敢な活躍を続けてゐるが、〔一九三八年〕九月初旬から現在までのこれら麻薬業者総検挙数は二十余名にのぼつてゐる。そのうち悪質の三名は諭旨退去処分に付したが、残りの転向可能者に対しては極力正業につかせるべく職業斡旋が行なはれるなど、真剣な努力が続けられてゐる。

といわれ[22]、さらに、

最近取引相場の暴騰に伴ひ、在留半島同胞間に於けるモヒの密売買が一層活発となり、北京方面から組織的密輸網を張つて盛んに張家口へ搬入されつつあることを探知したので、同署では徹底的検挙の決意を固め、此の程より積極的な活動を開始し、モヒ密売者を次々と引致し峻烈なる取調べを進めつつあつたところ……意外にも内地人不正業者がその間に介在し、北京方面から巧にカムフラージして大量密輸し、それを半島人業者に分売してゐる事実が明瞭となるに至つたので、此の黒幕の剔抉を期して更に一層検挙の手を拡大しつつある。

と報じられた[23]。しかし一九三九年に入っても、阿片、モヒなど麻薬禁制品の密売は当局不断の芟除取締にも拘らず依然としてその数を減ぜず、張家口領警でも清掃に手古摺つてゐるが、従来の温情的な処断方針では到底彼等を正業に復せしめることが出来ないので、今年からは事情の如何に拘らず断乎厳罰主義を以て臨み、徹底的粛正を期して鉄槌を下すことになつた。

といわれ、[24] 禁圧には程遠い状況であった。張家口総領事館警察署の阿片・麻薬取締令違反による検挙者数の推移をみても、内地人は一九三八年二二名、三九年九名、四〇年一二名、朝鮮人は三九年二七名、四〇年一三名で、[26] とりたてて「徹底的粛正」のあとは認められない。[25]

麻薬を取締ろうにも、その原料である阿片が、次章にみるように、とくに一九三九年以降日本の国策にもとづき蒙疆政権によって盛大に生産されていたのである。日本国家こそが黒幕中の大黒幕であり、政権自体が巨大なスケールで禁制品の生産を奨励し、その販売に熱中しているもとで、末端の「徹底的粛正を期」するのは、それこそ百年河清を俟つに等しいことであった。

(1) 興亜院設置問題については、前掲・臼井「日中戦争の政治的展開(一九三七―一九四一年)」一五一―一五六頁、外務省百年史編纂委員会編『外務省の百年〈下〉』原書房、一九六九年、三三九―三八四頁、馬場明『日中関係と外政機構の研究――大正・昭和期』原書房、一九八三年、第九章、参照。
(2) 前掲・森松「蒙疆八年の守り――駐蒙軍の歴史」三七頁。
(3) 「興亜院連絡部長官会議々事速記録」石川準吉編『国家総動員史　資料編〈8〉』国家総動員史刊行会、一九七九年、六二二頁。
(4) 中川貞三「蒙疆経済事情調査報告」林貢編『蒙疆経済調査』名古屋市産業部、一九三九年、二〇六頁。
(5) 前掲『蒙疆年鑑　成紀七三九年(昭和十九年)版』一〇四―一〇五頁。
(6) 前掲・野村「回想三題」一九二頁。
(7) 前掲『主要文書〈下〉』四〇五頁。

(8) 臼井勝美編『現代史資料〈13〉日中戦争〈5〉』みすず書房、一九六六年、二五三、二七三頁。
(9) 『主要文書〈下〉』四七〇頁。
(10) 吉福一郎「わが鎮魂歌――モンゴル戦線秘録」前掲『思出の内蒙古』二九六頁。
(11) 「在張家口総領事館警察史」外務省記録「外務省警察史　支那ノ部　在張家口総領事館」SP-205-6、三一二九頁。
(12) 『蒙疆新聞』一九三九年二月二三日。
(13) 「在張家口総領事館警察史」三三三〇頁。
(14) 蒙疆日本人興亜協力会『皇道宣布の尖兵』(秘)、一九四四年、二一、二二、四〇頁。なお蒙疆では樹木は貴重で、「厚和緑化のため傅作義は樹木の枝を切つたものはその指を切り、大きな枝を切つた者は腕を、幹を伐つたものはその人の胴を切るというきびしい罰を以て臨んだ」(同前、四一頁)。
(15) 『蒙疆新聞』一九四〇年五月一日、投書。
(16) 同前、一九四〇年五月二六日。
(17) 同前、一九四〇年五月二一日。
(18) 同前、一九四〇年五月二五日。
(19) 「在張家口総領事館警察史」三一六〇―三一六一頁。なお家屋・土地等の略奪は広汎におこなわれた。パインタラ盟公署雇員山下清安は、一九三九年九月厚和市で、「家主ニ無断ニテ一間房子ニ住込ミ、該家屋ニ居住ノ他ノ支那人ニ移転ヲ慫慂シ、其ノ支那人等ガ他ニ移転ヲ了スルヤ、同家全部ヲ自己ノ手中ニ収メ市公署ヲ辞シアパートヲ経営ヲ企テ、家主支那人呉光璘ニ借家ヲ交渉シタルモ之ニ応ゼザリシ為、直ニ同家主ヲ市公署ニ連行シ、己ノ地位ヲ利用シ、身体ヲ束縛ノ上散々殴打、借家方ヲ強要シ」、家主の願出をうけた厚和総領事館が市公署に処置を申入れたが、「家賃ノ支払ヲ履行セザルノミナラズ紛争ヲ継続シ、何等改悛ノ情無ク」、結局、四〇年八月三年間中華民国在留禁止処分に付された(「在厚和総領事館警察史」外務省記録「外務省警察史　支那ノ部　在厚和総領事館」SP-205-6、四六九四―四六九七頁)。前掲『皇道宣布の尖兵』は、「家屋、土地、商品其の他現地人所有のものに対し……官庁の誰々と懇意だから連絡してどうするとか、それとなく無智な民衆を威嚇したりして手に入れ、これを転売、転貸するとか、甚だしいのは現地人が日本語で釈明出来ぬのを知つて官庁に虚偽の投書をして立退かしめたり、不心得極まる行為をする者がある」と述べている(三五頁)。

(20) 「在張家口総領事館警察史」三一二六頁。
(21) 同前、三一五九頁。
(22) 『蒙疆新聞』一九三八年一〇月二六日。
(23) 同前、一九三八年一一月二七日。
(24) 同前、一九三九年一月一八日。
(25) 一九二八年の外務省令「支那ニ於ケル阿片及麻酔剤取締令」は三六年六月三〇日外務省令「中華民国ニ於ケル阿片取締令」「中華民国ニ於ケル麻薬取締令」へ改正され、さらに四一年八月一二日勅令「中華民国ニ於ケル麻薬等取締令」へ改正された。
(26) 「在張家口総領事館警察史」三六八〇―三六八六頁。

第三章 阿片政策

第一節 旧制の踏襲――一九三七・三八年の状況

一九三七年八月二七日関東軍は張家口を占領したが、チャハル省の中央銀行である察哈爾(チャハル)商業銭局の関係者はいち早く現金・未発行紙幣・紙幣印刷機・帳簿などをもって逃走し、察南の金融は一時麻痺状態となり、通貨不安に陥った。関東軍は占領と同時に関東軍司令官名で支払猶予令を実施し、九月四日察南自治政府を樹立するとともに、察哈爾銀行号銭局管理弁法・紙幣類似証券取締令・察南銀行組織弁法・察南銀行条例などを矢つぎばやに制定し、九月二七日察南銀行を発足させ、九月三〇日緊急通貨防衛令を発布した。これは満州国法幣にリンクした察南銀行法幣を発行し、一〇月一日から二〇日までの間に旧紙幣と無制限の交換に応じ(ただし一〇〇円以上は預金)、期限後は旧紙幣の流通を禁止して、違反者は厳罰に処すとするものであった(1)。

関東軍はその後、前述のように、一九三七年九月一三日大同占領、一〇月一五日晋北自治政府樹立、また一〇月一四日綏遠占領、一〇月二八日蒙古連盟自治政府樹立へとすすむが、晋北でも従来の金融機関関係者が逃亡したため、一一月六日から二五日まで旧紙幣と察南銀行券との交換を実施した。[2] また綏遠では一〇月一八日モラトリアムを発布し、二八日これを解除すると同時に察南銀行綏遠分行の営業を開始した。

ついで一一月二二日蒙疆連合委員会の発足と同時に、察南銀行を改組して、蒙疆銀行が設立された。蒙疆銀行は三政権各四〇〇万円出資による資本金一二〇〇万円(四分の一払込み)で、張家口に本店をおき、総裁に包悦卿、副総裁に山田茂二が就任し、蒙疆政権の中央銀行として一二月一日から営業を開始した。

蒙疆銀行は察南銀行から引継いだ旧紙幣の回収工作をすすめたが、占領前における推定通貨流通額約二〇〇〇万円乃至二三〇〇万円にたいして、一九三八年一月末までに約一二〇〇万円を回収する一方、蒙銀券発行高は三七年末一四一七万円、三八年一月末二一七〇万円に達し、「主要経済諸都市及其の近郊に於ては、総て蒙疆銀行券一色に統一されるに至」り、「蒙疆政権成立の初期に於ける経済建設工作は挙げて、其の基本たるべき通貨政策に集中された結果、洵に画期的に成功を収めるに至った」と称された。[3]

金融工作・通貨政策が周到かつ強引に急テンポで推進されたのにたいして、財政・税制に関する施策はどのようであっただろうか。以下、阿片を中心として、まず占領後から一九三七年末までの状況をみてみよう。

蒙疆政権の地域における阿片の沿革については、

民国七年(一九一八年)当時ノ綏遠都統蔡成勲ガ、軍費捻出ノ必要カラ従来禁止区域デアツタ綏遠地区阿片栽培ノ解禁ヲ断行シ、北陝ヨリ罌粟ノ種子ヲ購入シ之ヲ各県ニ頒布栽培セシメタノガ矢(ママ)デアツテ……爾来綏遠地方ニ於ケル阿片栽培ハ年ト共ニ隆盛トナリ、気候風土等自然的条件ノ良好性ト相俟チ、晋綏ニ地盤ヲ有スル山西軍閥ノ奨励ハ益々之ニ拍車ヲカケ、僅々二十年ノ間ニ四川、雲南、甘粛等ニ次グ産額ヲ以テ支那有数ノ産地トシテ知ラルルニ至ツタノデアル。

と記されている[4]。日中戦争開始前の阿片の生産量・管外搬出量については、京津向搬出高約七〇〇万両(一両=三六グラム)、太原向搬出高約二〇〇万両、管内消費量約四〇〇万両、生産総量約一三〇〇万両という推定[5]、あるいは生産額一〇〇〇万両、地元消費七〇〇万両、地区外移出三〇〇万両という記述がある[6]。

また蒙疆の地域は西北からの阿片の移入地でもあり、「西路貨ト称スル甘粛省産七〇〇万両、寧夏産三〇〇万両、合計一、〇〇〇万両が当地区ニ集荷セラレ、後京津ニ移出サレル状態デアッタ」[7]。また蒙疆連合委員会産業部顧問高津彦次が一九三八年初に「事変以前の常態に於ける概数を基礎に」作成した「蒙疆地区輸出入額概算表」によれば[8]、年間輸出総額は一億一九五〇万六三九八円、阿片は一一〇〇万両、一両当り二円で二二〇〇万円、輸出先は「北支及満州」、獣毛(四〇〇〇万円)・糧穀(三〇〇〇万円)につぎ第三位、総額の一八・四%を占めている。一方、機械類・鉄製品等を除く年間輸入総額は四七九〇万九五三一円、阿片は一〇〇〇万両、一両当り一円五〇銭で一五〇〇万円、獣毛(一八〇〇万円)につぎ第二位、総額の三一・三%を占めている。

このような阿片の生産・消費および移出入は、すでに述べたように、各地政権の財源として重要な対象であった。まず察南では、察南自治政府が成立前日の一九三七年九月三日、税制は従前の例により、中央財政機関として財政庁をおき、阿片税については財政庁の直轄下に清査処をおくという方針を決定した[9]。これは「察哈爾省清査処ヲ継承シ察南自治政府財政庁清査処ト改称シテ徴税事務ヲ管掌シタ」[10]ことにほかならない。察南の阿片については、

当時ニ在リテハ管内ニ栽培地ヲ有セズ、背後地タル察哈爾盟ニ於ケル栽培面積モ僅々二〇〇頃デ、大部分ハ現地ニ於テ消費セラレ、一部ノ余剰ガ張家口ニ流出スル程度デアッタ。ソレガ為栽培管理ヲ規定スル必要ナク、全面的ニ旧制ノ踏襲ヲ以テ事足ル状態デアッタ。

といわれる[11]。また別の記述では察南方面の「阿片概況」は以下のようであった[12]。

察南に於ける阿片は綏遠、寧夏及甘粛地方より地元商の手を経て流入し来るものを主とし、一年間の取扱数量は五、六百万両(一両は十匁)内外と推定せられてゐる。而て察南区内一年の販売阿片の数量は約百万両内外だが、張家口附近に於けるモルヒネの製造は天津に次いで頗る旺盛を極め、一箇年二百万両以上の阿片を需要したこともあるが、最近は大規模のモヒ製造者は影を没するに至つた。……阿片取引商人には土商と膏商とある。土商は阿片の売買仲介を行ふ煙商を言ひ、土商の受くる売買手数料は普通百分の二である。膏商とは主として土商より生阿片を購入し、生阿片の儘之を小売し、或は煙膏に製造して小売する店を言ふ。察南区内には事変前は五十八軒の土商及び膏商があつたが、今は逃亡或は閉店して膏商七軒、土商十四軒に減少した。しかして是等の煙商二十一軒を以て阿片公会を組織してゐる。政府は旧政権時代の阿片徴税機関たる清査処を踏襲し、昨年〔一九三七年〕十月より旧税率により徴税を開始した。

チャハル省における阿片税の種類・税率および察南自治政府における阿片税の種類・税率については、満鉄「蒙疆ニ於ケル阿片」に詳しい。(13)

またチャハル省の一九三六年度の察南自治政府に相当する区域の歳入は約六一七万元で、そのうち阿片収入は約八〇万元と概算されている。(14) これにたいして察南自治政府は成立年度(一九三七年一〇月一日—一二月三一日)の予算として、歳出五三万三〇〇〇元、歳入経常部三三万三〇〇〇元、同臨時部(借入金)二〇万元を計上したが、歳入経常部のうち阿片税は二万五〇〇〇元であった。(15)

同年度の決算は、歳出七一万九三〇〇元で予算を一八万六三〇〇元超過したが、歳入は八二万五二〇〇元で、予算にたいし二九万二二〇〇元の増収となり、結局一〇万五九〇〇元を次年度に繰り越した。(16) このうち阿片関係の実収額は不明であるが、三七年一一月二日までの清査処歳入状況二万四四〇一円一九銭という数字がある。(17)

次に晋北では、「綏遠以西の阿片が、大同を通って張家口、北京へ流れて行く。その道筋に介在して阿片の通過税（入境税、出境税等）を取る、この税金収入が大したものであって、閻錫山はこれに垂涎措く能はず……大同は太原のドル箱としての地位に釘づけされ、徹底的の搾取を受けたのであった」といわれる。[18]「蒙疆阿片事情概説」によれば、「民国二十四年〔一九三五年〕山西省政府主席閻錫山ハ従来ノ禁毒品委員会及禁煙考査処ヲ廃合シ山西省禁煙督弁公所ヲ設立シ積極的禁煙政策ヲ標榜セルモ、内実ハ財政収入ノ確保ヲ企図シタルモノ」であって、阿片専売制度がおこなわれていた。[19]

晋北自治政府が成立した当時は、「財政関係各機関の資料は全く隠滅せられて参考となし得るものは皆無であり、且中堅層以上の官吏は全部……逃亡したため継承すべき組織がなかつたので、止むを得ず満州国から派遣来援の日満系の官吏自ら中堅となつて税法を蒐集し税票を作成し……従来の税法運用習慣を研討（ママ）する一方、財政庁長を任命して職員を数回に亘つて試験採用し、昨年〔一九三七年〕十二月末日迄に全管内に亘る税務組織の復活を見た」[20]という。また「旧山西省政府ニ於テハ民国二十五年九月ヨリ阿片専売制度ヲ実施シ来レルモ、晋北自治政府ニ於テハ旧制度ノ復活困難ナルノミナラズ又専売制度ハ現状ニ適セザルモノアルニ鑑ミ、察南蒙古両自治政府ノ阿片管理方法ニ準ズルコトトセリ」ともいわれる。[21]

晋北自治政府における阿片税の種類・税率については「蒙疆ニ於ケル阿片」に詳しい。[22]しかし察南自治政府の場合とくらべると財政・税制の整備は遅れ、一九三七年中の財政・阿片税収等は判然としない。

綏遠省の財政・阿片税収についてはすでに触れたが（四八頁）、「綏遠地方軍閥特ニ傅作義同省主席トナルヤ公然栽培ヲ許可シ、栽培税其他ノ課税ニ依ル軍費調達ニ専念セリ」ともいわれ、[23]「綏遠主席傅作義ハ阿片行政方面ヲ担当シ、阿片財政方面ハ山西閻錫山ノ晋綏財政整理処ニ属スル関係上、傅作義自身トシテハ阿片栽培禁止政策ニ対シ相当ノ熱意ヲ持ツテキタガ、之ガ実行ハ財政方面トノ摩擦ニ於イテ極メテ困難ナル態様ヲ示シ来ツタト謂フコトガ出来ル」とも述べられている。(24)

日本軍の占領後、「急速に財政機関の復旧を計つたが、旧職員の逃亡せる者三分の二に達し現金、重要帳簿の破棄携行の為め整備に多大の日子と努力が払はれ」、一一月一日から一般徴税事務を開始した結果、一九三八年一月五日までに五九万九四五六円、うち禁煙稽査処四一万三二五四元(六八・九%)の税収をあげた。(25) 蒙古連盟自治政府における阿片税の種類・税率については「蒙疆ニ於ケル阿片」に詳しい。(26)

結局、樹立直後の蒙疆各政権の阿片政策は、察南・蒙古連合両政府では旧制を踏襲し、晋北自治政府では専売制度を廃して前二政府にならう阿片税制を採用したのであって、金融工作・通貨政策のようなドラスチックな転換をともなうものではなかった。その理由は、「暫クハ急激ナル変革ニ依ル阿片行政ノ混乱ヲ慮」ったためであるともいわれ、(27)「戦後疲弊セル農民ノ経済的援助ノ必要性ト監督側ニ於ケル人員施設ノ不整備トノ為ニ、急速ナル政策ノ転換ヲ為シ得ザル」ためであるとも説明されている。(28)

蒙疆連合委員会は一九三七年一二月二四日「阿片業務指導要綱」を公布し、一九三八年の阿片政策を明らかにした。その全文は満鉄「蒙疆ニ於ケル阿片」に収載されているが、(29) 要点は売買関係について、「(一)政府ハ当分ノ間直接収買ヲ行ハズ」、「(四)各自治政府ニ阿片公会ヲ組織セシメ、公会員以外ノ者ノ阿片ノ売買輸出入ヲ許サズ」としたこと、徴税関係で、「(四)各自治政府ノ徴収スル各種阿片税ハ従前ノ額ヲ超過セザル範囲内ニ於テ……廃合単純化ヲ謀」るとしたこと、取締関係で、「(一)麻薬ノ製造、密売買及阿片ノ密売買ハ厳重ニ之ヲ取締ル」としたこと、罌粟栽培関係で、「栽培許可地ハ蒙古連盟自治政府区域内ニ限ル」としたことなどであったといえよう。

しかしこれは「暫行的」なもので、「具体的要領ヲ示サナカツタ為事務ノ連絡運用上統一ヲ欠ク嫌ヒガアリ且取締上支障尠カラザル実情」にあり、[30] 一九三八年五月・六月にあらためて阿片売買に関する認可要領が公布された。これも「蒙疆ニ於ケル阿片」にほぼ全文が引用されているが、[31] まず「蒙疆地域阿片商人ニ対スル阿片売買認可要領」(一九三八年六月一〇日)は、蒙疆各政府が阿片商人を指定し(身分証明書を発給)、指定商人および買付認可証または買付許可証を有する商人に限り阿片の売買を許可するとして、その条件を示したものである。また「京津阿片商人入蒙阿片買付許可要領」(一九三八年五月一三日)は、中華民国臨時政府から通知書を発給された京津阿片商人にたいして蒙疆地域での阿片の買付を許可するとして、その条件を示したものであり、蒙疆連合委員会と臨時政府統税公署との「再度打合セノ上決定公布サレタ」。[33]

蒙疆政権の一九三八年の阿片政策は、このように、阿片の売買・取引を許可制とするものであったが、旧制を踏襲した前年の方針に大きな変更を加えたわけではなく、この年も旧制が継承されることになったのである。以下、各政権の状況をみよう。

まず察南自治政府は、民国二七年度(一九三八年一―一二月)の予算として、当初、歳出入とも四〇二万一二九九円を計上し、阿片税収として六五万円(歳入の一六・二%)を予定した。[34] その後追加予算が編成され、資料不備のため歳出入の全体は不明であるが、阿片税収については三八年九月末日までの徴税実績と一二月末日までの徴収見込額を「蒙疆ニ於ケル阿片」で知ることができる。[35] すなわち三八年九月末現在の徴収実績は一一六万五二九五円、同年末推定徴収額は一五一万九九六四円である。別の資料から察南自治政府の当年度における租税収入実績が六四二万七〇〇〇円であったことを確認しうるので、[36] 推定通り徴収されたとすれば、阿片税収は租税収入の約二四%を占めたことになる。

晋北自治政府は、蒙疆連合委員会の「阿片業務指導要綱」にもとづき、一九三八年二月阿片取扱暫行弁法を制定した。その全文は「蒙疆ニ於ケル阿片」に収載されているが[37]、その要点は阿片の輸出入・栽培・製造・売買・授受・所持を政府の許可制とし、阿片税について税額・税率を定め、違反者にたいする罰則を規定するものであった。

晋北自治政府の民国二七年度(一九三八年一月―一二月)の当初予算は歳出入とも七八万〇九六五円で、阿片税収は一〇万二〇〇〇円(歳入の一三・一%)が計上された[38]。その後三八年八月三一日歳出入とも二六五万二一一九円の追加更生予算が決定され[39]、当年度の租税収入は二二九万八〇〇〇円の実績をえたが[40]、阿片税収については資料不備のため判明しない。

蒙古連盟自治政府が管轄した綏遠省は蒙疆政権下の阿片の主産地であった。同政府は、一九三八年三月税務管理局を設置して「阿片行政ノ単一化ト経費ノ節減ヲ計」り、ついで八月一日一連の暫行規則を公布したが、「其ノ要旨ハ旧制踏襲ヲ建前トシ連合委員会要綱ヲ基礎トシテ制定サレタモノデ……一元的ナル統制方策ハ極メテ微力デアッテ各県ヲ単位トスル徴税ヲ以テ禁煙対策ノ主要ポイントトシ、財政ノ確立ト民生ノ安定ヲ企図シタ」ものであった[41]。

暫行規則は全文が「蒙疆ニ於ケル阿片」に収載されているが[42]、その要点は「事変ニ依ル農村ノ疲弊ト新政権ノ財政確保ノ見地ヨリ増産ヲ目標」[43]として、阿片栽培税の賦課と生産阿片の政府許可者以外への販売の禁止(阿片栽培税暫行規則)、阿片の収蔵・販売・輸送にたいする印花税の賦課(阿片印花暫行規則)、阿片土商による阿片公会の組織と阿片公会による阿片の販売・収買および販売業者への牌照税の賦課(阿片公会暫行取締規則)、阿片零売業の許可制と牌照税の賦課(阿片零売暫行規則)、鉄道による阿片輸送の官運と出境税の賦課(阿片輸送暫行規則)、阿片吸食の許可制(阿片吸食暫行取締規則)であって、「阿片外ノ毒品」の製造・販売・吸用はこれを禁止した。

蒙古連盟自治政府の成紀七三三年度(一九三八年一月―一二月)歳入予算は、当初七五四万九四七六円で、うち阿片税収は六〇万円(歳入の七・九%)が計上されたが、これは綏遠省時代にくらべて「極めて内輪に見積ったもの」であった。[44] その後、予算は総額九三〇万円、阿片税収二五六万円(歳入の二七・五%)に修正された。[45]
三つの政権によってそれぞれ阿片の生産・取引・吸食等にたいする届出制あるいは許可制が施行されたが、それは規制自体を目的とするものではなく、阿片税収を確保するための措置であり、阿片の売買価格にたいする統制はまったくなされなかった。一九三八年の阿片相場は第2表のように推移した。これについては、

一昨年度〔一九三七年〕二円二、三十銭で出廻つてゐた張家口阿片相場は最盛出廻期に入つた〔一九三八年〕九月頃より異常な昂騰を続け、十月に入つて遂に六円を上廻るに至つた。これが原因は昨年度収穫期における多雨寡照の天候不順による収穫高減少と満州国の減産、西路方面よりの移入皆無等による先商見越しの売惜しみによるものとみられるが、十一月に入り漸く騰勢衰へ気味となつた。これは北京市場に上海方面よりの外来品の入荷があり、北京相場の軟調を反映したものとみられる。

と報じられている。[46]

「事変後成紀七三三年度〔一九三八年〕ニ於ケル京津向搬出量」は、

蒙古連盟自治政府管内	五六〇万両
晋北自治政府管内	六〇万両
察南自治政府管内	二五〇万両
計	八七〇万両

であるとされ、[47] 日中戦争開始前の約七〇〇万両を上廻った。

また蒙彊銀行調査課『蒙彊貿易年報』の当年度分は入手しえなかったが、「蒙彊ニ於ケル阿片」に当年度分の必要なデータが収載されている。[48]

第2表 1938年阿片相場(1両=36g)

	張家口	厚　和	北京
1–3月平均	3.20円	2.80円	3.80円
4月	3.65	3.03	4.30
5月	3.73	3.13	4.30
6月	3.66	3.07	4.27
7月	3.40	2.80	4.00
8月	3.83	3.63	4.70
9月	5.23	4.80	5.80
10月	6.28	5.90	7.00
11月	6.30	5.90	7.30

(注) 『善隣協会調査月報』第80号, 1939年1月.

それによれば、当年度の阿片の輸出量は九八五万四七七九両、金額四三八二万一一七五円で、総輸出額の四一%を占めた。輸出先は京津向八九〇万八〇四〇両、満州国向九四万六七三九両であった。

（1） 前掲・千田『皇軍〝阿片〟謀略』によると、東条関東軍参謀長は星野直樹満州国総務長官と相談し、占領と同時に金融機関を接収して支配下に入れる計画をたてた。そのため、新紙幣には満州中央銀行に保管されていた東三省官銀号券を流用することとし、あらかじめ熱河省の承徳に運んでおき、満州中央銀行計算課長山田茂二をキャップとする金融工作員を待機させた。関東軍の張家口突入とほとんど同時に金融工作員も突入し、察哈爾商業銭局を押え、同日の夕方近くには東三省官銀号券が承徳から飛行機で運ばれてきて、金庫室に山積みにされたという(一二七―一五六頁)。なお同書には緊急通貨防衛令が九月四日に発布されたように記述されているが(一五四、一五五頁)、九月三〇日が正確である。

また蒙疆連合委員会産業部顧問であった高津彦次によれば、「蒙疆の幣制整備に貢献した満州中銀の功績は大きい。この「察南銀行券」に就ては面白いエピソードがある。即ち満州事変、満州建国の際、張学良等旧東北政権の機関銀行「東三省官銀号」が、その発行してゐた紙幣「東三省官銀号券」の、未発行分の紙幣を多数遺棄して行つた。それが満州中銀に接収され、どう云ふハズミでか、まだ焼却もされずに、相当数量、手の切れるやうな札の儘、中銀の倉庫に蔵されていたのである。……そこでこの新札の、「東三省官銀号」の字を消し「満州中央銀行」と書き、更にその「満州中央銀行」の上に、棒を引いて抹消し、察南銀行の文字を入れ、これを数百万円分、応急的に張家口に送り、旧券と引換へるべき新発行券と為したのである」という(高津『蒙疆漫筆』河出書房、一九四一年、二六五―二六六頁)。この事実は千田『皇軍〝阿片〟謀略』でも述べられているが、東三省官銀号券の文字を二回抹消して察銀券に流用するというのは星野直樹の発案であるという(一三三―一三六頁)。

（2） 大同占領と同時に満州中央銀行発行課副長山口正をキャップとする金融工作員が軍用機で急行し、察南銀行大同分行の設置にあたった(千田『皇軍〝阿片〟謀略』一六一―一六二頁)。

（3） 蒙疆銀行調査課「総調甲第二三号 成紀七三七年二月 最近に於ける蒙疆の経済金融概況」(秘) 一九四二年、二八―二九、三一頁、沼野資料。

（4） 前掲・満鉄「蒙疆ニ於ケル阿片」《資料5》二〇四頁。

（5） 前掲・蒙古連合自治政府「蒙疆阿片事情概説」《資料4》一九一頁。

（6）「蒙疆ニ於ケル阿片」《資料5》二〇五頁。
（7）同前、二〇五頁。
（8）高津『蒙疆漫筆』三〇二―三〇六頁。
（9）前掲『北支・蒙疆現勢　昭和十三年版』六八二頁。
（10）「蒙疆ニ於ケル阿片」《資料5》二四二頁。
（11）同前、二四二頁。
（12）『北支・蒙疆現勢　昭和十三年版』六九二―六九三頁。
（13）「蒙疆ニ於ケル阿片」《資料5》二二三・二四二・二八六頁。
（14）『北支・蒙疆現勢　昭和十三年版』六八一―六八二頁。なお一九三六年度のチャハル省全体の阿片税徴収実績は一一〇万四九七五元であった（「蒙疆ニ於ケル阿片」《資料5》二二八頁）。
（15）『北支・蒙疆現勢　昭和十三年版』六八四―六八五頁。
（16）同前、六八三頁。
（17）前掲『新支那現勢要覧』三五五頁。なお、「蒙疆ニ於ケル阿片」《資料5》二四四頁の清査処「開設当初ニ於ケル」徴収実績七万二一九二円という数字は、いつまでの分か判然としないが、あるいは成立年度分かもしれない。
（18）高津『蒙疆漫筆』一四八頁。
（19）「蒙疆阿片事情概説」《資料4》一九〇頁、「蒙疆ニ於ケル阿片」《資料5》二〇四頁。
（20）『北支・蒙疆現勢　昭和十三年版』七〇〇頁。
（21）「蒙疆ニ於ケル阿片」《資料5》二八七頁。
（22）同前、二八六頁。
（23）「蒙疆阿片事情概説」《資料4》一九〇頁。
（24）「蒙疆ニ於ケル阿片」《資料5》二二八頁。
（25）『新支那現勢総覧』三七三、三七五頁。
（26）「蒙疆ニ於ケル阿片」《資料5》二八七頁。

(27) 「蒙疆阿片事情概説」《資料4》一九〇頁。
(28) 「蒙疆ニ於ケル阿片」《資料5》二三六頁。
(29) 「蒙疆ニ於ケル阿片」《資料5》二三六頁。
(30) 同前、二三九頁。
(31) 同前、二三九頁。
(32) 中華民国臨時政府は華北占領地域に作られた日本の傀儡政権で、北支那方面軍の主導下に、北京・天津の治安維持会を基盤として、一九三七年一二月一四日北京に成立した。行政委員会委員長は王克敏。
(33) 「蒙疆ニ於ケル阿片」《資料5》二四二頁。
(34) 『北支・蒙疆現勢　昭和十三年版』六八五―六八九頁。
(35) 「蒙疆ニ於ケル阿片」《資料5》二九一頁。
(36) 興亜院政務部『興亜院執務提要』(秘)一九四〇年一月、五八五頁、石川準吉編『国家総動員史　資料編〈7〉』国家総動員史刊行会、一九七八年、九〇四頁、所収。
(37) 「蒙疆ニ於ケル阿片」《資料5》二四五頁。
(38) 『北支・蒙疆現勢　昭和十三年版』七〇一―七〇四頁。
(39) 『蒙疆新聞』一九三八年九月三日付。
(40) 『興亜院執務提要』五八五頁、『国家総動員史　資料編〈7〉』九〇四頁、所収。
(41) 「蒙疆ニ於ケル阿片」《資料5》二四八頁。
(42) 同前、二五一頁。
(43) 同前、二四八頁。
(44) 『北支・蒙疆現勢　昭和十三年版』七二七―七二八頁。
(45) 『善隣協会調査月報』第八一号、一九三九年二月、一六二―一六三頁。なお、『興亜院執務提要』五八五頁、『国家総動員史　資料編〈7〉』九〇四頁、所収、によると、蒙古連盟自治政府の成紀七三三年度予算における租税収入九五九万九〇〇〇円、同実績八五四万四〇〇〇円とされる。租税収入額が歳入総額を上廻るのは不審であるが、資料不備のため正誤を確認しえない。

(46)『善隣協会調査月報』第八〇号、一九三九年一月、六六―六七頁。
(47)「蒙疆阿片事情概説」《資料4》一九一頁。
(48)「蒙疆ニ於ケル阿片」《資料5》二一八頁。

第二節　蒙疆土薬公司——一九三九年の状況

蒙疆政権は一九三八年にそれぞれ収税機構をある程度整備したが、旧来の制度を継承して、大きな変更を加えることはなかった。一九三九年の阿片政策も、当初は、阿片税収の確保を目的とする前年と同様のものであった。三政権の一九三九年度歳入予算および阿片税収入予算は「蒙疆ニ於ケル阿片」に詳細が示されているが[1]、察南自治政府は二一九万六〇〇〇円(歳入の二四・三%)、晋北自治政府は三四九万四二八〇円(同五八・九%)、蒙古連盟自治政府は四七四万〇六〇〇円(同三四・三%)、三政権合わせて一〇四三万〇八八〇円(同三六・三%)の阿片税収を予定した。前年度にくらべて大幅な増収が計画されており、とくに晋北自治政府で激増している。

しかし一九三九年六月になって、蒙疆政権は阿片政策を大きく変更した。六月九日蒙疆連合委員会は当局談として以下のように発表した[2]。

蒙疆地域に於ける阿片政策は阿片自体の持つ特殊性並に当地域が阿片生産地を有する事情上、対外対内的に極めて複雑多岐なる関係を有し、本来一貫的政策の敢行を必要とするに不拘、事変後匆匆の間三自治政府各々相異なる旧来の方策を踏襲し来たれるため、幾多の弊害続出し民衆生活上種々大なる支障阻害を来しつつありし現状に鑑み、且は支那新政権及満州国の阿片政策に対応協助すると共に諸弊を匡正せんが為、民国二十二年の禁煙法を援用し、茲に完全なる管理統制を断行することとせる次第なり。該政策実施機関の総元締として張家口に清査総署を設置し、其の下に執行機関として清査署を張家口、大同及厚和に設置することとせり。

本政策の実施に依り国民生活は浄化せらるることとなるべく、農民栽培者は阿片市価の急激なる騰落による経営の不安定と中間商人の不当な搾取より免るることとなるべく、従来の阿片取扱業者たる土商及膏商は夫々新制度に依る収買機関たる土薬公司及配給機関たる公会に吸収せられ、玆に栽培業者取引業者共に従前の営業及利益を保証せられ、而も旧来の積弊を匡正せらるることとなれり。凡ゆる方面より考察し明朗躍進蒙疆の建設に資し得べき政策たるを疑はず。依而玆に官民一致の協力を希ふ次第なり。

この当局談が国民政府の禁煙法を引きあいに出しているのは、二重の意味で奇妙なことであった。第一に、蒙疆連合委員会はその設立にあたって、「南京政府及之に属する軍閥官僚国共両党」を罵倒し、

彼等は国政を私して私利を図り、民福を犠牲にして単に自己の保全に努め、上下滔々腐敗堕落の極に達し、為めに社稷は累卵の危きに陥れり。而も亦彼等は時勢を視るの眼識なく、自己陶酔に陥り、遂に大日本帝国に対し無謀なる挑戦を敢てせり。……我蒙疆地方に於ては既に大日本軍隊に依りて粛清せられ、暴虐なる南京政府並軍閥の桎梏羈絆を脱して、察南、晋北、蒙古連盟の各自治政府相次で成立し、積年の秕政改まりて民利民福を念とする善政を見るに至る。……

という声明を発していた(3)。国民政府の支配を否認することに存立理由を求めたはずの蒙疆政権が、阿片政策についてはその国民政府の法を「援用」するというのである。第二に、国民政府の禁煙法(4)は、すでにみたように、阿片を禁絶するために制定されたものである。ところが蒙疆政権は阿片の禁絶については一言も触れず、もっぱら業者の利益をはかるために同法を「援用」するというのである。

このような奇妙さはともかくとして、右の当局談の通りであれば新政策は業者にとってよいことづくめであるが、もちろん真の意図は発表とは別のところにあった。蒙疆政権の内部文書では、

蒙疆連合委員会成立シ防共特殊地域ノ重責ヲ荷フ楽土蒙疆建設ノ基礎ヲ見ユル(ママ)ニ至レリ。然レドモ之ガ健全ナル発展ハ先ヅ財政経済ノ確立ニ在ルヲ以テ、不取敢財源ノ確保ニ全力ヲ傾倒シ、其ノ一策トシテ阿片行政ニ付テハ、㈠阿片ノ財政経済上ニ於ケル重要性、㈡日支事変勃発ニ伴フ占拠地域内ニ於ケル阿片ノ欠乏、㈢外国阿片輸入ニ依ル資金ノ円ブロック外流出防止等ノ見地ヨリ、之ガ運営如何ハ内外共ニ重大影響ヲ齎スヲ以テ、前政権時代ニ於ケル阿片制度ヲ其ノ儘踏襲スルニ於テハ新政権成立後ニ於ケル前記重要使命ノ遂行ハ不可能ナル処ナルヲ以テ、従来区々ナリシ阿片制度ヲ撤廃シ之ガ一元化ヲ図リ、準阿片専売制度ノ形式ヲ採リ、内ニ於テハ漸減断禁政策、外ニ対シテハ之ガ増産ヲ企テントスル趣旨ニ副フベク、成紀七三四年〔一九三九年〕七月清査制度ノ成立ヲ見タリ。

と説明されている。(5)

また別の説明では、

蒙疆ニ於ケル阿片制度ハ支那事変勃発以来寧夏、甘粛等ノ西北地方及四川、雲南、貴州等ノ西南地方重要生産地トノ交通杜絶ニヨリ、占拠地域ニ於ケル阿片需給関係ハ甚シク不均衡ニ陥リテ諸種ノ弊害ヲ惹起シ、加之ニ外国阿片ノ輸入ニヨリ為替資金ノ円ブロツク外流出ヲ招致シ、従来ノ税制度ノ儘放任センカ、新政府ノ健全ナル財政経済及阿片政策ノ確立上大ナル障害トナル可キヲ以テ、蒙疆、北支、中南支ヲ通ズル阿片ノ自給策確立ヲ根本方針トシテ増産計画ヲ樹立スルト共ニ、疆内ニ在リテハ断禁ヲ目標トスル漸減政策ヲ採リ、阿片ノ生産、配給ノ両部門ニ渉リ完全ナル統制管理ヲ実施シ、以テ所期ノ使命ヲ達成センガ為、一昨年〔一九三九年〕七月一日ヲ期シ清査制度ノ創設ヲ見、官代表収納機関トシテ蒙疆土薬公司ヲ設立セルモノナリ。

と述べられている。(6)

蒙疆政権の一九三八年までの阿片政策については、

要スルニ旧政権ノ専売整備過程ニ在ツタ収税方策ノ踏襲ニ依ルモノニ過ギズ、各自治政府個々ノ実行方途ニ委ネラレタモノデ一元的統制策ナク税収ヲ基礎トスル応急策トモ称スベキモノデアツタ。斯カル方策ニ於ケル収買ノ普遍的良好性ハ認メラルルモ、随行的ニ発生スル密輸密売ハ禁止サレ得ベクモナク、国家財政堅持ニハ徴税策ヲ以テシテハ尚微弱ナリト謂フベキデアツタ。

という問題があった。[7] 新政策は、蒙疆政権自体の財源の確保をより積極的にはかるとともに、それにとどまらず、中国占領地全域を通ずる阿片の「自給策確立」をめざして、阿片の増産と統制を実現しようとしたのである。

この新政策がどこで立案され推進されたかを明示するような資料は確保できなかった。しかし「外国阿片輸入ニ依ル資金ノ円ブロック外流出防止」といった観点は、蒙疆政権の判断のみによって打ちだされたものとは考えられない。すでにみたように、一九三八年一二月興亜院が設置され、興亜院は中国占領地における阿片の需給を管掌し、三九年三月興亜院蒙疆連絡部が発足していたこと、また同連絡部の文書に「昭和十四年以降毎年本院ニ於テ開催セラレタル支那阿片需給会議ニ於テ決定サレタル計画事項」といった記述があることからみて、[8] 新政策への転換がもっぱら興亜院のイニシァティブによるものであったことは確実であろう。

蒙疆連合委員会は一九三九年六月六日付で、暫行阿片管理令以下一連の関連法規を公布し、七月一日から施行した。まず暫行阿片管理令[9]は、阿片の配給の統制(第二・七条)、阿片の輸出入・運輸の許可制(第三条)、罌粟栽培の許可制(第四条)、蒙疆土薬股份有限公司・清査官署による阿片の収納(第五・六条)および取締り・罰則などを規定した。

蒙疆土薬股份有限公司法[10]は、「阿片ヲ収納シ之ヲ委員会清査官署ニ納付セシムル」機関として、資本金一五〇万円の同公司の設立について規定した。

清査総署官制(11)および清査署官制(12)によって、「阿片、罌粟種子及麻薬ニ関スル事項ヲ管掌ス」る清査総署を張家口に、「清査総署長ノ管理ニ属シ阿片、罌粟種子及麻薬ニ関スル事項ヲ掌ル」清査署を張家口・大同・厚和に、また張家口清査署のもとに五清査局・一八清査分局、大同清査局のもとに五清査局・一二清査分局、厚和清査署のもとに八清査局・一八清査分局をおくことが定められた。また清査工廠官制(13)によって、「阿片及麻薬ノ製造及試験ニ関スル事項ヲ掌ル」清査工廠の設置が定められた。

さらに六月一五日付で暫行阿片管理令施行規則(14)が公布され、ついで六月三〇日付で、阿片・麻薬に関する犯罪の取締りを規定した暫行阿片稽査令(15)、違法の阿片・麻薬類を査獲した官吏にその価格の二割の提成金を支給することを規定した暫行阿片麻薬稽査提成規則(16)が公布された。また七月一日付で暫行阿片稽査令施行手続(17)が公布された。

蒙疆土薬股份有限公司法にもとづいて、一九三九年六月二六日蒙疆土薬股份有限公司が設立され、六月三〇日張家口で創立総会が開催された。創会では金井最高顧問が訓示をおこない、「従来の土商たる新株主二〇六名は感激を以て献身事業の完成を誓」った(18)。董事長は賀東温、本店を張家口に、支店(分公司)を大同・厚和など一一箇所においた(19)。

こうして、罌粟栽培者→土薬公司→清査署→阿片配給人→癮者という「準阿片専売制度(20)」としての清査制度が発足した。これにともなって罌粟栽培の区域・面積が指定されたが、「当年度ノ指定面積ハ増産計画ノ樹立ガ播種後デ時期ヲ逸シタ為、各自治政府ニ於テ事前ニ指定セル面積ニ拠ツタモノ」であった(21)。その指定面積・生産予想数量・収納予想数量については、資料によって若干の食い違いがみられるが(22)、約一〇〇万畝が指定され、一五〇〇万両乃至二〇〇〇万両の生産を予想し、そのうち約七〇〇万両乃至七五〇万両の収納が予想されていた。注目すべきは、従来まったく乃至ほとんど罌粟栽培がおこなわれていなかった察南・晋北の地域にも前者一万畝・後者一五万五〇〇〇畝が指定されたことである。「当地区罌粟栽培地域中巴彦塔拉(バインタラ)盟は旧綏遠省に属し清朝より栽培を実施し居りたるも、察哈爾(チャハル)

盟、宣化省(旧察哈爾省）並に大同省（旧山西省の一部)は成紀七三四年度(昭和十四年度)より栽培を開始したり[23]」という事情は、蒙疆政権が「積極的に増産計画を樹立[24]」した結果であった。

清査制度の発足にともなって清査(阿片専売)と権運(塩税)[25]とを取扱う清査権運特別会計が設定され、一九三九年九月一日蒙古連合自治政府の成立をへて、一〇月一五日同政府の成紀七三四年度(一九三九年)一般会計総予算およびその他の特別会計予算とともに公布された[26]。第3表はその概要を示すものであるが、歳入二五二九万余円(うち六九万余円は塩税収入)にたいして、歳出は二二一七万余円で、当初から三一二万余円の歳入超過が見込まれていた。しかも歳出には撥入一般会計三〇〇万円が計上されているので、実質的な歳入超過は六一二万余円(歳入の二四・二%)に達するという変則的な予算であった。

第3表 1939年度清査権運特別会計予算・決算(単位円)

		予算額(A)	決算額(B)	差額(A－B)
歳入	清査収入	24,605,000	7,985,384	16,619,616
	塩税収入	694,534	308,156	386,378
	合計	25,299,534	8,293,540	17,005,994
歳出 経常部	購買諸費	16,785,000	3,995,301	12,789,699
	その他	1,513,458	821,878	691,580
	計	18,298,458	4,817,179	13,481,279
歳出 臨時部	撥入一般会計	3,000,000	2,700,000	300,000
	その他	877,709	778,701	99,008
	計	3,877,709	3,478,701	399,008
歳出合計		22,176,167	8,295,880	13,880,287
歳入超過		3,123,367	－2,340	
儲備品			412,980	
収入総計			8,706,520	
過剰額(利益金)			410,640	
一般会計歳入		25,289,551		
一般会計歳出		25,289,551		

『政府弘報』第23号(1939年10月16日),「成紀734年度清査権運特別会計計算書」《資料18》から作成.

一方、一般会計総予算では、右の撥入一般会計三〇〇万円は財政部所管臨時部の由清査権運特別会計滾入三〇〇万円として計上された。当年度の一般会計総予算における歳入総計は二五二八万九五五一円(うち租税収入九三三万一二〇〇円、政府債九六五万円）であったから、清査収入は一般会計にほぼ匹敵する規模をもち、清査権運特別会計からの滾入分は一般会計歳入の一一・九％という比重をあたえられていたことになる。もっとも、一九三九年当初の分立時代の三政権が予定していた阿片税収は、前述のように歳入の三六・三％に及んでいたから、それにくらべれば清査収入予算は控え目に計上されていたといいえる。

以上のような制度と予算のもとで、「七月一日を期し本清査制度の実施に入るや管下各地の清査官署の開設を急ぐと共に、収買業務開始の遅延を懸念し土薬公司の整備と生産地に於ける収買処開設を極力急がしめたるも、連日の降雨に際会し意の如くならず、各地の買付を開始致したるは八月中旬とな」った。[27]

阿片の収買に際して公司から罌粟栽培者に支払われた補償価格は、一両あたり一等品三円五〇銭、二等品三円三五銭、三等品三円二〇銭、次等品（等外品）二円八〇銭以下と定められ、その等級決定方法は官能鑑定によった。[28]官能鑑定とは「五官に依る阿片品質鑑定法にて主として色沢、香味、質の粗緻、麻酔性料子の多寡等に依り等級を決定す」る方法である。[29]公司に収買された阿片はその全量が清査官署に収納され、政府から公司にたいし収買手数料として収買補償価格の一〇〇分の九が交付された。

しかし、「愈々収買開始せるも各地共蒐荷成績全く不振にて当局の予想に反し……献身的繳土工作を強行実施すると共に土薬公司を指導啓蒙し、蒐荷に万全を期したるも全く成果に見るべきもの無」かった。[30]

この原因については関連の資料にそれぞれ述べられているが、[31]要するに、「未曾有ノ天災ニ依ル市価ノ高騰並不正業者ノ暗躍、制度創始時ニ於ケル機構ノ未整備、一般民衆ニ対スル制度主旨不徹底等諸種ノ原因ヲ挙ゲ得ルト雖モ、其ノ主因トスル処ハ、従来投機性濃厚ナル営業ニ依リ高利潤ヲ常トシタル土商群ヲシテ公定収納価格ニ依ル収貨手数料制ニ統制シタル為、積極的蒐貨活動ヲ阻害シタルト、京津市価対当地収納価格ニ甚ダシキ価格差ヲ生ジタル点ニ有」

った。(32)

「未曾有ノ天災」についていえば、罌粟の生育期である五月から六月にかけて蒙疆地方は旱天がつづき、阿片その他農作物は大きな打撃をうけ、六月一七日と一九日と再度にわたり察南自治政府最高委員于品卿と最高顧問竹内元平が求雨の祈禱をおこなった。(33)ところが七月に入ると一転して連日の豪雨となり、至るところで橋梁が流出し、七月一五日には晋北の渾源県で乾河の堤防が決潰して、死傷者約四〇〇名に達した。(34)さらに七月二五日京包線の青竜橋駅が山崩れで埋没し、同線が二五日間にわたって不通となるという前例のない事態が生じた。(35)阿片の採取期の七月に第4表のような二〇年来といわれる豪雨に見舞われたことは、生産の激減を来たした。(36)

第4表　張家口・大同降雨量(単位ミリ)

	張家口 1939年	張家口 1938年	大同 1939年	大同 1938年
4月	25.9	13.7	20.0	21.0
5月	15.5	77.4	9.0	44.3
6月	47.1	90.1	20.1	79.3
7月	269.4	183.0	332.0	135.5
年総量		554.7		478.4

7月は27日まで.『蒙疆新聞』1939年7月29日.

阿片の品薄は当然その価格に影響した。蒙疆銀行調査によれば、第5表の示すように、一九三九年上半期の蒙疆の阿片相場は、張家口・大同の消費地でみると、前年比約五割高の一両当り七円乃至七円五〇銭となった。また京津の市価は一九三八年末の約七元から、民国「二十八年度〔一九三九年〕後期ニハ十五、六元、二十九年度ニ於テハ二十二、三元ト云フ未曾有ノ価格騰貴ヲ示」した。(37)

ところが蒙疆政権はこれを三円五〇銭ないし三円二〇銭という値段で土薬公司に収買させたのである。これは「公定収買価格京津相場との激差を生ずる事態」(38)であり、とうてい土薬公司の収買が成功するはずもなかった。蒙疆政権は清査制度を発足させるにあたって、前述のように「農民栽培者は阿片市価の急激なる騰落による経営の不安定と中間商人の不当な搾取より免るることとなるべく」と声明したが、実は蒙疆政権こそが最悪の搾取者であったのである。

第5表 1939年阿片卸売価格・同指数(単位10両, 指数1938年8月下旬=100)

	張家口 価格	張家口 指数	大同 価格	大同 指数	厚和 価格	厚和 指数	包頭 価格	包頭 指数	平均 指数
2月	円 70.00		円 65.00		円 67.50		円 68.00		
3月	71.33	148.6	71.67	149.3	74.33	170.0	71.00	107.6	
4月	72.00	150.0	75.00	156.3	65.00	163.3	68.67	104.0	
5月	72.00	150.0	75.00	156.3	60.67	152.4	67.00	101.5	140.1
6月	72.00	150.0	73.33	152.8	54.00	135.7	65.00	98.5	134.3
7月	72.00	150.0	71.67	149.3	41.33	103.8	55.00	83.3	121.6
8月	35.00	72.6	35.00	72.9	35.00	87.9	35.00	53.0	71.7

8月以降は清査制度実施にともない公定の収買補償価格が表示されている.
蒙疆銀行『蒙銀経済月報』第3号(1939年3月)–第9号(1939年9月)から作成.

こうして一九三九年度の阿片の収納は、当初約七〇〇万両を予定していたにもかかわらず、第6表にみるように、わずか八八万七〇〇〇両(予定の一二・七%)にとどまるという「[惨]憺タル結果」に終った。(39)

ともかく収納された阿片は蒙疆政権の手で「配給」と称して、第7表(40)のように販売された。この配給先は蒙疆政権の一存によるものではなく、前述の興亜院における〝支那阿片需給会議〟決定の計画に沿うものであったとみられる。

結局、蒙疆政権は土薬公司に三円五〇銭乃至三円二〇銭で収買させ、同公司に九%の収買手数料を支払い、平均三円七四銭、総額三三二万円で収納した阿片を、管外にたいしては九円五五銭乃至一〇円五五銭で、管内にたいしては一等六円、二等五円五〇銭、三等五円、平均五円五一銭で配給し(41)、七九九万円の収入をあげたのである。価格差益四六七万円という暴利であった。

この結果、一九三九年度清査権運特別会計の決算は第3表のようになった。(42) 清査収入は予算にくらべてわずか三二%にとどまったが、撥入一般会計は予算三〇〇万円にたいして決算で二七〇万円を実現し、次年度繰越しの儲備品価格を算入して四一万余円の過剰額を生じ、これを当年度利益金として事業資金に繰入れたのである。

なお、蒙疆政権の清査制度上のデータとは異なる同政権の貿易統計があるので、つぎにそれを紹介しておきたい。蒙疆銀行調査課『成紀七三四年度　蒙疆貿易年報』は、同年度の「概況」として、

戦時下第二年目に於ける蒙疆の対外貿易は、各種生産拡充計画の実行期到来すると共に、建設機材類の輸入俄然激増し、他面輸出貿易に於ては七月下旬の大水害により農作物の被害著しく、阿片、穀物類の輸出不振の結果、貿易尻は遂に三六、八二三千円の入超に終り、輸出超過を本態とする蒙疆対外貿易に異例的記録を残した。

と述べている。(43) また「主要輸出品の消長」のうち阿片については、

蒙疆に於ける阿片は年間凡そ一千万両と称せられてゐる。この内五百万両は地場消費に当てられ、残り五百万両に奥地よりの輸入阿片五百万両を加へ合計約一千万両のものが輸出せられるのが常態である。本年の輸出は数量三、五七五、〇〇〇両、金額二六、八六六千円に達し輸出貿易額の二八%弱を占めてゐる。これを前年と比較すれば数量に於て六、二七九、七七九両(六三%)、金額にありて一六、九五五千円(三九%)の著減となつている。この輸出激減の原因は、(一)奥地よりの輸入阿片の杜絶、(二)地場産阿片の水害による減収に基因してゐる。数量の減少著しきにもかかはらず、金額の減少率が低いのは輸出単価の暴騰によるものである。即ち前年度一両当りの平均単価四円四五銭替のものが本年七円五一銭替を示してゐる。六九%の騰貴率である。主なる輸出仕向地は京津地方にして、蒙疆に於ける最大出廻地は厚和である。なほ本年七月一日より阿片専売制が施行せられ清査総署に於て地域内配給並に輸出を一元的に取扱ふ様になつた。

第6表　1939年度阿片収納実績

	数　量	金　額	単価
	両	円	円
張家口署	265,280.50	1,070,356.05	4.03
大同署	170,432.00	690,202.00	4.05
厚和署	451,306.10	1,559,434.25	3.46
計	887,018.60	3,319,992.30	3.74

「成紀734年度清査権運特別会計計算書」〈資料18〉から作成.

第7表　1939年度阿片配給状況(単位，数量＝両，価格＝円)

		11月	12月	1月	計	単価
						円
北　京	数量	200,000	100,000		300,000	
	価格	1,910,000	955,000		2,865,000	9.55
天　津	数量		60,000	50,000	100,000	
	価格		502,500	502,500	1,005,000	10.05
唐　山	数量	50,000		50,000	100,000	
	価格	527,500		527,500	1,055,000	10.55
太　原	数量		2,000		2,000	
	価格		20,100		20,100	10.05
済　南	数量		100,000		100,000	
	価格		1,005,000		1,005,000	10.05
上　海	数量			100,000	100,000	
	価格			1,005,000	1,005,000	10.05
其ノ他	数量		25,000		25,000	
	価格		251,250		251,250	10.05
計	数量	250,000	277,000	200,000	727,000	
	価格	2,437,500	2,733,850	2,035,000	7,206,350	9.91
管　内	数量				141,429	
	価格				779,034	5.51
合　計	数量				868,429	
	価格				7,985,384	9.20

備考　政府ノ歳入上735年1月配給ノモノヲ734年度整理ス.
「734年度配給関係統計表」から作成. 単価・合計は同表から算出.

と述べている(44)。関連の統計を第8表—第10表に示した。

蒙疆から中国各地に配給された阿片が各地でどのように処理されたかについては、資料を十分にえられなかった。ここでは、東京裁判における検察側書証その他によって、日本占領下の各地の一九三七—三九年における概況を確認しておきたい。

北京では、駐日アメリカ大使J・C・グルーの一九三九年四月一四日付国務長官あて報告「支那日本占領地域ニ於ケル麻薬ノ状況」によると、

日本北方軍ニ依リ支配セラレタル黄河及ビ万里ノ長城間ノ支那ニ於テハ事態ハ前年ヨリ悪化セリ。法的統制ハ、一九三七年八月ニ失効シ、不法取引ハ増加セリ。日本陸軍ニヨリ樹立セラレ維持セラレタル北京臨時政府ハ同政権樹立後直チニ麻

第8表　蒙疆貿易概況(単位円)

	輸　出	輸　入	差　引
1939年	97,056,056	133,879,973	−36,823,917
1938年	100,391,730	67,533,043	+40,858,687
比較	−11,335,674	+66,346,930	

蒙疆銀行調査課『成紀734年度　蒙疆貿易年報』.

第9表　阿片鉄道輸出状況

	円	瓩
1月	5,250,000	30
3月	8,885,000	50
4月	2,700,000	15
5月	2,700,000	15
6月	2,160,000	12
11月	2,437,500	10
12月	2,733,850	11
計	26,866,350	143

蒙疆銀行調査部『成紀734年度　蒙疆貿易年報』.

第10表　阿片鉄道輸出地・仕向地(単位円)

輸出地		仕向地	
厚和	16,329,500	北京	24,480,350
張家口	7,871,350	唐山	527,500
豊鎮	2,665,500	其他	1,858,500
計	26,866,350	計	26,866,350

蒙疆銀行調査部『成紀734年度　蒙疆貿易年報』.

薬ノ問題ニ着手セリ。同政府ハ、一九三八年二月二十四日付、命令第三十三号ヲ以テ、支那中央政府ノ臨時禁阿片、禁麻薬法並ニ同規則ヲ廃棄シ、是等法律、規則ノ下ニ留置セラル居タル者ハ皆直チニ監獄ヨリ釈放セラレタリ。麻薬ノ状況ハ逐次ニ悪化セリ。……
信ズベキ報道ニ依レバ北京ニ於ケル阿片販売店及ビ喫煙店開設ニ対スル唯一ノ制限ハ、税金ノ納入ナリ。ソノ結果トシテ、一九三八年十月北京ニ於ケル斯種店舗ハ凡ソ三百ト推算セラレタリ。ヘロインハ当時ニ於テハ、同市各所ニ於テ販売セラレ居リ、其ノ取引ヲ禁圧セントスル何等ノ努力モナサレタル証左ナシ。

といわれた。(45)

天津では、右の報告によると、一九三八年一〇月一日をもって租界内のすべての阿片窟は閉鎖された旨発表されたが、実際には小窟や租界外での大阿片窟で営業がなされ、一一月一二日付の新聞紙記載の発表では「名目上支那治下ノ天津地区ニ於ケル許可済阿片窟総数ハ百八十九ニ達」し、麻薬は「日本租界ノ各所デ容易ニ購入可能ナリ」という状況であった。(46)

済南では、右の報告によると、

日本占領以来、合同税務所済南支所ハ、一定税金ノ納入ヲ条件ニ、公然ト阿片ノ販売ヲ許可シアリ。一九三八年九月末ニ於テハ、粗製阿片ノ販売ヲ許可セラレタルモノ四店、煉阿片ノ販売許可ヲ受ケタルモノ四十店アリ。一九三八年十一月迄ニハ、煉阿片ノ販売店ハ四十ヨリ百三十六ニ増加セリ。一九三八年十一月中ニ、十万テイルニ上ル粗製阿片が、済浦鉄道経由、北方ヨリ、済南ニ入荷シ、中、一万テイルハ内国ノ他ノ大都市向転搬セラレタリ。

という状況がみられた。(47)

青島では、一九三九年七月「統制機関トシテ青島特別市禁煙清査委員会設立セラレ、同年八月一日禁煙清査暫行条例実施セラレタ」[48]。

華中では、外務省条約局『昭和十四年度執務報告』によると、

維新政府[49]ハ民国二十八年(昭和十四年)四月三十日戒煙暫行条例ヲ公布シ、同年六月一日ヨリ之ヲ施行シ、癮者登録制度ヲ設ケ、中毒者ノミニ吸食ヲ許可スル建前ヲ採リ、阿片取締中央機関トシテ上海ニ戒煙総局ヲ設ケ、南京、蘇州、杭州、蕪湖、楊州、蚌埠(ベンフー)等ニ地方戒煙局ヲ開設シタルガ、此等各地ニ於テハ右暫行条例ニ準拠シ該地ノ実情ニ即応セル取締弁法ヲ制定セリ。又阿片商ヲシテ上海ニ中央宏済善堂、地方戒煙局所在地ニ地方宏済善堂ヲ組織セシメ阿片販売ニ当ラシメ居レリ。

という状況であった[50]。このうち南京の状況について、南京大学歴史学教授で南京国際安全地帯委員会の創立委員の一人であったM・S・ベーツは東京裁判で、

〔一九三八年〕多クノ可哀想ナ避難民ニ、行商人ガヤツテ来テ阿片ヲ差出シ、之ヲ摂レバモウ身体ハ良クナルト言ハレルト云フ事件ヲ数々聞キマシタ。ソレカラ少シ経ツテヘロインガ同様ニ行商サレマシタ。……暫クシテ此ノ麻薬ニ付テノ商売ハ公益企業トサレタノデアリマス。ソシテ外見的ニハ傀儡政権ノ営業セルモノデアリマシタ。阿片ガ公ノ店、即チ政府ノ店デ売ラレルヨウニナリ、又阿片窟ノ広告ガ南京ノ唯一ノ新聞、即チ政府ノ新聞ニ出テ来ルヤウニナリマシタ……

一九三七年支那事変以前ノ約十年間ト云フモノハ、麻薬ガ公然ト売ラレルコトモナク、公然ト使用サレルコトモアリマセヌデシタ。阿片ガ使用サレル場合ハ奥ノ部屋デ使用サレ……公然ト吸ハレタコトモナケレバ、若イ人達ノ前デ吸フコトモアリマセヌデシタ。……

一九三八年ノ十一月私ハ数名ノ私ノ友達ト数箇所ノ販売所又ハ阿片窟ヲ訪問シマシタ。又我々ハ官営独占機関ガ、

各販売者ノ為ニ作ツタ規定ノ写シヲ数枚、及ビ此ノ販売者ガ納メタ納税証書ノ写シヲモ手ニ入レマシタ。此ノ時ノ規定デハ官設ヲ以テ営業出来ル阿片窟ガ百七十五アリ、ソレニ阿片ヲ販売スル店ガ三十アリマシタ。……当時ノ発行サレザル謄写判刷ノ報告書ニ依レバ、其ノ維新政府ハ一九三九年度ニ於テハ毎月三百万ドルノ収入ヲ持ツテ居タノデアリマス。……此ノ阿片カラノ三百万ドルト云フ収入ハ、日本及ビ中国ノ両方ノ官吏ガ一致シテ言ツテ居リマスガ、是ハ維新政府ノ主ナル財源デアツテ、現在ノ状態デハ、同地方デ政府ヲ建テルナラバドウシテモ必要デアルト言ヒマシタ。

と証言している。(51)

上海では、前記のグルー報告によると、

上海地域ガ日本支配下ニ入リテ以来、ヘロイン、モルヒネ及ビ同種誘導物ガ同区域ニ再紹介セラレタリ。是等薬剤ノ輸入及配分ハ逐次増加シツツアリ。……熱河製阿片ガ上海地区ニ於ケル格安薬剤ノ主タル供給源ニシテ、ヘロインノ大部分ハ大連及山海関ヨリ来ルモノナリ。日本当局及其ノ指図下ニアル支那政府ハ、其ノ支配地域内ノ麻薬禁圧ノ為、何等ノ努力ヲモ為シ居ラズ。又事実、阿片、ヘロイン、其ノ他誘導物ノ輸入、及販売ニハ多数日本人ガ深ク関係シ居ル事ヲ示スニ足ル充分ナル証左アリ。此ノ中ニハ、本問題ノ或権威筋ニ依レバ、日本軍特務機関ノ一団ガ含マルルト。

と観察されていた。(52)

この観察が正しかったことは里見甫の宣誓口述書(53)によって裏付けられる。この口述書で里見は、中支那派遣軍特務部総務班長楠本実隆大佐の依頼をうけ、一九三八年春上海に到着した多量のペルシャ産阿片の販売にあたったこと、三九年三月維新政府と興亜院華中連絡部が発足し、維新政府戒煙総局の下に阿片販売機関として三九年五月宏済善堂

第11表　三井物産株式会社によるペルシャ阿片の輸入

時期	数量 箱数	数量 ポンド	金額 円	船舶名	売却先
1938年4月(?)	428	68,480	2,808,000	シンガポリール	上海維新政府阿片局
1939年1月初	972	155,520		アカギサン丸	〃
1939年4月26日	1,000	160,000	4,114,286	〃	中支阿片局
1939年10月	1,000	160,000		玉川丸	〃
1940年10月26日	500	80,000	2,469,136	最上川丸	〃
1940年11月または12月	500	80,000	2,291,000	加茂川丸	〃
合計	4,400	704,000	11,682,422		

金額の合計は原数字のまま.
東京大学社会科学研究所蔵『極東国際軍事裁判記録　検察側証拠書類〈81〉』所収,
検察側文書 9561 号から作成.

が組織されると、その副董事長となり、三九年末には「蒙古阿片」をも販売したこと、「興亜院は蒙古政府に支払ふべき値を決定し、興亜院の方針は蒙古政府の利得を能ふかぎり大きくすることにあ[54]」ったことを明らかにしている。

しかし一九四〇年までは、華中で消費された阿片のうち蒙疆産の占める比重はまだ小さく、もっぱら熱河産あるいはペルシャ(イラン)産阿片でまかなわれていた。東京裁判には検察側書証の一つとして、第11表のような「三井物産株式会社ニョルペルシャ阿片輸入(一九三七―一九四〇)」が提出された[55]。これによると、一九三八―四〇年に華中へ輸入されたペルシャ阿片は四四〇〇箱(一箱一六〇ポンド、七二キログラム、二〇〇〇両)、八八〇万両に達する[56]。これにたいして蒙疆阿片の輸入は一九三九年には、第7表にみたように、わずか一〇万両にすぎなかった。もっとも一九四〇年には、第14表(一二三頁)にみるように、二〇〇万五〇〇〇両の蒙疆阿片が輸入される。

なお、イラン産阿片の輸入をめぐって三井物産・三菱商事の両社は一九三八年を通じてはげしく争ったが[57]、一九三九年度のイラン産阿片買付については、外務省の斡旋により三九年三月一四日三菱商事・三井物産両社間の申合せが成立し、三井物産扱いで二〇〇〇箱の輸入を予定していたところ、九月一日第二次世界大戦勃発に関連して、八五〇箱は買付不能となり、輸入は一一五〇箱にとどまったともされている。(58)

武漢では、

武漢特別市ニ於テハ民国二十八年四月武漢戒煙暫行法ヲ公布セルガ、右ニ依リ特別市政府戒煙局ハ阿片取締ヲ司ルコトトナリ、阿片ハ市政府ノ専売トシテ、中支同様癮者登録制度ヲ採用シ、登録済ノ者ニ限リ阿片吸食ヲ許ス建前ヲ採リタリ。

とされ、厦門(アモイ)では、

昭和十三年中支ノ制度ニ準ジ、治安維持会ニ於テ之ガ取締リニ当リ居リタルモ、昭和十四年七月一日特別市政府ニ其ノ事務ヲ引継ギタリ。

とされるが、(59) 厦門の状況についてアメリカ領事K・ド・G・マックビティの一九三九年九月二〇日付国務長官あて報告は、

同市ガ〔一九三八年五月〕日本軍ニ依リ奪取サレル以前ハ、阿片ノ販売及使用ハ、中国政府当局ニヨリ禁止サレ、又此ノ取引ヲ絶滅ショウトシタ彼等ノ努力ハ可成ノ成功ヲ収メタモノト解サレマス。然ルニ日本軍ガ入市スルト間モナク、此ノ商売ハ著シク増加シ、且夫レハ大部分台湾人（支那民族デ日本臣民）ニヨリ行ハレタモノト解セラレマス。彼等台湾人ハ、日本海軍ノ便宜ト暗黙ノ認可ヲ受ケ居ルモノニ相違ナク、同海軍ハ支那傀儡政権ノ表面ニ姿ヲ現サナイデ、活発ニ同市ヲ統制シテ居リマス。

一九三九年春、中国事務局〔＝興亜院〕ノ厦門連絡事務所〔＝厦門連絡部〕ガ設立サレマシタ。……厦門連絡事務所ハ、日本海軍ノ傀儡デアツテ、北支ニ於ケル同種事務所ガ陸軍ノ監督下ニ在ルト同様デアリマス。……

以下ニ論ゼラレル様ナ理由ニ依ツテ、同機関ハ厦門ニ於ケル阿片ノ使用許可ヲ決定シ、阿片窟ノ認可ヲ始メマシタ。最近確実ナル筋カラ知ツタ所デハ、現在市内ニ約三十箇所、斯ノ様ナ巣窟ガアリマス。……阿片取引ガ、大規模ニ行ハレテ居ナカツタ都市ニ於テ阿片ノ使用ヲ公認スル表面ノ理由ハ、傀儡厦門市政府ガ財源ヲ必要トスルコト、及他ニ速(ママ)座ニ講ジ得ル収入ノ道ガ無イコトデアリマス。

と述べている。(60)

広東については、アメリカ総領事M・S・マイヤースの一九四〇年三月一一日付国務長官あて「広東地方ニ於ケル阿片其他ノ麻酔薬取引ノ件」と題する長文の報告が検察側書証として提出された。(61) その要点は、一九三九年五月、日本軍特務部と密接に協力している台湾出身の陳思斎により阿片の専売商社として福民堂が設立され、陳は専売権許可をうるため二〇万円の報償金のほか月額一〇〇〇円を特務機関に支払っていること、阿片の供給源は最初は主にマカオ港であったが、一九四〇年一月にはペルシャ阿片が上海経由で送られてきたこと、取締りも登録もなく誰でも自由に吸飲できること、ヘロインも自由に公然と販売されていること、一九三九年後半以後、従化・番禺地方で罌粟のかなり大規模な栽培が開始されたらしいこと、許可をうけた阿片窟は三二九軒で、おそらく一〇〇ないし二〇〇軒の秘密窟があること、阿片取引は「日本軍特務部ニヨリ管理サレ且其消費ヲ奨励サレテ居ル様デアリ……軍金庫ヘノ容易且不断ノ資金流入ノ最良可能源トシテ継続且奨励サレルデアロウ」こと、などである。

一九三八年一二月二六日、蔣介石主席は近衛首相の〝東亜新秩序〟声明を批判した演説のなかで、

中国国民は一度「日本」といふ言葉を持出したら、すぐ特務機関や罪悪を働く浪人のことを想ひ起すのである。阿片販売、モルヒネ売り、コカイン作り、ヘロイン売りなどを連想し、賭博窟を作り、娼妓を一手に引き受け、兵器の密売買、土匪援助、無頼漢庇護、あるいは漢奸をつくつて秩序を紊し、人民の道徳を頽廃させるなど、毒

化、匪化の陰謀を連想する。
と述べた。(62)

国民政府の禁煙政策のもとで、中国の諸部会では日本軍に占領される以前は阿片・麻薬の禁絶に相当程度まで成功していたにもかかわらず、日本軍当局は、華北・華中・華南を問わず、傀儡政権ないし買弁的勢力を利用し、阿片の公然たる販売乃至専売に乗りだし、麻薬についても奨励乃至放任する政策をとった。この中国「毒化」政策の直接の目的は日本軍自身および傀儡政権のための資金を獲得することにあったが、それを通じて中国の抗戦力を麻痺させ崩壊させる効果をもえたのである。

その際、阿片の供給源は、一九三九年末頃までは、とくに華中・華南ではイラン産の輸入に依存するところが大きかったとみられる。しかしそれ故に「資金の円ブロック外流出防止」が要請され、「阿片ノ自給策確立」が期待された。この要請と期待にこたえるべき存在――それがまさに蒙疆であった。

(1) 前掲・満鉄「蒙疆ニ於ケル阿片」《資料5》二九二頁。
(2) 『蒙疆新聞』一九三九年六月一〇日。
(3) 前掲『北支・蒙疆現勢　昭和十三年版』七三七頁。
(4) 前掲・禁煙法《資料1》一七六頁。
(5) 「最近蒙疆経済特殊事情　最高顧問上京原稿」《資料31》五五三頁、以下「最近蒙疆経済特殊事情」と略記。
(6) 前掲・蒙古連合自治政府「蒙疆阿片事情概説」《資料4》一九二頁。
(7) 「蒙疆ニ於ケル阿片」《資料5》二四二頁。
(8) 興亜院蒙疆連絡部「蒙疆ノ阿片事情ニ関スル報告並意見」《資料33》五六六頁。
(9) 暫行阿片管理令《資料7》三九六頁。
(10) 蒙疆土薬股份有限公司法《資料9》四〇二頁。同公司定款は「蒙疆ニ於ケル阿片」《資料5》二六五頁。

(11)　清査総署官制《資料10》四〇四頁。
(12)　清査署官制《資料11》四〇七頁。
(13)　清査工廠官制《資料12》四一六頁。
(14)　暫行阿片管理令施行規則《資料8》三九九頁。
(15)　暫行阿片稽査令《資料13》四一九頁。
(16)　暫行阿片麻薬稽査提成規則《資料14》四二二頁。
(17)　蒙疆連合委員会総務部『公報』第二〇号、一九三九年八月二四日。もっぱら書類の様式を規定したものなので、資料としての収載を省略する。
(18)　『蒙疆新聞』一九三九年七月一日。
(19)　『蒙疆ニ於ケル阿片』《資料5》二六四―六五頁。前掲・蒙古自治邦政府『蒙疆ニ於ケル罌粟阿片』《資料6》三四五頁。
(20)　『最近蒙疆経済特殊事情』《資料31》五五三頁。
(21)　『蒙疆ニ於ケル阿片』《資料5》二〇九頁。
(22)　同前、二〇七頁、『蒙疆ニ於ケル罌粟阿片』《資料6》三〇七頁。
(23)　『蒙疆ニ於ケル罌粟阿片』《資料6》三〇六頁。
(24)　興亜院『蒙疆に於ける農産資源に関する調査』(秘)一九四〇年、九六頁。
(25)　塩湖や塩土から採取される蒙塩は蒙古高原地帯の特産物であった。蒙疆政権はその製造・販売・輸出入等の統制をはかり、清査制度と同時に、一九三九年六月塩法・塩法施行規則・蒙疆塩業組合法・権運総署官制等を公布し、七月一日から施行した。
(26)　『成紀七三四年度財政部所管　清査権運特別会計歳入歳出決定計算書』《資料18》四三一頁。以下、「成紀七三四年度清査権運特別会計計算書」と略記。なお成紀七三四年度(一九三九年度)の一般会計・特別会計の予算は蒙古連合自治政府総務部『政府弘報』第二三号、一九三四年一〇月一六日、に公表された。
(27)　『蒙疆ニ於ケル罌粟阿片』《資料6》三四八頁。
(28)　同前、三四七頁。
(29)　同前、三〇一頁。

(30) 同前、三四八頁。なお緻土工作については三〇〇頁、参照。
(31) 「蒙疆ニ於ケル阿片」《資料5》二〇四頁、「蒙疆阿片事情概説」《資料4》一九二頁、「最近蒙疆経済特殊事情」《資料31》五五三頁、『蒙疆ニ於ケル罌粟阿片』《資料6》三四八頁。
(32) 「蒙疆阿片事情概説」《資料4》一九二頁。
(33) 『蒙疆新聞』一九三九年六月一八日・二〇日。
(34) 同前、一九三九年七月一八日。
(35) 平綏線は、一九三七年一〇月一三日北平が北京に改称されたのにともなって京綏線と改称され、さらに三八年六月二〇日京包線(北京—包頭)と改称された。
(36) この山崩れの際、七月二五日午後四時三七分北京発の三〇一号旅客列車は乗客二七〇名を乗せたまま午後七時四八分青竜橋駅東方で立往生を余儀なくされた。同日午後一一時二五分張家口到着予定の同列車には、二六日張家口で開催の竜烟鉄鉱株式会社創立総会に出席するため北支那開発株式会社総裁大谷尊由が乗車していた。大谷は豪雨のなかをモーターカーと特別救援列車を乗りついで予定より二日遅れ二七日夕ようやく張家口へたどりついたが、気管支炎から肺炎となり、八月二日張家口で客死した(前掲「在張家口総領事館警察史」三二八八頁、『蒙疆新聞』一九三九年七月二七日・二八日・二九日・八月四日)。京包線は八月一八日青竜橋・南口間を徒歩連絡で開通した(「在張家口総領事館警察史」三二九五頁)。
(37) 「蒙疆阿片事情概説」《資料4》一九八頁。
(38) 高木翔之助編『北支・蒙疆年鑑　昭和十六年版』北支那経済通信社、一九四〇年、五二頁。
(39) 「最近蒙疆経済特殊事情」《資料31》五五三頁。なお収買の詳細については『蒙疆ニ於ケル罌粟阿片』《資料6》三六一頁、「蒙疆ニ於ケル阿片」《資料5》二九二頁。
(40) 「七三四年度配給関係統計表」(極秘)、沼野資料。
(41) 「蒙疆阿片事情概説」《資料4》一九八頁。なお阿片の管内配給については『蒙疆ニ於ケル罌粟阿片』《資料6》三八三頁、参照。
(42) 詳細は「成紀七三四年度清査権運特別会計計算書」《資料18》四三一頁を参照。
(43) 蒙疆銀行調査課『成紀七三四年度　蒙疆貿易年報』(行外秘)、一頁。なお阿片政策以外の開発=経済支配体制も一九三九

会　社　名	創立年月
特殊会社	
蒙疆銀行	1937年11月
蒙疆電気通信設備株式会社	1938年 3月
株式会社蒙疆新聞	1938年 5月
蒙疆電業株式会社	1938年 5月
蒙疆汽車股份有限公司	1939年 5月
晋北食料品股份有限公司	1939年 6月
(蒙疆土薬股份有限公司	1939年 6月)
竜烟鉄鉱株式会社	1939年 7月
蒙疆不動産股份有限公司	1939年 8月
大同炭鉱株式会社	1940年 1月
準特殊会社	
察南実業銀行	1938年 3月
晋北実業銀行	1938年 3月
蒙古実業銀行	1938年 3月
蒙疆石油股份有限公司	1938年 7月
蒙疆運輸股份有限公司	1938年 7月
蒙疆洋灰股份有限公司	1939年 3月
蒙疆興業股份有限公司	1939年 7月
東洋煙草股份有限公司	1940年 3月

年に本格的に整備されるようになった。蒙疆政権下の特殊会社・準特殊会社（一九四〇年九月現在）の創立状況は右の通りである（蒙疆銀行調査課『蒙疆主要会社法令及定款集』一九四〇年、三七九―三八〇頁）。また普通会社四九社（一九四〇年九月現在）の創立状況は、一九三七年一社、三八年六社、三九年三五社、四〇年七社である（同前、三八一―三八五頁）。

(44)『成紀七三四年度　蒙疆貿易年報』三―四頁。

(45) 前掲『裁判速記録〈一〉』八一七、八一八頁。

(46) 同前、八一八頁。なお同前、七九〇頁に引用の外務省条約局『昭和十四年度執務報告』（機密）一九三九年、によると、「天津ニ於テハ天津統税公署禁煙清査暫行条例ニ依リ統税公署土薬運銷暫行規則昭和十三年十一月ヨリ施行セラレ居」（一二一頁）たが、同規則については未詳。

(47)『裁判速記録〈一〉』八一八頁。なお条約局『昭和十四年度執務報告』によると、「済南ニ於テハ昭和十四年一月二十六日済南市土薬業同業公会暫行章程ヲ布キ同日同業公会令ノ成立ヲ見タ」（一二一頁）が、その内容は未詳。

(48) 条約局『昭和十四年度執務報告』一二一頁。具体的内容は未詳。
(49) 中華民国維新政府は華中占領地域に作られた日本の傀儡政権で、中支那方面軍の主導下に、上海・南京などの治安維持会を基盤として、一九三八年三月二八日上海に成立、のち南京に移転した。行政院長は梁鴻志。
(50) 条約局『昭和十四年度執務報告』一二二頁。
(51) 『裁判速記録〈一〉』四〇四―四〇五頁。通訳文がモニターによって訂正された部分は訂正文を引用した。
(52) 同前、八一八頁。
(53) 里見甫宣誓口述書《資料47》六二三頁。なお里見の法廷における証言は『裁判速記録〈一〉』八〇八―八一〇頁。
(54) 同前、六二五頁。
(55) 『裁判速記録〈一〉』八〇五頁。この表はGHQ所属のエドワード・P・モノハンが三井物産株式会社総務部長今井一に作成・提出させたもので、東京裁判では証拠書類としていったん受理されたが、弁護側が公式文書ではないとして異議を唱え、検察側は後日宣誓口述書の形式で再提出するとして撤回した。
(56) この数字は、「私の売つた阿片の量は全体でいくらであつたか正確には記憶致してゐませんが、大体ペルシャ阿片四千函」という里見甫の証言と合致する(里見甫宣誓口述書《資料47》六二五頁)。
(57) 「両社共利益ノ為ニハ手段ヲ撰バザルハ勿論、一方之ニ斯界ニ角逐スル大商社タルノ面子問題ノ纏絡スルアリテ、依蘭(イラン)阿片ノ輸出ヲ繞(ママ)リ両々譲ラズ、激烈ナル商戦」をくりひろげた(前掲・条約局『昭和十三年度執務報告』二〇一頁)。
(58) 条約局『昭和十四年度執務報告』一一八―一二〇頁、『裁判速記録〈一〉』八〇五頁。
(59) 条約局『昭和十四年度執務報告』一二二頁。
(60) 『裁判速記録〈一〉』八〇一―八〇二頁。
(61) 同前、八〇二―八〇三頁。
(62) 蔣介石『日本に与へる書』中国文化社、一九四六年、三三頁。

第三節　蒙疆土業組合――一九四〇年の状況

阿片の「完全なる管理統制を断行する」ことをうたった清査制度のもとで、生産予想数量の四六％程度に押えた収納予想数量のさらにわずか一三％足らずしか実収しえなかったことは、蒙疆政権を衝撃した。蒙疆政権の一内部文書は、「集荷数量ノ減少ハ蒙疆ニ於ケル財政、経済ノ健全発展ヲ阻害シタルニ止マラズ、東亜阿片政策遂行上一大暗影ヲ投ジタルモノニシテ、斯ノ状態ニシテ推移セバ其ノ影響ノ波及スル処大ナルモノアル」と述べている。(1)

この失敗の原因が、天災もさることながら、清査制度そのものおよび市価とかけ離れて低く設定された収買価格にあったことは明白であった。蒙古連合自治政府は一九四〇年早々に「阿片収納機構改革実施要綱」を定め、(2)蒙疆土薬公司を解散し、旧来の土商に収納人組合を結成させ、京津の市価に順応した価格での収納・払下をおこなうという方針を採用した。

この新方針にもとづき、蒙古連合自治政府は一九四〇年五月二七日「蒙疆土薬股份有限公司法廃止ニ関スル件」を公布し、同年三月三一日にさかのぼり施行するとした。(3)蒙疆土薬公司はわずか九ヵ月余であえなく解散した。

これより先四〇年一月二三日清査総署長名で「成吉思汗紀元七百三十五年度罌粟栽培区域及面積表」が公布され、八九万六〇〇〇畝が指定されたが、(4)その後若干追加されて九六万二九五五畝となり、ここから一九二五万九〇〇〇両の生産と五二八万五〇〇〇両の収納を予想した。(5)前年度の指定面積約一〇〇万畝、生産予想量一五〇〇万―二〇〇〇万両、収納予想量七〇〇万―七五〇〇万両に比べて、失敗にこりた控え目な数字であったといえよう。

しかし、控え目とはいっても、東京裁判に検察側書証として提出された上海駐在アメリカ財務官の一九四〇年七月六日付報告「察哈爾、綏遠ノ阿片栽培」によると、

綏遠ノ阿片栽培ハ或ル意味ニ於テ以前盛ンデアツタ甘粛省ノ占メタ地位ヲ奪ツタ。甘粛省デハ今ヤ普通ノ作物ガ白罌粟ヲ圧倒シテ仕舞ツタ。綏遠ノ多クノ農民ハ食物不足ノ為ニ、穀物ヲ作リタイノデアルガ、今年ノ初ニ奨励サレ次デ強制サレテ阿片ヲ植エツケル様ニナツタ。日本当局者ハ飛行機ヲ使ツテ、パンフレツトヲ空カラ撒イテ罌粟ヲ作ル様ニ奨励シタ。罌粟ヲ作ル為ニ種子ヲ無料デ配ツタリ、帰化マデ阿片ヲ楽ニ運搬出来ル様便宜ヲ与ヘタ。

といわれ[6]、指定通り栽培させることは必ずしも容易ではなかったとみられる。

成紀七三五年度(一九四〇年)清査権運特別会計は、同年度一般会計総予算およびその他の特別会計予算とともに、一九三九年一二月二七日付で公布された[7]。第12表はその概要を示すものであるが、歳入四二五〇万余円(うち一一〇万余円は塩税収入)にたいして、歳出は三六八〇万余円で、当年度も五七〇万余円の歳入超過が予定されていた。この超過については政府当局談で「作業会計なるが故」と説明されたが[8]、歳出には撥入一般会計として五一〇万円が計上されているので、実質的な歳入超過は一〇八〇万余円に及ぶこととなる。

一方、一般会計総予算では、右の撥入一般会計五一〇万円は、前年度と同様、財政部所管臨時部の由清査権運特別会計滾入五一〇万円として計上された。当年度の一般会計総予算における歳入総計は四八九四万〇九九七円(うち租税収入二四五一万三六〇〇円、政府債一五二六万六〇〇〇円)であったから、清査収入は一般会計の規模にほぼ匹敵し、清査権運特別会計からの滾入分は一般会計歳入の一〇・四%という比重を占めた。

しかしこの当初予算は、後述のように、阿片収買の好成績に対応して大幅に増額されることになる。

第12表　1940年度清査権運特別会計予算・決算

		当初予算額	修正予算額 (A)	決算額 (B)	差　額 (A-B)
歳入	清査収入	円 41,400,000	円 82,026,750	円 65,397,360	16,629,390
	塩税・雑収入	1,102,108	1,102,108	1,079,839	22,269
	合　計	42,502,108	83,128,858	66,477,199	16,651,659
経常部歳出	購買諸費	27,500,000	67,569,969	63,065,450	4,504,519
	その他	3,637,013	3,505,658	3,099,375	406,283
	計	31,137,013	71,075,627	66,164,825	4,910,802
臨時部歳出	撥入一般会計	5,100,000	7,600,000	7,600,000	0
	その他	563,170	563,170	86,832	476,338
	計	5,663,170	8,163,170	7,686,832	476,338
歳出合計		36,800,183	79,238,797	73,851,657	5,387,140
歳入超過		5,701,925	3,890,061	−7,374,458	
儲庫品等				15,396,802	
収入総計				81,874,000	
過剰額(利益金)				8,022,344	
一般会計歳入		48,940,997	63,805,514		
一般会計歳出		48,940,997	59,718,157		

『政府弘報』号外(1939.12.27，1940.8.13，1940.11.19)，「成紀735年度清査権運特別会計計算書」《資料19》から作成.

その後、一九四〇年二月二九日付で罌粟栽培取扱規定(9)、四月一日付で禁煙特税法(10)および禁煙特税法施行規則(11)が制定され、罌粟栽培を許可制とするとともに、罌粟栽培人に禁煙特税(一畝につき年額水地一〇円・旱地六円)を課することとした。

この間、一九三九年一二月二一日から四〇年六月末日までを期間として、前年度の残貨収買が実施され、第13表にみるように、一〇八万三九〇一両の収納に成功した(12)。

土薬公司にかわる阿片収納の新機構とされたのは土業組合であった。その意図については、

> 政府は已む無く〔清査〕制度の理念を顧慮せず、当面の対策として一応現地土商たると京津土商たるとを不問、制度開始前の原状を恢復せしむる意図に於て、蒙疆阿片に経験手腕を有する者は全面

第13表　1940年度阿片収納実績

	張家口署		大同署		厚和署		計			特殊収納		合計	
	数量	金額	数量	金額	数量	金額	数量	金額	単価	数量	金額	数量	金額
	両	円	両	円	両	円	両	円	円	両	円	両	円
2月	7,302	43,812	1,715	9,025	5,099	27,901	14,116	80,738	5.72	3,789	32,722	17,905	113,460
3月	1,001	6,008	7,806	45,083			8,807	51,091	5.80	3,941	30,106	12,748	81,198
4月	70	350					70	350	5.00			70	350
5月					710,000	9,940,000	710,000	9,940,000	14.00			710,000	9,940,000
6月	9,231	129,227	19,777	276,878	321,900	4,506,600	350,908	4,912,705	14.00			350,908	4,912,705
計	17,604	179,397	29,298	330,986	1,036,999	14,474,501	1,083,901	14,984,884	13.82	7,730	62,828	1,091,631	15,047,712
7月										7,100	81,650	7,100	81,650
8月	200,000	1,600,000	90,000	720,000	264,000	2,112,000	554,000	4,432,000	8.00	95,477	1,073,220	649,477	5,505,220
9月	628,000	5,024,000	210,000	1,680,000	552,200	4,417,600	1,390,200	11,121,600	8.00	96,096	1,130,901	1,486,296	12,252,501
10月	630,000	5,040,000	322,000	2,576,000	551,600	4,412,800	1,503,600	12,028,800	8.00	311,845	3,720,514	1,815,445	15,749,314
11月	430,100	3,440,800	155,000	1,240,000	163,000	1,304,000	748,100	5,984,800	8.00	141,117	1,601,573	889,217	7,586,373
12月	210,819	1,686,522	152,655	1,221,240	366,615	2,932,920	730,089	5,840,712	8.00	48,659	571,656	778,748	6,412,368
計	2,098,919	16,791,352	929,655	7,437,240	1,897,415	15,179,320	4,925,989	39,407,912	8.00	700,293	8,179,514	5,626,282	47,587,427
合計	2,116,523	16,970,749	958,953	7,768,226	2,934,414	29,653,821	6,009,890	54,392,796	9.05	708,022	8,242,343	6,717,912	62,635,139
特殊収納			40,025	500,175	667,998	7,742,168	708,022	8,242,343	11.64				
総計	2,116,523	16,970,749	998,978	8,268,401	3,602,411	37,395,989	6,717,912	62,635,139	9.32				

特殊収納は包頭，固陽，応県，王英・白献郷，涼州．
「成紀735年度阿片収納実績一覧表」《資料21》から作成．

的に包含し、之を指定収納人として指定し各地に於ける地盤に夫々復帰せしめ、現地農民との間に金融資本関係を含めたる在来の極めて封建主義的商業関係を再び確立せしめ、相当の利潤を認容し積極的阿片蒐荷活動を為さしむべく、各収買地区毎に右指定収買人を以て土業組合(拾組合)を結成せしめたり。

と説明されている。[13]

一九四〇年六月、蒙疆土業組合約款[14]により、「清査総署長ヨリ指定ヲ受ケタル阿片収納人ヲ以テ組織」(第二条)され、「蒙疆地域内ニ於ケル生産阿片ノ収納ヲ営ムヲ以テ目的」(第三条)とする土業組合が、張家口清査署管内に崇礼(組合員三名)・宣化(三名)・張北(四名)・興和(三名)の四箇所、大同署管内に大同(晋北、一一名)の一箇所、厚和署管内に豊鎮(一四名)・托(克托)県(一一名)・包頭(九名)・厚和(九名)・薩(拉斉)県(一一名)の五箇所、計一〇箇所(計七八名)に設立された。[15] また蒙疆土業総組合約款[16]により、「蒙疆地域内各地土業組合ノ事務連絡統制及阿片ノ地域外搬出並金融ノ斡旋ヲ行フヲ以テ目的」(第二条)とし、「清査総署長ノ指示ヲ受ケ各地方組合一切ノ業務ヲ統轄シ其ノ指導統制ニ任スル」(第五条)蒙疆土業総組合が、「各地方組合ヲ以テ組織」(第四条)され、張家口に設置された。

土業組合による生産者からの阿片収買期間は六月一五日から一一月末日までとされ、収買価格は「京津市価ニ順応セル可変式収買価格制ヲ採リ、同市価ノ五、六割安ノ建値ニテ最低価格ノミヲ提示」[17]することとし、その最低価格を一両当り六円としたが、「原則としては収買価格は随意に之を定め収買出来得るものなるも、生産者の擁護並組合相互間の徒なる競争に依る価格の吊上を防止するが為、収買開始前に申合価格を決定し……大体全管内同一価格を以て収買せしめた」[18]。その価格は一等品(九成品)八円、二等品(八成品)七円、三等品(七成品)六円で、等級決定は前年度同様に官能鑑定によった。[19]

一方、「政府は右蒐荷阿片を所定の収納価格を以て収納し、該阿片を再び優先的に組合に払下(収納価格に課徴金を加算したる価格を以て)、組合は政府の指示の下に之を地域外に販売し、経費を収買に依る利潤無き場合と雖も販売に依る利潤を以て経営せしめんとし」、その収納価格を一両当り八円、払下げ価格を一両当り一〇円五〇銭(収納価格に課徴金二円五〇銭を加算)と定めた。[20]

当年度の阿片の生産と新機構による収買は順調で、「既に集荷二百万両　疆内の阿片大豊作　華北への初荷は来月上旬」[21]、「阿片集荷順調　近く初荷一部輸出」[22]などと報じられた。政府の説明によれば、

惟ふに本年度は自然的条件に恵まれ全管内の作柄は概ね良好にして、加之収買機構の改革に伴ふ収買価格の大幅引上げは一般生産者に好感を齎し、且現地関係各機関の阿片に対する認識に依る積極的協助と相俟つて清査官署員並土業組合職員の献身的努力に依り、大体当初予想せる収納数量を確保し収買を終了せり。

という状況であった。[23] 収納実績の概要は、前述の前年度分残貨収納を含めて、第13表の通りである。また土業組合別・月別の収納実績については清査総署「成紀七三五年度阿片収納実績一覧表」[24]に詳しい。残貨一〇八万余両、新貨四九二万余両、特殊収納七〇万余両、合計六七一万余両という収納実績は、当初の収納予想量(新貨)五二八万余両を一応実現するものであった。

もっとも、当年度の蒙疆地区の推定生産量約一三〇〇万両にたいして、官収納量は約五〇〇万両にとどまり、密輸出量二〇〇万両、種煙者手持翌年繰越分二〇〇万両、蒙疆地区消費量四〇〇万両、計約八〇〇万両は蒙疆政権の手の及ばないところにあった。[25]

土業組合から政府に収納された阿片の処置については、

各組合ノ収買阿片ハ之ヲ官ニ納付シ、販売ニ際シテハ総組合ニ於テ官ヨリ払下ヲ受ケ各消費地区ニ供給スル収買払下制度ノ実施ヲ見タリ。各消費地区ヘノ供給割当ハ之ガ重大性ニ鑑ミ、東京ニ於ケル興亜院東亜阿片需給調整

第14表 1940年度阿片配給状況(単位，数量＝両，単価および金額＝円)

		5月	6月	7月	8月	9月	10月	11月	12月	計
上　海	数量	40,000	43,000	157,000	565,000		400,000	400,000	400,000	2,005,000
	単価	18.00	18.00	18.00	18.00		15.00	15.50	15.50	
	金額	720,000	774,000	2,826,000	10,170,000		6,000,000	6,200,000	6,200,000	32,890,000
北　京	数量						300,000	500,000	405,000	1,205,000
	単価						16.00	16.00	16.00	
	金額						4,800,000	8,000,000	6,480,000	19,280,000
天　津	数量			100,000	120,000	300,000				520,000
	単価			18.00	18.00	16.00				
	金額			1,800,000	2,160,000	4,800,000				8,760,000
関　東	数量								80,000	80,000
専売局	単価								15.00	
	金額								1,200,000	1,200,000
広　東	数量							10,000		10,000
	単価							18.00		
	金額							180,000		180,000
計	数量	40,000	43,000	257,000	685,000	300,000	700,000	910,000	885,000	3,820,000
	単価	18.00	18.00	18.00	18.00	16.00				
	金額	720,000	774,000	4,626,000	12,330,000	4,800,000	10,800,000	14,380,000	13,880,000	62,310,000
管　内	数量									252,300
	単価									
	金額									2,405,000
次年度	数量									2,645,612
繰　越	金額									10,296,435

「735年度配給関係統計表」から作成.

会議ニ於テ決定シタル数量ヲ基本トシ、其ノ年収買阿片数量ニ按分シ需給ノ円滑ヲ図リツツアリ。

と述べられている。[26] この興亜院東亜阿片需給調整会議は一九三九年度の配給にかかわった〝支那阿片需給会議〟と同一のものであろう。蒙疆政権の阿片政策は興亜院の中国全占領地を対象とする阿片需給計画の一環に組み込まれていたのである。

一九四〇年度の阿片販売状況について、『蒙疆ニ於ケル罌粟阿片』は「詳細説明並ニ価格ハ特ニ極秘ヲ要スル為之ヲ省」くとしているが、[27] 蒙疆政権の内部資料によって第14表のようにそれを確認することができる。[28] すなわち、一九四〇年五月から八月までは、前年生産された残貨(三九年一一月—四〇年六月に収買)一〇二万五〇〇〇両が上海戒煙総局・天津土薬商会議所へ単価一八円で譲渡された。九月以降は四〇年産の新貨が出荷され、計二七九万五〇〇〇両が上記二箇所のほか北京土薬商会弁事処・広東(楊彦卿)・関東専売局・北京禁煙総局へ、単価一五円—一八円で販売された。しかし「売下最盛期ニ於テ華北ノ煙政機構改革ノ影響ヲ受ケ売下予約品ノ搬出不能ナリシ為」[29]、二六万余両は次年度へ繰越された。

結局、蒙疆政権は土薬公司方式による阿片売買の独占に失敗したため、清査制度以前の土商を中心とする阿片取引機構——蒙疆政権の認識によれば「封建主義的商業関係」——を復活させざるをえず、土商に「相当の利潤を認容し積極的阿片蒐荷活動を為さし」めるとともに、自らはそれに寄生して利益の上前をはねる間接的統制方式に切りかえ、一応の成功をえたのである。すなわち新貨についていえば、蒙疆政権は土業組合から単価八円で収納した阿片を土業組合へ課徴金二円五〇銭を加算した単価一〇円五〇銭で払下げ、この課徴金を利益とした。一方、土業組合(土商)の側は、中合せ価格六円—八円で生産者から収買した阿片を蒙疆政権に八円で収納されたうえ、一〇円五〇銭で払下げられるが、これを一五円—一六円で蒙疆政権の配給ルートに乗せることができ、この差額四円五〇銭—五円五〇銭を収益とした。いいかえれば、収納価格と配給価格との差額＝利益七円－八円を、蒙疆政権が約三分の一、土業組合が約三分の二という比率で山分けしたのである。

このように土商に相当大きな分け前を保証することで、蒙疆政権は前年度に比べて、約七・六倍の阿片を収納し、約五・三倍の阿片を管外へ配給することができた。

次に管内にたいしては、四〇年一月から六月までは一等八円、二等七円五〇銭、三等七円で配給されたが、六月以降は「囍牌」に一本化して一両一〇円とし、一二月一二円に値上げした。その量は第14表の通り二五万二三〇〇両、二四〇万五〇〇〇円であった。(30)

阿片の収納が好調であったことに対応して、清査権運特別会計予算も大幅に変更された。まず一九四〇年八月一三日公布の一般会計追加予算で、歳入に由清査権運特別会計滾入として二五〇万円が計上された。(31)この結果、同滾入額は当初予算とあわせて七六〇万円となり、その他の追加予算をあわせた歳入総計五八二万五二一九円の一三・一％を占めることとなった。ついで一〇月二三日公布の清査権運特別会計追加予算で、清査収入一四三五万五〇〇〇円、購買諸費その他一五二〇万七六八九円、撥入一般会計二五〇万円が追加された。(32)その後さらに追加予算が組まれ、(33)一九四〇年度の最終的な修正予算額は、第12表のように、当初予算のほぼ二倍の規模となり、一般会計予算額を大きく上廻ることとなった。

一九四〇年度清査権運特別会計の決算は第12表のようになった。清査収入が修正予算額の七九・七％にとどまった半面、購買諸費は予算の九三・三％の決算となり、七三七万余円の歳出超過となった。しかし翌年度へ繰越した阿片・麻薬の儲庫品が一〇二九万余円、売下代金翌年度納付許可額が一五〇万円、その他差引きして八〇二万余円の過剰があり、本年度の利益金として事業資金へ繰入れられた。(34)撥入一般会計は予算通り七六〇万円が支出された。利益金八〇二万余円と撥入一般会計七六〇万円、合計一五六二万余円が当年度会計で蒙疆政権があげた阿片収益であった。当年度の一般会計の歳出予算(追加額を含む)五九七一万余円というスケールに比べて、阿片収益がいかに巨利であったか明白であろう。

また蒙疆銀行調査課による貿易統計は、五月以降の阿片輸出について第14表とおなじ数字をかかげているが、一九四〇年の阿片輸出額は一月―四月の分をあわせて六四三四万五〇〇〇円で、輸出額第二位の穀物・穀粉類一二六七万八〇〇〇円を大きく引き離し、輸出総額一億二三六四万七〇四八円の実に五二%を占めたのである。(35)

蒙疆から中国各地への阿片配給量は、一九三九年度の七二万七〇〇〇両から四〇年度には三八二万両へ、五倍以上も増大したが、各地でそれがどのように処理されたかは判明しない。

一九四〇年八月三一日汪政権下の華北政務委員会により華北禁煙暫行弁法・華北土薬業公会規則等の一連の法規が公布され、一〇月一日施行されたが、これは、

政府ノ取締機関トシテ禁煙総局ヲ北京ニ、又各主要都市ニ禁煙分局ヲ設ケ、阿片ノ収買配給機関トシテ華北土薬業公会ヲ設置シ、阿片ノ吸食ト(ママ)登録主義、罌粟ノ栽培、阿片ノ輸移出入、煙膏ノ製造、吸食器具ノ製造輸移入等ニ付テハ許可主義ヲトリ、阿片ノ収買配給ハ政府指定ノ収買人ヲシテ行ハシムル……

というものであった。(36)

東京裁判における証言で、南京大学教授ベーツは、中国各地の友人に質問書を送り、阿片・麻薬について調査を依頼したところ、

北京ノ燕京大学ノ社会学ノ教授セーラ教授ハ、一九四〇年ノ春北京ニ於テ阿片ノ鑑札アル阿片販売店が六百以上、ヘロイン使用者ハ阿片使用者ヨリ更ニ多イコトヲ報告シマシタ。

漢口ノギルマン司教ハ、鑑札アル阿片窟ガ三百四十モアリ、阿片ヲ売ル鑑札ヲ持ツテ居ルホテルガ百二十戸モアルコトヲ告ゲマシタ。是ハ総人口四十万人ニ過ギナイ町ニ付イテノコトデアリマス。……ギルマン司教ハ非常ニ強ク戦前ノ状態ト、一九四〇年ノ状態ヲ比較シ、非常ニソレヲ歎イタノデアリマス。即チ戦前ハ麻薬ノ販売ガ非常ニ制限サレテ居リ、弾圧サレテ居ツタノデアリマスガ、一九四〇年ニハ公然ト売ラレ、又公然ト広告サレテ居ツタノデアリマス。……

広東ニ付テ申上ゲマスレバ、広東市ハタツタ五十万人ノ人口デアリマシタガ、其ノ中ニ八百五十二登録サレタ阿片窟ガアリ、登録サレテナイモノガ三百モアリマシタ。是ハ広東病院ノトンプソン博士ノ調査シタ所ニ依リマスト、占領地域ヲ通ジテノ政府ノ店、或ハ鑑札ヲ持ツテ居ル店デ阿片ガ公然ト売ラレ、ヘロインハドシドシト売ラレテ居ツタノデアリマス。場合ニ依ツテハ阿片ニ付テ非常ニ魅力ヲ感ゼセシメルヤウナ広告ヲ掲ゲ、場合ニ依ツテハ日本ノ兵士ハ淫売窟ニ其ノ賃金トシテ阿片ヲ払ヒ、或ハ日本軍ノ兵站地デ働イテ居ツタ労働者ニ対スル賃金トシテ阿片ヲ払ツタノデアリマス。販売者及ビ官吏ノ一般的ナ証言ニ依リマスト、此ノ阿片ノ総テハ大連カラ来テ居ツタノデアリマス。但シイランカラ来タノモアツタサウデス。ヘロイン供給者ハ、彼等ノ供給ハ天津カラ主ニ、ソシテ之ニ次イデハ大連カラ来タノデアルト申シマシタ。占領地域内ヲ通ジテ此ノ阿片ノ販売ヲ弾圧ショウトスル努力ハ全然見ラレナカツタノデアリマス。

と述べた(37)。

済南アメリカ領事の一九四〇年一二月九日付報告「済南領事地域ニ於ケル阿片ノ栽培、販売及用途」によると、四〇年五月済南在留の一アメリカ人は、

自分ハ支那在留ノ全年度ヲ通ジテ、今年位罌粟栽培ノ盛大ナ状態ヲ見タコトハ未ダ嘗テ無イ。済南市中ハ罌粟デ

囲マレ、更ニ市外ノ城壁内迄ニモ及ンデ居ル。全国到ル処、野ハ罌粟ノ花盛リデアル。何処モ充分灌漑ガ行キ届キ、旱魃ノ害ハ全然見ラレナイ。

と報告し、同年八月の状況として、

或ル外国商人ノ計算ニ拠レバ、済南ニ於ケル阿片販売高ハ毎月（中国連合準備銀行）FRB五百万弗ニ上ル由（FRB一弗ハ米弗〇・〇七七ニ当ル）。普通ノ苦力（労働者）ノ資力デハ買ヘナイ程高価デアルカラ、此薬品（阿片）ハ中流乃至上流階級ニ依ッテ消費セラレテ居ル。然シ苦力ハ又苦力デ、自分ノ資力ノ範囲内デ買ヘルヘロイン其他ノ薬品デ麻酔性ノ刺激ヲ求メルコトガ出来ルガ、此種ノ薬品ヲ売ルコトニヨッテ、此都会（済南）ニ住ム何百人ト云フ日本人ヤ朝鮮人ハ其生計ノ全部又ハ一部ヲ賄ッテ居ル。

とされ、済南府統合税務局よりえた情報として、山東省（青島・芝罘（チーフー）を除く）における生阿片店舗数二九、阿片餅販売店数一九八、その他の数字があげられている。[38]

上海共同租界工部局で一九三八年以来麻薬部に配属されていたH・F・ギルは、

一九三八年以前、上海デハ多量ノ麻薬ヲ見受ケルコトハ出来マセヌデシタ。……一九三八年乃至一九三九年頃ハ、之ヲ見付ケルコトガ非常ニ困難デアリマシタ。併シ此ノ年以後ハヘロインガ段々其ノ量ガ殖エテ来タノデアリマス。一九四〇年以降ハ、私ハ一時ニ五十乃至百オンスノヘロインヲ捕獲シタコトガ数々アリマス。……是ガ普通赤イゴムノ袋ニ入ツテ居ツタノデアリマス。此ノ上ニハ能ク日本文字ノ判ガ捺シテアツタノデアリマス。之ヲ販売シテ居ツタモノニ対シテ、此ノ麻薬ガ何処カラ来タカ、其ノ出所ヲ確メタコトガ屢々アリマス。サウシテ常ニ是ハ天津又ハ北京カラ来テ居ルト私ニ告ゲマシタ。……

私ハ上海共同租界内デヘロインヲ行商シテ居ツタ行商人ヲ数々逮捕シタコトガアリマス。彼等ハ常ニ台湾人或ハ朝鮮人ト云フ、是ハ勿論日本国籍ヲ所有スルモノデ……日本領事館ニ手渡サナケレバナリマセンデシタ。二、三日経チマスト同ジ行商人ガ又其ノ道デ――街頭デ行商シテ居ルノヲ見受ケルノデアリマス。

と証言した(39)。

ギル証人は「日本ノ支配権及ビ影響ガ段々中支ヘモ拡ガッテ来ルニ連レテ、上海ニ於ケルヘロインノ量ガ段々殖エテ来ルコトヲ私ハ見出シマシタ(40)」と証言したが、同様の比例関係は、中国占領地の他の都会についても、また阿片についても、おそらく見出されるであろう。

(1) 前掲「最近蒙疆経済特殊事情」《資料31》五五四頁。
(2) 前掲・満鉄「蒙疆ニ於ケル阿片」《資料5》二七〇頁。なお同資料には「政府ハ土薬公司ノ解散ニ次イデ左記ノ如キ阿片収納機構改革実施要綱ヲ決定、直ニ実施ニ移ツタノデアル」と述べられているが、「要綱」には「本案ハ左ノ通リ之ヲ実施スルモノトス。一　公司法ヲ廃止シ現公司ハ解散シ地域的ニ収納人ヲ指定スルモノトス」とあるので、時間的には「要綱」の決定についで公司解散がおこなわれたものとみられる。またこの機構改革についても、興亜院側の意向が大きく作用したものと考えられる。
(3) 『政府弘報』第一四四号、一九四〇年五月二九日、『蒙疆新聞』一九四〇年六月六日。
(4) 『政府弘報』第八三号、一九四〇年二月一日。
(5) 前掲・蒙古自治邦政府『蒙疆ニ於ケル罌粟阿片』《資料6》三〇八頁。「蒙疆ニ於ケル阿片」《資料5》二一三頁。
(6) 前掲『裁判速記録(一)』七九五頁。
(7) 『政府弘報』号外、一九三九年一二月二七日、「成紀七三五年度財政部所管　清査権運特別会計歳入歳出決定計算書」《資料19》四四三頁、以下「成紀七三五年度清査権運特別会計計算書」と略記。
(8) 『蒙古』善隣協会、一九四〇年二月号、一八三頁。
(9) 罌粟栽培取扱規定《資料15》四二四頁。
(10) 禁煙特税法《資料16》四二七頁。

(11) 禁煙特税法施行規則《資料17》四三〇頁。
(12)『蒙疆ニ於ケル罌粟阿片』《資料6》三四九頁。
(13) 同前、三五二頁。
(14)「蒙疆ニ於ケル阿片」《資料5》二七五頁。
(15) 同前、二七八頁、『蒙疆ニ於ケル罌粟阿片』《資料6》三九二頁。
(16)「蒙疆ニ於ケル阿片」《資料5》二七二頁。
(17) 前掲・蒙古連合自治政府「蒙疆阿片事情概説」《資料4》一九八頁。
(18)『蒙疆ニ於ケル罌粟阿片』《資料6》三五五頁。
(19)「蒙疆阿片事情概説」《資料4》一九七頁。
(20)『蒙疆ニ於ケル罌粟阿片』《資料6》三五三頁。
(21)『蒙疆新聞』一九四〇年八月三〇日。
(22) 同前、一九四〇年九月一八日。
(23)『蒙疆ニ於ケル罌粟阿片』《資料6》三五五頁。
(24) 清査総署「成紀七三五年度阿片収納実績一覧表」《資料21》四七五頁。
(25)「蒙疆阿片事情概説」《資料4》一九六頁。なお阿片の密輸に関連して次のような事件があった。包頭北方四三キロにある大青山炭鉱(従業員日本人六十余人、中国人一千余人)の労務嘱託八束亨教(三一歳)は、「勤務中自己ノ使役セル苦力頭許世有ニ阿片ヲ栽培セシメ、且同人ヨリ阿片ヲ購入シ、之ヲ北京ニ運搬シ巨利ヲ得タル外、本年(一九四〇年)三月(日不詳)本人ノ募集使役セル苦力ガ逃走セルヲ以テ大ニ憤慨シ、逃走セル苦力ヲ逮捕シ、他苦力ノ見セシメニト腹心ノ部下小池虎雄(二七歳)ヲシテ拳銃ヲ用ヒ事務所後方山中ニテ射殺セシメタ」。八月一五日、八束・小池は身柄を包頭日本憲兵分隊に移送された(前掲「在厚和総領事館警察史」五〇八〇―五〇八三頁)。
(26)『蒙疆ニ於ケル罌粟阿片』《資料6》三八二頁。
(27) 同前、三八三頁。
(28)「七三五年度配給関係統計表」(極秘)、沼野資料。詳細については配給股「成紀七三五年度配給関係統計表」《資料22》四八五頁。

(29)「成紀七三五年度清査権運特別会計計算書」《資料19》四四五頁。

(30) 詳細については配給股「成紀七三五年度配給関係統計表」《資料22》四九〇頁。

(31)『政府弘報』号外、一九四〇年八月一三日。

(32) 同前、第二二五号、一九四〇年一〇月二三日。

(33) この追加予算は一般会計については『政府弘報』号外、一九四〇年一一月一九日に発表されたが、特別会計については『政府弘報』に見当らず、公表されなかったものと考えられる。

(34)「成紀七三五年度清査権運特別会計計算書」《資料19》四四四頁。

(35) 前掲『蒙銀経済月報』第二巻第三号―第三巻第一号、一九四〇年三月―一九四一年一月、蒙疆銀行調査課『成紀七三六年度蒙疆貿易年報』(「行外秘」と印刷、「極秘」と捺印)一九四二年。

(36) 外務省条約局『昭和十五年度執務報告』(極秘) 一九四〇年、一二〇頁。

(37)『裁判速記録〈一〉』四〇五頁。

(38) 同前、七九六頁、省略部分は前掲『極東国際軍事裁判記録　検察側証拠書類〈81〉』による。

(39) 同前、七二八頁。

(40) 同前。

第四節　「未曾有ノ好成績」――一九四一年の状況

蒙疆政権の財源と貿易において阿片が巨大な比重を占めたことは、他面からいえば、その財政・経済の異常性と不安定性を示すものであった。満鉄「蒙疆ニ於ケル阿片」は一九四〇年の土薬公司解散→土業組合結成について、「僅々一年ヲ経ズシテ著シク阿片制度ガ変革セラレタルノモ結局蒙古政府ノ財政難ガ意外ニ深刻デ政府ノ財源ノ基礎ヲ阿片ニ置ク結果デアル」ると指摘したうえ、

現実的政策トシテノ財政策トシテ財源ノ基礎ヲ阿片ニ置クコトハ已ムヲ得ナイトシテ、阿片ノ及ボス社会的影響及国際的観点カラシテモ一時的方策タルベキハ勿論、阿片ソレ自身自然的条件ニ支配セラルルコト大ナル作物ヲ財源ノ基礎トシ之ニ期待ヲ持ツコトハ、蒙疆国家将来ノ健全ナル発展ヲ約束シ得ルモノデハナク、不安定極マルモノト謂ハナケレバナラナイ。此ノ意味ニ於テ飽ク迄過渡的性質ノモノトシ阿片依存ノ危険性ヲ充分認識シテカカリ、他ニ代ル何等カノ財源ノ確保ニヨリ健全財政ノ確立ヲ図リ、他面積極的阿片禁絶政策ニ乗リ出スベキデアラウ。

と、批判的な結論を下していた。(1)

しかしそうはいっても、「特別会計ニ於テハ阿片収入ノ外見ルベキモノナ」く、(2)「政府ノ財政経済ガ不健全且ツ弱劣ニシテ阿片ニ頼ラザレバ他ニ財源ヲ見出シ得ヌ」(3)というのが蒙疆政権の現実であった。

蒙疆政権は、「阿片吸食ノ弊ハ今更喋々ノ必要ヲ認メズ」として、管内では「漸減的断禁方策ヲ採用シ」、一方では

これを「強化シツツアリ」と唱えた。(4)しかし他方では「吸食禁止策」の実態は、「現行制度ハ未ダ徹底的ナル禁止策ナク、只官指定ノ配給人ヲ経テ癮者ニ配給シ之ガ違反ニ対スル罰則ヲ設ケアルノミニテ、僻地ニ於ケル自家消費阿片及私土(密売買品)ニ関シテハ……黙認ノ状態ナリ」と自ら認めざるをえなかったうえ、

政府財政収入上、為替資金獲得上及支那各地ニ於ケル品不足ニ依リ之ガ配給ノ円滑ヲ期ス為、管内生産ノ増産ヲ図リツツアリ。……全面的ノ金融、貿易調整ハ現今ノ処到底実現不可能ナルニ依リ、蒙疆経済界ニ於ケル阿片ノ地位ハ動カスベカラザル処ナリ。

ナルガ故ニ蒙疆ニ於ケル阿片栽培ハ増産政策ヲ採ラザルベカラザル情勢ニ有リ、惹テハ管内ニ於ケル断禁政策モ或程度阻害セラルルモ、之ガ根本方針ハ厳トシテ存立シ、官民相俟ツテ蒙疆阿片ノ特殊性ヲ認識シ、ヨク之ノ成果ヲ期セネバナラヌ処ナリ。

として、(5)不得要領な説明のうちに蒙疆阿片の「特殊性」と増産政策を根拠づけていた。

しかも蒙疆政権の阿片政策とくに管外への配給は、前述のように、すでに一九三九年度以来、興亜院の「支那阿片需給計画」の一環に組み込まれていた。一九四〇年に蒙疆政権が阿片の収納と配給を一応軌道にのせたことが、中国全占領地への阿片供給源としての蒙疆の地位をますます動かしがたいものとしたことは疑いない。一九四〇年末の興亜院の需給会議は四一年度の需給計画を、蒙疆管内阿片収納高七〇〇万両、華北向移出高三五〇万両、華中向移出高三〇〇万両、管内消費量四〇万両、予備一〇万両とし、ほかに旧貨(一九四〇年産)を華北へ八〇万両、華中へ一三〇万両それぞれ移出するものとした。(6)また四〇年一二月二七日興亜院において「阿片及麻薬政策指導要綱」が決定され、興亜院蒙疆連絡部は同「要綱ニ基キ現地機関ヲ指導シ、可及的敏速ヲ期シテ阿片制度ノ普及徹底強化ヲ図ラシメ」た。(7)

こうして蒙疆政権の阿片増産政策は、政権自身の財政上の必要もさることながら、むしろ「東京興亜院本会議に於

て本年度当地区産阿片の東亜共栄圏に対する供給数量最低六五〇万両を負荷せられたるに鑑み、之が使命達成」[8]のためにも要請されることとなった。

結局、蒙疆政権は、「吾蒙疆が阿片吸飲に対する所謂漸減的断禁政策を採用しつゝある反面、当政権の財政並に経済維持のため並に大東亜全域の阿片需要を充足せしむべき阿片生産地として重大使命を有するに鑑み、質に於て量に於てより以上の生産並に蒐貨を挙げざる可からざる矛盾に逢着」[9]したのであった。

もっとも、日中戦争下に日本内地における医薬用阿片の需要が急増し、阿片の供給不足を来たしていたが、これを補塡するために「蒙疆産阿片ヲ輸入スルコト」については、「輸入シ得ル数量及価格共ニ内地ノ要求ト懸隔スルコト甚ダシキタメ之ガ実現ニハ頗ル困難ヲ伴フモノト思料セラ」れていた。[10]

蒙疆政権は一九四一年二月二七日付で「成吉思汗紀元七百三十六年度罌粟指定栽培地域及面積表」を布告し[11]、当初九二万畝を指定したが、その後、察南政庁の指定面積を減らし、九一万一〇〇〇畝乃至九一万四〇〇〇畝を指定した。[12]これは一九三九年度を下廻った四〇年度の指定面積九六万二九五五畝をさらに下廻る面積であったが、

本年度ニ於ケル罌粟栽培面積指定ニ当リテハ重点主義ヲ採用シ、獲得出来得ル範囲内ニ於ケル指定ヲ為シ、昨年度指定面積ヨリ稍小範囲ニ九一四、〇〇〇畝ノ指定ヲ完了シ、栽培ノ許可、煙地ノ勘査ヲ容易ナラシメ、収穫増加上最重要性ヲ持ツ煙地ノ確保ヲ絶対ナラシメタリ。

とも説明され[13]、あるいは、

栽培面積を拡大し増産を期せんとせしも、他農作物に及ぼす影響(雑穀、蔬菜類との競合)、労働力の不足等に基き面積の増加は企図し得られざりしを以て、前年度に比し指定面積を稍々縮少(ママ)し専ら単位面積当りの増産を図ると共に煙地の把握、密作、密取引の防遏に努めたり。

とも説明されている。[14] なお「煙地」とは罌粟栽培地を指し、「勘査」とは栽培面積の実地調査を指す。[15]

ともかく当年度の阿片については、一畝当り二〇両、計一八二八万両の生産を予想し、そのうち七五五万両の収納を予想したが、[16] それはむしろ右の興亜院会議決定による六五〇万両搬出という割当から算出された数字であり、「本年度阿片ノ収納ハ七五五万両獲得ヲ目標ニ全管内九一万四千畝ノ栽培ヲ指定シ」たものであった。[17]

この目標達成のための収買・収納方式としては、

本年度収納機構考究ニ当リ昨年度ノ好成績ナリシコト、及本年度モ四囲ノ情勢ヨリ未ダ急激ナル改革ハ時期早キヲ以テ、昨年度ノ方式ヲ踏襲スルコトニ決定、只組合ノ基礎ヲ確立シ事業ノ円滑ナル運営ヲ期スル為、収納人ノ指定期間ヲ三ケ年トシ、昨年度収納人ハ多キニ過ギ収納人ノ活動モ云々サレタルヲ以テ、昨年度員数ノ2/3程度ニ止メ、四月一日ヲ期シ新収納人ノ指定ヲ為シ、新組合ノ結成ヲ見タリ。

として、[18] 土業組合が新編成された。すなわち、

指定収納人ハ農民ト最モ密接不可分関係ニアル従来ノ土商並ニ京津方面ニ於テ経験手腕ヲ有スル資本家ヲ包含シ、特ニ本年度ヨリ指定期間ヲ三ケ年ト致シタレバ之ガ詮衡ニ極メテ慎重ヲ期シ……全管内ニ五十一名ヲ指定シ従来ノ取引地盤ニ夫々配置シ、各収納地区毎ニ収納人組合タル土業組合ヲ十組合、資本金公称一、〇〇〇万円、払込額五〇〇万円ヲ以テ結成セシメ、尚地方組合ノ統轄機関トシテ……土業総組合ヲ設立シ……阿片収買業務運営ノ完璧ヲ期シタリ。

という前年同様の方式であった。[19]

一九四一年六月一日、蒙古連合自治政府は政府機構の大幅な改革をおこない、従来の七部(七一頁参照)を全廃し、政務院の下に内政部と経済部(財政・産業の両部を併合)を置き、清査総署を廃止して、経済部の煙政塩務科が「一、

第15表　1941年度清査権運特別会計予算・決算(単位円)

		当初予算額	修正予算額	決算額	差額
歳入	清査収入	52,500,000	117,600,000	53,233,250	64,366,750
	塩税・雑収入	1,246,434	1,246,434	2,079,778	−833,344
	合計	53,746,434	118,846,434	55,313,028	63,533,406
経常歳出部	購買諸費	48,000,000	90,015,000	89,706,626	308,374
	その他		3,792,137	3,300,055	492,082
	計		93,807,137	93,006,681	800,456
臨時歳出部	撥入一般会計	8,500,000	10,600,000	10,600,000	0
	その他		14,550	161,388	−146,838
	計		10,614,550	10,761,388	−146,838
合計			104,421,687	103,768,069	653,618
歳入超過			14,424,747	−48,455,041	
儲備品等				69,818,121	
収入総計				125,131,149	
過剰額(利益金)				21,363,080	
一般会計歳入		48,367,414	54,342,295		
一般会計歳出		48,367,414	54,342,295		

「成紀736年度清査権運特別会計計算書」《資料20》,「政府財政736年度」他から作成.

阿片、罌粟種子及麻薬ニ関スル事項　二、塩、曹達及硝礦ニ関スル事項」を「管掌ス」るものとした[20]。しかし「各現地清査官署ハ現存シ、従来ノ機構ト何ラ異ルコトナク、只監督官署ノ変更ニ外ナラザルモノナルヲ以テ、前総署ノ実施事項ハ其ノ儘引継ガレタ[21]」。

成紀七三六年度(一九四一年)の清査権運特別会計予算は、第15表[22]のように、当初五二五〇万円の清査収入を見込み、撥入一般会計として八五〇万円を計上した。当年度の一般会計総予算は歳出入とも四八三六万七四一四円であったから、清査収入が一般会計の規模を上廻ることになり、清査権運特別会計からの滾入分は歳入の一七・六%を占め、「之ヲ要スルニ歳入ハ租税収入ト阿片収入ニ依ルモノデアリマシテ、之ニヨリ尚不足ノモノハ政府債ニ俟ツト云フ状況デア」った[23]。この予算は阿片収納の増加に対応してその後大幅に組みかえられることになる。

一九四一年度の収納人の生産者からの阿片収買価格は、前年度と同様、一率六円以上と定め、官能鑑定により等級を決定し、収納人から収納官署への収納に際しては、従来の官能鑑定のほか化学鑑定を併用して等級を定め、各等級を通じて一律八円の補償金を交付した。[24]

収納の事前工作として、播種期には「全面的ニ指定許可畝数ノ栽培ヲ実施セシメントシ、播種宣伝工作ヲ実施シ」、発芽期・開花期には煙地勘査に重点をおいて、煙地確保に「万全ヲ期シタ」うえ、「阿片収買開始セラルルヤ各清査官署員ハ関係各機関トノ緊密ナル連絡ノ下ニ村長会議並ニ農民参集ノ機ヲ逸セズ阿片蒐貨ヲ督励シ」た。[25]

当年の作柄は平年作以上と認められた。[26]五月一日収買開始以降、当初の残貨収買は不調に終ったものの、七月新貨の出廻り期に入ると、収買は活況を呈し、各土業「組合共収買資金繰ニ全ク忙殺セラ」れ、「八月末ニハ当初予想数量ノ七五〇万両ヲ獲得シ、十月末ニハ遂ニ壱千万両ヲ突破シ、未曾有ノ好成績ヲ以テ収納ヲ完了」した。[27]

この好成績の原因としては、(イ)作況良好、「前年度罌粟栽培ガ他作物ニ比シ極メテ収益多カリシ為、予想外ニ栽培生産サレタ」こと、(ロ)清査制度への認識、(ハ)華北での罌粟栽培にともなう価格下落と密買の激減、(ニ)雑穀公定価格制実施により「農民ハ之ガ販売ヲ渋リ、専ラ阿片ヲ売却シ貨幣ヲ取得セントシ納入ヲ急」いだことがあげられている。[28]

しかし阿片の収買・収納の好調は、このような生産者側の事情のみによるものではなかった。当年度の「稽査概況」によると、「不正業者ノ弾圧ヲ厳行、生産阿片ノ私土化ヲ防止シ完全集貨ノ実ヲ挙グベク、稽査職務執行ニ万全ヲ期シ」、「不正業者其ノ他不逞輩ノ暗躍完封ニ稽査ノ全能力ヲ傾注」したうえ、

収納期間中ニ於ケル取締ニ関シテハ、収貨ノ万全ヲ期スル為新貨出廻促進ニ取締ノ重点ヲ置キ、生産者中犯行軽微ナルモノニ対シテハ極力没収処分ヲ避ケ強制収納ノ方途ニ出ヅル一方、犯行極メテ悪質ナルモノニ対シテハ仮

借ナキ厳罰方針ヲ持シ収納成績挙揚ニ力メタリ。

という強権が行使されていた。[29]「阿片吸食ノ弊ハ今更喋々ノ必要ヲ認メズ」などとは何をかいわんやであり、蒙疆政権の政策はほとんどなりふり構わぬ阿片の増産・収奪に終始していたといってよいであろう。

一九四一年度の各清査署別の阿片収納状況は第16表の通りで、前年度の一・六六倍に達し、とくに張家口・大同の両清査署管内――蒙疆政権による「指定」以前にはほとんど罌粟栽培がなされていなかった地域――の伸びがいちじるしく、両管内で全収納量の六一%を占めるにいたった。

収納阿片は、一五%が管内配給用とされ、八五%が前年度と同様に収納補償価格八円に政府益金として二円五〇銭を加算した一〇円五〇銭でふたたび土業組合へ払下げられ、政府の指示にもとづいて管外へ販売された。[30]その状況は第17表の通りで、一月―六月は前年度産の残貨であり、八月以降が当年度産の新貨であった。

そのうち上海にたいしては、旧貨一五〇万両の売却ののち、七月一五日に華中の阿片配給機関である華中宏済善堂とのあいだに、四一年七月から四二年六月までの一カ年間に単価一四円で七〇〇万両の売渡しが契約された。[31]しかし四一年一〇月の「法幣暴落ニ伴ヒ、軍票建取引タル当蒙疆トノ取引ハ買付資金ノ調達不能ヲ招来シタルヲ以テ、該堂ノ要請ニ依リ当方トシテモ一時輸送中止ノ止ムナキニ立到リ」、さらに太平洋戦争開始にともない、張家口からの「輸送機関タル飛行機ノ欠乏ヲ来シ」、四一年一二月分契約量の積送が四二年に持越される状態であった。[32]また単価も一

第16表　1941年度阿片収納実績

	数量	補償金額	単価
	両	円	円
張家口清査署	4,377,976	35,023,808	8.00
大同清査署	2,369,400	18,955,200	8.00
厚和清査署	4,398,490	35,187,920	8.00
計	11,145,866	89,166,982	8.00
特殊収納阿片	22,937		
押収阿片	36,813		
引継阿片	37,338		
合計	11,242,953		

特殊収納は日本軍，応県治安維持会，涼州産.
「成紀736年度阿片収納事業概況並実績調」《資料25》から作成.

三円一一三円五〇銭に引下げられた。

北京の華北土薬業公会にたいしては、四一年三月および四月に旧貨一〇〇万両が売却されたが、四一年産新貨については四一年一一月になって、四一年一二月から四二年七月までの八カ月間に単価一四円で一五〇万両の売渡しが契

第17表 1941年度阿片配給状況

	上海			北京			関東専売局			合計		
	数量	単価	価格	数量	単価	価格	数量	単価	価格	数量	単価	価格
	両	円 銭	円	両	円 銭	円	両	円 銭	円	両		円
1月	381,000	15.50	5,905,500							381,000		5,905,500
2月	309,000	15.50	4,789,500				100,000	15.00	1,500,000	409,000		6,289,500
3月	310,000	15.50	4,805,000	400,000	16.00	6,400,000				710,000		11,205,000
4月	200,000	14.00	2,800,000	600,000	16.00	9,600,000				800,000		12,400,000
5月	100,000	14.00	1,400,000							100,000		1,400,000
6月	200,000	13.00	2,600,000							200,000		2,600,000
7月												
8月	505,000	14.00	7,070,000							505,000		7,070,000
9月	592,000	14.00	8,288,000							592,000		8,288,000
10月	503,000	14.00	7,042,000							503,000		7,042,000
11月	218,000	13.00	2,834,000				200,000	14.00	2,800,000	418,000		5,634,000
12月	530,000	13.00 13.50	6,964,000	200,000	14.00	2,800,000				730,000		9,764,000
合計	3,848,000		54,498,000	1,200,000		18,800,000	300,000		4,300,000	5,348,000		77,598,000

「備考 6月迄配給数量ハ 260万両，金額 3,980万円ニシテ総テ 735年度モノナリ．7月以降 12月迄配給数量ハ 2,748千両，金額 37,798千円ニシテ総テ 736年度モノナリ．736年度収納数量 11,145,866両．736年度管内配給高 144,100両，金額 1,729,200円，@¥12.00」．

「736年度配給関係統計表」．

約された。[33] 興亜院会議での華北割当量は三五〇万両であったが、「華北阿片諸事情ヨリ推シ当方〔蒙疆政権〕資金繰ヲ或程度犠牲ニ供シ一五〇万両」に押えられた。[34] しかし四一年一二月譲渡の二〇万両について、

之が代金決済期間（現品引渡後三〇日払）満了スルモ、仕向先タル華北土薬業公会手持阿片ノ消化不良並ニ負担課税金ノ重荷、其他理由ニ依リ銀行関係ノ承服ヲ見ズ、支払不履行ノ止ムナキニ立到リ、之ノ程延滞期間二〇日ニシテ漸ク其ノ一部支払ヲ受ケタルニ過ギザル現況ニ鑑ミ、当蒙疆阿片ノ華北向輸出ハ今後相当困難性ヲ伴フハ言ヲ俟タザル処……

という状況であった。[35]

管外への阿片の配給は、前年度の三八二万両・六二三一万円から五三四万八〇〇〇両・七七五九万八〇〇〇円へ、数量で一・四倍、金額で一・二五倍の増加をみたが、その内実は右のような状況からすれば必ずしも順調な伸びとはいい難いものであった。なお華北・華中側の事情に関する資料は本年度についてもえられなかった。

管内にたいしては、原料阿片を一両一二円で配給人公会へ払下げ、配給人公会が吸飲用煙膏を癮者に販売したが、その量は一四万四一〇〇両、一七二万九二〇〇円で、[36] 前年度の二五万二三〇〇両、二四〇万五〇〇〇円にくらべて押えられている。これは蒙疆政権側からは、「管内配給ニ関シテハ漸減的断禁政策ヲ主義トシテ、各地区阿片癮者数並ニ配給人ヲ勘案シテ配給数量ノ適正配給ヲ実施セリ」と説明されたが、[37] むしろ、

当蒙疆地区ハ阿片ノ生産地ニシテ且行政力ノ浸透完カラザルト取締力ノ不整備等ニ依リ生産阿片ノ確保困難ニシテ、栽培者ハ自家吸煙用阿片ヲ保留スル習慣多分ニアリ、之ガタメ疆内各都市ニ於ケル配給成績比較的順調ナルヲ除キテハ、官ノ管理統制下ニアル配給機関ヲ通ジテノ消費量ハ疆内推定消費量ニ比スレバ微々タルヲ免レズ。

という興亜院側[38]の観察の方が実情に即するものであったろう。

阿片収納の好成績に対応して清査権運特別会計予算は大幅に増額され、第15表のように、最終予算額は当初予算額のほぼ二倍の規模となり、一〇六〇万円の撥入一般会計、一四四二万余円の歳入超過を見込んだ。この予算規模は一般会計予算の約二倍であり、一般会計への撥入額は一般会計歳入予算の一九・五%を占めることとなった。

しかし当年度の決算では、第15表にみるように、清査収入は予算の四五%にとどまり、ほぼ当初予算なみの収入しかあげえなかった。「此ノ減少ヲ生ジタル所以ハ阿片売下最盛期ニ於テ華中ノ法弊下落ニ依ル経済的影響並ニ輸送飛械(ママ)ノ運航不円滑ナリシタメ阿片出売収入ノ少カリシニ因ル」と説明された(39)。このため決算では四八四五万余円の歳出超過となったが、翌年度繰越の阿片等と差引計算すると二一三六万余円の過剰が生じ、利益金として事業運転資本に繰入れられた(40)。また撥入一般会計は予算通り一〇六〇万円が支出された。利益金二一三六万余円と撥入一般会計一〇六〇万円とを合わせ、蒙疆政権があげた当年度の阿片収益は三一九六万余円、前年度の阿片収益一五五二万余円の二倍に達した。

前年新設された禁煙特税については、一九四一年四月一八日開催の政庁盟地方費設置打合せ会議で、田賦とともに地方移譲が決定された(41)。同年七月一日には禁煙特税改正法が公布され、付加税の税率を一〇〇分の一五から二五へ引上げ、その一〇〇分の一五に相当する部分を政庁・盟の収入、一〇〇分の一〇を市・県の収入とすると定めたが(42)、正税収入も右の決定により地方に帰属した模様である。

その負担は高率で、攤派(たんぱ)(均等割当)による増徴もなされた(43)。しかし四一年度の徴収額については、「禁煙特税ニ関スル事務ハ当科〔経済部煙政塩務科〕ノ主管スル処ニ非ズシテ曾テ国税科ノ主管ニ属シタルモ現在ニ於テハ各政庁盟ニ移管シアリ。因而成紀七三六年度ニ於ケル本税ノ賦課並ニ徴収実績ヲ内政部ニ問合ハシタル処、該年度ニ於ケル政庁盟ノ決算未了ノ為確実ナル数字無シトノ答弁ニシテ、茲ニ具体的ニ数字ヲ記シ得」ない状況であった(44)。

また蒙疆銀行調査課による貿易統計は、阿片を「特用作物類」と表示し、一九四一年の輸出について第17表とおなじ数字をかかげている。当年の阿片輸出額七七五九万八〇〇〇円は、輸出総額一億八三七七万円の四二%を占めるものであった。(45)

なお蒙疆政権は一九四一年度の阿片生産費について調査を実施した。(46)それによれば、高粱・小麦等にくらべて、「罌粟ノ益金最モ多額ナレ共、作況比較的良好ナリシ結果斯ノ如キ数字ヲ見タルモノニシテ、一部被災地区ニ於ケル農家ハ大部分惨ナル損失ヲ出シ、七三七年度〔一九四二年〕ニ於ケル罌粟作ヲ逡巡スル傾向モアリ」、「要略スルニ罌粟ハ自然的条件ニ恵マレシ場合ニ於テハ莫大ナル利潤ヲ挙ゲ得ルモ、不幸ニシテ作柄良好ナラザレバ意外ノ大損失ヲ招ク危険アル作物」と結論づけられている。(47)

(1) 前掲・満鉄「蒙疆ニ於ケル阿片」《資料5》二九四、二九五頁。
(2) 蒙古連合自治政府経済部次長「成紀七三六年十月現在　蒙疆の現状」(手稿)、沼野資料。
(3) 経済部煙政塩務科「成紀七三六年度罌粟栽培並ニ阿片収納販売実績概況」《資料24》五一二頁。
(4) 前掲・蒙古連合自治政府「蒙疆阿片事情概説」《資料4》二〇〇頁。
(5) 同前、二〇〇、二〇一頁。
(6) 「南方占領地ニ於ケル阿片制度考」《資料43》五九六頁、前掲・興亜院蒙疆連絡部「蒙疆ノ阿片事情ニ関スル報告並意見」《資料33》五六六頁。
(7) 「現地状況報告並意見開陳」《資料32》五五八頁。
(8) 前掲・蒙古自治邦政府『蒙疆ニ於ケル罌粟阿片』《資料6》三〇九頁。
(9) 「蒙疆ニ於ケル罌粟阿片」《資料6》三二一頁。
(10) 前掲・厚生省衛生局「参考資料」一九四一年九月、《資料2》一八一頁。
(11) 『政府弘報』第二八九号、一九四一年三月一五日。
(12) 『蒙疆ニ於ケル罌粟阿片』《資料6》三五五頁。

(13) 蒙古政府経済部「蒙疆経済概況」《資料23》五〇五頁。
(14)『蒙疆ニ於ケル罌粟阿片』《資料6》三〇九頁。
(15) 当年度の勘査状況については同前、三〇九頁。
(16) 同前、三五五頁。
(17) 経済部煙政塩務科「成紀七三六年度阿片収納事業概況並実績調」《資料25》五二七頁。
(18)「蒙疆阿片事情概説」《資料4》一九三頁。
(19)「成紀七三六年度阿片収納事業概況並実績調」《資料25》五二八頁、〔1〕の〔中略〕部分の記述を引用。
(20)『政府弘報』号外、一九四一年六月一日。
(21)「蒙疆阿片事情概説」《資料4》一九三頁。
(22) 経済部「成紀七三六年度経済部所管　清査権運特別会計歳入歳出決定計算書」《資料20》四五九頁、以下「成紀七三六年度清査権運特別会計計算書」と略記、「政府財政七三六年度」(手稿)、沼野資料。なお当初予算は公表されなかった。
(23)「政府財政七三六年度」。
(24)「成紀七三六年度阿片収納事業概況並実績調」《資料25》五三四頁。
(25) 同前、五二八頁。
(26)『蒙疆ニ於ケル罌粟阿片』《資料6》三五五頁。
(27)「成紀七三六年度阿片収納事業概況並実績調」《資料25》五二七頁。
(28) 同前、五二七頁。なお雑穀類については、すでに一九三九年四月部分的な搬出取締令・公定価格が制定され、四〇年三月四日地域別公定価格制が施行された(『蒙銀経済月報』第五号、一九三九年五月、六頁、第二巻第三号、一九四〇年三月、九頁)。
(29) 経済部煙政塩務科「成紀七三六年度煙政事業概況」《資料26》五四一―五四二頁。
(30)「成紀七三六年度罌粟栽培並ニ阿片収納販売実績概況」《資料24》五一八頁。
(31)「阿片売買契約書」《資料27》五四三頁。
(32) 前掲「最近蒙疆経済特殊事情」《資料31》五五六頁。
(33)「阿片売買契約書」《資料28》五四五頁。

(34)「最近蒙疆経済特殊事情」《資料31》五五六頁。
(35)同前、五五六頁。
(36)詳細については『蒙疆ニ於ケル罌粟阿片』《資料6》三八五頁。
(37)「成紀七三六年度罌粟栽培並ニ阿片収納販売実績概況」《資料24》五一九頁。
(38)「現地状況報告並意見開陳」《資料32》五六一頁。
(39)「成紀七三六年度清査権運特別会計計算書」《資料20》四六一頁。
(40)同前、四五九―四六〇頁。
(41)『蒙銀経済月報』第三巻第五号、一九四一年五月、一一頁、『蒙古』一九四一年六月号、一二六―一二七頁。
(42)《資料16》四二九頁。
(43)『蒙疆ニ於ケル罌粟阿片』《資料6》三三九頁。
(44)「成紀七三六年度罌粟栽培並ニ阿片収納販売実績概況」《資料24》五二六頁。
(45)前掲・蒙銀『成紀七三六年度蒙疆貿易年報』。
(46)『蒙疆ニ於ケル罌粟阿片』《資料6》三二四頁。なお「成紀七三六年度罌粟栽培並ニ阿片収納販売実績概況」《資料24》五二六頁、〔後略〕部分にほぼ同一の記述がある。
(47)「成紀七三六年度罌粟栽培並ニ阿片収納販売実績概況」《資料24》五二六頁、〔後略〕部分の記述を引用。

第五節 大阿片政策——一九四二年の状況

一九四一年一二月一〇日、対米英蘭開戦の二日後に開催された興亜院の会議は、一九四二年産の蒙疆阿片の移出量を一〇〇〇万両とする「支那阿片需給計画」を決定した。[1] これは、四一年度の生産・収納の予想外の好調という実績をふまえて、同年度の割当量六五〇万両を大きく上廻る蒙疆阿片の確保と供給を期待したものであった。しかも「今次大東亜戦争ノ赫々タル戦果拡大ニ伴ヒ皇軍ノ掌中ニ帰シタル東亜共栄圏内各地区ニ対スル阿片ノ供給ハ外国阿片ノ輸入杜絶ニ依リ全ク共栄圏内ニ於テ自給自足ノ止ム無キニ至」り、右の「一千万両絶対確保ノ責務ヲ負荷セラ」れたことと「綜合思考スル時ハ昨年度実績以上ノ蒐貨ヲ期セザル可カラザル状態」となった。[2]

しかし罌粟の栽培については、

略昨年度ト同様ノ面積ヲ指定セント計画セシモ、昨年度雑穀蒐貨不振ノ原因ノ一ガ良耕地ヲ罌粟栽培ニ使用セラレタルコト、罌粟栽培ニ依リ労働力不足シ雑穀ノ収穫意ノ如クナラザリシコト等ニ在ルヲ以テ、本年度ニ於テハ罌粟栽培面積ヲ更ニ縮減シ、之ニ依テ生ジタル面積ヲ雑穀栽培ニ移行セシメ、……昨年度ヨリ約三万畝ヲ減ジ八八二、〇〇〇畝ヲ指定セリ。

と、[3] 連年にわたる面積縮小をよぎなくされた。この栽培面積縮小のかわりとして、「可及的管理容易なる地域に栽培せしめ、他面品種改良、灌漑施設の補強改善、耕種法の研究改良を実施して単位面積当生産量の向上を計り以て最低壱千万両絶対確保を企図」し、[4] 生産予想量一七八六万二〇〇〇両、収納率六一％、収納予想量一〇九〇万八〇〇〇両という計画がたてられた(5)。

罌粟栽培の指定区域・面積は、『政府弘報』で布告された前年度までとは異なり、公表されなかった(6)。

蒙疆政権は一九四一年一二月三一日付で成紀七三七年度一般会計・特別会計の予算の概要を公布した(7)。内部資料(8)をもあわせ確認しうる清査権運特別会計の当初予算は第18表の通りで、歳入八六二三万余円、歳出六七八〇万余円、歳入超過一八四二万余円であるが、前年度までとは異なり、歳出に撥入一般会計は計上されず、前年度当初予算(第15表)との比較で八五〇万円減とされた。しかし蒙古連合自治政府「成紀七三七年度総予算」では、経済部所管臨時部歳入「由清査権運特別会計滾入」とされた前年度までとは異なり、経済部所管経常部歳入「清査権運特別会計益金滾入」として二〇〇〇万円が計上されている。また「成紀七三七年度予算説明」では、「壱千八百万円余ノ専売益金ヲ予想シ得ル」とされる一方、一般会計歳入経常部のうち「主ナルモノ」として「専売益金滾入二〇、〇〇〇、〇〇〇円」があげられている。結局、清査権運特別会計予算の歳入超過額(専売益金)一八四二万余円の一般会計撥入を予定した予算編成であると考えられるが、滾入額二〇〇〇万円との差額一五七万余円が会計上どのように処理されているかは明らかでない。いずれにせよ一般会計歳入予算は清査権運特別会計のそれを下廻る七一一一万余円(うち租税収入四四九五万円)で、専売益金が占める比率は二八%に及んだ(9)。

しかし一九四二年の罌粟の作柄は予想外の凶作となった。その状況は四二年七月二〇日付の経済部煙政塩務科奥野

第18表 1942年度清査権運特別会計予算(単位円)

歳入	清査収入	84,000,000
	塩税・雑収入	2,232,340
	合計	86,232,340
歳出	購買諸費	63,805,766
	その他	3,998,149
	合計	67,803,915
歳入超過		18,428,425
一般会計歳入		71,113,164
うち専売益金滾入		20,000,000
一般会計歳出		71,113,164

蒙古連合自治政府「成紀737年度各特別会計予算」,同「成紀737年度総予算」から作成.

重敏の「復命書」[10]に詳しいが、八月一九日付の興亜院蒙疆連絡部の報告は、

現在迄ニ察知シ得タル疆内阿片事情ハ頗ル楽観ヲ許サザルモノアリ。即チ本年ハ播種期前ヨリ生育期、成熟期ニ至ル間ノ旱魃、風害、雹害ニ依ル被害面積ハ増大シ、旱地ノ如キハ枯渇スルモノ続出シ、作柄ハ憂フベキ状態ニ在リ、加之ニ最近ニ於ケル連日ノ降雨ニ依リ、或ハ割漿時期ヲ逸シ或ハ割漿作業収穫ノ妨ゲトナリ或ハ流失スル等、其ノ被害不尠ルモノアリテ、此ノ儘推移セバ本年度生産量ニ激減ヲ来スモノト予想セラル。

と述べている[11]。

この結果、当初の生産予想量一七八六万余両は修正をよぎなくされ、右の「復命書」では八九六万余両ないし八九四万両[12]、蒙疆連絡部の報告では大約八〇〇万両内外[13]、さらにその後七八〇万余両と予想される状況となった[14]。

このため蒙疆阿片の供給計画も当初のプランを維持しえなくなった。蒙疆連絡部は八月一九日付の文書で、「現地機関ニ於テ凡有努力ヲ竭シツツアルニモ拘ハラズ、本年度ハ収納量八百万両内外ニ止マラザルヲ得ザル見込ナルヲ以テ、蒙疆移出可能量ヲ八百万両トシテ需給計画ヲ再編成セラレ度」と具申したが[15]、興亜院は八月二〇日蒙疆阿片収納高を当初の一〇〇〇万両から七〇〇万両へ減量する「確定計画」を定めた[16]。しかし収納率は約六〇％程度の見込みであったから、右の生産予想量からいって、七〇〇万両という収納計画はとうてい無理な数字であった。

しかも、後述のように、当年度の蒙疆阿片の管外への販売は不振で、四一年産の旧貨の移出に手間取る状態であったので、その意味でもこの収納計画には問題があった。果して、九月四日—五日に興亜院華北連絡部でおこなわれた蒙疆北支間経済調整会議で、四二年度蒙疆阿片の華北向輸出高を「確定計画」の一五〇万両から五〇万両に変更し、残りの一〇〇万両を南方向に輸出することが申合わされたが[17]、結果的にはこの五〇万両すら輸出されずに終ることとなる。

一九四二年度の阿片収納機構は好成績を収めた前年度のそれを踏襲するものであった。蒙疆政権の土業組合(土商)に寄生する間接的統制方式にたいしては、外部から批判があったらしいが、蒙疆政権側は、「官直接収納(各県公署ニ於ケル収納)ヲ唱導セラルル向アルモ……旧来ヨリ行ハレ来タリシ阿片取引事情ヲ知ラザルモノニシテ、其ノ集荷理由ハ諒トスベキモ蓋シ空論タルヲ免レズ」、「阿片集荷ノ要諦ハ多々アリト云ヘドモ、就中多年斯業ニ従事シ来レル土商並ニ其ノ配下ノ従業者ヲ能ク把握シ、其ノ性格並ニ慣習ヲアク迄利用スルコトニヨリ初メテ達成シ得ルモノト認メラル」と主張し[18]、満州国の阿片収買機構を批判して、「阿片政策上最モ慎重ヲ要スベキ収買機構ニ対スル急激ナル改廃ハ極力避ク可キモノアルヲ、満州ノ実体ハ深ク我々ニ示シ居ルモノト云フベシ」としていた[19]。

阿片の収買にあたる土業組合は、崇礼土業組合が「一組合にての経営困難なる為張北組合に合併」[20]し、前年度の一〇組合から九組合になった。阿片生産者からの収買価格は特等品八円二〇銭、一等品七円七〇銭、二等品七円、三等品六円、等外品四円という申合価格を定め、土業組合からの収納にあたっては、前年度と同様に官能・化学両鑑定を併用し、補償価格として特等品一一円三〇銭(収買価格との差三円一〇銭)、一等品一〇円二〇銭(同二円五〇銭)、二等品九円三〇銭(同二円三〇銭)、三等品七円五〇銭(同一円五〇銭)、等外品四円(同〇円)を交付する方式をとったが、これは「品質向上を図るべく上級品に対し利を厚く下級品に対しては利を薄くし、偽和物混入等の不正行為を未然に防止せん」としたからであった[21]。

しかし前述したような罌粟の凶作のもとで、阿片の収買・収納は大きな困難に直面し、蒙疆政権は異常な決意をもって集荷にあたった。「阿片蒐荷対策」[22]はその具体的な方針を述べたものであるが、七〇〇万両を可及的速かに確保するために、収買等級の一級引上げによる手持ち阿片の誘出、収納等級の基準引下げ、蒐荷奨励金の交付、「射倖心利用ニ依リ農民ヲ誘引スル」ための福引の発行などの処置をとるとともに、本年度生産阿片蒐荷成績不振ノ原因ハ、災害ニ依ル生産量ノ激減ニ基クモノヲ除キ、京津市価ノ高騰ニ基ク密売買業者ノ潜入暗躍、価格ノ釣上、農民ノ先高ヲ見越セル売惜、雑穀価格ノ引上並ニ豊作ノ及ボシタル雑穀ノ早期売却、阿片ノ隠匿等ニアリテ、尚相当量ノ手持アルヲ予測セラレ、之ガ蒐貨ハ密売、密輸出ノ防遏ト併行シ結局強力ナル行政力ヲ以テ誘出スル以外手段ナキモノト思料スルニ付、警察力ヲ充分保有スル市県旗ト常ニ行動ヲ共ニシ、管下職員ヲ動員シ誘出工作ヲ強行スルモノトス。之ガタメ要スレバ悪質農民検挙、阿片隠匿者ニ対スル厳罰実施、並ニ之ガ一般農民ヘノ宣伝ニ依ル効果等ヲ期スルヲ要ス。

という強硬策で臨み、さらに行政・警察力のみではなく、

此ノ間農民トノ間ニ種々ノ問題惹起スルヲ保シ難キニ付、軍、興亜院、特務機関、憲兵隊ハ工作ノ主旨ニ基キ問題発生ノ場合ハ政治的ニ円滑ニ解決スル様援助ヲナスモノトス。尚治安不良地区ニ対シ工作ヲ実施スル場合ハ軍ニ於テ出来得ル範囲内ニ於テ便益ヲ与フルモノトス。

と、日本側の総力を動員する態勢をとった。

また右の「阿片蒐荷対策」にもとづくとみられる「繳土工作要領」(23)では、郷鎮閭長会議への責任数量の割当、納入督促、強制収買＝「所謂叩出シヲ行フ」ことがうたわれた。

この「繳土工作要領」に「地域的、特殊事情ヲ加味」した具体策の例としては、「豊鎮県繳土工作実施要領」(24)が残されている。ここでは強制収買の実施とともに、「工作ニ当リテハ粗暴ノ振舞等ニ依リ徒ニ農民ノ感情ヲ刺戟シ又ハ荷モ他ヨリ指弾ヲ受クル等ノコトナキ様注意スルコト」という指示がなされた。

このような懐柔と強圧とをおりまぜた工作を遂行したにもかかわらず、阿片の収買・収納はまったく不成績におわった。すなわち、

表19表 1942年度阿片収納実績(単位両)

張家口清査署	両 1,119,200
大同清査署	1,299,800
厚和清査署	1,488,669
計	3,907,669
押収阿片	37,803
引継阿片	33,433
特殊収納阿片	7,689
合計	3,986,594

『蒙疆ニ於ケル罌粟阿片』《資料6》による.

当局は管下清査官署並土業組合を督励し、関係各機関と緊密なる連携の下に強行(ママ)なる緻土工作の実施、内政部を通じ各政庁盟並市県旗に対する全面的之が協助方の依頼、第三次施政躍進運動中(25)に阿片蒐荷工作の正式包含、収買等級改正に依る実質的の買付価格の引上、稽査奨励金の引上げに依る取締網の強化、収買期間の延期等、所有蒐荷上の施策並手段を講じ実施したるも其の成果全く挙らず、遂に四百万両に達せざる不成績を以て収買を終了せり。

という状態であった。(26)

「予想外の不成績」の原因は、災害による凶作もさることながら、「京津市価並に各地の密売買価格暴騰し、……所定収買価格と相当価開きを生じた」こと(27)、換言すれば蒙疆政権が不当に安い価格で強権的に買いたたいたことにあり、一九三九年度の事態を再現するものであった。

一九四二年度の各清査署別の阿片収納実績の概要は第19表の通りで、前年度のわずか三五％に激減した。なお補償金額を示す資料はえられなかったが、収納平均単価は一〇・九三四円であったので(28)、概算すれば四二七二万余円となる。

正規の収納の失敗をカバーするため、蒙疆政権は「阿片特殊収買方策案」(29)をたてた。これは「生産者自家用阿片及土豪劣伸(ママ)ノ密買所持セル阿片ヲ誘出シ、政府ニ納付セシメントスルモノ」で、三〇〇万両獲得を目標とし、「此種収買ニ特殊能力ヲ有スルモノ」を「特殊収買人」に指定し、一九四二年一二月一日―四三年三月末日を期間として、「地方的密買価格ト対抗スベキ価格」で収買させ、これを一四円乃至一〇円で収納しようという計画であったが、「特殊収買機構ハ潜行的ニ隠密ニ行動セシム」と述べている通り、蒙疆政権自身による阿片の密買にほかならない。この案が計画通りに実行されたか否かは確認しえない。

阿片の収納機構は前年度のそれが踏襲されたが、配給方式には大きな変更が加えられた。すなわち、

昨年〔一九四一年〕末ヨリノ対外取引状況ヲ見ルニ、当蒙疆産阿片モ単ニ従来ノ如ク華北、華中ノ民間同業者ト当部代行機関タル収納人組合トノ間ノ取引ニ止マラズ、本年度ハ日本、満州、南方諸国等対外政府トノ取引関係モ相当生ズル見込ナルヲ以テ、当政権トシテモ収納人組合ニ払下ヲナシ他ニ譲渡セシムルガ如キ従来ノ方法ヲ以テハ種々不便ヲ生ズルヲ以テ、対外的取引ハ当政府ニ於テ為スコトノ建前ノ許ニ、収買阿片ハ全部組合ヨリ政府ニ買上、組合ニハ払下ゲザルコトニ制度ヲ改正セントスル予定ナリ。

と予告された通り[30]、「収買成績向上を主眼とする収納阿片の組合払下制を廃止し、阿片制度本来の理想とする政府買上制を実施し、可及的多量且敏速に阿片を共栄圏内に供給する一方、為替資金の獲得操作を容易ならしむると共に政府財政収入の増大を図」った[31]。

政府買上制の実施によって、土業組合側の「販売の危険は全然除去せられたる結果とな」ったと称されたが[32]、組合の利益は阿片収買価格と政府収納価格(補償価格)との差額にとどめられ、「旧来ノ組合ニ於ケル阿片取引ニ於ケル利潤ハ相当抑制セラルル」こととなった[33]。阿片集荷の不振は、凶作と蒙疆政権の買いたたきに加え、政府買上制に土業組合側が反発したことにもよるであろう。

一九四二年度の阿片販売状況は、資料の不備で単価・価格のすべてを確認しえなかったが、第20表の通りである。管外への販売総額は九二二万七〇六六両で、前年度の五三四万八〇〇〇両を大きく上廻った。しかし一月―九月に販売された八三五万二〇六六両は一九四一年産の残貨であった。四一年中に販売された二七四万八〇〇〇両とあわせ、四一年産阿片は収納量一一一四万五八六六両のうち一一一〇万〇〇六六両が管外に販売されたことになる[34]。

しかし四一年産阿片の「契約ニ対スル移出状況ハ華中向ハ輸送機関タル飛行機ノ都合ニ依リ、華北向ハ引取者タル華北土薬業公会ニ於ケル消化不良並ニ資金ノ関係ニ依リ、頭初六月末迄ニ移出完了ノ予定」のところ、[35]結局九月までかかった。

度阿片配給状況

満　州(禁煙総局)			厦門・駐蒙部隊			合　計	
数量	単価	価格	数量	単価	価格	数量	価格
両	円銭	円	両	円銭	円	両	円
						820,833	10,660,413
500,000	12.50	6,250,000				1,131,000	14,893,500
888,000	13.88	12,325,440				1,518,500	20,734,690
112,000	13.88	1,554,560	50,000	14.00	700,000	1,749,333	23,728,223
						807,000	11,298,000
			8,400			494,400	
						407,000	5,698,000
130,000						1,054,000	
370,000						370,000	
						162,000	
						713,000	
2,000,000			58,400			9,227,066	

(1941年もの).

このうち華中向は、四一年七月一五日の契約[36]では四一年産阿片七〇〇万両を四一年七月―四二年六月に売渡すことが協定されていたが、実際には四一年八月―四二年八月に計六五〇万両が販売された。また協定で一四円とされた単価は、四二年一月―四月は前年末に引きつづき一三円五〇銭に押えられた。一方、華北向は、四一年一一月に四一年一二月―四二年七月を期間として単価一四円で一五〇万両売渡しの契約[37]がなされていたが、一カ月遅れの四二年八月までに単価・数量とも契約通りの売却がなされた。

華中・華北への販売が必ずしも契約通りに実現しえなかったことに関連して興亜院蒙疆連絡部は、四二年八月華北側にたいして「一層密作、密輸ノ取締等ヲ強化シ、蒙疆阿片ノ消化乃至引取ニ極力障害ヲ与ヘザル様配慮セラレ度希望」し、華北・華中双方にたいして「華北、華中ニ於テハ阿片ニ対スル課税複雑多岐ニシテ各地区毎ニ同一ナラズ、然モ非常ニ高額ナルヲ以テ、

第20表 1942年

	上海(華中宏済善堂)			北京(華北土薬業公会)			日　本(厚生省)		
	数量	単価	価格	数量	単価	価格	数量	単価	価格
	両	円銭	円	両	円銭	円	両	円銭	円
1月	400,000	13.50	5,400,000				420,833	12.50	5,260,413
2月	381,000	13.50	5,143,500	250,000	14.00	3,500,000			
3月	528,000	13.50	7,128,000				102,500	12.50	1,281,250
4月	543,000 266,000	13.50 14.00	11,054,500	460,000	14.00	6,440,000	318,333	12.50	3,979,163
5月	807,000	14.00	11,298,000						
6月	486,000	14.00	6,804,000						
7月	407,000	14.00	5,698,000	590,000	14.00	8,260,000			
8月	334,000	14.00	4,676,000						
9月									
10月									
11月	162,000								
12月	713,000								
合計	5,027,000			1,300,000			841,666		

1月–9月は1941年もの．厦門・駐蒙部隊の4月は前者，6月は後者．管内配給は166,300両
「737年度配給関係統計表」，『蒙疆ニ於ケル罌粟阿片』《資料6》から作成．

阿片政策遂行上諸税ヲ統一シテ単一税トシ、然モ可及的低額ヲ以テ実施セラレ度希望」した。(38)

一九四〇年度には同年産の新貨は九月以降出荷され、四一年度には八月以降新貨が出荷されたが、四二年度は前年産の残貨の消化に手間取り、新貨の出荷は遅れた。蒙疆政権は四二年一〇月一八日華中宏済善堂とのあいだに「阿片譲渡契約書」(39)を取りかわし、四二年一一月―四三年六月の期間に阿片二〇〇万両を単価一六円で譲渡することとした。

また蒙疆政権は右の契約と前後して、先の八月二〇日の興亜院会議で決定された七〇〇万両収納予定の供給計画を「其後ノ蒐荷成績不振」により変更し、収納四〇〇万両を基準とする「七三七年度収納阿片販売予定」(40)を作成した。そこでは一九四二年一一月・一二月に、右の華中向五〇万両のほか、南方向五〇万両、香港向二〇万両、管内向一〇万両、計一三〇万両の販売が予定された。しかし実際には、第20表にみるように、四二年産阿片は一一月・一二月に華中にたいして右の契約・予定を上廻る八七万五〇〇〇両が販売されたのみであった。華北向輸出は四一年末の「支那阿片需給計画」で二七〇万両、四二年八

月の「確定計画」で一五〇万両、九月の蒙疆華北間申合せで五〇万両がそれぞれ予定されたが、結局実績ゼロに終った。四二年収納阿片三九〇万余両のうち約三〇〇万両の処分が四三年に持ち越されたのである。

当年度のもっとも重大な問題は、すでに触れてきたように、太平洋戦争の開始にともなって、蒙疆阿片の供給対象を〝大東亜共栄圏〟＝南方にまで拡大することが企図されたことであろう。

まず昭和一七年度支那阿片需給計画打合会議(日付不明、おそらく四一年一〇月一〇日)において興亜院政務部第二課長(真方勲陸軍大佐)から、

(1) 東亜共栄圏内ニ於ケル阿片ノ需給自足体制ノ確立ヲ目標トス。

(2) 蒙疆ヲ阿片生産供給地トシ華北及華中(南支ヲ含ム)ヲ消費地ト大別スルノ方針ノ下ニ阿片政策ヲ遂行ス。

という「要望」が示された(41)。

ついで四二年三月までに、蒙疆側にたいして、「既ニ泰、仏印ノ両国ヨリハ夫々輸出(ママ)ノ申込アリテ之ガ全量供給ハ不可能ナル状態ニ在ルモ、極力之ニ応ズベク善処シツツアリ」とされた(42)。

蒙疆阿片の南方供給について積極的に動いたのは興亜院華中連絡部であった。同部の四二年三月二八日付「大東亜共栄圏各地域ヲ通ズル阿片政策確立ニ関スル件(43)」は、

従来南方各地域ニ於テハ比島ヲ除キ何レモ阿片制度ヲ制定シテ之ヲ吸飲セシメツツ概ネ莫大ナル財政収入ヲ挙ゲ居リタル処、今般大東亜戦ノ勃発ニ伴ヒ……完全ナル阿片欠乏ヲ招来セシメタルモノト認メラルルヲ以テ、之ガ当面ノ補給ニ依リテ宣撫ニ資シ、且ツ将来ノ配給関係ヲ考究スル為、早急ニ大東亜共栄圏ヲ通ズル大阿片政策ヲ確立シ円滑ナル需給計画ヲ樹立シ、以テ戒煙ノ実施ニ努ムベキハ適当ノ措置ト信ゼラルル……

としたうえ、

尚当面ノ補給並ニ将来ノ配給ニ関シテハ差シ当リ支那産特ニ蒙疆産ヲ以テ充ツルノ外途ナシト存ゼラルルモ、之等配給ハ左記ノ理由ニ依リ総テ中支ニ於テ管掌スルコトト致度、

として、蒙疆・北支・中支間の輸出入代金決済の関係、中支・南方間の輸出入の調整、中支における所有阿片の余裕という理由をあげた。

またおそらく興亜院華中連絡部の作成とみられる「南方占領地域ニ於ケル阿片政策暫定要領」[44]は、

占領地ニ於ケル右(阿片)政策ヲ検討スルニ、一応其ノ題目ハ断禁政策ト称スレドモ、寧ロ吸煙者ノ漸増、財政収入確保ヲ計ル為ノ販売方策等ヨリ見ルモ、之ガ趣旨ニ反スルモノ多ク、殊ニ南方占領地ニ於ケル阿片収入ハ各地財政収入ノ主要ナル地位ヲ占ムル点ヨリ見ルモ、右政策ハ単ニオ題目タルニ過ギザルモノナリ。故ニ今後南方占領地域ニ於ケル我ガ方ノ施策トシテハ当分ノ間右政策ヲ踏襲シ、各占領地ニ於ケル財政収入確保ノ為左記阿片制度ヲ実施スルヲ可トス。

として、阿片専売制度の実施を適当とし、原料阿片については満州・蒙疆からの輸入を「最良ノ方策ナリトス」るとともに、「蒙疆ト直接交渉シ原料阿片原価ヲ値下(張家口渡一〇円見当)セシムルト共ニ、張家口ヨリ空路ニテ輸送スルヲ可トス」という「将来ノ対策」をあげた。

右と一連の文書である「南方占領地ニ於ケル阿片制度考」[45]でも、「南方占領地域ニ於ケル原料阿片ノ取得ハ……満州国又ハ蒙疆ノ地ニ於テ増産セシメ之ヲ輸入スル方ガ得策ナリ」とされた。

これらの政策立案と関連すると思われる四二年三月一〇日付の三井物産株式会社商事部商品課「東亜共栄圏内ノ阿片需給状態ト満蒙阿片政策ニ対スル一考察」[46]においても、当該地域の阿片供給不足の「調節方法」として「満蒙両国ニテ増産ヲ計ル事」があげられた。

結局、南方占領地における財政収入を確保するため、専売制度を具体的内容とする「大東亜共栄圏ヲ通ズル大阿片政策」の確立がめざされ、蒙疆は「大東亜共栄圏内各地域ニ対スル阿片供給源泉地」[47]としてその中枢に位置づけられたのである。

しかし南方への蒙疆阿片供給は単に華中側ないし現地側の意向によって要請されたのではなかった。四二年八月興亜院蒙疆連絡部は、

華北並ニ華中ニ於ケル阿片事情ヨリ判断スルニ本年度ニ於ケル華北、華中ノ引取数量ハ相当減額ノ見込ニシテ、之ガ為蒙疆阿片ハ相当量余剰ヲ生ズルモノト予測セラルル次第ナリ。而シテ目下ノ蒙疆財政状態ヨリ長期ニ亘ル余剰阿片ノ手持ハ困難ナルヲ以テ、何等カ他ニ之ガ消費地ヲ見出サザルベカラズ。

事情右ノ如クナルヲ以テ蒙疆ハ余剰阿片ヲ挙ゲテ南方ニ進出シタキモ、之ガ為ニハ従来ノ取引価格非常ニ低廉ナルタメ、見返リ物資ニ依リ価格差ヲ補塡スルカ、或ハ調整料ヲ以テ之ヲ補フ等、特別操作ヲ加ヘザルベカラザル実情ニアリ。

と報告している[48]。一方では罌粟の凶作に直面し、阿片の収買・収納に狂奔しながら、他方では阿片の余剰の始末に腐心し、「挙ゲテ南方ニ進出」することが企図されたのである。

さらに興亜院華中連絡部が南方への阿片配給の「管掌」を意図したのにたいし、華北連絡部は蒙疆連絡部との四二年九月の申合せで、「南方向阿片ハ蒙疆ニ於テ南方軍ト取引ヲ為シ」、決済を華北・蒙疆間でおこなうことを諒解させた[49]。これは華中連絡部を排除して、華北連絡部が割込むことにほかならない。

こうして、華中ないし南方占領地、蒙疆政権、華北そして東京のいずれの側からも、蒙疆阿片は中国占領地をこえて、南方占領地にまであふれ出ることが期待されるに至った。前述のように興亜院は四二年八月二〇日蒙疆阿片収納

高を七〇〇万両とする「確定計画」を定めたが、南方向輸出量として二四万両を割当てるとともに、「将来蒙疆管内阿片収納高増加ノ場合ハ満州国及南方ニ対シ優先的ニ配給スルモノトス」とした。[50] またその後、収納四〇〇万両を基準とする「七三七年度収納阿片販売予定」では、南方五五万両、香港二〇万両の割当てがなされた。[51] しかし第20表でみたように、一九四二年末までには蒙疆から南方への阿片の直接の販売は実現されなかった。

一九四二年度の管内配給は一六万六三〇〇両であった。[52]

成紀七三七年度の清査権運特別会計の決算については資料をえられなかったが、阿片の生産・収納・販売の状況からいって、「当政府資金関係其他に甚大なる影響を及ぼ」[53]されたことは間違いないであろう。なお蒙疆政権は一九四二年度についても阿片生産費に関する調査を実施したが、「惨めなる損失に終」ったと結論されている。[54]

（1）　興亜院「昭和十七年度支那阿片需給計画数量」《資料29》五四七頁。
（2）　経済部煙政塩務課「成紀七三七年度罌粟栽培区域並ニ面積指定打合セ会議案」《資料30》五四九頁。
（3）　前掲・興亜院蒙疆連絡部「現地状況報告並意見開陳」《資料32》五五八頁。
（4）　前掲・蒙古自治邦政府『蒙疆ニ於ケル罌粟阿片』《資料6》三一〇頁。
（5）　同前、三五七頁、前掲・「蒙疆ノ阿片事情ニ関スル報告並意見」《資料33》五六六頁。
（6）　一九四二年度の罌粟栽培の指定区域・面積については『蒙疆ニ於ケル罌粟阿片』《資料6》三一一頁。
（7）　『政府弘報』号外、一九四一年一二月三一日。
（8）　蒙古連合自治政府「成紀七三七年度総予算」、同「成紀七三七年度各特別会計予算」、「成紀七三七年度予算説明」、いずれも沼野資料。
（9）　この当初予算は阿片取扱数量七〇〇万両を予定して編成されたものであった。なお蒙疆政権の一九四二年度予算編成について、渡辺信雄張家口総領事は四二年一月六日発東郷茂徳外相宛機密電報「蒙古政府予算内容ニ関スル件」で、蒙古政府昭和十七年度予算ハ旧臘廿三日政府部内会議ニ於テ漸ク決定セルノミニテ……一般会計ハ……既ニ興亜院本院ノ承認ヲ得タル趣ナルガ、歳入ノ主ナルモノハ内国税、関税、剰余金、阿片専売益金ノ繰入レ等ナルガ、何レモ内外経済界ノ情勢変化ニ依リ収入ヲ左右セラルルモノ多ク、歳入ノ基礎薄弱、見積過大ナルノ感ナキ能ハズ。特ニ内国税ニ於テ然リ。歳出ニアリテハ例年ノ如ク本来軍事費支弁トシテ支給スベキ治安警察予算全額ノ五十%以上ニ上ルガ如キ、此ノ種支出ハ満州国其ノ他ノ例モアルベク、批判ハ差控フルコトトスベキモ、大ナル圧迫ナルハ勿論ナリ。次ニ人件費ハ総額ノ三七%以上ニ達シ、当政府ノ特殊性ニ鑑ミルモ尚且過大ナリ。元来蒙疆トシテハ産業ノ振興ヲ計リ其ノ対外為替資金ノ獲得ヲ計ルヲ急務トスルニ拘ラズ、此ノ種ノ施設ノ予算ニ計上セラルルモノ極メテ少額ナルハ欠陥ト言フベシ。而シテ十七年度予算ハ表面上ヨリ見レバ借入金ヲ計上セズ、歳入歳出均衡ヲ得居リ、健全財政ノ感(ママ)ヲ呈スルモ、右ニハ何等カノ「トリック」アルヤニ疑ハルル節アリテ、政府説明ヲ其ノ儘鵜呑ミニシ難キモ、之ヲ詮明スルハ甚ダ困難ナリ。……

と報告している(外務省記録「満蒙政況関係雑纂 内蒙古関係 五」A6—1—2)。

(10) 『蒙疆ニ於ケル罌粟阿片』《資料6》二九七頁。
(11) 「現地状況報告並意見開陳」《資料32》五五九頁。
(12) 『蒙疆ニ於ケル罌粟阿片』《資料6》三二〇、三五七頁。
(13) 「蒙疆ノ阿片事情ニ関スル報告並意見」《資料33》五六六頁。
(14) 『蒙疆ニ於ケル罌粟阿片』《資料6》三二一頁。
(15) 「蒙疆ノ阿片事情ニ関スル報告並意見」《資料33》五六六頁。
(16) 「昭和十七年度支那阿片需給計画数量」《資料29》五四七頁。
(17) 「蒙疆北支間経済調整会議申合事項」《資料38》五七七頁。
(18) 前掲「最近蒙疆経済特殊事情」《資料31》五五五、五五四頁。
(19) 前掲「満州国ニ於ケル阿片政策」《資料3》一八九頁。
(20) 『蒙疆ニ於ケル罌粟阿片』《資料6》三六五頁。
(21) 同前、三五八頁。
(22) 「阿片蒐荷対策」《資料34》五六九頁。

(23)「阿片蒐荷工作状況」《資料35》五七二頁。
(24)「豊鎮県緻土工作実施要領」《資料36》五七三頁。
(25)施設躍進運動は「蒙疆における組織的計画的興亜運動」として、一九四一年九月第一次、四二年一―三月第二次がおこなわれ、四二年九―一一月の第三次運動では、「特に街鎮郷村の建設を強化し、さらに治安圏の拡大を期するを方針とし、基礎、靖郷、厚生、経済の四工作を四大目標」として進められ、経済工作では「雑穀の集荷の完璧」が目指されていた。前掲『蒙疆年鑑　成紀七三九年(昭和十九年)版』一二七―一二九頁。
(26)『蒙疆ニ於ケル罌粟阿片』《資料6》三六一頁。
(27)同前、三六〇頁。
(28)同前、三六二頁。
(29)「阿片特殊収買方策案」《資料37》五七五頁。
(30)「最近蒙疆経済特殊事情」《資料31》五五五頁。
(31)『蒙疆ニ於ケル罌粟阿片』《資料6》三五八頁。
(32)同前、三六六頁。
(33)「最近蒙疆経済特殊事情」《資料31》五五五頁。
(34)「現地状況報告並意見開陳」《資料32》五六一頁の数字は八四〇〇両少ないが、これは四二年六月の駐蒙部隊への販売が算入されていないためである(第20表参照)。
(35)同前、五六一頁。なお同頁で、七月末現在未輸出分として華中向八三万四〇〇〇両とあるが、実際に八月華中へ向けられたのは、第20表にあるように三三万四〇〇〇両で、その差量五〇万両は八月・九月に満州に向けられた。この結果、満州向は当初契約の一五〇万両から二〇〇万両へ増量された。
(36)前掲「阿片売買契約書」《資料27》五四三頁。
(37)前掲「阿片売渡契約書」《資料28》五四五頁。
(38)「蒙疆ノ阿片事情ニ関スル報告並意見」《資料33》五六七頁。
(39)「阿片譲渡契約書」《資料40》五八〇頁。

(40)「七三七年度収納阿片販売予定」《資料39》五七八頁。
(41)「南方占領地ニ於ケル阿片制度考」《資料43》五九六頁。
(42)「最近蒙疆経済特殊事情」《資料31》五五四頁。このうちタイについては、四一年一二月末同国大蔵省から坪上貞二大使にたいし、「同国専売局ノ生阿片在庫量ハ十箇月分ニ過ギザルニ付、約二箇年分二千箱(一箱一六〇封度二千両)従来イラン産阿片ヲ泰国ガ輸入シ居タルト同値即チ一箱一五三六バーツニテ蒙疆産阿片供給斡旋方」の申出があり、坪上大使は「本省ノ協力ヲ希望シ来」ったが、蒙疆阿片価格との間に約一〇倍の値開きがあるため、タイが値上げするならば「本件商談ハ成立スベシトノ観測ヲ(四二年)一月八日坪上大使ニ報ジ」た。その後「三月三日本省ノ調査ノ結果、満州国ニ於テ貿易局ハ禁煙総局ニ秘密ニテ青幇(チンパン)ヲ使用シ私土ノ買入ヲ行ヒ、右私土ヲ以テ泰国向輸出ニ当テ、尚不足分ハ蒙疆ヨリ譲リ受クル計画ニテ、已ニ之ニ関シ満蒙間ニ協定ヲ為シ、泰国ニ対スル輸出値段ハ一両十五円程度ニテ、五十万円ノ輸出ヲ三井ニ対シ申シ入レタル旨判明セリ」という(外務省条約局『昭和十七年度執務報告』(極秘)一九四二年、二一一―二一二頁)。
(43)興亜院華中連絡部次長「大東亜共栄圏各地域ヲ通ズル阿片政策確立ニ関スル件」《資料41》五八二頁。
(44)「南方占領地域ニ於ケル阿片政策暫定要領」《資料42》
(45)「南方占領地ニ於ケル阿片制度考」《資料43》
(46)三井物産株式会社商事部商品課「東亜共栄圏内ノ阿片需給状態ト満蒙阿片政策ニ対スル一考察」《資料44》六〇六頁。
(47)『蒙疆ニ於ケル罌粟阿片』《資料6》二九七頁。
(48)「蒙疆ノ阿片事情ニ関スル報告並意見」《資料33》五六七頁。
(49)「蒙疆北支間経済調整会議申合事項」《資料38》五七八頁。
(50)「昭和十七年度支那阿片需給計画数量」《資料29》五四七頁。
(51)「七三七年度収納阿片販売予定」《資料39》五七八頁。
(52)『蒙疆ニ於ケル罌粟阿片』《資料6》三八六頁。
(53)同前、三六六頁。
(54)同前、三四二頁。

第六節　破綻へ——一九四三年以降の状況

蒙古自治邦政府『蒙疆ニ於ケル罌粟阿片』は成紀七三八年(一九四三年)四月付の緒言で、

今次大東亜戦争ノ勃発ト同時ニ外国阿片ノ輸入全ク杜絶シタルニ伴ヒテ適地適作主義ニ則リ、或ハ従来之ガ栽培ノ経験ヲ有スルヲ以テ、当地区ハ大東亜共栄圏内各地域ニ対スル阿片供給源泉地トシテ阿片生産ノ重大責務ヲ負荷セシメラレタリ。更ニ加ヘテ当政権ノ財源ハ極メテ乏シケレバ財政収入ヲ計ランガ為、現下諸情勢ニハ逆行スルカノ如キ観アルモ、茲ニ罌粟ヲ栽培シ阿片ヲ以テ財政経済ノ根幹トスベキ政策ヲ採用シアレバ、目下罌粟ノ栽培ヲ厳禁シテ絶対的断禁ハナシ得ザル現況ニアリ。

現在ニ於ケル罌粟栽培面積ハ成紀七三八年度ニ於テ一〇〇万畝ニシテ収買予想一、〇〇〇万両ナルガ、述上ノ阿片ヲ蒐荷シ得ルモ、尚共栄圏内阿片需要ヲ完全ニ充足シ得ルニ至ラズ。茲ニ於テ更ニ一層多量ノ阿片ヲ把握セント欲スルガ、之ガ方策トシテハ唯一ニ単位面積当増収及ビ蒐貨機構ノ整備強化ニ俟ツモノアリ。

と述べている(1)。蒙疆政権下の阿片生産が一九四三年以降も積極的に推進されたことは明らかである。

しかし、前述したように、本書の資料の根幹をなす蒙疆政権の内部文書は、その所持者であった沼野英不二が一九四二年一〇月二七日付で同政権経済部次長の職を辞したため、同年末以降のものは残されておらず、一九四三年以降の状況は断片的にしか確認しえない。

一九四二年一一月頃に作成されたと思われる「成紀七三八年度阿片蒐荷方策案」は、当年度の阿片集荷の目標を最低七〇〇万両とし、そのための諸方策を列挙している。[2] 注目されるのは、「七三七年度実施ノ政府買上制ヲ廃止シ組合払下制トス」として、[3] 一九四一年度以前の旧制度が復活されたことである。前年度の政府買上制の不評と失敗を物語るものといえよう。また政府購入価格は八円、払下価格は一一円で、政府益金は一両当り三円が計上された。前述のように四一年度は収納価格八円、払下価格一〇円五〇銭、政府益金二円五〇銭であった。

ついで四二年一一月二五日の日付のある「大陸連絡会議ニ基ク阿片蒐荷緊急対策案」は、四三年度の阿片集荷目標を最低一〇〇〇万両、栽培面積を九五万畝とするとともに、「生産地ノ保護育成」、「栽培地ノ徹底管理」、「栽培者ノ誘掖指導」、「収買機構ノ改善活用」、「取締機構ノ拡充強化」などの諸方策を定めている。[4]

『蒙疆ニ於ケル罌粟阿片』の緒言からいっても、四三年度の集荷目標は結局一〇〇〇万両とされ、そのために九五万―一〇〇万畝の罌粟栽培面積が指定されたものとみられる。なお同書によると、土業組合については前年度の不振に鑑み、「新規蒔直の為指定期間中なれど一大決意のもとに全組合を解散せしめたり。本七三八年度に於ては組合内部の改造、収買人の新指定、収買機構方式の一部改正等大改革をなし、蒙疆阿片に課せられたる重要使命を達成すべく準備中なり」と述べられており、[5] 相当の改革が実施された模様である。また管内の配給人については四三年一月一日に二七四名が新指定された。[6]

蒙疆政権は四二年一二月一六日付で成紀七三八年度予算の概要を公布した。[7] 一般会計は歳入・歳出とも八二八四万一一二一円とされ、清査権運特別会計は歳入一億〇〇三万六〇〇〇円、歳出七八三五万三八九六円が計上され、歳入超過は二一六八万余円に達する。一般会計滾入は前年度とおなじ二〇〇〇万円であった。[8]

しかし四三年度の阿片生産にはなんらかの相当重大な事故が発生した模様である。四三年九月二七・二八日開催された大東亜省[9]の昭和一八年度阿片需給計画打合会議は「昭和十八年度蒙疆産阿片配分計画」を、

管内収納量　五〇〇万両
イ、華北向　九〇万両
ロ、華中・華南向　一九五万両
ハ、香港向　一五万両
ニ、日本向　六五万両
ホ、関東州向　一五万両
ヘ、満州国向　一〇万両
ト、南方向　一一〇万両

と決定した[10]。当初の一〇〇〇万両の集荷目標はここでは五〇〇万両に半減している。この計画の実施状況については資料をえられなかった。

　一九四四年については、四三年一二月二一日付で概要が公表された成紀七三九年度予算の数字があるのみである。一般会計は歳入・歳出とも一億四六三一万六七八五円、清査権運特別会計は歳入一億八二九二万六〇〇〇円、歳出一億三七一三万四〇七五円、

第21表　卸売物価指数(1938年8月=100)

	張家口(A)	張家口(B)	天津	新京	東京
1938年12月	100.0	100.0	95.6	94.3	101.3
1939年 6月	118.8	118.8	125.1	110.3	107.0
12月	148.2	148.2	174.3	119.6	124.7
1940年 6月	187.5	187.5	260.7	143.5	122.4
12月	219.8	219.8	245.5	150.0	124.1
1941年 6月	246.2	246.2	258.3	148.3	131.5
12月	328.5	328.9	311.2	156.4	137.8
1942年 1月	346.4	339.2	325.8	158.1	139.5
2月	354.6	352.3	339.0	158.0	130.8
3月	358.7	358.8	344.6	157.6	140.1
4月	378.6	377.4	349.2	157.6	140.7
5月	385.9	384.7	352.0	157.7	140.7
6月		393.3			
7月		443.6			
8月		448.8			
9月		443.6			
10月		433.2			
11月		432.5			
12月		422.6			

張家口(A)・天津・新京・東京は『蒙銀経済月報』第42号(1942年6月)30頁，張家口(B)は『蒙疆年鑑　成紀739年(昭和19年)版』238頁による.

歳入超過四五七九万余円が計上され、「真に肇建以来の大予算である」、「専売益金の増収により財政の基礎は一段と堅実味が加へられてゐる」と評された。[11] 第21表にみるように、蒙疆政権下では物価騰貴がいちじるしく、インフレーションは四三年以降もさらに進行したと考えられるので、単純な比較はできないが、右の予算規模からみて、四四年度は前年度を一段と上廻る阿片生産が少なくとも当初は企図されたものとみられる。

この間の華北の状況について、東京裁判に提出された「麻薬商人郭餘三ノ署名陳述書」は、

私ハ千九百四十四年五月ヨリ千九百四十五年一月マデ北平ノ信義阿片窟(土膏店)ノ支配人デアリマシタ。私ノ知ツテヰル所デハ、日本ノ占領中、北京ニハ約二百四十七ノ阿片窟、二万三千人ノ登録乃許(ママ)済阿片吸飲者、八万ノ非登録吸飲者、時折阿片ヲ吸飲ニ来ル者十万ガヰタ。

蘆溝橋事件以前ハ阿片ハ公然ト売ラレテヰナカツタ。

然ルニ日本軍占領数箇月ナラズシテ、所謂地方維持(ママ)会ノ期間中、日本軍ハ(ママ)阿片ノ販売ガ公認サレタ。

阿片窟ノ営業ヲ始メントスル者ハ、初メハ煙酒統税局カラ、後ニハ禁煙局カラ許可ヲ得ルコトヲ求メラレタ。当禁煙局ハ日本方ノ設置スル蒙疆土業組合ヨリ供給ヲ受ケテヰタ。……

日本軍ノ占領以前ニハ北京ノ阿片吸飲者ハ割合ニ少ク、自分ノ家デ吸飲スル丈ダツタ。占領後吸飲者ノ数ハ占領前ノ十倍以上ニナツタニ違ヒナイ。

日本人顧問ノ支配下ニ在ル禁煙局ハ少シモ阿片ヲ禁止ショウトハセズ、阿片ノ公認販売ヲ許シタ。

蒙疆土薬組合ノ中ニハ中国人モ参加シテヰタガ、日本人ガ万事実権ヲ握ツテヰタ。

と述べている。[12]

北京市政府「占領期ノ状況」――その一部はすでに序章で引用した――も、右陳述書と同じ数字をあげ、

其ノ阿片来源ハ均シク日本人ノ奨励ニ依ル耕煙地区ノ蒙疆政府ノ設立ノ蒙疆組合ノ販売ニ依ル。モヒ・ヘロインノ製造運搬、販売ノ多クハ日鮮浪人ノ専ラ中国人吸用ニ供スルモノニ依ル。

カクシテ吸煙ニ依リ貧窮ニナレル者愈々多ク、毒気ハ蔓延シテ全市ヲ覆ヒツツアリ。

と指摘している。(13)

しかし一九四三年末以降、華中では注目すべき事態が展開していた。東京裁判には、検察側書証として、中国南京高等法院から「シエン・ヨー・アン(盛有盦)ヲ訊問シタ其ノ記録ト、傀儡南京政府内政部長梅思平ニヨリ用意セラレタル「阿片禁止ノ事業ニ関スル(ママ)」ト云フ陳述書トノ確認セラレマシタル写シ」が、「阿片吸煙禁止処理経過事情」と題して提出された。その大部分は法廷で朗読されたが(14)、重要な内容を含んでおり、省略された箇所もあるので、全文を本書に掲載した(15)。ここでは、この書証を簡潔に要約した検察側最終論告を引用する(16)。

麻薬取引を日本が事実上支配したことの最もよい証拠は、日本が実際に又正直にその取引の禁圧に同意した時にはその取引が禁圧せられたと云ふ事実であります。

汪〔兆銘〕が全経費を賄ふに足る十分な歳入を得た後、一九四三年一二月に南京其の他の都市で学生が反阿片示威運動を行ひ、阿片商及阿片窟を破壊しました(17)。日本は相談のため南京へ顧問を派遣し、汪政府が阿片は蒙古政府の主要財源であることを考慮すると云ふ条件で、汪政府が中国の戦前の阿片禁圧措置に復するのを援助する約束をしたのであります。日本側当局は以下のことに同意しました。即ち、一九四四年四月から蒙古での罌粟の作付け栽培は先ず量を減らし次に禁止すること、蒙古からの輸入は半減すること、戦前の規則を遵守すること及び日本は中国が密貿易を禁止するのを援助すること。此の結果一九四四年一二月迄には上海と南京の全ての麻薬製造場は姿を消し、毎月平均の〔蒙疆から上海への〕移入量は六十パーセント以上も減少し、密貿易の増加は喰止められ、病院が建設せられ、阿片瘾者は登録せられ、全ての阿片窟は閉鎖されてしまつて居たのであります。日中戦争下に野放図に進められてきたかにみえる日本の阿片政策は、実は、この野蛮で反人道的な「毒化」政策にたいする中国国民の怒りを鬱積させており、ついに一九四三年末、日本軍占領下の華中諸都会における激烈な反阿片デモンストレーションという、日中戦争史でも恐らく空前の反撃に直面したのである。そしてその結果、「日本が実際に又正直にその取引の禁圧に同意した」とすれば、それは日本の阿片政策、とりわけ阿片の増産を使命とし自己の再生条件としてきた蒙疆政権の阿片政策の破綻の表現以外の何物でもなかったであろう。

その破綻にもかかわらず、蒙疆政権はその末期の際にいたるまで阿片の獲得に執着しつづけたようである。その政権関係者の一人――一九四四年一〇月托古托(トクト)県警務官首席指導者に赴任――の回想するところによると、「この時期になると、建国精神など棚上げで、唯日本の戦力増強に寄与するのが至上命令だった。……県職員は、警備隊、警察隊に守られて、命がけで、阿片、穀物の集荷に尽力した」といい、日本の敗戦の際には、「県には収納した数百キログラムの阿片と蒙銀券五百万円余り残った。これをトラックに積んで県城を脱出し」、途中でトラックと蒙銀券は焼却したが、「阿片はその後も二頭曳きの馬車に積んで運んだ」という。(18)

(1) 前掲・蒙古自治邦政府『蒙疆ニ於ケル罌粟阿片』《資料6》二九八頁。
(2) 「成紀七三八年度阿片蒐荷方策案」《資料45》六一三頁。
(3) 同前、六一五頁。
(4) 「大陸連絡会議ニ基ク阿片蒐荷緊急対策案」《資料46》六二〇頁。
(5) 『蒙疆ニ於ケル罌粟阿片』《資料6》三六六頁。
(6) 同前、三七五頁。
(7) 『政府公報』一九四二年一二月一六日。

（8）　前掲『蒙疆年鑑　成紀七三九年（昭和一九年）版』二〇六頁。
（9）　一九四二年一一月一日大東亜省設置により、興亜院は廃止された。
（10）　外務省条約局『昭和十八年度執務報告』（極秘）一九四三年、一一四―一一五頁。
（11）　『蒙古』一九四四年三月号、八三頁。
（12）　前掲『裁判速記録〈一〉』七九八頁。
（13）　同前、七九九頁。
（14）　同前、八一五―八一六頁。
（15）　「阿片吸煙禁止処理経過事情」《資料48》六二七頁。
（16）　『裁判速記録〈八〉』六九一頁。
（17）　この事実は前掲・里見甫宣誓口述書《資料47》六二五頁でも述べられている。
（18）　戸塚金作「日本軍と運命を共にした蒙古政府」前掲『思出の内蒙古』二四〇―二四二頁。

結び

日中戦争下に日本の傀儡政権として樹立された蒙疆政権は、一九三九年以降、興亜院の「支那阿片需給計画」をになう最も重要な一環となり、中国全占領地さらには太平洋戦争下の南方占領地をも対象とする「阿片供給源泉地」として、阿片の生産と販売を推進してきた。阿片は国際条約および中国の国内法に規定された禁制品であるが、日本は国策としてこれらの条約・法規を蹂躙した。日本が蒙疆を供給源泉地として展開した阿片政策＝中国「毒化」政策は、日本国家による最も大規模で組織的・系統的な戦争犯罪であり非人道的行為であった。本書に収めた諸資料はその動かしがたい証拠である。

蒙疆政権による阿片収納の推移は第22表のように概括される。蒙疆政権は、一九三九年から四一年にかけて阿片収納を大幅に増加させ、四〇・四一両年度には当初の収納予想量を上廻る収納に成功した。しかし四二年には前年のわずか三五％、予想量の三六％という不成績におわった。阿片の生産はいちじるしく不安定であった。

蒙疆政権による阿片販売の推移は第23表・第24表のように概括される。収納阿片のうち管内で販売＝消費されたのはごく一部であった。一九三九―四二年の合計でみれば、管内は三・六％にとどまり、九六・四％が管外に配給＝輸出された。その輸出額は輸出総額のなかばを占め、蒙疆経済をささえる貿易の大宗であった。最大の輸出先は上海であり、全体の五五・四％を占め、三九―四二年の四年間に一〇九八万両（三九五・二八トン）に達した。これに次いだのは華北各地で、二四・三％を占め、四八二万五〇〇〇両（一七三・七トン）が輸出された。しかし売行きは必ずしも順調で

第22表　阿片収納の推移(単位両)

	収納予想量(当初)	収納実績			合計
		張家口署	大同署	厚和署	
1939年度	7,500,000	265,281	170,432	451,306	887,019
1940年度	5,285,000	2,116,523	998,978	3,602,411	6,717,912
1941年度	7,550,000	4,377,976	2,369,400	4,398,490	11,242,953
1942年度	10,908,000	1,119,200	1,299,800	1,488,669	3,986,594

合計欄には特殊収納分を含む.

第23表　阿片販売の推移(単位両)

	北京	天津	唐山	済南	上海	満州・関東州	日本	その他	輸出計	管内	合計
1939年度	300,000	100,000	100,000	100,000	100,000			27,000	727,000	141,429	868,429
1940年度	1,205,000	520,000			2,005,000	80,000		10,000	3,820,000	252,300	4,072,300
1941年度	1,200,000				3,848,000	300,000			5,348,000	144,100	5,492,100
1942年度	1,300,000				5,027,000	2,000,000	841,666	58,400	9,227,066	166,300	9,393,366
合計	4,005,000	620,000	100,000	100,000	10,980,000	2,380,000	841,666	95,400	19,122,066	704,129	19,826,195
同比率(%)	20.2	3.1	0.5	0.5	55.4	12.0	4.2	0.5	96.4	3.6	100.0

第24表　貿易額・阿片輸出額の推移

	輸出総額	阿片輸出額	同比率	輸入総額
	千円	千円	%	千円
1938年	108,392	43,821	40.43	67,533
1939年	97,056	26,866	27.68	133,879
1940年	123,647	64,345	52.04	148,033
1941年	183,770	77,598	42.23	168,834

蒙疆銀行調査課『成紀736年度蒙疆貿易年報』から作成.

第25表　清査権運特別会計の推移(単位円)

	歳　入	歳　出	撥入一般会計	過剰額	一般会計歳入	うち清査権運特別会計濱入
1939年度	8,293,540	8,295,880	2,700,000	410,640	25,289,551	3,000,000
1940年度	66,477,199	73,851,657	7,600,000	8,022,344	48,940,997	5,100,000
1941年度	55,313,028	103,768,069	10,600,000	21,363,080	48,367,414	8,500,000
1942年度	86,232,340	67,803,915		18,428,425	71,113,164	20,000,000
1943年度	100,036,000	78,353,896		21,682,104	82,841,121	20,000,000
1944年度	182,926,000	137,134,075		45,791,925	146,316,785	

清査権運特別会計の1939–1941年度は決算，1942–1944年度は当初予算，一般会計はすべて当初予算．空欄は未詳．

はなく、毎年相当量が翌年に持越された。

清査権運特別会計の推移は第25表のように概括される。その規模は一九四〇年度以降は一般会計をも凌駕し、毎年、巨額の撥入一般会計と莫大な過剰額＝利益金をうみだした。

本書の諸資料によって、蒙疆政権の阿片政策は、従来とは隔絶した精度で、解明することが可能となった。しかし解明しえない点も少なくない。以下がその主なものであろう。

第一は、一九四三年以降の状況である。とくに一九四三年末の反阿片闘争を契機とする日本の政策転換が蒙疆政権の阿片政策にどのように影響したかはきわめて興味深い問題であるが、それを示す資料は与えられていない。

第二は、罌粟栽培と阿片の収買・収納の現場の状況である。資料の中心である沼野資料は経済部次長という蒙疆政権の高官の手許にあった文書であり、それにふさわしいトップ・レベルのものである半面、政策が実施された最前線における文書類を含んでいない。したがって、各清査署・土業組合・栽培農民のレベルの状況は明瞭ではない。

第三は、蒙疆阿片の輸出先の状況である。蒙疆阿片の消費地である華北・華中あるいは南方占領地の状況をも把握することで、はじめて日本の阿片政策の全容を解明しうることはいうまでもないし、蒙疆の全体における位置づけも正確になしうる。(1)

第四は、阿片収益の運用・処理の状況である。清査権運特別会計の撥入一般会計や過剰額の推移は第25表のように判明するものの、これらの数字がどれだけ正確であるかは必ずしも保証の限りではないし、実際の使途と一致するとも限らない。(2) 阿片収益がどのように処分されたか――これは最も厚い秘密のベールに包まれた部分である。

これらの諸点の解明については、今後の新資料の発掘・公開と研究にまちたい。

（1）　本書執筆中、『続・現代史資料』みすず書房、の一巻として、「阿片問題」が準備されていることを知った。予告によると、中国での日本政府機関・軍が指導した阿片栽培・密輸入・密売に関する興亜院・大使館・臨時政府文書が含まれるという。阿片政策の全容解明のうえで大いに期待される。

（2）　蒙疆政権の予算に外務省側が疑惑を抱いたことは前述したが(一五七頁)、一九四四年五月蒙疆政権の審計局審査第一科長に赴任した大沢実は、

審計局の仕事は蒙古政府の会計を監査することにあったのであるが、その内容を見て驚いた。……政府の支出として表面に出ているものは、人件費と会議費(会食費)と工作費くらいなもので、投資的費用がほとんどなく、その財源は、酒、煙草等の間接税と清査(阿片)特別会計からの繰り入れを主としたもので、直接税はなかったと思う。とにかく書類に出て来るところは整然としており、工作費は機密費とされていたから、たれに渡されたかを確認するにとどまり、投資的費用がないとなると、検査はきわめて皮相的なものとならざるをえない。一応の検査をしても、何か心に充たないものがあって、あまり愉快でなかった。

と回想している(「蒙古政府審計局の思い出」前掲『思出の内蒙古』三九四頁)。

第二部　資料／阿片関係文書

資料目次

25 成紀七三六年度阿片収納事業概況並実績調〔抄〕(経済部煙政塩務科)
26 成紀七三六年度煙政事業概況〔抄〕(経済部煙政塩務科)
27 阿片売買契約書
28 阿片売買契約書
29 昭和十七年度支那阿片需給計画数量(興亜院)
30 成紀七三七年度罌粟栽培区域並ニ面積指定打合セ会議案〔抄〕(経済部煙政塩務科)
31 最近蒙疆経済特殊事情　最高顧問上京原稿〔抄〕
32 現地状況報告並意見開陳
33 蒙疆ノ阿片事情ニ関スル報告並意見〔抄〕(興亜院蒙疆連絡部)
34 阿片蒐荷対策
35 阿片蒐荷工作状況
36 豊鎮県繳土工作実施要領
37 阿片特殊収買方策案
38 蒙疆北支間経済調整会議申合事項〔抄〕(興亜院蒙疆連絡部・華北連絡部)
39 七三七年度収納阿片販売予定
40 阿片譲渡契約書
41 大東亜共栄圏各地域ヲ通ズル阿片政策確立ニ関スル件(興亜院華中連絡部次長)
42 南方占領地域ニ於ケル阿片政策暫定要領
43 南方占領地ニ於ケル阿片制度考
44 東亜共栄圏内ノ阿片需給状態ト満蒙阿片政策ニ対スル一考察〔抄〕(三井物産株式会社商事部商品課)
45 成紀七三八年度阿片蒐荷方策案
46 大陸連絡会議ニ基ク阿片蒐荷緊急対策案
47 里見甫宣誓口述書
48 阿片吸煙禁止処理経過事情
49 蒙疆土業組合収納区画地区

【資料1】

禁煙法

民国一八年七月二五日修正公布

第一章　総　論

第一条　本法ニ煙ト称スルハ阿片及其代用品ヲ指ス

前項代用品ハモルヒネ、コカイン、ヘロイン及其同種類ノ毒性物又ハ化合物ヲ指ス

第二条　本法施行期間中ハ煙禁違反者ニ関スル科刑ハ本法ノ規定ニ依リ本法ニ規定ナキモノハ刑法ノ規定ニ依ルヘシ

第二章　禁　煙　機　関

第三条　禁煙機関及其職務左ノ如シ

一、全国禁煙会議　一切ノ禁煙事宜ノ建議及審議ヲ為ス

二、行政院禁煙委員会　全国禁煙事宜ヲ督理ス

三、省政府又ハ其他省立ノ禁煙機関　全省禁煙事宜ヲ督理ス

四、特別市政府市政府県政府　各該市県ノ禁煙事務ヲ執行ス

五、水陸公安機関　所管区域ノ禁煙事務ヲ執行ス

六、地方自治団体　県市政府ヲ協助シ各該地方ノ禁煙事務ヲ執行ス

第四条　禁煙機関ハ随時煙ノ栽種、製造、運輸、販売、所持又ハ吸用及一切ノ専ラ製煙吸煙ニ供スル器具ヲ査禁スヘシ査禁ノ方法ハ本法施行規則中之ヲ定ム

第五条　禁煙機関ノ役員ニ対スル奨励懲罰ハ禁煙考績条例ノ規定スル所ニ依ル

前項禁煙考績条例ハ行政院ニ於テ之ヲ定ム

第三章　科　刑

第六条　阿片又ハ其代用品ヲ製造シ若クハ販売シ或ハ販売スル目的ヲ以テ所持又ハ運輸スルモノハ一年以上五年以下ノ有期徒刑ニ処ス五千円以下ノ罰金ヲ併科スルコトヲ得

第七条　専ラ阿片ノ吸食ニ供スル器具ヲ製造又ハ販売シ或ハ販売スル目的ヲ以テ所持又ハ運輸スルモノハ三年以下ノ有期徒刑ニ処ス五百元以下ノ罰金ヲ併科スルコトヲ得

第八条　阿片又ハ其代用品製造ノ用ニ供スル目的ヲ以テ罌粟又ハ阿片ノ代用品ノ種子ヲ植ウルモノハ五年以下ノ有期徒刑ニ処ス三千元以下ノ罰金ヲ併科スルコトヲ得

第九条　阿片又ハ其代用品製造ノ用ニ供スル目的ヲ以テ罌粟又ハ阿片代用品ノ種子ヲ販売又ハ運輸スルモノハ三年以下ノ有期徒刑ニ処ス一千元以下ノ罰金ヲ併科スルコトヲ得

第十条　営利ヲ目的トシモルヒネヲ注射シ又ハ家屋ヲ人ノ阿片或ハ其代用品ノ吸用ニ供シタルモノハ一年以上五年以下ノ有期徒刑ニ処ス一千元以下ノ罰金ヲ併科スルコトヲ得

第十一条　阿片ヲ吸食シモルヒネヲ注射シ又ハ阿片ノ代用品ヲ使用シタルモノハ一年以下ノ有期徒刑ニ処ス一千元以下ノ罰金ヲ併科スルコトヲ得

中毒症状アルモノニ対シテハ期限ヲ定メ禁絶セシムヘシ

第十二条　第六条乃至第十一条ノ未遂罪ハ之ヲ罰ス

第十三条　本法各罪ヲ犯ス用ニ供スル目的ヲ以テ阿片又ハ其代用品若クハ専ラ阿片吸食ニ使用スル器具ヲ所持スルモノハ五百元以下ノ罰金ニ処ス

第十四条　凡ソ査獲シタル阿片及其代用品又ハ専ラ阿片ノ製造或ハ吸食ニ使用スル器具ハ犯人ニ属スルト否トヲ問ハス悉ク之ヲ

没収焼棄ス

第十五条　公務員本法第六条乃至第十三条ノ罪ヲ犯シタルトキハ各本条ニ依リ倍加シテ処刑ス

第十六条　公務員他人ノ本法第六条乃至第十一条ノ罪ヲ犯スヲ庇護シタルトキハ二年以上十年以下ノ有期徒刑ニ処ス五千元以下ノ罰金ヲ併科スルコトヲ得其賄賂ヲ要求シ又ハ之カ収受ヲ約束シ若クハ収受シタル場合ニハ無期徒刑ニ処ス

第十七条　公務員権力ヲ利用シ他人ヲ脅迫シテ本法第八条ノ罪ヲ犯サシメタルトキハ死刑ニ処ス

第十八条　禁煙ノ責任ヲ有スル公務員賄賂ヲ要求シ又ハ之カ収受ヲ約束シ若クハ収受シテ他人ノ本法第六条乃至第十一条ノ罪ヲ犯スコトヲ許容シタルトキハ第六条ノ最モ重キ刑ニ依リ処断ス

第四章　附　則

第十九条　医薬用科学用ノ阿片及其代用品ニ関シテハ国民政府ニ於テ機関ヲ指定シテ之ヲ処理セシム

第二十条　公務員阿片及其代用品ヲ吸用スル嫌疑アルトキハ公務員調験規則ニ依リ之ヲ調験ス

前項調験規則ハ行政院ニ於テ之ヲ定ム

第二十一条　本法施行規則ハ行政院ニ於テ之ヲ定ム

第二十二条　本法ハ公布ノ日ヨリ施行ス

修正禁煙法条文(民国二二年三月一六日修正)

第十一条　阿片ヲ吸食シモルヒネヲ注射シ又ハ阿片ノ代用品ヲ使用シタルモノハ六個月以下ノ有期徒刑拘役或ハ三百元以下ノ罰金ニ処ス

中毒症状アルモノニ対シテハ期限ヲ定メ禁絶セシムヘシ

*立法院編訳処編『中華民国法規彙編〈三〉』中華書局、民国二二年、九五三—九五五頁。訳文は外務省条約局第二課『支那国治外法権撤廃問題調査資料〈一三〉国民政府法務関係並ニ其他法規』一九三〇年、四〇—四三頁による。

【資料2】

参考資料

厚生省衛生局
昭和十六年九月

目次

第一　事変勃発前ノ阿片ノ需給状況

内地ニ於ケル燐酸コデイン、医薬用阿片、塩酸エチルモルヒネ、塩酸モルヒネ、塩酸ヂアセチルモルヒネ及阿片アルカロイド塩酸塩等ノ原料トシテハ、従来内地産阿片ヲ以テ之ニ充ツル外、不足分ニ付テハ台湾産粗製モルヒネ及トルコ産阿片ヲ夫々輸移入シテ補給シ居タリ。

第二　事変勃発来ノ阿片需要ノ増加

内地ニ於テハ今次事変ノ勃発以来阿片ヲ原料トスル医薬品ハ軍民需ヲ通ジ著シク増加ヲ来シ、従テ原料阿片ノ需要モ逐年増加スルニ至レリ。

(参照別表(一))

台湾総督府及関東局ニ於テハ専ラ煙膏製造原料トシテ外国産阿片（主トシテイラン産）ヲ輸入シ居タルガ、為替管理ノ実施ニ伴ヒ輸入不可能トナリ、昭和十四年度以降ハ概ネ朝鮮産阿片ヲ以テ之ニ充当シツヽアルモ、両地共全ク阿片ノ生産ナク需要ハ依然トシテ減少セザル状態ニアリ。

満州国ニ於テハ康徳四年阿片吸飲断禁政策ヲ樹立シ、康徳五年以降十ケ年間ニ之ガ断絶ヲ図ルコトトシ、之ガ施設ヲ講ズルト共ニ専売制度ヲ採用シ、一方漸次罌粟栽培反別ヲ減少スルノ方法ヲ実施シツヽアリ。

従来必要ナル阿片ハ満州国産及朝鮮産ノ外ニ外国産（イラン国）阿片ヲ輸入シテ充当シツヽアリシガ、昭和十四年度以降ハ外国産阿片ノ輸入不可能トナリ、加フルニ満州国産阿片ノ北支及蒙疆方面ヘノ密輸多ク、同国ニ於ケル需給ハ極メテ窮屈ナル事情ニアリ。

第三　事変勃発以来ノ阿片ノ供給状況

事変勃発当時既ニ内地産阿片ノミニテハ内地ニ於ケル製薬原料トシテ不足ノ状態ニアリ、毎年外国産（トルコ）阿片及台湾総督府保管ノ粗製モルヒネノ輸移入ニ依リ之ガ補充ヲ行ヒツヽアリタルガ、台湾総督府保管ノ粗製モルヒネハ在庫漸ク減少シ、又外国為替管理ノ実施ニ因リ外国産阿片ノ輸入不可能トナリ、加之内地産阿片ハ諸物価高ニ因ル対抗作物ノ値上リ、賠償金率ノ低廉、労力ノ不足、肥料配給ノ不円滑等、時局下種々ノ影響ヲ蒙リ、罌粟栽培反別ノ逓減ハ逐年其ノ生産量ヲ低下シツヽアリ。其ノ対策トシテ賠償金ノ引上ゲ、優良品種ノ普及、栽培技術ノ指導向上等ニ力ヲ致シ、ソノ影響ノ軽減ニ努ムルト共ニ、増反ニ因ル増産ニ付計画シツヽ、アルモ直ニ実現不可能ノ事情アルヲ以テ、昭和十四年以来原料ノ不足ニ付テハ満州国ニ於テ煙膏製造ノ際傍製セル粗製モルヒネノ輸入ニ依リ辛ジテ需給ノ調整ヲ図リ来リタリ。

（参照別表(二)及(三)）

朝鮮ニ於テハ各地ノ要求ニ依リ昭和十五年度ヨリ罌粟栽培反別ヲ約一二、〇〇〇町歩ニ増反シ、一三八、〇〇〇瓩ノ生産確保ヲ目標ニ計画ヲ樹立シ、之ヲ以テ台湾総督府及関東局ノ需要量ト満州国ノ要求量ヲ供給シ、満州国ニ於テ煙膏製造ノ際傍製セル粗製モルヒネヲ内地ニ譲受ケ製薬原料ノ不足ヲ補フコトヽナリ居タルガ、昭和十五年度朝鮮産阿片ハ天候其ノ他ノ影響ニ因リ、其ノ生産量頗ル少ク、当初ノ見込四〇、〇〇〇瓩(予定量ノ三分ノ一以下)ノ配分ト併セテ各地ニ於ケル需給ノ調整ヲ図ルタメ、昨年十月三十一日厚生省ニ於テ内外地関係官庁各代表者及満州国政府ヨリモ代表者ノ会同ヲ得テ協議会ヲ開催シタルガ、其後更ニ三二、〇〇〇瓩ニ減少セル情報アリタルニ付、本年二月四日更ニ各関係官庁間ニ協議ヲ進メ、差当リ各地ニ対スル二月ヨリ六月迄ノ配分量ヲ決定シ、漸ク其ノ間ノ各地需要量ヲ充タスコト、ナリタルモ、昭和十六年度産品ヲ事実上原料トシテ使用シ得ルハ九月末頃トナルノミナラズ、今後ニ於ケル供給ノ確保ヲ期スルタメ、予メ入手確保スルノ方途ヲ講ズルノ必要ヲ生ジタルヲ以テ、本年四月企画院其他関係官庁ト交渉ノ上、トルコ産阿片四二〇箱(約三三、六〇〇瓩)ヲ三井物産株式会社ノ手ニ依リ輸入スルコトニ手続ヲ完了シ、イスタンブールヨリ陸路イラク国バスラニ至ル輸送ニ付手配中ノ処、英軍シリア侵入ノ為不可能トナリ、更ニ第二段的ニ手配中ナリシシベリア鉄道ニ依ル方法モ、独ソ開戦ノ為不可能トナリタリ。其ノ後アフガニスタンヨリ購入ノ見込アリタルモ、之モ亦イラン戦禍ニ入レル為絶望トナリ、結局本年度不足分四、二四八瓩(純莫量)ニ付テハ全ク入手ノ見込樹タルザルノ実情ニ在リ。

第四　可能ナル阿片獲得ノ方策

(1)　支那ニ於ケル煙膏製造方法ノ一部ヲ変更シ、粗製モルヒネヲ傍製シ、之ヲ内地ノ製薬原料トシテ譲受クルコト。

(2)　従来通リ満州国ヨリ粗製モルヒネトシテ譲受クルコト。

但シ右ハ本年度朝鮮産阿片ノ満州国ニ対シ譲渡シ得ル数量ノ如何ニヨリ決定セラルヽコトヽナルヲ以テ、現在ニ於テハ譲受数量及譲受可能ノ時期ニ付テハ見込樹タズ。

(3)　蒙疆産阿片ヲ輸入スルコト。

但シ右ハ輸入シ得ル数量及価格共ニ内地ノ要求ト懸隔スルコト甚ダシキタメ之ガ実現ニハ頗ル困難ヲ伴フモノト思料セラル。

別表㈠　事変勃発以来内地ニ於ケル阿片需要量調

年度別	需要量（瓩）	備考
昭和十二年度	三、四五三・三〇〇	数量ハ純モルヒネ量ヲ示ス
十三年度	三、四五三・三〇〇	
十四年度	四、三三八・三〇〇	燐酸コデイン及阿片アルカロイド塩酸塩（従来主トシテ外国製品ヲ輸入シ居タルモ今後輸入ヲ認メザルコト、シ）ノ増産ニ因ル
十五年度	四、七六一・〇〇〇	燐酸コデイン及医薬用阿片ノ軍需増加ニ因ル
十六年度	（見込）五、五三〇・〇〇〇	〃
十七年度	（見込）五、七〇〇・〇〇〇	塩酸エチルモルヒネ医薬用阿片及阿片アルカロイド塩酸塩ノ軍需増加ニ因ル

別表㈡　事変勃発以後内地ニ於ケル阿片生産数量及罌粟栽培反別表

年別	生産数量（瓩）	栽培反別（町 反畝 歩）
昭和十一年	一七、二九七・九一〇 （二、五九九・八七五）	一、六八六・三八・〇四
十二年	二一、二一三・六二三 （三、一二四・七六六）	二、〇三六・六〇・一〇
十三年	一六、四五五・五六六 （二、一一七・八三一）	一、五七二・三二・一六
十四年	二七、二〇三・四一一 （三、〇四六・〇六六）	一、四八一・〇九・〇九

十五年	二四、四三五・九七六 (二、七五二・〇〇二)	一、三一〇・九五・二九
十六年	(見込) 一九、四〇七・六九二 (二、三四四・四四九)	(見込) 一、二三一・三八・〇〇

備考 括弧内ハ純モルヒネノ含量ヲ示ス

別表(三) 昭和十四年度以降満州国ヨリ譲受ケタル粗製モルヒネ数量調

年度別	譲受数量(瓩)	備考
昭和十四年度	五七七	数量ハ純モルヒネ量ヲ示ス
十五年度	一、九〇三	
計	二、四八〇	

別表(四) 昭和十六年度以降原料阿片受払見込表(純モルヒネ)

年度別	項目	受(瓩)	払(瓩)	残(瓩)	備考
昭和十六年度	年度始在庫	一、九三二			
	生産見込	二、一〇〇			
	昭和十六年度購入費計上額	三、〇三〇			
	受計	七、〇六二			
昭和十六年度	払計		五、五三〇	一、五三二	四、三四八瓩内一〇〇瓩ハ購入ズミ、従テ今後手配ヲ要スル数量ハ四、二四八瓩ナリ
	昭和十七年(四—九月)必要分		二、八五〇		
	再計		八、三八〇	(不足) 一、三一八	
	昭和十六年度中入手ノ要アルモノ	一、三一八			

昭和十七年度				
受再計	八、三七〇		二、八五〇	（年度末在庫見込）
年度始在庫	二、八五〇			
生産見込	三、五〇〇			
受計	六、五三〇			
払計		五、七〇〇	六五〇	
昭和十八年（四―九月）必要分		二、八五〇		
払再計		八、五五〇	（不足）二、二〇〇	
昭和十七年度中入手ノ要アルモノ	二、二〇〇			
受再計	八、五五〇		二、八五〇	（年度末在庫見込）

＊タイプ印刷。本文五頁。一頁一五行二九字。別表四頁。沼野資料。

【資料3】満州国ニ於ケル阿片政策

満州国ニ於ケル過去数箇年来堅持シ来リシ阿片政策ハ、一言ニシテ云ヘバ所謂阿片十箇年断禁政策ニシテ、之ガ完遂ヲ期スル為、該国ニ於テハ康徳五年（昭和十三年）以降阿片癮者ノ完全把握ヲ目標トスル癮者登録制度ノ実施、癮者ノ管理統制ヲ目途トスル管煙所（癮者ヘノ阿片配給機関）ノ市県旗ノ公営、癮者矯治ノ為ノ康生院ノ設置、癮者ヲ漸減セシムル為メノ配給制限、並ニ之ニ伴フ生産制限即チ罌粟栽培面積ノ縮減、生産阿片ノ完全集貨ヲ企図スル収買機関トシテノ農事合作社ノ起用、一元的取締リ実施ノタメノ専売関係取締官ノ警務機関ヘノ移管等、諸対策ヲ同時ニ実施シタリ。

現今ノ世界ノ如何ナル国ト雖モ事阿片政策ニ関スル限リ人道上将亦民生上断禁政策ヲ採ルハ言ヲ俟タザル所ニシテ、要ハ其ノ実施方法如何ニ在リ。即チ国家内外ノ情勢ニ応ジ手段方法ニハ自ラ緩急軽重ノ差生ズ可キヲ以テ、之ヲ勘案夫々方策ヲシテ時宜ヲ得セシメザレバ、阿片政策ノ円滑ナル遂行ハ望ミ得ベキニ非ズ。此ノ点ニ於テ前記諸方策ノ同時実施ハ些カ欠クル処アリト思料ス。

今此等諸方策ノ箇々ニ付キ現在迄ノ成果ヲ見ルニ、

㈠ 癮者登録制度

康徳五年七月末ヲ以テ打切リタル登録癮者数約六〇万人ヲ基準トシテ、断禁制策(ママ)ニ基ク癮者漸減方策ニ依リ年々癮者ヲ減少セシメ、康徳八年ニハ四八万五千人ニ縮減予定ノ所、同年末現在ニ於ケル推定癮者数ハ逆ニ六五万人ヲ算スルニ至レリ。即チ阿片吸食ハ過去三百年ノ久シキニ亘ル民族的ナ陋習ニシテ、其ノ嗜好ハ深ク民族生活ト社会組織ノ中枢ニ滲透シ、一朝一夕ニ簡抜シ難ク、之ガ粛清ハ口ニ易ク行フニ難キ事業ニシテ、台湾ニ於ケル四十余年ノ久シキニ亘ル期間ヲ以テシテモ今日尚数千人ノ癮者ノ存スル実情ニ合セ徴シ、短期断禁ノ実施ガ如何ニ困難ナルカヲ如実ニ表現シ居ルモノト云フベシ。

(二) 管煙所ノ公営

癮者ノ管理統制ヲ実施スルタメ、一部地方ヲ除キ従来ノ阿片配給機関タリシ小売人ヲ廃止シ、管煙所ヲ設置シ公営トシタルハ頗ル適切ナル処置ナリシモ、其ノ後康徳七年ニ至リ断禁ヲ強行スル為官営トシタルタメ、予算其ノ他ニ拘束サレ其ノ配置ガ癮者管理上適当ナラザリシト、折角ノ癮者吸収機関ガ配給原料阿片ノ不足ノタメ癮者ヲ常時手元ニ引キ付ケ置ク能ハズ、癮者ハ其ノ管理下ヨリ徐々ニ離脱シ私土吸食ニ流ルル趨勢タリ。然而従来ノ実績ニ鑑ミ、本年度ニ於テハ不合理ニ私土ニ転化スルガ如キコトナキヲ期スルタメ、再ビ市県旗ノ公営ヲ実施スルコトトナレリ。

(三) 康生院ノ設置

癮者矯治ノタメ康生院ノ設置ハ民衆ノ保健衛生上重要ナル役割ヲ演ズルモノニシテ、且癮者ハ医療的ニ根治シ得ベキモ、要ハ癮者ノ精神力如何ニアリ。現在迄ノ実績ニ徴スルニ、折角入院一応ノ矯治ヲ受ケ乍ラ退院スルヤ亦元ノ癮ニ戻ルモノ多数ナル趣ニテ、国民ノ自覚ニ俟ツヨリ外ナキ現況ナリ。

(四) 配給ノ制限

癮者ニ対スル阿片配給量ノ適当ナル制限ハ、間接的ニ癮ヲ軽カラシメ、癮者ノ漸減ヲ期シ得ルモノナルモ、現在迄ノ満州国ニ於ケル配給ノ制限ハ、集貨数量ノ不足ニ依リ極度ニ量ヲ切下ゲ居ルヲ以テ、所期ノ目的ヲ達成スル能ハザルノミナラズ、反ツテ私煙吸食ノ悪弊ニ陥ラシムル虞レアル状況ナリ。

(五) 生産制限(罌粟栽培面積ノ縮減)

配給ノ制限並ニ煙地取締ノ関係上、及生産阿片ノ私土化防止等ノ見地ヨリ生産制限ヲ断行シ、従来栽培シ来レル三江省、浜江省地帯ノ栽培ヲ禁止シ、専ラ熱河省興安西省ニ限リ栽培セシメ居ルモ、取締力ノ不整備、配給量ノ激減ニ伴フ私土需要ノ増大、隣接北支ノ需要増並ニ価格高等ニ依リ、密作、密売買、密輸出行ハレ、集貨成績不振ニシテ、生産制限ノ意義喪失ノ現況ニ在リ。

(六) 収買機関ノ運用

従来ハ一部直接収納ヲ除キ、阿片取扱ノ経験アリ資産信用アル収買人ヲ指定、之ニ相当程度ノ自由裁量ヲ与ヘ、栽培者ヨリ専念阿片ヲ収買セシメ之ヲ政府ニ納入セシメタル結果、好成績ヲ収メタリシガ、康徳五年ヨリ収買人ヲ排除シ、行政力ノ滲透ヲ見込ミ、農事合作社ヲシテ手数料制ニ依リ集貨ニ当ラシメタリ。此ノ結果ハ集貨事務ノ不馴、規定手数量制ノミニ依ル阿片集貨事業運営ノウマ味ノ欠除等ニ加フルニ、補償価格ノ安キニ失シタルニ依リ収買成績不振ヲ極メタリ。依而農事合作社ヨリ阿片ノミヲ単独ニ切離シ、合作社同様農民ノ代表ヲ組織体トスル自治的性格ヲ有スル阿片納入組合ヲ県旗毎ニ結成セシメ、補償価格ヲ稍引上ゲ収買ニ当ラシメタルモ、実質的ニハ農民層ヨリ遊離セルモノナルヲ以テ依然トシテ成績面白カラズ、嘗テハ熱河省ノミニテ六百万両ヲ遙カニ凌駕スル好成績ヲ挙ゲ得タルヲ、昨年度ノ如キハ全満ニテ僅カニ四百万両ニ達セルノミナリ。

(七)　取締官ノ警務機関ヘノ移管

従来阿片ノ密作、密売買、不正業者ノ取締リニハ専務取締官ヲ置キ之ニ当ラシメタルモ、康徳五年八月ヨリ一元的取締ノ実施ノタメ、一部ヲ専売官署ニ存置シタル外、他ハ之ヲ警務機関ニ移管シタルガ、警務関係ニ於テハ時局ノ急迫ニ伴ヒ社会層(ママ)ノ急激ナル変化ニ依リ重要案件山積シ、阿片取締ハ閑却セラルルニ至リ、取締ニ依ル制度普及徹底ノ側面的援助力弱メラレタリ。

等々ニシテ、此等ヲ綜合観察スルニ、満州国ニ於ケル阿片十箇年断禁政策ハ理想論トシテ亦形式論トシテハ誠ニ結構ナルモノノ如キモ、道義国家トシテ一応ハ標榜セザルヲ得ザル阿片断禁ノ意義ニノミ拘泥シ居リテ、現実ニ則セザル点多々アルヲ認メラル。然シテ本年度ハ過去数箇年ニ亘ル失敗ニ鑑ミ、劃期的ニ其ノ施策ニ改善ヲ加ヘ、最近左ノ如キ生産並ニ収納要綱ヲ発表セリ。

第一、方　針

生産阿片ノ収納実績ニ鑑ミ其ノ方法ヲ改善シ、以テ生産阿片ノ私土化ヲ防遏セントス。

第二、要　領

(一)　栽　培

1　康徳九年度罌粟栽培面積ハ熱河省三〇万畝、興安西省六万畝ヲ目標トシテ指定シ、両省ノ責任下ニ於テ四〇〇万両ヲ集貨スルモノトス(一両五十瓦)。

2 郷、村、甲、等ニ対シ最低栽培面積ヲ割当ス。

㈡ 収納

1 興安西省ニ於ケル収納機構ハ現行通トス。

2 熱河省ノ集貨機構ハ現行納入組合ノ一部ヲ改組スルモノトス。納入組合ニハ収買ニ要スル予算ヲ予メ交付シ置キ事業ノ運営ニ当ラシムルモ、本年ハ収買不振ニ鑑ミ特別奨励金トシテ納入阿片一両(五十瓦)ニ付〇・三〇ヲ栽培県旗ニ交付シ、尚集貨四〇〇万両ヲ超過スル数量ニ対シ一両ニ付一・〇〇ノ集貨奨励金ヲ納入組合ニ支出、可及的多量集貨ノ促進ヲ期ス。

3 収納補償価格ヲ増額ス。

特等	一両(五十瓦)	一〇・〇〇円	九〇点
一等		八・〇〇	八〇点
二等		五・〇〇	六〇—八〇点
等外品		〇・五〇	四〇—六〇点

以下無償

註 特等ハ昨年度ニ比シ六割六分ノ増額ナリ。

4 収納成績ノ向上ヲ期スル為、収納補償金ノ一部ヲバーター制ニ依リ生活必需品ヲ以テ決済スルコトヲ得。

㈢ 取締

1 康徳五年以降ハ一部阿片取締官ヲ専売官署ニ存置セル外、挙ゲテ一元的取締統制ノタメ警務機関ニ移管シタルガ、一般警務関係案件ニ忙殺サレ、阿片取締ニ迄協力ヲ期待スルハ困難ナル状態ニアルヲ以テ、禁煙機構自体内ニ阿片専務取締官三百六十名ヲ増置、取締ノ充実ヲ期ス。

2 私土ヲ押収シタルトキハ収納補償金ニ相当スル奨励金ヲ個人賞金ノ外ニ押収団体ニ交付ス。

註 特等品質ノ阿片ヲ押収セル場合ハ両当一八円(個人賞金八円)ヲ交付スルモノニシテ、押収査獲ニ主力ヲ注グコトトセリ。

以上本年度ニ於テハ新生産阿片ノ把握ニ懸命ノ努力ヲ払ヒツヽアリ、之ガ成果如何ニ付キテハ軽々シク批判ヲ加ヘ得ザルモ更ニ検討ヲ加フレバ尚欠陥アルヲ免レズ。例ヘバ本年度栽培面積ハ三六万畝ヲ指定セルモ、実質的ニハ多作ヲ奨励シアルヲ以テ、実耕面積五〇万畝ヲ下ラザルモノト思料サル。政府ハ断禁政策ヲ標榜シツツアルヲ以テ年々生産制限即栽培面積ノ縮減ヲ表面ニ出ス必要ニ迫ラレ、且ツ一方過去ノ集貨実績不振ニ鑑ミ作意的(ママ)ニ最少限度ノモノヲ公表セルモノト思料サル。然シ何レニシテモ癮者六五万人ニ配給ヲ要スルモノ少クトモ一人当リ一年二五両ト看做セバ、一千五百二十五万両ヲ要スベク、本年度実耕面積ノ全生産量ヲ挙ゲテ集貨配給ニ充ツルモ充分ナラザルモノアリ。而モ納入組合ノ一部改組ニ依リ収買機構ノ完全ナル整備強化ヲ期シ得ラルルヤ否ヤハ頗ル疑問ニシテ、満州国ハ建国草創当時阿片漸減政策ヲ取リ始メテヨリ此処ニ十年、其ノ間諸政革リテ見ル可キモノアリト雖モ、阿片収買機構ハ当初ノ収買人制ヨリ農事合作社制ヘ、納入組合制ヘ移行セルモ、蒐荷不振ニ鑑ミ一部以前ノ収買人制ヲ採用スベシトノ論擡頭セルモ、諸政管理統制時代ニ独リ阿片蒐荷ニ対シテノミ従来ヘノ逆行ハ之ヲ採用シ兼ヌル状況ニ在リ。之等ヲ思ヒ、国内需給ノ不均衡、隣接北支ヘノ密輸出ヲ思フトキ、生産阿片ノ把握ハ収納補償価格ノ大幅ノ引上ニモ不拘容易ナラザルモノアルヲ推察サルルモノニシテ、阿片政策上最モ慎重ヲ要スベキ収買機構ニ対スル急激ナル改廃ハ極力避ク可キモノナルヲ、満州ノ実体ハ深ク我々ニ示シ居ルモノト云フベシ。

満州国ノ阿片政策ニ関聯シテ我蒙疆ニ於ケル阿片政策ヲ思フトキ、蒙疆ハ満州ニ於ケル過去ノ失敗ニ鑑ミ少クトモ前者ノ轍ヲ踏マザル如ク、急激ナル阿片政策ノ改廃等ハ極力避ケ、漸進的ニ改善ヲ加ヘツヽアリ。

＊「清査総署・権運総署」用箋にペン書。本文一八頁。沼野資料。

【資料4】

蒙疆阿片事情概説

蒙古連合自治政府経済部煙政塩務科

一、制度実施前ノ阿片事情

1、沿革―事変前ニ於ケル蒙疆阿片事情ニ就テハ確実ナル史料ナキモ、従来ノ調査其他資料ヲ綜合スルニ大要次ノ如キ沿革ヲ経タルモノナリ。

抑々阿片ノ吸食、栽培ハ康熙年間ニ淵源ヲ発シ其ノ後年ヲ経ルニ従ヒ漸次中央政府ノ禁令ヲ憚リツツモ蔓延シ、光緒年間ニ於テハ山間僻地ニ到ル迄罌粟ノ栽培ヲ見ルニ至レリ。当時清朝ニ在リテハ屢々禁煙令ヲ発シ罌粟ノ栽培、阿片ノ吸食ヲ禁止セントシタルモ威令行ハレズ、其ノ弊風ハ益々弥蔓スル所トナリ、遂ニ政府モ阿片断禁ノ不可能ナルヲ悟リ、阿片管理ニ対シ税制度ヲ実施スルコトトナレリ。民国十八年禁煙法ノ公布ニ依リ厳重禁圧ノ結果栽培ハ幾分減ジ、殊ニ宋哲元冀下ノ察哈爾省ノ如キハ殆ンド其ノ形ヲ潜メタルモ、綏遠地方軍閥特ニ傅作義同省主席トナルヤ公然栽培ヲ許可シ、栽培税其他ノ課税ニ依ル軍費調達ニ専念セリ。

其后民国二十四年山西省政府主席閻錫山ハ従来ノ禁毒品委員会及禁煙考査処ヲ廃合シ、山西省禁煙督弁公所ヲ設立シ積極的禁煙政策ヲ標榜セルモ、内実ハ財政収入ノ確保ヲ企図シタルモノナルハ容易ニ窺知シ得ラルル所ナリ。

斯クノ如クシテ罌粟ノ栽培ハ各地ニ公然ト行ハレ、阿片行政モ亦過半ノ事変勃発ニ至ル迄地方軍閥ニ依リ専行セラレタリ。

蒙疆政府成立スルヤ暫クハ急激ナル変革ニ依ル阿片行政ノ混乱ヲ慮リ旧来ノ方策ヲ踏襲シ来レルモ、成紀七三四年七月ニ至リ東亜経済圏ニ於ケル蒙疆阿片ノ重要性並阿片政策確立ノ必要ヲ痛感シ、清査制度ヲ実施セリ。

2、旧政府時代ニ於ケル煙政機構

監督官署	執行官署	管轄区域	政策ノ概要
冀察清査総署(北京)	察哈爾清査署(張家口)	察南 察盟	税制度(通過税 営業税)管内ノ栽培ハ禁止
山西省禁煙督弁公所(太原)	大同稽査処	晋北	専売制度
	綏遠稽査処	綏遠	税制度、栽培ハ許可制
	綏遠禁煙弁事処	綏遠	栽培税徴収

3、生産、搬出概況

事変前ノ蒙疆管内ニ於ケル阿片ノ生産量並管外搬出量ニ関シテハ拠ルベキ記録ナキモ、従来ノ業者ノ取引高及管内消費量等ヲ勘案セバ左ノ如ク推定サル。

京津向搬出高	約	七〇〇万両
太原向搬出高	約	二〇〇万両
管内消費量	約	四〇〇万両
生産総量	約	一、三〇〇万両

尚事変后成紀七三三年度ニ於ケル京津向搬出量ハ左ノ通リナリ。

蒙古連盟自治政府管内	五六〇万両
晋北　〃	六〇万両
察南　〃	二五〇万両
計	八七〇万両

4、事変后三自治政府ノ踏襲シタル阿片税種類

「察南自治政府」

銷燬証（管内売買消費）、入境捐（陸路入境）、出境捐（落貨后再輸出）、過境捐（鉄路通過）、土照捐（土商営業税）、膏商捐（膏商営業税）、護路費（官運費）

「晋北自治政府」

印花捐（管内売買消費）、入境捐、出境捐、通過捐、土照捐、膏商捐

「蒙古連盟自治政府」

印花捐、出境捐、検験費、附加教育款、附加賑款、営業附加款（煙館）、錫捐（〃）、燈捐（〃）、甲照捐（土商営業税）、護路費

二、清査制度創設当時ニ於ケル制度概要

蒙彊ニ於ケル阿片制度ハ支那事変勃発以来寧夏、甘粛等ノ西北地方及四川、雲南、貴州等ノ西南地方重要生産地トノ交通杜絶ニヨリ、占拠地域ニ於ケル阿片需給関係ハ甚シク不均衡ニ陥リテ諸種ノ弊害ヲ惹起シ、加之ニ外国阿片ノ輸入ニヨリ為替資金ノ円ブロック外流出ヲ招致シ、従来ノ税制度ノ儘放任センカ新政府ノ健全ナル財政経済及阿片政策ノ確立上大ナル障害トナル可キヲ以テ、蒙彊、北支、中南支ヲ通ズル阿片ノ自給策確立ヲ根本方針トシテ増産計画ヲ樹立スルト共ニ、彊内ニ在リテハ断禁ヲ目標トスル漸減政策ヲ採リ、阿片ノ生産、配給ノ両部門ニ渉リ完全ナル統制管理ヲ実施シ、以テ所期ノ使命ヲ達成センガ為、一昨年（一九三九年）七月一日ヲ期シ清査制度ノ創設ヲ見、官代表収納機関トシテ蒙彊土薬公司ヲ設立セルモノナリ。

三、現行制度概要

清査制度ノ成立ヲ見シ一昨年度ハ従来ノ管外搬出実績ヨリ推シ当初七〇〇万両獲得ヲ目標トシタル収納計画ヲ樹テ、清査官署関係機関並土薬公司一丸トナリ繳土工作ヲ強行実施シタルニモ不拘、集貨実績ハ九〇万両ニモ達セザル状態ニシテ、之ガ不振ノ原因ヲ探究スルニ、未曾有ノ天災ニ依ル市価ノ高騰並不正業者ノ暗躍、制度創始時ニ於ケル機構ノ未整備、一般民衆ニ対スル制度主旨不徹底等諸種ノ原因ヲ挙ゲ得ルト雖モ、其ノ主因トスル処ハ、従来投機性濃厚ナル営業ニ依リ高利潤ヲ常トシタル土商群ヲシテ公

定収納価格ニヨル収貨手数料制ニ統制シタル為、積極的蒐貨活動ヲ阻害シタルト、京津市価対当地収納価格ニ甚ダシキ価格差ヲ生ジタル点ニ有リトノ結論ニ到達シタルヲ以テ、昨年度ハ之等ノ障害ヲ除去シテ集貨ノ完璧ヲ期スル為、昨年三月末日ヲ以テ土薬公司ヲ解散セシムルト共ニ、新ニ京津土商ヲ包含シタル阿片収納人ヲ指定シ、各生産地ニ収納人組合(土業組合)ヲ結成、之ガ連絡機関トシテ張家口ニ蒙疆土業総組合ヲ設立セシメ、収納人ニハ収買阿片ノ管外販売ヲ認ムル(官ノ払下ゲニ依ル)一方、収買価格ヲ京津市場ニ順応スル可変式収買価格制ヲ採リ密買、密輸ノ防遏ニ資スル傍ラ、収納人ヲシテ充分ナル集貨能力ヲ発揮シ得ル如ク収納機構方式ノ改革ヲ断行セリ。

右機構ハ前年ノ制度ニ比シ表面上逆行ノ観無キニシモ非ザルモ、当政府管内ニ於ケル治安、行政ノ現況、並ニ旧来ノ慣習ヨリ推シテ急激ナル変革ノ不可能ナルハ従来ノ経験、実績ニ徴シ明カナルヲ以テ、逐次治安並一般行政力ノ滲透速度ニ併行シ清査制度ノ理想トスル阿片ノ完全統制ニ漸進移行セムトスルモノナリ。

而シテ述上組合ヲシテ収買ニ着手セシメシ処、之ガ効果大イニ挙リ、昨年当初ノ予想量タル五〇〇万両ハ殆ンド完全集貨ノ成績ヲ修メ、制度本来ノ使命達成上多大ノ貢献ヲ斉(ママ)セリ。

然ルニ昨年度収納人ノ指定期間ハ一ケ年ニシテ昨年末ヲ以テ終了セリ。而シテ本年度収納機構考究ニ当リ昨年度ノ好成績ナリシコト、及本年度モ四囲ノ情勢ヨリ未ダ急激ナル改革ハ時期早キヲ以テ、昨年度ノ方式ヲ踏襲スルコトニ決定、只組合ノ基礎ヲ確立シ事業ノ円滑ナル運営ヲ期スル為、収納人ノ指定期間ヲ三ケ年トシ、昨年度収納人ハ多キニ過ギ収納人ノ活動モ云々サレタルヲ以テ、昨年度員数ノ2/3程度ニ止メ、四月一日ヲ期シ新収納人ノ指定ヲ為シ、新組合ノ結成ヲ見タリ。

尚本年度ハ収買期間ヲ五月一日ヨリ十一月末日迄トシ昨年度残貨ノ収納ニモ便ナラシメタリ。然ルニ集貨ヲ開始セントスルヤ、政府ノ全面的機構改革ニ依リ、六月一日ヲ以テ清査総署ハ経済部ニ包含サレ、新ニ煙政煙務科トシテ阿片行政並ニ監督ノ任ニ当ルコトトナレリ。然リト雖モ各現地清査官署ハ現存シ、従来ノ機構ト何等異ルコトナク、只監督官署ノ変更ニ外ナラザルモノナルヲ以テ、前総署ノ実施事項ハ其ノ儘引継ガレタルニ依リ、現在収買ハ従前通リ継続中ナリ。

四、阿片ノ性質ト用途（罌粟）

1、性状……罌粟ハ罌粟科ニ属スル二年生ノ草木ニシテ、其ノ高サ三、四尺、茎葉ハ灰白緑色ヲ呈シ、葉ハ卵形ニシテ不規則ノ縁刻有リ。

六月ノ候、長キ花梗ヲ抽出シテ白色亦ハ紅紫色ノ四弁ヨリナル美麗ナル花ヲ着生ス。果実ハ楕円形ノ蒴果ニシテ頂部ニハ蒂状部有リ。種類ニヨリテ頂部開口セルモノト然ラザルモノトアリ。蒴ノ表面ニハ通常十数条ノ縦溝アリ。試ニ之ヲ横断スレバ、子房ト外皮トノ中間ノ部分ニハ柔細胞ノ果肉組織中ヲ無数ノ脈管ノ網状ニ走レルアリテ、蒴ノ未熟ノ時ニアリテハ之ヨリ乳状ノ液ヲ分泌シ、熟度進ムトキハ再ビ分泌ヲ停止ス。此分泌液ハ種類ニヨリ白色亦ハ桃色ヲ帯ビ、空気ニ触レルトキハ其粘着性ヲ加ヘテ固形状トナル。之ヲ採取シテ固化セルモノヲ即生阿片ト云フ。子房ハ七乃至十五ノ室ニ分レ各室多数ノ種子ヲ蔵ス。

種子ハ極メテ小ニシテ腎臓形ヲ呈シ其色ニハ種類ニ依ッテ白、青、肉色紫等有リ。

2、成分及用途……阿片中ニハ種々ノ物質ヲ含有スルモ、其ノ最モ主ナルモノハモルフィン、ナルコテイン、コデイン等ナリ。

モルヒネノ含量ハ七乃至八％ヨリ多キハ二〇％ニ昇（ママ）リ栽培法ノ進歩ト共ニ漸次含量増進スル傾向アリ。モルヒネハ麻酔用トシテ医療上欠クベカラザル薬剤ニシテ、又鎮痛、鎮痙、止瀉等ノ目的ニ用ヒラレル。

其他罌粟ノ副産物用途トシテハ、其ノ種子ハ毒物ヲ含有セザルヲ以テ、之ヲ搾取シ塗料及石鹼製造用ニ使用セラレ、又サラダ油トシテ食料ニ供スルコトヲ得、幼植物モ亦毒物ヲ含ムコトナキニヨリ陳菜トシテ用ヒラレ、又阿片採取后ノ茎葉ハ多量ノ窒素ヲ含ムヲ以テ緑肥トシテ偉効アリ、又蒴殻ハ之ヲ細砕シテ発汗、解熱剤トシテ用ヒラル。

尚生阿片ハ煙膏トナシ阿片癮者ノ吸食用ニ供セラルルハ衆知ノ所ナリ。

3、比重……各国阿片ノ比重ニ就キテハ不明ナレド、蒙疆、涼州産阿片ニ就キ当清査工廠デ試験セシ結果次ノ如シ。

検体	大同一等品	涼州一等品	涼州二等品	涼州三等品
試験成績（ウエストフアール比重測定法）	一・三一九	一・三〇	一・二八九	一・三一〇

ニシテ等級ニヨリ大差無シ。

依ツテ生阿片ノ比重ハ「一・三」程度ニテ品質ニヨリ大差無シ。

五、阿片ノ生産並ニ其ノ方法

1、適地……罌粟ハ元来亜熱帯ノ原産ナルモ、現今栽培セラルル範囲ハ極メテ広ク、英領印度ヨリ北満州、蒙古ニ至ル迄栽培ニ適ス。最モ適当ナル気候的条件ヲ挙グレバ、苗ノ幼若ナル頃ハ稍低温ニシテ乾燥シ、中頃ニ至レバ稍雨多クシテ気温稍高ク、成熟スルニ従ツテ再ビ乾燥シテ気温更ニ高キヲ可トス。殊ニ割漿期ニ於テ降雨アル時ハ、採取ニ不便ナルノミナラズ、液汁ノ濃度ヲ稀薄トナス。

土質ハ粘着壌土ヨリ砂質壌土ニ至ル迄之ガ栽培スルコトヲ得ルモ就中砂質壌土ヲ以テ最適トス。重粘土ニ於テハ阿片ノ数量ハ大ナルモ、旱天ニ際シ立枯病ニ罹リ易キ不利アリ。土壌ノ過湿ハ病害ヲ醸スノ因トナルノミナラズ、阿片ノ品質ヲ不良ナラシムルヲ以テ、常ニ排水ヲ良好ナラシムルヲ要ス。

2、生産地……波斯、土耳古、印度、支那、満州、蒙疆、日本(朝鮮)

蒙疆ニ於ケル主ナル生産地ハ巴盟ヲ第一ニ察盟、察南、晋北ノ順ナレド、中デモ厚和、薩拉斉、托克托、豊鎮、陽高、天鎮、懐仁、張北、崇礼、万安ノ各市県ハ主生産地ナリ。

3、罌粟ノ種類

罌粟ハ種類多キモ、我蒙疆産ノモノハ大体白花種ニ属シ、品質多ク、ソノ主ナルモノハ次ノ如シ。

白花大頭種、紫花大頭種、紅花大頭種、四平頭種、大八叉種、大白花種、小白花種、油葫蘆種、二大頭種等ニシテ土質、気候ニヨリ長短有リ。

4、栽培法

蒙疆ノ農村ハ未ダ文化程度低ク農家自己流ノ栽培法ニシテ、土地ニヨリ区々ナレドモ、三、四月頃種子ヲ播キ六、七月頃ニハ開花、間モナク採取ヲ終了ス。

罌粟カラ阿片ヲ採取スルニハ普通落花ヨリ四、五日ヲ経テ青果ノ薄皮ニ小刀デ(割漿刀)截口ヲツケ、其処ニ滲出スル液汁ヲ

「ヘラ」又ハ指頭デ採取シ之ヲ乾燥スル。

割漿回数ハ一箇ニ付平均七、八回乃至十五、六回ナリ。

乳液ヲ洗面器或ハ錆ヲ生ゼザル亜鉛板上(若クハ板上)ニ入レ陽光ニ晒シ適宜ニ乾燥ス。之ノ際適度ニ攪拌スル事ガ必要ナリ。

乳液ハ天日ニ晒サレルト固形化スル。之ヲ生阿片ト呼ブ。尚罌粟ノ肥料トシテハ、一般的調査ニハアラネドモ、土民ハ水以外ニ土糞ヲ一、〇〇〇斤程度与ヘ(一畝当リ)、其ノ他人糞ヲ与フル所モアリ、幼稚ナル施肥ヲヤツテキル。

5、モルヒネノ含量……区々ナレドモ大体七、八%ヨリ十二、三%程度ニテ、余リ良質(十五%ヨリ二〇%程度ノモノ)ノモノハ当蒙疆ニ於テハ生産少シ。

6、年産額……昨年度実績ニ徴シ挙グレバ、昨年度ノ指定畝数九六二、〇〇〇畝、実耕畝数約六五〇、〇〇〇畝、一畝当リ約二〇両生産、総生産量一三、〇〇〇、〇〇〇両、内官収納五〇〇万両ナリ。然レドモ之ガ総生産量ハ推定ニシテ、煙地勘査等ハ治安、其他ノ関係ニテ到底目的ヲ果シ得ズ、確乎タル産出量ノ算定ハ不可能ナリ。本年度ニ於テモ大約昨年同様ノ生産量アルモノト推定スルモ(気候其他大体良好ナル為)、官収納数量ハ昨年度ニ比シ好成績ヲ挙グルモノト思料ス。

六、阿片ノ消費状況

蒙疆ニ於ケル阿片ノ消費ハ、後述スル処ノ特殊性ヨリシテ、管内ニ於テハ漸減的断禁政策ノ下ニ官配給阿片ハ極僅少ニ止メ、管外配給ニ重キヲ置ケリ。即(昨年度実績)

蒙疆地区年生産量	約一、三〇〇万両(推定)
内　官収納阿片	五〇〇万両
密輸出量	二〇〇万両
種烟者手持 翌年繰越分	二〇〇万両
蒙疆地区全消費量	四〇〇万両(人口五〇〇万癮者率三%一人当リ一ケ年消費量二十五両―三十両)

官収納阿片中管内用官配給数量ハ二五万両ニシテ、残量ハ全部管外搬出用阿片ナリ。

昨年度ニ於テハ十二月末迄ニ三八二万両ノ搬出ヲ見シモ、残リハ他特殊収納阿片ト共ニ翌年ニ繰越サレタリ(二八〇万両)。

(昨年度官取扱阿片ハ収納人ノ収納量五〇〇万両、一昨年残貨一〇〇万両、特殊収納量七〇万両ナリ)
◎販出先……主ニ華北、華中向ニシテ、昨年度ニ於テハ

上海戒煙総局	二、〇〇五、〇〇〇両
北京土薬商会弁事処	一、二〇〇、〇〇〇両
天津土薬商会議所	五二〇、〇〇〇両
北京禁煙総局	五、〇〇〇両
関東専売局	八〇、〇〇〇両
広東(楊廣郷)	一〇、〇〇〇両
計	三、八二〇、〇〇〇両

本年度ニ於テハ昨年度興亜院会議ニテ決定ヲ見タル華北三五〇万両、華中三〇〇万両ノ搬出計画有レドモ、収納数量ノ多寡並ニ諸種情勢ノ変化ニヨリ変更アルコトアルベシ。

七、阿片ノ売買法

1、収買……事変前ニ於テハ阿片収買ハ土商ノ手ニ依リ自己ノ収買セントスル地点ニ店舗ヲ開キ或ハ出張員ヲ派遣シ、官能鑑定ニヨリ収買シオリシガ、民国二十八年七月清査制度シカルルヤ、蒙疆土薬公司設立サレ官ノ公定価格ニヨリ収買セシモ、翌二十九年三月同公司ハ解散セラレ、新ニ阿片収納入ガ指定サレ、価格、収買地区ヲ限定サレ収買ニ従事シ、農民ノ持参スル阿片ヲ官能鑑定ニヨリ鑑定シ当該等級ヲ定メ、収買セル阿片ヲ全量清査官署(収納官署)ニ納入シ、一定ノ補償金ノ交付ヲ受ケルノデアル。

2、販売……事変前ハ土商ハ自己ノ収買シタル阿片ヲ自己ノ計算デ自由ニ対外取引ヲシオリシガ、民国二十八年七月清査総署創

設セラルルヤ、土薬公司ニテ収買セシ阿片ヲ全量総署ニ於テ之ガ販売ヲ為シタルモ、昨年度ハ土業組合ニ収納阿片ヲ払下ゲ、組合ヲシテ販売ノ任ニ当ラシメ、総署ハ只販売ノ斡旋並ニ価格、仕向地等ノ指示ヲ為スノミニ止リタリ。本年度ハ総署ハ経済部ニ包含サレタルモ、昨年度販売形式ニハ何等ノ変更無シ。

3、価格及其ノ変遷……事変前ニアリテハ民国二十五年度上半期ハ二元二角程度ナリシモ、下半期ニ入リ二元七角ニナリ、二十六年度ニ入リ一躍三元五角ヲ見、続イテ騰勢ヲ辿リ、日支事変勃発ニ伴ヒ二十七年度ニ於テ京津市価ハ六、七元ヲ唱ヘ、二十八年度後期ニハ十五、六元、二十九年度ニ於テハ二十二、三元ト云フ未曾有ノ価格騰貴ヲ示セリ。

二十八年度ニ於テハ清査総署ノ設立ヲ見、之ガ統制ニ乗出シ、清査官署ノ収買価格ヲ三元二角ヨリ三元五角ニ限定シ価格ノ調整ヲ図レドモ、未曾有ノ品不足ト一般物価ノ暴騰ニヨリ京津市価ハ騰勢ヲ辿ルノミニテ前記統制価格ニテハ収買不能ヲ来シタルヲ以テ、二十九年度ニ至リ京津市価ニ順応セル可変式収買価格制ヲ採リ、同市価ノ五、六割安ノ建値ニテ最低価格ノミヲ提示シ収買セシメタリ。本三〇年度ニ於テモ京津市価ハ正常ニ復帰不能ノ状態ナルヲ以テ、昨年同様同市価ノ五、六割安ヲ目標ニ収買セシメツツアリ。価格ノ標準モ現在ノ所右記ノ如ク京津市価ニ左右サレオル状態ニシテ、当分ノ間独占価格等ノ樹立ハ困難事ナリ。

管内配給用阿片ハ一昨年度ハ一等六円、二等五円五拾銭、三等五円ナリシガ、昨年初囍牌ヲ製造スルニ当リ一本トナシ一両一〇円トセリ。後昨年末四囲ノ情勢ヨリ一二円ニ値上ゲシテ、本年度モ之ノ価格ヲ踏襲セリ。

4、等級及鑑定……収買時ノ等級ハ二十八年度ハ四等級ニ分チタリ。二十九年度ニ於テハ官ニ於テハ補償金ハ一本建(七成品以上)トセシモ、大約九成品以上ヲ一等品、八成品以上ヲ二等品、七成品以上ヲ三等品トナシ、以下次等品トシ収買セリ(全部水分控除率ハ百分ノ一二以下ナリ)。

昨年度迄ハ之ガ等級決定ニ当リテハ官能鑑定ノミニシテ、経験多キ熟練ノ鑑定人ガ阿片ノ色、光沢、料子ノ有無及多寡、麻酔力等其他諸要素ヲ官能ヲ以テ検査シ等級ヲ決定セルモ、本年度ハ品質ノ向上ト管外販売ニ便ナラシムル為、化学鑑定ヲモ併用スルコトニ決定、次ノ如キ等級決定法ヲ採レリ。

特等	官能	九・五成以上	化学(モヒ分)	一〇%以上　含有水分一二%以下
一等	〃	九・〇〃	〃	一〇%〃　〃
二等	〃	八・五〃	〃	九%〃　〃
三等	〃	八・〇〃	〃	八%〃　〃
四等	〃	七・〇〃	〃	六%〃　〃

之ガ官能、化学ニ差異ヲ生ジタル場合ハソノ平均ヲ取リ決定ス。

即

官能ハ一成分ヲ一〇点トシ、化学ハ一%ヲ一〇点トシテ其ノ合計ヲ特等二〇五点、一等一九〇点、二等一七五点、三等一六〇点、四等一三〇点トシ、各々以上ニ照合シ決定スベキモノトス。

但シ販売ノ場合ハ仕向地ノ情勢ニヨリ等級ヲ附セズ、只モヒ含有量何%以上ト云フ如ク、モヒ分ニ応ジテ販売スルガ普通ナリ。

管内配給用阿片ハ一昨年度ハ収買阿片ト同等級ナリシモ、昨年度ヨリハ当清査工廠ニテ規格阿片ヲ製造シオレル故等級無シ。

八、阿片ノ製造

各地方生産地ニ於テ生産セラレタル阿片ハ品質区々ナルヲ以テ、之ヲ清査工廠ニ送リ其品質ヲ統一シ一定ノ品位ヲ保ツベク加工シ、所謂規格阿片ヲ製造スルノデアルガ、昨年度ヨリ「囍牌」トシ管内配給用阿片ニ供シオルモ、管外搬出用阿片ハ百両包ノ生阿片ナルヲ以テ製造加工セズ。

九、阿片ノ取締

疆内罌粟栽培面積ヨリスル生産予想数量ト政府収納阿片数量ヲ対比スル時、尚数百万両ノ残貨管内ニ残存シ居ルハ容易ニ想像セラレ、自家消費ヲ除ク余ハ不正業者ノ手ニ依リ京津地方ニ密輸セラレ其量日々数千両ヲ下ラザル状況ニシテ、之ガ径路ハ鉄路、陸路、空路ノ各方面ニ亘リ、功(ママ)妙ナル手段ニヨリ厳重ナル取締網ヲ突破シ搬出セラレオルモノナリ。

密輸取締ニハ清査官署挙ツテ努力シオルハ勿論ナレド、之ガ完璧ヲ期スルニハ尚阿片制度普及宣伝工作、稽査網ノ整備及他機関トノ円滑ナル連絡(京津側ヲ含ム)ト密接ナル協調協助ヲ必要トスベク、尚密売買者ノ取締ト相俟ツテ極力所期ノ稽査目的達成ニ邁進シツツアリ。

十、政府ノ指導方針(蒙疆阿片ノ特殊性ヲモ含ム)

阿片吸食ノ弊ハ今更喋々ノ必要ヲ認メズ各国共ニ之ガ取締ニ全力ヲソソギツツアリ。旧政府時代ニハ取締法規ハ間然スル所ナク備ハリオリシモ効ヲ奏セズ、吸食ノ弊ハ国民生活ニ牢固トシテ侵潤(ママ)シ、不正取引ハ公然ト行ハレ、一部支配階級ハ取締法規ヲ好餌ニ私腹ヲ肥シオリシ者モ有リ。然レドモ蒙疆政府樹立セラルルヤ、斯ニ弊ヲ一掃シ発剌新鮮ナル国民生活ヲ造出スル為、漸減的断禁方策ヲ採用シ之ガ実現ヲ見ツツアリ。

即官指定配給人ノ手ヲ経テ癮者ニ配給シ癮者ヲ総テ官配給阿片ニ網羅シ得ル様ニセリ。其他人民ノ自覚ヲ促シ、新癮者ノ発見(ママ)ヲ防遏シ、弊風ノ根絶ヲ図ラントセリ。管内ニ於テハ右記ノ如クナルモ、政府財政収入上、為替資金獲得上及支那各地ニ於ケル品不足ニ依リ之ガ配給ノ円滑ヲ期ス為、管内生産ノ増産ヲ図リツツアリ。上記理由ニヨリ之ガ増産ハ当分ノ間続クモノニシテ、之ニヨリ生産セラレシ阿片ハ支那各地ノ品不足ヲ補充シ、尚之ガ売却ニヨリ為替資金ノ獲得、惹(ママ)テハ物資ノ流入ヲ図ル等、重要ナル役割ヲ演ズル故、蒙疆阿片ノ持ツ対外性ヨリ観ル時ハ政府トシテモ増産セザルベカラズ。只管内癮者ノ漸減的断禁主義ヲ強化シツツアリ。

十一、吸食禁止策

現行制度ハ未ダ徹底的ナル禁止策ナク、只官指定ノ配給人ヲ経テ癮者ニ配給シ之ガ違反ニ対スル罰則ヲ設ケアルノミニテ、僻地ニ於ケル自家消費阿片及私土(密売買品)ニ関シテハ、行政力ノ滲透モ不充分ナル上ニ清査制度未ダ緒ニツキシノミニテ徹底セズ、黙認ノ状態ナリ。将来次ノ如キ吸食禁止策ヲ取リ、漸減的癮者ノ撲滅ヲ図ル方針ナリ。

イ　癮者ノ登録
ロ　新癮者ノ発生防止
ハ　戒煙所ノ設置

ニ　各種罰款ノ設置
ホ　指定所以外ニ於ケル吸食器具ノ持参、販売、収蔵等ニ対スル取締
ヘ　指定所以外ニ於ケル煙膏製造ノ禁止等

十二、蒙彊阿片ノ将来

癮者ノ漸減的断禁政策ハ引続キ強行策ヲ取ルハ勿論ナレド、支那各地及一部外地ニ於ケル阿片不足ハ如何トモ仕難ク、重慶政府壊滅スト雖モ該地ニ於ケル（四川、雲南、貴州等）生産阿片ヲ加フルモ尚不足ナルハ言ヲ俟タザル所ニシテ、外国阿片ノ輸入ハ円ブロック内資金ノ流出ヲ招キ東亜経済圏確立上思ハシカラヌ結果ヲ齎スヲ以テ、蒙彊阿片ノ重大性ハ益々増加セラレ、尚全面的ノ金融、貿易調整ハ現今ノ処到底実現不可能ナルニ依リ、蒙彊経済界ニ於ケル阿片ノ地位ハ動カスベカラザル処ナリ。

ナルガ故ニ蒙彊ニ於ケル阿片栽培ハ増産政策ヲ採ラザルベカラザル情勢ニ有リ、惹（ママ）テハ管内ニ於ケル断禁政策モ或程度阻害セラルルモ、之ガ根本方針ハ厳トシテ存立シ、官民相俟ツテ蒙彊阿片ノ特殊性ヲ認識シ、ヨク之ノ成果ヲ期セネバナラヌ処ナリ。

清査制度ノ存在意義モ亦茲ニ存スルモノデアリ、管内癮者ノ撲滅及ヨリ効果的ナル増産ニハ清査制度無クシテ何者モ之ヲ成就シ得ル処ニ非ズ。

尚土業組合ノ存在如何ヲ云々シ県並ニ他機関ノ直接収買ヲ唱導スル向アルモ、阿片本来ノ性質ヨリ支那ニ於ケル阿片ト民衆ハ密接不可離ノモノニシテ権力ノミヲ以テシテハ到底成果ヲ得ル能ハザルハ勿論、却ツテ不備ノ結果ヲ招クハ見火ノコトニシテ、現今ニ於テハ旧来農民ト直接関係ヲ有セシ土商ヲシテ之ノ任ニ当ラシムルガ適策ナリト思料ス。故ニ現行制度ニ於テハ、現地土商中ヨリ選出シ官ノ指定ニナル収納人ヲシテ収買セシメオル処ニシテ、爾今行政力ノ滲透、治安ノ良化ト相併行シテ徐々ニ不備ナル点ヲ改正シ、清査制度ノ実質上ノ完璧ヲ期サントス。

阿片ノ増産計画ハ有レドモ極秘ニ属スルヲ以テ茲ニ省略ス。

＊タイプ印刷。本文二二頁。一頁一五行三三字。沼野資料。「蒙彊経済概況」《資料23》に「付」されていたもの。

【資料5】

蒙疆ニ於ケル阿片〔抄〕

満鉄・北支経済調査所
昭和十六年五月十五日

凡　例

一　阿片ガ蒙疆ニ於テ経済的ニモ政治的ニモ重要ナル産物デアルコトハ絮説ノ要ナキトコロデ、殊ニ事変後混頓(ママ)タル中ニ於テ過渡的財政策ノ財源トシテノ重要性ハ極メテ大デアル。

二　阿片問題ハ其ノ性質上世上ニ発表サレタルモノ極メテ尠ク、且蒙疆政権ノ阿片行政ガ未ダ創生期ニアル関係上資料乏シク其ノ入手モ極メテ制約セラレ、従ツテ本稿モ不備ノ点多々有リ不完全ナル感ヲ免レ得ナイ。

三　本稿取纏メニ際シテハ華北ニ於ケル阿片ニ就イテモ併述スル予定デアツタガ、都合ニヨリ之ハ後日ノ調査ニ俟ツコトトシタ。
尚本稿執筆ニ際シテハ本年三月ノ蒙疆地方実地調査ニヨリ聴取セル所ヲ基礎トシ、発行(マ)ニ係ル(マ)資料「蒙疆阿片政策ノ転換ニ就イテ」ヲ参考トシタ。

四　本稿ハ近ク発刊ノ予定デアル「北支商品綜覧」ノ一部トシテ脱稿スル予定デアツタガ、本品ノ性質上公表ヲ憚ル点数多有リ、極秘資料トシテ別途印刷ニ附スルコトトシタ。

五　執筆者　川崎武夫

昭和十六年五月十五日

満鉄・北支経済調査所

目次

第一章　概説

蒙疆ニ於ケル阿片ハ現在ノ巴彦塔拉盟往時ノ綏遠地区ヲ其ノ主産地トスルガ、歴史的沿革ニ於テ述ブレバ民国七年（一九一八年）当時ノ綏遠都統蔡成勲ガ、軍費捻出ノ必要カラ従来禁止区域デアツタ綏遠地区阿片栽培ノ解禁ヲ断行シ、北陝ヨリ罌粟ノ種子ヲ購入シ之ヲ各県ニ頒布栽培セシメタノガ矢(ママ)デアツテ、ソレ迄ハ総テ山間避遠(ママ)ノ地ニ密カニ栽培セラレテイタノデアル。爾来綏遠地方ニ於ケル阿片栽培ハ年ト共ニ隆盛トナリ、気候風土等自然的条件ノ良好性ト相俟チ、晋綏ニ地盤ヲ有スル山西軍閥ノ奨励ハ益々之ニ拍車ヲカケ、僅々二十年ノ間ニ四川、雲南、甘粛等ニ次グ産額ヲ以テ支那有数ノ産地トシテ知ラルルニ至ツタノデアル。

阿片栽培ノ旺盛ト並行シテ阿片吸飲ノ弊習モ又牢固トシテ抜クベカラザルモノトナリ、殊ニ山西軍閥閻錫山ノ採ツタ阿片収益ヲ以テ財源ヲ充当セムトスル積極政策ハ煙毒ノ弥漫各層ニ渉リ、癮者ノ比率モ又全支ニ稀ナル如キ状態ヲ現出セシメ、綏遠主席傅作義ノ所謂善政モ阿片断禁ノ効ヲ奏スルニ至ラナカツタノデアル。

其ノ後支那事変ノ勃発ニ依テ蒙疆新政権ガ成立スルヤ従来ノ支那軍閥ノ積弊ヲ一掃スベキ変革期ニ逢著シタノデアルガ、戦後農村ノ疲弊ト積年ノ陋習ハ一挙ニ断チ難キモノガアリ、而モ支那各省ニ於ケル減産ト西北方面ニ於ケル罌粟生産ノ減少、戦後ノ西北貿易ノ杜絶ハ全支ニ於ケル阿片饑饉ノ打開ニ資セムトシタノデアル。

斯カル方途ニ基ク増産政策デアルガ故ニ、東亜新秩序ノ建設意義カラシテモ計画ハ飽ク迄漸禁ヲ目標トシ、全支ニ於ケル供給即チ管外ニ対スル輸出配給ヲ主眼トシ、蒙疆ノ特殊性ニ立脚シタ政治的或ハ社会的意義ニ基ク方策デアツタ事ハ勿論デアル。

蒙疆三自治政府ハ成立当初ニ於テハ応急的処置トシテ旧支那政権ノ徴税方策ヲ踏襲シテ財政ノ整備ヲ図ツタガ、其ノ後前記ノ増産計画ノ進捗ト相俟ツテ根本対策ノ確立ガ要求セラレ、間モナク清査総署ノ開設ヲ見、同署ヲ統制管理機関トスル専売制ノ実施ヲ以テ阿片行政ノ統合単一化ヲ図リ財源ノ確保ヲ期スルニ至ツタノデアル。然ルニ未ダ地方行政力ノ滲透セザル当時ニ於テ斯カル方策ハ徒ラニ土商ノ活動ヲ不活発ナラシメ、施政ノ集中強化ハ阿片行政機構ノ集中統制ニ平行セズ、政府収買意ノ如クナラズ、加フルニ自然的悪条件並治安全カラザル地ニ於ケル密輸、密売等ノタメ政府ハ所期ノ目的ヲ果シ得ズ、其ノ結果ハ惨憺タルモノデアツタ。斯クテ必然的結果トシテ政府当局ニ於テ阿片行政機構ニ対シ再検討ガ加ヘラレ、其ノ結果従来ノ行政機構ノ一部ノ変革ガ断行セラレ、土業組合制度ノ出現トナリ今日ニ至ツテイル。

第二章　生産事情

蒙疆管内ニ於ケル阿片ノ生産高ニ就テハ、其ノ性質上事変前後ヲ問ハズ正確ナル数字ヲ知ルコトハ困難デアル。事変前ニ於テハ地方政権ニヨリ公然栽培ガ行ハレ、又各地ニ密作ガ行ハレテ、其ノ生産高ハ一、〇〇〇万両乃至一、四〇〇万両ニ及ンダト称サレテイル。

張家口鉄路局営業処貨物科発行ノ資料「蒙疆阿片政策ノ転換ニ就テ」中ニハ下記ノ如ク述ベラレテイル。

「元来蒙疆ニ於ケル阿片生産額ハ年間一、〇〇〇万両、地元消費七〇〇万両ニシテ、残余ノ三〇〇万両ガ地区外ニ移出セラレル外、西路貨ト称スル甘粛省産七〇〇万両、寧夏産三〇〇万両、合計一、〇〇〇万両ガ当地区ニ集荷セラレ、後京津ニ移出サレル状態デアツタ。然ルニ近時ニ於テハ西路貨ハ殆ド杜絶ノ状態デアリ、之ニ代ルニ当地区ニ於ケル生産量ガ驚クベキ躍進ヲ見セテ居ル。即チ民国二十九年(一九四〇年)度ニ於ケル栽培面積ハ九六万畝ニ渉リ、生産額約一、九〇〇万両ノ増産ヲ示シタノデアル。併シナガラ此ノ数字ハ生産量デアリ収納量デハナイ」

又北京日本大使館発行ニ係ル「北支経済調査資料」ニ拠レバ、事変前当地区ニ於ケル阿片生産高六五〇万両、甘粛省産阿片入荷量七〇〇万両、寧夏産阿片入荷量二五〇万両、以上甘、寧産阿片ノ当地区出廻量計九五〇万両トナツテイル。

然シ乍ラ本生産高六五〇万両ハ当時ニ於ケル生産高トシテハ些カ過少ノ嫌アリ、一、〇〇〇万両ガ大体当地区ニ於ケル一箇年生産高ト見テ差支ヘナイデアラウ。尤モ之ハ天候順調ナル年ニ於ケル生産量デアルガ、元来当地区ハ三年乃至四年ニ一度災害ニ見舞ハレ、ソノ年ニ於テハ例年ノ七割カラ八割ノ減産ヲ見ル模様デアル。

而ルニ今次事変後ニ於テハ西路貨ノ出廻杜絶ニ因ル管内外ノ阿片不足ニ対スル応急対策、並政権成立草創ノ間ニ於テ重大ナル意義ヲ有スル政府財政制度ノ早急ノ確立ト謂フ二見地カラ、阿片ノ増産並政府政納機構ノ確立ハ政治的ニ財政的ニ極メテ重要且緊急不可欠ノ問題トシテ台頭シテ来タノデアル。従テ事変後自然的条件ニ支配サレテ年産一〇〇万両(政府収納量ニシテ実際生産高ハ三―四〇〇万両)ニモ充タザル著シイ不作ノ年モアツタガ、天候良好ナル年ニ於テハ前記政府ノ増産策効ヲ奏シ一、七〇〇万両乃至一、九〇〇万両(全生産高)ト謂フ事変前ニ比シ驚クベキ増加ヲ示シタ年モアツタ。尤モ右生産高全部ガ政府ノ手デ収買サレタモノデハナク約三分ノ一ノ五―六〇〇万両ガ収納サレタニ過ギズ、僅ニ五〇〇万両内外ノ阿片ヲ以テ地区内保有量及管外配給量ヲ負担シナケレバナラナイノデアル。玆ニ於テ政府ノ収納政策ノ積極性ガ要望セラレルノデアツテ事変後数次ニ渉ツテ収納機構ノ改革ガ断行セラレタ所以デアル。上述ノ如ク政府ハ政治的並財政的観点カラ事変直後ノ栽培制限方策ヨリ増産方策ヘト転換シ更ニ之ガ完全ナル収納ヲ期シテ屢収納機構ノ改革ヲ行ツタノデアルガ、政府ノ施政綱領デアル民族ノ大同協和並民本主義ヲ根幹トシテ民生ノ向上、安寧ヲ図リ以テ東亜新秩序建設ニ邁進スルト謂フ根本政策カラ観ズル時、上記阿片政策ノ積極性ハ甚シキ矛盾タルヲ免レ得ナイガ、之ハ勿論今次事変ノ齎シタル過渡的現象トシテ亦已ムヲ得ナイトコロデ政府ノ一時的方策デアルコトハ論ヲ俟タナイ。

次ニ過去三箇年間ニ於ケル蒙疆管内阿片ノ生産高ニ就テ見ルト、民国二十七年(一九三八年)ニ於テハ八七〇万両(註一)、民国二十八年(一九三九年)三〇〇万両、民国二十九年(一九四〇年)一、七〇〇万両(註二)阿片ガ生産サレタモノト推定サレル。

註一	蒙古連盟政府管内	五六〇万両
	晋北政府管内	六〇万両
	察南政府管内	二五〇万両
	計	八七〇万両

註二　本生産高一、七〇〇万両ハ推定量デ、政府ノ収買実績ト収買予想率(三五%)ヲ斟配(ママ)シテ推量シタモノデアル。近時阿

片ノ政府収買率ハ三〇%乃至三五%ト推測サレテイル。

上述三箇年ノ生産高ハ何レモ推定高デアルガ、今参考迄ニ昨年並一昨年度ニ於ケル政府阿片収納実績ヲ示スト次ノ如クデアル。

民国二十八年(一九三九年)度収納実績　八九〇、〇〇〇両

同　二十九年(一九四〇年)度収納実績　五、〇〇〇、〇〇〇両

尚民国二十八年(一九三九年)度ハ降雨其ノ他ノ悪条件ガ原因シテ近来稀ニ見ル不作デ、右ノ如ク政府収納量ハ一〇〇万両ニモ充タズ著シイ減収ヲ余儀ナクサレタ。

以上ハ最近三箇年間ニ於ケル阿片ノ生産ニ就テノ概要デアルガ、今少シク詳細ニ各年度ニ渉ツテ述ブレバ左記ノ如クデアル。

(イ)　民国二十八年(一九三九年)度栽培指定面積

管区別	市県名	指定面積	栽培地	生産予想量	収納予想量
蒙古連盟管内	厚和特別市	八五、〇〇〇	市内全般	一、七〇〇、〇〇〇	
	包頭市	二五、〇〇〇	〃	五〇〇、〇〇〇	
	豊鎮県	一〇五、〇〇〇	県内全般	二、一〇〇、〇〇〇	
	涼城県	七五、〇〇〇	〃	一、五〇〇、〇〇〇	
	興和県	九〇、〇〇〇	〃	一、八〇〇、〇〇〇	
	集寧県	二五、〇〇〇	〃	五〇〇、〇〇〇	
	陶林県	二五、〇〇〇	〃	五〇〇、〇〇〇	
	崇礼県	二五、〇〇〇	〃	五〇〇、〇〇〇	
	多倫県	五、〇〇〇	〃	一〇〇、〇〇〇	
	商都県	一〇、〇〇〇	〃	二〇〇、〇〇〇	
	宝源県	八、〇〇〇	〃	一六〇、〇〇〇	
	和村県	四〇、〇〇〇	〃	八〇〇、〇〇〇	

	清水河県	六〇、〇〇〇	〃	一、二〇〇、〇〇〇	
	托克托県	七五、〇〇〇	〃	一、五〇〇、〇〇〇	
	武川県	三八、〇〇〇	〃	七六〇、〇〇〇	
	薩拉斎県	八五、〇〇〇	〃	一、七〇〇、〇〇〇	
	固陽県	三〇、〇〇〇	〃	六〇〇、〇〇〇	
	張北県	二七、〇〇〇	〃	五四〇、〇〇〇	
	尚義県	二、〇〇〇	〃	四〇、〇〇〇	
	徳化県	三、〇〇〇	〃	六〇、〇〇〇	
	康保県	八、〇〇〇	〃	一六〇、〇〇〇	
	計	八四六、〇〇〇		一六、九二〇、〇〇〇	六、三四五、〇〇〇
察南管内	竜関県	五、〇〇〇	県城附近ノ治安良好ナル耕地	一〇〇、〇〇〇	
	赤城県	五、〇〇〇		一〇〇、〇〇〇	
	計	一〇、〇〇〇		二〇〇、〇〇〇	七五、〇〇〇
晋北管内	大同県	三〇、〇〇〇	県城南方鉄道沿線	六〇〇、〇〇〇	
	陽高県	二〇、〇〇〇	県城東方鉄道沿線	四〇〇、〇〇〇	
	左雲県	一〇、〇〇〇	県城東北部	二〇〇、〇〇〇	
	右玉県	一〇、〇〇〇	県城附近	二〇〇、〇〇〇	
	山陰県	二〇、〇〇〇	県城周囲鉄道沿線	四〇〇、〇〇〇	
	天鎮県	二〇、〇〇〇	県城南方鉄道沿線	四〇〇、〇〇〇	
	朔県	一〇、〇〇〇	県城南方鉄道沿線	二〇〇、〇〇〇	
	渾源県	五、〇〇〇	県城西北方	一〇〇、〇〇〇	
	応県	一〇、〇〇〇	県城東方	二〇〇、〇〇〇	
	懐仁県	一〇、〇〇〇	県城周囲	二〇〇、〇〇〇	

広霊県	五、〇〇〇	県城南方	一〇〇、〇〇〇	
平魯県	五、〇〇〇	県城附近	一〇〇、〇〇〇	
霊邱県	―		―	
計	一五五、〇〇〇		三、一〇〇、〇〇〇	一、一六三、〇〇〇
総計	一、〇一一、〇〇〇		二〇、二二〇、〇〇〇	七、五八三、〇〇〇

備考　右表中ノ生産予想量ハ一畝当生産量(旱水地平均)二〇両トシテ算出シタモノデアル。
尚当年度ノ指定面積ハ増産計画ノ樹立ガ播種後デ時期ヲ逸シタ為、各自治政府ニ於テ事前ニ指定セル面積ニ拠ツタモノデアル。

上掲表ニ依レバ地域別収納予想量ノ割合ハ蒙古管内八四%、晋北管内一五%、察南管内一%デアル。更ニ収納予想量総計ト生産予想量総計トノ比較ニ於テ見ルニ其ノ収買率ハ僅ニ三七・五%ニ過ギズ、現実ニ政府ノ完全ナル収納ガ如何ニ困難ナルカヲ如実ニ物語ツテ居ル。次ニ当年度阿片収買量ヲ示セバ次ノ如クデアル。

民国二十八年(一九三九年)度土薬公司阿片収納量(単位両)

地別	一等	二等	三等	次等	合計
厚和	七五、一〇三・六七	二一、六八四・九〇	二四、九八一・五六	九、一四六・五二	一三〇、九一六・六五
豊鎮	二〇、一五〇・四三	二三、一一〇・八八	二七、三四一・六七	一一、九〇七・六六	八二、五一〇・六四
大同	五〇、九七四・四六	一五、六四七・一四	一一、四二一・九二	四、五八七・八六	八二、六三一・三八
張北	五九、九五二・四四	九、九五二・五二	七、〇六六・九三	三、〇九一・四七	八〇、〇六三・三七
興和	五〇、九〇七・七四	二、七五七・一四	一、二六一・七九	四一〇・一五	五五、三三六・八二
托克托	五六、六七〇・〇八	四五、九八一・七三	三三、〇九一・四一	一三、四六八・七三	一四九、二一一・九五
薩県	三八、七八六・三六	二一、〇〇九・〇六	一九、二三〇・八一	九、七三八・六四	八八、七六四・八七
包頭	三八、四一〇・三〇	七、九五一・八三	八、四六九・二八	五、二九〇・八九	六〇、一二二・三〇
多倫	三、六〇八・二九	一、一六三・一五	一、一八二・四五	九八七・三〇	六、九四一・一九

崇礼	七三、八九四・六四	二二、六七五・七一	一一、三一八・七八	二、九七一・〇一	一一〇、八六〇・一四
合計	四六八、四五八・四一	一七一、九三四・〇七	一四五、三六六・六〇	六一、六〇〇・二三	八四七、三五九・三一

当年度収納量ハ右表ノ如ク僅ニ八四七、三五九両デアル。而シテ十二月二十一日ヨリ二月十日ニ至ル間ニ於テ収納セル残貨量七、七三四両ヲ合シ、当年度総収納量八五五、〇九三両デ、事変前予想量ノ一割ニ過ギザル不成績デアッタ。

尚土薬公司ニテ収納セル阿片ハ総テ之ヲ蒙疆連合委員会ニ納付スルノデアルガ、右委員会ノ外局トシテ清査総署ガ存在シ張家口ニ集荷サレルモノハ同地ノ土薬公司本店ヲ通ジ清査総署ヘ納付セラレ、其ノ他ノ地方ニ於テハ各地ニ存置スル土薬公司支店ヲ通シ大同、厚和各清査署ヘ納付セラレ、次デ各清査署ヨリ張家口清査総署ヘ納入セラレテ、始メテ政府ハ統制的配給ヲ行フモノデアル。

而シテ当年度ニ於ケル政府収納量即チ清査総署ヘ納入サレタル阿片ノ量ヲ各署別ニ見レハ左記ノ如クデアル。

民国二十八年(一九三九年)度阿片収納数量(単位両)

署別	一等	二等	三等	次等	計
張家口署	一九八、四九一・一〇	三七、三九七・四〇	二一、五七五・六〇	七、八一六・四〇	二六五、二八〇・五〇
大同署	七八、三三二・〇〇	三三、七〇〇・〇〇	四〇、八〇〇・〇〇	一七、六〇〇・〇〇	一七〇、四三二・〇〇
厚和署	二二五、七七五・三〇	一〇三、〇三四・五〇	九一、五五六・五〇	二九、九三九・八〇	四五一、三〇六・一〇
計	五〇二、五九八・四〇	一七四、一三一・九〇	一五四、九三二・一〇	五五、三五六・二〇	八八七、〇一八・六〇

(ロ) 民国二十九年(一九四〇年)度罌粟栽培事情

前年度ニ於ケル罌粟ノ著シイ不作ハ必然的ニ管内ハ勿論、満州国、北支、中南支等管外ニ対シテモ異常ナル影響ヲ及ボシ各地共阿片ノ窮迫甚ダシキモノガアツタ。茲ニ於テ蒙疆政府間ニ之ガ対策ニ関スル議題(ママ)ガ起リ、財源ノ確保ナル見地カラモ将又当面ノ最重要ナル問題タル阿片需給ノ著シイ不均衡ノ是正ト謂フ見地カラモ、阿片収納方策ノ改善ニヨル阿片ノ確保ハ政府当局ノ急務デアツタ。偶々土薬公司改組問題ガ起ツタ事ニ端ヲ発シ阿片収納機構並方式上ノ改革ガ画策セラレ、間モナク土薬公司ハ解散シ、新ニ政府ノ指定ヲ受ケタル阿片収納人ヲ組合員トスル土業組合ガ各地ニ設立セラレ、所謂収納人制度ニ依ルコトトナツタノデアル。而シテ之等諸組合一切ノ業務ヲ統轄シ其ノ指導統制ニ任ズルタメ張家口ニ土業総組合ヲ設置シ、以テ集貨ノ完璧ヲ期シ蒙疆政権ノ財政的、政治的地歩ヲ確保スルト共ニ、現実ノ問題タル阿片需給ノ不均衡ノ緩和ヲ計ツタノデアル。

今民国二十九年度（一九四〇年）ニ於ケル政府ノ阿片計画ヲ示セバ次ノ如クデアル。

指定面積	九六二、〇〇〇畝
被災予想面積	九六、二〇〇畝
生産面積	八六六、〇〇〇畝
一畝生産量（旱水地平均）	二〇両
生産量	一七、三二〇、〇〇〇両
収納予想量（生産ノ三五％）	五、〇〇〇、〇〇〇両

即チ政府収納予想量ハ五、〇〇〇、〇〇〇両デ全生産予想量ノ三割五分ニ充当スル。

更ニ之ヲ地域別ニ見レバ左表ノ如クデアル。

民国二十九年（一九四〇年）度生産並収納量予想表

県名	指定面積	一畝当生産量	生産数量	収納予想率	収納予想量	(平均)一両当価格	収納金
宣化	三〇、〇〇〇	二〇両	六〇〇、〇〇〇	二五％	一五〇、〇〇〇	九円	一、三五〇、〇〇〇
懐安	一五、〇〇〇	〃	三〇〇、〇〇〇	〃	七七五、〇〇〇	〃	六七五、〇〇〇
万全	一〇、〇〇〇	〃	二〇〇、〇〇〇	〃	五〇、〇〇〇	〃	四五〇、〇〇〇
赤城	一五、〇〇〇	〃	三〇〇、〇〇〇	〃	七五、〇〇〇	〃	六七五、〇〇〇
竜関	二〇、〇〇〇	〃	四〇〇、〇〇〇	〃	一〇〇、〇〇〇	〃	九〇〇、〇〇〇

延慶	二、〇〇〇	〃	四〇、〇〇〇	二〇%	八、〇〇〇	〃	七二、〇〇〇
陽原	二、五〇〇	〃	五〇、〇〇〇	〃	一〇、〇〇〇	〃	九〇、〇〇〇
天鎮	二五、〇〇〇	〃	五〇〇、〇〇〇	三〇%	一五〇、〇〇〇	〃	一、三五〇、〇〇〇
陽高	二五、〇〇〇	〃	五〇〇、〇〇〇	〃	一五〇、〇〇〇	〃	一、三五〇、〇〇〇
大同	三〇、〇〇〇	〃	六〇〇、〇〇〇	〃	一八〇、〇〇〇	〃	一、六二〇、〇〇〇
懐仁	二五、〇〇〇	〃	五〇〇、〇〇〇	〃	一五〇、〇〇〇	〃	一、三五〇、〇〇〇
山陰	五、〇〇〇	〃	一〇〇、〇〇〇	〃	三〇、〇〇〇	〃	二七〇、〇〇〇
朔県	一〇、〇〇〇	〃	二〇〇、〇〇〇	二五%	五〇、〇〇〇	〃	四三〇、〇〇〇
左雲	一〇、〇〇〇	〃	二〇〇、〇〇〇	二〇%	四〇、〇〇〇	〃	三六〇、〇〇〇
右玉	五、〇〇〇	〃	一〇〇、〇〇〇	〃	二〇、〇〇〇	〃	一八〇、〇〇〇
応	一〇、〇〇〇	〃	二〇〇、〇〇〇	二五%	五〇、〇〇〇	〃	四五〇、〇〇〇
渾源	七、〇〇〇	〃	一四〇、〇〇〇	〃	三五、〇〇〇	〃	三一五、〇〇〇
平魯	二、〇〇〇	〃	四〇、〇〇〇	二〇%	八、〇〇〇	〃	七二、〇〇〇
康霊	三、〇〇〇	〃	六〇、〇〇〇	〃	一二、〇〇〇	〃	一〇八、〇〇〇
霊邱	三、〇〇〇	〃	六〇、〇〇〇	〃	一二、〇〇〇	〃	一〇八、〇〇〇
多倫	五、〇〇〇	〃	一〇〇、〇〇〇	二五%	二五、〇〇〇	〃	二二五、〇〇〇
宝源	一〇、〇〇〇	〃	二〇〇、〇〇〇	〃	五〇、〇〇〇	〃	四五〇、〇〇〇
康保	五、〇〇〇	〃	一〇〇、〇〇〇	〃	二五、〇〇〇	〃	二二五、〇〇〇
商都	八、〇〇〇	〃	一六〇、〇〇〇	〃	四〇、〇〇〇	〃	三六〇、〇〇〇
尚義	二、〇〇〇	〃	四〇、〇〇〇	〃	一〇、〇〇〇	〃	九〇、〇〇〇
崇礼	五〇、〇〇〇	〃	一、〇〇〇、〇〇〇	三〇%	三〇〇、〇〇〇	〃	二、七〇〇、〇〇〇
張北	四〇、〇〇〇	〃	八〇〇、〇〇〇	〃	二四〇、〇〇〇	〃	二、一六〇、〇〇〇
徳化	一、〇〇〇	〃	二〇、〇〇〇	二五%	五、〇〇〇	〃	四五〇、〇〇〇
厚和	一〇〇、〇〇〇	〃	二、〇〇〇、〇〇〇	三〇%	六〇〇、〇〇〇	〃	五、四〇〇、〇〇〇

包頭	二〇、〇〇〇	〃	四〇〇、〇〇〇	〃	一二〇、〇〇〇	〃	一、〇八〇、〇〇〇
陶林	一〇、〇〇〇	〃	二〇〇、〇〇〇	五%	一〇、〇〇〇	〃	九〇、〇〇〇
和林	三〇、〇〇〇	〃	六〇〇、〇〇〇	三〇%	一八〇、〇〇〇	〃	一、六二〇、〇〇〇
清水河	一〇、〇〇〇	〃	二〇〇、〇〇〇	一五%	一〇、〇〇〇	〃	九〇、〇〇〇
托克托	一〇〇、〇〇〇	〃	二、〇〇〇、〇〇〇	三〇%	六〇〇、〇〇〇	〃	五、四〇〇、〇〇〇
武川	一五、〇〇〇	〃	三〇〇、〇〇〇	二〇%	六〇、〇〇〇	〃	五四〇、〇〇〇
薩拉斉	一〇〇、〇〇〇	〃	二、〇〇〇、〇〇〇	三〇%	六〇〇、〇〇〇	〃	五、四〇〇、〇〇〇
固陽	一五、〇〇〇	〃	三〇〇、〇〇〇	二〇%	六〇、〇〇〇	〃	五四〇、〇〇〇
集寧	一五、〇〇〇	〃	三〇〇、〇〇〇	〃	六〇、〇〇〇	〃	五四〇、〇〇〇
涼城	五〇、〇〇〇	〃	一、〇〇〇、〇〇〇	〃	二〇〇、〇〇〇	〃	一、八〇〇、〇〇〇
興和	四〇、〇〇〇	〃	八〇〇、〇〇〇	三〇%	二四〇、〇〇〇	〃	二、一六〇、〇〇〇
豊鎮	八〇、〇〇〇	〃	一、六〇〇、〇〇〇	〃	四八〇、〇〇〇	〃	四、三二〇、〇〇〇
土默特旗	一、五〇〇	〃	三〇、〇〇〇	二〇%	六、〇〇〇	〃	五四、〇〇〇
計	九六二、〇〇〇	〃	一九、二四〇、〇〇〇		五、二七六、〇〇〇		四七、四八四、〇〇〇
残貨収納					三五〇、〇〇〇（予想）	〃	三、一五〇、〇〇〇
総計					五、六二六、〇〇〇		五〇、六三四、〇〇〇

備考　残貨収納量三五〇、〇〇〇両ハ五月一日ヨリ同三十一日迄ノモノデアル。

右表ノ如ク当初政府ノ収納予想量ハ約五、三〇〇、〇〇〇両、残貨ヲ合セ総計大約五、六〇〇、〇〇〇両デ、当年度ハ自然的条件ノ良好ト収納方式ノ合理化ニ依リ所期ノ成果ヲ挙ゲ、左記ノ如ク大体予想通ノ収納ヲ見タ。

収納実績　五、〇〇〇、〇〇〇両
残貨収納　一、一〇〇、〇〇〇両
計　六、一〇〇、〇〇〇両

即チ民国二十九年(一九四〇年)度政府収納量合計六、一〇〇、〇〇〇両デ、更ニ同年甘粛、寧夏両省ヨリ輸入セル僅少ノ阿片六〇〇、〇〇〇両ヲ加ヘレバ、収納量総計六、七〇〇、〇〇〇両ノ多量ニ上ル。

以上ハ民国二十九年(一九四〇年)度ニ於ケル政府ノ収納実績デアルガ、政府ノ予想通本年度収納率ヲ三五%ト推定スレバ、本年度蒙疆ニ於ケル生産高総計大約一四、〇〇〇、〇〇〇両乃至一五、〇〇〇、〇〇〇両ト推定サレル。

第三章　蒙疆貿易ト阿片

蒙疆ニ於ケル阿片ノ集散地ハ厚和(旧綏遠)デ京津其ノ他ヘハ多ク此ノ地ヨリ搬出サレ、察哈爾省産ノモノハ張家口ニ集荷サレタ後輸出サレルモノデアル。而シテ蒙疆ヨリ管外ヘ輸出サレル阿片ノ大部分ハ綏遠産阿片デアツテ、従来西北阿片ト共ニ同地土商ノ仲介ニヨリ張家口、京津地方及太原地方ニ搬出サレテキタ。今次事変前蒙疆ニ於ケル地場生産阿片ノ輸出並甘粛、寧夏両省ヨリ輸入セル阿片ノ管外向ケ再輸出数量等ニ関シテハ確実ナル統計資料ガナク、其ノ詳細ヲ知ル術モナイガ、北京日本大使館発行ニ係ル「北支経済調査資料」ニ拠ルト、事変前蒙疆ヨリノ阿片ノ輸出並再輸出量ハ共計一四、〇〇〇、〇〇〇両ト見ラレル。而シテ従来再輸出セラレテキタ甘粛、寧夏方面ヨリノ輸入阿片即チ西口貨ハ、事変後治安ノ悪化ト辺疆軍閥ノ圧迫ニヨル西北貿易ルートノ衰頽ニ因リ、自然阿片モ他ノ商品ト同様其ノ輸入額ハ年々減少ヲ示シテキル。従テ対京津輸出額ニ於テモ減少シ、其ノ結果ハ必然的ニ北支一帯ノ阿片ノ需給ノ著シイ不均衡ヲ招来シテキル。

従来阿片ガ蒙疆貿易ニ於テ占ムル地位ハ輸出入ノ何レノ部面ニ於テモ重大ナル意義ヲ有シテキタ。即チ対西北輸入貿易ニ於ケル阿片ノ輸入額ハ常ニ首位ヲ占メ、一方対京津輸出貿易ニ於テモ阿片ハ重要ナル役割ヲ務メテキタ。

元来蒙疆ハ農業立国ノ建前デ輸出ノ八割以上ガ農産物デ占メラレ(阿片ノ一億円、農産物ノ六百万円合計一億六百万円)之ニヨツテ国内住民五百五十万ノ生活必需品ヲ輸入シテキタモノデアル。之ヲ見テモ阿片ガ蒙疆ノ政治、経済上如何ニ重要性ヲ有スルモノデアルカヲ窺知シ得ルデアラウ。

以下蒙疆対北支貿易ニ於テ阿片ガ如何ナル地位ヲ占メテキタカニ就キ、其消長過程ヲ民国二十五年(一九三六年)度以降各年度ニ渉ツテ概述シヨウ。

(イ)　民国二十五年(一九三八年)度ニ於ケル阿片ノ地位

事変前京津貿易ニ占ムル西北貿易ノ役割ハ大キク、京津貿易ハ輸出入共多クノ部分ヲ西北貿易ニ依存シテイタ。従テ蒙疆貿易ヲ語ル上ニ於テ西北貿易ノ特殊性ヲ抹殺スルコトハ出来ナイ。

西北貿易ノ最モ繁栄ヲ極メタノハ、京綏線(現京包線)開通直後ノ民国十二、三年(一九二三、四年)頃デアリ、年額輸出入合計一億元(包頭、厚和)ニ達シタト謂ハレテキル。

其ノ後幾多ノ兵禍ヲ蒙リ次第ニ衰微セル西北貿易ハ民国十九年(一九三〇年)以降ニ於ケル外蒙ルートノ杜絶ノタメ更ニ其ノ衰頽ニ拍車ヲ加ヘタガ、後民国二十三年(一九三四年)ニ至リ天津地方ニ於ケル絨毛相場ノ高騰ガ外国商人ノ活躍ヲ促進シ西北貿易回復ノ契機トナリ、民国二十五、六年(一九三六、七年)度包頭ニ於ケル輸出入額ハ輸出入各四、〇〇〇万乃至四、五〇〇万元ヲ算スルニ至ツタ。

民国二十五年(一九三六年)度ニ於ケル西北貿易額ヲ示セバ左ノ如クデアル

民国二十五年(一九三六年)度西北貿易額表

輸入		輸出	
種類	金額(円)	種類	金額(円)
獣毛類	一七、八七〇、〇〇〇	綿糸布類	八、〇〇〇、〇〇〇
獣皮類	八二四、〇〇〇	茶類	四、〇〇〇、〇〇〇
阿片	二〇、〇〇〇、〇〇〇	煙草類	三、〇〇〇、〇〇〇
糧穀類	二、〇五二、〇〇〇	燐寸	一、五〇〇、〇〇〇

甘草	一、二六〇、〇〇〇	砂糖	一、〇〇〇、〇〇〇
牲畜類	三、三一三、〇〇〇	其ノ他	一〇、七〇〇、〇〇〇
計	四五、三一九、〇〇〇	計	二八、二〇〇、〇〇〇

上記ノ表ニ拠レバ貿易尻ハ西北側ノ受取勘定トナツテ居ルガ、原始的取引機構ヲ保持スル同貿易ニアツテハ西北側ハ著シク不利ナ条件ノ下ニ置カレテ居リ、之ニ就テハ従前ノ貿易ニ就テモ同様ノ事ガ謂ヒ得ル。

民国二十五年(一九三六年)度対西北輸入額合計ハ前表ノ如ク四五、三一九、〇〇〇円デアルガ、之ニ対スル阿片ノ輸入割合ハ四四%デ、次デ獣毛類ノ四〇%トナツテ居ル。而シテ其ノ他ノ商品ト共ニ従来其ノ大部分ガ京津向再輸出サレ、見返品トシテ綿糸布類、茶、煙草其ノ他ガ輸入サレ、其ノ四〇%内外ガ西北地方ヘ再輸出サレテ居タモノデアル。

以上ハ民国二十五年(一九三六年)度ニ於ケル西北貿易ニ就テノ簡単ナル素描デアルガ、同年度ニ於ケル蒙疆対京津トノ貿易ニ関スル資料ガ見当ラナイノデ、已ムヲ得ズ西北貿易トノ間ノ中継貿易ニ於テ阿片ノ地位ヲ観察シタモノデアル。

(ロ) 民国二十六年(一九三七年)度ニ於ケル阿片ノ地位

民国二十六年(一九三七年)度西北貿易ハ事変ノ影響ヲ受ケ著シク萎微シ、阿片ノ如キハ全ク出廻無ク獣毛皮類モ支那側ノ輸出禁止政策ニヨリ激減シ、僅カ少量ノモノガ密貿易ニ依リ輸入セラレ日用雑貨類ト交換セラレタニ過ギナイ。然ルニ皇軍ノ進出以来著々戦果ヲ収メ、民国二十六年(一九三七年)九月ヨリ十一月ニ渉ル三箇月ノ間ニ察南、晋北、蒙古ノ三自治政府ハ踵ヲ接シテ誕生シ、其ノ回復モ概ネ良好ニシテ、地方民モ正業ニ励ンデ居タガ、察南、晋北政府管内ノ北支政権ニ接境スル数関ト(マヽ)(対京津輸出困難)蒙古連盟自治政府管下ノ五原、臨河及河曲方面ニハ依然トシテ敗残兵力出没シ(対西北貿易ノ遮断)、之ニ依リ該地方ノ物資ノ出廻阻害セラレ、同年度貿易ハ前年ニ比シ甚ダシク萎縮シタ。特ニ阿片ニ於テハ只密輸出ニ依ル少量ノモノヲ除キ其ノ性質上出廻リナク、阿片ノ地位ニ就テハ一切不明デアル。

(ハ) 民国二十七年(一九三八年)度ニ於ケル阿片ノ地位

事変ニ依リ西北地域ヨリ輸入セラルル阿片ガ杜絶シタノニモ拘ラズ、民国二十七年(一九三八年)度ニ於テハ一千万両ニ近イ輸出ヲ見ルニ至ツタノハ、事変ノ為前年ニ於テ出廻中絶セラレタモノガ当年度ニ繰越出廻ツタ為デアル。

輸出先ハ満州国向九四六、七三九両ヲ除キ残リハ全部京津向デアル。当年度ノ阿片ノ輸出量九、八五四、七七九両金額ニシテ四三、八二一、一七五円ニ達シ、総輸出額ノ四一%ヲ占メタ。

当年ハ北支、満州国ノ不作ト例年上海方面ヨリ出廻ツテ居タ外国阿片ノ入荷無ク京津方面ハ極度ノ品薄ヲ告ゲ、事変前一両二―三円程度ノモノガ最高七円ヲ突破セル高騰振ヲ示シ、輸出モ活況ヲ示シタ。尚此ノ高騰相場ハ三十年来ノモノト謂ハレテ居ル。

当年度ニ於ケル阿片ノ輸出状況ヲ月別並輸出地別ニ見ルト次ノ通デアル。

民国二十七年(一九三八年)度阿片輸出地数量月別表

月別	輸出数量(両)			輸出金額(円)
	張家口	其ノ他	計	
一月	五一〇、四四四	—	五一〇、四四四	一、二七六、一一〇
二月	二〇三、八七二	—	二〇三、八七二	六一一、六一六
三月	一、一五九、〇三二	—	一、一五九、〇三二	三、四七七、〇九六
四月	三〇九、七〇〇	六八四、五五三	九九四、二五三	三、三七一、四九〇
五月	一五三、〇〇〇	—	一五三、〇〇〇	五五〇、八〇〇
六月	一二八、九〇〇	六八二、一三九	八一一、〇三九	二、八三四、四二八
七月	一〇、三〇〇	八八七、五九七	八九七、八九七	二、九五九、九七〇
八月	三九、六〇〇	八六、六四八	一二六、二四八	四六五、五一〇
九月	二三二、三〇〇	一、五四二、一八八	一、七七四、四八八	八、九五六、四五八
一〇月	四六〇、二〇〇	一、三五六、五〇八	一、八一六、七〇八	一一、〇七九、五〇九
一一月	三三三、一〇〇	七七七、四九八	一、一一〇、五九八	六、五三〇、三四八

一二月	二五一、二〇〇	四六、〇〇〇	二九七、二〇〇	一、七〇七、八四〇
計	三、七九一、六四八	六、〇六三、一三一	九、八五四、七七九	四三、八二一、一七五
満州国向			九四六、七三九	
京津向			八、九〇八、〇四〇	

本表中「其ノ他」ハ主トシテ厚和、豊鎮、平地泉、包頭方面デ、察南及察哈爾盟産ハ大部分張家口ニ集マル。

右「其ノ他」中ノ各都市別、月別輸出量ハ資料ナク不明デアルガ、一箇年間ノ輸出数量ヲ各都市別ニ見ルト次ノ如クデアル。

民国二十七年(一九三八年)度阿片都市別輸出数量

輸出地	輸出数量(両)	輸出金額(円)	輸出数量百分比(%)
厚和	三、八一六、五一四	一八、四三三、七六二	三九
張家口	三、七九一、六四八	一四、五三三、三〇七	三八
豊鎮	一、〇九〇、四三二	五、二六六、七八六	一一
大同	六一〇、九六八	二、九五〇、九七五	六
包頭	四九〇、六九六	二、三七〇、〇六一	五
平地泉	五四、五二一	二六六、二八四	一
計	九、八五四、七七九	四三、八二一、一七五	一〇〇

註 蒙疆銀行調査課調

都市別ニ見タル当年度一箇年間ノ阿片輸出量ノ順位ハ右表ノ如ク厚和ガ第一位デ輸出総量ノ三九%ヲ占メ、第二位ハ張家口デ三八%ノ輸出割合ヲ示シテキル。蒙疆地域ニアリテハ察南、晋北管内ハ阿片ノ栽培ヲ禁ゼラレ蒙古管内ノミ生産ヲ許サレタ関係上、張家口ヘ出廻ツタ阿片モ察哈爾盟ヲ中心トシタ蒙古管内ヨリノ出廻品デアル。而シテ其ノ輸出仕向先ハ殆ド大部分北京、天津方面デアル。

次ニ他ノ貿易品トノ比較ニ依リ阿片ノ蒙疆ニ於ケル重要性ニ就テ検討ヲ加ヘテ見ヨウ。

民国二十七年(一九三八年)度蒙疆貿易額表

輸出	(円)	輸入	(円)
阿片	四三、八二一、一七五	紡織品類	二二、二八八、九八〇
糧穀類	三八、〇九四、九二七	調味嗜好品類	一五、二五二、二六六
獣毛類	八、一三五、六八〇	雑貨類	一三、七九七、八一九
牲畜類	四、六九五、四三五	建設資材類	四、三六六、七七三
礦石類	三、五二一、六五九	食料品類	四、三二七、七一一
獣皮類	二、八五五、八八〇	獣毛類	二、七一八、〇〇〇
調味嗜好品類	二、三九一、五四〇	燃料類	二、七一九、三〇六
麻類	二、二一九、七四六	薬品類	一、二〇九、四〇八
食料品	一、九〇六、一五八	獣皮類	四五四、三八〇
種子	七四六、〇三〇	木材	三九八、四〇〇
原木丸太類	三、五〇〇	(出超)	四〇、八五八、六八七
計	一〇八、三九一、七三〇	計	一〇八、三九一、七三〇

当年度貿易ハ四、〇〇〇万余円ノ出超ヲ見順調ヲ辿ツタガ、右表ノ如ク阿片ノ輸出貿易ニ占ムル地位ハ実ニ全輸出額ノ四一%デアツテ蒙疆貿易ノ大宗ト謂ハネバナラナイ。之ヲ事変前ノ四四%ニ比較スルト僅ニ三%ノ低下ニ過ギナイガ、事変後阿片価格ノ高騰ニ依リ実質的ニハ著シク低下シ、其ノ実際輸出数量ハ四、〇〇〇、〇〇〇乃至四、五〇〇、〇〇〇両ノ減少ト見ラレル。

㈡　民国二十八年(一九三九年)度ニ於ケル阿片ノ地位

当年度ノ蒙疆貿易ハ輸出超過ヲ常態トスル対外貿易ニハ異例ノ記録デアツタ。其ノ根本的要因ハ事変後独立政権ノ出現ニヨツテ日本ノ戦時経済政策ニ順応スルコトトナリ、其ノ第一次的段階トシテ蒙疆ガ有スル豊富ナル地下資源ノ開発ガ行ハレ、従来ノ農業立国カラ重工業国ヘト急激ナル経済機構ノ編成替ヲ余儀ナクサレタコトデアル。即チ当年ハ右政策ニ基ク蒙疆ノ各種生産拡充計画ノ実行期ニ入リ、建設資材ノ輸入ハ俄然激増シ、反面輸出ニ於テハ七月下旬ノ大水害ガ基因シテ阿片、穀物類ノ被害甚大デ、貿易尻ハ三六、八二四、〇〇〇円ノ入超ヲ示現スル結果トナツタ。

以上ノ如キ特殊事情ニ基ク貿易内容ノ変化ニ伴ヒ前例ナキ甚シキ入超ヲ現出シタノデアルガ、一方阿片ニ於テモ降雨其ノ他諸種ノ弊害続出シ、為ニ近来稀ニ見ル減収デアツタノミナラズ、関係筋ヲ動員シテ極力収買ニ努メタニモ拘ラズ収納ハ意ノ如クナラズ、十二月二十日ノ収納完了時期ニ於テモ九〇〇、〇〇〇両ニ充タナイ状態デ（八五〇、〇〇〇両程度ト称セラレテ居ル）アツタ。

民国二十八年（一九三九年）度蒙疆貿易額表（単位円）

輸出		輸入	
品種	金額	品種	金額
糧穀	一三六、二一八、〇〇〇	紡織品	三一、九四五、〇〇〇
阿片類	二六、八六六、〇〇〇	機械金属類	二二、一五三、〇〇〇
牧畜類（マヽ）	一一、五四〇、〇〇〇	調味嗜好品	二六、七一三、〇〇〇
薬材	五、七九八、〇〇〇	木材	一〇、四一七、〇〇〇
小計	八〇、四二二、〇〇〇	車輛	四、〇八六、〇〇〇
其ノ他	一六、六三四、〇〇〇	燃料類	六、一四八、〇〇〇
輸出合計	九七、〇五六、〇〇〇	食物	五、八八〇、〇〇〇
入超	三六、八二四、〇〇〇	小計	一〇〇、九三六、〇〇〇
		其ノ他	三二、九四四、〇〇〇
合計	一三三、八八〇、〇〇〇	合計	一三三、八八〇、〇〇〇

註　蒙疆銀行調査課調査

而シテ当年度阿片ノ輸出数量ハ三、五七五、〇〇〇両、金額二六、八六六、〇〇〇円デ輸出貿易額ノ二八％弱ヲ占メテ居ル。之ヲ前年ト比較スレバ数量ニ於テ六三%(六、二七九、七七九両)、金額デ三九%(一六、九五五、〇〇〇円)ノ著シイ凋落(ママ)ヲ示シテ居ル。此ノ輸出激減ノ原因ハ㈠奥地ヨリノ輸入阿片ノ杜絶、㈡地場産阿片ノ水害ニ依ル減収デアル。

尚数量ノ減少ガ著シイノニモ拘ラズ金額ノ減少率ガ低イノハ輸出単価ノ高騰ニ依ルモノデアル。即チ前年度一両当リノ平均単価四円四十五銭ノモノガ当年七円五十一銭ヲ示シテ居リ実ニ六九%ノ騰貴率デアル。当年度ニ於テ特記スベキコトハ阿片ノ持ツ国家的重要性ニ鑑ミテ七月一日ヲ期シ蒙疆全土収買、製造、販売阿片ノ統制機関タル蒙疆連合委員会清査総署ノ創立ヲ見、七月以前ニ於ケル状況トハ自ラ其ノ趣ヲ異ニシテ居ルコトデアル。即チ本年一月ヨリ六月ニ至ル輸出阿片ノ販売(ママ)デアツテ所謂土商ノ手ニ依リ管外ヘ搬出サレタモノデアル。而シテ七月以降ハ政府ノ統轄下ニ蒙疆土薬股份有限公司ニ命ジテ一年(ママ)収納ヲ為サシメ(蒙疆管内土商ノ大部分ハ同公司ニ含マレル)、該収納阿片ノ販売ニハ清査総署ガ直轄配給ノ任ニ当ツタノデアル。

㈭　民国二十九年(一九四〇年)度ニ於ケル阿片ノ地位

民国二十八年(一九三九年)春以来蒙疆貿易ハ異例ノ入超ヲ続ケテ来タガ当年八月以降此ノ傾向ハ一変シ爾来出超ヲ保持シテイル。此ノ原因ハ当年度農作物ノ豊作ニ因ルモノデアルガ、他面政府ガ其ノ出荷対策ニ真剣ニ努力シタ結果デアラウ。特ニ当年度農作物ハ糧穀総連合会ノ出荷工作モアツテ、察南、察哈爾盟ヲ中心トシテ陸続トシテ出廻リ、他方輸入ハ物資需給ノ実情ニ応ジ合理的計画的ニ管理サレ、為替管理ノ運用ト相俟ツテ、政府ガ極力国際収支ノ改善調整ニ乗リ出シ農産物輸出ノ増大ヲ企画シタ。斯クノ如ク政府ノ積極的対策ニヨル当年度下半期ノ輸出貿易ノ増大ニモ拘ラズ、当年度貿易尻ハ四三、八八一、〇〇〇円ノ入超ヲ示スニ至ツタ。之ハ前年ノ水害ト農作物ノ不作ニヨル当年上半期ヲ通ジテノ輸出不振ニ基因スルモノデアルガ、他方輸入単価ノ高騰モ亦見逃シ得ナイ要因デアル。

当年度ニ於ケル蒙疆鉄道貿易額ヲ示セバ次ノ如クデアル。

民国二十九年（一九四〇年）度蒙疆鉄道貿易額表

輸出		輸入	
品種	金額	品種	金額
糧穀類	一三、二四〇、〇〇〇	紡織品	三〇、一六七、〇〇〇
阿片	六三、四〇九、〇〇〇	機械金属類	二八、九九四、〇〇〇
牧畜類（ママ）	一、六九〇、〇〇〇	調味嗜好品	二、六五四、〇〇〇
薬品類	八、九五二、〇〇〇	木材	一四、七九五、〇〇〇
獣毛類	三、五二一、〇〇〇	車輛	六、九四三、〇〇〇
獣皮類	三、八五三、〇〇〇	燃料灯火類	七、一四七、〇〇〇
礦産品	四、三八八、〇〇〇	食料品	一一、四五四、〇〇〇
小計	九九、〇五三、〇〇〇	小計	一〇二、一五四、〇〇〇
其ノ他	一六、〇八八、〇〇〇	其ノ他	五六、八六八、〇〇〇
輸出合計	一一五、一四一、〇〇〇		
入超	四三、八八一、〇〇〇		
合計	一五九、〇二二、〇〇〇	合計	一五九、〇二二、〇〇〇

註「蒙銀経済月報第三巻第一号」ニ拠ル

右ハ鉄道外ノ貿易（車馬其ノ他ニヨルモノ）ヲ含ム所謂総括的蒙疆貿易資料ガ入手困難ノタメ已ムナク鉄道貿易ノミヲ掲記シタノデアル。蓋シ例年鉄道外貿易ハ輸出入共ニ全貿易額ノ一割若クハ一割ニ充タザル状態デ、従テ鉄道貿易ニヨリ蒙疆貿易ノ趨勢ヲ把握シ得ルト思フ。

上記表ニ依レハ民国二十九年（一九四〇年）度輸出額ハ一一五、一四一、〇〇〇円、輸入一五九、〇二二、〇〇〇円デ、差引四三、八八一、〇〇〇円ノ輸入超過デアル。而シテ輸出品中ノ大宗ハ謂フ迄モナク阿片デ輸出額六三、四〇九、〇〇〇円、輸出数量三、九六八、〇〇〇両ニ達シ、輸出貿易額ノ五五％デ正ニ圧倒的地位ヲ占メテキル。之ヲ前年ト比較シテ見ルト数量ニ於テ三九三、〇〇〇両（一一％）、金額ニ於テ三六、五四三、〇〇〇円（一三六％）ノ増加デアル。

尚数量ノ増加ガ僅少ナルニモ拘ラズ金額ノ増加率ガ著シク高イノハ輸出単価ノ高騰ニ因ルモノデアル。

以上累年ニ渉ツテ阿片ノ蒙疆貿易ニ於ケル地位ニ就テ概説シタノデアルガ、其ノ輸出高如何ハ直ニ蒙疆貿易ニ影響スル所甚大デ、他ノ農産物ト共ニ蒙疆経済上不可欠ノ重要商品デアルコトヲ容易ニ知ルコトガ出来ヨウ。

第四章　旧政権時代ノ阿片政策

第一節　察哈爾省煙政

察哈爾省ニ於ケル煙政ハ禁煙法ニ基ク清査処ノ開設ヲ濫觴トシ、民国十九年（一九三〇年）以後綏遠省ヨリ離脱シテ本省独自ノ禁煙対策ノ実施ヲ見ルニ至ツタノデアルガ、元来本省ハ生産地ヲ持タザル関係上、栽培ニ関スル禁止制限ヲ規定スル必要ナク、吸飲ノ制限、密輸密売ノ禁止ガ主要方策ニシテ、禁煙ノ名称ヲ冠シツツモ之ヲ奇貨トシ、裏面ニ於テ阿片収入ノ増大ヲ図ルコトニ汲々トシテイタコトハ推察ニ難クナイ。清査処ノ組織及法規ノ概要ヲ記述スレバ左ノ如クデアル。

一　清査処章程抜萃

第一条　清査処ハ禁煙法第三条第三項ニ依リ之ヲ組織ス
第二条　清査処ハ全省ノ禁煙事務ヲ管理ス
第三条　各県ノ禁煙事務ハ各県長責任ヲ以テ之ヲ処理シ其ノ規定ハ別ニ之ヲ定ム

註　各県ニ於ケル規定ハ本条文ニモ拘ラズ遂ニ制定ヲ見ルニ至ラナカツタ。

第四条　清査処ハ各県ノ禁煙事務ニ対シ指示監督ノ責任ヲ有シ法令ニ違反シ或ハ職権ヲ逾越(ママ)スル者アル時ハ省政府ニ申請シ禁煙考績法ニ依リ之ヲ懲戒シ禁煙成績優良ナル者ニ対シテハ省政府ニ申請シテ之ヲ表彰スルコトヲ得

次ニ清査処ノ組織ヲ示セバ次ノ如クデアル。

清査処長
副処長
秘書
├総務組長
│├文牘股主任─（文牘員、収発員、管巻員、書記）
│├会計股主任─（会計員、書記）
│├庶務股─庶務員
││├伝達
││├衛兵
││└差役
│└組員弁公所─（管庫員、管理鎖毀証、帳簿提車、護照管理者、貼花簽字）
└調査組長
　├調査主任─（数年該職ノ設箇ナキモ民国二十五年（一九三六年）李処長ノ時紛議ヲ生ジ任用セリ）
　└稽査主任─（本処稽査員巡査等ヲ指揮派遣シ私貨ノ査輯事務ヲ処理シ分所ノ指揮監督ニ当ル）

尚清査処分卡ノ所在地及所管事項ヲ示セバ左記ノ如クデアル。

分卡名	所在地	所管事項
南関道	本埠	密品ノ没収
西沙河	〃	〃
大境門	〃	〃
西店子	大境門二十里ノ外	徴税及密品ノ没収
康　荘	懐来県	密品ノ没収
沙　城	〃	徴税及密品ノ没収
独石口	赤城県	〃
北柵子	竜関県	〃

長峪口(ママ)	〃	密品ノ没収
柴溝堡	懐安県	徴税及密品ノ没収
洗馬林	万全県	〃

二　察哈爾省清査処罰款提奨簡章

密輸、密造ノ阿片ヲ没収シタ場合ニ於テ徴収スル罰金ノ処理方ヲ規定シタモノデアツテ、之ヲ賞金トシテ査獲者或ハ密告者ニ支給シ、残余ヲ官収トスルコトヲ定メテ居ルノデアルガ、其ノ分配ニ関スル規定ノ細則機微ニ亘ツテイルコトハ実ニ驚クベキモノデ、阿片対策ノ収入獲得ニ汲々タル一面ヲ表明スルモノト謂フコトガ出来ル。

三　察哈爾省清査処査獲偸漏証費処罰簡章

密輸、密売買、隠匿、逃亡等ニ対スル罰則及没収品ノ処置ヲ規定シタモノデアツテ、其ノ条文ヲ掲ゲレバ次ノ通デアル。

第一条　本簡章ニ於ケル倫輸(ママ)、密売買、隠匿、逃亡等ヲ謂フ

第二条　私土、私膏ヲ査獲セルトキハ本処ニ於テ原偸漏人立会ノ上主管者ハ秤量、包装、封印、捺印シ原偸漏人ノ捺印、簽字ヲ求メ領収書ヲ交付シテ没収ス

第三条　偸漏物品ヲ査獲シタルトキハ人民、行店ニ区別シテ之ヲ処罰ス

第四条　人民ノ私土ヲ査獲シタルトキハ偸漏人ニ命シテ銷毀証ヲ貼付セシムル外二倍乃至五倍ノ罰金ニ処ス、但シ新収ノ稀土ニ対シテハ一倍乃至五倍ノ罰金ニ処ス

第五条　行店ニ於テ私土、私膏ヲ査獲シタルトキハ当該行店ヲシテ銷毀証ヲ貼付セシムル外五倍乃至十倍ノ罰金ニ処ス

第六条　執照ナクシテ土膏ノ密売ヲ為サントスル者ヲ発見セル場合ハ其ノ毎月ノ販売数量ニ依リ等級ヲ定メ執照料ヲ納付セシム

ル外五倍乃至十倍ノ罰金ニ処ス

第七条　前条ノ土膏ニ若銷毀証ノ貼付ナキトキハ銷毀証罰金ヲ併科スルコトヲ得

第八条　既ニ廃止セル銷毀証ヲ再使用セルトキハ人民ニ対シテハ三倍乃至八倍、行店ニ対シテハ十倍乃至十五倍ノ罰金ニ処ス

第九条　銷毀証ヲ偽造使用セル者ハ本章程ニ依ル外法院ニ送致シテ罪ニ処ス

第十条　麻薬ヲ査獲セルトキハ人貨共留置シ省政府ニ申請シテ処理ス

第十一条　本章程ハ申請認可ノ日ヨリ施行シ随時申請ニ依リ改修スルコトヲ得

四　察哈爾省清査処招商承包暫行簡章

阿片ノ配給ニ対シテ請負販売制度ヲ採用シタ点ハ清査処方策ノ有効ナル一面ト称スベキデアツテ本簡章ハ其ノ販売人ニ関スル規定デアル。即チ指定販売人ハ省政府ノ執照ヲ受ケタ後営業ノ許可ヲ与ヘラレルノデアルガ、其ノ営業ニ関シテハ清査処ノ取締ヲ受ケル外営業税(包捐)ヲ毎月納付スルコトヲ要シ、且請負契約ノ期限ハ三箇月ヲ一期トシ三箇月ヲ経過スレバ更ニ契約ヲ締結スルコトトシテ居ル。更ニ販売人ハ省会(張家口市)及外県(他ノ十六県)ニ依テ区別サレ営業税額(包捐)ヲ異ニスル。

尚営業税額左ノ如シ

省会(張家口市)	二十円
外県甲(張北、多倫、宣化)	三百円
乙(万全、延慶、商都、懐来、懐安)	二百円
丙(赤城、涿鹿、竜関、陽原、沽源)	一百五十円
丁(康保、宝昌)	一百円

五　印紙貼付手続

密輸密売ヲ禁止スル目的カラ阿片ニハ一両毎ニ印紙ノ貼付ヲ必要トシ、併セテ印紙税収ヲ企図シタ手続デアル。

阿片ノ印花(銷燬証)ハ一両ニ付一角五分デアル。

六　阿片税ノ種類及税率表

種類	税率(分)	摘要
印花税	一五	本埠ニ於テ売買サルル阿片一両ニ付徴収
〃	〇八	本埠ヨリ平津地方ニ移出サルル阿片一両ニ付徴収
入境税	〇二	鉄道輸送ニ対シテ免税
出塞税	〇二	本埠ヨリ平津地方ニ移出サルル阿片一両ニ付徴収
通境税	〇八	本埠ヲ通過シテ平津地方ニ移出サルル阿片一両ニ付徴収、但シ北京清査処ニ於テ到著後徴収シ張家口ニ振替
土照税	一箇月 四〇〇 六〇〇 八〇〇	営業執照税ニシテ三等級ニ分チ月一回徴収
膏照税	一箇月 一二〇〇 一〇〇〇 八〇〇 六〇〇	営業執照税ニシテ四等級ニ分チ月一回徴収
営業税	〇一	営業税徴収局ニ於テ徴収、前述ノ包捐ヲ含マス

民国二十五年(一九三六年)度ニ於ケル税収実績ヲ示セバ次表ノ如クデアル。

民国二十五年(一九三六年)度徴収税実績表(察哈爾省清査処)

種類	金額	種類	金額
印花税	四六四、三九七・三四	過境費	四〇四、六四〇・三五
罰款	一七、六三二・一八	査験費	二九、八二二・六六
運費	一三一、八五六・一七	土照捐	一二、五四〇・〇〇
入境費	一一、九六三・六〇	育照捐	一七、八四〇・〇〇
出境費	一四、二八二・二八	合計	一、一〇四、九七四・五八

第二節　綏遠省煙政

綏遠省ニ於テハ従来阿片ノ栽培ハ山間ノ奥地ニ栽培セラレテキタノデアルガ、之ガ綏遠(現厚和)ヲ中心トスル平地ニ迄進出シ公然ト栽培セラルルニ至ツタノハ、民国七年(一九一八年)軍費捻出ノ必要カラ時ノ綏遠都統蔡成勲ガ阿片捻培ノ解禁ヲ断行シタノガ其ノ濫□デアツテ、僅々二十年ヲ閲スルニ過ギナイ。而シテ当時ノ栽培ニ対スル政策ハ按畝収税ニ依リ一畝当リ水地十元、旱地六元ノ税収方法ヲ採ツタノデアル。

其ノ後民国二十二年(一九三三年)綏遠主席傅作義ハ軍費ノ増加ニ対スル増収策ト官吏ノ弊風ヲ防止スル見地カラ按畝収税ヲ廃止シテ比額割当制ヲ採用シ、一二〇万円乃至一四〇万円ヲ各県ニ割当テタノデアルガ、閻ハ徴収内一割ノ附加税ヲ徴シテ山西ニ送附セシメ以テ財政ノ確立ヲ企図シタノデアル。

玆ニ綏遠煙政ノ概念的方向ヲ観ルニ綏遠主席傅作義ハ阿片行政方面ヲ担当シ、阿片財政方面ハ山西閻錫山ノ晋綏財政整理処ニ属スル関係上、傅作義自身トシテハ阿片栽培禁止政策ニ対シ相当ノ熱意ヲ持ツテイタガ、之ガ実行ハ財政方面トノ摩擦ニ於イテ極メテ困難ナル態様ヲ示シ来ツタト謂フコトガ出来ル。

事変発生前当時ニ於ケル旧政綱及諸制度ハ、後掲ノ如ク禁煙大綱ト称スル施政準拠令ト禁煙弁事処、禁煙稽査処及禁煙督察分処ノ三種関係機関ヨリ成ルモノデアル。

而シテ其ノ機構ハ行政、司法及徴税方面各機能ニ分レ、各分掌事項トシテハ比較的合理的方向ニ進ミツアツタノデアルガ、之ヲ総監スベキ一元的統制ニ欠ケテイタコトハ綏遠阿片行政最大ノ欠陥デアツタト謂ヘヨウ。中央ノ指命(マヽ)不滲透ガ地方各行政権軍伐(マヽ)ニ悪用サレ、阿片ニ対スル地方行政機構ハ唯単ニ地方軍伐(マヽ)ノ搾取機関トシテノ機能ヲ有シタルニ過ギナカツタ。

一　綏遠省禁煙大綱

第一条　本省ハ阿片ノ害毒ノ大ナルヲ想ヒ一大決心ヲ以テ之カ削除禁絶ヲ期センカ為総監所ノ禁煙法ニ拠リ本省ノ実状ヲ基礎トシテ本大綱ヲ制定ス

第二条　本省ノ禁煙事項ヲ処理センカ為禁煙弁事処ヲ設ケ、其ノ組織簡章ハ別ニ之ヲ定ム

第三条　本章(マヽ)各県局ノ阿片栽培ハ民国二十四年(一九三五年)ヨリ後四年間ニ於テ区ヲ分チ禁絶ス

前項ノ栽培禁止区域ハ年度毎ニ絶対禁止区域ト制限禁止区域ヲ設ケ絶対禁止区域ニ於テハ強制的ニ煙苗ヲ削除シ制限禁止区域ニ於テハ畝数ニ応シ建設特税ヲ課ス。其ノ取扱方ハ別ニ之ヲ定ム

第四条　阿片吸食者ハ勧戒、調戒、勒戒ノ区別ニ依リ漸次粛請(マヽ)ス。其ノ取扱方ハ別ニ之ヲ定ム

第五条　阿片ノ販売或ハ運送ヲ為ス者及煙具ノ製造販売或ハ運送ヲ為ス者ハ禁煙弁事処ノ規定セル取扱方ニ依リ取調ノ上禁止ス

第六条　阿片及之ニ類似セル有害品ノ吸飲、製造、販売及運送ヲ為ス者ハ禁煙総監所禁毒治罪暫行条例ノ規定ニ依リ処理ス

第七条　制限禁止区域ニ於テ徴収セル建設特税ハ禁煙各費用ニ支出スル以外ノ余額ヲ本省建設費トシ軍費或ハ政務費ニ支出スルコトヲ得ス

第八条　建設特税収支ヲ明ニスル為建設特税監察委員総会ヲ設ケ各県局ニ之カ分会ヲ設置ス。其ノ組織、簡章ハ別ニ之ヲ定ム

第九条　禁煙事項督励ノ為専委ヲ各県局ニ派遣シ監査セシム

第十条　本大綱ニ不備ノ点有ラハ随時之ヲ修正スルコトヲ得

第十一条　本大綱ハ公布ノ日ヨリ之ヲ施行ス

二　禁煙弁事処

民国十六年(一九二七年)時ノ都統商震ノ設立ニ成ルモノデ省政府ニ直属シ主トシテ各県煙畝罰款ノ収納ニ当ツタ。而シテ爾来阿片行政方面ヲ担当スル最モ有力ナル機関トシテ存在シタノデアルガ、其ノ後何等積極的ナ施行方策ナク、単ニ各県ヲ通ジ煙畝罰款ノ収納ヲ為ス一徴収機関タルノ域ヲ脱セザル状態デアツタ。

而シテ其ノ方法ノ如キモ、各県毎ニ適当金額ヲ割当テ県又ハ管下各郷鎮長ニ之ヲ分担賦課セシメ、各県長ハ其ノ割当額ノ$\frac{3.5}{100}$、各郷鎮長ハ$\frac{1.5}{100}$ノ手数料ヲ収受スル制度デアツテ、本処一箇年間ノ平均収入額ハ一二〇万円乃至一四〇万円程度デアツタ。而シテ之ガ省財政内ニ占ムル地位ハ相当強力ナモノデアツタコトハ想像ニ難クナイ。随テ省財政ノ振不振ニ応ジ本税額ノ割当ハ常ニ移動シタノデアル。尚此ノ税収中一割ヲ附加税トシテ山西省ノ晋綏財政整理処ニ納付シツツアツタコトハ前述ノ通デアル。

次ニ民国二十五年(一九三六年)度ニ於ケル各県別比額(ママ)割当金額ヲ示セバ左ノ如クデアル。

綏遠	一五五、〇〇〇元	豊鎮	一四〇、〇〇〇元
薩県	一四五、〇〇〇元	和林	八〇、〇〇〇元
陶林	二四、〇〇〇元	托県	八七、四〇〇元
涼城	九三、〇〇〇元	興和	八八、〇〇〇元
東勝	七、〇〇〇元	武川	六五、〇〇〇元
固陽	四七、六〇〇元	包頭	四九、〇〇〇元〔?〕
清水河	三八、〇〇〇元	安比	二三二、五〇〇元〔?〕
集寧	二七、〇〇〇元	五原	四六、〇〇〇元〔?〕
臨河	八六、五〇〇元	計	一、二〇〇、〇〇〇元

註　蒙古連盟自治政府「綏遠阿片事情」ニ拠ル。

三　禁煙稽査処

阿片ニ関スル徴税方面ヲ分担スル官庁デアツテ山西省太原ノ晋綏財政整理処ノ直轄ニ属シ、其ノ収納セル正税ハ山西軍閥ノ収入ニ帰属シ、附加税（教育附加款賑款）ハ本政府ニ属シテキタモノデアル。民国十九年（一九三〇年）以前ニハ察哈爾ヲモ其ノ管轄下ニ包含シテキタガ、察哈爾省清査処ノ開設ニ依リ綏遠単独ノ徴税機関トシテ存在シタモノデアル。其ノ組織ハ左図ノ如クデアルガ、帰化城ニ本処ヲ設ケ、各地ニ十七分処、十四分卡ヲ配置シ、山西軍閥ノ財源トシテ年々莫大ナル収入ヲ挙ゲテ来タモノデアル。

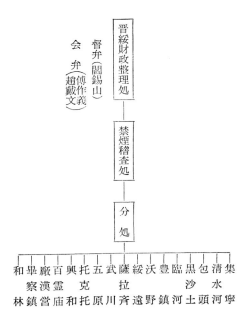

- 晋綏財政整理処
  - 督弁（閻錫山）
  - 会弁（傅作義 趙戴文）
  - 禁煙稽査処
    - 分処
      - 集寧
      - 清水河
      - 包頭
      - 黒沙土
      - 臨河
      - 豊鎮
      - 沃野
      - 綏遠
      - 薩拉斉
      - 武川
      - 五原
      - 托克托
      - 興和
      - 百霊廟
      - 廠漢営
      - 畢察鎮
      - 和林

次ニ禁煙稽査処ノ施行セル税目及税率ヲ示セバ左表ノ如クデアル。

税	目	税率〔元〕	摘要
印花税	紅花	毎一両 本処 〇・一七	外地産阿片ニ適用
		〃 分処 〇・一八	
	藍花	〃 〇・一二	本地産阿片ニ適用
出境費	大路	〃 〇・〇一	綏遠境内及鉄道輸送ノモノニ適用
	小路	〃 〇・〇二	鉄道ニ依ラザルモノニ適用
検査費	大路	〃 〇・〇一	
	小路	〃 〇・〇四	
附加款	附加教育款	〃 〇・〇一五	
	附加賑款	〃 〇・〇一五	
甲照捐	一等	毎月 六〇・〇〇	資本四万元以上ノモノ
	二等	〃 四八・〇〇	〃 三万二千元以上ノモノ
	三等	〃 三六・〇〇	〃 二万四千元以上ノモノ
	四等	〃 二四・〇〇	〃 八千元以上ノモノ
	五等	〃 一二・〇〇	〃 八千元以下ノモノ
	六等	〃 六・〇〇	
鍋捐		〃 六・〇〇	
燈捐		〃 二・〇〇	
附加捐		〃 〇・四〇	

註一　以上ハ主土ニ付定メラレタルモノニシテ、熟土ニ対シテハ八銭ヲ一両ト看做シ課税ス。
二　特ニ出廻期タル七、八、九、三箇月ハ集貨及取引高増加ヲ計ル為、前記附加捐ヲ全免スルコトトセリ。
三　前記期間中ハ硬貨四両ヲ硬貨一両ト看做シ、軟貨ハ硬貨ノ半分ト看做ス。
四　煙館（ママ）ヨリ徴収スルモノハ従来ハ公安局ニ於テ徴収シタルモノナリ。
五　尚左ノ外鉄道輸送ヲ為スル当リテハ特殊規定ヲ設ケ、之ガ保護便宜ヲ計ルコトトシ、左ノ運賃ノ定メアリ。

綏遠阿片通過過程上各地ニ於ケル課税額運賃表

(イ) 綏遠管内消費ノ場合

	印花	附加	計
外地産品	〇・一七	〇・〇三	〇・二〇
地場産品	〇・一二	〇・〇三	〇・一五

(ロ) 張家口向ノ場合

地域	綏遠省					察哈爾省				累計
税目 / 品種別	印花	附加	出境費・検費	運賃	計	印花	附加印花	運賃	計	
外地産品	〇・一七	〇・〇三	〇・〇二	〇・〇六	〇・二八	〇・〇八	〇・〇七	〇・〇四	〇・一九	〇・四七
綏遠産品	〇・一二	〇・〇三	〇・〇二	〇・〇六	〇・二三	〇・〇八	〇・〇七	〇・〇四	〇・一九	〇・四二

(ハ) 北京、天津向ノ場合

品種別		綏遠省出境迄ノ諸課税額計	察哈爾省官内諸課税其ノ他 印花	察哈爾省官内諸課税其ノ他 運賃	察哈爾省官内諸課税其ノ他 出境費	察哈爾省官内諸課税其ノ他 計	累計	京津地方諸課税其ノ他 印花	京津地方諸課税其ノ他 運賃	京津地方諸課税其ノ他 計	総計
外地産品	張家口著荷後再輸送ノ場合	〇・二八	〇・〇八	〇・〇四	〇・〇二	〇・一四	〇・四二	〇・〇六	〇・一四	〇・二〇	〇・六二
	綏遠ヨリ直送ノ場合	〇・二八	〇・〇八	〇・〇四	—	〇・一二	〇・四〇	〇・〇六	〇・一四	〇・二〇	〇・六〇
綏遠産品	張家口著荷後再輸送ノ場合	〇・二三	〇・〇八	〇・〇四	〇・〇二	〇・一四	〇・三七	〇・〇六	〇・一四	〇・二〇	〇・五七
	綏遠ヨリ直送ノ場合	〇・二三	〇・〇八	〇・〇四	—	〇・一二	〇・三五	〇・〇六	〇・一四	〇・二〇	〇・五五

註一　以上ハ毎一両（一〇匁）ニ就テノ課税トス

二　察南ニ於ケル附加印花〇・〇七ハ民国二十四年（一九三五年）下期ヨリ新設ニカカルモノデアル。従来張家口消費ノモノハ少カツタガ、モヒ製造カ旺ナルニ及ビ管内消費ノモノニ対シ課税スルコトトナツタ。

三　京津ニ於ケル印花〇・〇八ハ天津又ハ北京ニテ一度徴収スルノミデアル。

四　綏遠ニ於ケル印花ハ〇・一七トナツテ居ルガ、各地分局デ徴収スルトキハ〇・一八デアル。

五　張家口デ荷卸スルコトナク直接京津向輸出スル場合ハ察哈爾出境費〇・〇二ハ徴収シナイ。

次ニ民国二十三年（一九三四年）度ニ於ケル税収及罰款収入実績ヲ示セバ次表ノ如クデアル。

民国二十三年（一九三四年）度徴税実績表（禁煙稽査処）

種類	金額(元)	種類	金額(元)
印花費	一、三四二、〇〇〇	民国二三年度分煙畝花費	八七、八七九
藍花費	四一〇、五〇〇	私土売却費	三、一五六
甲照捐	二二、七九七	罰款	一八、九八八
出境費	三七、三一〇	雑入	三、三五〇
緑色憑単	二九、九五〇	附加款	―
藍色憑単	五四、三六九	教育附加	一〇八、七一四
東路運費	一八三、二一三	賑款	一〇八、七一四
西路運費	四七、八三八	沃野附加	四、二七三
煙畝紫花費	三八八	合計	二、四六四、〇〇〇
煙畝花費	六七七		

四　禁煙督察分処

前身ハ山西禁煙考核処駐綏弁事処デアツテ、中央政府ヨリ各省ヘ督察分処ヲ設置スルニ及ビ其ノ指令ニ基キ前記弁事処ニテ所轄セル事業ヲ継承、民国二十六年(一九三七年)八月開処サレタモノデアル。因ミニ本処ハ専売制実施ノ準備トシテ積極的阿片収買ヲ企図シテ設置サレタモノト見ラレル。其ノ機能ハ専ラ収買ニ在リ、事変前斯カル山西ノ阿片積極政策ノ実施ニ伴ヒ、従来張家口、京津方面ヘ輸出サレタル阿片ガ其ノ経路ヲ変ジ、山西ニ吸収サレルモノ尠カラズト謂フ状態デアツタ。殊ニ甚ダシカツタノハ、事変勃発ニ依ル閉鎖迄ノ短期間ニ於ケル収買ヲ為ス等ノ独占的収奪政策ニ依リ、当時大同ヲ経由太原方面ニ搬出セラレタル数量概ネ二〇〇万乃至三〇〇万両ニ達シタト称サレテキル。

第五章　事変後蒙疆ニ於ケル阿片政策

第一節　事変勃発直後ニ於ケル阿片政策

第一項　概　要

今次支那事変勃発ト共ニ皇軍ノ果敢ナル進撃ニヨリ早クモ治安確立セル察南、晋北、蒙古ノ各地域ニ先駆的ニ組織サレタル三自治政府、即チ察南自治政府(民国二十六年九月)、晋北自治政府(民国二十六年十月)、蒙古連盟自治政府(民国二十六年十月)ハ蒙疆ニ於ケル特異的存在トシテ、財政的ニ且又民衆ノ生計上カラ一日モ偸安ニ附スルコトヲ許サレザル阿片政策ニ関シテ、早急ニ之ガ対策樹立ニ腐心シタノデアルガ、戦後疲弊セル農民ノ経済的援助ノ必要性ト監督側ニ於ケル人員施設ノ不整備トノ為ニ、急速ナル政策ノ転換ヲ為シ得ザル実情ハ旧支那政権ノ施策ヲ暫行的ニ一応踏襲セザルヲ得ザラシメタノデアル。即チ前記三自治政府ノ連絡機関タル蒙疆連合委員会ハ民国二十六年(一九三七年)十二月二十四日阿片業務指導要綱ナルモノヲ公布シ、過渡的政策トシテ早急ニ民衆生活ノ安定並新政権下財政ノ調整ヲ企図シタノデアル。

阿片業務指導要綱

一　売買関係

(一)　政府ハ当分ノ間直接収売(ママ)ヲ行ハズ。

(二)　銀行其ノ他一般会社等ノ阿片売買ヲ許サズ。

(三)　売買価格ノ統制ハ当分之ヲ行ハズ。

(四)　各自治政府ニ阿片公会ヲ組織セシメ、公会員以外ノ者ノ阿片ノ売買輸出入ヲ許サズ。

㈤　察南、晋北両政府ノ土商ガ入蒙シ阿片栽培者ヨリ直接収売セントスルトキハ、蒙古自治政府ニ連絡シ許可ヲ受クベシ。
㈥　北京、天津土商ノ蒙古連盟自治政府区域内ニ於ケル栽培者ヨリ直接収売ヲ許サズ。
㈦　来年度以降ニ於ケル察哈爾盟生産阿片ノ収売力(ママ)ニ関シテハ従来収売方法ヲ改メ、蒙古連盟自治政府ト別ニ協議決定ス。
㈧　蒙古連盟自治政府ハ寧夏、甘粛、青海阿片ノ収売ニ当リテハ特ニ土商運用ニヨル積極策ヲ講ズ。
即チ
イ　回教勢力トノ連絡協調
ロ　阿片輸送路ノ確保(清匪工作)
ハ　土商進出ノ積極的援助等

二　徴税関係

㈠　察南政府及晋北政府ハ当該政府ノ徴収スベキ阿片税徴収ノ便宜上蒙古政府稽査処内ニ弁事処ヲ設置ス。
晋北政府ノ弁事処事務ハ当分ハ察南政府弁事処ニ於テ之ヲ代行ス。
㈡　蒙古政府稽査処内ニ於ケル徴税事務運用ニ基ク阿片ノ管理、保管ノ責任ハ三政府連帯責任トス。
㈢　蒙疆運輸公司トノ運送契約完了シタルトキハ従来ノ運賃護路費ハ之ヲ廃ス。若新運賃及運送手数料ト旧運賃護路費トノ間ニ差額ヲ生ジタルトキハ其ノ差額ハ出境捐或ハ入境捐トシテ之ヲ転換徴収ス。
㈣　各自治政府ノ徴収スル各種阿片税ハ従前ノ額ヲ超過セザル範囲内ニ於テ各自治政府之ガ廃合単純化ヲ謀リ、連合委員会ノ承認ヲ経テ来年度三月一日ヨリ之ヲ実施スルコトヲ得。
㈤　蒙古自治政府ニ於ケル従来ノ阿片栽培税徴収方法ヲ合理化シ二月末日迄ニ之ガ改正案ヲ連合委員会ニ提出スベシ。
㈥　蒙古自治政府ハ蒙古自治政府ニ於テ徴収スル運賃護路費中ヨリ一両ニ付三分ヲ、察南政府ハ察南政府ニ於テ徴収スル運賃護路費中ヨリ一両ニ付二分ヲ夫々控除ス。
晋北自治政府ハ汽車ニテ大同ニ至ル場合及大同ヲ通過スル阿片ニ対シテハ通過税トシテ五分ヲ徴収スルモノトス。但シ該税ノ徴収ハ晋北政府通過税トシテ当分ノ間察南政府綏遠弁事処ニ於テ之ヲ代徴ス。

三　輸送関係

㈠　鉄道ガ正式営業（製造業ヲ含マズ）ニ復スル迄ノ阿片ノ輸送ハ総テ官運ニ依リ、旧政権ガ徴収シタル運賃護路費ヲ輸送ニ当リタル政府ニ於テ護録費(ママ)トシテ之ヲ徴収ス。但シ張家口北京間ノ運賃ハ中華民国臨時政府トノ協定運賃七銭ヲ徴収スルモノトス。

㈡　トラツク其ノ他汽車以外ノ交通機関ニ依ル国外ヘノ輸送ハ原則トシテ之ヲ為サズ。

㈢　鉄道ガ正式営業ヲ為スニ至リタルトキハ左記輸送方法ニ依ル。

記

イ　包頭ヨリ北京迄ノ区間及駅ヨリ所要地点迄ノ区間ノ輸送公司ヲシテ専弁セシム。

ロ　該公司ノ輸送ハ満州国ニ於ケル専売総局及国際運輸、鉄路総局三者間ニ於ケル輸送契約ヲ基礎トシ、別ニ産業委員会ニ於テ諸公司ト輸送契約ヲナス。

ハ　政府ガ阿片輸送ノ依頼ヲ受ケタルトキハ、政府ハ阿片預リ証ノ依頼者ニ交付シタル該公函ハ政府阿片トシテ輸送ニ当ルモノトス。

ニ　輸送ニ当リテハ政府ハ護照ヲ発給ス。

護照ノ様式ハ別ニ之ヲ定ム。

四　取締関係

㈠　麻薬ノ製造、密売買及阿片ノ密売買ハ厳重ニ之ヲ取締ル。

㈡　軍関係警察、日本領事館及税関等ノ各機関ニハ特ニ密接連絡シ、取締ノ徹底ヲ期ス。

密告者及査護者(ママ)ニハ奨励金ヲ交付スル方法ヲ設ケ、之ガ規則ハ別ニ之ヲ定ム。

㈢　煙民ノ登記ハ当分ノ間実施不能ナルヲ以テ、一般吸食者ノ吸食並吸食煙具ノ所持保管製造販売等ハ之ヲ黙認ス。

五　罌粟栽培関係

栽培許可地ハ蒙古連盟自治政府区域内ニ限ル。

六　其ノ他

蒙古自治政府ハ禁煙弁事処、禁煙督察分処ヲ廃シ、阿片ニ関スル事務ハ総テ禁煙稽査処ニ於テ之ヲ行フモノトス。

以上ノ如キ方策ノ下ニ暫行的ニ阿片対策ノ実施ヲ見タノデアルガ、当時具体的要領ヲ示サナカツタ為、事務ノ連絡運用上統一ヲ欠ク嫌ヒガアリ且取締上支障尠カラザル実情ニ鑑ミ、翌民国二十七年(一九三八年)五月及六月ニ蒙疆地域ノ阿片商人並入蒙阿片買付ノ京津地方阿片取引商人ニ対シテ、左ノ如キ阿片売買許可要領ノ公布ヲ見タノデアル。

一　蒙疆地域阿片商人ニ対スル阿片売買認可要領(民国二十七年六月十日)

㈠　阿片商人トハ政府ニ於テ指定シタル土商及膏商ヲ謂フ

㈡　指定土商トハ生阿片ノ売買及膏商ニ対シテ生阿片ノ卸売ヲ為スモノヲ謂ヒ指定膏商トハ煙膏ノ製造並膏商ノ相互間ニ於ケル生阿片及煙膏ノ小口売買又ハ阿片吸食者ニ対シテ之カ供給ヲ為スモノヲ謂フ

㈢　左記各号ニ該当スルモノ以外ノ阿片売買ハ之ヲ絶対ニ禁止ス

1　政府ノ許可シタル罌粟栽培カ(マヽ)其ノ生産阿片ヲ政府ノ指定シタル土商又ハ阿片買付ヲ認可シタル他政府管内ノ土商ニ対シテ売却ヲ為スト キ

2　西北地方ヨリ移入スル阿片ヲ政府ノ指定土商又ハ阿片買付認可証ヲ有スル他政府管内ノ土商カ買付ヲ為ストキ

3　政府ノ指定シタル土商相互間ノ生阿片売買ヲ為ストキ

4　指定土商ヨリ指定膏商ニ生阿片ヲ卸売ヲ為ストキ

5　指定膏商相互間ノ生阿片又ハ煙膏ノ小口売買並阿片吸食者ニ吸食用阿片ノ供給ヲ為ストキ

6　買付認可証ヲ有スル他政府管内ノ土商又ハ買付許可証ヲ有スル京津阿片買付商人カ生阿片ノ買付ヲ為ストキ

㈣　政府ハ指定土商及膏商並其ノ従業者ニ対シテ別紙様式ノ身分証明書ヲ下附ス

身分証明書ハ別紙甲号様式ノ通定ム

(五) 土商及膏商並其ノ従業者カ阿片ノ売買ヲ為サムトスル場合ニハ必ス身分証明書ヲ携帯セシムルモノトス

(六) 政府ヨリ阿片買付認可証ヲ受ケタル土商並其ノ従業者ニ限リ他政府管内ニ於テ阿片ノ買付ヲ為スコトヲ得

(七) 他政府管内ニ於テ阿片ノ買付ヲ為サムトスル土商及其ノ従業者ニハ(ママ)阿片買付認可証ハ別紙乙号様式ノ通リ定ム

(八) 阿片買付認可証ヲ以テ他政府管内ニ於テ阿片ノ買付ヲ為サムトスル土商及其ノ従業者ハ当該政府ニ認可証ヲ提出ノ上裏書証明ヲ受クル

(九) 身分証明書又ハ阿片買付認可証ヲ携帯セスシテ阿片ノ売買ニ従事シタル者ハ密売買者ト看做ス

(十) 政府カ指定土商及膏商ノ従業者ニ対シテハ(ママ)身分証明書ヲ下附スル場合ハ本人ノ履歴書ヲ提出セシメ支障ナキヲ認メタル上発給スルモノトス

(十一) 身分証明書ハ左記事項ノ発生ト共ニ之ヲ政府ニ返納セシムルモノトス

1 土商又ハ膏商ノ指定ヲ取消シタルトキ

2 営業ヲ廃止シタルトキ

3 被発給者カ死亡シタルトキ

4 従業者ヲ解雇シタルトキ

5 休業六箇月以上ニ亘ルトキ

(十二) 阿片買付認可証ハ左記各号ニ該当スルトキハ直ニ之ヲ政府ニ返納スルコト

1 阿片買付ヲ完了シ又ハ中止シタルトキ

2 認可期限ノ満期ニ至リタルトキ

(十三) 阿片買付認可証ノ買付期限ハ一箇月ヲ限度トシ不得已事情ニ依リ延期ヲ認ムル場合ハ発給政府ト裏書政府トノ相互間ニ協調(ママ)ノ上之ヲ認可スルモノトス但シ認可期限ハ更ニ一箇月ヲ超過スルコトヲ得サルモノトス

(十四) 身分証明書ヲ紛失シタル場合ハ直ニ其ノ旨発給政府ニ届出ツルモノトス

(十五) 阿片買付認可証ヲ紛失シタル場合ハ直ニ其ノ旨発給政府及裏書シタル政府ニ届出ツルモノトス

(十六) 身分証明書及阿片買付認可証交付事情ハ別紙丙号及丁号様式ニ依リ之ヲ整理(マヽ)スルコト

註　各条項中「別紙様式」トアルガ、煩雑トナルノデ省略スルコトトス。

二　京津阿片商人入蒙阿片買付許可要領（民国二十七年五月十三日）

(一) 京津阿片商人カ入蒙シテ阿片ノ買付ヲ為サムトスル時ハ予メ臨時政府統税公署（分局ヲ含ム）ニ申請シ通知書ノ発給ヲ受クルモノトス

(二) 臨時政府ハ臨時政府ニ於テ指定シタル京津阿片商人ニ限リ通知書ノ発給ヲ為ス

但シ京津阿片商人トハ北京、天津両特別市居住ノ阿片商人ニ限ルモノトス

(三) 通知書ノ発給ヲ受ケタル阿片商人ハ通知書面記載ノ蒙疆地区内自治政府ニ出願シ当該通知書ヲ提出シタル上之ト引換ニ阿片買付許可証ヲ受クルモノトス

(四) 阿片買付許可証ノ発給ニ左ノ制限ヲ設ク

(イ) 阿片栽培者ヨリノ直接買付ヲ許ササルハ勿論自治政府カ指定シタル阿片商人以外ノ者ヨリノ阿片買付ヲ許サス

又西北地方ヨリ阿片ヲ運搬入境スル者トノ直接売買ヲ許サス

(ロ) 察南自治政府ハ張家口、晋北自治政府ハ大同、蒙古連盟自治政府ハ豊鎮、厚和、薩拉斉、包頭ニ於テ買付ヲ為ス者ニ限リ発給スルモノトス、但シ不得已事情ニ依リ他ノ地域ニ於テ買付許可ノ申請アリタル場合ハ許可証発給前予メ当委員会ノ承認ヲ受クルコト

(ハ) 許可期限ハ相当理由ナキ限リ一箇月ヲ以テ限度トスルコト

(ニ) 別紙ロ号様式ニ依ル阿片買付許可証台帳ヲ備ヘ発給並回収等ノ事績ヲ明瞭ニ記載シ置クコト

備　考

本布告ハ曩ニ京津阿片商人ガ蒙疆地域内ニ於テ阿片買付ヲ為サムトスル場合ニ於ケル買付商人ノ統制並密売買取締方法トシテ蒙疆連合委員会ト北支臨時政府統税公署トノ間ニ締結サレタ協定ニ基ク取締ガ実行サレザル実情ニ鑑ミ、北京統税公署ト再度打合セノ上決定公布サレタモノデ、阿片買付許可証ノ発給制度ニ依リ無統制ナル収買ヲ完全ニ防止スル為、別途詳細ニ規定セラレタモノデアル。

尚各条項中「別途様式」トアルガ、之ハ煩雑トナル為省略セザル(ママ)コトトシタ。

以上ノ要綱ニ具現セラレタル政策ハ、要スルニ旧政権ノ専売整備過程ニ在ツタ収税方策ノ踏襲ニ依ルモノニ過ギズ、各自治政府個々ノ実行方途ニ委ネラレタモノデ、一元的統制策ナク税収ヲ基礎トスル応急策トモ称スベキモノデアツタ。斯カル万策ニ於ケル収買ノ普遍的良好性ハ認メラルルモ、随行的ニ発生スル密輸密売ハ禁止サレ得ベクモナク、国家財政堅持ニハ徴税策ヲ以テシテハ尚微弱ナリト謂フベキデアツタ。

以下現蒙疆政府生成過程ノ第一段階タル三自治政府分治分作ノ時期ニ於ケル各政府ノ阿片政策ニ就テ述ベルコトトスル。

第二項　察南自治政府ノ阿片行政

察南自治政府ニ於テハ旧政権時代ニ於ケル察哈爾省清査処ヲ継承シ察南自治政府財政庁清査処ト改称シテ徴税事務ヲ管掌シタ。当時ニ在リテハ管内ニ栽培地ヲ有セズ、背後地タル察哈爾盟ニ於ケル栽培面積モ僅々二〇〇頃デ、大部分ハ現地ニ於テ消費セラレ、一部ノ余剰ガ張家口ニ流出スル程度デアツタ。ソレガ為栽培管理ヲ規定スル必要ナク、全面的ニ旧制ノ踏襲ヲ以テ事足ル状態デアツタ。

然ルニ其ノ後阿片ノ増産計画ニ伴ヒ管内ニモ栽培規程ノ必要性ヲ生ジ、民国二十八年(一九三九年)四月暫行罌粟栽培規則ガ制定セラレタノデアル。

本規則ハ左ニ掲グル条文ノ如ク栽培地ノ許可制ト栽培税(一畝六円)ノ徴収ヲ眼目トスルモノデアルガ、制定後二箇月ニシテ暫行阿片管理令ノ誕生ヲ見、栽培地ノ許可制ニ関スル事項ハ消滅スルトコロトナツタガ、栽培税ハ其ノ後禁煙特税法ノ公布ヲ見ル迄継続実施サレタ。

察南暫行罌粟栽培規則

第一条　罌粟栽培ノ区域及面積ハ政府ニ於テ之ヲ規定ス
第二条　政府ニ於テ栽培ヲ指定セル県ノ住民ニシテ県長ノ許可ヲ受ケサルモノ（ママ）
第三条　罌粟ヲ栽培セントスル者ハ左記事項ヲ記載シ所轄県長ノ許可ヲ受クヘシ。栽培ヲ変更或ハ廃止セントスルトキ又同シ
　一　住所、姓名、年齢、職業
　二　栽培ノ位置、面積
第四条　前条ノ許可ヲ受ケタル栽培者ハ所轄県長ノ指定セル期日以前ニ阿片ノ生産数量ヲ県長ニ報告スヘシ
第五条　栽培者ハ生産セル阿片ヲ総テ政府指定ノ収買人ニ販売スヘシ
第七条（ママ）　県長ハ所属機関ヲ督励シテ栽培面積、被害状況等ニ対スル阿片ノ生産量ヲ厳密ニ調査ノ上政府ニ報告スヘシ
第八条　罌粟栽培者ニ対シテハ左ノ標準ニ依リ課税ス
　栽培地一畝(小畝二四〇弓)毎ニ六円
第九条　栽培地ニ災害発生ノ事実アルトキハ調査ノ上収穫皆無ノ畝数ニ対シ免税ス。但シ被害ノ畝数ガ三割ニ及ハサルトキハ免税ヲ為サス
第十条　栽培者ハ災害発生セルトキハ速ニ其ノ状況ヲ県長ニ報告シ実施調査ヲ受クヘシ
第十一条　第二条及第五条ノ規定ニ違反セル者ハ十元以上二千元以下ノ罰金ニ処ス
第十二条　第八条及第九条規定ノ税金ヲ納付セス或ハ虚偽ノ報告ヲ以テ脱税ヲ意図セル者ハ納税額ノ一倍以上十倍以下ノ罰金ニ処ス
第十三条　本規則ハ民国二十八年(一九三九年)四月一日ヨリ之ヲ施行ス
第十四条　罌粟栽培及阿片収買ノ手続ハ別紙様式ニ依リ之ヲ処理ス

第十五条　本規則ハ改廃或ハ補修ノ必要アルトキハ畝(ママ)時之ヲ修正スルコトヲ得

尚察南清査処ノ主眼タル税収事項ニ付、開設当初ニ於ケル税目及徴税額ノ実績ヲ示セバ次表ノ如クデアル。

察南政府阿片税税目及徴税額実績表

税目	金額(円)	税目	金額(円)
土行執照捐洋	一一、二四〇・〇〇	過境費	三六、〇〇〇・〇〇
膏店執照捐洋	一、八四〇・〇〇	査験費	三、九三三・八〇
印花款	七、八二五・〇〇	罰款	一八・〇〇
出境費	一、四二二・二二	手数料	一七、五八七・一一
入境費	一、〇四三・三四		
運費	一、二八一・九八	合計	七二、一九一・五〇

第三項　晋北自治政府ノ阿片行政

晋北自治政府ニ於テハ政治的ニ新地域デアリ踏襲スベキ旧政権時代ニ於ケル制度施設ヲ有セザル関係上、阿片業務ノ全テヲ挙ゲテ税務管理局ニ帰属セシメ、阿片取扱暫行弁法ヲ規定シテ阿片ノ取締及徴税ヲ実施シタ。

阿片取扱暫行弁法ハ蒙疆連合委員会ノ阿片要綱ニ則リ民国二十七年(一九三八年)二月制定サレタモノデ第一条ヨリ第四条ニ於テ阿片、麻薬類ノ密輸、密売買、密栽培ヲ禁止センガ為許可証制度ヲ採用シテ居リ、次ニ第五条及第八条ニ於テ執照費ト称スル営業税及輸出入通過消費ノ四種阿片税ノ賦課ヲ規定シ、第十一条ニ於テ収買積極策ト見ラレル阿片公会ノ設立ヲ命令シ、最後ニ第十七条以下違反者ニ対スル罰則ヲ規定シテイル。

当自治政府管内モ察南管内ト同様阿片ノ栽培ハ極メテ微々タルモノデアリ且亦連合委員会ニ於ケル要綱トシテ初期ニハ栽培禁止地域デアツタ関係上、阿片政策ノ要点ハ密輸密売ト税収ニ在ルコト言ヲ俟タザル所デアル。次ニ晋北自治政府阿片取扱暫行弁法ヲ示セバ左記ノ如クデアル。

阿片取扱暫行弁法

第一条　生阿片及煙膏ハ之ヲ輸入、輸出、栽培、製造、売買、授受又ハ所持スルコトヲ得ス

但シ左ノ各号ニ該当スル場合ハ之ノ限リニ在ラス

一　政府ノ許可ヲ受ケタル土商カ本法規定ノ手続ニ依リ生阿片ヲ輸入、輸出、売買、授受又ハ所持スル場合

二　政府ノ許可ヲ受ケタル膏商カ本法規定ヲ手続ニ依リ吸飲者ニ供給スル目的ヲ以テ前項ノ土商ヨリ生阿片ヲ買受ケ之ヲ煙膏ニ製造スル場合又ハ該生阿片若クハ煙膏ヲ売買授受又ハ所持スル場合

三　阿片吸飲者カ吸飲ノ目的ヲ以テ前項ノ膏商ヨリ生阿片又ハ煙膏ヲ買受ケ之ヲ所持スル場合

四　本政府以外ノ政府ニ於ケル土商カ生阿片煙膏ヲ輸入、輸出スル場合

第二条　麻薬ハ之ヲ輸入、輸出、製造、売買、授受又ハ所持スルコトヲ得ス

第三条　阿片ノ輸入及輸出ハ之ヲ官運トス

第四条　第一条第一号又ハ第二号ニ掲クル土商、膏商ノ許可ヲ受ケムトスルモノハ願書ニ履歴書及保証書ヲ添附シ所轄税務局長経由財政庁長ニ提出シ其ノ許可ヲ受クヘシ

前項ニ依リ許可ヲ受ケタル者ニハ許可証ヲ交付ス

第五条　前条ニ依リ許可ヲ受ケタル土商又ハ膏商ハ毎月左ノ各号ニ依リ執照費ヲ納付スヘシ但シ一箇月未満ノ場合ハ一箇月トシテ計算ス

甲　土商		乙　膏商	
一等	一二〇元	一等	六〇元
二等	一〇〇元	二等	四〇元
三等	八〇元	三等	二〇元

第六条　前条ノ執照費ヲ納付シタル者ニ対シテハ執照ヲ交付ス
第七条　本政府許可ノ土商ニシテ阿片ヲ輸入シタルトキハ所轄税務局指定ノ倉庫ニ保管スヘシ
　前項ノ阿片ハ銷燬証ヲ貼付銷印シタル後ニ非サレハ出庫スルコトヲ得ス
第八条　阿片ヲ販運スルモノニ対シテハ左ノ各号ニ依リ阿片税ヲ課ス
　一　入境税　阿片一両ニ付　二分（鉄道ニ依リ綏遠方面ヨリ官運スルモノヲ除ク）
　二　出境税　同　　　　　　二分（鉄道ニ依リ張家口方面ニ官運スルモノヲ除ク）
　三　通過税　同　　　　　　八分（同右）
　四　銷費税　同　　　　一角五分（晋北管内ニ於テ消費スルモノニ限ル）
第九条　土商カ大同以外ノ地ニ於テ其ノ業務ヲ営マントスルトキ又ハ生阿片ヲ輸入、輸出セントスルトキハ政府ノ許可ヲ受クヘシ
第十条　土商又ハ膏商ハ左ノ各号ノ帳簿ヲ設付クヘシ
　一　阿片購買簿
　二　阿片售出簿
　三　阿片出納簿
　四　煙膏售出簿
　五　煙膏製造簿
第十一条　土商及膏商ハ統制、融和ヲ図ル為阿片公会ヲ設立スヘシ阿片公会規約ハ政府ノ認可ヲ受クヘシ
第十二条　土商又ハ膏商ニシテ許可証記載事項ヲ変更セムトスルトキハ所轄税務局長経由財政庁ニ申請シ其ノ許可ヲ受クヘシ
第十三条　土商又ハ膏商死亡シタルトキ又ハ廃業セムトスルトキハ所轄税務局長経由財政庁長ニ許可証ヲ返納スヘシ
第十四条　土商又ハ膏商ニシテ許可証ヲ紛失シタルトキハ直ニ所轄税務局長経由財政庁長ニ申請シ其ノ再交付ヲ受クヘシ

前項ニ依リ再交付ヲ受ケタル後旧許可証ヲ発見シタルトキハ速ニ之ヲ所轄税務局長経由財政庁長ニ返納スヘシ

第十五条　土商又ハ膏商ハ毎月ノ阿片銷存数量ヲ翌月五日迄ニ所轄税務局長ニ報告スヘシ

第十六条　土商ハ阿片ヲ銷售スル場合買受人ニ発貨票ヲ交付スヘシ

第十七条　税務官吏ハ阿片ニ対スル課税取締上必要アリト認ムルトキハ営業場其ノ他ノ場所ニ臨検シ阿片ニ関スル帳簿其ノ他ノ物件ヲ検査シ関係者ヲ訊問シ又ハ必要ナル処分ヲ為スコトヲ得

第十八条　土商又ハ膏商カ第十条、第十二条、第十四条、第十五条及第十六条ノ規定ニ違反シタル場合ハ千元以下ノ罰金ニ処ス

第十九条　前項犯人ノ所持スル阿片ハ之ヲ没収ス

前項ノ犯人土商又ハ膏商ナルトキハ其ノ許可ヲ取消ス

第二十条　第五条ノ規定ニ違反シタル者ハ其ノ許可ヲ取消ス

第二十一条　第七条及第九条ノ規程ニ違反シタル者ハ其ノ許可ヲ取消シ十元以下ノ罰金ニ処ス

前項ノ場合阿片ハ之ヲ没収ス

第二十二条　第十七条ノ規定ニ依ル税務官吏ノ職務ノ執行ヲ阻害シタルモノハ三元以下ノ罰金ニ処ス

附　則

第二十三条　本弁法ハ民国二十七年(一九三八年)二月一日ヨリ之ヲ施行ス

第四項　蒙古連盟自治政府ノ阿片行政

当地域阿片ノ大宗タル綏遠阿片ハ旧政権ノ崩潰ト同時ニ蒙古連盟自治政府ノ管掌ヲ受ケルコトニナツタノデアルガ、旧制各関係機関ハ稽査本処ヲ除キ殆ド総テ離散解消ノ状態ニ在ツタ為、応急引継方法トシテ稽査処ヲ補充シテ之ガ善後施策ニ当ツタノデアル。而シテ稽査処制ハ極メテ短期間ノ生命デアリ、施設、人員ノ不足ノ為弥縫的存在タルヲ免レナカツタ。

其ノ後民国二十七年(一九三八年)三月税務管理局ノ開設サレルヤ一切ノ事務ヲ税務管理局ニ移行シ、該局ハ支局税局ヲ直轄スル

外各県ヲ直接指揮スルコトトシ、旧政権時代ニ於ケル三機関ヲ廃止シテ阿片行政ノ単一化ト経費ノ節減ヲ計ルコトトナツタ。税務局阿片業務管理機構ヲ示セバ次ノ如キ型態(マヽ)デアル。

- 税務管理局
  - 総務科・禁煙科・塩務科・関税科・統税科
  - 張北支局
    - 貝子廟局
    - 察盟各県
  - 厚和税局
  - 包頭税局
  - 豊鎮税局
  - 巴盟各県

続イテ事変後約半年有余ノ混乱期ヲ経テ民国二十七年(一九三八年)八月ニ至リ漸ク暫定的ナル法令ノ公布ヲ見、玆ニ蒙古連盟地域ニ於ケル施策ノ発展的段階ヲ区画シタノデアルガ、其ノ要旨ハ旧制踏襲ヲ建前トシ連合委員会要綱ヲ基礎トシテ制定サレタモノデアル。

随テ一元的ナル統制方策ハ極メテ微力デアツテ各県ヲ単位トスル徴税ヲ以テ禁煙対策ノ主要ポイントトシ、財政ノ確立ト民生ノ安定ヲ企図シタ。其ノ要旨ヲ摘記スレハ下記ノ如クデアル。

一　栽培

(イ)　事変ニ依ル農村ノ疲弊ト新政権ノ財政確保ノ見地ヨリ増産ヲ目標トスル。

(ロ)　栽培税ヲ徴シ水田毎畝十元、旱田毎畝五元ノ税率ヲ標準トシテ各県ニ対スル税額ヲ定メル。

(ハ)　密輸密売防止上栽培者ノ生産阿片ハ政府ニ於テ指定セル者ニ販売搬出セシム。

二　印花税

(イ)　密輸、密売ノ防止上収蔵、販売、輸送セムトスル阿片及奶子ニ印花ヲ貼用セシメ併セテ税収ヲ計ル。

(ロ)　収納ヲ促進スル為七、八、九月ノ出廻期ニ於テ特ニ栽培者ノ自己生産阿片ニノミ印花ノ貼附ヲ免ズ。

(ハ) 税率ハ外産(管外産)ノモノニ対シテハ紅色印花一両ニ付二角、本産(管内産)ノモノニ対シテハ藍色印花一両ニ付一角五分トス。

三　収　買

(イ) 阿片ノ収買ハ従来ノ阿片土商ヲ以テ組織セル阿片公会ニ行ハシメル。

(ロ) 阿片公会員ハ収買ニ際シテハ政府ノ阿片収買証明書ヲ必要トスル。政府ハ之ニ依テ収買ノ区域及期間ヲ指定スル。

四　配　給

(イ) 阿片公会ヨリ零売人ニ販売シ零売人ヨリ吸飲者ニ配給スル。

(ロ) 阿片公会ノ販売者ニハ毎月左ノ標準ニ依ル牌照税(営業税)ヲ課ス。〔1〕

五　輸　送

(イ) 鉄道ニ依ル阿片ノ輸送ハ官運トシ、其ノ区間ハ包頭北京間トスル。

(ロ) 鉄道ニ依リ阿片ヲ輸送スル場合ニハ阿片輸送証明書ヲ必要トスル。

(ハ) 蒙古連盟地域外ニ輸送スル阿片ニ対シテハ憑単ノ貼附ヲ必要トシ、左ノ税率ニ依リ出境税ヲ課ス。

鉄道ニ依ル場合(大路)　緑色憑単毎件一枚貼附一両ニ付一角

他機関ニ依ル場合(小路)藍色憑単毎件一枚貼附一両ニ付一角

六　禁　煙

(イ) 癮者ニ対シテハ所管市旗県公署ヨリ阿片吸食証明書ヲ交附スル。

(ロ) 阿片吸食証明書ハ半年毎ニ書換ヘ一枚ニ付手数料二角ヲ徴収スル。

(ハ) 阿片吸食者ハ零売人以外ヨリ阿片ヲ購入スルコトヲ禁止スル。

七　税目及税率

各種税目及税率ヲ一括表示スレハ左ノ如クデアル。

毎月販売数量	等級	税額
五万両以上	甲	一二〇元
四万 〃	乙	一〇〇〃
三万 〃	丙	八〇〃
二万 〃	丁	六〇〃
一万 〃	戊	四〇〃
一万両未満	己	二〇〃

八　零売者ニハ毎月左ノ標準ニ依ル牌照税（営業税）ヲ課ス。

毎月販売数量	等級	税額
七千両以上	一	一二〇元
七千両未満	二	九〇〃
六千両〃	三	七五〃
五千両〃	四	六〇〃
四千両〃	五	四五〃
三千両〃	六	三五〃
二千両〃	七	二五〃
一千五百両〃	八	一五〃
一千両〃	九	一〇〃
五百両〃	一〇	五〃

蒙古連盟自治政府ガ民国二十七年（一九三八年）八月一日公布セル法令ハ次ノ如ク、阿片栽培税暫行規則、阿片印花税暫行規則、

阿片公会暫行取締規則、阿片零売暫行規則、阿片輸送暫行規則、阿片吸食暫行取締規則デアル。

		税率 本産	税率 外産
印花税（両）		一五分	二〇
憑単費（件）		二〇分	二〇
出境費（両）		一〇分	一〇
代征費（両）	晋北通過税	〇五分	〇五
	察南政府通過及印花税	一四分	一四
	代征察南手数料	〇一分	〇一
栽培税		水田 一〇元	旱田 五
牌照税（月）	公会	二〇―三〇	
	零売	五―三〇元	
備考		察盟出境費毎両五分 牌照税詳細ハ後掲法令参照	

阿片栽培税暫行規則

第一条　阿片ノ栽培ヲ為スモノニ対シテハ本規則ニ依リ栽培税ヲ課ス

第二条　各県ノ栽培税額ハ毎年政府之ヲ定ム

第三条　栽培税ハ左記標準ニ依リ之ヲ徴収ス

一　水田　毎畝一〇元

二　旱田　毎畝　五元

第四条　栽培者ハ播種後水旱田畝数位置等詳細ナル情況ヲ四月末日迄ニ所在ノ郷鎮長ヲ経テ県長ニ報告スヘシ

第五条　県長煙苗出芽ノ時ハ各該鎮長ノ報告ニ基キ派員ノ上詳細勘査シ五月末日前ニ其ノ結果ヲ税務管理局長及盟長ニ報告スヘシ

第六条　税務管理局長又ハ盟長各県ノ報告ニ付疑義アル場合ハ派員実地勘査シ六月末日迄ニ各県阿片栽培状況ヲ政府ニ呈報スヘシ

第七条　各県栽培税納付期間ヲ左記ノ通定ム

一　八月十五日以前ニ納税額ノ三分ノ一ヲ納付ス

二　九月末迄ニ残余ノ三分ノ二ノ納付ヲ為ス

第八条　県長ハ納税人ニ対シ納税票ヲ交付ス

第九条　各県ハ徴税開始ノ日ヨリ其ノ徴収状況ヲ旬報ヲ以テ税務管理局長及盟長ニ報告スルモノトス

第十条　煙苗災害ニ逢ヒタルトキハ郷鎮長ヨリ其ノ災情存在期間中ニ県長ニ対シ被災状況ヲ具シ税金ノ減免ヲ申請スヘシ

第十一条　県長前条ノ報告ヲ受理シタルトキハ直ニ派員実地勘査セシメ災情事実ナルトキハ郷鎮長ノ原申請書ヲ附シ税務管理局長ヲ経由政府ニ転呈シ許可ヲ受クヘシ

第十二条　前条ノ事情アルトキハ県長被災地ニ対スル税金ノ納付ヲ猶予スルコトヲ得

第十三条　災害地ノ税金ハ左記規定ニ依リ之ヲ減免ス

一　被災量総収穫量ノ六割以下ノモノハ減免セス

二　被災量六割ヲ超ユルモノハ納税額ノ四分ノ一ヲ減免ス

三　被災量八割ヲ超過スルモノハ納税額ノ三分ノ一ヲ減免ス

四　全部被災ノ時ハ納税額ノ二分ノ一ヲ減免ス

第十四条　栽培ハ(マヽ)其ノ所産ノ阿片ヲ政府許可セル以外ノ者ニ売払ヒヲ為スヲ得サル外許可業者以外ノ場所ニ搬送スルヲ得ス

第十五条　栽培者九月末迄ニ税金ノ完納ヲ為シ得サルトキハ更ニ二十日間ヲ限リ之ヲ猶予スルヲ得、右期間ヲ経過シ得サ(マヽ)ルトキハ滞納ト為シ税金ノ外ニ滞納ノ翌日ヨリ納付ノ前日迄ノ間毎百元ニ付一日一角ノ割ヲ以テ滞納罰金ヲ課ス

第十六条　栽培者耕作地畝ヲ隠匿シ或ハ所産阿片ヲ政府ノ許可スルモノ以外ニ売払ヲ為シタルトキハ所定ノ税金ヲ追徴スル外十元以上二千元以下ノ罰金ヲ課ス

第十七条　詐欺或ハ不正行為ニ依リ第十三条ノ阿片栽培税ノ免除ヲ受ケ又ハ受ケントセシモノハ税金ノ追徴ヲ為ス外該不正面積

ニ対スル相当税額ノ一倍乃至十倍以下ノ罰金ヲ課ス但シ該罰金ハ十元ヲ下ルヲ得ス

第十八条　本規則ハ成紀七三三年八月一日ヨリ公布ノ上施行ス

阿片印花暫行規則

第一条　凡ソ阿片印花ノ貼附ハ本規則ニ依リ之ヲ弁理ス

第二条　収蔵、販売或ハ輸送スル既送或ハ未成ノ阿片ハ総テ印花ヲ貼附スヘシ但シ栽培者自身収穫セシ阿片ハ七、八、九、三箇月ヲ限リ印花ノ貼附ヲ免ス

第三条　商民阿片ヲ取得シタルトキハ直ニ現品ヲ持参シ所轄税務機関ニ申告シ検査ヲ受ケ数量ニ応シ印花ヲ貼附シ銷印ヲ押捺ノ後始メテ売払ヒ又ハ輸送ヲ為スヲ得

第四条　阿片印花ハ紅藍二色ニ分チ左記区分ニ依リ之ヲ貼用ス

一　外産(管外産ノモノ)ノ入境セルモノニハ紅色印花ヲ用ウ

二　本産(管内産ノモノ)藍式(ママ)印花ヲ用ウ

第五条　阿片印花ノ票面価格ハ紅色ハ一枚二角藍色ハ一枚一角五分ト暫定ス

第六条　阿片印花税征収標準ハ左記ニ依リ之ヲ弁理ス

一　外産阿片ハ毎量印花税二角

二　本産阿片ハ毎量印花税一角五分

第七条　阿片印花ノ貼附ハ一両ヲ以テ標準トシ一両未満ノモノハ両トシテ計算ス

第八条　阿片印花ハ容易ニ脱落セサル方法ニ依リ現品ノ上ニ貼附ス但シ奶子ヲ搬出スルトキハ其ノ容器上ニ之ヲ貼附シ年月日ヲ押捺ス

第九条　煙奶子ニ貼附スヘキ印花税率ハ該子ヲ精製シ煙土ト為シ得ル見込数量ヲ以テ之ヲ定ム

第十条　第二条ノ規定ニ違反シタルモノハ現品ヲ没収スル外所定税額ノ一倍以上十倍以下ノ罰金ヲ課ス
第十一条　第四条第一項ノ規定ニ違反シタルトキハ所定ノ税金ヲ追徴スル外追徴税額ノ一倍以上十倍以下ノ罰金ヲ課ス
第十二条　本規則ハ成紀七三三年八月一日公布ノ上施行ス

阿片公会暫行取締規則

第一章　総　則

第一条　阿片ノ収買販売ハ総テ本規則ニ依リ之ヲ処理ス
第二条　本規則ニ阿片ト称スルハ阿片煙土、煙膏及未成品タル漿ヲ指ス
第三条　阿片ノ収買販売事務ハ政府ノ許可セル在来ノ阿片土商ヲ以テ組織セシ阿片公会ヲシテ弁理セシム
第四条　京津及察南晋北地方ノ土商本政府境内ニアリテ阿片ノ収買ヲ為サントスルトキハ本政府ノ許可ヲ経テ阿片公会ヨリ収買スルモノトス

第二章　販　売

第五条　阿片ハ阿片公会ヨリ外来者並零売人ニ出売シ零売者ハ更ニ阿片吸食者ニ売捌ヲ為ス
第六条　阿片公会会員阿片ノ販売ヲ為スニハ阿片販売申請書、履歴書資産証明書及阿片公会保証書ニ本人二寸半身像ノ写真二葉ヲ添附シ所轄税務機関ヲ経由税務管理局ニ申請許可ヲ受クヘシ
第七条　前条ノ手続ニ依リ許可セラレタルトキニハ五百元以上一千元以下ノ保証金ヲ納付シ阿片販売営業許可証ノ交付ヲ受ク
第八条　前条ノ許可証ハ毎年書換ヲナスモノトシ一枚ニ付手数料一元ヲ納付ス
第九条　販売業者許可証ヲ遺失シタルトキハ速ニ発給機関ニ届出テ失効登記ヲ為シ前条ノ手数料ヲ納メテ補発ヲ受クヘシ
第十条　許可ヲ受ケタル販売業者ハ左記ニ依リ毎月牌照税ヲ納付スヘシ

毎月販売数量	等級	税額

五万両ヲ超ユルモノ	甲等	一二〇元
四万両ヲ超ユルモノ	乙等	一〇〇〃
三万両ヲ超ユルモノ	丙等	八〇〃
二万両ヲ超ユルモノ	丁等	六〇〃
一万両ヲ超ユルモノ	戊等	四〇〃
一万両ニ満タサルモノ	己等	二〇〃

第十一条　前条ノ牌照税ヲ納付シタル者ニハ毎月阿片牌照税収拠ヲ交付ス

第十二条　販売業者開業後一箇年ヲ経過シタル場合ハ保証金ノ半額ヲ返還スルコトアルヘシ同二年ヲ経過シタルトキハ全額ヲ返還シ保証書ヲ以テ之ニ代ユルコトヲ得

第十三条　販売業者ハ正当ノ理由ナクシテ廃業スルヲ得ス已ムヲ得サル事由ノ為廃業セントスルトキハ所轄税務機関ニ申請許可ヲ受クヘシ

第十四条　税務機関前条ノ申請ヲ許可シタルトキハ保証金ヲ返還スルモノトス

第十五条　販売業者ハ証明書ノ所持ナキ者及許可証ヲ有セサル零売人ニ販売スルヲ得ス

第十六条　販売業者ハ許可証ヲ転売、譲与、賃貸、貸付ノ方法ニ依リ他人ニ使用セシムルヲ得ス

第十七条　販売業者死亡シ或ハ営業ヲ他人ニ譲渡シタルトキハ相続人或ハ譲受人ハ三十日以内ニ新開業ノ手続ニ依リ申請スヘシ

第十八条　販売業者ハ指定箇所以外ニ在リテ阿片ノ販売ヲ為スヲ得ス支店ヲ開設スル場都(ママ)ハ新開業等ノ手続ニ依リ申請スヘシ

第十九条　販売業者阿片ノ販売ヲ為シタルトキハ購買人ニ対シ発貨票ヲ交付スヘシ

第二十条　販売業者営業期間中ハ須ク許可証ヲ店舗内ノ認メ易キ場所ニ掲クルヲ要ス

第二十一条　販売業者ハ阿片吸食施設ヲ為スヲ得ス

第二十二条　販売業ハ左記各種ノ帳簿ヲ備附クルヲ要ス

一　阿片購買簿
二　阿片出納簿
三　阿片售出簿

第二十三条　税務官吏課税取締上必要アリト認メタルトキハ販売業者店舗ニ依リ帳簿其ノ他物件ノ検査並関係者ノ検問又ハ必要ナル処置ヲ為スコトヲ得

第二十四条　販売業者ハ購買、製造及残存阿片ノ数量ヲ翌月五日迄ニ所轄税務機関ニ報告スヘシ

第三章　収　買

第二十五条　阿片公会員阿片ノ収買ヲ為サントスルトキハ阿片収買申請書、阿片公会保証書ニ本人及従業員二寸半身像ノ写真各二葉ヲ貼附シ所轄税務機関ヲ経由税務管理局ニ申請許可ヲ受クヘシ

第二十六条　前条ノ手続ニ依リ許可シタルトキハ阿片収買証明書及従業員証明書ヲ交付ス

第二十七条　収買者或ハ従業員該許可証ヲ遺失セシトキハ速ニ原領(ママ)機関ニ届出テ失効ノ登記ヲ為スヲ要ス

第二十八条　収買者ハ指定区域ニ於テ指定期間内ニ収買ヲ為スヲ要ス

第二十九条　収買者及従業員収買実施期間中ハ証明書ヲ携帯シ官憲ノ査験ニ備フヘシ

第三十条　収買者収買期間内ニアリテ収買地ニ臨時収買事務所ヲ設ケントスルトキハ所轄税務機関ニ申請許可ヲ受クヘシ

第三十一条　収買者ハ収買区域管轄県長ノ指揮監督ヲ受ク

第三十二条　収買者各村ヲ巡回シテ収買ヲ為ストキハ予メ同地ノ警察署及各郷鎮長ニ通報スヘシ

第三十三条　収買者ハ其ノ収買セシ阿片ニ雑物又ハ毒品ノ混入ヲ為スヘカラス

第三十四条　収買者阿片ノ収買ヲ為シタルトキハ生産者ニ対シ別紙様式ノ収買票ヲ交付スヘシ

第三十五条　収買者ハ収買原簿ヲ備ヘ逐日記載スヘシ

第三十六条　収買者収買完了後ハ証明書ヲ原領(ママ)機関ニ返還シ廃業ヲ受(ママ)クル外阿片収買報告書ヲ所轄税務機関ニ提出スヘシ

第四章　罰　則

第三十七条　左記各項ノ一ノ行為アリタルトキハ二十元以上二千元以下ノ罰金ヲ課スモノトス
1　許可証又ハ証明書受ケスシテ阿片ノ密売買ヲ為シタルトキ
2　許可証又ハ証明書ヲ転売、賃貨(マヽ)、貸与等ノ行為ニヨリ他人ヲシテ使用セシメタルトキ
3　許可証又ハ証明書ヲ以テ阿片外ノ毒品ノ製造或ハ販売ヲ為シタルトキ
4　第十五条及第十八条ノ規定ニ違反シタルトキ
5　第二十二条及第三十五条ニ定ムル帳簿ノ記載及第二十四条及第三十六条ノ報告ヲ怠リ又ハ虚偽ノ報告ヲ用キタルトキ
6　第三十三条ノ規定ニ違反シタルトキ

第三十八条　左記各項ノ一ノ行為アリタルトキハ十元以上二百元以下ノ罰金ニ処ス
1　第十九条ニ定ムル発貨票ノ発行ヲ怠リ又ハ虚偽ノ記入ヲ為シタルトキ
2　第二十一条ノ規定ニ違反シタルトキ
3　第三十四条ニ定マル収買票ヲ交付セサルトキ

第三十九条　税務官吏ノ職務執行ヲ防害(マヽ)シタルモノハ三百元以下ノ罰金ヲ課ス

第四十条　本規則ニ違反シタルトキハ其ノ犯罪物品及干犯人ノ如何ヲ問ハス一律ニ現品ヲ没収スルモノトス
前項ノ物品ニシテ没収シ得サルトキハ相当金額ノ納付ヲ命ス

第四十一条　犯人罰款ヲ納付シ得サルトキハ方法(マヽ)機関ニ送局シ処分ス

第四十二条　阿片販売者ニシテ本規則規定ニ反シ税金ノ滞納其ノ他一切ノ不法行為アリタルトキハ営業停止ヲ命スルト共ニ保証金ヲ以テ税金ヲ罰金ニ充当ス保証金ノ額上記ニ満タサルトキハ該人所有ノ現品ヲ没収換価シテ充当シ又ハ保証人ヲシテ納付セシム

第四十三条　阿片営業者ノ従業員家族及傭人本規則ニ定ムルトコロニ違反シタルトキハ営業主之カ責任ヲ負フモノトス但シ事実

ノ防止ニツキ力及ハスシテ事前ニ申告アリタルトキハ之カ処罰ヲ免スルモノトス

第五章　附　則

第四十四条　従前公布ノ阿片関係法令ニシテ本規則ト抵触スルモノアルトキハ之ヲ廃止ス

第四十五条　本規則ハ成紀七三三年八月一日ヨリ公布ノ上施行ス

阿片零売暫行規則

第一条　阿片ノ零売ハ凡テ本規則ニ依リ処理ス

第二条　本規則ニ阿片ト称スルハ阿片煙膏ヲ指ス

第三条　阿片零売業ヲ営マントスルモノハ阿片零売申請書、履歴書、資務(ママ)機関ヲ経テ税務管理局ニ申請許可ヲ受クヘシ[2]

第四条　前条ノ手続ニヨリ許可セラレタルトキハ百元以上五百元以下ノ保証金ノ納付ヲ命スル外阿片零売許可証ヲ発給ス

第五条　前条ノ許可証ハ毎年一回書換ヲ為ス、該手数料ハ五角トス

第六条　零売業者許可証ヲ遺失シタルトキハ直ニ発給機関ニ届出テ失効ノ登記ヲ為シ前条ノ手数料ヲ納付シテ再交付ヲ受クヘシ

第七条　許可証ノ発給ヲ受ケタル零売業者ハ左記規定ニ依リ毎月牌照税ヲ納付スヘシ

等級	毎月販売量	税金額
一等	七、〇〇〇両ヲ超ユルモノ	一二〇元
二等	七、〇〇〇両未満ノモノ	九〇元
三等	六、〇〇〇両〃	七五元
四等	五、〇〇〇両〃	六〇元
五等	四、〇〇〇両〃	四五元
六等	三、〇〇〇両〃	三五元

七等　二、〇〇〇両〃　二五元
八等　一、五〇〇両〃　一五元
九等　一、〇〇〇両〃　一〇元
十等　五〇〇両〃　五元

第八条　前条ノ牌照税納付者ニ対シテハ毎月牌照税領収書ヲ交付ス

第九条　零売業者開業後一箇年ヲ経過セシトキハ保証金ノ半額ヲ返還シ二年ヲ経過セシトキハ全額ヲ返還シ保証書ヲ以テ代ヘシム

第十条　零売業者ハ正当ノ理由ナクシテ廃業スルヲ得ス已ムヲ得サル事情ニ依リ廃業セムトスルトキハ所管税務機関ヲ経テ税務管理局ニ申請許可ヲ受クヘシ

第十一条　税務機関前項申請ニ許可ヲ与ヘタルトキハ保証金ヲ返還ス

第十二条　零売業者ノ販売スル阿片ハ阿片公会ヨリ購入シ阿片吸飲者ニ売捌クモノトス

第十三条　阿片吸飲者阿片ヲ零売(ママ)シ又ハ吸飲スルトキハ該所管ノ市旗県長発給スル阿片吸飲証ヲ提示スヘシ

第十四条　零売業者ハ阿片公会以外ヨリ阿片ヲ購入スルヲ得サルト共ニ阿片吸飲証所持人以外ニ之ヲ販売スルヲ得ス

第十五条　零売業者ハ許可証ヲ転売、譲与、賃貸、貸与等ノ方法ニ依リ他人ヲシテ使用セシムルヲ得ス

第十六条　零売業者死亡シ又ハ営業ヲ他人ニ譲渡スルトキハ相続人又ハ譲受人ハ三十日以内ニ新開業ノ手続ニ依リ申請スヘシ

第十七条　零売業者ハ指定場所以外ニ在リテ阿片ヲ零売スヘカラス其ノ支店開設モ新開業ノ手続ニ準スルモノトス

第十八条　零売業者ハ左記各種帳簿ヲ備フルヲ要ス

一　阿片購買簿
二　阿片售出簿
三　阿片製造簿

第十九条　零売業者使用スル煙膏紙ハ税務管理局ヨリ発給シ毎百枚ニ工費一角ヲ徴収ス
第二十条　税務官吏阿片課税取締上必要アリト認ムルトキハ零売所ニ依リ阿片帳簿及其ノ他物件ヲ検査シ或ハ必要ナル処置ヲ為スコトヲ得
第二十一条　左記各項ノ行為ノ一アリタルトキハ税金ノ徴収ヲ為ス外現品ヲ没収シ十元以上二千元以下ノ罰金ヲ課ス
一　許可証ナクシテ阿片ノ零売ヲ為シタルトキ
二　詐欺又ハ其ノ他不正行為ニ依リ脱税ヲ計リタルトキ
三　阿片ニ雑物ヲ混入シ零売セシトキ
四　許可証ヲ他人ニ使用セシメタルトキ
五　第十四、十六、十七条ノ規定ニ違反シタルトキ
六　第十八条規定ノ帳簿ヲ備附セサルトキ
七　第十九条規定ノ包紙以外ノ紙ヲ使用シタルトキ
八　税務官吏ノ職務執行ヲ防害(ママ)シタルトキ
第二十二条　零売業者牌照税ノ滞納三箇月ニ至リタルトキハ其ノ営業ヲ停止セシメ相当金額ヲ保証金ヨリ補顚(ママ)スルコトヲ得、保証金額右額ニ満タサルトキハ現品ヲ没収シ換価ノ上之ニ充当シ又ハ保証人ヲシテ納付セシム
第二十三条　零売業者ハ毎月購買製造及残存阿片ノ数量ヲ翌月五日迄ニ所轄税務機関ニ報告スヘシ
第二十四条　本規則ハ公布ノ日ヨリ之ヲ施行ス

阿片輸送暫行規則

第一条　阿片ノ輸送ハ総テ本規則ニ依リ之ヲ処理ス
第二条　阿片ヲ鉄道ニヨリ輸送スルトキハ官ニ於テ責任ヲ負ヒ代運スルモノトシ其ノ路線ハ包頭ヨリ北京ニ到ル間トス

第三条　阿片土商鉄道ニ依ル輸送ヲ為サントスルトキハ阿片輸送報告書ニ必要事項記載ノ上所轄税務機関ヲ経由政府ニ申請許可ヲ受クヘシ

第四条　政府前条ノ手続ニ依リ許可ヲ与ヘタルトキハ阿片輸送証明書ヲ交付ス

第五条　輸送阿片ハ税務管理局又ハ局県(ママ)ニ集貨セシメ印花憑単ノ貼付ヲ了スルヲ待チテ輸送又ハ販售セシムルモノトス

第六条　出境阿片ニ対シテハ出境税ヲ徴収ス、其ノ税率ハ左記ノ如シ

一　鉄道ニ依ル官運阿片（大路）ハ産地ノ如何ニ依ラス毎件緑色憑単一枚ヲ貼付シ手数料二角ヲ徴ス

二　商民自由輸送ノ阿片（小路）ハ産地ノ如何及出境ト否トヲ問ハス毎件藍色憑単一枚ヲ貼付シ手数料二角ヲ徴ス

三　既ニ憑単ノ貼付ヲ為セルモノ輸送地点ヲ変更スル場合ハ原単ヲ有効トス

第八条　阿片ノ輸送ハ荷主ニ於テ納付スヘキ一切ノ税金完了後之ヲ為ス代運阿片ノ発送期日ハ其ノ数量ニ応シ税務管理局随時之ヲ定ム

第九条　代運阿片ハ発送地積載後代運官署ニ於テ責ヲ負フコトトス。但シ人力ヲ以テ防止スル能ハサル事件ニ因リ損失ヲ生シタル場合ハ此ノ限ニ在ラス

第十条　左記事項ノ一ノ行為アリタルトキハ出境税ノ追徴ヲ為ス外十元以上二千元以下ノ罰金ヲ課ス

一　輸送証明書ヲ受ケスシテ輸送ヲ為シタルトキ

二　憑単ノ貼付ヲ為サスシテ輸送シタルトキ

第十一条　本規則ハ成紀七三三年八月一日ヨリ公布ノ上施行ス

阿片吸飲暫行取締規則

第一条　阿片ノ吸飲ヲ為サムトスル者ハ総テ本規則ニ依リ之ヲ処理ス

第二条　凡ソ年老、疾病者又ハ□□者ニシテ一時ニ戒除(ママ)スルヲ得サルモノニ対シ暫ク阿片ノ吸食ヲ許可ス

第三条　未成年者ハ阿片ノ吸飲ヲ為スヲ得ス
第四条　阿片吸食者ハ所管市旗県公署ヨリ阿片吸飲証明書ノ交付ヲ受クヘシ
第五条　前条ノ証明書ハ六箇月毎ニ書換ヲ為シ一枚ニ付手数料二角ヲ徴ス
第六条　阿片吸食者阿片ノ購入ヲ為サムトスルトキハ証明書ヲ提示スヘシ
第七条　阿片吸食者ハ阿片零売人以外ノ者ヨリ阿片ノ購入ヲ為スヲ得ス
第八条　阿片吸食者ハ証明書ヲ転売、譲与、賃貸、貸与等ノ方法ニ依リ他人ニ使用セシムルヲ得ス
第九条　阿片吸食者証明書ヲ遺失シタルトキ又ハ不用トナリタルトキハ速ニ原領(ママ)機関ニ届出テ失効ノ手続ヲ為シ又ハ再交付ヲ受クヘシ、再交付ノ場合ハ第五条ニ定ムル手数料ヲ納付スルモノトス
第十条　阿片吸食者証明書ヲ利用シ阿片外ノ毒品ヲ吸用シタルトキハ証明書ヲ没収シ第柄(ママ)ハ司法機関ニ送致ス
第十一条　阿片吸食者ハ証明書ヲ携帯シ検査者ノ査験ニ備フヘシ
第十二条　吸食証明書ヲ受ケスシテ阿片ヲ吸食シ又ハ之ヲ他人ニ使用セシメタルモノハ一元以上十元以下ノ罰金ヲ課ス
第十三条　本規則ハ成紀七三三年九月一日ヨリ之ヲ施行ス

第二節　蒙疆政権最近ノ阿片政策

第一項　清査総署ノ開設

従来煩瑣ナル三政府分活分作(ママ)ノ行政形態ハ其ノ後ノ対内外諸種ノ情勢ノ推移ニ依リ著シク不便且茫弱化シテ来タ。即チ対外的ニハ国際情勢ノ変転、東亜新秩序建設ノ東亜民族自立的機運ト中国新中央政権創成ノ現実化等、亦対内的ニハ治安維持上地理的関係ガ齎ス諸種ノ不便、並財経政策ノ観点カラハ三政府分治ニ依ル課税ノ不統一不均衡等、幾多無意味ナル煩雑ト混乱ヲ招来シタ。之等対内外的諸種ノ情勢ハ従来ノ三政府分治ノ行政形態ヨリ脱却シ蒙疆地区トシテノ一大ブロツクヲ形成シ政治的経済的ニ益強化サ

レナケレバナラナイ情勢ニ立至ツタノデアル。斯カル必然性ニ依リ蒙古連合自治政府ハ結成セラレタノデアルガ、新政権樹立ト共ニ行ハレタル政府機構ノ画期的改革ニ依リ阿片監督機構モ更ニ整備強化サレ、新情勢ニ対応シ政府機構ノ重要ポイントトシテ阿片行政ニ一新期限(エポック)ヲ画シタノデアル。斯クシテ政府組織ノ新体制整備ハ必然ノ結果トシテ政府予算額ノ増大ヲ齎シタ。即チ産業開発事業ノ一段ノ飛躍、治安維持費、一般政務費ノ増加等ハ著シク、従テ政府当局ニ於テモ財政的見透シニ対シ如何ニシテ歳入制度ヲ確立スルカハ当時財政部当面ノ重要ナル懸案トナツタ。

茲ニ於テ従来重要ナル財源トシテノ阿片ノ増産並之ガ生産、配給其ノ他ニ対スル全面的統制ガ喫緊ノ重大問題トシテ提起サレタノハ当然デアラウ。振返ツテ当時ノ阿片ノ需給状況ハ如何ト謂フニ、事変後管外阿片ノ輸入ルートタル西北貿易ノ杜絶ニ依リ占拠地域ニ於ケル阿片需給関係ハ甚シク不均衡ニ陥リタルノミナラズ阿片ノ著シイ不足ヲ招来シ、加之ニ外国阿片ノ輸入ハ為替資金ノ円ブロツク外流出トナリ阿片政策ノ確立上種々障害トナルヲ以テ、早急ニ之ガ解決ヲ講ズル必要ニ迫ラレテ居タ。

以上記述シタル事ハ第一ニ新政府樹立後機構整備拡充ニ基因スル政府予算ノ増大ニ対シ、財源トシテノ阿片ノ増産並統制ヲ行ヒ以テ政府収入ノ確保ヲ計ル以外、当時政権確立ヲ期スルコトガ至難デアツタコト、第二ニ従来供給ヲ仰イデ居タ西北地方ノ阿片ガ事変ニ依リ輸入杜絶シ、加之ニ占拠地域内ニ於テ阿片ガ著シク不足シ、価格ノ高騰ハ各地ニ於ケル重大ナ社会問題トナリ、従テ之ガ応急ノ対策トシテ増産ノ実施ハ不可避ノ問題デアツタ。以上ノ意味ニ於テ当時ニ於ケル阿片ノ増産ハ政府当局ニ於ケル最モ緊要ナル問題デ、政府ガ断固トシテ増産政策ヲ実施スル所以デアツタ。

然レドモ阿片ノ増産ハ新秩序建設ニ逆行スルノ観無シトセザルモ、過渡期ニ於テハ一ハ農村更生ニ資シ他ハ新政府ノ財政確保ニ資スル見地ヨリ、政府ハ蒙疆及中南支ヲ連繋トスル阿片ノ自給策ヲ確立スルコトニ根本方針決定シ、蒙疆ニ於テハ極力之ガ増産ヲ図リ以テ其ノ需給ニ応ヘ、他方財政確立ヲ図ルト共ニ、政府ハ断禁ヲ目標トスル漸減策ヲ採リ阿片ノ生産、配給及輸出入ノ完全ナル統制管理ヲ断行スル等、所謂全蒙疆地区ニ渉テ阿片ニ対スル一元的対策ト体制樹立ヲ見ルニ至ツタノデアル。即チ事変後匆々ノ間ニ在ツテ応急的措置トシテ採リ来ツタ三自治政府ノ暫行的旧制ハ之ヲ根本的ニ改変シ、茲ニ阿片統制段階ノ劃期的措置トシテ清査総署ノ開設ヲ見タノデアル。

扨清査総署ハ民国二十八年(一九三九年)六月六日即チ蒙古連合自治政府成立三箇月前ニ清査総署官制ノ公布ヲ以テ成立シタノデアルガ、今其ノ監督機構ヲ示セバ左ノ如クデアル。

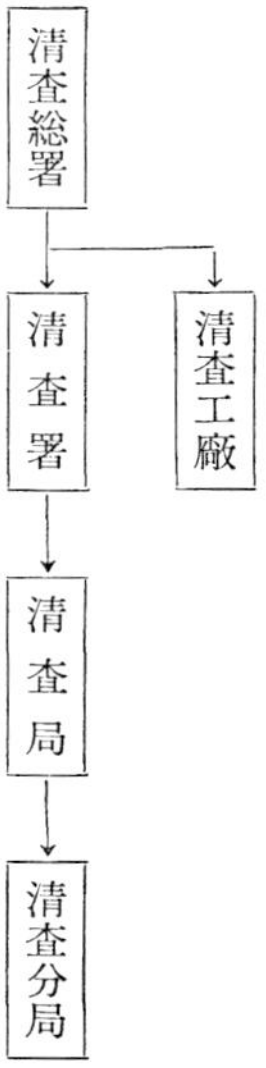

〔中略〕

次ニ清査総署[3]、清査署[4]、分局及清査工廠[5]ノ官制、配置、管轄状況等ヲ例示スル。

第二項　暫行阿片管理令ノ公布ト蒙疆土薬公司ノ設立

清査総署ノ開設ト同時ニ政府ハ暫行阿片管理令ヲ制定公布シ、以ツテ蒙疆地区内阿片ノ一元的統制管理ヲ為スニ至ツタノデアル。

暫行阿片管理令[6]及同施行規則[7]ニ関スル条文ヲ掲記スレバ次ノ如クデアル。

〔中略〕

而シテ政府ハ暫行阿片管理令ノ公布ト同時ニ蒙疆土薬公司ヲ設立シタノデアルガ、同公司ハ政府ノ指定セル国策会社デアツテ、清査総署ノ下ニ政府ト一体トナリ阿片政策ヲ行フ為、有力ナル土商ヲ責任者ニ定メ公定収買価格(一等品一両三円五〇銭)ヲ確定シ、阿片制度ヲ統一スルモノデアツタ。該公司ハ本店ヲ張家口ニ置キ其ノ資本金ハ一五〇万円(全額払込)デアツテ、有力ナル土商ノ民間資本ニ依リ彼等有力ナル株主ヲ利用シテ農民トノ連絡ニ当ラシメ、彼等ノ商慣習ヲ生カス方針ノ下ニ直接政府ノ財政収入ヲ確保セシメ、将来専売制度組織ノ実施ヲ容易ナラシムル如キ趣旨ヲ包有シテイタノデアル。

今蒙疆土薬股份有限公司ノ概要並同公司法及定款ヲ掲示スレバ下記ノ如クデアル。

(イ)　蒙疆土薬股份有限公司概要

一　所在地　本店　張家口
　　　　　　支店　大同、厚和、張北、崇礼、興和、多倫、集寧、托拉托、薩拉斉、包頭、豊鎮
二　代表者　董事長　賀東温
三　設立年月　民国二十八年六月二十六日
四　資本金　公称一五〇万円（全額払込）
五　出資関係　旧蒙疆地区内阿片業者出資
六　決算期　毎年十二月末

(ロ)　蒙疆土楽股份有限公司法〔8〕

〔中略〕

(ハ)　蒙疆土薬股份有限公司定款

第一章　総　則

第一条　本公司ハ蒙疆土薬股份有限公司ト称シ成紀七三四民国二十八年蒙疆連合委員会令第二四号ニ依リ設立ス
第二条　本公司ハ左ノ事業ヲ営ムヲ以テ目的トス
　一　阿片ノ収納
　一　前号ニ附帯スル事業
第三条　本公司ノ資本ノ額ハ百五拾万円トス
第四条　本公司ハ本店ヲ張家口特別市ニ置キ必要ナル地ニ支店又ハ出張所ヲ設クルコトヲ得
第五条　本公司ノ公告ハ公報及蒙疆新聞ニ掲載シテ之ヲ行フ

第二章　株　式

第六条　本公司ノ資本ハ之ヲ三万株ニ分チ一株ノ金額ヲ五拾円トス

第七条　本公司ノ株券ハ記名式トシ一株券、十株券、百株券及千株券ノ四種トス
第八条　本公司ノ株式ハ全額払込トス
第九条　株金ノ払込ヲ怠リタル株主ハ払込期日ノ翌日ヨリ払込当日迄百円ニ付一日八分ノ割合ヲ以テ遅延利息ヲ支払フヘシ
第十条　本公司ノ株式ハ本公司ノ同意並蒙疆連合委員会ノ認可ヲ得ルニ非サレハ之ヲ他人ニ譲渡スルコトヲ得ス
第十一条　株式ノ譲渡、相続若ハ遺贈ニ依ル名義書換又ハ株券ノ損傷分割若ハ合併ニ依ル引換ヲ請求セントスル者ハ本公司所定ノ請求書ニ株券並手数料ヲ添ヘ本公司ニ差出スヘシ
前項ニ定ムル株式ノ名義書換手数料ハ株券一枚ニ付弐角トシ株券引換手数料ハ新株券一枚ニ付五角トス
第十二条　紛失其ノ他ノ事由ニ依リ株券ノ再交付ヲ請求セントスル株主ハ其ノ事由並株券ノ種類、番号ヲ明記シ本公司ノ適当ト認ムル保証人二人連署シタル書類ヲ本公司ニ差出スヘシ
前項ノ場合ニ於テハ本公司ハ請求シタル株主ノ費用ヲ以テ引続三日以上公告シ其ノ最後ノ日ヨリ六十日ヲ経ルモ株券ヲ発見セス且他ヨリ故障ヲ申出ツル者ナキトキハ新株券ヲ交付ス
前項ノ規定ニ依ル新株券交付ノ手数料ハ新株券一枚ニ付五角トス
第十三条　株主又ハ其ノ法定代理人ハ其ノ氏名、住所及印鑑ヲ本公司ニ届出ツヘシ其ノ変更アリタルトキ亦同シ
第十四条　本公司ハ毎年二月一日ヨリ定時株主総会終了ノ日迄株式ノ名義書換ヲ停止ス
前項以外ノ時間ト雖一定ノ期間公告ノ上名義ノ書換ヲ停止スルコトアルヘシ

第三章　株主総会

第十五条　株主総会ハ定時及臨時ノ二種トシ定時株主総会ハ毎年三月之ヲ招集シ臨時株主総会ハ必要ニ応シ之ヲ招集ス
第十六条　総会ノ議長ハ董事長之ニ任ス董事長事故アルトキハ副董事長之ニ当リ董事長及副董事長共ニ事故アルトキハ董事中ノ一人之ニ当ル
第十七条　本公司ノ株主ハ一株ニ付一箇ノ議決権ヲ有ス

第十八条　総会ノ議事ニ付可否同数ナルトキハ議長ノ決スル所ニ依ル

第十九条　株主カ代理人ヲ以テ議決権ヲ行使セントスルトキハ其ノ代理人ハ本公司ノ株主タルコトヲ要ス但シ董事会ノ同議(マヽ)ヲ得タル場合ハ此ノ限リニ在ラス

代理人ハ其ノ代理権ヲ証明スヘキ委任状ヲ本公司ニ差出スヘシ

第四章　役　員

第二十条　本公司ニ左ノ役員ヲ置ク

董事長　一人

副董事長　一人

董　事　四人以内

監　事　二人以内

第二十一条　本公司ハ蒙疆連合委員会ノ認可ヲ得テ顧問若干名ヲ置クコトヲ得

第二十二条　董事長及副董事長ハ蒙疆連合委員会之ヲ任命シ董事及監事ハ株主総会ニ於テ之ヲ選任シ清査総署長ノ認可ヲ受クルモノトス

第二十三条　董事長、副董事長及董事ノ任期ハ三年トシ監事ノ任期ハ二年トス

董事長、副董事長及董事長ハ任期満了シタル後ト雖後任者ノ就任アル迄ハ其ノ職務ヲ行フモノトス

第二十四条　董事長ハ本公司ヲ代表シ其ノ業務ヲ綜理ス

董事長事故アルトキハ副董事長其ノ職務ヲ行フ

董事長及副董事長共ニ事故アルトキハ董事中ノ一人其ノ職務ヲ行フ

副董事長及董事ハ董事長ヲ補佐シ本公司ノ業務ヲ掌理ス

監事ハ本公司ノ業務ヲ監査ス

顧問ハ董事長ヲ補佐シ重要業務ニ参劃ス

第二十五条　董事会ハ董事長、副董事長及董事ヲ以テ之ヲ組織シ其ノ半数以上ノ出席ニ依リテ成立シ公司ノ重要ナル業務ヲ決議ス

董事会ノ議事ハ出席者ノ過半数ヲ以テ之ヲ決ス可否同数ナルトキハ議長之ヲ決ス

第二十六条　董事会ノ議長ハ董事長之ニ任ス

第二十七条　役員ノ報酬及手当ハ蒙疆連合委員会ノ承認ヲ受クルモノトス

第五章　計　算

第二十八条　本公司ノ会計年度ハ毎年一月一日ヨリ十二月三十一日迄トス

第二十九条　本公司ノ予算ハ十二月十五日迄ニ決算(マヽ)翌年一月末日迄ニ清査総署長ニ提出シ其ノ認可ヲ受クルモノトス

第三十条　董事長ハ決算期毎ニ財産目録、貸借対照表、営業報告書、損益計算書及損益処分ニ関スル議案ヲ作成シ監事ノ意見書ヲ添ヘ定時株主総会ニ提出シテ其ノ承認ヲ受ケ清査総署長ノ認可ヲ受クルモノトス

第三十一条　本公司ノ利益金ハ毎営業年度ニ於ケル総収入金ヨリ営業総経費諸損金、資産ノ償却費及従業員退職慰労積立金ヲ控除シタル残額トシテ左ノ通之ヲ処分ス但シ決算ノ都合ニ依リ別途積立金及後期繰越金ヲ為スコトヲ得

一　法定積立金　利益金ノ百分ノ十以上

一　役員賞与金　利益金ノ百分ノ五以下

一　株主配当金　若干

第三十二条　株主配当金ハ決算期末日現在ノ株主ニ之ヲ支払フモノトス前項ノ配当金ハ支払開始ノ日ヨリ起算シ満五年間請求セサルトキハ其ノ権利ハ失フモノトス

附　則

第三十三条　本公司ノ設立費用ハ参万円以内トス

茲ニ於テ従来各自治政府箇々ニ委ネラレテイタ阿片行政ハ其ノ帰趨スル所ヲ得、税収方策カラ準専売制度ヘノ移行ヲ具現シタ訳デアル。即チ前掲ノ如キ機構ト法規ニヨル政府ノ積極的政策ノ下ニ、機構的ニハ中央集権制ニヨリ、施政ニ当リテハ従前ノ分散的阿片行政ハ強力ナル機能ノ下ニ一応単一化サレ、専売禁断政策ノ前提トシテ公布ヲ見タル暫行阿片管理令ニ依ツテ煙政ノ合理化ガ企図サレタ訳デアル。

第三項　蒙疆土薬公司ノ解散ト土業組合ノ設立

民国二十八年(一九三九年)開設セラレタル清査総署、同時ニ公布セラレタル暫行阿片管理令(本章第一項及第二項参照)ニ依テ従来ノ三政府分政ニ依ル阿片行政ハ一応単一化サレタ訳デアルガ、尚実際ニ於ケル取扱ハ地域毎ニ旧制残存シ機構ノ集中統制ニ比シ施政ノ集中強化ハ不充分デアツタ。蓋シ行政力ノ滲透ナキ地ニ於テハ従来ノ自由商取引制度ヲ脱却シ得ズ、却ツテ土商ノ活動ハ不活発トナリ、其ノ収買量モ民国二十九年(一九四〇年)度ニ於テハ初期ノ予想収買量ノ五分ノ一ニモ充タザル状態デアツテ、設立以来一年ヲ経ズシテ早クモ収納組織ヲ改変スルノ已ムナキニ至ツタノデアル。

即チ民国二十九年(一九四〇年)四月十七日蒙疆土薬公司ガ株主総会ノ決議ニ依リ解散スルト同時ニ、政府ハ新ナル収納組織ノ確立ヲ企図シタノデアル。而シテ前記収買不振ノ原因及従来ノ会社制度ヲ以テセル政府ノ収納統制政策失敗ノ原因ハ何デアツタカ、今茲ニ其ノ主要ナル原因ト思考セラルルモノヲ挙グレハ左記ノ如クデアル。

一　土薬公司人的構素(ママ)ノ失敗

旧来ノ土商ヲ以テ公司員ヲ構成セル為俸給制度トノ不合理性ヲ惹起シタ。土商ハ従来ノ経験上阿片商売ノ甘キ利益ヲ俸給制ノ中ニ見出シ得ズ、為ニ俸給者トシテノ誠実ヲ欠イタ事デアル。

二　会社制度ノ非積極性

旧来ノ慣習ニ生キル阿片業態ニ対シ会社制度ハ積極的ナ活動ヲ示シ得ナカツタコトデアル。

三　収納制度ノ不徹底

従来ノ徴税制度ニ慣レタ民衆ニ対シテ強力ナ統制ノ転換ガ不徹底デアツタ。或ハ寧ロ斯カル収納方法ニ対シテ土民達ハ危惧ノ念ニ駆ラレ逃避気味デアツタトモ謂ヒ得ル。

四　市場価格ト買上価格トノ不均衡

前年度即チ民国二十八年(一九三九年)度ニ於ケル水害ニ因ル生産減ハ市場価格(平津地方)ト買上価格(現地)トノ間ニ大ナル懸隔ヲ生ゼシメ売惜、闇取引乃至密輸ノ横行ヲ招来シタ(下記備考参照)。

以上ノ原因ノ外、直接的原因トシテ同年度ニ於ケル旱水害及割奨期ニ於ケル雹害ニ因ル減収、其ノ他治安不良地区ニ於ケル減作出廻阻止等々ノ原因ニ依テ、政府ハ所期ノ目的ヲ達シ得ズ阿片収納ハ著シキ減少ヲ露呈シタノデアル。

備考　民国二十八年(一九三九年)度ニ於テ当初綏遠地区ノ収買確保量ハ大約六〇〇万両ガ見積ラレタノデアルガ、其ノ後種々情勢ノ変化ニ依リ四〇〇万両確保ニ変更シ、同年八月ヨリ収買ヲ開始シタガ、上述ノ如キ原因ノ下ニ収買ノ成績挙ラズ、漸次確保量ヲ低下シ二〇〇万両ヲ予想シタノデアル。然ルニ結果ニ於テハ此ノ最後ノ二〇〇万両スラモ確保出来ズ、漸ク一〇〇万両弱ヲ収買シ得タニ過ギナカツタ。故ニ如何ナル角度ヨリ検討スルモ、当時公定収買価格三円五〇銭ハ京津地方ニ於ケル価格ニ比シ極メテ低ク、綏遠地域ニ於ケル闇取引相場ハ民国二十八年(一九三九年)七―八円程度、翌年度ニ於テハ十二、三円程度デ、到底上記ノ公定収買価格デハ収買不可能デアツタ。茲ニ於テ土薬公司制度ニ再検討ヲ加フル必要ニ邁著(ママ)シタノデアル。

叙上ノ如キ収納成績不振ノ実情ハ駆リテ土薬公司ノ解散ヲ速メ、前ニモ述ベタ如ク政府ハ集貨ノ完璧ヲ期シ以テ政府ノ財政的政治的地歩ヲ確保シ併セテ阿片制度確立ヲ企図センガ為、新ニ収納人制度ヲ設ケ活動ノ積極性ヲ計ルコトトシタノデアル。

即チ政府ハ土薬公司ノ解散ニ次イデ左記ノ如キ阿片収納機構改革実施要綱ヲ決定、直ニ実施ニ移ツタノデアル。

阿片収納機構改革実施要綱

第一　方　針

昨年度ニ於ケル阿片収納成績不振ノ実情ニ鑑ミ、収納機構及方式等ニ付若干ノ改革ヲ加ヘ、以テ集貨ノ完璧ヲ期シ、当政権ノ財政的、政治的地歩ヲ確保シ、併セテ逐次阿片制度ノ確立ヲ期セムトス。

第二　要　領

一　阿片ノ収納ハ指定収納人ヲシテ之ヲ行ハシムルモノトス。
二　収納人ノ資格ハ原則トシテ制度実施前土商タリシ者トス。
三　収納人ニ対シテハ収納奨励ノ目的及密輸業者ニ対抗セシムル為、収納数量ニ応ジ地区外搬出ヲ認ムルモノトス。
四　収納人ヨリ保証金ヲ納付セシムルモノトス。
五　収納人ノ生産者ヨリノ収納価格ハ標準価格ノミヲ公示ス。
六　政府ノ収納人ヨリノ収納価格ハ別ニ定メ之ヲ収納人ニ内示スルモノトス。

第三　処　置

本案ハ左ノ通之ヲ実施スルモノトス。
一　公司法ヲ廃止シ現公司ハ解散シ地域的ニ収納人ヲ指定スルモノトス。
二　収納人一地域内ニ数人存スルトキハ収納人組合ヲ結成セシメ請負数量ハ連帯責任トス。
三　保証金ハ出資額ノ○割トス。
四　公示価格ハ○円トス。
五　収納人ヨリ政府ノ収納スル価格ハ○円トシ払下価格ハ○円トス。
　但シ京津ノ市価ニ従ヒ収納及払下価格ヲ調整スル事アルモノトス。
六　収納人ノ収買阿片ハ全量ヲ政府ニ納入スルモノトス。
七　収納人ニ対スル阿片ノ払下ハ収納実績ニ応ジ組合又ハ収納人単位ニ之ヲ為スモノトス。
八　払下阿片ノ搬出ニ対シテハ政府ニ於テ其ノ仕向地数量及時期等ヲ指示シ得ルモノトス。

右要綱ニ基キ政府ハ積極的収納ニ乗リ出シタノデアルガ、同要綱ノ注目スベキ点ハ左ノ諸点デアル。

一　収納人ハ旧来ノ土商ヲ指定シ、地域ニ依テハ収納人組合ヲ設立セシメ集貨力ノ強大ヲ図ツタ。

二　収納人ニ対シテハ収買奨励、密輸業者圧迫ノ目的ニ依リ収納余剰ニ応シ地区外搬出ヲ優先的ニ認メタ。

三　収買価格ハ最低価格ノミヲ示スコトトシ、従来ノ補償価格ヲ引上ゲ、当時価格ノ急騰セル情勢ニ対処スルト共ニ集貨ノ振興ヲ図ツタ。

尚従前ノ補償価格ト新制度ニ依ル収買価格トノ比較示セバ左ノ如クデアル。

土薬公司補償価格(最低)　一両　円 三・五〇

収納人収買価格　(最低)　〃　六・〇〇　　(註)当時ノ京津相場ハ一両一五円デアル。

新収納人制度ハ何レカト謂ヘバ旧制度デアリ、土薬公司ノ設立以前ニ於テ行ハレタ収買方式ナノデアルガ、政策ノ後退性ハ兎モ角トシテ、当時ノ蒙彊地区状勢下ニ於ケル本制度ノ妥当性ヲ否ムコトハ出来ナイ。

次イデ政府ハ更ニ積極的政策トシテ土商組合組織ヲ作ルコトニ決シタ。即チ煙販子ヲ経記業(仲買人)トシテ認メ、之ヲ利用シテ収買ニ当ラシメルコトトシタノデアル。斯クシテ民国二十九年(一九四〇年)清査総署長ノ指定シタル阿片収納人ヲ以テ各地ニ土業組合ガ組織セラレタノデアルガ、同時ニ之等ノ組合ヲ統制シ且管外搬出並金融ノ斡旋ヲ行フ目的ノ下ニ張家口ニ蒙彊土業総組合ガ設置サレタ。

左ニ同総組合及土業組合ノ定款並地域別組合員ノ氏名、出資額等ヲ掲ゲルコトトスル。

蒙彊土業総組合約款(成紀七三五年 民国二十九年 六月)

第一条　本収納人総組合(以下単ニ総組合ト称ス)ハ蒙彊土業総組合ト称ス

第二条　本総組合ハ蒙彊地域内各地土業組合ノ事務連絡統制及阿片ノ地域外搬出並金融ノ斡旋ヲ行フヲ以テ目的トス

第三条　本総組合ハ之ヲ張家口ニ設置ス

第四条　本総組合ハ各地方組合ヲ以テ組織ス
第五条　本総組合ハ清査総署長(以下単ニ総署長ト称ス)ノ指示ヲ受ケ各地方組合一切ノ業務ヲ統轄シ其ノ指導統制ニ任スルモノトス
第六条　本総組合ニ左記ノ役員ヲ置ク

総経理	一名
総副理	二名
監　理	三名
董　事	一〇名
顧　問	若干名

総経理ハ総署長ヨリ任命ヲ受クルモノトス
総副理ハ総経理ヲ経テ総署長ニ申請認可ヲ受ケ決定スルモノトス
監理ハ総署長ヨリ任命ヲ受クルモノトス
董事ハ各組合ノ選出ニ依ル代表者之ヲ兼任スルモノトス
顧問ハ総経理ヲ経テ総署長ニ申請シ其ノ認可ヲ受ケ決定スルモノトス
第七条　役員ノ任期ハ一年トシ重任ヲ妨ケス
第八条　役員ノ職権ハ左ノ如シ
総経理ハ全組合ヲ代表シ一切ノ業務ヲ統轄スルモノトス
総副理ハ総経理ヲ輔佐シ総経理事故アルトキハ其ノ職務ヲ代理スルモノトス
董事ハ役員会ニ出席シ議決権ヲ行フモノトス
監理ハ全組合一切ノ事務ヲ監察スルモノトス

顧問ハ一切ノ重要業務ニ参与スルモノトス

第九条　総経理ハ必要ニ応シ役員会ヲ召集ス

役員会ニ出席シテ議決権ヲ行使シ得ル役員ハ左ノ如シ

一　総経理、総副理、董事

二　顧問ハ役員会ニ出席シ意見ヲ陳述スルコトヲ得ルモ議決権ハナシ

三　監理ハ必要アリタルトキハ出席シ意見ヲ陳述スルコトヲ得ルモ議決権ハナシ

第十条　役員会ノ議長ハ総経理之ヲ担任スルモノトス

第十一条　役員会ハ役員総数ノ三分ノ二以上出席セサルトキハ之ヲ開催スルコトヲ得ス

第十二条　左記ノ各項ハ役員会ヲ経テ之ヲ議決スルモノトス

一　収支予算及決算

二　各組合ニ出資ノ割当ヲ為ストキ

三　事業計画

四　約款ノ変更

五　借入金ノ限度ニ関スル事項

六　其ノ他組合ノ存続或ハ廃止ニ関スル重要事項

第十三条　役員会ノ議決権ハ一人一票トス

第十四条　本総組合ハ業務ヲ執行スル為左記ノ職員ヲ置ク

総経理　一　名

総副理　二　名

監　理　三　名

顧　問　若干名
科　長　二　名
股　長　四　名
弁事員　若干名

第十五条　職員ノ任免ニ関シテハ第六条ニ依ルノ外左記ニ依リ処理スルモノトス
一　地方組合ノ経理、副理、監理ハ総経理之カ申請ヲ総署長ニ為シ其ノ認可ヲ得テ之ヲ決定スルモノトス
二　其ノ他本総組合ノ職員ノ任免ハ総経理之ヲ為スモノトス
第十六条　本総組合ノ経費ハ各地方組合ノ事業成績(数量)ニ依ル按分負担トス
第十七条　本総組合ハ左記ニ依リ解散ス
一　全組合ノ解散アリタル場合
二　総署長ノ解散命令アリタル場合
第十八条　本約款ハ総署長ノ認可ヲ受ケタル後効力ヲ発ス
第十九条　本約款ニ疑義アリタル時ハ総署長ノ解釈スルトコロニ依ル

蒙疆土業組合約款(成紀七三五年六月 民国二十九年)

第一条　本収納人組合(以下単ニ組合ト称ス)ハ土業組合ト称ス
第二条　本組合ハ清査総署長(以下単ニ総署長ト称ス)ヨリ指定ヲ受ケタル阿片収納人ヲ以テ組織ス
第三条　本組合ハ蒙疆地域内ニ於ケル生産阿片ノ収納ヲ営ムヲ以テ目的トス
第四条　本組合ニ阿片収納人カ各々其ノ指定地区ニ夫々設置スルモノトス
第五条　本組合ハ収納人総組合(以下単ニ総組合ト称ス)トノ事務連絡資金借入及販売事務等ヲ行フ為代表者ヲ総組合ニ派遣スル

モノトス
第六条　本組合ハ総組合ノ統制指導ヲ受ケ所属収納処及大小販子ニ対スル一切業務ノ指導監督及収納業務ニ任スルモノトス
第七条　本組合ノ出資額ヲ蒙幣□□万円トス
各組合員ノ姓名及出資額ハ別紙ノ通トス
第八条　本組合ノ組合員ハ成紀七三五年六月三十日迄ニ其ノ分担シタル出資金額ヲ現金ニテ本組合ニ納付スルモノトス若資金ヲ納付セサル者ハ総署長収納人タル資格ヲ取消スコトアルモノトス
第九条　組合員其ノ所持スル出資額ノ変更又ハ譲渡ヲナサントスルトキハ総組合役員会ノ決議ヲ経総署長ノ認可ヲ受クルモノトス
第十条　本組合ハ其ノ業務ヲ執行スルタメ左記ノ職員ヲ置ク
経　理　一　名
副　理　一　名(或ハ二名)
監　理　一　名
主　任　三　名
雇　員　若干名
鑑　定　若干名
第十一条　職員ノ任命ニ関シテハ左記ノ各項ニ依リ処理スルモノトス
一　本組合ノ経理、副理及監理ハ本組合員中ヨリ選出シ総組合ノ総経理ヲ経テ総署長ニ申請シ其ノ認可ヲ受ケ決定スルモノトス
二　其ノ他ノ職員ノ任免ハ本組合ノ経理之ヲナスモノトス
第十二条　組合員総会ハ毎年一回決算書案ヲ作成後三週間以内ニ於テ経理之ヲ召集スルモノトス

但シ組合員ノ三分ノ二或ハ出資額ノ三分ノ二以上ニシテ会議開催ノ要求アリタルトキハ経理臨時召集ヲナスコトヲ得

第十三条 総会ノ議長ハ経理之ヲ担任ス

第十四条 組合員ノ議決権ハ其ノ出資金額ニ依リ一万円ヲ一議決権トス

第十五条

一 組合員総会ニハ資本額ノ二分ノ一以上ノ組合員出席シタルトキニ非サレハ之ヲ開催スルコトヲ得ス

二 特殊ノ事故アリテ出席不能ナル者ハ他ノ組合員ニ委託シ代理スルコトヲ得

三 総会ノ決議ハ出席者資本額ノ半数ヲ超過シタル場合ニ於テ之ヲ決定ス

右同額トナリタルトキハ議長之ヲ決定スルモノトス

第十六条 左記ノ各項ハ組合員総会ヲ経テ之ヲ決議スルモノトス

一 約款変更

二 予算、決算

三 其ノ他組合ノ存続或ハ廃止ニ関スル重要事項

第十七条 職員ノ服務規程及業務執行心得等ハ総署長ノ認可ヲ得テ別ニ之ヲ定ム

第十八条 本組合ノ予算ハ毎年三月末日迄ニ之ヲ編成シ総組合ヲ経テ総署長ニ提出認可ヲ得テ施行ス

第十九条 本組合ノ決算ハ左記ノ通処理スルモノトス

一 決算書類ハ毎年収納完了後二箇月以内ニ之ヲ作成スルモノトス

二 利益配分方法ハ別ニ定ムルモノトス

第二十条 本組合決算時ニ損失ヲ生シタルトキハ各組合員ノ出資金額ニヨリ按分スルモノトス

第二十一条 総組合ノ経費ハ各組合ノ事業成績数量ニ依ル按分負担トス

第二十二条 本組合ハ左記ノ事項発生シタルトキハ之ヲ解散スルコトヲ得

一　収納人全体カ業務執行上其ノ収納人タル資格ヲ喪失シタルトキ
二　総署長ノ解散命令アリタルトキ
三　組合員全体同意シタルトキ
但シ第三項ノ場合ニアリテハ総会ノ議決ヲ経テ総署長ノ認可ヲ受クルモノトス

第二十三条　本組合解散シタルトキニ於ケル財産ノ分配及債務ノ負担ニ対シテハ組合員ノ出資金額ニヨリ按分スルモノトス

第二十四条　組合員ハ本組合ニ対シ定款及決議ヲ遵守スル義務ヲ負フモノトス

第二十五条　組合員ノ名義ヲ仮借シ不正行為ヲ為シ阿片管理及其ノ他法令ニ違反シ組合之カ為損害ヲ蒙リタルトキハ該組合員之カ賠償ノ責ヲ負フモノトス

第二十六条　本約款ハ総署長ノ認可ヲ受ケタル後効力ヲ発ス

第二十七条　本約款ニ疑義アリタル時ハ総署長ノ解釈スルトコロニ依ルモノトス

地区別組合員氏名及出資額明細表（成紀七三五年 民国二十九年 六月現在）

組合別	組合員氏名	出資額（円）	組合ニ於ケル担当業務	住所
崇礼	王大鵬	一〇〇、〇〇〇・〇〇	経理	崇礼県正溝街六号
〃	徐子揚	四〇、〇〇〇・〇〇	副理	〃
〃	閻景尭	四〇、〇〇〇・〇〇	駐張代表	〃
合計	三	一八〇、〇〇〇・〇〇		
宣化	孫玉階	一〇〇、〇〇〇・〇〇	経理	宣化北街王成美巷七号
〃	左量亭	三〇、〇〇〇・〇〇	副理	〃
〃	朱鳳来	三〇、〇〇〇・〇〇	駐張代表	〃

合計	三	一六〇、〇〇〇・〇〇		
張北	張立中	四〇、〇〇〇・〇〇	経理	張北永安街五三号
〃	宋澤民	四〇、〇〇〇・〇〇	副理	〃
〃	王秉達	四〇、〇〇〇・〇〇	監理	〃
〃	呉錫三	四〇、〇〇〇・〇〇	駐張代表	〃
合計	四	一六〇、〇〇〇・〇〇		
興和	李志英	四八、〇〇〇・〇〇	経理	興和城内
〃	張子明	二六、〇〇〇・〇〇	副理	興和泰安街
〃	呉世卿	二六、〇〇〇・〇〇	駐張代表	興和商会街五号
合計	三	一〇〇、〇〇〇・〇〇		
大同	李達霄	六〇、〇〇〇・〇〇	経理	大同更道街一三号
〃	許榮一	三〇、〇〇〇・〇〇	副理	大同馬王廟街一五号
〃	劇鐘興	三〇、〇〇〇・〇〇	監理	大同小皮巷一号
〃	周錫三	三〇、〇〇〇・〇〇	駐張代表	大同鼓楼東街五一号
〃	王振倫	三〇、〇〇〇・〇〇		大同太平街二一号
〃	馬忠	三〇、〇〇〇・〇〇		大同大中旅社
〃	白瑞雲	三〇、〇〇〇・〇〇		大同角玉興源
〃	李月波	三〇、〇〇〇・〇〇		大同華新隆
〃	王垣	三〇、〇〇〇・〇〇		大同太寧観二四号
〃	王崇岳	三〇、〇〇〇・〇〇		大同北□□□巷一七号
合計	一一（ママ）	三三〇、〇〇〇・〇〇		
豊鎮	樊仲三	二〇、〇〇〇・〇〇	経理	豊鎮土塘四道巷四号
〃	雷世同	二〇、〇〇〇・〇〇	副理	豊鎮県署街一五号
〃	康仲	二〇、〇〇〇・〇〇	監理	豊鎮順成街四二号

〃	呂生海	二〇、〇〇〇・〇〇	駐張代表	豊鎮富家巷一号
〃	郭　榮	二〇、〇〇〇・〇〇	収納主任	豊鎮西閣外四号
〃	于耀龍	二〇、〇〇〇・〇〇	会計主任	豊鎮毛店巷一九号
〃	張子彬	二〇、〇〇〇・〇〇	庶務主任	豊鎮忻卅巷二号
〃	邢永富	二〇、〇〇〇・〇〇	鑑　定	豊鎮柳樹巷八号
〃	霍相甫	二〇、〇〇〇・〇〇	保管員	豊鎮轆々把巷一号
〃	張得中	二〇、〇〇〇・〇〇		豊鎮順成街一号
〃	孟慶雲	二〇、〇〇〇・〇〇		豊鎮城隍街二五号
〃	楊有貴	二〇、〇〇〇・〇〇		隆盛荘第一分巷
〃	楊玉生	二〇、〇〇〇・〇〇		集寧橋東一馬路二八号
〃	劉壽彭	二〇、〇〇〇・〇〇		同　西財政街
合計	一四	二八〇、〇〇〇・〇〇		
托県	康永祥	三〇、〇〇〇・〇〇	経　理	托城前街二九号
〃	祁作□	三〇、〇〇〇・〇〇	副　理	托城前街三〇号
〃	張効清	二〇、〇〇〇・〇〇	〃	托城後街五三号
〃	劉振榮	一五、〇〇〇・〇〇	監　理	托城河口鎮頭道街四三号
〃	朱　玉	一五、〇〇〇・〇〇	駐張代表	托城河口鎮頭道街五六号
〃	張錦華	一五、〇〇〇・〇〇		托城東巷甲三六号
〃	趙　福	一五、〇〇〇・〇〇		托城財神廟巷五六号
托城	張興徳	一五、〇〇〇・〇〇		托城寿陽巷三四号
〃	李玉成	一五、〇〇〇・〇〇		托城東閣街三四号
〃	李慶榮	一五、〇〇〇・〇〇		托城前大街一五号
〃	葉映棠	一五、〇〇〇・〇〇		托城後街一三号
合計	一一	二〇〇、〇〇〇・〇〇		

包頭	鄒耀臣	一〇、〇〇〇・〇〇	経理	包頭文廟巷一号
〃	李文卿	一〇、〇〇〇・〇〇	副理	包頭河漕街一〇号
〃	王忠	一〇、〇〇〇・〇〇	監理	包頭頭湧泉巷三号
〃	劉廷會	一〇、〇〇〇・〇〇	駐張代表	包頭西閣外一号
〃	劉源	一〇、〇〇〇・〇〇	鑑定	包頭財神廟二道街六号
〃	祁□□	一〇、〇〇〇・〇〇		包頭財神廟二道街八号
〃	余錦詮	一〇、〇〇〇・〇〇		包頭前街三六号
〃	龐作海	一〇、〇〇〇・〇〇		包頭炭市街五号
〃	鄭海淵	一〇、〇〇〇・〇〇		包頭牛橋街一五号
合計	九	九〇、〇〇〇・〇〇		
厚和	韓幼林	五〇、〇〇〇・〇〇	経理	厚和大南街二三号
〃	丁映斗	五〇、〇〇〇・〇〇	副理	厚和小東街五二号
〃	趙子敬	五〇、〇〇〇・〇〇	〃	厚和小南街五三号
〃	劉維城	五〇、〇〇〇・〇〇	駐張代表	厚和小南街三五号
〃	張匯川	五〇、〇〇〇・〇〇	〃	厚和頭道巷五号
〃	賈子明	五〇、〇〇〇・〇〇	監理	厚和興隆巷三二号
〃	岳長	五〇、〇〇〇・〇〇		厚和小南街五三号
〃	翟世華	五〇、〇〇〇・〇〇		厚和南楼巷二二号
〃	賀秉温	五〇、〇〇〇・〇〇	総理	張家口城隍廟街四号
計	九	四五〇、〇〇〇・〇〇		
薩県	寗天貴	二五、〇〇〇・〇〇	経理	薩県観音廟街一〇号
〃	郭萬富	二四、五〇〇・〇〇	副理	薩県永和公収納所
〃	王子玉	二四、五〇〇・〇〇	総副理	張家口永覧大街三号
〃	呂竹平	二四、五〇〇・〇〇	駐張代表	薩県□増慶収納所

〃	程漢卿	二四、五〇〇・〇〇	〃	薩県人市街三号
〃	呂繼五	二四、五〇〇・〇〇		薩県天盛隆街六号
〃	王海龍	二四、五〇〇・〇〇		薩県魏家巷七号
〃	馮子玉	二四、五〇〇・〇〇		薩県人市街九号
〃	丁耀	二四、五〇〇・〇〇		薩県回々巷六号
〃	白映庚	二四、五〇〇・〇〇		薩県忻県営二一号
〃	沈廷財	二四、五〇〇・〇〇		薩県東大街六号
合計	一一（ママ）	二七〇、〇〇〇・〇〇		
総計	七七	二、二二〇、〇〇〇・〇〇		

以上蒙疆土業総組合並土業組合ガ組織セラルルニ及ビ、従前ノ土商ハ新ニ阿片収納人トシテヨリ活動的トナリ、其ノ収納成績ハ逐次良好ナル成果ヲ挙ゲツツアル。

第六章　蒙疆財政ト阿片

第一節　事変前ニ於ケル支那及蒙疆財政ト阿片トノ関係

年々多量ノ阿片ヲ需要スル支那ニ於テハ阿片ヨリ得ラルル財政的収入ハ極メテ多額ニ上リ、従テ夫レハ支那財政ニ於テ大ナル勢力ヲ有シ特ニ地方財政ニ於テハ其ノ財政全体ヲ左右スル迄ノ重要ナル役割ヲ演ジタ。爾来支那財政ト表裏一体ヲ為セル阿片ハ各地ニ続々栽培セラレ、特ニ地方軍閥ノ軍費調達ノ源泉トシテ年毎ニ其ノ栽培ノ増大ハ止ル所ヲ知ラナカツタ。斯クテ中央政府ハ阿片需要ノ激増ガ国際的体面ヲ著シク阻害スルハ勿論、支那民族ノ発展ヲ阻止シ国内統一ヲシテ不可能ナラシムル要因デアルコトヲ顧慮シ、再三再四禁煙運動ヲ提唱シ実践シタノデアルガ、一度財政的価値ガ高揚セラレテカラハ之ガ撲滅ヲ期スルコトハ著シク困難性ヲ具ツタ(ママ)ノデアル。殊ニ内乱絶間ナキ支那ニ於テ阿片ハ軍費調達ノ為ノ大キナ魅力デアツテ、其ノ結果ハ絶対的禁煙政策ノ断行ハ直ニ自己ノ勢力失墜ヲ意味スルモノデ、各地方軍閥カ競ツテ阿片栽培ヲ行ツタコトハ寧ロ当然ノコトデアツタ。斯カルガ故ニ支那ニ於ケル禁煙政策ナルモノハ表面的ノモノデアツテ、其ノ内実ハ多クノ矛盾ヲ包有シテ居タノデアル。

即チ従来支那ノ所謂禁煙政策ナルモノハ「阿片ハ禁止スルモ財政収入手段トシテノ作用ハ充分ニ発揮セシム」ト謂フコトヲ以テ根本的指導精神ト為ス矛盾シタ二面ヲ包括スル制度デアツタ。之ヲ更ニ具体的ニ述ベルト一応阿片吸飲ヲ禁止シテ已ムヲ得ザル者ニハ吸飲認可ヲ為セバ、吸飲税(煙民タルコトヲ登記シテ執照ヲ受クル際ニ納入スル費用)ヲ徴収スルコトモ理論的正当化サレ、同様ナル理論ヲ以テ高価ナ阿片ノ生産税モ徴収スルコトモ出来、運輸販売方面ニ於テモ全ク官営ト為スコトモ可能デ、斯クスルコトニ依テ官業独占トシテ高価ナ運輸費、販売費ヲ獲得スルコトガ出来タノデアル。且違反者ヨリハ多額ノ罰金ヲ徴収シ得ル為、人民ニ対シテハ禁煙シ官業的独占制度ヲ執ルナラバ阿片収入ヲ大ナラシムル結果ヲ招来スル。斯クノ如ク阿片ノ禁止ヲ為スコトハ阿片ニ依ル財政収入ヲ益大ナラシムル結果ヲ生スル為、阿片ヲ財政収入ノ手段トシテ利用スルトノ底意ヲ有スル限リハ、前述ノ矛盾ハ最早問題デハナク、支那ハ公然ト禁煙政策ヲ提唱シ得タノデアル。従テ支那ノ所謂禁煙政策ナルモノハ条約、国際会議ノ立前上表面的ニハ禁煙シテ国際的体面ヲ維持セシメ、裏面ニ於テハ財政収入ハ依然トシテ大ナラシメ得ル様ニ仕組マレテ居タノデアル。禁煙政策トシテハ合理的効果的ナリト謂ハレタ国民政府ノ禁煙令ノ如キモ、財政収入ヲ益大ナラシムル途ハ充分ニ考慮サレ、前述ノ如キ偽瞞(ママ)的仕組ハ依然トシテ具備サレテ居タノデアル。唯阿片ヲ全ク除去シテハ財政収入ノ基礎ヲ涸渇セシメルコト明確デ、支那財政ニ於ケル阿片ノ重要性ヲ没却シテ直ニ断禁政策ヲ強行スルコトハ、支那ノ財政状態ニ鑑ミテ其ノ実行ハ至難中ノ難事デアツタ。

斯クノ如ク支那財政ノ阿片ニ対スル依存度ハ到底想像ノ及バナイモノデ、軍費調達、財政運行ノ為夫レガ有スル財源トシテノ役割ハ早急ニ之ガ鞍替ヘヲ為シ他ニ財源ヲ求ムルコトヲ得ザル程ニ根強ク支那財政ニ滲透シテ居タノデアル。殊ニ地方財政ニ於テ顕著デアツテ、辺境諸省ノ財政ハ其ノ支柱ガ阿片税収入ニ依テ構築サレ、阿片生産県ノ県財政ノ如キハ殆ド阿片ニ依テ維持サレテ居タモノモアツタ。以上ハ事変前支那ニ於ケル財政ト阿片ニ関スル素描デアルガ、而ラバ当蒙疆地域ニ於ケル事変前ノ実相ハ如何様デアツタデアラウカ。

以下旧政権ノ財政政策ト阿片ニ関シ其ノ概略ヲ述ベヨウ。阿片ノ害毒ト国際的問題ニ狼狽セル中央政府ハ屢禁煙令ヲ発シタノデアルガ、当蒙疆地区ハ僻遠ノ地ナル為威令行ハレズ、阿片吸食ノ弊風滔々トシテ瀰蔓スルト共ニ、威令ノ行キ渉ラヌノヲ幸ヒニ阿片ノ栽培ハ次第ニ広範囲ニ伸張シ、遂ニ支那有数ノ阿片産地トナルニ至ツタ。其ノ後民国二十五年(一九三六年)山西省政府時ノ主席閻錫山ハ従来ノ禁毒品委員会及禁煙考査処ヲ廃合シ、山西省禁煙督弁公所ヲ設立シ積極的禁煙政策ヲ標望(ママ)シタノデアルガ、内実ハ財政収入ノ積極化ヲ企図シタモノニ外ナラナカツタコトハ容易ニ窺知シ得ル所デアル。

即チ其ノ大綱ハ阿片ノ購入、運輸、製造、販売ヲ総テ官営トシ吸食者ヲ登記セシメテ右登記煙民ニ対シ官製ノ阿片ヲ有償的ニ官給スルノデアル。而シテ其ノ配給ニ当ツテハ吸食者カ一定期限迄ニ戒絶シ得ルガ如キ方策ヲ執ツタノデアルガ、上記大綱ヲ実現スル為ニ山西省禁煙督弁公所ヲ設ケ、更ニ其ノ下ニ数多ノ機関ヲ設立シテ完全ナル阿片専売制度ヲ樹立シタノデアル。本制度ト財政収入トノ関係ヲ見ルニ煙民全部ヲ戒絶セシメテハ阿片収入ノ途モ杜絶スルガ、適当数ノ煙民ノ存スル限リニ於テハ一方的ナル阿片売買価格ヲ構成セシメテ阿片収入ハ益強化シ得タノデアル。而モ実際ニ於テハ閻ハ吸食者ヲ戒絶セシムル如キ線ニ添テ進マナカツタノミナラズ、却テ阿片収入ヲ強化スル為京津地方ノ阿片価格ニ影響ヲ及ボス程大規模ニ阿片ノ独占的購入ニ従事シタト謂ハレテ居ル。一説ニ依レバ当時山西一省ノ阿片収入ハ年額少クトモ一千万元以上或ハ一千五百万元ニ上ツタトノコトデアル。

当時綏遠ハ省内省外産阿片ノ大集散市場タルト同時ニ省政府ノ所在地デアツタ。従テ阿片行政ハ勿論財政方面モ総テ当然省政府財政庁ノ管轄スルトコロデナケレバナラナカツタ。而ルニ実際ハ然ラズシテ綏遠省政府ニ直属スル禁煙弁事処ハ単ニ管内各県ノ阿片行政方面ヲ分担シテ居タノニ過ギナカツタ。即チ其ノ施策ニ当リテハ何等積極性ナク唯各県ヲ通シ煙畝罰款ノ徴収ニ当ツタノミニ止ツタ。其ノ方法ノ如キモ各県毎ニ適当金額ヲ割当テ県又ハ管下各郷鎮長ニ之ヲ分担賦課セシメ、各県長郷長ハ夫々前者ハ百分ノ三・五、後者ハ百分ノ一・五ノ手数料ヲ収受スル所謂比額割当制度デアツテ、従来一箇年平均一二〇万円乃至一四〇万円ノ歳入ヲ挙ゲテ居タ。(第四章第二節参照)而モ此ノ中一割ハ花費トシテ稽査処ヲ通ジ山西ニ送付セラレテ居タノデアル。

而シテ阿片ニ関スル徴税方面ヲ分担スルモノガ禁煙稽査処デアツテ、同処ハ山西普綏財政整理処ニ直属シ、其ノ収納スル正税ハ山西軍閥ノ収入ニ帰属シ、附加税ノミ綏遠省政府ノ収受スル所デアツタ。

以上述ベタルトコロハ綏遠省ガ独立セル阿片政策ヲ為シ得ズ山西軍閥ノ強圧的阿片政策ノ為ニ自ラノ財政ガ多分ニ束縛サレタル事情ヲ略述シタモノデアル。次ニ当時ノ綏遠省ニ於ケル阿片ニ就キ財政上ヨリノ観点カラ今少シク具体的ニ述ベルコトトショウ。曩ニ述ベタル如ク綏遠省ニ於ケル阿片収入ヲ取扱フ機関ハ山西直轄ノ禁煙稽査処、綏遠省直属ノ禁煙弁事処ト其ノ他ニ禁煙督察分処(山西禁煙考核処駐綏弁事処)ノ三機関ガ存在シ、従来綏遠省政府歳入トシテハ該稽査処収入中ノ各種附加税及弁事処煙畝罰款及軍閥ガ土店ノ財東(ママ)トシテ暗ニ獲得セル事業収入タル特殊ノモノデアツタ。而シテ之等ヲ綜合シ阿片市場綏遠全域ヨリ官憲トシテ収納シタル金額ハ、大体表面ニ出タモノヲ推算スレバ無慮三五〇万円ヲ越ヘ(ママ)、其ノ督察分処ヲ経テ山西省ヘ搬出セラレタル阿片三〇〇万両ニ対スル収買加士ニ依ル企業利潤ヲ加算スレバ其ノ数ハ巨額ニ達スル。

参考迄ニ今民国二十三年(一九三四年)度稽査処歳入ノ内容ヲ示スト次ノ如クデアル。〔9〕

〔中略〕

而シテ煙畝罰款ハ前記ノ如ク大約一二〇万円アリ、右ヲ合シ三七〇万円ガ表面ニ現ハレタ数字デアル。

第二節　蒙疆三自治政府ノ財政ト阿片及其ノ後ノ経緯

今次支那事変ト同時ニ成立シタ蒙疆三自治政府ハ暫クハ急激ナル変化ニ依ル阿片行政ノ混乱ヲ考慮シテ旧来ノ方策ヲ踏襲スルコトトシタ。即チ察南自治政府ハ旧政権時代ノ察哈爾清査処ヲ察南自治政府財政庁清査処ト改称、蒙古連盟自治政府ハ旧稽査処ヲ補充整備シテ税務管理局ヲ創設、晋北自治政府ハ事変後政治的ニ新地域デアツテ踏襲スヘキ旧政権時代ノ制度施設ガナカツタ関係上、阿片業務一切ヲ上記蒙古政府ノ税務管理局ニ帰属セシメ、斯クテ三自治政府ハ事変後蒙疆阿片行政ノ第一段階ニ踏入ツタノデアル。

而シテ各自政府ガ踏襲シタ阿片税種類及税率ヲ示スト次ノ如クデアル。

(イ)　察南自治政府ニ於ケル阿片税ノ種類及徴税率

種類	単位	徴税率(円)	摘要
鎖徴証	(一)一両	.一五	政府管内ニ於テ消費セラルル阿片
〃	(二)〃	.〇八	張家口ニ卸貨シタル阿片ガ京津地方ニ輸出サルル場合
入境捐	〃	.〇二	鉄道ニ依ラズシテ察南管内ニ入境シタル場合
出境捐	〃	.〇二	張家口ニ卸売シタル阿片ガ京津地方ニ輸出サル場合
過境捐	〃	.〇八	張家口ヲ通過シテ京津地方ニ　〃
土照捐	一箇月	八〇.〇〇 六〇.〇〇 四〇.〇〇	土商ニ対スル営業執照ニシテ三等扱ニ分ツ
膏照捐		一二〇.〇〇 一〇〇.〇〇 八〇.〇〇 六〇.〇〇	膏商ニ　〃　四等扱ニ分ツ
営業捐	一両	.〇一	察南管内ニ於テ消費サルル阿片
護路費	(一)	.〇四	永嘉堡ヨリ張家口迄ノ官運護衛費
〃	(二)	.〇七	張家口ヨリ北京迄ノ官運護衛費

(ロ)　晋北自治政府ニ於ケル阿片税ノ種類及徴税率

種類	単位	徴税率(円)	摘要
印花捐	一両	.一五	政府管内ニ於テ消費セラルル阿片
入境捐	〃	.〇二	鉄道ニ依ラズシテ政府管内ニ入境シタル場合
出境捐	〃	.〇二	輸出セラルル場合、但シ鉄道ニ依リ張家口方面ニ輸送スルモノヲ除ク

種類	単位	徴税率	摘要
通過捐	(一)一両	.〇五	鉄道ニ依リ管内ヲ通過スル阿片
〃	(二)	.〇八	大同ニ卸売シテ後管外ニ輸出セラルル阿片
土照捐	一箇月	一二〇.〇〇 一〇〇.〇〇 八〇.〇〇	土商ニ対スル営業執照税ニシテ三等級ニ分ツ
膏照捐	〃	六〇.〇〇 四〇.〇〇 二〇.〇〇	膏商ニ 〃

註　旧山西省政府ニ於テハ民国二十五年九月ヨリ阿片専売制度ヲ実施シ来レルモ、晋北自治政府ニ於テハ旧制度ノ復活困難ナルノミナラズ又専売制度ハ現状ニ適セザルモノアルニ鑑ミ察南蒙古両自治政府ノ阿片管理方法ニ準ズルコトトセリ。

(ハ)　蒙古連盟自治政府ニ於ケル阿片税ノ種類及徴税率

種類	単位	徴税率(円)	摘要
印花捐(紅花)	一両	.一七	外貨(寧夏、甘粛阿片)ニ対シテ本処ニ於テ課税ス
〃(〃)	〃	.一八	〃　分処
〃(藍花)	〃	.一二	本地生産阿片
出境捐(大路)	〃	.〇一	汽車ニ依リ出境スル阿片
〃(小路)	〃	.〇二	汽車ニ依ラズシテ　〃
検験費	〃	.〇一	大路小路共
附加教育款	〃	.〇一五	本地産、外貨共
附加賑款	〃	.〇一五	本地産、外貨共
営業附加款	毎月	.四〇	煙館
錫捐	〃	六.〇〇	〃
燈捐	〃	二.〇〇	〃

甲照捐	〃	六〇・〇〇	一等（資本金四万円以上）営業執照税
		四八・〇〇	二等（〃　三万二千円以上）
甲照捐	〃	三六・〇〇	三等（資本金二万四千円以上）
		二四・〇〇	四等（〃　八千円〃）〃
甲照捐	〃	一一・〇〇	五等（資本金二万八千円以下）営業執照税
		八・〇〇	六等（〃　）
護路費	(一)一両	・〇四	包頭ヨリ綏遠迄ノ官運護衛費
〃	(二)一両	・〇三	薩拉斉ヨリ綏遠迄ノ〃
〃	(三)一両	・〇六	綏遠ヨリ永嘉堡迄ノ〃

註　土照捐トハ土商営業税ノコトニシテ、膏照捐トハ膏商営業税ノコトナリ。而シテ土商トハ清査処ノ許可ヲ受ケ生産阿片ノ収買卸売ノ業ヲ掌リタルモノデ、収買阿片ハ悉ク清査処倉庫ニ保管シ、売下搬出ニ当リテハ印花捐ヲ納入シ、運送ハ官運制ニ依ルモノナリ。膏商トハ清査処ノ許可ヲ受ケ阿片小売業ニ携リタルモノナリ。

斯クシテ三政府ハ暫行的阿片行政ノ下ニ財政ノ支柱トシテノ阿片税ノ収納ヲ企図シタ。

今察南自治政府ノミニ付民国二十七年（一九三八年）度ノ阿片収入ヲ見ルト大要左表ノ如クデアル。

民国二十七年（一九三八年）度察南政府阿片税収表

	九月末日迄ノ徴税実績	算出銀基 単価	算出銀基 数量	摘要
印花捐	三七一、七八五・五六円（三一・九%）	・一五〇円	一、六八八、二九二・〇〇両	計　二五三、二四三円八〇　察南管区ニ於テ消售ノ分
		・一四〇	八二、八八四・〇〇	計　一一、六〇三円七六　晋北政府ニ対シ一両ニ付一銭ヲ控除シテ分与ノ分
		・〇八〇	一、三三六、七二五・〇〇	計　一〇六、九三八円〇〇　張家口ニ落貨後京津地方及満州国ヘ移出ノ分

資料 5　蒙疆ニ於ケル阿片〔抄〕

入境捐	三三、七六五・八四 (二・九%)	・〇二〇	一、六八八、二九二・〇〇	
出境捐	四一、五七九・八五 (三・六%)	・〇二〇 ・〇一〇	一、四一〇、六三〇・〇〇 一、三三六、七二五・〇〇	晋北政府ニ対シ一両ニ付一銭ヲ控除シテ分与ノ分
過境捐	三一五、七七〇・二四 (二七・一%)	・〇八〇	三、九四七、一二八・〇〇	蒙古連盟政府ヨリ第一回ニ輸送シタル阿片二五五、九三七両ヲ含ム
士商照捐	六、八四〇・〇〇 (〇・六%)	八〇〇・〇〇〇 六〇〇・〇〇〇 四〇〇・〇〇〇	(延数)二〇 〃　一八 〃　一〇四	一等照捐＝一、六〇〇円 二等照捐＝一、〇八〇円 三等照捐＝四、一六〇円
膏商照捐	一〇、五〇〇・〇〇 (〇・九%)	一二〇〇・〇〇〇 一〇〇〇・〇〇〇 八〇〇・〇〇〇 六〇〇・〇〇〇	(延数)四七 〃　一〇 〃　一六 〃　四四	甲等照捐＝五、六四〇円 乙等照捐＝一、〇〇〇円 丙等照捐＝一、二八〇円 丁等照捐＝二、五八〇円
営業捐	二六、五六七・六四 (二・三%)	・〇一五	一、七七一、一七六・〇〇	
護路費	三四七、四七九・〇九 (二九・八%)	・〇七〇 ・〇六〇	一、八〇〇、一〇九・〇〇 三、六九一、一九一・〇〇	張家口ヨリ京津地方へ移出ノ分＝一二六、〇〇七円六三 蒙古連盟、晋北ノ両政府ニ於テ当政府ニ対スル代徴ノ分＝二二一、四七一円四六
阿片罰款				
没収阿片	四、六一〇・三〇 (〇・四%)			
国庫金属金(マヽ)				
其ノ他	六、三九六・〇一 (〇・五%)			六月以前ノ代徴税率訂正シタルニ因リ晋北自治政府ヨリ振替ラレタル分
計	一、一六五、二九四・五三 (一〇〇%)			

	十月一日ヨリ十二月末日迄ノ徴収見込額	算出根基		摘要	計
		単価	数量		
	円	円	両		円
〔印花捐〕	七五、〇〇〇・〇〇	・一五〇	五〇〇、〇〇〇・〇〇		四四六、七八五・五六
〔入境捐〕	一〇、〇〇〇・〇〇	・〇二〇	五〇〇、〇〇〇・〇〇		四三、七六五・八四
〔出境捐〕	九、七〇〇・〇〇	・〇二〇	四八五、〇〇〇・〇〇		五一、二七九・八五
〔過境捐〕	一二〇、〇〇〇・〇〇	・〇八〇	一、五〇〇、〇〇〇・〇〇		四三五、七七〇・〇〇（ママ）
〔土商照捐〕	二、八二〇・〇〇	八〇・〇〇〇	（延数）九	七二〇円	九、六六〇・〇〇
		六〇・〇〇〇	〃 九	五四〇	
		四〇・〇〇〇	〃 三九	一、五六〇	
〔膏商照捐〕	四、二〇〇・〇〇	一二〇・〇〇〇	〃 一五	一、八〇〇	一四、七〇〇・〇〇
		一〇〇・〇〇〇	〃 六	六〇〇	
		八〇・〇〇〇	〃 九	七二〇	
		六〇・〇〇〇	〃 一八	一、〇八〇	
〔営業捐〕	七、五〇〇・〇〇	・〇一五	五〇〇、〇〇〇・〇〇		三四、〇六七・六四
〔護路費〕	一二三、九五〇・〇〇	・〇七〇	四八五、〇〇〇・〇〇	三三、九五〇	四七一、四二九・〇九

		一 ・〇六〇	一、五〇〇、〇〇〇・〇〇	九〇、〇〇〇	
〔没収阿片国庫金属金〕	一、五〇〇・〇〇	五〇〇・〇〇〇			六、一一〇・三〇
〔其ノ他〕					六、三九六・〇一
〔計〕	三五四、六七〇・〇〇				一、五一九、九六四・五三

註　北支那開発株式会社張家口支社ノ調査ニ係ルモノナリ。尚栽培捐、検験費、附加捐等ノ収入ナシ。

右表ニ拠レバ民国二十七年(一九三八年)九月末現在徴税実績ハ一、一六五、二九五円デ、同年末推定徴収額ハ一、五一九、九六四円デアル。而シテ右ノ中主要部分ヲ占ムルモノハ印花捐、過境捐、護路費ノ三者デ九月末実収額合計ニ対スル各税目ノ割合ヲ見ルニ印花捐三一・九%、過境捐二七・一%、護路費二九・八%デ、何レモ三割内外トナツテキル。

以上ガ事変勃発翌年ニ於ケル察南政府ノ阿片税収ノ九月迄ノ実績並年末ニ於ケル推定収納高デアル。今同年ニ於ケル察南政府ノ歳入総額大約五〇〇万円トスレバ右阿片収入ハ政府歳入ノ三割強ヲ占ムルコトトナル。其ノ財源トシテノ地位ハ依然トシテ看過シ得ザルモノデアル。然レドモ阿片税収中当地区内ノ消費税並営業税等固定的ノモノハ約三割デアツテ、其ノ他ハ通過税、出境税等、生産地ナル蒙古連盟自治政府管内ニ於ケル阿片ノ生産並輸出政策ノ如何ニヨツテハ其ノ減収モ予期シナケレバナラズ、此ノ点著シク不安定性ヲ存シ健全財政確立ノ為ニハ決シテ確実ナル財源トシテ期待ヲ持ツコトハ出来ナイ。又例ヘ蒙古連盟自治政府ト有機的連繋ノモトニ一定ノ収納ヲ企図シテモ、自然的条件ニ著シク支配サレル阿片ハ到底恆常的財源トシテ実視(マヽ)スルコトハ出来ナイ。

次ニ民国二十八年(一九三九年)度ニ於ケル三自治政府別ノ阿片税収納額ヲ見レバ次表ノ通デアル。

民国二十八年(一九三九年)度政府別歳入予算総額及阿片収入予算比較表(単位円)

	察南政府	晋北政府	蒙古政府	合計
銷燬証款	五七七、五〇〇	八四五、〇〇〇		一、四二二、五〇〇
入境費	五二、〇〇〇	二四〇、〇〇〇		二九二、〇〇〇
出境費	六九、〇〇〇	六〇、〇〇〇	九六〇、〇〇〇	一、〇八九、〇〇〇
過境費	一、二二五、〇〇〇	一五〇、〇〇〇		一、三七五、〇〇〇
運費	二二七、五〇〇	—		二二七、五〇〇
土照費	一〇〇、〇〇〇	二九、二八〇	八〇、四〇〇	一三九、六八〇
膏照費	二〇〇、〇〇〇			
罰款	一五、〇〇〇	—		一五、〇〇〇
禁煙税		一、四五〇、〇〇〇		一、四五〇、〇〇〇
熬膏費		七〇、〇〇〇		七〇、〇〇〇
栽培費		六五〇、〇〇〇	二、〇四三、〇〇〇	二、六九三、〇〇〇
印花費			一、三六〇、〇〇〇	一、三六〇、〇〇〇
雑収入			二九七、二〇〇	二九七、二〇〇
合計	二、一九六、〇〇〇	三、四九四、二八〇	四、七四〇、六〇〇	一〇、四三〇、八八〇
政府歳入予算総額	九、〇一九、六七八	五、九二九、九五〇	一三、八二三、〇〇〇	二八、七七二、六二八
予算総額ニ対スル阿片収入予算総額比率	二四・三%	五八・九%	三四・三%	三六・三%

註 「阿片収入予算額」ハ蒙古政府清査総署ノ調製ニ係リ、「政府歳入予算総額」ハ北支那経済通信社発行ノ「北支・蒙疆年鑑昭和十五年版」ニ拠ル。

北支・蒙疆年鑑中ニ歳入予算トシテ掲載サレタ阿片税ハ蒙古政府ガ発表セル右表ノ阿片税収予算額ニ較ベ著シク僅少ニ見積ツテ

アルガ之ハ其ノ性質上実数ノ公表ヲ憚ツタモノデ、従テ蒙疆年鑑ヨリ引用セル右予算総額ト政府ノ調製セル阿片収入予算額トノ対比ガドノ程度迄信ヲ置クニ足ルカハ断言出来ナイガ、事変後ニ於テモ蒙疆財政ニ於ケル阿片ノ重要性ハ依然、牢固タルモノガアルコトハ疑ヒナイ。而モ阿片ノ財源トシテノ地位ハ其ノ後益重要性ヲ加フルト共ニ、他方東亜ニ於ケル阿片ノ著シイ需給ノ不均衡ヲ緩和スル意味カラ、三自治政府ノ連絡機関タル蒙疆連合委員会ハ阿片ノ生産、収買、配給、輸出等ノ統制管理ヲ断行スルニ決シタ。即チ民国二十八年(一九三九年)六月政府ハ阿片監督機構トシテ清査総署ヲ開設シ、更ニ収買ノ統一ヲ計ル為同総署ヲ監督官庁トスル国策会社蒙疆土薬公司ヲ設立シタノデアル。其ノ後間モナク蒙疆民衆ノ輿望ヲ荷ツテ従前ノ三自治政府ヲ包含シ統一政権トシテ新シク蒙古連合自治政府ガ成立スルニ及ンデ、阿片行政機関トシテノ清査総署及統一的収買機関トシテノ土薬公司ノ重要性ハ更ニ増大シ、嚢ニ蒙疆連合委員会ノトリタル阿片積極政策ハ新政府ガ継承スルト共ニ一段ト其ノ成果ガ期待サルルニ至ツタ。即チ政治的ニモ経済的ニモ著シク強化セラレタ新政府ハ従来ノ三政府ノ財務機関ヲ統合シテ財政部ヲ設置シ、画一的財政制度ノ確立ヲ企図シタノデアル。而シテ従前蒙疆連合委員会ニ直属シテ居タ清査総署ハ財政部設置ト同時ニ其ノ管轄ニ属スルコトトナツタ。

斯クシテ其ノ他ノ機構ニ於テモ同様ノ革新ヲ見タノデアルガ、上述ノ如キ蒙疆管内諸体制ノ整備拡充ニ伴ツテ政府予算額ハ著シク増大シ、従テコノ財政運行上歳入制度ヲ如何ニシテ確立スルカト謂フコトハ当時財政部ノ直面セル最モ重要ナル基本的問題デアツタ。

而シテ当初財政部ノ財政確立方針トシテ採ラレタ政策ハ根本的ニハ勿論確実ナル財源ニヨル収入ノ増大策デアツタ。コノ為ニ専門的見地カラ根本的徴収機関、徴税組織ノ統一、税源ノ統一、即チ租税制度ノ確立ガ企画サレタ。然シ乍ラ当時之ハソノ将来ニ対スル方針デアツテ現実ノ財政運行上ノ政策デハナカツタ。ソノ方向ハ右ノ方針ノ下ニ進メラレテ行クトシテモ、現実ノ財政ヲ如何ニシテ調整シテ行クカノ点ハ別箇ノ問題デアツタ。茲ニ於テ新政権下ノ財政策トシテ過渡的、現実的政策トシテノ財政調整策ト根本的財政確立ノタメノ根本策トノ二ツノ政策ヲ併用スル必要ヲ生ジタノデアル。茲ニ蒙古新政権ノ財政上ノ複雑性ト煩悶ガ伏在スル。

而ラバ政府ハ当時過渡的財政策トシテ如何ナル対策ヲ講ジタデアラウカ。政府ハ先ヅ第一着手トシテ阿片ノ統制ニヨル増収ト塩ノ統制ニヨル収入増加ヲ企図シタノデアル。

即チ新政府ハソノ成立三箇月前ニ官制ノ公布ヲ以ツテ設置サレタ清査総署ヲ財政部ノ管掌下ニ置キ、従来ニ引継(ママ)キ同署ヲシテ土薬公司ト共ニ阿片ノ完全ナル統制ヲ行ハシメタ。

斯クノ如キ政府ノ積極的阿片統制策ニモ拘ラズ民国二十八年(一九三九年)度ニ於ケル政府ノ阿片収納ハ予期ノ成績ヲ収メ得ズ実ニ微々タルモノデアツタ。其ノ原因ハ勿論同年度ニ於ケル未曾有ノ天災モサルコト乍ラ、新制度ノ不徹底デアツタコト、従来ノ取引慣習ヲ無視シタル政策ノタメ土商ノ活動ヲ制肘シタルコト、其ノ他諸種ノ原因ガ前記ノ如キ不首尾ヲ招イタモノデアル。茲ニ於テ政府ハ之ガ対策ヲ討議シ従来ノ阿片政策ニ検討ヲ加ヘルニ至ツタ。而シテ夫レハ財源ノ確保ナル見地カラモ従来ノ阿片需給ノ不均衡ノ打破ト謂フ見地カラモ、阿片確保ハ政府ニ課セラレタ重要問題デアリ急務デアツタ。斯クシテ土薬公司ノ解散トナリ新ニ土業組合ノ出現トナツタノデアル。斯クノ如ク僅々一年ヲ経ズシテ著シク阿片制度ガ変革セラレタノモ結局蒙古政府ノ財政難ガ意外ニ深刻デ政府ノ財源ノ基礎ヲ阿片ニ置ク結果デアル。

元来蒙疆地域ニ於ケル阿片ノ年産額ハ少クトモ約一千万両ト称サレ、此ノ中五百万両ガ当地域内デ消費サレ残リ五百両ガ京津地方ニ輸出サレルノガ常態デ、事変前ニ於テハ西北貿易ニヨリ寧夏、甘粛方面ヨリノ輸入阿片ト合セ年々一千二、三百万両程度ノモノガ輸出サレテヰタ。従テ阿片収入ガ蒙古地域財政ニ持ツ意義ハ極メテ大ナルモノガアル。西北貿易ガ杜絶シタ現在、同方面ヨリ京津地方向ケノ輸送阿片ニ対スル通過税其ノ他ノ政府収入ハ当然消滅シタ訳デアル。然シ乍ラ国内生産阿片ニ課税シテ得ラルル政府収入ハ決シテ抹殺スベカラザル数字デアル。

而モ事変後西北ルートノ杜絶ト天候ノ結果ニヨル国内阿片ノ不作トニヨリ蒙疆ハ勿論北中支全域ニ亘リ阿片ノ需給不均衡ヲ来シ、之ガ緩和ヲ図ルタメ政府ハ阿片ノ増産ヲ図ツテヰル。従テ天候ニ禍サレザル限リ今後ニ於ケル阿片ニヨル増収ハ一応企図予想サレル訳デアルガ、屢述ノ通阿片ノ生産ガ天候ノ支配ヲ受ケルコトハ最モ大ナル弱点デアラウ。

如上蒙疆ニ於ケル阿片ハ事変前後トモニソノ特殊性ハ相異スルトモ蒙疆財政ヲ語ル上ニ於テ甚ダ重要ナリト謂ハナケレバナラナイ。殊ニ最近ニ於ケル財源トシテノ阿片ノ重要性ニ就テハ既ニ屢記述シタ所デ、阿片需給不均衡ノ緩和方策ト共ニ財政策ノ一端トシテ政府ガ阿片ノ増産ヲ図ル所以デアル。勿論財政確立ノ為トハ謂ヘ永続性ヲ期スベキモノデハナク一時的過渡的ノモノデアルコトハ論ヲ俟タナイ。現実的政策トシテノ財政策トシテ財源ノ基礎ヲ阿片ニ置クコトハ已ムヲ得ナイトシテ、阿片ノ及ボス社会的影響及国際的観点カラシテモ一時的方策タルベキハ勿論、阿片ソレ自身自然的条件ニ支配セラルルコト大ナル作物ヲ財源ノ基礎トシ之ニ期待ヲ持ツコトハ、蒙疆国家将来ノ健全ナル発展ヲ約束シ得ルモノデハナク、不安定極マルモノト謂ハナケレバナラナイ。此ノ意味ニ於テ飽ク迄過渡的性質ノモノトシ阿片依存ノ危険性ヲ充分認識シテカカリ、他ニ代ル何等カノ財源ノ確保ニヨリ健全財政ノ確立ヲ図リ、他面積極的阿片禁絶政策ニ乗リ出スベキデアロウ。

*「極秘」と捺印。タイプ印刷。本文一九八頁。一頁一七行三二字。早稲田大学社会科学研究所蔵。

〔1〕記載が欠落しているが、阿片公会暫行取締規則第十条で知ることができる(二五四頁)。

〔2〕欠落がある。阿片公会暫行取締規則第六条と同様の条文であろう(二五四頁)。

〔3〕清査総署官制《資料10》四〇四頁、参照。

〔4〕清査署官制《資料11》四〇七頁、参照。

〔5〕清査工廠官制《資料12》四一六頁、参照。

〔6〕暫行阿片管理令《資料7》三九六頁、参照。

〔7〕暫行阿片管理令施行規則《資料8》三九九頁、参照。

〔8〕蒙疆土薬股份有限公司法《資料9》四〇二頁、参照。

〔9〕本資料二三四頁と同一の表である。

［資料6］

蒙疆ニ於ケル罌粟阿片〔抄〕

蒙古自治邦政府経済部煙政塩務科[1]
成紀七三八年四月

序

支那阿片問題ノ解決否東亜ニ於ル阿片問題ノ解決ハ老猾英国ヲ東亜ヨリ駆逐シ東亜民族ニヨリ自主的ニ処理スベキ重要ナル懸案事項トナツタ。然モ蒙疆ハ内邦内ノ阿片制度ノ確立ト共ニ外東亜共栄圏ノ阿片問題解決ノ前線基地トシテ重大ナル役割ヲ負荷セラルルニ至ツタ。成紀七三四年蒙疆阿片制度確立ノ重責ヲ負ヒ此地ニ赴任スルヤ上述ノ使命ヲ併セ完遂スベク総力ヲ結集シテ事業ノ運営ニ当ツタ。ナホ満州国ニ在リテ研究半バニアツタ農村経済ノ阿片ノ地歩ニ就テノ調査ヲ蒙疆ニ於テ完成シタク念願シ、阿片界ノ経験者ト少壮気鋭ノ技術者ヲ聘用シ、先ヅ農村ノ実態調査ヲ着手セシムルコトニシタ。阿片ノ農村ニ於ケル地位ハ従来特権者ニヨリ搾取ノ対照(ママ)ニナツテヰタ。阿片ノ生産量、生産費及華北満州国等隣接地域ノ価格ノ変動ヲ鋭敏ニ感得スル農民及取扱業者ヨリ真相ヲ把握スルコトハ如何ニ至難ナ事デアツタラウ。殊ニ之等ノ調査ニ当ツタ大部分ノ若人ハ既ニ名誉ノ壮丁トシテ前線ニ銃剣執ル身トナリ、系統的調査研究ニ一大蹉跌ヲ来スニ至ツタ。偶々茲ニ当科員ノ調査研究シタルモノヲ集録シテ一書ヲ編スルコトトナツタガ、未完成ノ域ヲ脱シ得ナイコトヲ卒直ニ認メザルヲ得ナイガ、阿片蒐荷工作ニ東奔西走スルノ傍ラ調査ニ精進シタ結晶ノ一部ノ表ハレトシテ阿片研究者ノ参考資料トシテ閲読セラルルナラバ独リ編者ノ幸ヒトスルバカリデナイデアラウ。

成紀七三八年四月

蒙古政府経済部参事官室ニテ
煙政塩務科長　高　須　進　一

緒　言

本調査報告書ハ蒙疆地域ニ於ケル薬材資源(罌粟阿片関係)ニ就キ時ノ興亜院蒙疆連絡部(現、在張家口大日本帝国大使館事務所)ヨリ委嘱ヲ受ケ、昭和十七年七月ヨリ十八年二月ニ至ル間全管内ヲ実地踏査シテ得タル之ガ結果ニ従来ノ調査資料其他ヲ織合シテ編纂シタルモノナリ。

阿片ノ害毒ニ就テハ今更茲ニ事新シク喋々スル迄モナク遍ク世人ノ知ル処深ク之ガ吸飲ヲ戒メアリ。モルフイン、コカイン、ヘロイン等ノ麻酔薬類ノ濫用ハ人類ヲシテ無気力ト無能ニ陥レテ廃頽セシム、人道上由々シキ悲惨事ニテ世界人懊悩ノ対象ナリ。因テ大東亜共栄圏内各地域ハ勿論全世界ニ亘リテ之ガ吸飲耽溺ヲ恐レ取締管理ノタメニ必要ナル手段ヲ講ジ之ガ撲滅ヲ計画実施中ナリ。

東洋ニ於ケル阿片吸飲ノ状況ヲ見ルニ先ヅ朝鮮、満州、関東州、中華民国、泰、仏印、フイリツピン、ビルマ、マレー、印度其ノ他各地区ニ華人ヲ主体トスル多数ノ癮者ヲ容シ之ガ前途ハ頗ル憂慮セラレツヽアルガ、一八四三年英帝国ガ阿片密売者ノ為ニ支那ノ門戸ヲ開放シテ以来阿片禍ハ急激ニ支那全土ニ蔓延シ現下支那人ハ既ニ阿片ナクシテハ生キ難キ状態ニ迄立到リアリ。

先進満州国ニ於テハ建国早々断禁政策ヲ採用シ阿片癮者ノ登録、吸飲煙膏ノ配給制ヲ実施シテ着々効ヲ収メツヽアリ。

吾蒙古自治邦政府管下ニ於テモ夙ニ吸煙断禁ノ必要ヲ認メ癮者数ノ調査登録ヲ企図シ既ニ阿片煙膏ノ適正ナル配給ヲ実施シツヽ漸減的断禁政策ヲ実施中ナルモ、当地区ノ一部旧綏遠省(現巴彦塔拉盟)ハ古クヨリ阿片生産地トシテ知ラレ、罌粟ヲ栽培シアリ、之ニ伴随シ阿片吸飲癮者ノ数モ尠カラズ積年ノ陋習ハ牢固トシテ抜ク可カラザルモノアリ。

又今次大東亜戦争ノ勃発ト同時ニ外国阿片ノ輸入全ク杜絶致シタルニ伴ヒテ適地適作主義ニ則リ、或ハ従来之ガ栽培ノ経験ヲ有スルヲ以テ、当地区ハ大東亜共栄圏内各地域ニ対スル阿片供給源泉地トシテ阿片生産ノ重大責務ヲ負荷セシメラレタリ。更ニ加ヘテ当政権ノ財源ハ極メテ乏シケレバ財政収入ヲ計ランガ為、現下諸情勢ニハ逆行スルカノ如キ観アルモ、茲ニ罌粟ヲ栽培シ阿片ヲ以テ財政経済ノ根幹トスベキ政策ヲ採用シアレバ、目下罌粟ノ栽培ヲ厳禁シテ絶対的断禁ハナシ得ザル現況ニアリ。

現在ニ於ケル罌粟栽培面積ハ成紀七三八年度ニ於テ一〇〇万畝ニシテ収買予想一、〇〇〇万両ナルガ、述上ノ阿片ヲ蒐貨シ得ルモ、尚共栄圏内阿片需要ヲ完全ニ充足シ得ルニ至ラズ。茲ニ於テ更ニ一層多量ノ阿片ヲ把握セント欲スルガ、之ガ方策トシテハ唯一ニ単位面積当増収及ビ蒐貨機構ノ整備強化ニ俟ツモノアリ。

斯ノ如キ情勢ノ下ニアレバ茲数年来ノ調査結果ヲ集録シ遍ク阿片行政ニ司（ママ）ハル多数ノ人々ニ配付シテ一読ヲ乞ヒ、罌粟栽培、阿片蒐貨、販売製造其他ノ参考ニ供シ阿片行政ノ円滑ナル運営ヲ期シ度ク企図シ居リタル処、偶々冒頭ニ述ベシ機会ヲ得テ茲ニ本報告書ヲ誌シタリ。

公務ノ余暇ニ可成リ短日月ヲ以テ記述セシモノニシテ文章拙劣、内容粗雑未ダ調査ノ結果ヲ尽シ居ラズ未完成ノ儘ニテ提出スルハ甚ダ遺憾トス。

不備ノ点多々指摘セラル丶、事ト思料スルモ随時補筆訂正シ近キ将来ニ完璧ヲ期シ度偏ニ諸賢ノ御教示ヲ乞フ次第ナリ。

成吉思汗紀元七三八年四月

蒙古自治邦政府経済部煙政塩務科

奥　野　重　敏

尚本報告書ノ調査並ニ執筆担当者次ノ如シ

第一章　蒙疆阿片の来歴と罌粟栽培史　経済部煙政塩務科　奥野　重敏

第二章　年度別罌粟栽培指定区域並に面積罌粟作付作柄概況

第三章　罌粟栽培法　甲斐　一郎

第四章　阿片収納機構並に実績及土業組合事情　経済部煙政塩務科　吉田　久

第五章　阿片密取引状況　経済部煙政塩務科　河田　辰次郎

経済部煙政塩務科　奥野重敏
甲斐一郎
清査工廠　河嶋直

凡例

本報告書に使用しある単位並に特殊用語次の如し

(一) 単位

両……一両は三六瓦、九匁六分(日本)　十銭　(中国)
銭……十分の一両　三・六瓦　九・六分　(日本)
分……十分の一銭　〇・三六瓦　〇・九六分(日本)
斤……十両　三六〇瓦　九六匁(日本)
畝(小)……約六・一アール　六・一畝(日本)
頃……一〇〇畝　約六一〇アール　六町一段(日本)
斗(小)……一一・二五立　六升一合九勺　(日本)

(二) 特殊用語

用語	説明
清査署	蒙疆に於ける阿片行政執行官署
稽査	阿片法規に基く取締

土並に土薬(葯)　阿片の漢称

煙　地　罌粟栽培地

煙地勘査　罌粟栽培面積の実地調査

攤　派　主として租税課徴上の弊習にして定額の割当負課徴税法

癮　者　阿片吸飲中毒患者

土商　土店　阿片売買業者

膏　商　右土商と同じ意味に取扱はるゝも煙膏製造販売業者を指す

水　地　灌漑可能なる耕地(水田)

旱　地　灌漑不可能なる耕地(日本の畑地に類似す)

私　土　密売買阿片

官　土　政府の収納配給阿片

割　漿　罌粟の蒴を切傷し分泌する漿液を採取するを云ふ(阿片採取作業)

奶　子　収穫直後の極めて水分に富む乳状の阿片漿液(含有水分率七〇―八〇%)

稀　土　奶子を晒煙して含有水分率四〇―六〇%に乾上げたるもの

乾　土　含有水分率一二%以下に乾上げたる生阿片

晒　煙　奶子を乾土に乾上げる乾燥行程の指称

繳土工作　阿片蒐貨督励工作

小販子　阿片のみに適用せらるる用語ではないが支那商慣習に依る親分子分制度より派生したる下請人にして現今では阿片取扱小販子は手数料制のものあれど主に上記下請阿片業者(収買)なり

阿片料子　阿片に混入する阿片擬和物

官能鑑定　五官に依る阿片品質鑑定法にて主として色沢、香味、質の粗緻、麻酔性料子の多寡等に依り等級を決定す
煙　膏　生阿片に加工したる吸飲用阿片、詳細は第六章参照
煙　灰　吸飲に供したる煙膏の残渣にて多量のモヒ分を含む
査　獲　阿片取締法規に違反したる法律行為に依る押収没収
提成金　査獲阿片麻薬に対する密告査獲奨励金

目　次

需給概況、取扱業者事情

第二節　製　法

煙膏製造設備並に器具、製造工程並に中間生産物の名称、配給

第三節　煙　灰

煙灰の蒐貨並に価格

第四節　煙膏残渣

煙膏残渣の収得量、残渣の処分法

第五節　吸　飲

阿片吸飲所概況、阿片吸飲用具

第七章　阿片及煙膏のモルヒネ含有量

第一節　蒙疆産阿片のモルヒネ含有量

第二節　蒙疆に於ける煙膏中モルヒネ含有量

第三節　煙灰のモルヒネ含有量

第八章　巷間に於ける麻薬代用品並に戒煙剤

第一節　麻薬代用品

各種麻薬代用品の擬和物の蒐集、民間鑑定法、吸飲方法、密売方法及市価

第二節　戒　煙　剤

戒煙剤、分明せる主剤、戒煙方法

附録　一　阿片に関する国際条約の概要

二　年度別阿片販売実績

三 蒙疆土業総組合約款（成紀七三六年度）
各地区土業組合約款（成紀七三六年度）
蒙疆土業総組合約款（成紀七三七年度）華文
各地区土業組合約款（成紀七三七年度）華文
四 阿片収納人須知
五 各土業組合出資者明細表

第一章 蒙疆阿片の来歴と罌粟栽培史

支那大陸に於ける罌粟栽培は英人の手を介し道光年間に始まると称せられ、広東広西地区が栽培の魁なるが如し。而して渡来先は印度、イラン方面なりと称せらる。当地区に渡来せしは清朝の咸豊十一年にして托克托県方面に於て原種を広東より移入し栽培を開始したり。玆に於て阿片吸飲患者（癮者）は急激に増加し害毒は怒濤の如き勢を以て蔓延を続けたり。斯の如き趨勢に基き時の為政者は之が栽培に対し厳重なる禁令を発したるにも拘はらず、法を潜りて依然として栽培を続行する者あるを以て、苛酷なる重税（栽培税）を課して極力弾圧を加ふると共に税収入の増大を計れり。其の後、罌粟栽培税徴収、罌粟栽培の禁止抑圧の事務を司るため厘金局を設立し、層一層之が徹底を計りたるにも拘はらず旧綏遠省に於ては全地域に罌粟作付を見たり。

光緒年間に至りて更に統税局を設立し罌粟栽培税の徴収は道単位とし、収入は挙げて道の収入とせしめ益々之が税率を加重し断禁を企図したるに其の効些かもなく、罌粟栽培は跡を絶たず寧ろ一途増加の傾向にありて、阿片相場も漸次騰貴を続けたり。

清の宣統三年に至りて突然禁煙厳令発せられ始めて全面的に罌粟栽培断絶せるものと称せらる。尤も僻遠地帯は之が栽培の有無の認定は至難にして実相は不明なり。

民国五年に至りて盧なる者の指揮する匪団一、〇〇〇余、薩拉斉、托克托両県に擾乱を惹起し民衆の蒙れる被害尠らざるものあり、斯くて当地域に罌粟栽培の希望萌し托克托県に約五〇頃(一頃は一〇〇畝)罌粟を作付し、薩拉斉県にも若干の作付を見たるが黙認の形にて過ぎたり。時の阿片価格は両当(一両は三六瓦)二円前後なり。民国六、七、八年三ケ年は更に之が栽培を厳禁したる処、全地域に亘り徹底し全く作付を見ず、阿片価格は一躍十四、五円に騰貴せり。民国七年に至り禁煙令稍緩和せられ、各県に於て罌粟栽培を開始し爾来今日迄栽培継続しつゝあり。年次地区別作付面積不明なれ共、托克托県にては一〇、〇〇〇畝を以て最高となす。従前の罌粟栽培、阿片生産蒐貨の詳細なる実情は支那事変当時資料散逸し、或は焼却し、敵地区に持去れるものもあり、資料皆無にして当政権煙政上誠に遺憾なり。已むを得ず托克托県の古老より聴取したる儘を記述したり。当地区罌粟栽培地域中巴彦塔拉盟は旧綏遠省に属し清朝より栽培を実施し居りたるも、察哈爾盟、宣化省(旧察哈爾省)並に大同省(旧山西省の一部)は成紀七三四年度(昭和十四年度)より栽培を開始したり。尤も察哈爾盟大同省の一部には旧来殊に光緒年間に密作を見たるが如し。又成紀七三四年三月蒙古連盟自治政府税務管理局発行に係はる綏遠阿片事情に於ては綏遠阿片の来歴を次の如く報じて居る。

綏遠地区は旧時にありては禁止区域なりしも、民国七年当時の綏遠都統兼第一師長蔡成勲軍費の欠乏補塡のため、之が開禁をなし、都統軍需課をして北陝に派員して罌粟の種子を購入之を頒布し、各県に令して播種栽培を行はしめたるをその濫觴となす。

第二章　年度別罌粟栽培指定区域並に面積罌粟作付作柄概況

第一節　成紀七三四年度罌粟栽培指定面積

政庁盟別	指定面積(畝)
巴彦塔拉盟	七五八、〇〇〇
察南政庁	九八、〇〇〇
晋北政庁	一〇、〇〇〇
察哈爾盟	一五五、〇〇〇
計	一、〇二一、〇〇〇

備考一、右栽培面積の指定は当時の察南、晋北、蒙古連盟三自治政府に於て夫々指定せるものなり。
二、一両は三六瓦とす。

第二節　成紀七三五年度罌粟栽培指定区域並に面積

昨年度阿片蒐荷成績不振の現況に鑑み本年度は之が計画に万全を期し五〇〇万両絶体(ママ)確保を企図し、栽培上の被災を見越すと共に生産数量に対する蒐荷数量把握の困難性を予測し一応生産量の増大を図らんとし、左記の如く全管内に九六二、九五五畝を指定し、治安良好にして管理容易なる地域より重点的に栽培せしめ、栽培奨励の為の播種宣伝工作、煙地確保の為の煙地勘査並作柄被害調査等可及的多面積に亘り之を実施し、農民の実態把握に努むると共に本制度の普及徹底を図り以て五〇〇万両絶体(ママ)確保を期したり。

政庁盟別	指定面積(畝)	生産予想数量(両)	収納予想数量(両)	収納実績(両)	摘要
察南政庁	九五、四五五	一、九〇九、〇〇〇	四七七、〇〇〇	四五四、八二五	一両三六瓦
察哈爾盟	一二一、〇〇〇	二、四二〇、〇〇〇	六九五、〇〇〇	一、四二二、二九四	
晋北政庁	一六〇、〇〇〇	三、二〇〇、〇〇〇	八八七、〇〇〇	九二九、六五五	

巴彦塔拉盟	五八六、五〇〇	一一、七三〇、〇〇〇	三、二二六、〇〇〇	二、一一九、二一五
計	九六二、九五五	一九、二五九、〇〇〇	五、二八五、〇〇〇	四、九二五、九八九

備考一、右収納実績は土業組合の新貨収納にして他に疆内に於て残貨収納一、〇八三、九〇〇両七〇特殊収納七〇八、〇二二両四〇を収納する成績を挙げたり。

成紀七三五年度罌粟栽培区域及面積

察南攻庁	
県名	面積(畝)
宣化	三〇、〇〇〇
懐安	一五、〇〇〇
万全	一〇、〇〇〇
竜関	二〇、〇〇〇
延慶	二、〇〇〇
陽原	二、五〇〇
涞源	九五五
赤城	一五、〇〇〇
計	九五、四五五

察哈爾盟	
県名	面積(畝)
多倫	五、〇〇〇
宝源	一〇、〇〇〇
商都	八、〇〇〇
尚義	二、〇〇〇
崇礼	五〇、〇〇〇
張北	四〇、〇〇〇
徳化	一、〇〇〇
康保	五、〇〇〇
計	一二一、〇〇〇

晋北政庁	
県名	面積(畝)
天鎮	二五、〇〇〇
陽高	二五、〇〇〇
大同	三〇、〇〇〇
懐仁	二五、〇〇〇
山陰	五、〇〇〇
朔	一〇、〇〇〇
左雲	一〇、〇〇〇
右玉	五、〇〇〇
応	一〇、〇〇〇
渾源	七、〇〇〇
平魯	二、〇〇〇
広霊	三、〇〇〇
霊邱	三、〇〇〇
計	一六〇、〇〇〇

巴彦塔拉盟	
県名	面積(畝)
厚和	一〇〇、〇〇〇
包頭	二〇、〇〇〇
陶林	一〇、〇〇〇
和林	三〇、〇〇〇
清水河	一〇、〇〇〇
托克托	一〇〇、〇〇〇
武三	一五、〇〇〇
薩拉斉	一〇〇、〇〇〇
固陽	一五、〇〇〇
集寧	一五、〇〇〇
涼城	五〇、〇〇〇
興和	四〇、〇〇〇
豊鎮	八〇、〇〇〇
土默特旗	一、五〇〇
計	五八六、五〇〇
総計	九六二、九五五

第三節　成紀七三六年度罌粟栽培指定区域並に面積罌粟作柄概況

罌粟栽培指定面積

東京興亜院本院会議に於て本年度当地区産阿片の東亜共栄圏に対する供給数量最低六五〇万両を負荷せられたるに鑑み、之が使命達成を企図し栽培面積を拡大し増産を期せんとせしも、他農作物に及ぼす影響（雑穀、蔬菜類との競合）、労働力の不足等に基き面積の増加は企図し得られざりしを以て、前年度に比し指定面積を稍々縮少(ママ)し専ら単位面積当りの増産を図ると共に煙地の把握、密作、密取引の防遏に努めたり。

成紀七三六年度罌粟栽培指定地域及面積表

察南政庁 県名	面積（畝）	察哈爾盟 県名	面積（畝）	晋北政庁 県名	面積（畝）	巴彦塔拉盟 県名	面積（畝）
宣化	三〇、〇〇〇	崇礼	五〇、〇〇〇	天鎮	二五、〇〇〇	厚和	七〇、〇〇〇
竜関	一五、〇〇〇	張北	五〇、〇〇〇	陽高	三〇、〇〇〇	包頭	一三、〇〇〇
赤城	一〇、〇〇〇	宝源	二〇、〇〇〇	大同	三〇、〇〇〇	固陽	一九、〇〇〇
万全	三五、〇〇〇	多倫	八、〇〇〇	懐仁	二〇、〇〇〇	安北	五、〇〇〇
懐安	二五、〇〇〇	尚義	五、〇〇〇	山陰	七、〇〇〇	薩拉斉	六〇、〇〇〇
陽原	二〇、〇〇〇	康保	二〇、〇〇〇	朔	五、〇〇〇	托克托	五〇、〇〇〇
涿鹿	三、〇〇〇	商都	一五、〇〇〇	応	一〇、〇〇〇	和林	三五、〇〇〇
		徳化	三、〇〇〇	渾源	一〇、〇〇〇	清水河	一二、五〇〇
				広霊	四、〇〇〇	武川	二一、〇〇〇

				霊邱	三、〇〇〇	集寧	一二、五〇〇
				左雲	一〇、〇〇〇	陶林	七、〇〇〇
				右玉	五、〇〇〇	豊鎮	八〇、〇〇〇
				平魯	一、〇〇〇	涼城	二五、〇〇〇
						興和	三〇、〇〇〇
						土黙特旗	二、〇〇〇
計	一三八、〇〇〇		一七一、〇〇〇		一六〇、〇〇〇		四四二、〇〇〇
総計							九一一、〇〇〇

〔中略〕

第四節　成紀七三七年度罌粟栽培指定区域並に面積作付作柄概況

罌粟栽培指定面積

東京興亜院本院会議に於て決定せる本年度共栄圏各地に供出すべき阿片数量は最低壱千万両と決定し之が絶対確保を要請せられたるに鑑み、当政府としては全地域に最大可能限の栽培を許可し之が増産を図らんとせしも、煙地の大半が耕地の最良質地を占め居る関係上穀菜類の増産と競合之を阻害し、且労働力の需要増加に伴ふ労賃の必然的昂騰等好もしからざる諸種の現象を惹起す可く危懼せらるゝを以て、已む無く昨年度(七三六年度)より約三万畝を減少し八八二、〇〇〇畝(当蒙疆の全耕地面積の二・〇六%に相当す)を指定し、専ら土質、治安、交通、灌漑等生産蒐荷(詳細は別表)と密接なる関係を有する諸条件を斟酌し可及的管理容易なる地域に栽培せしめ、他面品種改良、灌漑施設の補強改善、耕種法の研究改良を実施して単位面積当生産量の向上を計り以て最低壱千万両絶対確保を企図せり。

成紀七三七年度罌粟栽培区域並に面積指定表

察南政庁

県名	面積(畝)
宣化	三五、〇〇〇
竜関	五、〇〇〇
万安	六四、〇〇〇
陽原	一六、〇〇〇
計	一二〇、〇〇〇

察哈爾盟

県名	面積(畝)
崇礼	三六、〇〇〇
張北	四〇、〇〇〇
宝源	二二、〇〇〇
多倫	一〇、〇〇〇
尚義	六、〇〇〇
康保	二〇、〇〇〇
商都	二二、五〇〇
徳化	三、五〇〇
計	一六〇、〇〇〇

晋北政庁

県名	面積(畝)
天鎮	二五、〇〇〇
陽高	三五、〇〇〇
大同	三〇、〇〇〇
懐仁	一五、〇〇〇
朔県	六、〇〇〇
応県	一〇、〇〇〇
左雲	一〇、〇〇〇
右玉	五、〇〇〇
平魯	一、〇〇〇
渾源	一〇、〇〇〇
広霊	五、〇〇〇
霊邱	三、〇〇〇
山陰	五、〇〇〇
計	一六〇、〇〇〇

巴彦塔拉盟

市県旗名	面積(畝)
厚和	六五、〇〇〇
包頭	一三、〇〇〇
固陽	一五、〇〇〇
薩拉斉	六〇、〇〇〇
托克托	五五、〇〇〇
和林	三五、〇〇〇
清水河	一〇、〇〇〇
武川	二〇、〇〇〇
集寧	一二、五〇〇
陶林	七、〇〇〇
豊鎮	八〇、〇〇〇
涼城	二五、〇〇〇
興和	四〇、〇〇〇
土黙特旗	二、五〇〇
正紅旗	一、〇〇〇
正黄旗	一、〇〇〇
計	四四二、〇〇〇
総計	八八二、〇〇〇

罌粟作付並に作柄概況

当年に於ける罌粟の作付並に作柄概略に就ては自六月二五日至七月一九日筆者の作柄調査に関する復命書を玆に添付してその実相を窺ふ事とする。

復命書（出張期間 自成紀七三七年六月二五日 至成紀〃年七月一九日）

成紀七三七年七月二十日

経済部煙政塩務科
技佐　奥野重敏

経済部長　馬永魁殿

依命成紀七三七年六月二十二日ヨリ七月十九日ニ至ル二十八日間、本年度罌粟作作柄被害調査阿片生産量査定並ニ罌粟委託調査ノ調査法指導ノ用務ヲ帯ビ、包頭、薩拉斉、厚和、豊鎮、懐仁、大同、陽高、万安、宣化、張北ノ各地ニ出張中ノ処帰任致シタルニ付調査結果左記ノ通。

右及復命

一、罌粟作付概況

罌粟栽培面積指定後に於ける之が郷鎮別割当に就ては清査署市県側に於て右趣旨に基き適正なる処置を致し、密栽培の厳重なる取締を実施せり。然るに清明節前後播種期に際会するや降雨量並に冬季に於ける降雪量の寡少に基因する凶作不作の危懼、諸物価労働賃銀高に依る昨年度の芳しからざる栽培実績、察哈爾盟の一部に於ける治安不良等に依り、罌粟の栽培を忌避若くは逡巡する傾向ありたるを以て、署市県当局一体となりて一再ならず伝単の撒布並に口演等を以て播種宣伝工作を実施し栽培面積の確保に努めたる結果、二三の例外を除き各市県旗共概ね指定面積程度の作付をなし得たり。

密作は取締厳正なりしため治安良好なる地区に於ては昨年度に比し激減せるものと察せられ、治安不良なる地区には一部存在せんも之が詳細に就ては調査不能なり。

申告洩れの煙地を含むも指定面積を超過したる市県は極めて稀なり。

晋北政庁管内に於ては軍需民需蔬菜増産の関係上各県城内並に之が近接地は等しく罌粟栽培を禁止せられ、殊に本地区は昨年度相当広範囲に亘る密作有りし故を以て、本年度に於ては之が禁止令を発し厳重に取締りたるに付尠らざる減畝を見たり。

即ち陽高県の如き昨年度の四八、〇〇〇畝（指定面積は三五、〇〇〇畝）に比し、本年度は其の半減の二五、〇〇〇畝と目せられ指定面積の八、〇〇〇畝減の作付なり。同様の例は大同、懐仁、天鎮県の七、〇〇〇畝、五、〇〇〇畝、五、〇〇〇畝減等（指定面積は夫々三〇、〇〇〇畝、一五、〇〇〇畝、二五、〇〇〇畝）罌粟栽培大県に見られ、又逆に左雲県、応県の如きは夫々二、〇〇〇畝、五、〇〇〇畝増にして、晋北管内は指定面積の一五、〇〇〇畝程度の減、昨年度作付面積の二五％減と称せらる。

巴彦塔拉盟、察南政庁、察哈爾盟管内に於ては地区的に幾分の増減はあれども、概ね指定面積程度の作付を見たるが如し。

而して本年度は前述せる如く降雪量、降雨量に恵まれざりし故、罌粟栽培地、殊に旱地の場合に於て発芽を懸念され播種期を遅延せしめたる向も見受けられたるが、幸にして概ね管内全般に亘り四月上旬、清明節を中心として極めて微量なれ共慈雨に恵まれたる為（托克托県に於ては地表下四寸程度滲透せりと称せらる）比較的順調に作付を終了したり。

二、罌粟作柄被害状況

播種より発芽には平年二週間を要するも本年度は水分不足に依り二〇日内外を要したる地区あり。

巴盟地区の一部包頭、固陽、薩拉斉、托克托等の各県の如き播種期早き方面一帯は三月二十九日突如襲来せる寒風以後四月六日迄、更に四月十二日より一八日迄と二回に亘る急激なる気温の低下に水銀柱は氷点下一〇度の目盛を示し、地表下七、八寸の深度迄凍結するに至り発芽途上にありし煙苗の発芽を阻止し、終に凍死せしめ被害尠らざるものありて、発芽率六〇％と称せられ補播再播を余儀なくせられたり。

同様の被害は豊鎮、涼城県一帯に於ても四月下旬五月上旬に於て見られたり。

察哈爾盟中の発芽率亦芳しからず五五％と推定せられ察南、晋北地区の発芽は比較的順調なり。

他に四月下旬罌粟の発芽期より五月中旬に至る強風は全管内に亘り風砂を混じて猛威を逞しうし、発芽中の或は発芽直後二、三寸の幼苗の倒伏覆没逸散甚しく、察哈爾盟の如きは播種期遅く罌粟は発芽直後の幼苗の状態に在りたるを以て被害最も著しく、如斯して放任せば著しき不作と見られ六分作を予想せられたり。

更に発芽後に於ける熾烈なる旱天の連続は発芽並に生育を極度に抑圧し、酷暑加ふるに及びて益々猖獗を極め、遂には煙地全体黄変し枯死するもの続出するに至れり。如斯き風旱害は管内全般に亘るものにして灌漑施設なき旱地に於て特に斯の現象顕著なり。又水地と雖も水量の貧弱なるに於ては何等旱地と差異なく夥しき欠苗を生じ或は全滅の災に遭ひしものも尠らず、本年度罌粟の被害中最大のものにて六月末開花期迄連続したり。

其間署市県側は再播種或補播宣伝工作を再度実施し、極力煙地の確保に努力したるも、再播種亦水分不足に阻まれて発芽生育更に芳しからず。加之連日の強風に埋苗するもの多く遂に栽培者は之が栽培を断念して放任する者、他作物に播代ゆる者等続出するに至れり。斯くして栽培地面積は作付当時の六〇%程度残存したるが如く思察さる。再播種の効果は察哈爾盟に於ては論ず可き何物もなく、殊に北部地区に於ては既に時宜晩に過ぎ割漿の可能性を疑問視せられたると雨量不足に因り播種を断念するの止むなきに至れり。

察南、晋北、巴盟地区に於ては特に薩拉斉、厚和、集寧、豊鎮、陽高県に於て再播種補播面積夥しく、七月上中旬以降の降雨に依り著しく作柄好転化しつつあり。尚今後の気象の動向に依り作柄にも変動ある可く余断を許さざるものあり。而して之等補播再播種は甚しきに於ては三回に及びしものも調査地内に見受けられ、草丈三―七寸程度にして目下生育状況にては割漿の可能性も如何と危惧せられ、可能なりとするも著しき減収は免れず、五月末に於ては六・五分作を予想されたり。更に六月二十一日大同、陽高方面、七月十日の大同に於ける雹害に依り七、〇〇〇畝程度の煙地の全滅を報ぜられ、七月中下旬に於ける豪雨は割漿最盛期にありたる各地(殊に崇礼、万安、天鎮、陽高、懐仁、大同、厚和地区に著し)の割漿作業を困難ならしめ、収量品質の低下を招来し、尚罌粟苗の流失と相俟つて被害尠らざるものあり。他面再播補播盛なりし地区に対しては本降雨は慈雨と申す可く作柄も著しく好転すべし。

斯の如き再播補播は本年度罌粟の生育開花成熟を区々不整ならしめ労働力の配分上誠に好都合なりとは雖も、斯ては生産阿片の蒐貨も相当の長期間に亘る可し。又土壌水分の不足は罌粟の生育を極端に抑制し平年に比し幾分開花成熟を促進せしめたる如く、六月中下旬、草丈一尺未満にして開花結実中の罌粟が随所に散見せられ、七月中旬に至りては、第一回播種の分は張北を除く各地区に於て既に割漿最盛中にして、薩拉斉地区の如きは既に割漿を終了せる状況なり。

草丈、果径の小なるは言を要せず、昨年度草丈一一〇—一二五糎程度に生長したる薩拉斉県城外水淜溝門の煙地(当水淜溝門は古くより堀割を作りて人工灌漑をなしつゝある疆内煙地の最高級水地なり)に於てすら灌漑するに水なく、本年度は草丈八五糎程度、果径は昨年の六—七糎に比し五糎内外なり。

栽培者の言に依れば各地区共草丈は昨年度に比し一尺—一尺五寸矮小なりと。旱地の如きは大部分三〇糎前後の罌粟株の粗生するを見悲惨なり(第二表参照)

更に漿液の分泌も同様に芳しからず、第三表にて明かなる如く割漿回数、数量共に昨年度に比し著しく少く、殊に灌水に不便なる煙地にては五—六回程度の切傷にて奶子の分泌停止し枯死するに至る。根並に分泌腺の機能衰へ根圧蒸散力低下せるものの如く、採汁は濃度大なる如きも分泌不充分にして未だ植物体中にモルヒネ分の残存するものと推察す。

昨年度作柄良好なるものに於ては割漿回数二〇回、収量四〇両程度と称せらるゝが、之に比較せば著しき減収を予想さる。作柄不良を如実に物語るものとして次の事実が各地に見受けられた。即ち各市県当局に於ては例年禁煙特税課徴の見地より煙地の勘査を施行するも、本年度之が調査を断行せんとせば栽培者は斯の如き収穫を期待し得ざる煙地(殊に旱地に於て)禁煙特税の課税せらるるを恐れて、未だ採取適期に非ざるに二—三回の割漿採汁を以て抜苗せんとする面白からざる傾向あり。

県に依りては斯の如き現象の惹起せらるゝを恐れて寧ろ勘査を中止して攤派制度を適用せんかとの論も台頭し、栽培面積の把握上誠に好ましからざる趨勢にあり、平年に見られざる現象なり。又栽培者の市県当局に対する被害申告も山積され之が処理に多忙を極めつゝあり。

次に阿片生産費中四—五割を占むる割漿労働賃銀も本年度は昨年度に比し労働力の需要激減したる結果稍低廉にして、従来見られたる割漿労力の移動も絶無に等しく、自場労力を供給して足らざるなく以て作柄不良を知るべし（割漿労働賃銀第四表参照）。一般農業労働賃銀は一般物価の昂騰に伴ひ昂騰しおれ（ママ）り。

第一表　晴雨表

調査地区	晴天（日）			雨天（日）			曇天（日）			摘要
	四月	五月	六月	四月	五月	六月	四月	五月	六月	
包頭	—	—	—	一	一	一	—	—	—	但し六月は二〇日現在迄の統計なり
托克托										四月一九日間、五月一六日間、六月九日間の強風ありたり
厚和	二一	二七	一七	二	二	一	七	二	二	

調査地区に気象統計なく分明せる右二地区分のみ参考迄に掲上す

第二表　草丈果径

調査地区	草丈（糎）			果径（糎）			備考
	最高	最低	平均	最高	最低	平均	
包頭	八〇	六七	七〇	三・九	二・五	三・四	平均は生育成熟共に中等なる罌粟二〇株の平均なり
薩拉斉	九五	六九	八四	六・〇	五・〇	五・五	
厚和	九〇	七二	七八	五・六	五・二	五・四	
豊鎮	九八	五六	八一	五・〇	三・二	四・一	
羅文皂	九八	五八	七九	五・四	三・〇	四・八	
沙嶺子	七五	四五	六八	四・八	二・五	三・四	
張北	七三	三七	五七・五	四・二	二・九	三・五	

第三表　割漿回数並に収量

調査地	水旱地別	割漿回数(回) 昨年度	割漿回数(回) 本年度	生産量(両) 昨年度	生産量(両) 本年度
薩拉斉(一)	水地	二〇	一二	三七	二七
	旱地	—	—	—	一九
〃(二)	水地	一七	一四—一六	三二	二七
	旱地	—	六—八	一七	一六
〃(三)	水地	一二—一三	七—八	三二	二六
	旱地	—	—	二〇	一七
厚和(一)	水地	一二—一三	一〇	三四	二六
	旱地	八—九	六—八	一八—二一	一二
〃(三)	水地	—	—	二八	二四
	旱地	—	—	—	—
豊鎮(一)	水地	一六	一二—一三	三二	二五
	旱地	一二—一四	七	二〇	一七
羅文皂(一)	水地	二〇	一六	三九	二八
	旱地	—	—	二四	二〇
沙嶺子(一)	水地	一三	九	一五—二五	一六—一七
	旱地	八	六	—	九—一二
張北(一)	水地	二五	一五—二〇	二八	二二
	旱地	—	—	二三	一九

第四表　労働賃銀

調査地区	割漿労働賃銀(円) 昨年度	割漿労働賃銀(円) 本年度	一般農業労働賃銀(円) 昨年度	一般農業労働賃銀(円) 本年度
包頭	三・四〇	三・〇〇	二・二〇	二・〇〇

薩拉斉	二・七〇	二・六〇	一・六〇	二・二〇
厚和	二・六〇	二・六〇	一・六〇	二・三〇
羅文皂	四・七〇	四・五〇	二・三〇	三・〇〇
沙嶺子	三・八〇	三・七〇	二・一〇	二・二〇
張北	三・一〇	二・五〇	二・〇〇	二・〇〇

備考(一)　労働賃銀は現金給与、現物給与の合計にして、一例を示せば薩拉斉に於ける割簽労働賃銀二円六〇銭の内訳次の如し。現金給与五〇銭、食費(一日三回)一円五〇銭、煙膏(私土)五分、五〇銭、煙草一〇銭。然れ共右の如く奶子若は煙膏を苦力に給与するは巴盟、晋北政庁管内に止り、察南、察哈爾には之を認めず、更に一般農業苦力に対しても同上にして現金給与と食費のみなり。

之を要するに本年度罌粟の作柄は日々の気象に伴随して好悪変転極まる処なく、更に今後の気象状況にも支配せらるゝ事至大なるを以て予測極めて困難なるも、本調査結果に基き別表の如く生産蒐貨数量を想定し現在時の作柄を左の如く判定す。

第五表

政庁盟別	平年作に於ける生産数量 (両)	本年度生産予想数量 (両)	対平年作本年度生産百分率 (%)	作柄判定	被災率 (%)
察南政庁管内	二、〇六四、〇〇〇・〇〇	一、四〇五、〇〇〇・〇〇	六八・〇七	平年作の六・八分作	四〇
察哈爾盟管内	一、九一二、九六〇・〇〇	一、三六八、〇〇〇・〇〇	七一・五一	〃　七・二分作	五三・三
晋北政庁管内	二、七三九、二〇〇・〇〇	一、五八五、二〇〇・〇〇	五七・八七	〃　五・八分作	四二・八
巴彦塔拉盟管内	八、二一二、八〇二・〇〇	四、六〇二、九五〇・〇〇	五六・〇五	〃　五・六分作	四二・四
全管内	一四、九二八、九六二・〇〇	八、九六一、一五〇・〇〇	六〇・〇三	〃　六分作	四四・一

註　右表中察哈爾盟に於ける作柄が他地区に比較して予想外に良好なるは一に崇礼県に於ける作柄が平年作を遥に凌駕するが如き好成績を示したるに依る。

第六表　平年作

政庁盟別		察南政庁	察哈爾盟	晋北政庁	巴彦塔拉盟	計
成紀七三七年度指定面積（畝）		一二〇、〇〇〇	一六〇、〇〇〇	一六〇、〇〇〇	四四二、〇〇〇	八八二、〇〇〇
被災率（%）		二〇	三〇	二〇	一五	一九・三
被災面積（畝）		二四、〇〇〇	四八、〇〇〇	三二、〇〇〇	六六、三〇〇	一七〇、三〇〇
実在面積（畝）	水地	四三、二〇〇	一三、四四〇	四三、五二〇	九七、六八二	一九七、八四二
	旱地	五二、八〇〇	九八、五六〇	八四、四八〇	二七八、〇一八	三一三、八五八
	計	九六、〇〇〇	一一二、〇〇〇	一二八、〇〇〇	三七五、七〇〇	七一一、七〇〇
畝当生産量（両）	水地	二七	二五	二八	三〇	二八・五七
	旱地	一七	一六	一八	一九	一八・〇五
	平均	二一・五	一七・〇八	二一・四〇	二一・八六	二〇・九八
生産数量（両）	水地	一、一六六、四〇〇	三三六、〇〇〇・〇〇	一、二一八、五六〇・〇〇	二、九三〇、四六〇・〇〇	五、六五一、四二〇・〇〇
	旱地	八九七、六〇〇	一、五七六、九六〇・〇〇	一、五二〇、六四〇・〇〇	五、二八二、三四二・〇〇	九、二七七、五四二・〇〇
	計	二、〇六四、〇〇〇	一、九一二、九六〇・〇〇	二、七三九、二〇〇・〇〇	八、二一二、八〇二・〇〇	一四、九二八、九六二・〇〇
水旱地百分比（%）	水地	四五	一二	三四	二六	二七・八
	旱地	五五	八八	六六	七四	七二・二

備考一、被災率畝当生産量は過去三ヶ年間に於ける気象治安作柄調査統計より算出せり。

二、水地、旱地の百分比は昨一昨年度に於ける煙地勘査の結果を基準として決定せり。

三、一両は三六瓦、一畝は六・一アールなり。

第七表　成紀七三七年度第二次阿片生産収納予想数量〔2〕

政庁盟別	栽培指定面積	被災率	被災予想面積	実在予想面積	畝当り生産量	生産予想数量	収納率	収納予想数量
察南政庁	一二〇、〇〇〇畝	四〇%	四八、〇〇〇畝	七二、〇〇〇畝	一九・五両	一、四〇五、〇〇〇・〇〇両	八二・六%	一、一六一、一〇〇・〇〇両
察哈爾盟	一六〇、〇〇〇	五三・三	八五、二〇〇	七四、八〇〇	一八・三	一、三六八、〇〇〇・〇〇	五六・四	七七一、七〇〇・〇〇

晋北政庁	一六〇、〇〇〇	四二・八	六八、四〇〇	九一、六〇〇	一七・三	一、五八五、二〇〇・〇〇	六五・七	一、〇四二、四六〇・〇〇
巴彦塔拉盟	四四二、〇〇〇	四二・四一	一八七、四五〇	二五七、五五〇	一七・九	四、六〇二、九五〇・〇〇	五八・三	二、六八五、六八五・〇〇
計	八八二、〇〇〇	四四・一	三八九、〇五〇	四九五、九五〇	一八・一	八、九六一、一五〇・〇〇	六三・一	五、六六〇、九四五・〇〇

備考一、被災率は不作付並に被害程度を考慮せる結果決定せり。

二、畝当り生産量は土質、栽培の歴史、灌水の便否、気象状況を基礎とし、部分的作柄調査の結果を綜合勘案せる結果決定したり。

三、収納率並に前年度産阿片の収納予想は昨一昨年度に於ける収納実績並に治安状況、農家経済状況、阿片癮者の分布状態等より算出せり。

四、一両は三六瓦とす。

第八表　土業組合別阿片収買予想数量表

組合別	収買区域内罌粟栽培実在予想面積（畝）	収買区域内罌粟栽培生産予想数量（両）	収買予想数量（両）
察南	七二、〇〇〇	一、四〇五、〇〇〇・〇〇	一、一六一、一〇〇・〇〇
張北	七四、八〇〇	一、三六八、〇〇〇・〇〇	七七一、七〇〇・〇〇
晋北	九一、六〇〇	一、五八五、二〇〇・〇〇	一、〇四二、四六〇・〇〇
豊鎮	七三、九五〇	一、三三二、〇五〇・〇〇	八二三、五〇五・〇〇
厚和	七六、〇〇〇	一、三〇九、〇〇〇・〇〇	六一一、一〇〇・〇〇
托克托	二九、〇〇〇	五一四、五〇〇・〇〇	三五四、三〇〇・〇〇
薩拉斉	三六、〇〇〇	七二〇、〇〇〇・〇〇	三五一、〇〇〇・〇〇
包頭	一八、六〇〇	三二九、四〇〇・〇〇	一九〇、〇八〇・〇〇
興和	二四、〇〇〇	四〇八、〇〇〇・〇〇	二八五、六〇〇・〇〇
計	四九五、九五〇	八、九六一、一五〇・〇〇	五、六六〇、九四五・〇〇

右調査以後に於て特に作柄に変動を来せるは察哈爾盟並に巴盟の豊鎮地区にして、当地区は罌粟の播種収穫期他の以上(マヽ)に比し一五―三〇日晩ければ、本調査以後に於て連続せる熾烈なる旱害並に割漿期に於ける雨害、一部の匪害等に依り益々作柄悪化し、遂に察哈爾盟に於ける作柄は平年作の四分作、巴盟が五・一分作に低下し、全管内に於ては平年作の五・二分作と判定を下したり。

政庁盟別	平年作に於ける生産量	本年度生産予想数量	作柄判定
察南政庁管内	二、〇六四、〇〇〇両	一、三一七、六〇〇両	平年作の六・五分作
察哈爾盟管内	一、九一二、九六〇	七六五、一八〇	〃　四分作
晋北政庁管内	二、七三九、二〇〇	一、五三三、九五〇	〃　五・六分作
巴彦塔拉盟管内	八、二一二、八〇〇	四、一八八、五三〇	〃　五・一分作
全管内	一四、九二八、九六〇	七、八〇五、二六〇	〃　五・二分作

第五節　罌粟と他作物作付との関係

吾蒙疆が阿片吸飲に対する所謂漸減的断禁政策を採用しつゝある反面、当政権の財政並に経済維持のため並に大東亜全域の阿片需要を充足せしむべき阿片生産地として重大使命を有するに鑑み、質に於て量に於てより以上の生産並に蒐貨を挙げざる可からざる矛盾に逢着しあり。

又糧穀、蔬菜、果樹、特用作物等、他作物をも疆内食糧の自給自足、外貨獲得、工業原料の生産等の見地より益々増産を企図する処なれば、之が栽培との競合を極力回避し増産の実を挙ぐる要ありて、現在並に将来に於ける阿片事業は難航路の運航を予測せらる。之が打開策としては屢々述べ来りし如く各作物毎に適正栽培面積を定め、栽培法並に技術の改良向上、優良品種の選抜育成、灌漑施設の補強、経営の集約化に依りて果し得る単位面積当りの増収並に耕地の開拓を企図するを最適策と思惟す。

因而事業当局に於ては作物毎に各々其の処を得て増産の成果を挙げ得る様、各般に亘る詳細なる調査研究を施行して打開策を講じつゝあり。

最近頓に罌粟栽培面積不当に増大して穀菜類の生産の域を侵蝕しつゝありとの論を吐く者不尠るが、罌粟栽培地が治安良好なる地区に限られ且つ灌水便なる耕地中の最良質地を占め居るとは雖も、次表に依りて明かなる如く総作付面積比率は七三六年度に於ては二・一四%、七三七年度に於ては二・〇六%に過ぎず、無論密作は一部之を認むるも、反面罌粟は自然的条件にその作柄を根本的に支配せらるゝ弱点を有し三、四年に一回の凶不作を予想せらるれば、農民は之が栽培の危険性を知悉し無思慮に大面積の作付をなすが如き冒険は之を敢てせず、或程度の作付制限は農民自体に於て之をなしあり、特に最近罌粟の対抗作物として馬鈴薯、煙草、麦類の有利なる点を喧伝せらるゝに於ては、世人の危懼する程の作付の拡大は来さゞるものと判ず。

更に近来都市近郷に於ては軍需穀菜類生産の関係上罌粟栽培を極力禁止しあり。

今罌粟と他作物の作付並に収穫高を比較する為次の二表を玆に掲ぐ。

成紀七三六年度政庁盟別栽培面積並に収穫高表(単位面積陌、収穫高瓲)

政庁盟別		普通作物	特用作物	馬鈴薯	果樹蔬菜	飼料作物	罌粟	計	罌粟の作付比率
察南政庁	面積	三七七、二二三	四、一八六	三二、二二九	五、八一二	―	八、六〇一	四二八、〇五一	二・〇一
	収穫高	三二三、一二四	二、三二一	一九六、八九二	三三、一四〇	―	一〇二	五五五、五七九	―
晋北政庁	面積	四二七、〇六一	七、一四七	四四、六九七	七、五六三	一、〇七一	九、七六〇	四九七、二九九	一・九六
	収穫高	一九五、九八四	一、七六一	一四六、九八七	三〇、九六九	三、五九三	一一五	三七九、四〇九	―
巴彦塔拉盟	面積	九一六、三〇一	二二、一四二	五四、二八一	四、一八一	二六	二六、九六二	一、〇二三、八九三	二・六三
	収穫高	三六三、三八七	六、四二四	一八二、五五一	一九、六二五	一二一	三一八	五七二、四二六	―
察哈爾盟	面積	五六二、七二七	二八、三九四	五二、〇四六	二、六七四	一〇	一〇、四三一	六五六、二八二	一・五九
	収穫高	二二〇、七四四	六、六九〇	一五五、八八二	九、〇五四	三〇〇	一二三	三九二、五二八	―
合計	面積	二、二八三、三一二	六一、八六九	一八三、二五三	二〇、二三〇	一、一〇七	五五、七五四 (九二、〇〇〇畝)	二、六〇五、五二五	―
	収穫高	一、一〇三、二三九	一七、一九六	六八二、三一二	九二、七八八	三、七四四	六五八	一、八九九、九四二	―
	総作付比率	八七・六三	三・三八	七・〇三	〇・七八	〇・〇四	二・一四	一〇〇	―

備考　罌粟は当然特用作物中に含まるべきも特にその作付比率を見るため別個に掲げたり。

成紀七三六年度主要作物作付面積収穫量作付比率表

作物名	作付面積(陌)	収穫量(瓲)	作付比率(%)	備考
罌粟	五五、七五四	六五八	二・一四	
粟	四四三、六四四	二六四、七六七	一七・四〇	
高粱	二〇四、八三〇	一六七、〇一六	八・〇三	
莜麦	五六四、六四七	二一四、七五八	二二・一四	
小麦	三八二、六一五	一三三、一〇七	一五・〇一	
大麦	六一、六五四	一九、一九六	二・四二	
黍子	一八六、九九六	九五、九一〇	七・三四	
蕎麦	一〇一、五二二	三二、四七五	三・九八	
玉黍蜀	一〇、七二五	一二、七九八	〇・四二	
水稲	二、五六四	二、七〇七	〇・一〇	
大豆	一五、九九二	六、四四二	〇・六三	
菜子	三一、六三八	八、〇一〇	一・二四	
馬鈴薯	一八三、二五三	六八二、三一二	七・一九	

然し乍ら他面七三五年度の栽培に依り相当多額の利潤を挙げ得たる農民は罌粟栽培に対し異常なる希望を抱き居る為、七三六年度作付面積は幾分膨脹す可く推察せられたれば、之を抑制すべく指定面積を成紀七三五年度の九六二、九五五畝の四・六%減即ち九一一、〇〇〇畝に減じ、七三七年度に於ては更に三万畝を減じて八八二、〇〇〇畝とし、栽培許可に当りても適地適作主義に則り栽培統制を加へたり。尚今後に於ける罌粟の指定面積は大略一〇〇万畝以内に止むる方針なり。

第三章　罌粟栽培法

〔中略〕

第十節　阿片生産費並に労働力

成紀七三六、七年度に於ける阿片、高粱、莜麦、小麦生産費

何人も知る如く阿片は極めて微量を以てして他作物の追随を許さゞる迄に高価なるものにて、之が需要者より見れば寧ろ貴重品以上に尊重せらるる物資なれば、一見罌粟栽培は驚く可き多額の利潤を挙げ得るものと推察せられ居るが、他面之に比例して一般物価の高騰並に一般労働力の需要増加、罌粟栽培の集約性に基き生産経費を多額に放出するを要すれば、単位面積当の所得利潤は成紀七三六年度に於ては他作物に比し稍良好なる成績を挙げ得たるも、成紀七三七年度は稀有の不作なりし為、第五表に依り明かなる如く殆んど赤字を示し、大部分の農家をして罌粟作に対し尠らざる悲観峻巡（ママ）の念を抱懐せしむる結果に終りたり。成紀七三六、七年度に於ける阿片並に七三六年度に於ける高粱、小麦、莜麦に就ての生産費損益の調査結果を抜萃して次に掲ぐ。（阿片は当科、高粱、小麦、莜麦は農林科の調査に係はる）

第一表　成紀七三六年度阿片生産費表

農家番号	一	二	三	四	五	六
農家態様	水地自	水地小	旱地自	旱地小	水地自	旱地自

調査地区	土地費	農舎費	農具費	労働費	畜力費	肥料費	種苗費	諸材料費	水利費	租税公課	計	畝当副産物価額	差引	畝当収量		庭先生産費	販売費	市場生産費	損益(△=損)
	一畝当投下費用																		
厚和	一五・五〇円	〇・五四	〇・八六	一九九・六〇	一・八五	一二・五〇	〇・九〇	―	二・三八	一三・二〇	二四七・三三	一六・二〇	二三一・一三	三四・六〇両	(二七四・四〇円)(ママ)	六・六八	〇・〇五	六・七三	四三・二七
豊鎮	三五・〇〇円	〇・三七	〇・七四	一五三・〇〇	二・三〇	二四・三〇	〇・六三	―	三・四五	一三・五〇	二三三・二九	一三・七〇	二一九・五九	三一・〇〇	(二四八・〇〇円)	七・〇八	〇・〇四	七・一二	一三・七〇(ママ)
陽高	四・六五円	〇・二四	一・八五	一四六・〇〇	一・六八	一八・五〇	〇・八四	―	一・四八	七・五〇	一八二・七四	一一・四〇	一七一・三四	二〇・六〇	(一六四・八〇円)	八・三二	―	八・三二	△六・五四
張北	二五・〇〇円	〇・一五	〇・五七	一〇三・〇〇	二・二五	一五・〇〇	〇・八〇	―	一・八九	七・五〇	一五六・一六	一一・〇〇	一四五・一六	二三・〇〇	(一八四・〇〇円)	六・三一	〇・〇五	六・三六	三八・八四
豊鎮	七・三四円	〇・三八	八・二一	一五八・八〇	二・二五	一四・〇〇	〇・七八	―	二・〇三	一二・五〇	二〇六・二九	九・八〇	一九六・四九	二八・〇〇	(二二四・〇〇円)	七・〇二	〇・〇四	七・〇六	二七・五一
宣化	三・六七円	〇・五一	一・〇三	一七六・〇〇	一・八五	一六・五〇	〇・六〇	―	一・四五	七・五〇	二〇九・一一	一〇・二〇	一九八・九一	一九・八〇	(一五八・四〇円)	一〇・〇五	―	一〇・〇五	△四〇・五一

備考一、阿片一両は八円として計算せり
二、生産費は両当として算出せり
三、農家態様欄に於て自とあるは自作、小とあるは小作、自小とあるは自作兼小作の略なり

第二表 成紀七三七年度阿片生産費

農家番号	一	二	三	四
農家態様	水地自作	水地小作	水地小作	水地自作兼小作
一畝当投下費用 土地費	三六・九〇円	五五・〇〇円	六〇・〇〇円	四二・八〇円
農舎費	三・九一	〇・六九	〇・五三	〇・七九
農具費	九・八四	二・〇二	二・三八	二・七一
労働費	一六七・五〇	一二七・二六	一三五・〇〇	一八二・〇四
畜力費	五・六九	｜	｜	二・〇〇
肥料費	一七・七〇	一六・五〇	一九・〇〇	四五・〇〇
種子費	一・〇〇	〇・八〇	一・三〇	一・〇〇
諸材料費	｜	三・〇〇	｜	一〇・〇〇
水利費	一・一六	二・二〇	二・七〇	三・〇〇
租税公課	一九・七九	二〇・八五	二二・一三	二一・八五
計	二六三・四九	二三八・三二	二四三・〇四	三一一・一九
畝当副産物価額	七・八五	七・九五	五・一四	一〇・四八
差引	二五五・六四	二三〇・三七	二三七・九〇	三〇〇・七一
畝当収量	三九・五両	二八・四両	二三・〇両	二四・二両
庭先生産費	（二九四・一五）円 六・四七	（三一八・六八）円 七・七六	（一七七・一〇）円 一〇・三四	（一八六・三四）円 一二・四三
販売費	〇・〇三	〇・〇四	〇・〇七	〇・一三
市場生産費	六・五〇	七・八〇	一〇・四一	一二・五六
損益（△＝損）	四七・四〇（ママ）	△二・八四（ママ）	△六二・三三（ママ）	△一一四・三七
調査地区	豊鎮	豊鎮	豊鎮	厚和

第三表　成紀七三六年度高粱生産費表

農家番号	一	二	三	四	五
農家態様	自小	自	自	自小	自
一畝当投下費用					
土地費	円 九・七一	円 一・一〇	円 九・九〇	円 四・四〇	円 三・三〇
農舎費	〇・二六	〇・〇一	〇・〇三	〇・〇一	〇・〇五
農具費	〇・六四	〇・一五	〇・二〇	〇・七五	〇・九〇
労働費	七・六三	三・六二	四・一八	二・七〇	四・七三
畜力費	一・八四	〇・八四	二・一二	二・五〇	〇・八〇
肥料費	—	一・四〇	一・五〇	〇・八八	一・〇〇
種苗費	〇・二〇	〇・二二	〇・一五	〇・〇九	〇・〇九
諸材料費	—	—	—	—	—
水利費	一・四〇	—	〇・八〇	—	—
租税公課	四・二一	一・〇八	二・一〇	一・六七	〇・七七
計	二五・八九	八・四二	二〇・九九	一三・〇〇	一一・六四
畝当副産物価額	二・〇〇	一・二〇	一・八七	一・四二	二・二〇
差引	二三・八〇(ママ)	七・二二	一九・一二	一一・五八	九・四四
畝当収量	瓩 一四八・〇〇	瓩 三二・五	瓩 一〇〇・〇〇	瓩 六二・五	瓩 五六・三
庭先生産費	一六・二一	二二・二〇	一九・一一	一八・五一	一六・七六
販売費	〇・五〇	二・二八	〇・七六	一・三四	一・三四
市場生産費	一六・七一	一四・九三(ママ)	一九・八七	一九・八五	一八・一〇
損益(△＝損)	△〇・二一(ママ)	△二・一五	△三・五二	一・五五	二・三八(ママ)
調査地区	察南	晋北	察南	巴盟	巴盟

備考一、生産費は百瓩当として算出せり
二、高粱百瓩の価格は調査当時の公定価格にて
察南(張家口)――一五円六〇　晋北(大同)――一五円六〇　巴盟(厚和)――二一円〇〇

第四表　成紀七三六年度莜麦生産費表

農家番号	一	二	三	四	五
農家態様	自	小	自小	小	自
一畝当投下費用					
土地費	一・四六円	三・三〇円	一・七五円	三・七三円	〇・四〇円
農舎費	〇・〇一	—	〇・〇一	〇・〇四	〇・〇七
農具費	〇・二六	—	〇・一七	〇・一三	〇・〇八
労働費	一・四八	二・九一	一・〇八	一・六二	一・五二
畜力費	〇・二〇	—	〇・二九	〇・五六	〇・四一
肥料費	—	—	—	—	〇・三三
種苗費	〇・七〇	—	〇・五二	〇・五一	一・〇七
諸材料費	—	—	—	—	—
水利費	—	—	—	—	—
租税公課	〇・五九	—	〇・四七	—	〇・二七
計	四・七〇	六・二一	四・二九	六・五九	四・一五
畝当副産物価額	〇・三六	〇・六〇	一・〇〇	〇・八〇	一・〇七
差引	四・三四	五・六一	三・二九	五・七九	三・〇八
畝当収量	一四・九瓩	二四・〇瓩	二二・九瓩	四二・〇瓩	三三・六瓩
庭先生産費	二九・一〇	二三・三五	一五・四一	一三・七八	一六・五〇
販売費	二・一九	二・一九	一・三九	一・七八	一・七八
市場生産費	三一・二九	二五・五四	一六・八〇	一五・五六	一〇・九五（ママ）
損益（△＝損）	△一・九六	△一・七七	〇・三七	一・七七	二・九六
調査地区	巴盟	巴盟	巴盟	察盟	察盟

備考一、生産費は百瓩当として算出せり
二、莜麦百瓩の価格は調査時の公定価格にして
巴盟（厚和）――一六円〇〇　察盟（張北）――一八円〇〇

第五表　成紀七三六年度小麦生産費表

農家番号	一	二	三	四	五
農家態様	自	自	自小	自小	自
一畝当投下費用　土地費	八・五一円	一・六五円	〇・一一円	〇・二二円	三・六〇円
農舎費	〇・〇六	〇・〇八	—	〇・〇三	〇・〇四
農具費	〇・〇七	〇・五九	〇・四〇	〇・一五	〇・〇一
労働費	一四・一一	一・四五	一・三七	二・三三	一・三〇
畜力費	三・五四	〇・六三	〇・一五	〇・七〇	〇・四八
肥料費	三・〇〇	—	—	—	—
種苗費	四・七四	〇・九三	〇・四二	一・〇七	一・〇五
諸材料費	—	—	—	—	—
水利費	一・四〇	—	—	—	—
租税公課	五・六二	〇・五九	一・一七	〇・八七	〇・三七
計	四一・〇五	五・九二	三・六二	五・三七	五・八五
畝当副産物価額	五・一〇	〇・三〇	〇・四四	〇・五三	〇・六七
差引	三五・九五	五・六二	三・一八	四・八四	六（ママ）・一八
畝当収量	七五・九五瓩	一八・二瓩	一五・六瓩	二二・四瓩	三二・四瓩
庭先生産費	四四・七二	三〇・九〇	一八・九五	二一・五八	一九・〇七
販売費	〇・九八	一・九六	一・三五	一・八三	一・八二
市場生産費	四五・七〇	三二・八六	二〇・三〇	二三・四一	二〇・八九
損益（△＝損）	△一六・二〇	△〇・八九	〇・八七	〇・九八	二・二四
調査地区	察南	巴盟	巴盟	察盟	察盟

備考一、生産費は百瓩当
二、小麦百瓩の価格は調査当時の公定価格にて
察南（張家口）——二六円〇〇　察盟（張北）——二六円〇〇　巴盟（厚和）——二六円〇〇

右表の結果は農民に対する尋問聴取に依り得たるものにして、農民は禁煙特税の増徴、或は阿片の強制蒐貨と関係あり、又は明年度に於ける阿片収買価格、農産物収買価格の引下げと関係あり、迂濶に事実を語るべきに非ずと、調査に対し危惧の念を抱き口を噤みて語らざるものあり、或は偽の答弁をなしたる者ありたるに付、各方面より多角的に調査を進め実態の把握に努めたり。

労働費

右表の数字より罌粟は他作物に比し実に驚嘆に値すべき費用を単位面積中に投下し居る事を知る。

即ち最も注目すべきは経費の六―七割を占る労働費にして、他作物の十円以下に比し如何なれば斯の如き一〇〇―二〇〇円にも及ぶ膨大なる金額を要するや、此の因つて来る処を探求するに実に罌粟なる作物の特性に基因す。罌粟作は最も冒険的なる栽培事業にして投機的性質を帯び、自然的条件並に肥料、土質、栽培技術に依り（特に当地区は乾燥地帯にして斯の如き傾向著し）その作柄を支配せられ豊凶の差大なれば、栽培に当りては周到なる栽培経験と熟練せる労働力とを要し（殊に割漿に於て）従つて労働賃銀も一般農業労働賃銀に比し著しく高価なり。即ち七三六年度に於ては第六表に依り明かなる如く一般農業労働賃銀一円七〇銭―二円二〇銭程度に比し、割漿苦力賃銀は三円九〇銭―四円五、六〇銭程度の差異ありたり。又七三七年度に於ても同様にして普通農業労働賃銀二・〇〇円―三・〇〇円程度なるに比し、割漿苦力賃銀は三円五〇銭―四円五〇銭の賃銀高を示したり。

加之、罌粟の栽培は極めて集約的なるがため単位面積に投下せられたる労働員数も亦他作物に比すべくもなく多量なれば斯く多額労働費を要したるなり。（栽培最も集約的なるは一畝当普通労働力延員数三六名、割漿労働力延員数三〇名を要したり。一畝当所要苦力員数並に投下労働費は第八、第九表参照）

第六表　成紀七三六年度労働賃銀表

調査地区	農家番号	自家労働賃銀(円)	雇傭労働賃銀(円) 年工賃銀	雇傭労働賃銀(円) 割漿苦力賃銀	雇傭労働賃銀(円) 一般農業苦力賃銀	摘要
薩拉斉県	一	一・七二	一・六〇	二・六〇	一・六〇	
〃	二	一・六八	―	二・六〇	一・六〇	
〃	三	一・七〇	―	二・七〇	一・五〇	
厚和市	一	一・四五	一・六〇	二・一〇	一・四〇	
〃	二	一・六四	一・四三	二・六〇	一・六〇	
豊鎮県	一	一・八〇	一・八五	四・二〇	二・一〇	
〃	二	一・七五	一・九〇	四・四〇	二・四〇	
〃	三	一・六〇	一・七九	四・三〇	二・一〇 女 一・六〇	
〃	四	一・七〇	一・九三	三・九〇	二・一〇	
〃	五	一・四〇	一・七九	三・九五	二・一〇	
〃	六	一・五四	一・四三	四・三〇	二・三〇	
〃	七	一・七八	一・九三	四・三〇	二・一〇	
陽高県	一	一・六〇	一・六〇	四・七〇	二・二〇	
〃	二	一・六八	一・六〇	四・七〇	二・三〇	
〃	三	一・六五	一・六〇	五・一〇	二・四〇	
〃	四	一・六〇	一・六〇	四・八〇	二・四〇	
崇礼県	一	一・七五	一・八五	三・八二	二・一〇	
〃	二	一・八〇	一・八五	三・八五	二・〇〇	
〃	三	一・六〇	一・六八	三・八二	二・三〇	
〃	四	一・五八	一・五七	三・八〇	二・一〇	

第七表　成紀七三七年度普通農業労働賃銀

調査地区	現金給与（円・銭）	現物給与（円・銭）	合計賃銀額（円・銭）	摘要
薩拉斉県一	・八〇	食費一・二〇	二・〇〇	
〃　二	・五〇	一・二〇	一・七〇	
厚和一	・八〇	一・五〇	二・三〇	
〃　二	一・五〇	一・五〇	三・〇〇	
豊鎮一	一・〇〇	一・二〇	二・二〇	晒煙女人夫賃銀一円七〇銭
〃　二	二・〇〇	一・五〇	三・五〇	
〃　三	一・五〇	一・二〇	二・七〇	
〃　四	一・五〇	一・二五	二・七五	
〃　五	一・五〇	一・五〇	三・〇〇	
〃　六	一・〇〇	一・三〇	二・三〇	
陽高	一・五〇	一・〇〇	二・五〇	
沙嶺子	一・二〇	一・三〇	二・五〇	
張北	一・七〇	一・二〇	二・九〇	食事は一日三回
托克托	一・〇〇	一・三〇	二・三〇	

成紀七三七年度割漿苦力賃銀（調査地区中括弧内は何れも農家番号、単位円・銭）

調査地区	現金給与	現物給与	合計賃銀額	摘要
薩拉斉県（一）	一・五〇	食費　一・二〇 煙膏（一銭）一・〇〇 煙草　〇・一〇	三・八〇	煙膏は自家製にて私土、官給のものよりも安価なり

〃（二）	一・五〇	食費 煙膏（三分） 煙草	一・二〇 〇・三〇 〇・二〇	三・二〇	
厚和（一）	一・六〇	食費 収穫奶子（二銭）	一・五〇 〇・五〇	三・六〇	食事は毎日三回
〃（二）	二・〇〇	食費 奶子 煙草	一・五〇 〇・五〇 〇・二〇	四・二〇	
〃（三）	二・〇〇	食費 奶子（二銭） 煙草	一・五〇 〇・五〇 〇・〇七	四・〇七	
豊鎮（一）	一・〇〇	食費 膏（二分）	一・二〇 〇・三〇	二・五〇	
〃（二）	二・〇〇	食費 煙膏（二分） 煙草	一・五〇 〇・二〇 〇・〇五	三・七五	
〃（三）	二・〇〇	食費 煙膏 煙草	一・二〇 〇・一六 〇・一四	三・五〇	
〃（四）	二・〇〇	食費 煙膏（二分） 煙草	一・二五 〇・一五 〇・一〇	三・五〇	
〃（五）	二・〇〇	食費 煙膏（三分） 煙草	一・五〇 〇・二四 〇・〇五	三・七九	
〃（六）	一・〇〇	食費 煙草	一・三〇 〇・二〇	二・五〇	
陽高	三・〇〇	食費 酒 煙草 煙膏	一・〇〇 〇・一〇 〇・一〇 〇・三〇	四・五〇	

沙嶺子	一・五〇	食費 二・〇〇 煙草 〇・一六	三・六六	
張北	二・五〇	食費 一・五〇 煙草 〇・一五	四・一五	
托克托	一・五〇	食費 一・三〇 煙膏(一銭) 一・〇〇 煙草 〇・一五	三・九五	

成紀七三七年度季節雇、年雇苦力賃銀(単位円・銭)

調査地区	雇傭期間	雇傭期間中に於ける現金給与	一日当現金給与	一日当現物給与	一日当賃銀	摘要
厚和(一)	八ヶ月	三二〇・〇〇	一・三三	食費一・五〇	二・八三	
〃(二)	九ヶ月	三六〇・〇〇	一・三三	〃 一・五〇	二・八三	
豊鎮(四)	七ヶ月	三五〇・〇〇	一・六六	〃 一・二〇	二・八〇(ママ)	
〃(五)	五ヶ月	二五〇・〇〇	一・六七	〃 一・五〇	三・一七	
〃(六)	七ヶ月	二一〇・〇〇	一・〇〇	〃 一・三〇	二・三〇	
陽高	九ヶ月	二五〇・〇〇	〇・九三	〃 一・〇〇	一・九三	
沙嶺子	九ヶ月	三〇〇・〇〇	一・一一	〃 一・三〇	二・四一	

第八表　成紀七三六年度罌粟栽培に要する苦力員数(一畝当)

農家番号	一畝当人夫員数(名)			一畝当作業別人夫員数(名)										摘要
	自家	雇傭	計	耕転整地	播種	中耕追肥	間引	除草	培土	灌水	割漿	調理	計	
巴彦塔拉盟地区 薩拉斉県(一)	四四	二二	六六	一	五	二	一〇	一五	—	五	二六	二	六六	一日八時間労働

(二)	四〇(二)	一〇	五〇(二)	三	三	三	五(二)	七	―	四	二〇	五	五〇(二)	
(三)	一六	三四(一〇)	五〇(一〇)	一	四	六	一〇(二〇)	―	―	四	二四	五	五〇(一〇)	一日九時間労働、間引除草は同時に行ふ
厚和市 (一)	九	三八(八)	四七(八)	四	一	一〇	六(三)	五	―	五	一五(五)	一	四七(八)	
(二)	二一	三三	五四	八	三	四	六	四	二	四	二〇	三	五四	一日八時間労働
豊鎮 (一)	―	五一	五一	一	一	六	三	三	―	六	三〇	一	五一	割漿期間は二週間
(二)	一九	二八	四七	一	一	五	三	二	―	四	三〇	一	四七	
(三)	三二	二二	五四	二	一	二	三	三	―	六	三五	二	五四	
(四)	二九	一七	四六	二	二	三	二	三	―	二	三一	一	四六	
(五)	四	四一	四五	一	四	三	三	三	―	八	二〇	三	四五	本年は旱害を蒙り成績不良にして割漿期間短し
(六)	二五	二六	五一	二	三	三	三	三	―	六	二五	六	五一	本年度標準耕作者にして栽培も集約にして収穫良好なり、一日八時間労働
(七)	一三	五三	六六	五	五	三	四	四	―	一〇	三二	三	六六	
晋北地区(陽高県) (一)	八	六四	七二	一〇	二	三	六	六	―	一〇	三二	三	七二	割漿期間は一五日間
(二)	〇	六七	六七	五	二	二	九	一〇	―	八	二八	三	六七	一日の労働時間は九時間、当地の罌粟の作柄は平年作以下にして割漿期間短し
(三)	一四	四三	五七	七	二	二	八	七	―	九	二〇	二	五七	
(四)	一一	四五	五六	一〇	三	三	四	七	―	一〇	一六	三	五六	

察南地区(崇礼県)(一)	二二	二三	四五	二	一	四	六	三	｜	三	二四	二	四五
(二)	一七	三七	五四	六	四	六	五	三	｜	五	二二	三	五四
(三)	〇	五七	五七	六	三	六	六	七	｜	四	二四	一	五七
(四)	三七	一六	五三	七	二	一〇	六	六	｜	三	一五	四	五三

備考　( )内は女人夫員数なり

第九表　成紀七三六年度罌粟栽培に要する労働賃銀(一畝当)

農家番号	煙地の種類	人夫員数(名) 自家労働	人夫員数(名) 雇傭労働	人夫員数(名) 計	労働賃銀(円) 自家労働賃銀	労働賃銀(円) 雇傭労働賃銀	労働賃銀(円) 計	阿片生産額(円)	阿片売却収入金額に対する労働賃銀支出歩合(%)
巴彦塔拉盟地区之部									
薩拉斉県(一)	水地	四四	二二	六六	七五・六八	五四・二〇	一二九・八八	一九二・〇〇(二四両)	六七・六
(二)	〃	四〇(二)	一〇	五二	六九・六〇	二六・〇〇	九一・六〇	一四〇・八〇(一七・六両)	六五・〇
(三)	〃	一六	三四(女一〇)	六〇	二七・二〇	八九・八〇	一一七・〇〇	一四八・〇〇(一八・五両)	七九・〇
平均		―	―	―	―	―	一一二・八二	一六〇・二六	七〇・四
厚和市(一)	水地	九	三八(女八)	五五	一三・〇五	七八・四〇	九一・四五	一一〇・四〇(一三・八両)	八二・八
(二)	〃	二一	三三	五四	三四・四四	七一・一〇	一〇五・五四	一〇六・四〇(一三・三両)	九九・一
平均		―	―	―	―	―	九八・五〇	一〇八・四〇	九〇・七

豊鎮県(一)	旱地	―	五一	五一	―	一六六・〇〇	一六六・〇〇	一四九・六〇(一八・七両)	一一〇・九
(二)	水地	一九	二八	四七	三三・二五	一二三・二〇	一五六・四五	一六八・〇〇(二一両)	九三・一
(三)	〃	三二	二二	五四	五一・二〇	九四・六〇	一四五・八〇	二四〇・〇〇(三〇・〇両)	六〇・七
(四)	〃	二九	一七	四六	五四・三〇	一〇五・三〇	一五九・六〇	一八四・〇〇(二三両)	八六・七
(五)	〃	四	四一	四五	五・六〇	一一八・七六	一二四・三六	二〇〇・〇〇(二五両)	六二・一
(六)	〃	二五	二六	五一	三八・五〇	一〇八・九三	一四七・四二	一一二・〇〇(一四両)	一三一・六
(七)	〃	一三	五三	六六	二三・一四	一五九・六八	一八二・八二	三四二・四〇(三一・六両)	五三・四
平均		―	―	―	―	―	一五四・六四	一九九・四三	七七・五
晋北地区の部(陽高県)(一)	水地	八	六四	七二	一〇・八〇	二二〇・八〇	二三一・六〇	二九三・六〇(三六・七両)	七八・九
(二)	〃	―	六七	六七	―	二二一・三九	二二一・三九	二七三・六〇(三四・二両)	八〇・九
(三)	旱地	一四	四三	五七	二三・一〇	一五七・二〇	一八〇・三〇	一五六・〇〇(一九・五両)	一一五・五
(四)	水地	一一	四五	五六	一七・六〇	一四六・四〇	一六四・〇〇	一〇二・四〇(一二・八両)	一六〇・一
平均	旱害を蒙れり	―	―	―	―	―	一九九・三二	二〇六・三〇	九六・六
察南地区(崇礼県)(一)	水地	二二	二三	四五	三八・五〇	八七・八六	一二六・三六	一八八・〇〇(二三・五両)	六七・二

(二)	〃	一七	三七	五四	三〇・六〇	一一二・九〇	一四三・五〇	一七五・二〇（二一・九両）	八一・九
(三)	〃	―	五七	五七	―	一四七・一二	一四七・一二	一五二・〇〇（一九両）	九六・七
(四)	〃	三七	一六	五三	五八・四六	五九・一〇	一一七・五六	一九二・〇〇（二四両）	六一・二
平均	―	―	―	―	―	―	一三三・六五	一七六・八〇	七五・五

労働力給源

罌粟栽培に要する労働力殊に割漿労働力は極めて優遇せられ又特別の技術を必要とし且つ需要も大なるが為に、年々鉱山商工業等他生産部門にある之が能力者は続々として移動し来り、為に斯の方面に労力不足を招来するが如き傾向にあるを以て、事業当局としては何人にも容易に使用し得られて能率的なる割漿刀を日本より導入して割漿法の改良と割漿苦力としての特殊技能者の需要を低下し、阿片生産費の軽減を企図せんとしつゝあり。

労働力の移動は割漿期に多く特に宣化省、察哈爾盟に於ては罌粟栽培の歴史新しき故、割漿能力を有する苦力少く、斯方面に於ける割漿期には晋北より一部割漿苦力の移動あり、又宣化省管内の割漿期には察哈爾より苦力の移動を認めらる。沙嶺子方面には張北、宝源より移動し来りたる事実あり。豊鎮県並に陽高県に於ては興和県より苦力の移動あり、厚和、薩拉斉に於ては自場にて充足するを得。

租税公課

租税公課亦他作物に比し著しく高価なるが其の中禁煙特税はその性質より田賦等と趣を異にし高率なり。成紀七三六年度に於ける之が課徴は別紙第十表に依り明かなり。禁煙特税は之が徴収額が地方費収入となりその金額も多額なるを以て、地方官庁の本税に依存する処極めて大なるが、罌粟平年作程度にして作柄良好なる場合は規定税率に準拠して課税し得るも、偶々作柄不良なる年度に於ては徴収額減少するに付、攤派を実施して予定の徴収をなさんとし、七三五年当時豊鎮県の一部に於ては被災煙地の納入額迄をも負担せしめられ、甚だしきに於ては水地一畝当八三円、旱地一畝当五〇円の如き不当額の課徴を命ぜられたり。然るに七三六年度に於ては当初に於て地方税政確立せられ課税上の攤派制度の廃止ありたる為、殆んど斯の如き矛盾を見ず規定額の課税を見たり。成紀七三七年度に於ては更に作柄不良の為攤派を利用したる県もあり。一例として豊鎮県に於ては規定額の五―七割を増徴したるが如し。(現地人は増徴分を附加又は加と称す)

其の他の公課としては煙地勘査員に対する饗応費一円五〇―五円(畝当)を認む。之は郷鎮村公所に於て攤派式に課徴す。七三六―七年度に於ける罌粟栽培者に対する租地公課の二、三の例を挙ぐれば次の如し。(調査地区豊鎮県、陽高県)

第十表　成紀七三六年度禁煙特税並に其他の公課(単位円・銭)

調査地区	禁煙特税						其の他公課	摘要
	水地			旱地				
	正税	附加税	計	正税	附加税	計		
薩拉斉	一〇・〇〇	二・五〇	一二・五〇	―	―	―	三円	納部社(市公署の代行機関)へ納入
厚和	一〇・〇〇	二・五〇	一二・五〇	―	―	―	一〇円	
豊鎮	一〇・〇〇	二・五〇	一二・五〇	六・〇〇	一・五〇	七・五〇	三・五〇水地 一・〇〇旱地	郷公所へ
陽高	一〇・五〇	二・五〇	一三・〇〇	七・五〇	〇・五〇	八・〇〇		
宣化	一〇・〇〇	二・五〇	一二・五〇	五・〇〇	二・五〇	七・五〇		

成紀七三七年度罌粟栽培者に対する租税公課(単位円・銭)

調査地区	禁煙特税	同上追徴額(攤派)	勘査員饗応費	其他の公課	摘要
豊鎮一	一二・五〇	六・二五		五・〇〇	

〃 二	一二・五〇	八・一三	一・五〇	―	
〃 三	一二・五〇	六・二五	六・〇〇	三〇	其他の公課欄は地畝税
〃 四	一二・五〇	六・二五	一・五〇	六〇	〃
〃 五	一二・五〇	六・二五	一・五〇	三二	〃
陽高 一	一二・五〇	―	一・六〇	―	勘査員の饗応費は甲長之をまとむ
二	一二・五〇	―	一・八〇	―	〃

備考　右は凡て水地の場合の課徴実績なるも、旱地に於ても豊鎮に於ては禁煙特税の攤派追徴をなしたり。

小作料、地価並に春耕資金

罌粟栽培地が耕地の最良質地を占め居る関係上、小作料地価共に他作物栽培地に比し高価なり。

之が成紀七三六年度、七三七年度に於ける実態は次の表に明らかなる如く、一畝当小作料は水地五〇―七〇円、旱地二〇円にして、地価は水地四〇〇―六〇〇円、旱地五〇―六〇円を標準とす。而して小作料地価は土地需要、地味、地位、灌漑設備の完否、防風施設、交通の便否、市場への距離、其他に依り著しく異り一概に述ぶる能はず。地価一〇〇〇円、小作料一八〇円等の如き異常に高価なる耕地あり。或は逆に地価一〇―二〇円、小作料八円（無論旱地なれ共）程度の耕地あり。

小作契約の種類に就ては詳細なる調査をなし居らざるも、概略分ちて定額小作と分益小作の二とするを得。彊内何れの地区に於ても殆んど前者を採用しあり、一部陽高地区に於て出来高の半額を地主に納入する分益小作あるを見たり。

小作料は現金を以て納入するを原則とするも、中には契約時の条件に依り或は爾後に於ける地主の要望に依り阿片若は糧穀を以て物納とするものもあり、斯の如き習慣は農民が春耕資金を借入する場合に於ても見らるゝものにして、生産阿片の一部は地主金融業者糧桟油房の手に流動する事あり、阿片の蒐貨上特に注意を要す。

春耕資金の借入は通常友人近隣親籍（ママ）よりなすも、之が借入困難なる場合は已む無く前記業者より之をなす。前者に於ては利率一分五厘—二分五厘。

春耕資金並に生活費としての負債を有する罌粟栽培者は金融の為に、或は又比較的大農の場合は多く労力不足若は作柄不良なる場合に於て割漿前に煙地立毛を他人に売却する事あり(青苗売買、青田売買)。斯様の例は極めて僅少なれ共、昨年度包頭、厚和地区に二、三認めたり。売買価は畝当概ね二〇〇円—二五〇円程度なり。

成紀七三六年度小作料及地価

調査地区	一畝当小作料(円)				一畝当地価(円)		摘要
	品名	数量	単価	金額	水地	旱地	
薩拉斉	金納 水地 旱地	—	—	五〇—七〇	二〇〇—五〇〇	一〇—一〇〇	
厚和	〃 水地 旱地	—	—	三五—五〇	二〇〇—三〇〇	二〇〇	
豊鎮	〃 水地 旱地	—	—	一〇〇(七〇) 四〇—五〇	五〇〇—六〇〇 最高一、〇〇〇 最低三〇〇	一〇〇—二〇〇	
陽高	〃 水地 旱地	—	—	五〇 二〇	五〇〇—八〇〇 最高一、〇〇〇	一五〇—三〇〇	
宣化	〃	—	—	三〇—三五	四〇〇	二〇—五〇	

成紀七三七年度小作料及地価

調査地区	地価(円)		小作料(円)		摘要
	水地	旱地	水地	旱地	
厚和一	上地二五〇—三〇〇 中地一五〇—二〇〇	三〇—四〇	五〇—六〇	一五—二〇	

二	上地六〇〇 中地四〇〇	—	上地八〇 中地六〇	上地二〇 中地一二	
豊鎮一	二〇〇—五〇〇	二〇—二〇〇 中地五〇—六〇	五〇—六〇	二〇—三〇	小作料（水地）は地主に於て基肥を施用したるものは七〇—八〇円
二		五〇	六〇		
三	上地六〇〇 中地四〇〇	—	上地八〇 中地六〇	上地二〇 中地一二—一三	
四	四〇〇	—	八〇	—	
陽高	四〇〇—七〇〇	五〇—一〇〇	一〇〇	二〇—三〇 下地一〇	
沙嶺子	三〇〇—六〇〇	—	五〇—七〇	—	
張北	—	—	五〇	三五	

肥料費、農具費、畜力費、水利費、亦本作物の特性並に栽培の性質上他作物に比し多額を要するは自明の理なり。唯販売費のみは収穫物たる阿片が少量にして且軽量なるを以て極めて少額を以て足る。

各作物の損益計算の結果を見るに四作物共に一部農家に於ては欠損を示し居るも、投下費用中一部は自給可能のものもあり、現金としての支出は数字にて表はされたる金額の六—七割を以て足りるを以て、農家の取得する益金は掲載額を凌駕すべく、殊に罌粟に於ては多額の自家労賃並に肥料費、自作農に於ては土地費を見積り居るに付、益金は相当額に昇るべし。

七三六年度四作物生産費表中、損益欄に於て罌粟の益金最も多額なれ共、作柄比較的良好なりし結果斯の如き数字を得たるものにして、一部被災地区並に作柄徹底的に不良なりし昨七三七年度に於ては惨めなる損失に終りたり。而して之が結果として農民は罌粟作を忌避若は逡巡するが如く危惧せらるゝも、自然的条件に恵まれ作柄良好なれば尠らざる利潤をも挙げ得るを以て、一時的凶不作等如何様の障碍に際会するも射倖心強き現地農民の罌粟作に対する執着の念は断ち得べしとも思はれず。

阿片価格と農民経済

次に阿片価格と農民経済との関係を覗見するに、例年阿片の出廻最盛期たる七月より十月に至れば農村に於ける遊資の相当のダブツキを示し不動購買力に変化してインフレ的傾向を惹起する如く評せらるゝが、農民は阿片の売却に依り取得したる現金を租税小作料として支払ひ或は借債の償還(成紀七三四年当時に負ひたる負債、従前の生活費に供したる借債並に春耕資金として借入れる(ママ)ものに対する償還)に充当し、国庫金融機関及糧桟、糧店、地主、油房等に吸収せらる結果となり、事業資金として或は預金として夫々処分せられ、唯僅に一部残額を以て生活必需品の購入に当つるに過ぎず(殊に斯の如きは零細農に於て顕著なり)、危懼せらるゝ程の農村インフレ現象を招来するものとは思はれず。

然れ共幾分物価の昂騰、労働賃銀の釣上等の好もしからざる現象の惹起に寄与し居るは否まれず、他作物の栽培経費にも影響して其の生産費を高むる傾向にあるは認めらる。

(附)　煙地の後作物

阿片を収穫したる耕地は之を放置して後作をせざるものあるも、特に水地に於ては多く後作をなすを常とす。但し阿片の収穫期最も晩き察哈爾盟に於ては割漿終了が八月中下旬となるを以て此地の気候的特色より後作をなし得ず。

後作物としては大根、白菜、蕎麦、根菜、馬鈴薯、セリ、菠薐草、が多く選ばる。

第四章　阿片収納機構並に実績及土業組合事情

第一節　成紀七三四年度に於ける阿片収納機構並に収納実績

一　煙政方針

蒙疆地域に於ける阿片政策は、阿片自体の持つ特殊性、並に従来当地域が阿片の生産地を有する一面西北阿片の通過市場たる事情に基き、対内、対外的に極めて複雑多岐なる関係を有するに依り、本来一貫的政策の敢行を必要とするにも不拘、事変後成立せる察南、晋北、蒙古の三自治政府は夫々相異る旧来の方策を踏襲し来れる為、煙政の運営に大なる支障、阻害を及すに至れるに鑑み、尚且接壌地区たる華北、満州国政府の阿片政策に対応すると共に社会的、衛生的並財政金融政策強化の必要性に基き、早急なる一元的阿片政策実施の要に迫られ、成紀七三四年(昭和十四年)七月一日を期し現行阿片制度(専売制)の施行を見たり。

即ち其の企図する所は三政権に分立せる阿片行政を一元化し、断禁を目標とする漸減政策を採り、阿片の生産配給及輸出入の完全なる統制を断行し、以て阿片制度の確立を期すると共に、皇軍占拠地区内に於て必要とする阿片供給源泉地としての使命達成、生産阿片の輸出に依り為替資金の獲得並財政収入の確保に在りて、当政権に対する重大使命を担ひ制度の実施を見たり。

二　関係法令の制定

前述の施政方針に基き蒙疆連合委員会に於て関係法令の制定に着手し、先進諸国(主として満州国)の阿片制度を参考とし之を疆内の特殊事情に照し、成吉思汗紀元七三四年六月六日公禁煙法(ママ)に準拠し蒙疆連合委員会令第二十三号を以て暫行阿片管理令を公布し、癮者漸減の方策を採ると共に、罌粟の栽培、阿片の収納、配給、稽査及其の他の禁煙事項に関しては悉く清査総署に於て統制管理し所期の目的達成に努めんとせり。

尚右管理令公布と同時に阿片収買業務に携はる政府代行機関たる蒙疆土薬股份有限公司法(成紀七三四年六月六日蒙疆連合委員会令第二四号)を公布し、直ちに公司を設立せしめ阿片収買業務を開始せり。

三　政庁盟別収納予想

政庁盟別	指定面積(畝)	収納予想数量(両)	摘要
巴彦塔拉	七五八、〇〇〇	五、五二五、〇〇〇	一両　三六瓦
察南	九八、〇〇〇	六七〇、〇〇〇	
晋北	一〇、〇〇〇	六〇、〇〇〇	
察哈爾	一五五、〇〇〇	七〇五、〇〇〇	
計	一、〇二一、〇〇〇	六、九六〇、〇〇〇	

四　収納機構方式

イ、土薬公司の設立

前述の如く従来当地区は西北阿片の通過地にして且亦綏遠阿片の生産地として古き歴史を有する関係上、生産並取引各地区には相当資本を有し且生産者と密接なる関係にある土商(阿片商人)存在し居るを以て、政府は直ちに之等中間商人を排除し制度本来の趣旨に則り直接収納、配給業務運営に当るは極めて困難且蒙疆の特殊性より推し容易ならざるものあるに鑑み、従来の土商を糾合すると共に京津地方並満州に於ける阿片に関する経験者を包含し蒙疆土薬股份有限公司法に基く左記土薬公司を設立せしめ、政府代行機関として彼等の持つ独特なる手腕を活用し疆内生産阿片の収買業務に恵念せしめたり。

記

1　蒙疆土薬股份有限公司を首都張家口特別市に

主要生産地区張北、崇礼、多倫、大同、豊鎮、厚和、托克托、薩拉斉、包頭、集寧、興和に分公司を、各生産地区に収買処を設置せり。

2　資本金百五拾万円とし全額払込

3　蒐荷予想数量　七百万両とし之に対する総経費予算額一、三〇四、一七六円を掲上し政府之を認可せり。

4　政府よりの収買手数料は収納補償金の百分の九にして之を以て右経費並利益配当に充当せしむることゝせり。

5　生産者よりの収買期間自七月二十日至十二月十日

ロ、収納官署並納入分公司

張家口清査署　張北、崇礼、多倫　分公司

大　同　〃　大同、豊鎮　分公司

厚　和　〃　厚和、托克托、薩拉斉、包頭、集寧、興和　分公司

ハ、収買並収納補償価格

土薬公司の生産者よりの買付価格並公司より政府収納価格は之を一元化し、公司に対しては前述の如く手数料制を以て別途交付し、左記収納補償価格は現地並に京津地方に於ける取引価格、小作料、労賃等の騰貴に伴ふ生産費、一般物価、対抗作物其の他私土価格等を考慮し決定せるものなり。

尚収納阿片の含有水分量は一二％以下とし、之を超過したるときは総量目より超過水分量を控除し純量目に対し補償金を算出交付せり。

記

等級別	補償価格(円)	摘要
一等品	三・五〇	次等品に限り公司より政府収納価格は一律二・六〇円とす
二〃	三・三五	
三〃	三・二〇	
次〃	二・八〇以下	

備考　等級決定方法は官能鑑定に依り所定の生阿片鑑定規準に基き決定す

ニ、等級決定方法

生阿片の等級決定方法は収買(生産者より公司買付)、収納(公司より政府買上)共、官能鑑定のみを以て左に依り等級を決定せり。

等級別	色相	品質	焦香
一等品	黄褐色、又は褐色を呈し切断面の色相変化せざるもの	緻密にして粒状物質を含まず優良なるもの	固有の麻酔性芳香を有するもの
二等品	黄褐色、黒褐色を呈し切断面の色相多少変化するもの	稍緻密にして多少粒状物質を含むもの	固有の麻酔性芳香多少稀薄なるも料子臭を混入せざるもの
三等品	褐色、黒褐色を呈し切断面の色相変化するもの	粗造なるもの	固有の麻酔性稀薄にして稍料子臭を混入するもの
等外品	褐色、黒褐色又は紫褐色にして不斉なるもの	粗造不斉にして阿片固有の品質に乏しきもの	麻酔性芳香稀薄短少にして料子臭を混ずるもの

備考　右等級の決定は官能鑑定のみにして成分を表示せず右規準に基き決定せり

ホ、市県旗に対する制度提奨交付金の交付

現地市県旗の積極的蒐荷援助、密売買不正業者の取締、阿片制度の普及徹底、煙地の管理調査、並阿片蒐荷上及運搬の警備保護等、当業務遂行上積極的協助を得んが為、之が交付金制度を制定し、甲、乙種と二区分し、事業開始前(甲種)に指定面積、収納予想、並治安其の他を勘案し八〇、〇〇〇円を、乙種交付金として年度末に蒐荷実績に依り一両に付二銭を夫々政庁盟を通じ交付せり。

尚本交付金制度は毎年大体実行予算に基き交付することに決定せり。

五　収買概況並収納実績

七月一日を期し本清査制度の実施に入るや管下各地の清査官署の開設を急ぐと共に、収買業務開始の遅延を懸念し土薬公司の整備と生産地に於ける収買処開設を極力急がしめたるも、連日の降雨に際会し意の如くならず、各地の買付を開始致したるは八月中旬となれり。

然るに愈々収買開始せるも各地共蒐荷成績全く不振にて当局の予想に反し、反面之が使命の重要性は当政権の財政経済を左右し愈々蒐荷の重責を負荷せられると共に之が責任を痛感し、清査総署を始め現地清査官署職員を総動員し関係各機関と密接なる連繋の下に本制度の普及徹底を図り、献身的繳土工作を強行実施すると共に土薬公司を指導啓蒙し、蒐荷に万全を期したるも全く成果に見るべきもの無く、当初予想数量の一〇%に満たざる実績を以て所定の収買期間を終了せり。之が不振の原因を考慮せば、

1、生育期に於ける旱魃、割漿期に於ける大降雨の為、生産に激減を来したること。

2、収買開始に遅延を来したる為、生産阿片は収買開始当時には既に生産者の手を離れ居りたること。

3、各地の不作に伴ひ京津市価暴騰したる為、該地より密売買不正業者潜入暗躍し、所定の収買価格と密実(ママ)価格に価開きを生じ収買困難となりたること。

4、収買機構に欠陥を有したること(七三五年度「阿片収納機構方式改正」参照)。

5、鉄道沿線を除く外治安全からざりしこと。

等、幾多悪条件に逢着し予想外の実績を以て終了せり。

六　残貨収買の実施

前述の如く本年度阿片蒐荷は自然的悪条件に逢着し、一方制度制定初年度にして一般民衆に対し之(ママ)が認識を欠き居りたること、治安不良、及其の他の事情に依り故意又は已むを得ず所定期限内に生産並手持阿片を納入せざるものあり。政府は之に対し立法の趣旨より断乎として処断すべきものなるも、政権創立早々徒らに厳罰中義(ママ)を以て臨むは制度の確立上好ましからざるを以て、政治的並財政的見地より已む無く収買期間を延長し、左に依り疆内残貨阿片の全量確保に万全を期せり。

イ　収買期間　自紀七三四年十二月二十一日
　　　　　　　至成紀七三五年　五　月　末　日

ロ　収買区域　全管内

ハ　収買方法　収買価格は一般に公示せず、依つて土薬公司は政府収納価格の範囲内に於て収買し、公司に対する蒐荷手数料は交付せず。

　公司は公司以外の者(小販子)等を以て収買するも妨げず。

ニ　収納価格

一等品	一両当	六.〇〇円
二〃	〃	五.五〇
三〃	〃	五.〇〇
次〃	〃	四.〇〇

右収納方式に依り収買価格を一躍引上げ残貨収買を開始せしめたるも、未だ密買価格上廻り直ちに蒐荷成績に見るべきもの無かりしも、冬季の降雪に引続き翌七三五年に入り至極天候に恵まれ、罌粟播種期、成育期共順調に進み、四、五月に於て全く豊作が予測せら(ママ)阿片隠匿者は先安を見越し急に手放さんとしたる為、五月に入り俄然収買に活況を呈し、五月のみに於ても全管内七〇余万両を確保し、残貨収買に於て昨年度粒々辛苦を以て蒐荷せる数量を遥かに凌駕し百余万両を蒐荷し、五月末日を以て収買を閉鎖せしめたり。

成紀七三四年度各清査署別並等級別阿片収納実績表

署別	一等	二等	三等	次等	計
張家口	両 一九二、四九一・一〇 (六、〇〇〇・〇〇)	両 三七、三九七・四〇	両 二一、五七五・六〇	両 七、八一六・四〇	両 二五九、二八〇・五〇 (六、〇〇〇・〇〇)
大同	七八、三三二・〇〇	三三、七〇〇・〇〇	四〇、八〇〇・〇〇	一七、六〇〇・〇〇	一七〇、四三二・〇〇
厚和	二二〇、二九七・〇〇 △五、四七八・三〇	九九、八九八・一〇 (九七・三〇) △三、〇三九・一〇	九一、六三二・〇〇 (九二四・五〇)	二九、二二八・〇〇 (七一一・〇〇)	四四一、〇五五・一〇 (一、七三三・六〇) △八、五一七・四〇
計	四九一、一二〇・一〇 (六、〇〇〇・〇〇) △五、四七八・三〇	一七〇、九九五・五〇 (九七・三〇) △三、〇三九・一〇	一五四、〇〇七・六〇 (九二四・五〇)	五四、六四四・四〇 (七一一・八〇)	八七〇、七六七・六〇 (七、七三三・六〇) △八、五一七・四〇

備考一、括弧内は残貨収納阿片
二、△印は包頭特殊収納阿片
三、総計数量八八七、〇一八両六〇

成紀七三四年度土薬分公司別月別阿片収買総集計表

公司別	七月	八月	九月	十月	十一月	十二月	計
張北	両 —	両 一、四四〇・三四	両 三一、五七三・〇七	両 三二、八二五・五四	両 一九、二二二・二九	両 五、〇一二・一三	両 八〇、〇六三・三七
崇礼	—	五、六九四・九九	一九、六二一・三九	三六、三七〇・八八	三七、四六七・六〇	一一、七〇五・二八	一一〇、八六〇・一四
多倫	—	—	—	—	六、二五一・五七	六八九・六二	六、九四一・一九
大同	—	二、七二九・七三	三七、四六六・〇〇	二八、四六五・三三	一一、四六一・二九	二、五〇九・〇三	八二、六三一・三八
厚和	三、〇四七・五四	二七、六五六・四六	二九、七七四・四七	二八、一八八・五二	二九、九一三・六四	一三、三三六・〇二	一三〇、九一六・六五
豊鎮	—	九八七・一〇	七、一七五・三八	一三、九七五・三九	一、七九三・一九	五九、〇二五・六一	八一、九五六・六七

興和	—	四、七八九・九八	二九、六五二・五二	一五、二八六・六〇	五、〇四〇・二三	五六七・五〇	五五、三三六・八二
托克托	五五・二〇	三七、一七四・四二	一六、三六九・一三	五三、四二二・四〇	三九、四二八・一〇	二、七六二・七〇	一四九、二二一・九五
薩県	一、二四一・九五	一一、四五五・三六	一九、〇〇九・六〇	四一、二五三・四三	一三、七八五・三九	二、〇一九・一四	八八、七六四・八七
包頭	二六・一九	二、八九一・八八	二八、八四六・九〇	一九、五二七・三七	五、五五九・五三	三、二七〇・四三	六〇、一二三・三〇
集寧	—	二三二・三一	三三一・六六	—	—	—	五五三・九七
合計	四、三七〇・八八	九五、〇四二・五七	二〇九、八二〇・一三	二六八、三一五・四六	一六九、九一二・八二	九九、八九七・四六	八四七、三五九・三一

成紀七三四年度行政区劃別阿片収納数量調

地区別	数量	摘要
察南政庁	三、七六五・八九両	残貨阿片、特殊収納阿片を含む
晋北政庁	八三、八三二・〇〇	
巴彦塔拉盟	六〇一、五三三・二〇	
察哈爾盟	一九七、八八七・五一	
計	八八七、〇一八・六〇	

第二節　成紀七三五年度に於ける阿片収納機構並に収納実績

一　阿片生産収買予想〔3〕

〔中略〕

二　収納機構方式の改正

イ、土薬公司の解散並土業組合の設立

昨年度阿片の蒐荷は前述の如く罌粟成育期に於ける旱害、阿片採取期に於ける大降雨に禍せられ生産を激減したるを主なる原因とするも、之が蒐荷機構上に於ては清査制度の成立遅延に依る清査機構不整備に基く阿片収納事前工作の皆無に依る制度の不徹底に基因するところ又尠らずも、直接阿片生産者より収買業務に携はる土薬公司自体の業務運営大なる欠陥を有するものあるを痛感せられたり。即ち土薬公司の組成は従来の現地阿片土商を糾合し公司を結成上(ママ)にせしめたるものにして、之等土商は従来投機性濃厚にして相当の高利潤を常とせる阿片取引慣習ありて、個人主義的利潤の感情最も強度なる土商群をして当初よりの彼等の意識的怠業気構へを全く顧慮するところなく、阿片の国家追求統制理念の下に利益関係を唯一定の蒐荷手数料制に限定せられたる為、商業的甘味を全く喪失し勢ひ之が業務の積極性を欠き且機構外に残されたる土商は、反制(ママ)分子として盛に暗躍宣伝を為し、或ひは大規模の密輸を計画する等、清査制度の運営上多大なる障碍となれり。依つて政府は已む無く制度の理念を顧慮せず、当面の対策として一応現地土商たると京津土商たるとを不問、制度開始前の原状を恢復せしむる意図に於て、蒙疆阿片に経験手腕を有する者は全面的に包含し、之を指定収納人として指定し各地に於ける地盤に夫々復帰せしめ、現地農民との間に金融資本関係を含めたる在来の極めて封建主義的商業関係を再び確立せしめ、相当の利潤を認容し積極的阿片蒐荷活動を為さしむべく、各収買地区毎に右指定収買人を以て土業組合(拾組合)を結成せしめたり(別紙参照)。

尚中央に土業総組合を設置し、各地方組合の事務連絡統制及阿片の地域外搬出並金融の斡旋業務を司らしめ、収買並販売業務運営の万全を期さしめたり。

ロ、収納阿片の組合払下制の実施

指定収納人の蒐荷したる阿片は政府之を収納し直接管内並管外に販売すべきものなるも、前述の如く昨年度阿片蒐荷成績不振の実情に鑑み、已む無く制度の理念を顧慮せず、阿片蒐荷機構を従来の封建的商業関係に再起せしめ、之等指定収納人の積極的蒐荷活動を促進せしめんとし、之が方法として収買を容易ならしむる為前年度の如く収買価格を固定せず、密買価格並に当地区に於ける阿片蒐貨上最も密接なる関係を有する京津市場価格と睨合せ、収買価格を適時更定出来得べく最低価格のみを定め、販売価格に利潤を見たる範囲内に於て随意に収買せしめ、政府は右蒐荷阿片を所定の収納価格を以て収納し、該阿片を再び優先的に組合に払下(収納価格に課徴金を加算したる価格を以て)、組合は政府の指示の下に之を地域外に販売し、経営を収買に依る利潤無き場合と雖も販売に依る利潤を以て経営せしめんとし、専ら収買向上を主眼とする方策を採り、生産阿片の全量確保並販売の円滑化を図りたり。

ハ、収買期間　自六月十五日　至十一月末日

ニ、収買並収納価格

1、収納人の生産者よりの買付価格

一両当最低六円としこれ以上たること、但し品質基準は八成品とし含有水分率は一二％以下とす。

2、政府の収納人よりの収納価格

一両当八円、但し品質基準は八成品以上たること、但し含有水分率は一二％以下とす。

ホ、政府の収納人に対する払下価格

一両当拾円五拾銭とす(収納価格に課徴金二円五十銭を加算したる価格)。

但し収納数量の一割五分は管内配給用として控除し払下せざるものとす。

へ、土業組合の収買資金は出資金及銀行融資に依るものとす。

ト、収買人及組合従業員に対しては清査総署長より証明を発給(ママ)し収買期間中は常に携帯せしむるものとす。

チ、収納官署並管轄組合

張家口清査署　崇礼、宣化、興和組合

張北清査局　張北組合

大同清査署　晋北組合

厚和清査署　厚和、托克托組合
包頭清査局　包頭組合
薩拉斉清査局　薩拉斉組合
豊鎮清査局　豊鎮組合

成紀七三五年度各組合収買地区、組合員数、出資額、収買実績調

組合別	収買地区	組合員	出資額(円)	収買数量(両)
崇礼	万全、崇礼県	三	一八〇、〇〇〇	六一三、六〇〇
宣化	宣化、竜関、懐安、赤城県	三	一六〇、〇〇〇	四五四、八二五
張北	察盟各県(崇礼を除く)	四	一六〇、〇〇〇	八〇八、六九四
大同	晋北全管内	一一	三三〇、〇〇〇	九二九、六五五
興和	興和県	三	一〇〇、〇〇〇	二二一、八〇〇
豊鎮	豊鎮、涼城、集寧、陶林県	一四	二八〇、〇〇〇	七六九、一一五
托克托	托克托県	一一	二〇〇、〇〇〇	二五四、六〇〇
包頭	包頭、固陽県	九	九〇、〇〇〇	一二八、三〇〇
厚和	厚和、和林、武川、清水河県	九	四五〇、〇〇〇	五七八、四〇〇
薩拉斉	薩拉斉県	一一	二七〇、〇〇〇	一六七、〇〇〇
計	三六県、二市	七八	二、二二〇、〇〇〇	四、九二五、九八九

三　収買概況並実績

当政権に於ける阿片の持つ使命の重大性に鑑み、本年度こそは蒐荷予想数量の総体確保を企図し、前述の如く全面的に収買機構を改正し、当初より事業計画樹立に慎重を期し、所有諸準備を早期に実施し、特に土業組合の設立整備、収買処の開設に万全を期

したり。

惟ふに本年度は自然的条件に恵まれ全管内の作柄は概ね良好にして、加之収買機構の改革に伴ふ収買価格の大幅引上げは一般生産者に好感を齎し、且現地関係各機関の阿片に対する認識に依る積極的協助と相俟つて清査官署員並土業組合職員の献身的努力に依り、大体当初予想せる収納数量を確保し収買を終了せり。

尚指定収納人の生産者よりの買付価格は最低六円とし、原則としては収買価格は随意に之を定め収買出来得るものなるも、生産者の擁護並組合相互間の徒なる競争に依る価格の吊上を防止するが為、収買開始前に申合価格を決定し(一等品八・〇〇、二等品七・〇〇、三等品六・〇〇)、大体全管内同一価格を以て収買せしめたり。

(収買、収納実績別紙参照)〔4〕

〔中略〕

第三節　成紀七三六年度に於ける阿片収納機構並に収納実績

一　清査署別、生産、収納予想並実績調

署別	指定面積(畝)	当初生産予想数量(両)	当初収納予想数量(両)	収納実績(両)	摘要
張家口	三一二、〇〇〇	六、二四〇、〇〇〇	二、八三四、〇〇〇	四、三七七、九七六	
大同	一六〇、〇〇〇	三、二〇〇、〇〇〇	一、三一〇、〇〇〇	二、三六九、四〇〇	
厚和	四四二、〇〇〇	八、八四〇、〇〇〇	三、四〇六、〇〇〇	四、三九八、四九〇	
計	九一四、〇〇〇	一八、二八〇、〇〇〇	七、五五〇、〇〇〇	一一、一四五、八六六	

備考一、当初生産予想数量は一畝当平均二〇両とせり
一、当初収納予想は昨年度収納実績率治安其の他を勘案し算出せり

一、収納実績は土業組合を通じ収納せるものなり
一、興和土業組合収納阿片は張家口署に含む

二　阿片収納機構方式概要

イ、前年度土業組合の解散並新指定収納人の指定及新土業組合の結成、(マ)(ゝ)制度制定本来の目的は阿片収納並配給を政府に於て一元的管理統制を図り、直接政府は業務運営に当り、中間業者を除き需要者並生産者の利益を擁護し、以て政府財政の一助たらしむるを理想とするところなるも、当地区阿片蒐荷に関しては未だ極めて複雑微妙なる関係を有し、単に政府の力のみを以て之が負荷せられたる数量確保を企図するは容易ならざるものにして且時機尚早の感あるに鑑み、大体成果を収めたる前年度の収納機構方式を踏襲せんとし、指定収納人の期限満了に伴ひ前年度組合を自然解散せしめ、新指定収納人の指定に関しては本年度より指定期間を三ケ年とし、之が詮衡に慎重を期し、大半前年度指定せる収納人を再起せしめ、別表の如く全管内に五十一名を指定し、前年同様収納人を以て各地区毎に組合を結成せしめ、従来の取引地盤に於て阿片蒐荷業務に専念せしめたり。

ロ、収買並収納方式

生産者よりの買付価格並政府収納価格共、前年同様を以て実施せり。

ハ、収納阿片の組合払下制

前年同様

ニ、収買期間

自五月一日　至十一月末日

ホ、収納官署並管轄組合

張家口清査署　察南、張北、崇礼組合

大同清査署　晋北組合

厚和清査署　厚和、托克托、薩拉斉、包頭組合

豊鎮清査局　豊鎮、興和組合

へ、化学鑑定の併用

従来阿片の鑑定は官能鑑定のみを以て等級を決定し来たるも、右は鑑定者に依り屡々之に差異を生じ、且亦最近管外販売先に於ては殆んどモルヒネ含有量を基準として品質を表示し販売価格の決定を見たるに依り、之に則応(ママ)し本年度より従来の官能鑑定に化学鑑定(日本薬局方に依るモルヒネ分析法)を併用し、両者を以て等級を決定し阿片品質鑑定の公正を期したり(鑑定基準並等級の決定方法別紙参照)。

三　収納概況[5]

〔中略〕

第四節　成紀七三七年度に於ける阿片収納機構並に収納実績

一　各政庁盟別生産収納予想及実績調

政庁盟別	指定面積(畝)	当初予想		作柄調査後の予想		収納実績(両)
		生産予想数量(両)	収納予想数量(両)	生産予想数量(両)	収納予想数量(両)	
察南	一二〇,〇〇〇	二,七七七,六〇〇	二,二二二,〇八〇	一,四〇〇,〇〇〇	一,一六〇,〇〇〇	八三六,五〇〇
察哈爾	一六〇,〇〇〇	二,三八二,〇〇〇	一,六六七,四〇〇	一,三六〇,〇〇〇	七七一,〇〇〇	一四二,一〇〇
晋北	一六〇,〇〇〇	三,八六二,五〇〇	二,三〇〇,〇〇〇	一,五八〇,〇〇〇	一,〇四〇,〇〇〇	八八七,〇〇〇
巴彦塔拉	四四二,〇〇〇	八,八四〇,〇〇〇	四,七一九,〇〇〇	四,六〇〇,〇〇〇	二,三〇〇,〇〇〇	二,〇四二,〇六九
計	八八二,〇〇〇	一七,八六二,一〇〇	一〇,九〇八,四八〇	八,九四〇,〇〇〇	五,二七一,〇〇〇	三,九〇七,六六九

二　収買並に収納機構方式概要

イ、収納阿片の組合払下制の廃止に伴ふ買上制の実施

昨年度阿片収納機構方式は阿片蒐荷の実績より推し一応当地の特殊事情に即応せるものと思料せらるゝも、本年度当地阿片に課せられたる主要使命を達成せんとするには之が業務運営上支障不便尠からざるものあるに鑑み、本年度収納機構方式を（ママ）大体成果を収めたる前年度の方式を踏襲するも、従来実施し来たれる収買成績向上を主眼とする収納阿片の組合払下制を廃止し、阿片制度本来の理想とする政府買上制を実施し、可及的多量且敏速に阿片を共栄圏内に供給する一方、為替資金の獲得操作を容易ならしむると共に政府財政収入の増大を図り、以て本制度の飛躍発展を期せんとせり。

ロ、指定収納人の生産者よりの買付価格

収納人の栽培者よりの買付価格は全管内一率八成品以上のものに対し一両に付六円以上と定め、但し各収納人間の徒なる競争に依る収買価格の吊上げを防止する為、収買開始前に申合価格（特等品八円二〇、一等品七円七〇、二等品七円〇〇、三等品六円〇〇、等外品四円〇〇）を定め、全管内統一し蒐荷せしめたり。

ハ、指定収納人よりの政府収納価格並等級決定方法

収納阿片の鑑定方法は前年同様官能、化学両鑑定を以て成分及モルヒネ含有量を表し、両者の合計点数に依り左の如く等級を決定し、所定の補償金を交付せり。

尚政府収納価格の決定に当りては、従来の実績より推し指定収納人の買付平均単価を一両七円五〇銭乃至七円六〇銭と予想し、之に粗利益二円五〇銭（組合収買経費一円五〇利益一円〇〇）を加算したるものを以て収納平均単価とし、品質向上を図るべく上級品に対し利を厚く下級品に対しては利を薄くし、偽和物混入等の不正行為を未然に防止せんとせり。

各等級点数並補償価格

等級別	官能鑑定成分	化学鑑定に依るモルヒネ含有量	両者合計点数	補償価格	摘要
特等	九・五成以上	一一・〇%以上	二〇五点以上	一一・三〇円	含有水分率は一二%以下とす
一等	九・〇成以上	九・五%以上	一八五点以上	一〇・二〇	
二等	八・五成以上	八・五%以上	一七〇点以上	九・三〇	
三等	八・〇成以上	七・五%以上	一五五点以上	七・五〇	
等外	六・五成以上	六・五%以上	一三〇点以上	四・〇〇	

備考　点数は官能鑑定の一成分を一〇点・化学鑑定の一%を一〇点とし算出すべきものとす

ニ、補償金の支払方法

収納官署に於て官能鑑定八成以上(等内品)のものに対し第一次補償金として一両に付一率七円五〇(ママ)を交付し、清査工廠に於て官能、化学両鑑定に依り等級決定の上、所定収納価格より第一次補償金を差引たる差額を清査工廠に於て第二次補償金として追給交付せしめたり。

ホ、収納官署並に管轄組合

張家口清査署　察南　張北　興和組合
大同清査署　晋北　豊鎮組合
厚和清査署　厚和　托克托　薩拉斉　包頭組合

ヘ、収買並収納期間

(一)収買期間(指定収納人の生産者より買上期間)自五月一日至十月末日
(二)収納期間(収納人が政府に納入する期間)自五月一日至十二月末日
但し右収買期間は阿片蒐荷成績不振に鑑み一ケ月延期し生産阿片の完全確保を期したり。

ト、成紀七三七年度土業組合別収買区域

土業組合名称	収買区域
包頭土業組合	包頭県　固陽県
薩拉斉土業組合	薩拉斉県
托克托土業組合	托克托県　土黙特旗
厚和土業組合	厚和市　和林県　武川県　清水河県
豊鎮土業組合	集寧県　陶林県　豊鎮県　涼城県　正紅旗　正黄旗
興和土業組合	興和県
晋北土業組合	晋北政庁管下全域
張北土業組合	察哈爾盟管下全域
察南土業組合	宣化県　万安県　竜関県　陽原県

三　収買概況実績

本年度負荷せられたる一千万両絶対確保を企図し、当初より之が諸計画の樹立に慎重を期し、前述の如く昨年度に於ける蒐荷実績、治安状況、他作物との関係其の他を勘案し八八二、〇〇〇畝を指定し、之が生産予想数量一七、八六二、〇〇〇両、収納率六一%、収納予想数量一〇、九〇八、〇〇〇両の生産並収納計画を樹立し、播種宣伝工作、栽培技術の指導、水利施設の為の灌漑助成金の交付、煙地勘査等を実施し、一方指定収買人(土業組合)を督励し、収買開始準備に万全を期せしめ、愈々新貨の収買に取掛り出廻期に這入るや連日の降雨に際会し、殆んど蒐荷業務は休止の状態となりたり。

而して其の間華北、満州の凶不作に伴ひ俄然京津市価並各地の密売買価格高騰し、従つて密売買不正業者の暗躍は活潑化し、農民は生産阿片の組合納入を嫌ひ、或ひは先高を見越し売惜みの傾向に入り、天候恢復し愈々収買繁忙期に這入るも遅々として収買成績挙らず、依つて当局は管下清査官署並土業組合を督励し、関係各機関と緊密なる連繫の下に強行なる緻土工作の実施、内政部を通じ各政庁盟並市県旗に対する全面的之が協助方の依頼、第三次施政躍進運動中に阿片蒐荷工作の正式包含、収買等級改正に依る実質的の買付価格の引上、稽査奨励金の引上げに依る取締網の強化、収買期間の延期等、所有蒐荷上の施策並手段を講じ実施したるも其の成果全く挙らず、遂に四百万両に達せざる不成績を以て収買を終了せり。即ち之が不振を極めたる主なる原因を考察せば、

(イ) 播種期前より生育期、成熟期に至る間の旱魃、風害、雹害に依る被害大にして、予想外に生産量の激減を来したること。

(ロ) 阿片出廻期に於て連日降雨に際会し納期を失したること。

(ハ) 接壌地区たる華北、満州の作柄不良に伴ひ京津市価並各地の密売買価格暴騰し、所定収買価格と相当価開きを生じたること。

(ニ) 密売買不正業者の暗躍に乗じ生産者は先高を見越し売惜したること。

(ホ) 為替管理の強化に伴ひ密輸品の見返物資として流失したること。

等阿片蒐荷上極めて悪条件に逢着したる為予想外の不成績を以て収買を終了せり。

各地区別収買人数収買処設置個数出資額蒐貨予想並実績調

阿片収買地区	納入官署	指定収買人数	収買処設置個数	出資金額	阿片収買予想数量	阿片収買実績
察南	張家口清査署	八名	二二	一、九四〇、〇〇〇円	二、三七一、〇〇〇両	八四八、〇六八・九四両
張北	〃	七	二一	一、四二〇、〇〇〇	一、四二〇、〇〇〇	一四四、六〇六・〇九
晋北	大同清査署	六	二一	一、九九〇、〇〇〇	二、三五一、〇〇〇	八八六、六一〇・四二
豊鎮	〃	六	二一	一、五〇〇、〇〇〇	一、七二二、〇〇〇	四二六、五八九・九二
興和	張家口清査署	四	三	五〇〇、〇〇〇	五二〇、〇〇〇	一四四、二五〇・八一
厚和	厚和清査署	四	二七	一、〇二〇、〇〇〇	一、〇二〇、〇〇〇	五〇〇、二五九・九九

托克托	〃	五	九	七六〇、〇〇〇	八三〇、〇〇〇	四五三、九七六・〇〇
薩拉斉	〃	五	九	六二〇、〇〇〇	六〇〇、〇〇〇	三六二、五三八・六一
包頭	〃	三	一二	二五〇、〇〇〇	二〇五、〇〇〇	一七〇、八七三・九六
計		四八	一四五	一〇、〇〇〇、〇〇〇	一一、〇三九、〇〇〇	三、九三七、七七四・七四

成紀七三七年度収納並押収引継阿片、麻薬実績調

土業組合を通じ収納せし阿片	三、九〇七、六六九・六〇円
押収阿片	三七、八〇三・三〇
引継阿片	三三、四三三・〇〇
特殊収納阿片	七、六八八・九〇
計	三、九八六、五九四・八〇
外に押収引継麻薬数量	九、一一八・五二

阿片等級別各収納官署収納実績調(単位両)

署別等	特等	一等	二等	計	摘要
張家口	八六二、二〇〇	二五七、〇〇〇	―	一、一一九、二〇〇	興和土業組合は張家口清査署に収納せり
大同	八二三、〇〇〇	四七六、八〇〇	―	一、二九九、八〇〇	
厚和	九九三、六六九	四一〇、〇〇〇	八五、〇〇〇	一、四八八、六六九	
合計	二、六七八、八六九	一、一四三、八〇〇	八五、〇〇〇	三、九〇七、六六九	
比率(%)	六八・五五	二九・二七	二・一八	一〇〇	
収納平均単価				一〇元九三四	

収納官署並月別阿片収納数量調

官署別	八月	九月	十月	十一月	十二月	計
張家口	二〇、〇〇〇	一三〇、〇〇〇	五四〇、〇〇〇	四一二、一〇〇	一七、一〇〇	一、一一九、二〇〇
大同	三八〇、〇〇〇	二六〇、〇〇〇	二八〇、〇〇〇	一九一、〇〇〇	一八八、八〇〇	一、二九九、八〇〇
厚和	二六〇、〇〇〇	五〇〇、〇〇〇	三六五、〇〇〇	一九〇、〇〇〇	一七三、六六九	一、四八八、六六九
計	六六〇、〇〇〇	八九〇、〇〇〇	一、一八五、〇〇〇	七九三、一〇〇	三七九、七六九	三、九〇七、六六九

備考　興和土業組合は張家口　清査署に含む

組合別阿片収買及交署数量実績表

組合別	収買数量	交署数量	差増数量	差減数量	摘要
包頭	両 一七〇、八七三・九六	両 一七〇、八七四・〇〇	両 ・〇四		
薩拉斉	三六二、五三八・六一	三六二、五三八・六〇	―	・〇一	
厚和	三〇〇、二五九・九九	五〇〇、二六〇・〇〇	・〇一	―	
托克托	四五三、九七六・〇〇	四五四、九九七・〇〇	一、〇二一・〇〇	―	
豊鎮	四二六、五八九・九二	四一二、八〇〇・〇〇	―	一三、七八九・九二	
大同	八八六、六一〇・四二	八八七、〇〇〇・〇〇	三八九・五八	―	
張北	一四四、六〇六・〇九	一四二、一〇〇・〇〇	―	二、三〇六・〇九	
興和	一四四、二五〇・八一	一四〇、六〇〇・〇〇	―	三、六五〇・八一	
察南	八四八、〇六八・九四	八三六、五〇〇・〇〇	―	一一、三六八・九四	
計	三、九三七、七七四・七四	三、九〇七、六六九・六〇	一、四一〇・六三	三一、五一五・七七	

組合別収買数量並金額調

組合別	数量	金額	平均単価	摘要
包頭	一七〇、八七三・九六 両	一、二八二、一二一・八六 円	七・五〇〇 円	生産者より収買人の収買せるものを示す
薩拉斉	三六二、五三八・六一	二、七六六、五一三・三二	七・六三一	
厚和	五〇〇、二五九・九九	三、七九二、六九二・四一	七・五八一	
托克托	四五三、九七六・〇〇	三、四七九、四一三・七二	七・六六六	
豊鎮	四二六、五八九・九二	三、三二八、七一〇・〇二	七・八〇三	
大同	八八六、六一〇・四二	六、七四六、六七一・二二	七・六一〇	
張北	一四四、六〇六・〇九	一、一〇〇、七三四・四九	七・六一二	
興和	一四四、二五〇・八一	一、一〇五、八四二・九四	七・六六六	
察南	八四八、〇六八・九四	六、四四三、五六五・三五	七・五九七	
計	三、九三七、七七四・七四	三〇、〇四六、二六五・三三	七・六三〇二	

組合月別収買数量表

組合別	七月	八月	九月	十月	十一月	計
包頭	八四、二八六・二三 両	六二、九五五・九〇 両	一五、九七二・一四 両	七、三四二・〇三 両	三一七・六三 両	一七〇、八七三・九六 両
薩県	二一四、一九三・九四	六〇、〇八六・一三	四三、八四二・二九	四三、三七九・四六	八三六・七九	三六二、五三八・六一
厚和	一一七、三二一・八九	二七二、七八六・五〇	七二、八七三・五二	二五・三九〇・五七	一一、八八七・五一	五〇〇、二五九・九九
托県	六一、五八二・六五	二四〇、四八七・九五	六四、八二七・一〇	六六、二七九・六〇	二〇、七九八・七〇	四五三、九七六・〇〇
豊鎮	五九、三九七・四八	二四一、五一八・八〇	六〇、二九四・六八	五二、四七〇・二〇	一二、九〇八・七六	四二六、五八九・九二
大同	三四、三四七・一九	三六六、九一五・六六	二五五、三八一・九七	一二七、五七二・七六	一〇二、一九二・八四	八八六、六一〇・四二
張北	—	一〇五、二五一・九八	一八、五六八・六三	九、四九三・六八	一一、二九一・八〇	一四四、六〇六・〇九
興和	一三、八三〇・五三	九一、四七九・二七	一八、三三四・〇四	一八、八二三・〇五	一、七八四・九二	一四四、二五〇・八一

察南	二五五、三三一・八七	四〇九、一四九・五四	八八、二二五・一六	三六、三八四・八五	三八、八九七・五二	八四八、〇六八・九四
合計	八四〇、一八一・七七	一、八五〇、六三一・七三	六三八、五〇九・五三	四〇七、五三五・二〇	二〇〇、九一六・五一	三、九三七、七七四・七四
比率（%）	二一・三三	四六・九九	一六・二	一〇・三五	五・一三	一〇〇

組合等級別阿片収買実績調（七三七年度）

組合別	特等	一等	二等	三等	次等	計
包頭	九、六八二・四〇両	一一七、二六六・一九両	三六、四四八・四一両	七、三八一・八二両	九五・一四両	一七〇、八七三・九六両
薩県	七三、五五七・八二	二二五、五一〇・二七	四九、二二三・一四	一三、八五二・七五	一、四二五・六三	三六二、五三八・六一
厚和	一三、二七三・八八	四一八、九五二・四五	五三、八二一・四七	一三、三〇〇・七六	一、九一一・四三	五〇〇、二五九・九九
托県	七三、六五三・七〇	三三三、三三四・四〇	四五、二一八・一〇	一一、一一一・〇〇	六五八・八〇	四五三、九七六・〇〇
豊鎮	九八、一一〇・九六	三二一、四二八・五三	六、九〇三・〇九	一四四・七四	二・六〇	四二六、五八九・九二
大同	七二、三八七・一三	六八九、三一三・〇五	一〇〇、四一二・九八	二二、五五七・五八	一、九三九・六九	八八六、六一〇・四二
張北	一三、二九七・四二	一一五、二七三・五一	一三、五二八・七九	三、三九七・三八	一、一〇八・九九	一四四、六〇六・〇九
興和	一一、四八九・九九	一一九、九七二・一三	一一、三三八・〇七	一、三四六・六二	一〇四・〇〇	一四四、二五〇・八一
察南	三五、四七二・二九	七一〇、九九六・六七	七四、六〇九・四〇	二四、三五一・四一	二、六三九・一七	八四八、〇六八・九四
合計	三九九、九〇五・五八	三、〇四二、〇四七・二〇	三九〇、四九二・四五	九五、四四四・〇六	九、八八五・四五	三、九三七、七七四・七四
比率（%）	一〇・一五	七七・二七	九・九一	二・四二	〇・二五	一〇〇

第五節　土業組合事情〔6〕

〔中略〕

七三七年度に於ては崇礼土業組合は一組合にての経営困難なる為張北組合に合併したるも、他組合には何等移動なく前年通り蒐荷に当りたり。唯同年度機構中改革せられたるは政府払下制を政府買上制に移行したる点にして、即ち組合の販売権は滅失し、組合に於て収買したる価格と政府買上価格との差額を以て賄ふことになり、之に依り従来の甘味は或程度欠くるも販売の危険は全然除去せられたる結果となり、組合は阿片収買に全力を傾倒出来得、蒐荷は期して俟つべきものありしが、昨七三七年は罌粟栽培時季を通じ最悪の天候に禍され意の如くならず、遂に初期の予定量七〇〇万両の約半数三九〇万両の収買成績を見るに過ぎず、当政府資金関係其他に甚大なる影響を及ぼしたるを以て、新規蒔直の為指定期間中なれど一大決意のもとに全組合を解散せしめたり。本七三八年度に於ては組合内部の改造、収買人の新指定、収買機構方式の一部改正等大改革をなし、蒙疆阿片に課せられたる重要使命を達成すべく準備中なり。

第五章　阿片密取引状況

第一節　稽査概況

稽査本来の職務は阿片、麻薬類並に塩、曹達に関する法令違反行為取締処分に関する事項を管掌するものにして（此節に於ては阿片、麻薬類の稽査に就て述ぶ）、適正なる稽査権の発動に依り制度確立の障碍となるべき幾多の事象を排除し、以て事業の円滑なる助長発展を期するものにして、本邦の如く治安不良地を抱轄（ママ）する地域に於ては稽査職務は極めて重要なる使命を負ふものにして、稽査対策の如何は直に事業の運営に影響する所不尠るに鑑み、清査制度創設と同時に管下三署十六局四十八分局に三百余名の稽査官員を任命、其の内日華系を通じ稽査官は概して満州国に於ける取締経験を有する者を採用、其の余の大多数は制度創設当時各政庁より移管せられたる職員にして、老朽未経験者或は素質劣悪なる者ありたるも之を陶冶整理すると共に、他方稽査員に対する稽査基本事務の指導訓練を図り取締官員の素質向上に努め、之が配置に関しては治安状況行政力の滲透を勘案し現地重点主義に基き配置をなせり。

然れ共本邦は阿片の一大消費地たる華北及満州国に接壌し、密輸経路も複雑多岐にして取締事務も極めて繁多なると共に、且治安交通不良なる避遠(ママ)地帯多く取締頗る至難の情勢下に在りて、寡少なる取締官員を以て各種の悪条件を克服し各地に苦闘挺身取締に邁進せるも、取締厳行に伴ふ犯行は巧妙を極め智能化し、事業の運営を阻害する不逞輩の横行は益々増加し、治安状態を巧に利用する等其の犯罪手口方法極めて複雑化し、取締困難性を加へつゝあり。稽査対策も斯る状勢に対応し之に先行する如き取締対策を講じ、犯則の防止と取締の完璧に全稽査能力を挙げ使命達成に遺憾なきを期せり。

稽査官員配置表

署別	稽査官		稽査員		計
	日系	蒙華系	日系	蒙華系	
張家口署	七	二七	一三	九一	一三八
大同署	四	一六	一一	四三	七四
厚和署	五	一八	八	三五	六六
計	一六	六一	三二	一六九	二七八

第二節　阿片並に麻薬類の取締法規

阿片並麻薬類の取締に関しては禁煙法に準拠するの外、成紀七三四年六月六日蒙疆連合委員会令第二十三号及成紀七三四年六月三十日蒙疆連合委員会令第四十七号を以て制定せられたる暫行阿片管理令及暫行阿片稽査令に拠る。

第三節　生産地の取締

農民の取締

農民にして制度の真諦を理解せず旧来の陋習に捉はれ不正業者との封建的商取引関係に依り売惜み私蔵するもの丶取締を厳行、不正の根源を絶つを第一義的取締とし、制度の趣旨及阿片の財政、経済確立上唯一の重要物資たるの自覚を認識せしめ、生産阿片を積極的に政府に収売(ママ)する如く指導すると共に、他方生産地に潜入、従来農民との関係に於て取締官員の眼を掠め密買或は制度に対する逆宣伝等を為す不正業者の暗躍を完封、尚地方土豪劣紳或は不良官公吏の生阿片の買占め又は青苗買付其の他不正の弾圧に力を致すと共に、生産阿片の出廻り促進に万全を期せり。

密売買者取締

阿片及麻薬類に関する違反行為は一攫巨利を占め得る点に於て関係法令違反事件中其の大部を占め得るものにして、彊内消費に依る密売買は不良軍、警、車馬夫、自動車運転手、或は各地農村と市内相互間に往来する一般雑貨行商人又は農民の野菜類行商人、密吸煙者間に取引せらるるものにして、其の他京津方面より出入する不正業者の手に依り同地方へ密輸せらるるものにして、之等の阿片は何れも不良農民の売惜みに依るものにして、其の数量亦莫大なるものにして、之が取締に対して生産者たる農民の売惜み打破に努むると共に、不正業者の調査に主力を注ぎ絶へ(ママ)ず行動を厳査し不正の未然防止を計り、犯則者に対しては厳罰主義を以て之に臨み、密売買業者蠢動の余地なき取締を厳行せり。

第四節　密輸の取締

清査制度の要諦は疆内生産阿片の完全確保にあり。之れが為には生産地に於ける取締を厳行し、阿片生産者より直接不正密買業者に渡る(マヽ)を第一義的取締にして、既に密買者の手に渡り生産地区外に移動、更に邦外に流出の防遏を第二義的取締とす。然れ共此は取締重要性の区分に非ずして犯行移動の順序にして、阿片密輸取締の必要は政府の財政上一瞬も忽にすべからざるものにして、若し之れが取締りにして適正を失ひ不正業者の域外密輸意の儘になるに於ては政府に帰する阿片は何れも流れ(マヽ)、結果政府の受くる影響不尠るのみならず共栄圏内阿片政策に順応せる蒙疆阿片の使命亦阻害せらるゝに至るものなるに想を致し、密輸取締の重要性を管下稽査官員をして充分認識せしめ、京包、同蒲線に依る鉄路の利用並陸路に依る密輸業者の一掃に全稽査力を発動、取締に万全を期せり。

鉄路の取締

鉄路は京津方面に対する密輸の一大幹線にして取締の第一目標を之に指向し、成紀七三四年九月政府、張家口鉄路局の間に於て鉄路に依る阿片、麻薬類の取締協定を了し、爾来京包線(包頭—南口間)、同蒲線(大同、寧武間)の列車乗務取締を実施すると共に、各主要駅並に沿線所在の各清査局分局をして乗降客の手荷物並に託送荷物の検査を厳行、鉄路に依る密輸防止に努めつゝあるも、取締強化に伴ふ密輸方法も益々巧妙を加へ、従来行はれたる人体輸送或は托送手小荷物に依る密輸は漸次減少し、取締比較的困難なる貨物列車、機関車、或は列車従業員及軍警、不良日鮮人等と結託し大量密輸に依る犯行に移行しつゝあり。尚為替管理法強化に依り為替送金現金持出制限に対し阿片、麻薬類を以て之に対応するの現象を呈し、京津向密輸件数は一時顕著となり、為替管理強化に依る之等の犯行を誘発せしむるの因をなせり。之等取締に関しては鉄路関係取締機関、憲兵隊と緊密なる連絡を保持すると共に、他方鉄路局内に有能なる密偵を潜入せしめ情報蒐集に努め犯行を未然防止すると共に其の企図を挫折せしめ、鉄路に依る密輸の絶滅に遺憾なきを期せり。

陸路の取締

当地域は阿片の一大消費地たる満州国、華北に接壌し且国境線は何れも治安不良の地域にして、陸路に依る密輸経路は複雑多岐なるも、其の主要なる経路を挙ぐれば左の通り。

イ　華北方面に対する密輸経路

1　宣化―康荘―八達嶺―南口―北京

2　竜関―延慶―永寧―昌平―北京

3　豊鎮―大同―涞源―北京

4　大同―広武鎮―太原

5　応県渾源地区―繁峠―北京或は太原方面

ロ　満州国方面に対する密輸経路

1　多倫―干道口―囲場

2　崇礼、竜関県―赤城県独石口―満州国

3　宝源県―多倫県大二号鎮―満州国

密輸方法は主として牛馬車、自動車(トラック)、駱駝、行商人、旅行者自身、身体内に隠匿携行せるもの等にして、密輸経路は何れも治安極めて不良にして相当危険を冒し、不正業者は取締官員と敵匪に対する警戒を要し、之が為相当の装備をなし取締網を突破し匪団の襲撃に備へ、或は敵側に我情報を提供する等、凡有手段を講じ密輸を敢行せんとするものにして、之が爾前防止の為各取締機関と常に連繫を密にし、該地域を中心に密偵の活動を積極的ならしめ、諜報網を拡充し不正密輸業者の動向査察並に密輸経路の探査、密輸方法の研究等、常に犯行に先行する如く取締対策を樹立し取締成果挙揚に努めると共に、密輸経路中特に重要と目さる地点には長期又は一時的に取締官員を駐在せしめ、取締の必要に依り適宜移動する如く融通性を保有せしめ、車馬行商人旅行者等の検索を実施、陸路に依る密輸防遏に万全を期せり。

航空路の取締

航路に依る密輸者は治外法権を有する日人乗客にして、取締りに関して憲兵隊領事館員と緊密に連絡を保持し、空路に依る密輸防止に努めあり。

自成紀七三四年
至成紀七三七年 阿片麻薬押収引継実績表

年度別	押収		引継		合計	
	阿片	麻薬	阿片	麻薬	阿片	麻薬
成紀七三四年	両 三、七五五・六〇	瓦 六、八七七	両 一〇、四一三・五四	瓦 —	両 一三、一六九・一四	瓦 六、八七七
成紀七三五年	五一、〇一四・〇〇	六五、三三七	四四、六三六・〇七	八三、〇四八	九五、六五〇・〇七	一四八、三八五
成紀七三六年	八二、七五七・二八	一三八、一三五	六〇、七八二・五一	六二、六九七	一四三、五三九・七九	二〇〇、八三二
成紀七三七年	一〇、四八六・八〇	一〇一、三七〇	四四、一八六・〇〇	一二三、六六六	七四、六七二・八〇	二二四、〇三六
合計	一七七、〇一三・六八	三一一、七一九	一六〇、〇一八・一二	二六八、四一一	三三七、〇三一・八〇	五八〇、一三〇

第五節　阿片密売買価格

主要各地に於ける阿片密売買価格左表の通り。

地別	七三四年	七三五年	七三六年	七三七年	摘要
張家口	八・〇〇	一四・〇〇	一三・〇〇	一八・〇〇	
南口	一二・〇〇	二〇・〇〇	一八・〇〇	二〇・〇〇	
多倫	七・五〇	一二・〇〇	一〇・〇〇	二三・〇〇	
張北	七・〇〇	一〇・〇〇	一〇・〇〇	二二・〇〇	
同	七・〇〇	一二・五〇	一〇・〇〇	一五・〇〇	
厚和	七・五〇	一三・〇〇	一一・〇〇	二二・〇〇	
薩拉斉	六・〇〇	一三・〇〇	一一・〇〇	一六・〇〇	
包頭	七・五〇	一三・五〇	一一・五〇	二二・〇〇	

備考一、各年度に於ける最高価格を記載す
　　二、単位は円とす

第六章　煙膏製造並に吸飲

第一節　原料阿片

一、需給概況

現行施行せられある阿片清査制度下に於ける管内(彊内)阿片需給は、即政府代行収買機関たる土業組合より其の収買阿片全量を納付せしむると共に、政府に於て彊内癮者推定数、官指定配給人員数並官土吸飲吸収力(治安其他)等を併せ考慮し其の年度内供給高を決定し、官指定配給所を通じ癮者に供給し来れり。

然るに一方蒙疆阿片の持つ政策的特殊性より管外搬出に重きを置かざるべからざる現況に鑑み、管内阿片政策は稍々等閑視されあるやに巷間識者の意見有之も、当蒙疆地区は阿片の生産地にして且行政力の浸透未だ完からざると取締力の不充分に依り生産阿片の確保困難にして、栽培者は自家吸飲用阿片を保留する習慣多分にあり、之がため疆内各都市の如き配給成績比較的良好なる地方を除きては、官の管理統制下にある配給機構を通じての消費量は僅少なるは論外のことにして、政府当局に於ても当初政策通漸次癮者を官土に吸収し、以て時期到来を俟ち癮者登録制、救療処の設置等の諸処置を講ずべく制度を通じ万全の策を採りつつあるを以て、其の成果や期して俟つべきものあり。

次に制度実施年よりの年度別実績を挙げん。

成紀七三四年度自七月至十二月

張家口署管内(察南、察哈爾)	四〇、四一〇両五〇
大同署管内(晋北)	制度実施前の監督処所持のものあり清査制度よりの官土配給実績無し。
厚和署管内(巴盟)	一〇一、〇一八両四〇
計	一四一、四二八両九〇

成紀七三五年度

張家口署管内	九三、五〇〇両
大同署管内	三七、八〇〇両
厚和署管内	一二一、〇〇〇両
計	二五二、三〇〇両

成紀七三六年度

張家口署管内	七二、〇〇〇両
大同署管内	一五、一〇〇両

厚和署管内	五七、〇〇〇両
計	一四四、一〇〇両
成紀七三七年度	
張家口署管内	一〇七、〇〇〇両
大同署管内	一六、三〇〇両
厚和署管内	四三、〇〇〇両
計	一六六、三〇〇両

取扱業者事情

阿片吸食の弊は今更喋々の必要無く各国共に(吸飲国)之が取締に全力をそそぎつつあり。旧政府時代には取締法規は間然するところなく備はりおり(ママ)しも効を奏せず、吸食の弊は国民生活に牢固として侵潤し、不正取引は公然と行はれ、一部支配階級は取締法規を好餌に私腹を肥しおりし者もあり。然れども蒙疆政権樹立せらるゝや斯に弊を一掃し、発溂新鮮なる国民生活を造出する為、漸減的断禁政策を採用し之が実現を見つつあり。即清査制度樹立せらるゝや疆内癮者を可及的官土に吸収せしめんが為、阿片配給人を指定し、一定の地に居住せしめ其の手を経て癮者に配給し、漸次其の指導統制宜しきを得せしめ、癮者の私土吸飲を防止すべく専心努力中なり。尚各配給人に於て各自煙膏を製造せしむるは規格其他の点に不備且不正を招き易きを以て、各清査署所在地に一個処配給人公会を設置せしめ、同公会に煙膏製造を一手に取扱はしめ、之が指導監督上遺憾無きを期しおれり。

同公会は各配給人よりの維持費供出に依り経営せしめおりたるも、生阿片購入資金繰難其他諸配給事務の複雑化せる今日、維持費のみにては到底運営不能なるを以て、配給人の出資金制度に漸次移行し、現行公会は年々僅少ながら製造利益あがり期末に各配給人に其の出資金に按分配しおれり。

次に官指定阿片配給人員数を見るに、初年度(七三四年度)に於ては制度実施当初なるを以て未だ諸調査整はざりしと前政権指定

膏商の生活擁護並に此の経験活用の見地より、殆んど全員を本制度に吸収し之が任に当らしめたり。当時の員数を署別に見るに、

張家口署管内（察南、察哈爾）　五一名（三ケ年指定）
大同署管内　（晋北）　五三名（〃　）
厚和署管内　（巴盟）　二一八名（〃　）
計　三二二名

にして地域的、人口的（癮者）に妥当を欠く点多々有りしも、諸調査の実施並に諸般事情考慮の上、不正業者の指定取消及必要地区への新指定をなし、漸次之が改善に努め可及的配給の円滑を期せり。

第一次指定期間は昨七三七年度末を以て満了致したるを以て、従来の諸調査、現地特殊事情勘案の上、七三八年一月一日を期し左の通新配給人の指定をなせり。

張家口署管内　五七名（三ケ年指定）
大同署管内　二七名（〃　）
厚和署管内　一九〇名（〃　）
計　二七四名

尚各配給所従業員に関しては当局に於ても不正事項監督を除きては何等干渉致さざるを以て、此の内容は此処に挙ぐるを得ないが、大体一配給所三名程度の従業員を使用し居り、阿片商人旧来の慣習に依り食事等は一切雇傭者に於て弁じおれり。阿片配給人公会に於ける従業員状況は各公会共幾分の相違有之も略々一致し居り、左に大約掲げん（役員を含む）。

「役員」　公会長一、　副公会長一、　監事五、　理事一〇
役員は配給人中より互選に依り任命せらる。監事、理事、は各公会に依り員数区々なり。

「職員」　庶務係主任一、　同弁事員二、　会計係主任一、　同弁事員二、　作業係主任一、　同弁事員二、　配給係主任一、
同弁事員二、　傭人三　弁事員は各係共一名の処あるも二名は必要なり。

「工人」　熟煙正手二、　同副手二、　製煙正手二、　同副手二、　製煙工人二、　包煙女工三〇

各係共官土売行良好なるときは倍数以上を要す。俸給は各公会区々なるも大体他商と同様なり。勿論工人中熟練を要するものは此の限り在らず。

第二節　製　法（張家口阿片配給人公会に於ける事実を記述す）

一、煙膏製造設備並に器具

（一）煙膏製造用器具

煙　鍋　製煙膏用赤銅製鍋

煙起子　生阿片溶液煮沸冷却時に於ける攪拌用竹棒長さ一尺二三寸、幅一寸五分程度

煙盒子　濾過用甕或は大洗面器を使用す

淋　子　濾過時使用する篩式のものにて目の粗なるもの

表心紙　濾　紙

辛　紙　油　紙

菜刀小刀　小刀並に洋食ナイフ、切断並に出鍋時に使用す

（二）包装用具

秤　　包装阿片用衡器

戥　子　同小秤

鋏　子　鋏、切煙用

煙板子　作煙用台及作煙用小板
煙　尺　作煙用の目盛をつけたる板尺

二、製造工程並に中間生産物の名称

(一) 原料阿片の溶解

原料阿片を切砕し、赤銅製の鍋中に沸騰せしめたる熱湯中に浸漬加熱し、煙起子を以て攪拌溶解す。此の場合原料阿片一両に付三―四合、一〇〇両に付三―四斗の湯を要す。此の際の溶液を破土と称す。煙灰の蒐荷せるものあらば稀に混入することあり、一日五〇―六〇両程度にして通常使用せず。本作業に大略一―一時間半を要す。

(二) 溶液(破土)の濾過並に煮詰冷却

溶液に少量の水(七升程度)を加へ沸騰せしめたるものを予め準備したる煙盒子(煙盒子の上に淋子を置き濾紙を四―八枚敷く)に傾流せしめ或は掬入して濾過し、再三度濾紙上の残渣に熱湯を注ぎ、濾過を終らば濾液を採りて煮詰む。(或は別法として一旦濾過せば濾液は同様にして煮詰め、濾紙上の残渣を更に鍋にとり熱湯を注ぎて沸騰せしめ、再び濾過し濾液を煮詰む)

此の場合濾液を煙水と称し、残渣を翻渣泥若は海底と呼称す。煮詰め作業進みて適度の粘度を生ずるに至れば火を落して弱火とし、約三十分後に空気冷却(扇風器或は団扇状のものにて送風しつゝ、煙起子を以て攪拌冷却乾燥を計る)をなし、徐々に凝結せしめ冷却するを待つて箱状のものに油紙を敷きて之に移し包装に移る。

右作業には概ね六―七時間を要す(濾液の煮詰めに約五時間要す)。一〇〇両の煙膏を製するに五〇斤の石炭を要す(価格一円)。

用水の使用量(一〇〇両当)

溶解用水七升
第一回濾過用水(濾過を容易ならしむる為及煮沸用として)六升
第二回濾過用水　〃　五升

第三回濾過用水　〃　四升
煮沸時の加水　五升
容器洗滌用水　四升
（容器を洗滌すれば相当多量の阿片を混入するを以て濾液煮詰めの際充分加水洗滌す）
一容器の容量＝二五―三四両。従つて百両に付三―四個の容器を使用す。
煙膏残渣は更に合して再び煮沸し濾過し濾液を煮詰めて煙膏を製する事あり。完全に煙膏を採りたるものは之を放棄す。一旦使用せる濾紙は概ね廃棄するも、使用に耐へ得る物あらば（四―八枚を使用するを以て下方のものは使用に耐ゆる事あり）再使用す。
（三）　煙膏の歩止り率
原料阿片より煙膏の歩止り率は七〇―七六％平均七三・四％なり。煙膏の水分含有率は一四―一五％、煙膏のモルヒネ含有率は別項に於て後述するも大略一六―一七％なり。
（四）　包　装
前項煮詰作業を終らば十―十四、五時間放置冷却後、一個十二両五銭に秤量し分ち、之を十等分して一両二銭五分とし、平均に棒延なし、煙板子上に於て此より大包ならば五十個、或は小包ならば百個に煙尺を以て等分し、鋏子を以て切断して包装す。此の際煙板子上には滑石粉を散布し煙膏の粘着を防ぐ。然し乍ら吸飲嗜好上より見れば滑石の使用量少しを以て良しとす。
包装煙包
大包　二分五厘（〇・九瓦）　小包一分二厘五（〇・四五瓦）
此の紙包装作業には通常女工を使用し作煙には男工を使用す。女工一人の一日当包装能力は五〇〇〇―一〇〇個にして、労賃は出来高払にして一〇〇〇個で一円五〇銭なり。
製品は大小共一百個を以て一袋となし紙袋に入れ各配給所に配給す。右の包装方法は機械作業と人工作業に区別するも、当地区に於ては資材導入難と之が操作工なく、尚旧来の習慣より在来の人工包装を実施しあり（煙膏包装紙は清査官署より購入す）。

厚和阿片配給人公会製造に係はる煙膏一包の量目は〇・五瓦にして、その製法概略次の如し。

原料阿片の受入（清査署より払下を受く）
↓
原料阿片の切砕
↓
原料阿片の煮沸溶解
↓
濾　過　（三—五回）
↓
濾液採取煮詰作業
↓
滑石粉末塗布の布に移し冷却（一時間）
↓
秤　量
↓
貯蔵冷却　（15時間）
↓
検量（冷却中に減量す減量歩合は2,600瓦中5瓦）
↓
10瓦宛等分切断す
↓
棒延し後20個に等分切断す　1個0.5瓦
↓
包装封緘
↓
500包入の紙包装（外装）
↓
封　緘

煙膏は凡て硬質煙膏にして、軟質煙膏は製造せず。従つて包装の様式も凡て紙包にしてチューブ詰なし。

三、配　給

煙膏は之を各配給所の需要に応じ配給票に依り要求数量を配給し、配給数量を記帳し旬報、月報を以て清査署に報告す。

但し煙膏配給計画上配給数量を制限する事あり。

配給価格（阿片配給人公会より配給所への払下価格）

大包一袋（一〇〇包入）	四十七円	一包（二分五厘（〇・九瓦））四拾七銭
小包一袋（一〇〇包入）	二三円五〇銭	一包（一分二厘五（〇・四五瓦））二拾三銭五厘

配給所小売価格（配給所より直接吸飲癮者に販売する）価格

一包（二分五厘）	六拾銭
一包（一分二厘五）	三拾銭

即ち配給人公会は百包に付大包に於ては拾参円、小包に於ては七円五〇銭の利益を得る。

右は張家口阿片配給人公会に於ける配給価格なれ共、厚和配給人公会に於ては一包の内容も五瓦にして配給価格は二五銭、配給所小売価格は三〇銭なり。即ち公会の荒利益は両当五銭。

配給人公会より各配給所に対する輸送料は公会之を負担す。

配給所に於ては煙膏受払簿を備へ出納を明かにし、売下名簿には需要者の住所氏名を記載し、一人十包以上の売下をなさず。

尚煙膏出納に関しては月報を以て清査署に報告す。

第三節　煙　灰

一、煙灰の蒐貨並に価格

当地区は官許阿片吸飲所なく煙灰の蒐荷極めて困難なり。大同、厚和の阿片配給人公会に於ては煙膏製造に際し煙灰を混入せざるも、張家口阿片配給人公会に於ては極めて僅少なれ共混入す。混入数量は既述せるを以て本項には省略す。

此の場合煙灰は之を清査官署に於て官能鑑定の上等級を決定し、その等級に基き規定代金を配給人公会より支払ひて買取る。

煙灰の価格左の如し(両当)

一等　八円
二等　五円

煙灰中のモルヒネ含有率は第七章に於て後述す。

第四節　煙膏残渣

イ　煙膏残渣の収得量

原料阿片の二四—三〇%、平均二六—二七%なり。

ロ　残渣の処分法

現在別に之が用途なく廃棄す。

第五節　吸　飲

一、阿片吸飲所概況

現行制度は疆内に於ける阿片吸飲所の存在を認めず。従つて金銭取得の目的を以て密に設置しおる（ママ）を発見せば取締機関の手に依り直ちに処罰せらるゝものにして、癮者は官土を購入し自宅或は前述の場所以外の処で吸飲するを要するものなり。

癮者の登録困難なる現況に鑑み、阿片吸飲所を認許するに於ては益々癮者の激増を来し私土の魔窟と化すは明かなる処にして、現在の処要望有れども実施し兼ねおる実情なり。将来癮者の登録、戒煙所設置の暁は制度の徹底(管内漸減的断禁政策)を期す為、自宅吸飲を禁止し癮者を吸飲所に一括吸飲せしむるも一方策と思料。

二、吸飲用具(名称、形状、使用法)

煙槍　(エンチヤアン)木の丸棒、石其他の堅いもので製造したもので其の中を煙の通る穴道が開けてある。贅沢品には高価な宝石類、象牙、金、銀を使用しあるのもある。

煙燈　(エン　トン)煙膏を焼くランプ。

燈罩　(トン　ツオール)右ランプのホヤ。

煙挖子　（エン　ワーズ）煙灰を取る器具、鉄製。
煙籤子　（エン　チエンズ）煙膏を焼くとき使ふ細長い鉄の棒。普通二本だが三、四本使つてもいい。長さ四寸乃至五寸。
煙　斗　（エン　ト）煙槍の先についている雁首で、此の真中より穴が開いており其の先に焼いた煙膏をつける。
煙　板　（エン　パン）煙膏を焼くとき吸ひ良い様に格好をつける為此の真鋳板を使用す。熟練者は使用せず。
摂　子　（ネーヅ）ランプのシンを挟むピンセツト。
煙盤子　（エンパンヅ）煙具一切のものを入れる皿、普通鉄製。
煙灰桶　（エン　ホイトン）煙灰を入れる容器、普通真鋳製なるも特別に斯るものを使用せず他の廃物を利用してゐる。
〔中略〕

蒙彊阿片管外販売概況

現行制度実施前ニ於ケル蒙疆阿片ノ管外販売ハ西北阿片ノ中継貿易ヲ主トシ、疆内生産阿片（綏遠、察盟）ヲ所謂土商ノ手ニ依リ各個自由契約ノモトニ主ニ華北方面ヲ相手トシ取引ヲ為シ来タリタルモ（確実ナル搬出統計資料無キ故省略ス）、成紀七三四年七月一日ヲ期シ現行阿片制度実施セラルヽヤ、旧来ノ土商ハ官ノ代行機関タル土薬公司ニ吸収セラレ専ラ阿片収買ニ当リ管外販売ハ官ノスル処トナレリ（西北阿片ノ中継貿易ハ事変勃発後其ノ跡ヲ絶テリ）。然ルニ業務開始ト同時ニ悪天候ニ禍セラレシト同公司内部機構ノ未整備等ニ因シ翌年三月同公司ハ解散シ、新ニ各生産地区ニ土業組合ノ設立ヲ見、之ガ連絡並販売機関トシテ張家口ニ土業総組合ヲ設立セリ。而シテ各組合ノ収買阿片ハ之ヲ官ニ納付シ、販売ニ際シテハ総組合ニ於テ官ヨリ払下ヲ受ケ各消費地区ニ供給スル収買払下制度ノ実施ヲ見タリ。各消費地区ヘノ供給割当ハ之ガ重大性ニ鑑ミ、東京ニ於ケル興亜院東亜阿片需給調整会議ニ於テ決定シタル数量ヲ基本トシ、其ノ年収買阿片数量ニ按分シ需給ノ円滑ヲ図リツヽアリ。之ノ収買払下ハ制度翌（ママ）七三六年度収買阿片ニ迄続行実施セラレタルモ、契約当事者ガ各地区トモ官ナルト販売実務ハ現行組合組織ニテハ実施不可能ナル等ノ理由ニ基キ、七三七年度ヨリ収買阿片ノ官買上制ヲ採用、販売ハ官ニ於テ実施スルコトニナリ今日ニ至レリ。

阿片販売ニ関スル詳細説明並ニ価格ハ特ニ極秘ヲ要スル為之ヲ省キ次ニ地域別販売数量実績ヲ挙ゲン。〔7〕

成紀七三六年度阿片販売実績表

〔中略〕

管内配給

月旬別	張家口署		大同署		厚和署		計	
	数量	金額	数量	金額	数量	金額	数量	金額
一月上旬	三、〇〇〇・〇〇	三六、〇〇〇・〇〇	一、四〇〇・〇〇	一六、八〇〇・〇〇	五、〇〇〇・〇〇	六〇、〇〇〇・〇〇	二、四〇〇・〇〇	一一八、八〇〇・〇〇
中旬	三、〇〇〇・〇〇	三六、〇〇〇・〇〇	一、〇〇〇・〇〇	一二、〇〇〇・〇〇	五、〇〇〇・〇〇	六〇、〇〇〇・〇〇	九、〇〇〇・〇〇	一〇八、〇〇〇・〇〇
下旬	三、〇〇〇・〇〇	三六、〇〇〇・〇〇	—	—	五、〇〇〇・〇〇	六〇、〇〇〇・〇〇	八、〇〇〇・〇〇	九六、〇〇〇・〇〇
計	九、〇〇〇・〇〇	一〇八、〇〇〇・〇〇	二、四〇〇・〇〇	二八、八〇〇・〇〇	一五、〇〇〇・〇〇	一八〇、〇〇〇・〇〇	二六、〇〇〇・〇〇	三一六、六〇〇・〇〇
二月上旬	三、〇〇〇・〇〇	三六、〇〇〇・〇〇	一、〇〇〇・〇〇	一二、〇〇〇・〇〇	—	—	四、〇〇〇・〇〇	四八、〇〇〇・〇〇
中旬	三、〇〇〇・〇〇	三六、〇〇〇・〇〇	一、〇〇〇・〇〇	一二、〇〇〇・〇〇	一〇、〇〇〇・〇〇	一二〇、〇〇〇・〇〇	一四、〇〇〇・〇〇	一六八、〇〇〇・〇〇
下旬	三、〇〇〇・〇〇	三六、〇〇〇・〇〇	—	—	—	—	三、〇〇〇・〇〇	三六、〇〇〇・〇〇
計	九、〇〇〇・〇〇	一〇八、〇〇〇・〇〇	二、〇〇〇・〇〇	二四、〇〇〇・〇〇	一〇、〇〇〇・〇〇	一二〇、〇〇〇・〇〇	二一、〇〇〇・〇〇	二五、二〇〇・〇〇
累計	一八、〇〇〇・〇〇	二一六、〇〇〇・〇〇	四、四〇〇・〇〇	五二、八〇〇・〇〇	二五、〇〇〇・〇〇	三〇〇、〇〇〇・〇〇	四七、四〇〇・〇〇	五六八、八〇〇・〇〇
三月上旬	—	—	一、〇〇〇・〇〇	一二、〇〇〇・〇〇	五、〇〇〇・〇〇	六〇、〇〇〇・〇〇	六、〇〇〇・〇〇	七、二〇〇・〇〇
中旬	六、〇〇〇・〇〇	七二、〇〇〇・〇〇	—	—	—	—	六、〇〇〇・〇〇	七、二〇〇・〇〇

下旬	三、〇〇〇・〇〇	三六、〇〇〇・〇〇	一、〇〇〇・〇〇	一二、〇〇〇・〇〇	ー	ー	四、〇〇〇・〇〇	四八、〇〇〇・〇〇
計	九、〇〇〇・〇〇	一〇八、〇〇〇・〇〇	二、〇〇〇・〇〇	二四、〇〇〇・〇〇	五、〇〇〇・〇〇	六〇、〇〇〇・〇〇	一六、〇〇〇・〇〇	一九二、〇〇〇・〇〇
累計	二七、〇〇〇・〇〇	三二四、〇〇〇・〇〇	六、四〇〇・〇〇	七六、八〇〇・〇〇	三〇、〇〇〇・〇〇	三六〇、〇〇〇・〇〇	六三、四〇〇・〇〇	七六〇、八〇〇・〇〇
四月上旬	三、〇〇〇・〇〇	三六、〇〇〇・〇〇	ー	ー	五、〇〇〇・〇〇	六〇、〇〇〇・〇〇	八、〇〇〇・〇〇	九六、〇〇〇・〇〇
中旬	ー	ー	ー	ー	ー	ー	ー	ー
下旬	三、〇〇〇・〇〇	三六、〇〇〇・〇〇	一、〇〇〇・〇〇	一二、〇〇〇・〇〇	五、〇〇〇・〇〇	六〇、〇〇〇・〇〇	九、〇〇〇・〇〇	一〇八、〇〇〇・〇〇
計	六、〇〇〇・〇〇	七二、〇〇〇・〇〇	一、〇〇〇・〇〇	一二、〇〇〇・〇〇	一〇、〇〇〇・〇〇	一二〇、〇〇〇・〇〇	一七、〇〇〇・〇〇	二〇四、〇〇〇・〇〇
累計	三三、〇〇〇・〇〇	三九六、〇〇〇・〇〇	七、四〇〇・〇〇	八八、八〇〇・〇〇	四〇、〇〇〇・〇〇	四八〇、〇〇〇・〇〇	八〇、四〇〇・〇〇	九六四、八〇〇・〇〇
五月上旬	三、〇〇〇・〇〇	三六、〇〇〇・〇〇	ー	ー	ー	ー	三、〇〇〇・〇〇	三六、〇〇〇・〇〇
中旬	ー	ー	一、〇〇〇・〇〇	一二、〇〇〇・〇〇	五、〇〇〇・〇〇	六〇、〇〇〇・〇〇	六、〇〇〇・〇〇	七二、〇〇〇・〇〇
下旬	三、〇〇〇・〇〇	三六、〇〇〇・〇〇	ー	ー	ー	ー	三、〇〇〇・〇〇	三六、〇〇〇・〇〇
計	六、〇〇〇・〇〇	七二、〇〇〇・〇〇	一、〇〇〇・〇〇	一二、〇〇〇・〇〇	五、〇〇〇・〇〇	六〇、〇〇〇・〇〇	一二、〇〇〇・〇〇	一四四、〇〇〇・〇〇
累計	三九、〇〇〇・〇〇	四六八、〇〇〇・〇〇	八、四〇〇・〇〇	一〇〇、八〇〇・〇〇	四五、〇〇〇・〇〇	五四〇、〇〇〇・〇〇	九二、四〇〇・〇〇	一、一〇八、八〇〇・〇〇
六月上旬	三、〇〇〇・〇〇	三六、〇〇〇・〇〇	一、〇〇〇・〇〇	一二、〇〇〇・〇〇	ー	ー	四、〇〇〇・〇〇	四八、〇〇〇・〇〇
中旬	三、〇〇〇・〇〇	三六、〇〇〇・〇〇	ー	ー	ー	ー	三、〇〇〇・〇〇	三六、〇〇〇・〇〇
下旬	ー	ー	ー	ー	ー	ー	ー	ー
計	六、〇〇〇・〇〇	七二、〇〇〇・〇〇	一、〇〇〇・〇〇	一二、〇〇〇・〇〇	ー	ー	七、〇〇〇・〇〇	八四、〇〇〇・〇〇
累計	四五、〇〇〇・〇〇	五四〇、〇〇〇・〇〇	九、四〇〇・〇〇	一一二、八〇〇・〇〇	四五、〇〇〇・〇〇	五四〇、〇〇〇・〇〇	九九、四〇〇・〇〇	一、一九二、八〇〇・〇〇
七月上旬	三、〇〇〇・〇〇	三六、〇〇〇・〇〇	一、〇〇〇・〇〇	一二、〇〇〇・〇〇	五、〇〇〇・〇〇	六〇、〇〇〇・〇〇	九、〇〇〇・〇〇	一〇八、〇〇〇・〇〇
中旬	三、〇〇〇・〇〇	三六、〇〇〇・〇〇	一、〇〇〇・〇〇	一二、〇〇〇・〇〇	ー	ー	四、〇〇〇・〇〇	四八、〇〇〇・〇〇
下旬	ー	ー	ー	ー	ー	ー	ー	ー
計	六、〇〇〇・〇〇	七二、〇〇〇・〇〇	二、〇〇〇・〇〇	二四、〇〇〇・〇〇	五、〇〇〇・〇〇	六〇、〇〇〇・〇〇	一三、〇〇〇・〇〇	一五六、〇〇〇・〇〇
累計	五一、〇〇〇・〇〇	六一二、〇〇〇・〇〇	一一、四〇〇・〇〇	一三六、八〇〇・〇〇	五〇、〇〇〇・〇〇	六〇〇、〇〇〇・〇〇	一一二、四〇〇・〇〇	一、三四八、八〇〇・〇〇
八月上旬	三、〇〇〇・〇〇	三六、〇〇〇・〇〇	ー	ー	ー	ー	三、〇〇〇・〇〇	三六、〇〇〇・〇〇

中旬	—	—	—	—	—	—	—	—
下旬	—	—	一、〇〇〇・〇〇	一三、〇〇〇・〇〇	—	—	一、〇〇〇・〇〇	一三、〇〇〇・〇〇
計	三、〇〇〇・〇〇	三六、〇〇〇・〇〇	一、〇〇〇・〇〇	一三、〇〇〇・〇〇	—	—	四、〇〇〇・〇〇	四八、〇〇〇・〇〇
累計	五四、〇〇〇・〇〇	六四八、〇〇〇・〇〇	三、四〇〇・〇〇	一四八、八〇〇・〇〇	五〇、〇〇〇・〇〇	六〇〇、〇〇〇・〇〇	二六、四〇〇・〇〇	一、三九六、八〇〇・〇〇
九月上旬	—	—	—	—	—	—	—	—
中旬	三、〇〇〇・〇〇	三六、〇〇〇・〇〇	—	—	—	—	三、〇〇〇・〇〇	三六、〇〇〇・〇〇
下旬	—	—	—	—	二、〇〇〇・〇〇	二四、〇〇〇・〇〇	二、〇〇〇・〇〇	二四、〇〇〇・〇〇
計	三、〇〇〇・〇〇	三六、〇〇〇・〇〇	—	—	二、〇〇〇・〇〇	二四、〇〇〇・〇〇	五、〇〇〇・〇〇	六〇、〇〇〇・〇〇
累計	五七、〇〇〇・〇〇	六八四、〇〇〇・〇〇	三、四〇〇・〇〇	一四八、八〇〇・〇〇	五二、〇〇〇・〇〇	六二四、〇〇〇・〇〇	三一、四〇〇・〇〇	一、四五六、八〇〇・〇〇
十月上旬	三、〇〇〇・〇〇	三六、〇〇〇・〇〇	—	—	—	—	三、〇〇〇・〇〇	三六、〇〇〇・〇〇
中旬	—	—	—	—	—	—	—	—
下旬	三、〇〇〇・〇〇	三六、〇〇〇・〇〇	—	—	三、〇〇〇・〇〇	三六、〇〇〇・〇〇	六、〇〇〇・〇〇	七二、〇〇〇・〇〇
計	六、〇〇〇・〇〇	七二、〇〇〇・〇〇	—	—	三、〇〇〇・〇〇	三六、〇〇〇・〇〇	九、〇〇〇・〇〇	一〇八、〇〇〇・〇〇
累計	六三、〇〇〇・〇〇	七五六、〇〇〇・〇〇	三、四〇〇・〇〇	一四八、八〇〇・〇〇	五五、〇〇〇・〇〇	六六〇、〇〇〇・〇〇	一三〇、四〇〇・〇〇	一、五六四、八〇〇・〇〇
十一月上旬	—	—	六〇〇・〇〇	七、二〇〇・〇〇	—	—	六〇〇・〇〇	七、二〇〇・〇〇
中旬	三、〇〇〇・〇〇	三六、〇〇〇・〇〇	—	—	—	—	三、〇〇〇・〇〇	三六、〇〇〇・〇〇
下旬	—	—	—	—	—	—	—	—
計	三、〇〇〇・〇〇	三六、〇〇〇・〇〇	六〇〇・〇〇	七、二〇〇・〇〇	—	—	三、六〇〇・〇〇	四三、二〇〇・〇〇
累計	六六、〇〇〇・〇〇	七九二、〇〇〇・〇〇	三、〇〇〇・〇〇	一五六、〇〇〇・〇〇	五五、〇〇〇・〇〇	六六〇、〇〇〇・〇〇	一三四、〇〇〇・〇〇	一、六〇八、〇〇〇・〇〇
十二月上旬	三、〇〇〇・〇〇	三六、〇〇〇・〇〇	六〇〇・〇〇	七、二〇〇・〇〇	二、〇〇〇・〇〇	二四、〇〇〇・〇〇	五、六〇〇・〇〇	六七、二〇〇・〇〇
中旬	—	—	六〇〇・〇〇	七、二〇〇・〇〇	—	—	六〇〇・〇〇	七、二〇〇・〇〇
下旬	三、〇〇〇・〇〇	三六、〇〇〇・〇〇	九〇〇・〇〇	一〇、八〇〇・〇〇	—	—	三、九〇〇・〇〇	四六、八〇〇・〇〇
計	六、〇〇〇・〇〇	七二、〇〇〇・〇〇	二、一〇〇・〇〇	二五、二〇〇・〇〇	二、〇〇〇・〇〇	二四、〇〇〇・〇〇	一〇、一〇〇・〇〇	一二一、二〇〇・〇〇
累計	七二、〇〇〇・〇〇	八六四、〇〇〇・〇〇	一五、一〇〇・〇〇	一八一、二〇〇・〇〇	五七、〇〇〇・〇〇	六八四、〇〇〇・〇〇	一四四、一〇〇・〇〇	一、七二九、二〇〇・〇〇

〔中略〕

成紀七三七年度阿片販売実績表

管内配給月別（単位両）

月別	上旬	中旬	下旬	計
一月	三、六〇〇・〇〇	一、〇〇〇・〇〇	二、二〇〇・〇〇	六、八〇〇・〇〇
二月	三、六〇〇・〇〇	六〇〇・〇〇	三、三〇〇・〇〇	七、五〇〇・〇〇
三月	四、六〇〇・〇〇	四、二〇〇・〇〇	三、三〇〇・〇〇	一二、一〇〇・〇〇
四月	六〇〇・〇〇	三、六〇〇・〇〇	四、六〇〇・〇〇	八、八〇〇・〇〇
五月	三、六〇〇・〇〇	四、六〇〇・〇〇	三、三〇〇・〇〇	一一、五〇〇・〇〇
六月	四、六〇〇・〇〇	四、六〇〇・〇〇	四、六〇〇・〇〇	一三、八〇〇・〇〇
七月	三、六〇〇・〇〇	五、六〇〇・〇〇	四、〇〇〇・〇〇	一三、二〇〇・〇〇
八月	二、六〇〇・〇〇	三、〇〇〇・〇〇	三、〇〇〇・〇〇	八、六〇〇・〇〇
九月	三、五〇〇・〇〇	二、〇〇〇・〇〇	四、〇〇〇・〇〇	九、五〇〇・〇〇
十月	五、五〇〇・〇〇	七、五〇〇・〇〇	九、〇〇〇・〇〇	二二、〇〇〇・〇〇
十一月	一〇、五〇〇・〇〇	七、〇〇〇・〇〇	五、五〇〇・〇〇	二三、〇〇〇・〇〇
十二月	一〇、五〇〇・〇〇	一二、五〇〇・〇〇	六、五〇〇・〇〇	二九、五〇〇・〇〇
計	五六、八〇〇・〇〇	五六、二〇〇・〇〇	五三、三〇〇・〇〇	一六六、三〇〇・〇〇

張家口署管内

月別	上旬	中旬	下旬	計
一月	三、〇〇〇・〇〇	｜	｜	三、〇〇〇・〇〇
二月	三、〇〇〇・〇〇	｜	三、〇〇〇・〇〇	六、〇〇〇・〇〇
三月	三、〇〇〇・〇〇	三、〇〇〇・〇〇	三、〇〇〇・〇〇	九、〇〇〇・〇〇
四月	｜	三、〇〇〇・〇〇	三、〇〇〇・〇〇	六、〇〇〇・〇〇
五月	三、〇〇〇・〇〇	三、〇〇〇・〇〇	三、〇〇〇・〇〇	九、〇〇〇・〇〇
六月	三、〇〇〇・〇〇	三、〇〇〇・〇〇	三、〇〇〇・〇〇	九、〇〇〇・〇〇
七月	三、〇〇〇・〇〇	四、〇〇〇・〇〇	四、〇〇〇・〇〇	一一、〇〇〇・〇〇
八月	一、〇〇〇・〇〇	二、〇〇〇・〇〇	三、〇〇〇・〇〇	六、〇〇〇・〇〇
九月	二、〇〇〇・〇〇	二、〇〇〇・〇〇	三、〇〇〇・〇〇	七、〇〇〇・〇〇
十月	三、〇〇〇・〇〇	六、〇〇〇・〇〇	六、〇〇〇・〇〇	一五、〇〇〇・〇〇
十一月	六、〇〇〇・〇〇	三、〇〇〇・〇〇	三、〇〇〇・〇〇	一二、〇〇〇・〇〇
十二月	六、〇〇〇・〇〇	六、〇〇〇・〇〇	二、〇〇〇・〇〇	一四、〇〇〇・〇〇
計	三六、〇〇〇・〇〇	三五、〇〇〇・〇〇	三六、〇〇〇・〇〇	一〇七、〇〇〇・〇〇

大同署管内

月別	上旬	中旬	下旬	計
一月	六〇〇・〇〇		一、二〇〇・〇〇	一、八〇〇・〇〇
二月	六〇〇・〇〇	六〇〇・〇〇	三〇〇・〇〇	一、五〇〇・〇〇
三月	六〇〇・〇〇	一、二〇〇・〇〇	三〇〇・〇〇	二、一〇〇・〇〇
四月	六〇〇・〇〇	六〇〇・〇〇	六〇〇・〇〇	一、八〇〇・〇〇
五月	六〇〇・〇〇	六〇〇・〇〇	三〇〇・〇〇	一、五〇〇・〇〇

月別	六月	七月	八月	九月	十月	十一月	十二月	計
上旬	六〇〇・〇〇	六〇〇・〇〇	六〇〇・〇〇	五〇〇・〇〇	五〇〇・〇〇	五〇〇・〇〇	五〇〇・〇〇	六、八〇〇・〇〇
中旬	六〇〇・〇〇	六〇〇・〇〇	―	―	五〇〇・〇〇	―	五〇〇・〇〇	五、二〇〇・〇〇
下旬	六〇〇・〇〇	―	―	―	―	五〇〇・〇〇	五〇〇・〇〇	四、三〇〇・〇〇
計	一、八〇〇・〇〇	一、二〇〇・〇〇	六〇〇・〇〇	五〇〇・〇〇	一、〇〇〇・〇〇	一、〇〇〇・〇〇	一、五〇〇・〇〇	一六、三〇〇・〇〇

厚和署管内

月別	一月	二月	三月	四月	五月	六月	七月	八月	九月	十月	十一月	十二月	計
上旬	―	―	一、〇〇〇・〇〇	―	―	一、〇〇〇・〇〇	―	一、〇〇〇・〇〇	一、〇〇〇・〇〇	二、〇〇〇・〇〇	四、〇〇〇・〇〇	四、〇〇〇・〇〇	一四、〇〇〇・〇〇
中旬	一、〇〇〇・〇〇	―	―	―	一、〇〇〇・〇〇	一、〇〇〇・〇〇	一、〇〇〇・〇〇	一、〇〇〇・〇〇	―	一、〇〇〇・〇〇	四、〇〇〇・〇〇	六、〇〇〇・〇〇	一六、〇〇〇・〇〇
下旬	一、〇〇〇・〇〇	―	―	一、〇〇〇・〇〇	―	一、〇〇〇・〇〇	―	―	一、〇〇〇・〇〇	三、〇〇〇・〇〇	二、〇〇〇・〇〇	四、〇〇〇・〇〇	一三、〇〇〇・〇〇
計	二、〇〇〇・〇〇	―	一、〇〇〇・〇〇	一、〇〇〇・〇〇	一、〇〇〇・〇〇	三、〇〇〇・〇〇	一、〇〇〇・〇〇	二、〇〇〇・〇〇	二、〇〇〇・〇〇	六、〇〇〇・〇〇	一〇、〇〇〇・〇〇	一四、〇〇〇・〇〇	四三、〇〇〇・〇〇

〔中略〕

阿片収納人須知

第一条　阿片収納人(以下単ニ収納人ト称ス)及其ノ従業員ハ暫行阿片管理令、同令施行規則及特ニ指示スル事項ノ外本心得ニ基キ誠実ニ其業務ニ従事スベシ

第二条　収納人指定ヲ受ケ其ノ指令書ヲ受領シタルトキハ第一号様式〔8〕ノ誓約書ヲ経済部長ニ提出スベシ

第三条　収納人ハ他ノ業務ヲ兼ヌルコトヲ得ズ
但シ特別ノ事情ニ因リ兼業セントスルトキハ経済部長ノ認可ヲ受クベシ

第四条　収納人一地域内ニ数人指定セラレタルトキハ阿片収納人組合(以下単ニ組合ト称ス)ヲ結成スベシ
各組合ハ又(収納人)(ママ)ノ統制連絡販売及融資ノ円滑並ニ事業ノ発展ヲ期スルタメ阿片収納人総組合(以下単ニ総組合ト称ス)ヲ設置スベシ

第五条　収納人(又ハ組合)収納ニ関スル事務所(収納処ヲ含ム)ヲ開設セムトスルトキハ設置箇所ヲ設定シ経済部長ノ認可ヲ受クベシ

第六条　収納人(又ハ組合)収納ニ関スル事務所(収納処ヲ含ム)ヲ開設シタルトキハ第二号様式ノ収納事務所開設届ヲ経済部長ニ提出スベシ

第七条　収納人(又ハ組合)ハ予メ収買地域ニ於ケル栽培畝数、栽培者ノ住所氏名及生産予想量等ヲ当該県当局ニ連絡調査シ置キ収納ニ際シ遺漏ナキヲ期スベシ

第八条　収納人(又ハ組合)ハ凡有機会ヲ利用シテ一般生産者ニ対シ生産品ニ料子混入ノ不利益ナルコトヲ宣伝シ以テ従来ノ悪習ヲ打破シ純良品ヲ納付セシムル様努力スベシ

第九条　収納人(又ハ組合)ハ指定地域内各村ヲ巡廻収納スベシ

巡回収納ヲ行ハムトスルトキハ予メ其ノ期日及収納方法等ヲ所轄警察官署又ハ村甲長ヲ経テ一般生産者ニ通報スベシ

第十条　阿片ノ生産者ニシテ収納ニ応ゼザル者アルトキハ其ノ住所氏名ヲ最寄警察署長又ハ清査官署長ニ申告スベシ

第十一条　収納人(又ハ組合)ハ罌粟栽培者ヨリ其ノ生産ニ係ル生阿片ヲ収納シタルトキハ五千両ヲ単位トシ函梱ヲナシ之ヲ所定品質及水分量ノ乾貨トナシ百両包トシテ収納後可及的速ニ之ヲ所轄収納官署ニ納付スベシ

前項納付阿片ハ之ヲ収納シタル清査官署ニ於テ鑑別シ其ノ品位ニ依リ補償金ヲ交付ス

第十二条　収納人(又ハ組合)ハ第三号様式ノ阿片収納票ヲ作成シ収納ノ都度生産者ノ住所氏名収納数量、単価及金額ヲ記入シ之ニ収納人(又ハ組合)又ハ従業員署名捺印ノ上生産者ニ交付スベシ

第十三条　収納人(又ハ組合)ハ第四号様式ノ阿片収納台帳ヲ備ヘ各県別ニ収納数量単価及金額ヲ記載シ之ニ月計累計及総括ヲ附スベシ

第十四条　収納人(又ハ組合)ハ収納シタル阿片ヲ納付セントスルトキハ其ノ外装ニ収納人(又ハ組合)ノ判別ニ便ナラシムルタメニ第五号雛形ノ布片ヲ限(マヽ)シ尚第六号様式ノ阿片納付票ヲ提出スベシ

第十五条　収納人(又ハ組合)ハ第七号様式ノ阿片ヲ納付台帳ヲ備ヘ阿片納入ノ都度其ノ数量、単価及金額ヲ記載シ之ニ月計及累計ヲ附スベシ

第十六条　収納人(又ハ組合)ハ収納シタル阿片ニ他物ヲ混和スベカラズ

第十七条　総組合ハ収納人(又ハ組合)ヨリノ収納報告ニヨリ毎月第八号様式ノ阿片収納月報ヲ作成シ之ヲ翌月十五日迄ニ経済部長ニ提出スベシ

第十八条　総組合ハ阿片納付台帳(第七号様式)ヲ備ヘ収納人(又ハ組合)ヨリノ収納阿片ノ納付報告ニヨリ収納人(又ハ組合)別ニ納付数量単価及金額ヲ記載シ之ニ月計、累計及総括ヲ附スベシ

第十九条　総組合ハ毎月第九号様式ノ阿片納付月報ヲ作成シ之ヲ翌月十五日迄ニ経済部長ニ提出スベシ

第二十条　総組合蒙疆地域外ニ阿片ヲ搬出セントスルトキハ第十号様式ノ阿片地域外搬出許可申請書ニヨリ申請ヲナスベシ前項

ニヨル搬出許可ヲ受ケ阿片ノ払下ヲ受ケタルトキハ第十一号様式ノ払下阿片受入簿ヲ備ヘ収納人（又ハ組合）別ニ払下阿片受入ノ数量、単価及金額ヲ記載シ之ニ月計、累計及総括ヲ附スベシ

第二十一条　総組合地域外ニ阿片ノ搬出ヲナシタルトキハ第十二号様式ノ阿片地域外搬出簿ヲ備ヘ仕向地別及収納人（又ハ組合）別ニ夫々搬出数量、単価及金額ヲ記載シ之ニ月計、累計及総括ヲ附スベシ

第二十二条　収納人（又ハ組合）及総組合ハ第十三号様式ノ阿片及第十四号様式ノ現金出納簿ヲ備ヘ之ガ受払ヲ明確ニスベシ

第二十三条　収納人（又ハ組合）及総組合及総組合其ノ従業員ヲ雇入レタルトキハ第十五号様式ノ雇入届ニ履歴書及小型写真二葉ヲ添ヘ経済部長ニ届出従業員証ノ交付ヲ受クベシ

第二十四条　収納人其ノ指定ヲ受ケタルトキハ暫行阿片管理令施行規則第三条ニ依ル保証金ヲ経済部長発行ノ納付命令書ニヨリ指定ノ蒙疆銀行ニ納付スベシ

前項ノ保証金ハ国債（日本及満州国）又ハ定期預金証書（蒙銀又ハ実銀）ヲ以テ之ニ代フルコトヲ得

第二十五条　保証金ニハ利子ヲ附セズ但シ国債又ハ定期預金ノ利子ニ付イテハ支払期日到達ノ際寄託銀行ヨリ交付ヲ受クベシ

第二十六条　経済部長ハ必要アリト認ムルトキハ収納人（又ハ組合）ノ収納地域、収納期間及販売条件ニ付制限ヲ加フルコトアルベシ

第二十七条　収納人ガ収納期間中ニ於テ指定地域外ニ旅行セムトスルトキハ其ノ都度地方組合ニアリテハ所轄清査署長、総組合ニアリテハ経済部長ノ認可ヲ受クベシ

第二十八条　経済部長ハ暫行阿片管理令施行規則第十九条ニ依リ収納人（又ハ組合）及総組合其ノ業務ニ関シ不正ノ行為アリタルトキハ其ノ業務ヲ停止シ収納人ノ指定ヲ取消シ保証金ヲ没収スルコトアルベシ

第二十九条　収納人（又ハ組合）及総組合ハ第二十六条及第二十八条ニ依リ損害ヲ受クルモ経済部長ニ対シ之ガ賠償ヲ請求スルコトヲ得ズ

第三十条　収納人又ハ組合及総組合ハ各帳簿書類ヲ営業所ノ一定場所ニ保管シ当該官吏ノ要求ニ応ジ何時ニテモ之ヲ提示シ得ル

様整理シ置クベシ

第三十一条　経済部長ニ提出スル書類ハ総テ収納地域ヲ管轄スル清査官署長ヲ経由スベシ但シ急ヲ要スルトキハ写ヲ所轄清査長署ニ提出シ直接経済部長ニ提出スベシ

第三十二条　総組合ハ内規取扱手続制定セントスルトキハ経済部長ノ認可ヲ受クベシ

〔中略〕

各地区土業組合出資者氏名金額明細表

組合別	出資者氏名	出資金額	職別	現住所
張北	張立中	一九八、〇〇〇・〇〇円	経理　総組合副理事長	張北土業組合
〃	王秉達	一八〇、〇〇〇・〇〇	副理	張北内永安街十八号
〃	王大鵬	一八〇、〇〇〇・〇〇	協理	張家口大境門外正溝街六号弁事処
〃	李志英	一八〇、〇〇〇・〇〇	〃	張北土業組合
〃	丁克業	一八〇、〇〇〇・〇〇	〃	〃
〃	閻景尭	一八〇、〇〇〇・〇〇	〃	〃
〃	王守鑾	一八〇、〇〇〇・〇〇	〃	〃
〃	賀秉温	一四二、〇〇〇・〇〇	総組合理事長	
計	八名	一、四二〇、〇〇〇・〇〇		
察南	孫玉階	三一九、〇〇〇・〇〇	経理	宣化県北街玉成美巷七号
〃	左量亭	二二一、〇〇〇・〇〇	副理	〃
〃	王國範	二〇一、〇〇〇・〇〇	協理	〃
〃	劉浩春	二〇一、〇〇〇・〇〇	協理　総組合総監理	張家口堡内興隆街八号
〃	陳海亭	二〇一、〇〇〇・〇〇	協理	宣化県北街玉成美巷七号
〃	朱鳳来	二〇一、〇〇〇・〇〇	〃	〃

〃	徐貴忱	二〇一、〇〇〇・〇〇	〃	〃
〃	張介南	二〇一、〇〇〇・〇〇	〃	
〃	賀秉温	一九四、〇〇〇・〇〇	総組合理事長	
計	九名	一、九四〇、〇〇〇・〇〇		
豊鎮	樊仲山	二六〇、〇〇〇・〇〇	総理	豊鎮城内富家巷五号
〃	雷世同	二三〇、〇〇〇・〇〇	副理	豊鎮城内倉門街九号
〃	周錫三	二三〇、〇〇〇・〇〇	協理	豊鎮城内興亜街二六号
〃	閻俊	二一〇、〇〇〇・〇〇	総組合理事　協理	豊鎮城内霊宮巷四号
〃	張子彬	二一〇、〇〇〇・〇〇	協理	豊鎮城内忻卅巷二号
〃	楊玉生	二一〇、〇〇〇・〇〇	〃	豊鎮城内新民巷十五号
〃	賀秉温	一五〇、〇〇〇・〇〇	総組合理事長	
計	七名	一、五〇〇、〇〇〇・〇〇		
興和	徐子揚	一四四、〇〇〇・〇〇	経理　総組合理事	興和城内興隆街七十七号
〃	呉世卿	一二六、〇〇〇・〇〇	副理	興和城内興隆街五十号
〃	高子先	九〇、〇〇〇・〇〇	協理	興和県城内興隆街七十七号
〃	王炳綬	九〇、〇〇〇・〇〇	協理	興和県城内馬橋街二十号
〃	賀秉温	五〇、〇〇〇・〇〇	総組合理事長	
計	五名	五〇〇、〇〇〇・〇〇		
托県	康永祥	一七〇、〇〇〇・〇〇	経理　総組合理事	托県城内財神廟巷
〃	張効清	一七〇、〇〇〇・〇〇	副理	托県城内後街張家巷
〃	祁作棣	一七〇、〇〇〇・〇〇	協理	托県城内三道巷
〃	劉啓中	九四、〇〇〇・〇〇	〃	托県城内三道巷
〃	孫世榮	八〇、〇〇〇・〇〇	〃	〃

〃	賀秉温	七六、〇〇〇・〇〇	総組合理事長	
計	六名	七六〇、〇〇〇・〇〇		
薩県	甯天貴	一三三、〇〇〇・〇〇	経理　総組合理事	薩県観音廟街十号
〃	呂竹平	一一六、〇〇〇・〇〇	副理	薩県三元店巷十一号
〃	白映庚	一〇三、〇〇〇・〇〇	協理	薩県忻県営港二一号
〃	呂継武	一〇三、〇〇〇・〇〇	〃	薩県北大街天盛隆巷六号
〃	楊徳清	一〇三、〇〇〇・〇〇	〃	薩県二道巷一号
〃	賀秉温	六二、〇〇〇・〇〇	総組合理事長	
計	六名	六二〇、〇〇〇・〇〇		
包頭	鄔燿臣	八〇、〇〇〇・〇〇	経理　総組合理事	包頭市西人巷六号
〃	李文卿	七五、〇〇〇・〇〇	副理	包頭市河漕街十号
〃	楊國美	七〇、〇〇〇・〇〇	協理	包頭市西閣外一号
〃	賀秉温	二五、〇〇〇・〇〇	総組合理事長	
計	四名	二五〇、〇〇〇・〇〇		
晋北	王子玉	三七〇、〇〇〇・〇〇	経理　総組合副理事長	大同馬王廟街五号
〃	劇鍾興	三七〇、〇〇〇・〇〇	副理	大同獅子街十五号
〃	馬子全	二六三、〇〇〇・〇〇	協理	大同四牌楼西街三九号
〃	楊潤田	二六三、〇〇〇・〇〇	〃	大同魯班廟巷十二号
〃	王進廷	二六三、〇〇〇・〇〇	〃	大同雲路街二三号
〃	霍紫綬	二六二、〇〇〇・〇〇	〃	大同馬王廟街五号
〃	賀秉温	一九九、〇〇〇・〇〇	総組合理事長	
計	七名	一、九九〇、〇〇〇・〇〇		
厚和	賀秉温	三三三、〇〇〇・〇〇	経理　総組合理事長	厚和市旧城且街熏皮房巷一号

〃	趙子敬	二二九、〇〇〇・〇〇	副理	〃
〃	丁映斗	二二九、〇〇〇・〇〇	協理	厚和市旧城太官巷四十号
〃	張匯川	二二九、〇〇〇・〇〇	〃	厚和市旧城牛頭巷七号
計	四名	一、〇二〇、〇〇〇・〇〇		
総計		一〇、〇〇〇、〇〇〇・〇〇		

＊「極秘」と印刷。活版印刷。Ａ５判。本文二九八頁。一頁一六行五四字。なお国立国会図書館に架蔵。

〔1〕奥付の発行日は成紀七三八年七月二五日。

〔2〕市県旗別の数値については省略する。

〔3〕本資料第二章第二節と同一の数値が表示されている。三〇七頁、参照。

〔4〕清査総署「成紀七三五年度阿片収納実績一覧表」《資料21》四七五頁、参照。

〔5〕本項以下は経済部煙政塩務科「成紀七三六年度阿片収納事業概況並実績調」《資料25》五二七頁、とほぼ同一内容。

〔6〕成紀七三四年～七三六年に関する記述は本資料既述分とほとんど同一内容の反覆なので省略する。

〔7〕阿片の管外販売状況については、一九三九年度は本書第7表(一〇四頁)、四〇年度は第14表(一二三頁)、四一年度は第17表(一三九頁)、四二年度は第20表(一五二頁)をそれぞれ参照。管内配給状況のうち一九四〇年度については配給股「成紀七三五年度配給関係統計表」《資料22》四八五頁、参照。

〔8〕第一号様式以下の各書式については省略する。

【資料7】

暫行阿片管理令

蒙疆連合委員会令第二三号

茲ニ暫行阿片管理令ヲ左ノ通定メ之ヲ公布ス

成吉思汗紀元七百三十四年
民国二十八年六月六日

蒙疆連合委員会
総務委員長　徳穆楚克棟魯普

暫行阿片管理令

第一条　阿片ニ関シテハ禁煙法ニ準拠スルノ外本令ニ依ル

第二条　戒煙期間中ニ於ケル癮者ヘノ阿片ノ配給ハ蒙疆連合委員会清査総署長(以下単ニ清査総署長ト称ス)ニ於テ之ヲ行フ

第三条　阿片ハ清査総署長ノ許可ヲ受ケタル者ニ非サレハ之ヲ輸入輸出又ハ運輸スルコトヲ得ス

第四条　罌粟ハ委員会令ノ定ムル所ニ依リ許可ヲ受ケタル者ニ非サレハ之ヲ栽培スルコトヲ得ス

第五条　罌粟栽培者ハ其ノ生産ニ係ル生阿片ヲ蒙疆土薬股份有限公司(以下単ニ公司ト称ス)ニ納付スヘシ

公司ハ清査総署長ノ定メタル補償価格ニ依リ収納スヘシ

第六条　公司ハ其ノ収納ニ係ル阿片ヲ清査官署ニ納付スヘシ

清査総署長ハ前項ニヨリ収納シタル生阿片ニ対シ補償金ヲ交付ス

第七条　阿片ノ配給ハ清査総署長ノ指定シタル阿片配給人ヲシテ之ヲ行ハシム
阿片ノ配給価格ハ清査総署長之ヲ定ム
第八条　阿片煙膏ノ製造ハ阿片配給人ニ非サレハ之ヲ行フコトヲ得ス
阿片ハ阿片配給人カ阿片煙膏ヲ製造スル場合ヲ除クノ外之ニ加工シ又ハ其ノ包装ヲ変形スルコトヲ得ス
第九条　清査総署長ハ罌粟栽培者、公司、阿片配給人又ハ阿片ノ輸入若ハ輸出又ハ運輸ノ許可ヲ受ケタル者ニ対シ其ノ業務ニ関シ公益上又ハ監督上必要ナル命令ヲ為スコトヲ得
第十条　当該官吏ハ前条ニ掲クル者ノ製造場、店舗其ノ他ノ場所ニ立入リ原料、製品、機械、器具、帳簿、書類其ノ他ノ物件ヲ検査シ関係人ヲ尋問シ又ハ取締上必要ナル処分ヲ為スコトヲ得
第十一条　第三条、第四条及第八条ノ規定ニ違反シタル者ハ禁煙法ニ拠リ処罰ス
第十二条　罌粟栽培者第五条第一項ノ規定ニ違反シタルトキハ一年以下ノ有期徒刑又ハ千円以下ノ罰金ニ処ス
第十三条　左ノ各号ノ一ニ該当スル者ハ六月以下ノ有期徒刑又ハ六百円以下ノ罰金に処ス
一、第九条ノ規定ニ依ル命令ニ従ハサル者
二、第十条ノ規定ニ依ル当該官吏ノ検査ヲ阻害シ尋問ニ対シ答弁ヲ為サス若ハ虚偽ノ答弁ヲ為シ又ハ当該官吏ノ処分ニ従ハサル者
第十四条　本令ニ依リ阿片ヲ取扱フ者又ハ罌粟栽培ノ許可ヲ受ケタル者本令又ハ本令ニ基ク命令若ハ処分ニ違反シタルトキハ其ノ業務ヲ停止シ又ハ指定若ハ許可ヲ取消スコトヲ得
第十五条　本令ニ依ル当該官吏トハ清査官署ノ官吏ヲ謂フ

附　則

第十六条　本令ハ成紀七百三十四年／民国二十八年七月一日ヨリ之ヲ施行ス

茲ニ暫行阿片管理令中改正ノ件ヲ制定シ公布セシム

主　席　徳穆楚克棟魯普
副主席　于　品　卿

成吉思汗紀元七百三十五年五月二十七日

法律第十八号

暫行阿片管理令中改正ノ件

暫行阿片管理令中左ノ通改正ス

一　第二条ヲ左ノ通改ム

第二条　戒煙期間中ニ於ケル癮者ニ対スル阿片ノ配給ハ清査総署長之ヲ行フ

二　第四条中「委員会令ノ」ヲ「財政部長ノ別ニ」改ム

三　第五条ヲ左ノ通改ム

第五条　罌粟栽培者ハ其ノ生産ニ係ル生阿片ヲ清査総署長ノ指定シタル阿片収納人ニ納付スベシ

阿片収納人ハ清査総署長ノ定メタル補償価格ニ依リ収納スベシ

四　第六条及第九条中「公司」ヲ「阿片収納人」ニ改ム

附　則

本法ハ成吉思汗紀元七百三十五年六月一日ヨリ之ヲ施行ス

＊　蒙疆連合委員会総務部『公報』第一三号、成紀七三四年六月一五日。蒙古連合自治政府総務部『政府弘報』第一四四号、成紀七三五年五月二九日。『公報』『政府弘報』は東京商工会議所商工図書館蔵。

【資料8】

暫行阿片管理令施行規則

蒙疆連合委員会令第三〇号

茲ニ暫行阿片管理令施行規則ヲ左ノ通制定ス

成吉思汗紀元七百三十四年
民国二十八年六月十五日

蒙疆連合委員会
総務委員長　徳穆楚克棟魯普

暫行阿片管理令施行規則

第一条　阿片癮者ハ阿片配給人以外ノ者ヨリ阿片ノ配給ヲ受クルコトヲ得ス

第二条　生阿片ノ配給ハ所轄清査官署ヨリ阿片配給人ヲ通シテ阿片癮者ニ之ヲ為スヘシ

第三条　阿片配給人ハ清査総署長之ヲ指定ス

第四条　阿片配給人ハ指定セラレタル以外ノ場所ニ於テ業務ヲ為スコトヲ得ス

第五条　阿片配給人ハ生阿片及阿片煙膏ヲ清査総署長ノ指定スル価格ヲ以テ配給スヘシ

第六条　阿片配給人ハ帳簿ヲ備ヘ生阿片、阿片煙膏ノ受払ニ付其ノ種類、数量、価格並ニ年月日及配給先ヲ其ノ都度記載スヘシ

阿片配給人ハ生阿片及阿片煙膏ノ受払ニ付其ノ前月分ヲ毎月十日迄ニ所轄清査官署長ニ報告スヘシ

第七条　阿片ヲ輸入、輸出又ハ運輸セントスル者ハ其ノ数量及経路ヲ具シ清査総署長ニ願出テ許可ヲ受クヘシ

第八条　罌粟ノ栽培区域面積及各自治政府ニ対スル其ノ割当ハ毎年清査総署長之ヲ定ム

第九条　罌粟ヲ栽培セントスル者ハ毎年栽培ノ場所及面積ヲ具シ所轄自治政府ニ願出其ノ許可ヲ受クヘシ、之ヲ変更シ又ハ栽培ヲ廃止セントスルトキ亦同シ

第十条　蒙疆土薬股份有限公司ハ其ノ収納ニ係ル生阿片ヲ清査総署長ノ指定シタル期限及場所ニ納付スヘシ

第十一条　阿片配給人其ノ指定ヲ受ケタルトキハ清査総署長ノ定ムル所ニ依リ保証金ヲ納付スヘシ

第十二条　本令ニ依リ指定又ハ許可ヲ受ケタル者左ノ各号ノ一ニ該当スル時ハ当該事実発生ノ日ヨリ三十日以内ニ阿片配給人ニ在リテハ清査官署長ニ、罌粟栽培者ニ在リテハ所轄自治政府ニ本人、相続人又ハ其ノ財産ヲ管理スル者ヨリ届出テ現存阿片、罌粟ノ処分ニ付指示ヲ受クヘシ

一、指定又ハ許可ヲ取消サレタル時

二、指定期間満了シタル時

三、死亡シタルトキ

前項ノ場合ニ於テ清査官署長又ハ自治政府ハ其ノ価格ヲ評定シ之ヲ本令ニ依リ指定若ハ許可ヲ受ケタル者ニ譲渡セシムヘシ

第一項ノ場合ニ於テ保証金ノ還付ヲ受ケントスル者ハ本人相続人又ハ其ノ財産ヲ管理スル者ヨリ清査総署長ニ其ノ還付ヲ請求スヘシ

第十三条　本規則ニ依リ清査総署長ニ提出スル書類ハ所轄清査官署長ヲ経由スヘシ

第十四条　罌粟ノ種子ヲ輸出、輸入及運輸セントスル者ハ其ノ数量及経路ヲ具シ清査総署長ノ許可ヲ受クヘシ

第十五条　清査官署ノ官吏暫行阿片管理令第十条ノ場合ニ在リテハ其ノ身分ヲ証明スル証票ヲ携帯シ之ヲ提示スヘシ

第十六条　第四条ノ規定ニ違反シタル者ハ六月以下ノ有期徒刑又ハ五百円以下ノ罰金ニ処ス

第十七条　第一条又ハ第五条ノ規定ニ違反シタル者ハ拘役又ハ二百円以下ノ罰金ニ処ス

第十八条　第六条ノ規定ニ違反シタル者ハ一月以下ノ拘役又ハ百円以下ノ罰金ニ処ス

第十九条　暫行阿片管理令ニ依リ阿片ヲ取扱フ者暫行阿片管理令、本令又ハ之ニ基ク命令若ハ処分ニ違反シタルトキハ清査総署

長其ノ業務ヲ停止シ指定若ハ許可ヲ取消シ又ハ保証金ヲ没収スルコトヲ得但シ罌粟栽培者ノ処分ハ所轄自治政府之ヲ行フ

附　則

本規則ハ暫行阿片管理令施行ノ日ヨリ之ヲ施行ス

財政部令第九号

茲ニ暫行阿片管理令施行ニ関スル件中左ノ通リ改正ス

成吉思汗紀元七百三十五年五月二十八日

財政部長　馬　永　魁

暫行阿片管理令施行規則中改正ノ件

一　第三条、第十一条及第十二条第一項中「阿片配給人」ヲ「阿片収納人及阿片配給人」ニ改ム

二　第八条中「各自治政府ニ対スル」ヲ削除ス

三　第九条、第十二条第一項及第十九条中「自治政府」ヲ「政庁長官又ハ盟長」ニ改ム

四　第十条中「蒙疆土薬股份有限公司」ヲ「阿片収納人」ニ改ム

五　第十二条第二項中「清査官署又ハ自治政府」ヲ「政庁長官又ハ盟長及清査官署長」ニ改ム

六　第十五条ヲ左ノ如ク改ム

第十五条　清査官署ノ官吏暫行阿片管理令第十条ノ規定ニ依リ職務ヲ執行スルトキハ其ノ身分ヲ証明スル証票ヲ携帯スベシ

七　第十六号中「五百円」ヲ「三百円」ニ改ム

附　則

本規則ハ暫行阿片管理令施行ノ日ヨリ之ヲ施行ス

＊『公報』第一四号、成紀七三四年六月一五日。『政府弘報』第一四七号、成紀七三五年六月一日。

【資料9】

蒙疆土薬股份有限公司法

蒙疆連合委員会令第二四号

茲ニ蒙疆土薬股份有限公司法ヲ左ノ通定メ之ヲ公布ス

成吉思汗紀元七百三十四年
民国二十八年六月六日

蒙疆連合委員会
総務委員長　徳穆楚克棟魯普

蒙疆土薬股份有限公司法

第一条　蒙疆連合委員会(以下単ニ委員会ト称ス)ハ阿片ヲ収納シ之ヲ委員会清査官署ニ納付セシムル目的ヲ以テ蒙疆土薬股份有限公司ヲ設立セシム

第二条　公司ハ阿片ノ収納及委員会ノ許可ヲ受ケタル附帯業務ヲ営ムコトヲ得

第三条　公司ハ本店ヲ張家口特別市ニ置ク

第四条　公司ノ資本ノ額ハ百五十万円トス

第五条　公司ノ株式ハ記名式トシ一株ノ金額ハ五十円トス

第六条　公司ノ株式ハ公司ノ同意並ニ委員会ノ認可ヲ得ルニ非サレハ之ヲ他人ニ譲渡スルコトヲ得ス

第七条　公司ニ董事長一人、副董事長一人、董事四人以内及監事二人以内ヲ置ク

董事長及副董事長ハ委員会之ヲ任命シ董事及監事ハ株式(ママ)総会ニ於テ之ヲ選任ス
董事長、副董事長及董事ノ任期ハ三年監事ノ任期ハ二年トス
第八条　董事長ハ公司ヲ代表シ其ノ業務ヲ綜理ス
董事長事故アルトキハ副董事長其ノ職務ヲ行フ
董事長、副董事長共ニ事故アルトキハ董事中ノ一人其ノ職務ヲ行フ副董事長及董事ハ董事長ヲ輔佐シ公司ノ業務ヲ掌理ス
監事ハ公司ノ業務ヲ監査ス
第九条　委員会必要アリト認ムルトキハ何時ニテモ公司ヲシテ其ノ業務若ハ財産ノ状況ヲ報告セシメ又ハ清査官署ノ官吏ヲシテ其ノ金庫、帳簿其ノ他ノ文書物件ヲ検査セシムルコトヲ得
第十条　委員会ハ公司ノ業務ニ関シ監督上又ハ公益上必要ナル命令ヲ為スコトヲ得
第十一条　公司ハ営業年度毎ニ事業計画ヲ定メ委員会ノ認可ヲ受クヘシ之ヲ変更セントスルトキ亦同シ
第十二条　董事及監事ノ選任及解任、定款ノ変更利益金ノ処分並ニ合併及解散ノ決議ハ委員会ノ認可ヲ受クルニ非サレハ其ノ効力ヲ生セス
第十三条　公司ハ委員会ノ認可ヲ受クルニ非サレハ其ノ重要財産ヲ他人ニ譲渡シ又ハ之ヲ担保ニ供スルコトヲ得ス
第十四条　公司ハ委員会ノ認可ヲ受クルニ非サレハ事業ノ全部又ハ一部ヲ廃止シ又ハ休止スルコトヲ得ス
第十五条　委員会ハ公司ノ決議カ法令又ハ定款ニ違反シ又ハ公益ヲ害スト認ムルトキハ其ノ決議ヲ取消スコトヲ得
委員会ハ董事長、副董事長、董事又ハ監事ノ行為カ法令、定款若ハ本法ニ依ル命令ニ違反シ又ハ公益ヲ害スト認ムルトキハ之ヲ解任スルコトヲ得

附　則

第十六条　本法ハ暫行阿片管理令施行ノ日ヨリ之ヲ施行ス
第十七条　委員会ハ設立委員ヲ命シ公司ノ設立ニ関スル一切ノ事務ヲ処理セシム

第十八条　設立委員ハ定款ヲ作成シ委員会ノ認可ヲ受クヘシ
第十九条　株式総数ノ引受アリタルトキハ設立委員ハ遅滞ナク株金ノ払込ヲ為サシムヘシ
前項ノ払込アリタルトキハ設立委員ハ遅滞ナク創立総会ヲ招集スヘシ
第二十条　設立委員ハ公司ノ設立登記ヲ完了シタルトキハ遅滞ナク其ノ事務ヲ董事長ニ引渡スヘシ

＊『公報』第一三号、成紀七三四年六月一五日。

【資料10】

清査総署官制

蒙疆連合委員会令第二五号
茲ニ清査総署官制ヲ左ノ通制定シ之ヲ公布ス
成吉思汗紀元七百三十四年
民国二十八年　六月六日

蒙疆連合委員会
総務委員長　徳穆楚克棟魯普

清査総署官制

第一条　清査総署ハ蒙疆連合委員会総務委員長ノ管理ニ属シ阿片、罌粟種子及麻薬ニ関スル事項ヲ管掌ス
第二条　清査総署ニ左ノ職員ヲ置ク其ノ定員ハ別ニ之ヲ定ム
総署長

副総署長
事務官
事務官補
第三条　総署長ハ蒙彊連合委員会総務委員長ノ指揮監督ヲ承ケ署務ヲ綜理シ所属職員ヲ指揮監督シ其ノ進退及処罰ニ関シ総務委員長ニ具状ス
第四条　総署長ハ清査署長ヲ指揮監督シ清査署長ノ命令又ハ処分ニシテ法令ニ違反スト認ムルモノアルトキハ之ヲ停止又ハ取消スコトヲ得
第五条　副総署長ハ総署長ヲ輔佐シ総署長事故アルトキハ其ノ職務ヲ代理ス
第六条　事務官ハ上司ノ命ヲ承ケ事務ヲ掌ル
事務官補ハ上司ノ指揮ヲ承ケ事務ニ従事ス
第七条　清査総署ノ分科規程ハ蒙彊連合委員会総務委員長之ヲ定ム

附　則

本令ハ成紀七百三十四年／民国二十八年七月一日ヨリ之ヲ施行ス

茲ニ清査総署官制ヲ制定シ公布セシム

主席　徳穆楚克棟魯普
副主席　于品卿
副主席　夏恭

成吉思汗紀元七百三十四年九月一日

教令第二十号

清査総署官制

第一条　清査総署ハ財政部長ノ管理ニ属シ阿片、罌粟種子及麻薬ニ関スル事項ヲ管掌ス

第二条　清査総署ニ左ノ職員ヲ置ク

総署長　　　簡任若ハ薦任

副総署長　一人　簡任若ハ薦任

事務官　四人　薦任

技正　一人　薦任

属官　二十三人　委任

技佐　一人　委任

第三条　総署長ハ財政部長ノ指揮監督ヲ承ケ署務ヲ綜理ス

総署長ハ所属職員ヲ指揮監督シ其ノ進退及賞罰ニ関シ財政部長ニ具状ス

第四条　総署長ハ清査署長ヲ指揮監督シ清査署長ノ命令又ハ処分ニシテ法令ニ違反スト認ムルモノアルトキハ之ヲ取消スコトヲ得

第五条　副総署長ハ総署長ヲ佐ケ署内ノ事務ヲ監督シ署長事故アルトキハ其ノ職務ヲ代理ス

第六条　事務官ハ上司ノ命ヲ承ケ事務ヲ掌ル

技正ハ上司ノ命ヲ承ケ技術ヲ掌ル

属官ハ上司ノ指揮ヲ承ケ事務ニ従事ス

技佐ハ上司ノ指揮ヲ承ケ技術ニ従事ス

第七条　清査総署ノ分科規程ハ政務院長ノ認可ヲ経テ財政部長之ヲ定ム

附　則

本令ハ成吉思汗紀元七百三十四年九月一日ヨリ之ヲ施行ス

＊『公報』第一三号、成紀七三四年六月一五日。『政府弘報』第五号、成紀七三四年九月一六日。

〔資料11〕清査署官制〔抄〕

蒙疆連合委員会令第二六号

茲ニ清査署官制ヲ左ノ通定メ之ヲ公布ス

成吉思汗紀元七百三十四年
民国二十八年六月六日

蒙疆連合委員会
総務委員長　徳穆楚克棟魯普

清査署官制

第一条　清査署ハ清査総署長ノ管理ニ属シ阿片、罌粟種子及麻薬ニ関スル事項ヲ掌ル

第二条　清査署ニ左ノ職員ヲ置ク其ノ定員ハ別ニ之ヲ定ム

署長
副署長
事務官
事務官補

技術官補

第三条　署長ハ清査総署長ノ指揮監督ヲ承ケ署務ヲ綜理シ所属官吏ヲ指揮監督ス

第四条　副署長ハ署長ヲ補佐シ署長事故アルトキハ其ノ職務ヲ代理ス

第五条　事務官ハ上司ノ命ヲ承ケ事務ヲ掌ル

事務官補ハ上司ノ指揮ヲ承ケ事務ニ従事ス

技術官補ハ上司ノ指揮ヲ承ケ技術ニ従事ス

第六条　清査署清査局及清査分局ノ名称、位置及管轄区域ハ別表ニ依ル

第七条　清査総署長ハ蒙疆連合委員会総務委員長ノ認可ヲ経テ必要ト認ムル地ニ清査局又ハ清査分局ヲ置キ清査署ノ事務ヲ分掌セシムルコトヲ得

第八条　清査局ニ局長ヲ置キ清査分局ニ分局長ヲ置ク

局長及分局長ハ事務官又ハ事務官補ヲ以テ之ニ充ツ

第九条　清査署ノ分科規程ハ清査総署長之ヲ定ム

附　則

本令ハ成吉思汗紀元七百三十四年 民国二十八年 七月一日ヨリ之ヲ施行ス

清査署ノ名称位置及管轄区域表

名称	位置	管轄区域
張家口清査署	張家口特別市	張家口特別市、察南十県、察哈爾盟、錫林郭勒盟
大同清査署	大同県城	晋北十三県
厚和清査署	厚和特別市	厚和特別市、包頭特別市、巴彦塔拉盟、烏蘭察布盟、伊克昭盟

清査局ノ名称及位置表

所属清査署	清査局ノ名称	位置
張家口清査署	陽原清査局	陽原
	康荘清査局	康荘
	張北清査局	張北
	多倫清査局	多倫
	商都清査局	商都
大同清査署	左雲清査局	左雲
	岱岳鎮清査局	岱岳鎮
	朔県清査局	朔県
	応県清査局	応県
	渾源清査局	渾源
厚和清査署	豊鎮清査局	豊鎮
	興和清査局	興和
	集寧清査局	集寧
	包頭清査局	包頭
	薩拉斉清査局	薩拉斉
	托克托清査局	托克托
	五原清査局	五原
	臨河清査局	臨河

清査局、分局ノ名称、位置及管轄区域表

所属署	所属局	分局名簿	位置	管轄区域
張家口署	直轄		張家口	錫林郭勒盟、万全県、崇礼県、張家口特別市
		宣化	宣化	宣化県、涿鹿県
		赤城	赤城	赤城県、竜関県
		洗馬林	洗馬林	懐安県ノ一部
		柴溝堡	柴溝堡	懐安県ノ一部
	陽原		陽原	陽原県

張家口署		西合営	西合営	蔚県
	康荘		康荘	懐来県ノ一部、延慶県
		南口	南口	懐来県ノ一部
	張北		張北	張北県ノ一部
		公会	公会	張北県ノ一部
		九連城	九連城	宝源県ノ一部
		宝源	宝源	宝源県ノ一部、太僕寺左翼旗
		康保	康保	正白旗、鑲黄旗ノ各一部、康保県
		海皮嘎	海皮嘎	宝源県、明安旗ノ各一部、太僕寺右翼旗
		沽源	沽源	宝源県ノ一部
	多倫		多倫	多倫県
		阿騰達喀蘇	阿騰達喀蘇	鑲白旗、正白旗ノ各一部
		固拉古嶺	固拉古嶺	鑲白旗、正白旗ノ各一部
		巴彦門都	巴彦門都	正藍旗、明安旗ノ各一部
		巴彦庫倫	巴彦庫倫	正藍旗ノ一部
	商都		商都	商都県ノ一部
		尚義	尚義	尚義県
		二計諾爾	二計諾爾	商都県、商都旗、明安旗、鑲黄旗ノ各一部、徳化県
大同署	直轄		大同	大同県
		陽高	陽高	陽高県
		天鎮	天鎮	天鎮県

	左雲		左雲	左雲県、右玉県、平魯県
	岱岳鎮		岱岳鎮	山陰県ノ一部
		山陰	山陰	山陰県ノ一部
	朔県		朔県	朔県ノ一部
		広武鎮	広武鎮	山陰県ノ一部
	応県		応県	応県ノ一部
		劉霍庄	劉霍庄	応県ノ一部
		大営	大営	応県ノ一部
		北湛	北湛	応県ノ一部
		羅荘	羅荘	応県ノ一部
		茹越口	茹越口	応県ノ一部
		懐仁	懐仁	懐仁県
	渾源		渾源	渾源県
		広霊	広霊	広霊県
		霊邱	霊邱	霊邱県
厚和署	直轄		厚和	厚和特別市ノ一部、土黙特旗、伊克昭盟、烏蘭察布盟
		旗下営	旗下営	武川県ノ一部
		武川	武川	武川県ノ一部
		和林	和林	和林県
		察素斉	察素斉	厚和特別市ノ一部
		清水河	清水河	清水河県

厚和署	豊鎮	守口堡 隆盛荘 涼城 殺虎口 岱海灘	豊鎮	豊鎮県ノ一部
			守口堡	豊鎮県ノ一部
			隆盛荘	豊鎮県ノ一部
			涼城	涼城県ノ一部、鑲黄旗
			殺虎口	涼城県ノ一部
			天城村	涼城県ノ一部
	興和	新平堡	興和	興和県ノ一部、正黄旗
			新平堡	興和県ノ一部
	集寧	陶林 土木爾台 卓資山	集寧	集寧県ノ一部、正紅旗
			陶林	陶林県ノ一部
			土木爾台	陶林県ノ一部
			卓資山	集寧県ノ一部、鑲紅旗
	包頭	固陽 安北 南海子	包頭	包頭県ノ一部、包頭特別市
			固陽	固陽県
			安北	安北県
			南海子	包頭県ノ一部
	薩拉斉		薩拉斉	薩拉斉県
	托克托	河口鎮	托克托	托県ノ一部
			河口鎮	托県ノ一部
	五原		五原	五原県
	臨河		臨河	臨河県

茲ニ清査署官制ヲ制定シ公布セシム

主席　徳穆楚克棟魯普
副主席　于品卿
副主席　夏恭

成吉思汗紀元七百三十四年九月一日

教令第二十七号

清査署官制

第一条　清査署ハ財政部長ノ管理ニ属シ阿片、罌粟種子及麻薬ニ関スル事項ヲ掌ル

第二条　清査署ニ通シテ左ノ職員ヲ置ク

署長	三人	薦任
副署長	三人	薦任
事務官	十人	薦任
属官	九十一人	委任
技佐	二人	委任

第三条　署長ハ清査総署長ノ指揮監督ヲ承ケ署務ヲ綜理シ所属官吏ヲ指揮監督ス

第四条　副署長ハ署長ヲ輔佐シ署長事故アルトキハ其ノ職務ヲ代理ス

第五条　事務官ハ上司ノ命ヲ承ケ事務ヲ掌ル

属官ハ上司ノ指揮ヲ承ケ事務ニ従事ス

技佐ハ上司ノ指揮ヲ承ケ技術ニ従事ス

第六条　清査総署長ハ財政部長ノ認可ヲ経テ必要ト認ムル地ニ清査局又ハ清査分局ヲ置キ清査署ノ事務ヲ分掌セシムルコトヲ得
第七条　清査局ニ局長ヲ置キ清査分局ニ分局長ヲ置ク
局長及分局長ハ事務官又ハ属官ヲ以テ之ニ充ツ
第八条　清査署、清査局及清査分局ノ名称、位置及管轄区域ハ別表ニ依ル
第九条　清査署ノ分科規程ハ清査総署長之ヲ定ム

附　則

本令ハ成吉思汗紀元七百三十四年九月一日ヨリ之ヲ施行ス

清査署ノ名称位置及管轄区域表

名称	位置	管轄区域
張家口清査署	張家口市	察南察哈爾盟、錫林郭勒盟
大同清査署	大同	晋北
厚和清査署	厚和市	巴彦塔拉盟、烏蘭察布盟、伊克昭盟

清査局ノ名称及位置表〔1〕

〔後略〕

茲ニ清査署官制中改正ノ件ヲ制定シ公布セシム

主席　徳穆楚克棟魯普
副主席　于品卿

成吉思汗紀元七百三十六年七月二十五日
副主席　李　守　信

教令第十七号

清査署官制中改正ノ件

清査署官制中左ノ通改正ス

一　本令中「財政部長、清査総署長」ヲ「経済部長」ニ改ム

二　第六条中「清査総署長ハ財政部長ノ認可ヲ経テ」ヲ「経済部長ハ」ニ改ム

附　則

本令ハ成吉思汗紀元七百三十六年六月一日ヨリ之ヲ施行ス

茲ニ清査署官制中改正ノ件ヲ制定シ公布セシム

主席　徳穆楚克棟魯普
副主席　于　品　卿
副主席　李　守　信

成吉思汗紀元七百三十七年五月十九日

教令第九号

清査署官制中改正ノ件

清査署官制中左ノ通改正ス

一　第六条　経済部長ハ清査署ノ事務ヲ分掌セシムル為必要ト認ムル地ニ清査局、清査分局又ハ清査官吏派出所ヲ設クルコトヲ得

二　第七条　清査局ニ局長ヲ置キ清査分局ニ分局長ヲ置ク
局長ハ事務官又ハ属官、分長局ハ属官ヲ以テ之ニ充ツ
三　第八条中「清査局又ハ清査分局」ヲ削除ス
四　別表中清査局ノ名称及位置表並ニ清査局、分局名称位置及管轄区域表ヲ削除ス

附　則

本令ハ公布ノ日ヨリ之ヲ施行ス

＊『公報』第一四号、成紀七三四年六月一五日。『政府弘報』第六号、成紀七三四年九月一八日。同前、第三五〇号、成紀七三六年七月二五日。同前、四九五号、成紀七三七年五月一九日。
〔1〕「清査局ノ名称及位置表」、「清査局、分局ノ名称、位置及管轄区域表」は、成紀七三四年六月六日公布・蒙疆連合委員会令第二六号の「清査署官制」の同表と同一。

【資料12】清査工廠官制

蒙疆連合委員会令第二七号
茲ニ清査工廠官制ヲ左ノ通制定シ之ヲ公布ス
成吉思汗紀元七百三十四年
民国二十八年六月六日
蒙疆連合委員会

兹ニ清査工廠官制ヲ制定シ公布セシム

総務委員長　徳穆楚克棟魯普

清査工廠官制

第一条　清査工廠ハ清査総署長ノ管理ニ属シ阿片及麻薬ノ製造及試験ニ関スル事項ヲ掌ル

第二条　清査工廠ニ左ノ職員ヲ置ク其ノ定員ハ別ニ之ヲ定ム

廠　長

事務官

技　術官

事務官補

技術官補

第三条　廠長ハ清査総署長ノ指揮監督ヲ承ケ廠務ヲ綜理シ所属官吏ヲ指揮監督ス

第四条　事務官ハ上司ノ命ヲ承ケ事務ヲ掌ル

事務官補ハ上司ノ指揮ヲ承ケ事務ニ従事ス

第五条　技術官ハ上司ノ命ヲ承ケ技術ヲ掌ル

技術官補ハ上司ノ指揮ヲ承ケ技術ニ従事ス

第六条　清査工廠ノ分科規程ハ清査総署長之ヲ定ム

附　則

本令ハ成吉思汗紀元七百三十四年（民国二十八年）七月一日ヨリ之ヲ施行ス

主席　徳穆楚克棟魯普
副主席　于　品　卿
副主席　夏　　恭

成吉思汗紀元七百三十四年九月一日

教令第二十八号

清査工廠官制

第一条　清査工廠ハ財政部長ノ管理ニ属シ阿片及麻薬ノ製造及試験ニ関スル事項ヲ掌ル

第二条　清査工廠ニ左ノ職員ヲ置ク

廠長		薦任
事務官	一人	薦任
技正	一人	薦任
属官	九人	委任
技佐	二人	委任

第三条　廠長ハ清査総署長ノ指揮監督ヲ承ケ廠務ヲ綜理シ所属官吏ヲ指揮監督ス

第四条　事務官ハ上司ノ命ヲ承ケ事務ヲ掌ル

技正ハ上司ノ命ヲ承ケ技術ヲ掌ル

属官ハ上司ノ指揮ヲ承ケ事務ニ従事ス

技佐ハ上司ノ指揮ヲ承ケ技術ニ従事ス

第五条　清査工廠ノ分科規程ハ清査総署長之ヲ定ム

附　則

本令ハ成吉思汗紀元七百三十四年九月一日ヨリ之ヲ施行ス

＊『公報』第一四号、成紀七三四年六月一五日。『政府弘報』第七号、成紀七三四年九月一九日。

［資料13］

暫行阿片稽査令

蒙疆連合委員会令第四七号

茲ニ暫行阿片稽査令ヲ左ノ通制定シ之ヲ公布ス

成吉思汗紀元七百三十四年
民　国　二　十　八　年　六月三十日

蒙疆連合委員会
総務委員長　徳穆楚克棟魯普

暫行阿片稽査令

第一条　清査官署及経済監視署ノ官吏ハ阿片及麻薬ニ関スル犯罪ニ付司法警察官吏ノ職務ヲ行フコトヲ得

第二条　清査官署及経済監視署ノ官吏被疑者ヲ逮捕シ物件ヲ押収シタルトキハ所轄清査官署ニ送致スヘシ

第三条　清査官署長前条ノ送致ヲ受ケタルトキハ被疑者ヲ訊問シ証憑ヲ取調ヘ犯罪アリト認ムルトキハ之ニ意見書ヲ附シ所轄検察庁ニ送致スヘシ但シ犯罪事実極メテ軽微ニシテ処罰ノ必要ナキコト明白ナルトキハ事件ヲ送致セスシテ微罪処分ニ附スルコトヲ得

微罪処分ヲ為シタルトキハ処分書ヲ作成スヘシ

処分書ハ其ノ写ヲ作成シ毎月一回之ヲ一括シ所轄検察庁ニ差出スヘシ

第四条　微罪処分ヲ為シタル場合ト雖モ犯罪ニ係ル阿片並ニ麻薬類ハ清査官署長ニ於テ之ヲ没収スヘシ

第五条　清査官署ノ官吏所有者不明又ハ所有者所在不明ノ阿片又ハ麻薬類ヲ発見シタルトキハ之ヲ押収シ所轄清査署ニ送致スヘシ

第六条　清査官署長前条物件ノ送致ヲ受ケタルトキハ名称、種類、数量、形状、発見ノ場所及日時等其ノ物件ヲ知ルニ容易ナル事項ヲ詳記シ十日間公示スヘシ

前項公示期間内ニ正当ノ権利ヲ主張スル者ナキトキハ当該物件ハ国庫ニ帰属ス

第七条　警察官吏、税関官吏、税務官吏及経済監視署ノ官吏職務執行ニ当リ所有者不明又ハ所有者所在不明ノ阿片又ハ麻薬類ヲ発見シタルトキハ前二条ノ規定ヲ準用シ但シ国庫ニ帰属シタル阿片又ハ麻薬類ハ速カニ最寄清査官署ニ引継クヘシ

第八条　清査官署長職務執行上必要アリト認ムルトキハ所属官吏ニ武器ヲ携帯セシメ又ハ警察官吏、軍隊ニ応援ヲ求ムルコトヲ得

第九条　清査官署及経済監視署ノ官吏職務執行ニ当リ被疑者其ノ他ノ関係人ノ求メアルトキハ官職氏名ヲ表示シタル証票ヲ示スヘシ

第十条　本令ニ別段ノ規定アル場合ノ外押収、捜索、訊問及逮捕ニ関シテハ刑事訴訟及調度司法警察章程ノ規定ヲ準用ス

附　則

本令ハ成吉思汗紀元七百三十四年／民国二十八年七月一日ヨリ之ヲ施行ス

茲ニ暫行阿片稽査令中改正ノ件ヲ制定シ公布セシム

主席　徳穆楚克棟魯普
副主席　于　品　卿

成吉思汗紀元七百三十六年四月二十八日

法律第十号

暫行阿片稽査令中改正ノ件

暫行阿片稽査令中左ノ通改正ス

一　第七条中「前二条」ヲ「第五条」ニ改メ「税関官吏」及但書ヲ削ル

二　第七条ノ次ニ左ノ一条ヲ加フ

第七条ノ二　裁判機関ニ於テ没収ノ裁判確定シタル阿片及麻薬類ハ之ヲ最寄清査官署ニ送致スベシ

附　則

本法ハ公布ノ日ヨリ之ヲ施行ス

茲ニ暫行阿片稽査令中改正ノ件ヲ制定シ公布セシム

主席　徳穆楚克棟魯普

副主席　于　品　卿

副主席　李　守　信

成吉思汗紀元七百三十七年七月二十一日

法律第十号

暫行阿片稽査令中改正ノ件

暫行阿片稽査令中左ノ通改正ス

本令中「経済監視署ノ官吏」「税務官吏」ヲ「財務監督署及財務局官吏」ニ改ム

附　則

本法ハ成吉思汗紀元七百三十七年七月一日ヨリ之ヲ施行ス

＊『公報』第一九号、成紀七三四年八月一七日。『政府弘報』第三〇九号、成紀七三六年四月二八日。同前、第五三二号、成紀七三七年七月二一日。

【資料14】暫行阿片麻薬稽査提成規則

蒙疆連合委員会令第四八号

茲ニ暫行阿片麻薬稽査提成規則ヲ左ノ通制定ス

成吉思汗紀元七百三十四年
民国二十八年六月三十日

蒙疆連合委員会
総務委員長　徳穆楚克棟魯普

暫行阿片麻薬稽査提成規則

第一条　禁煙法及暫行阿片管理令ニ違反シ又ハ所有者不明若ハ所有者所在不明ノ阿片若ハ麻薬類ヲ査獲シタル当該官吏ニ対シテハ本規則ニ依リ提成金ヲ支給ス

第二条　提成金ハ前条ノ阿片又ハ麻薬類ヲ清査官署ニ於テ換価シタル類ノ十分ノ二トス

第三条　提成金ハ査獲物件ヲ受理シタル清査官署ニ於テ算定支給ス

第四条　二以上ノ官署ニ於テ協力査獲シタルトキハ査獲ニ従事セル人員ニ比例シ各官署ニ分配支給ス

第五条　本令ノ施行地域ハ清査総署長之ヲ定ム
第六条　本令第一条ノ当該官吏トハ清査官署官吏、警察官吏、税務官吏、税関官吏及経済監視署官吏ヲ謂フ

附　則

本令ハ成吉思汗紀元七百三十四年／民国二十八年七月一日ヨリ之ヲ施行ス

財政部指令「甲」第六号

清査総署長　吉爾嘎朗ニ令ス

暫行阿片麻薬稽査提成規則改正ノ件

成吉思汗紀元七百三十四年十二月二十一日附清査総署呈第五五号(稽字第一八号)ヲ以テ稟申ノ件認可ス

成吉思汗紀元七百三十五年一月十六日

財政部長　馬　永　魁

暫行阿片麻薬稽査提成規則

第一条　禁煙法及暫行阿片管理令ニ違反シ又ハ所有者不明若ハ所有者所在不明ノ阿片麻薬類ヲ査獲シタル当該官員及其ノ所在ヲ官ニ告ゲタル者ニ対シテハ本規則ニ依リ提成金ヲ支給ス
第二条　提成金ハ前条ノ阿片麻薬類ヲ清査官署ニ於テ換価シタル価額ノ十分ノ五以下トシ左ノ区別ニ従ヒ之ヲ支給ス
一　換価額ノ十分ノ四ヲ官ニ告ゲタル者ニ十分ノ一ヲ査獲ニ従事セル官員ニ支給ス但シ官ニ告ゲタル者在ラザル場合ハ十分ノ三ヲ査獲ニ従事セル官員ニ支給ス
二　二以上ノ官署協力シテ査獲シタルトキ又ハ二以上ノ告官者アリタル場合ハ前号ニ準ジ其ノ人員ニ比例シテ分配ス但シ各人ノ功績ニ等差ヲ附スル要アルトキハ各官署ノ長官適当ニ之ヲ決定支給スルコトヲ得
第三条　前条ノ提成金ハ査獲物件ヲ受理シタル清査官署ニ於テ算定支給ス

第四条　本規則施行ノ為必要ナル規程ハ清査総署長之ヲ定ム

附　則

第五条　本規則ハ成吉思汗紀元七百三十五年一月一日ヨリ之ヲ施行ス

第六条　阿片麻薬稽査提成規則ニ関スル従前ノ規則ハ之ヲ廃止ス但シ本規則施行前ノ査獲案件ニ付テハ仍従前ノ規則ニ依ル

＊『公報』第一九号、成紀七三四年八月一七日。『政府弘報』第七五号、成紀七三五年一月一六日。

【資料15】

罌粟栽培取扱規定〔抄〕

民政部令第六号

財政部令第三号

茲ニ罌粟栽培取扱規程ヲ左ノ通制定ス

成吉思汗紀元七百三十五年二月二十九日

民政部長　松津旺楚克

財政部長　馬　永　魁

罌粟栽培取扱規程

第一条　罌粟栽培ハ別ニ定ムルモノノ外本規程ノ定ムル所ニ依ル

第二条　本規程ニ於テ当該官公署トハ罌粟栽培地ヲ管轄スル市長又ハ県長ヲ謂フ

第三条 本規程並罌粟栽培ニ関シテ発スル文書ハ全テ罌粟栽培地ノ所轄地方団体ノ長ヲ経由スベシ
第四条 罌粟ヲ栽培セントスル者ハ毎年二月末日迄ニ罌粟栽培許可申請書(第一号様式)ニ依リ当該官公署ニ対シ栽培許可ノ申請ヲ為スベシ但シ栽培面積一畝ノ十分ノ一未満ノモノニ付テハ栽培許可ノ申請ヲ為スコトヲ得ズ
第五条 左ノ各号ノ一ニ該当スルトキハ当該官公署ハ罌粟栽培ノ許可ヲ与ヘザルコトヲ得
一 暫行阿片管理令ニ違反シテ処罰ヲ受ケタル者ガ許可ヲ申請シタルトキ
二 禁煙特税法ニ違反シテ処罰ヲ受ケタル者ガ許可ヲ申請シタルトキ
三 禁煙特税ヲ滞納シタル者ガ許可ヲ申請シタルトキ
四 前各号ニ該当スル場合ヲ除クノ外取締上許可ヲ与フルヲ不適当ト認ムルトキ
第六条 当該官公署罌粟ノ栽培ヲ許可シタルトキハ申請者ニ対シ罌粟栽培許可証(第二号様式)ヲ下付シ許可セザルトキハ罌粟栽培不許可通知書(第三号様式)ニ依リ其ノ旨通知スベシ
当該官公署罌粟栽培ノ許可ヲ為シタルトキハ直ニ罌粟栽培人台帳(第四号様式)ニ其ノ当該事項ヲ登載スベシ
前項ノ登載事項ニシテ異動ヲ生ジタルトキハ直ニ之ヲ補正スベシ
第七条 当該官公署ハ毎月罌粟栽培許可状況報告書(第五号様式)ヲ作成シテ翌月十日迄ニ所属政庁長官又ハ盟長並税務監督署長及清査署長ニ報告スベシ
第八条 罌粟栽培面積ノ変更又ハ栽培ノ廃止ヲ為サントスルトキハ五月二十日迄ニ罌粟栽培変更(廃止)申請書(第六号様式)ニ罌粟栽培許可証ヲ添附シ当該官公署ニ提出スベシ
第九条 当該官公署前条ノ申請書ヲ受理シタルトキハ罌粟栽培許可証ノ裏面ニ栽培面積変更ノ許否ヲ記載捺印ノ上之ヲ罌粟栽培人ニ還付シ又ハ栽培許可ノ取消ヲ為スベシ
第十条 罌粟栽培人罌粟栽培許可証ヲ亡失又ハ毀損シタルトキハ当該事実ノ発見シタル日ヨリ五日以内ニ許可証再下付申請書(第七号様式)ニ依リ其ノ旨当該官公署ニ申請スベシ

当該官公署前項ノ申請書ヲ受理シタルトキハ亡失ノ事実又ハ毀損ノ程度ヲ審査シ許可証ノ再下付ヲ要スベキモノト認メタルトキハ曩ニ下付シタルモノト同一内容ノ許可証ヲ作成シ其ノ表面欄外ニ「再下付」ト朱書シテ之ヲ報告人ニ下付スベシ

第十一条　罌粟栽培人ハ生阿片ノ採取完了以前ニ於テハ如何ナル事由アルモ当該官公署ノ許可ヲ受クルニ非ザレバ罌粟青苗ヲ他人ニ譲渡スルコトヲ得ズ

第十二条　罌粟青苗ノ譲渡ヲ受ケントスル者ハ当事人連署ノ上罌粟青苗譲渡許可申請書(第八号様式)ニ罌粟栽培許可証ヲ添附シ当該官公署ニ其ノ旨申請スベシ

当該官公署前項ノ申請書ヲ受理シタルトキハ其ノ事実適否ヲ審査シ適当ト認メタルトキハ承継人ニ対シ新ニ罌粟栽培許可証ヲ下付シ不適当ト認メタルトキハ罌粟青苗譲渡不許可通知書(第九号様式)ニ依リ申請人ニ其ノ旨通知スベシ

第十三条　罌粟栽培人ハ栽培シタル罌粟ガ災害ニ因リ推定量ノ生阿片ノ採取不可能ト思惟シタルトキハ被災ノ日ヨリ十日以内ニ被災報告書(第十号様式)ニ依リ当該官公署ニ其ノ旨報告スベシ

第十四条　当該官公署ハ毎年五月三十一日迄ニ勘査員ヲ派遣シ管内ノ実地勘査ヲ為サシメタル後各栽培人ニ罌粟栽培面積勘査証(第十一号様式)ヲ交付シ且罌粟栽培面積実地勘査書(第十二号様式)ヲ作成シ之ヲ税務監督署、清査署及所轄地方団体ノ長ニ送付スベシ

第十五条　罌粟栽培人生阿片ノ採取ヲ完了シタルトキハ其ノ日ヨリ十日以内ニ阿片生産量報告書(第十三号様式ノ一)ニ依リ当該官公署ニ其ノ旨報告スベシ

当該官公署前項ノ報告書ヲ受理シタルトキハ直ニ阿片生産量報告書(第十三号様式ノ二)ニ依リ所属政庁長官又ハ盟長及清査署長ニ其ノ旨報告スベシ

第十六条　罌粟栽培人本規程ノ申請又ハ報告ヲ為サザルトキハ三百円以下ノ罰金ニ処ス

附　則

本規程ハ成吉思汗紀元七百三十五年三月一日ヨリ之ヲ施行ス

本規程第四条ノ罌粟栽培許申請期可限ハ本年度ニ限リ三月三十一日迄トス

＊『政府弘報』第一〇二号、成紀七三五年三月一八日。第一号様式以下の書式は省略。

[資料16] 禁煙特税法

茲ニ禁煙特税法ヲ制定シ公布セシム

主席　徳穆楚克棟魯普
副主席　于　品　卿

成吉思汗紀元七百三十五年四月一日

法律第八号

禁煙特税法

第一条　罌粟栽培人ニハ本法ニ依リ禁煙特税ヲ課ス

第二条　禁煙特税ハ之ヲ正税及附加税ニ分チ正税ノ税率ハ罌粟栽培地面積一畝ニ付年水地十円、旱地六円トシ附加税ノ税率ハ正税ノ百分ノ十五以内トス

前項ノ附加税ハ市又ハ県ノ収入トス

第三条　禁煙特税ノ納期ハ其ノ年七月一日ヨリ十月三十一日迄トス

第四条　税務局長徴税保全上必要アリト認ムルトキハ罌粟栽培人ニ対シ納税保証人ヲ立テシムルコトヲ得

第五条　災害ニ因リ著シク阿片ノ収獲減少(ママ)シタルトキハ財政部長ノ定ムル所ニ依リ其ノ年分禁煙特税ノ全部又ハ一部ヲ免除スルコトヲ得

第六条　税務官吏禁煙特税ノ課税取締上必要アリト認ムルトキハ罌粟栽培地ヲ検査シ又ハ罌粟栽培人其他ノ関係人ヲ尋問スルコトヲ得

第七条　詐偽又ハ故意ニ罌粟栽培ノ届出ヲ怠リ其ノ他不正ノ行為ヲ以テ禁煙特税ヲ逋脱シ又ハ逋脱セントシタル者ハ当該禁煙特税ヲ徴収スルノ外其ノ一倍以上十倍以下ニ相当スル罰金ニ処ス但シ罰金額ハ十円ヲ下ルコトヲ得ズ

第八条　詐偽其他不正ノ行為ヲ以テ第五条ノ規定ニ依ル禁煙特税ノ免除ヲ得又ハ得ントシタル者ハ其ノ税額ノ一倍以上十倍以下ニ相当スル罰金ニ処ス但シ罰金額ハ十円ヲ下ルコトヲ得ズ

第九条　前二条ノ場合ニ於ケル禁煙特税ハ第三条ノ納期ニ拘ラズ直ニ之ヲ徴収ス

第十条　第六条ノ規定ニ基ク税務官吏ノ職務執行ヲ阻害シ又ハ其ノ尋問ニ対シ答弁ヲ為サズ若ハ虚偽ノ答弁ヲナシタル者ハ三百円以下ノ罰金ニ処ス

第十一条　本法ヲ犯シタル者ニハ刑法第十六条但書、第十八条、第十九条第二項、第二十条、第三十条第二項、第四十三条、第五十一条第七項、第五十五条、第五十六条但書、第五十九条、第六十二条及第七十四条ノ規定ヲ適用セズ但シ税務官吏ノ職務ノ執行ヲ阻害スル罪ニ付テハ此ノ限ニ在ラズ

第十二条　市、県及其ノ他ノ地方団体ハ罌粟栽培ニ対シ一切ノ課税ヲ為スコトヲ得ズ

附　則

第十三条　本法ハ成吉思汗紀元七百三十五年四月一日ヨリ之ヲ施行ス

第十四条　従前ノ法令中罌粟栽培ニ対スル課税ニ関スル規定ハ之ヲ廃止ス但シ罌粟栽培ニ対スル課税ニ関スル事項ニシテ本法施行前ニ属スルモノハ仍従前ノ例ニ依ル

第十五条　禁煙特税ノ賦課徴収ニ関スル税務局長ノ職務ハ当分ノ内財政部長ノ定ムル所ニ依リ市長又ハ県長ヲシテ之ヲ行ハシム

ルコトヲ得
前項ノ場合ニ於ケル禁煙特税ノ賦課徴収ニ要スル経費ハ市又ハ県ノ負担トス
政府ハ前項ノ市又ハ県ニ対シ財政部長ノ定ムル所ニ依リ一定ノ金額ヲ交付スルコトヲ得

茲ニ禁煙特税法中改正ノ件ヲ制定シ公布セシム

主席　徳穆楚克棟魯普
副主席　于品卿
副主席　李守信

成吉思汗紀元七百三十六年七月一日

法律第十七号

禁煙特税法中改正ノ件

禁煙特税法中第二条ヲ左ノ通改正ス

第二条　禁煙特税ハ之ヲ正税及附加税ニ分チ正税ノ税率ハ罌粟栽培面積一畝ニ付年水地十円、旱地六円トシ附加税ノ税率ハ正税ノ百分ノ二十五以内トス

前項ノ附加税ハ正税ノ百分ノ十五ニ相当スル部分ハ之ヲ政庁、盟地方費ノ収入トシ残余ノ部分ハ之ヲ市又ハ県ノ収入トス

附　則

本法ハ成吉思汗紀元七百三十六年分禁煙特税ヨリ之ヲ施行ス
本法施行前賦課又ハ徴収スベカリシ禁煙特税ニ付テハ仍従前ノ例ニ依ル

*『政府弘報』第一一二号、成紀七三五年四月二日。同前、第三三七号、成紀七三六年七月一日。

【資料17】

禁煙特税法施行規則〔抄〕

財政部令第五号

茲ニ禁煙特税法施行規則ヲ左ノ通制定ス

成吉思汗紀元七百三十五年四月一日

財政部長　馬　求　魁

禁煙特税法施行規則

第一条　禁煙特税法第五条ニ依ル禁煙特税ノ免除ハ罌粟栽培区画毎ニ左記各号ノ定ムル所ニ依ル

一　阿片ノ収穫皆無ナルトキ　全額免除

二　阿片ノ収穫量一畝当水地ニ在リテハ九両以下、旱地ニ在リテハ六両以下ナルトキ　半額免除

三　阿片ノ収穫量一畝当水地ニ在リテハ十五両以下、旱地ニ在リテハ十両以下ナルトキ　四分ノ一免除

前項ノ一両ハ三七瓦（マヽ）トス

第二条　禁煙特税法第五条ニ依リ禁煙特税ノ免除ヲ得ントスル者ハ災害ノ現状ヲ存シ別紙様式ニ依リ税務局長ニ申請スベシ

第三条　禁煙特税法第六条ニ依リ禁煙特税ノ課税取締ニ従事スル官吏ハ其ノ資格ヲ証明スル証票ヲ携帯スベシ

附　則

第四条　本令ハ成吉思汗紀元七百三十五年四月一日ヨリ之ヲ施行ス

第五条　禁煙特税ノ賦課及徴収ニ関スル税務局長ノ職務ハ当分ノ内罌粟栽培地ヲ管轄スル市長又ハ県長ヲシテ之ヲ行ハシム

＊『政府弘報』第一一四号、成紀七三五年四月五日。別紙様式は省略。

【資料18】

成紀七三四年度財政部所管
清査権運特別会計歳入歳出決定計算書

成紀七三四年度財政部所管　清査権運特別会計歳入歳出決定計算書説明

成紀七三四年度清査権運特別会計歳入歳出決定計算書ニ掲出スル所ノ

一般歳入ノ収入済額ハ　八、二九三、五三九円九九

ニシテ

一般歳出ノ支出済額ハ　八、二九五、八七九円六五

（撥入一般会計　二、七〇〇、〇〇〇円ヲ含ム）

ナリ故ニ一般歳出ノ歳入ニ超過スルコト　二、三三九円六六

ナリト雖右ノ外

収入勘定ニ属スルモノ

翌年度ニ繰越シタル阿片並ニ麻薬ノ価額　四一二、九七九円八〇

ナルヲ以テ之ヲ差引計算スレハ　四一〇、六四〇円一四

ノ過剰ヲ生ス該過剰額ハ本年度利益金トシテ之レヲ事業資金ニ繰入レ以テ本年度ノ決算ヲ結了ス

歳入之部

成紀七三四年度清査権運特別会計歳入ノ

収入済額ハ

歳入経常部	八、二九三、五三九円九九
歳入臨時部	〇円
合　計	八、二九三、五三九円九九

ニシテ之レヲ

予算額

歳入経常部	二五、二九九、五三四円〇〇
歳入臨時部	〇円
合　計	二五、二九九、五三四円〇〇

ニ比較スレハ

歳入経常部	一七、〇〇五、九九四円〇一
歳入臨時部	〇円
合　計	一七、〇〇五、九九四円〇一

ヲ減少セリ

歳入経常部

第一款　清査収入

本年度収入済額ハ　七、九八五、三〇四円〇〇

ニシテ之レヲ

本年度予算額　二四、六〇五、〇〇〇円〇〇
ニ比較スレハ　一六、六一九、六一六円〇〇
ヲ減少セリ今項(マヽ)ニ就キ其ノ預算ニ対スル減少ノ金額並ニ其ノ減少ヲ生シタル事由ヲ左ニ掲記ス
第一項　清査収入
本年度収入済額ヲ以テ其ノ予算額ニ比較スレハ　一六、六一九、六一六円〇〇
ヲ減少セリ
此ノ減少ヲ生シタル所以ハ稀有ノ水害ニ依リ阿片ノ生産量低下シ予定収納数量ヲ確保シ得サリシ為阿片出売収入ノ少カリシニ因ル
第二款　塩税収入
本年度収入済額ハ　三〇八、一五五円九九
ニシテ之レカ
本年度予算額　六九四、五三四円〇〇
ニ比較スレハ　三八六、三七八円〇一
ヲ減少セリ今各項ニ就キ其ノ予算ニ対スル減少ノ金額並ニ其ノ減少ノ事由ヲ掲記ス
第一項　塩税収入
本年度収入済額ヲ以テ其ノ予算額ニ比較スレハ　三六三、七四五円六一
ヲ減少セリ
此ノ減少ヲ生シタル所以ハ天候其ノ他ノ影響ニ依ル産塩ノ不振並ニ湖塩ノ輸送困難ナリシ為塩税収入ノ少カリシニ因ル
第二項　雑収入
本年度収入済額ヲ以テ其ノ予算額ニ比較スレハ　二二、六三二円四〇
減少セリ

此ノ減少ヲ生シタル所以ハ取締官員ノ未整備ノタメ押収塩ノ売下並ニ罰款件数ノ少カリシニ因ル

歳出之部

成紀七三四年度清査権運特別会計歳出ノ予算額ハ

歳出経常部	一八、二九八、四五八円〇〇
歳出臨時部	三、八七七、七〇九円〇〇
合計	二二、一七六、一六七円〇〇

ニシテ予算決定後ニ於テ増減額ナシ

成紀七三四年度財政部所管　清査権運特別会計損益計算書

利益之部

清査収入	七、九八五、三八四円〇〇
塩税収入	三〇八、一五五円九九
儲庫品	四一二、九七九円八〇
合計	八、七〇六、五一九円七九

損失之部

清査権運総署	四、八一七、一七八円七五
営繕費	八七、六四四円九一
工作費	五五、四二六円九〇
撥入一般会計	二、七〇〇、〇〇〇円〇〇

借入金返還金	六三五、六二九円〇九
利益金	四一〇、六四〇円一四
合計	八、七〇六、五一九円七九

成紀七三四年度　清査権運特別会計貸借対照表

資産之部

儲庫品	四一二、九七九円八〇
合計	四一二、九七九円八〇

負債之部

借入金	二、三三九円六六
利益金	四一〇、六四〇円一四
合計	四一二、九七九円八〇

財政部所管清査権運特別会計(単位円)

項目	予算額	調定額	収入済額	不納欠損額	収入未済額	予算額与収入済額相差額	
						増	減
歳入経常部							
第一款清査収入	二四、六〇五、〇〇〇・〇〇	七、九八五、三八四・〇〇	七、九八五、三八四・〇〇	—	—		一六、六一九、六一六・〇〇
第一項清査収入	二四、六〇五、〇〇〇・〇〇	七、九八五、三八四・〇〇	七、九八五、三八四・〇〇	—	—		一六、六一九、六一六・〇〇
第一目阿片出売収入	二四、六〇〇、〇〇〇・〇〇	七、九八五、三八四・〇〇	七、九八五、三八四・〇〇	—	—		一六、九一四、六一六・〇〇

第二目 滾入清査収入	五、〇〇〇・〇〇	—	—	—	—		五、〇〇〇・〇〇
第二款 塩税収入	六九四、五三四・〇〇	三〇八、一五五・九九	三〇八、一五五・九九	—	—		三八六、三七八・〇一
第一項 塩税収入	六六九、〇三四・〇〇	三〇五、二八八・三九	三〇五、二八八・三九	—	—		三六三、七四五・六一
第一目 塩税収入	四四六、〇二二・〇〇	三〇五、二八八・三九	三〇五、二八八・三九	—	—		一四〇、七三三・六一
第二目 滾入塩税収入	二二三、〇一二・〇〇	—	—	—	—		二二三、〇一二・〇〇
第二項 雑収入	二五、五〇〇・〇〇	二、八六七・六〇	二、八六七・六〇	—	—		二二、六三二・四〇
第一目 雑収入	二五、五〇〇・〇〇	二、八六七・六〇	二、八六七・六〇	—	—		二二、六三二・四〇
経常部計	二五、二九九、五三四・〇〇	八、二九三、五三九・九九	八、二九三、五三九・九九	—	—		一七、〇〇五、九九四・〇一

項目	予算額	予算決定後増加額 前年度繰越額	予算決定後増加額 準備金支出額	流用増減額（△印減）	予算現額	支出済額	翌年度繰越額	不用額	備考
歳出経常部									
第一款 清査権運総署	一八、〇九八、四五八	〇	〇	〇	一八、〇九八、四五八	四、八一七、一七八・七五	〇	一三、二八一、二七九・二五	
第一項 俸津	二一〇、一二一	〇	〇	〇	二一〇、一二一	一三〇、四一八・五六	〇	七九、七〇二・四四	
第一目 簡任俸給	二、四〇〇	〇	〇	八〇〇	三、二〇〇	三、二〇〇・〇〇	〇	〇	薦任俸給ヨリ流用受八〇〇円
第二目 薦任俸給	三九、四〇〇	〇	〇	△八〇〇	三八、六〇〇	一〇、五〇七・七四	〇	二八、〇九二・二六	簡任俸給ニ流用払八〇〇円
第三目 委任俸給	八二、九六〇	〇	〇	△二八六	八二、六七四	六三、〇一二・四六	〇	一九、六六一・五四	補償津貼ニ流用払二八六円
第四目 在勤津貼	五八、八〇〇	〇	〇	〇	五八、八〇〇	三六、八四四・四七	〇	二一、九五五・五三	
第五目 特別津貼	二六、五六〇	〇	〇	〇	二六、五六〇	一六、五六六・八九	〇	九、九九三・一一	
第六目 補償津貼	一	〇	〇	二八六	二八七	二八七・〇〇	〇	〇	委任俸給ヨリ流用受二八六円

第二項　弁公費	五二六、九四九	〇	〇	〇	五二六、九四九	四六七、六六四・四五	〇	五九、二八四・五五
第一目用人費	二二一、三三五	〇	〇	〇	二二一、三三五	一六三、六五九・九二	〇	四八、六六五・〇八
第二目給　費	一四八、九一四	〇	〇	〇	一四八、九一四	一四一、二三五・七二	〇	七、六七八・二八
第三目庁　費	七三、〇六〇	〇	〇	△九、〇〇〇	六四、〇六〇	六三、〇九四・七九	〇	九六五・二一
第四目備品費	八四、六五〇	〇	〇	九、〇〇〇	九三、六五〇	九三、五一三・一三	〇	一三六・八七
第五目招待費	二、〇〇〇	〇	〇	〇	二、〇〇〇	一、九九五・一八	〇	四・八二
第六目租地及租屋費	七、〇〇〇	〇	〇	〇	七、〇〇〇	五、一六五・七一	〇	一、八三四・二九
第三項　機密費	六、〇〇〇	〇	〇	〇	六、〇〇〇	六、〇〇〇・〇〇	〇	〇
第一目機密費	六、〇〇〇	〇	〇	〇	六、〇〇〇	六、〇〇〇・〇〇	〇	〇
第四項　購買諸費	一六、七八五、〇〇〇	〇	〇	〇	一六、七八五、〇〇〇	三、九九五、三〇一・四六	〇	一三、七八九、六九八・五四
第一目阿片購買費	一四、四〇〇、〇〇〇	〇	〇	〇	一四、四〇〇、〇〇〇	二、九八〇、一五九、八一	〇	一一、四一九、八四〇・一九
第二目搬運保管費	五七五、〇〇〇	〇	〇	〇	三七五、〇〇〇	一七〇、八六七・〇〇	〇	二〇四、一三三・〇〇
第三目集貨手続費	二、〇〇〇、〇〇〇	〇	〇	〇	二、〇〇〇、〇〇〇	八三八、九八一・八二	〇	一、一六一、〇一八・一八
第四目購買増加費	一〇、〇〇〇	〇	〇	〇	一〇、〇〇〇	五、二九二・八三	〇	四、七〇七・一七
第五項　稽査費	九〇、〇〇〇	〇	〇	〇	九〇、〇〇〇	一九、二八七・〇八	〇	七〇、七一二・九二
第一目犯則処分費	二、五〇〇	〇	〇	〇	二、五〇〇	四四二、一八	〇	二、〇五七・八二
第二目査獲奨励金	六七、五〇〇	〇	〇	〇	六七、五〇〇	五、三〇三・二〇	〇	六二、一九六・八〇
第三目稽査諸費	二〇、〇〇〇	〇	〇	〇	二〇、〇〇〇	一三、五四一、七〇	〇	六、四五八・三〇
第六項補虧損款	一〇、〇〇〇	〇	〇	〇	一〇、〇〇〇	〇	〇	一〇、〇〇〇・〇〇
第一目補虧損款	一〇、〇〇〇	〇	〇	〇	一〇、〇〇〇	〇	〇	一〇、〇〇〇・〇〇
第七項各項支出款	五九、九五五	〇	〇	〇	五九、九五五	五一、六一四、〇〇	〇	八、三四一・〇〇
第一目慰労金	五三、三五五	〇	〇	〇	五三、三五五	五〇、七八七、〇〇	〇	二、五六八・〇〇

第二目賜金恤金給与金	六、〇〇〇	〇	〇	〇	六、〇〇〇	八二七・〇〇	〇	五、一七三・〇〇	
第三目各項支出款	六〇〇	〇	〇	〇	六〇〇	〇	〇	六〇〇・〇〇	
第八項借入金利息	一三八、三三三	〇	〇	〇	一三八、三三三	四七、八七五・二〇	〇	九〇、四五七・八〇	
第一目借入金利息	一三八、三三三	〇	〇	〇	一三八、三三三	四七、八七五・二〇	〇	九〇、四五七・八〇	
第九項交付金	二六〇、〇〇〇	〇	〇	〇	二六〇、〇〇〇	九六、九二八・〇〇	〇	一六三、〇七二・〇〇	
第一目制度提奨交付金	二六〇、〇〇〇	〇	〇	〇	二六〇、〇〇〇	九六、九二八・〇〇	〇	一六三、〇七二・〇〇	
第二款準備金	二〇〇、〇〇〇	〇	〇	〇	二〇〇、〇〇〇	〇	〇	二〇〇、〇〇〇・〇〇	
第一項準備金	二〇〇、〇〇〇	〇	〇	〇	二〇〇、〇〇〇	〇	〇	二〇〇、〇〇〇・〇〇	
第一目準備金	二〇〇、〇〇〇	〇	〇	〇	二〇〇、〇〇〇	〇	〇	二〇〇、〇〇〇・〇〇	
経常部計	一八、二九八、四五八	〇	〇	〇	一八、二九八、四五八	四、八一七、一七八・七五	〇	一三、四八一、二七九・二五	
歳出臨時部									
第一款営繕費	一〇〇、〇〇〇	〇	〇	〇	一〇〇、〇〇〇	八七、六四四・九一	〇	一二、三五五・〇九	
第一項新営費	一〇〇、〇〇〇	〇	〇	〇	一〇〇、〇〇〇	八七、六四四・九一	〇	一二、三五五・〇九	
第一目各所修繕費	七〇、〇〇〇	〇	〇	〇	七〇、〇〇〇	六六、九四五・六五	〇	三、〇五四・三五	
第二目清査工廠機械設備費	三〇、〇〇〇	〇	〇	〇	三〇、〇〇〇	二〇、六九九・二六	〇	九、三〇〇・七四	
第二款工作費	六〇、〇〇〇	〇	〇	〇	六〇、〇〇〇	五五、四二六・九〇	〇	四、五七三・一〇	
第一項阿片工作費	四〇、〇〇〇	〇	〇	△一八、九〇九	二一、〇九一	一六、五一七・九〇	〇	四、五七三・一〇	塩務工作費ニ流用 払一八、九〇九円
第一目阿片工作費	四〇、〇〇〇	〇	〇	△一八、九〇九	二一、〇九一	一六、五一七・九〇	〇	四、五七三・一〇	
第二項塩務工作費	二〇、〇〇〇	〇	〇	一八、九〇九	三八、九〇九	三八、九〇九・〇〇	〇	〇	阿片工作費ヨリ流用 受一八、九〇九円
第一目塩務工作費	二〇、〇〇〇	〇	〇	一八、九〇九	三八、九〇九	三八、九〇九・〇〇	〇	〇	

資料 18　成紀734年度清査権運特別会計計算書

第三款撥入一般会計	三、〇〇〇、〇〇〇	〇	〇	〇	三、〇〇〇、〇〇〇	二、七〇〇、〇〇〇・〇〇	〇	三〇〇、〇〇〇・〇〇
第一項撥入一般会計	三、〇〇〇、〇〇〇	〇	〇	〇	三、〇〇〇、〇〇〇	二、七〇〇、〇〇〇・〇〇	〇	三〇〇、〇〇〇・〇〇
第一目撥入一般会計	三、〇〇〇、〇〇〇	〇	〇	〇	三、〇〇〇、〇〇〇	二、七〇〇、〇〇〇・〇〇	〇	三〇〇、〇〇〇・〇〇
第四款借入金返還金	七一七、七〇九	〇	〇	〇	七一七、七〇九	六三五、六二九・〇九	〇	八二、〇七九・九一
第一項借入金返還金	七一七、七〇九	〇	〇	〇	七一七、七〇九	六三五、六二九・〇九	〇	八二、〇七九・九一
第一目借入金返還金	七一七、七〇九	〇	〇	〇	七一七、七〇九	六三五、六二九・〇九	〇	八二、〇七九・九一
臨時部計	三、八七七、七〇九	〇	〇	〇	三、八七七、七〇九	三、四七八、七〇〇・九〇	〇	三九九、〇〇八・一〇

権運特別会計資産数量価格受払表

阿片		煙膏					麻薬					合計
張家口	計	工廠	厚和	大同	張家口	計	工廠	厚和	大同	張家口	計	
0	0	0	0	0	0	0	0	0	0	0	0	0
0	0	0	0	0	0	0	0	0	0	0	0	0
0	0	0	0	0	0	0	0	0	0	0	0	887,018.60
0	0	0	0	0	0	0	0	0	0	0	0	3,319,992.30
7,000.00	17,000.00	0	0	0	0	0	0	0	0	0	0	763,630.30
55,000.00	135,000.00	0	0	0	0	0	0	0	0	0	0	3,028,021.13
0	773,405.20	0	0	0	0	0	0	0	0	0	0	773,405.20
0	4,037,980.40	0	0	0	0	0	0	0	0	0	0	4,037,980.40
0	0	0	280.60	0	235.60	516.20	0	0	0	332.87	332.87	156,886.37
0	328,381.20	0	1,115.30	0	1,170.80	2,286.10	0	0	0	9,986.10	9,986.10	997,313.32
7,000.00	790,405.20	0	280.60	0	235.60	516.20	0	0	0	332.87	332.87	2,580,940.47
55,000.00	4,501,381.60	0	1,115.30	0	1,170.80	2,286.10	0	0	0	9,986.10	9,986.10	11,383,307.15
0	737,000.00	0	0	0	0	0	0	0	0	0	0	868,428.90
0	4,007,450.00	0	0	0	0	0	0	0	0	0	0	4,492,897.38
0	17,000.00	0	0	0	0	0	0	0	0	0	0	763,630.30
0	135,000.00	0	0	0	0	0	0	0	0	0	0	3,028,021.13
0	0	0	0	0	0	0	0	0	0	0	0	767,307.10
0	0	0	0	0	0	0	0	0	0	0	0	3,106,682.81
0	20,919.20	0	0	0	0	0	0	0	0	0	0	78,154.70
0	161,704.60	0	0	0	0	0	0	0	0	0	0	342,726.08
0	764,919.20	0	0	0	0	0	0	0	0	0	0	2,477,521.00
0	4,303,154.60	0	0	0	0	0	0	0	0	0	0	10,970,327.35
7,000.00	25,486.00	0	280.60	0	235.60	516.20	0	0	0	332.87	332.87	103,419.47
55,000.00	198,207.00	0	1,115.30	0	1,170.80	2,286.10	0	0	0	9,986.10	9,986.10	412,979.80

資料 18　成紀 734 年度清査権運特別会計計算書

成紀七三四年度財政部所管清査

出納科目			生阿片 工廠	生阿片 厚和	生阿片 大同	生阿片 張家口	生阿片 計	規格 工廠	規格 厚和	規格 大同
受之部	越高	数量	0	0	0	0	0	0	0	0
		金額	0	0	0	0	0	0	0	0
	収納	数量	0	451,306.10	170,432.00	265,280.50	887,018.60	0	0	0
		金額	0	1,559,434.25	690,202.00	1,070,356.05	3,319,992.30	0	0	0
	保管転換	数量	746,630.30	0	0	0	746,630.30	0	10,000.00	0
		金額	2,893,021.13	0	0	0	2,893,021.13	0	80,000.00	0
	生産	数量	0	0	0	0	0	773,405.20	0	0
		金額	0	0	0	0	0	4,037,980.40	0	0
	雑件	数量	119,656.80	19,721.70	5,239.20	11,419.60	156,037.30	0	0	0
		金額	397,825.16	147,311.11	21,942.68	89,580.97	656,659.92	328,381.20	0	0
	累計	数量	866,287.10	471,027.80	175,671.20	276,700.10	1,789,686.20	773,405.20	10,000.00	0
		金額	3,290,846.29	1,706,745.36	712,144 68	1,159,937.02	6,869,673.35	4,366,361.30	80,000.00	0
払之部	配給	数量	0	101,018.40	0	40,410.50	141,428.90	727,000.00	0	0
		金額	0	340,963.26	0	144,484.07	435,447.33	4,007,450.00	0	0
	保管転換	数量	0	351,536.70	173,970.40	221,123.20	746,630.30	17,000.00	0	0
		金額	0	1,261,025.00	703,256.28	928,738.95	2,893,021.13	135,000.00	0	0
	生産	数量	767,307.10	0	0	0	767,307.10	0	0	0
		金額	3,106,682.81	0	0	0	3,106,682.81	0	0	0
	雑件	数量	57,179.50	56.00	0	0	57,235.50	20,919.20	0	0
		金額	181,825.48	196.00	0	0	182,021.48	160,704.60	0	0
	累計	数量	824,486.60	452,611.10	173,970.40	261,533.70	1,712,601.80	764,919.20	0	0
		金額	3,288,508.29	1,602,185.16 (ママ)	703,256.28	1,073,223.02	6,667,172.75	4,303,154.60	0	0
現在		数量	41,800.50	18,416.70	1,700.80	15,166.40	77,084.40	8,486.00	10,000.00	0
		金額	2,338.00	104,560.20	8,888.40	86,714.00	202,500.60	63,207.00	80,000.00	0

備　考：1. 単位ハ両，円トス
　　　　2. 雑件欄ハ押収引継，秤量増減，価格改正ニ依ル増減並ニ組替増減ヲ計上ス

＊「秘」と捺印。タイプ印刷。本文九頁。一頁一二行三一字。別表五。沼野資料。

【資料19】

成紀七三五年度財政部所管
清査権運特別会計歳入歳出決定計算書

成紀七三五年度財政部所管　清査権運特別会計歳入歳出決定計算書説明

成紀七三五年度財政部所管清査権運特別会計歳入歳出決定計算書ニ掲出スル所ノ
　歳入ノ収入済額ハ　六六、四七七、一九九円四九
ニシテ
　歳出ノ支出済額ハ　七五、八五一、六五七円一四
　（撥入一般会計　七、六〇〇、〇〇〇円ヲ含ム）
ナリ故ニ歳出ノ歳入ニ超過スルコト　七、三七四、四五七円六五
ナリト雖モ
　収入勘定ニ属スルモノ
　　未整理款項　三、九九五、九四八円五二
　　売下代金翌年度納付許可額　一、五〇〇、〇〇〇円〇〇
　　翌年度ヘ繰越シタル阿片、麻薬ノ価額　一〇、二九六、四三五円八〇
　　土　地　一七、三九七円〇〇

合　計　一五、八〇九、七八一円三二

支出勘定ニ属スルモノ

前年度ヨリ繰越シタル阿片、麻薬ノ価額　四一二、九七九円八〇

合　計　四一二、九七九円八〇

ナルヲ以テ之ト差引計算スレバ　八、〇二二、三四三円八七

ノ過剰ヲ生ス該過剰ハ本年度ノ利益金トシテ之ヲ事業資金ニ繰入レ以テ本年度ノ決算ヲ結了ス

歳入之部

成紀七三五年度清査権運特別会計歳入ノ

収納済額ハ

歳入経常部　六六、四七七、一九九円四九

歳入臨時部　〇円

合　計　六六、四七七、一九九円四九

ニシテ之ヲ

予算額

歳入経常部　八三、一二八、八五八円〇〇

歳入臨時部　〇円

合　計　八三、一二八、八五八円〇〇

ニ比較スレバ　一六、六五一、六五八円五一

ヲ減少セリ

歳入経常部

第一款　清査権運収入

本年度収入済額ハ　六六、四七七、一九九円四九

ニシテ之ヲ

本年度予算額　八三、一二八、八五八円〇〇

ニ比較スレバ　一六、六五一、六五八円五一

ヲ減少セリ今各項ニ就キ其ノ予算ニ対スル増減ノ金額並ニ其ノ増減ヲ生シタル事由ヲ左ニ掲記ス

第一項　清査収入

本年度収入済額ヲ以テ其ノ予算額ニ比較スレバ　一六、六二九、三九〇円〇〇

ヲ減少セリ

此ノ減少ヲ生シタル所以ハ売下最盛期ニ於テ華北ノ煙政機構改革ノ影響ヲ受ケ売下予約品ノ搬出不能ナリシ為阿片出売収入ノ少カリシニ因ル

第二項　塩税収入

本年度収入済額ヲ以テ其ノ予算額ニ比較スレハ　一〇六、三五三円三九

ヲ減少セリ

此ノ減少ヲ生シタル所以ハ満州蒙地間ニ於ケル経済関係ノ変動ニ依リ湖塩ノ対満輸出ノ不振ヲ来シタルタメ塩税収入ノ少カリシニ因ル

第三項　雑収入

本年度収入済額ヲ以テ其ノ予算額ニ比較スレハ　八四、〇八四円八八

ヲ増加セリ

此ノ増加ヲ生シタル所以ハ私塩ノ押収量多カリシニ因ル

歳出之部

成紀七三五年度清査権運特別会計歳出ノ

予算額ハ

歳出経常部	七一、〇七五、六二七円〇〇
歳出臨時部	八、一六三、一七〇円〇〇
合計	七九、二三八、七九七円〇〇

ニシテ予算決定後ニ於テ増減ナシ

本年度ニ於テ準備金ヲ以テ補充シタル金額ハ

九六、六五〇円〇〇

ナリ

今玆ニ之レカ款項ニ就キ其ノ事由ヲ左ニ掲記ス

歳出経常部

第一款　清査権運総署

第五項　稽査費ニ於テ密輸密売ノ取締徹底ニ伴ヒ査獲奨励金(第二目)ノ予算不足ヲ生セシニ依リ

九六、六五〇円〇〇

ヲ準備金ヨリ支出補充増加セリ

歳出経常部合計

九六、六五〇円〇〇

成紀七三五年度清査権運特別会計歳出ノ支出済額ハ

歳出経常部　六六、一六四、八二四円六〇
歳出臨時部　七、六八六、八三二円五四
合　計　七三、八五一、六五七円一四

ニシテ之ヲ

予算現額
歳出経常部　七一、〇七五、六二七円〇〇
歳出臨時部　八、一六三、一七〇円〇〇
合　計　七九、二三八、七九七円〇〇

ニ比較スレバ　五、三八七、一三九円八六

ヲ減少セリ

此ノ減少額ノ内
歳出臨時部　四七五、七七三円〇〇
合　計　四七五、七七三円〇〇

ハ政務院指令第七号ニ依リ翌年度ニ繰越シタル金額ニシテ

四、九一一、三六六円八六

ハ全ク不用トナリタル金額ナリ

今茲ニ款項ニ就キ前記翌年度ニ繰越シタル事由ヲ左ニ掲記ス

第一款　営繕費

第一項　新営費ニ於テ清査工廠敷地ノ選定ニ予想外ノ日子ヲ要シタル為単ニ敷地ノ購入、整地ノミニ止マリ年度内竣功ノ運ヒ

ニ至ラス之カ経費ヲ年度内ニ支出ヲ了スルコト能ハサリシヲ以テ政務院指令第七号ニ因リ四七五、七七三円〇〇ヲ繰越シタリ

歳出臨時部合計	四七五、七七三円〇〇

成紀七三五年度財政部所管　清査権運特別会計損益計算書

利益之部	
清査収入	六五、三九七、三六〇円〇〇
塩税収入	九六五、七五四円六一
雑収入	一一四、〇八四円八八
売下代金翌年度納付許可額	一、五〇〇、〇〇〇円〇〇
未整理款項	三、九九五、九四八円五二
儲庫品	一〇、二九六、四三五円八〇
土地	一七、三九七円〇〇
合計	八二、二八六、九八〇円八一
損失之部	
清査権運総署	六六、一六四、八二四円六〇
営繕費	六六、八三二円五四
塩務工作費	二〇、〇〇〇円〇〇
撥入一般会計	七、六〇〇、〇〇〇円〇〇
由前年度滾入儲庫品	四一二、九七九円八〇

利益金	八、〇二二、三四三円八七
合計	八二、二八六、九八〇円八一

成紀七三五年度　清査権運特別会計貸借対照表

資産之部

儲庫品	一〇、二九六、四三五円八〇
土地	一七、三九七円〇〇
売下代金翌年度納付許可額	一、五〇〇、〇〇〇円〇〇
未整理款項	三、九九五、九四八円五二
合計	一五、八〇九、七八一円三二

負債之部

資本金	四一〇、六四〇円一四
借入金	七、三七六、七九七円三一
利益金	八、〇二二、三四三円八七
合計	一五、八〇九、七八一円三二

財政部所管清査権運特別会計（単位　円）

款項目	予算額	調定額	収入済額	不納欠損額	収入未済額	予算額与収入済額相差額 増	予算額与収入済額相差額 減
歳入経常部							
第一款　清査権運収入	八三、一二八、八五八	七〇、四七三、一四八・〇一	六六、四七七、一九九・四九	〇	三、九九五、九四八・五二	〇	一六、六五一、六五八・五一
第一項清　査　収　入	八二、〇二六、七五〇	六九、三九三、三〇八・五二	六五、三九七、三六〇・〇〇	〇	三、九九五、九四八・五二	〇	一六、六二九、三九〇・〇〇
第一目阿片出売収入	八二、〇二六、七五〇	六九、三九三、三〇八・五二	六五、三九七、三六〇・〇〇	〇	三、九九五、九四八・五二	〇	一六、六二九、三九〇・〇〇
第二項塩　税　収　入	一、〇七二、一〇八	九六五、七五四・六一	九六五、七五四・六一	〇	〇	〇	一〇六、三五三・三九
第一目塩　税　収　入	一、〇七二、一〇八	九六五、七五四・六一	九六五、七五四・六一	〇	〇	〇	一〇六、三五三・三九
第三項雑　　収　入	三〇、〇〇〇	一一四、〇八四・八八	一一四、〇八四・八八	〇	〇	八四、〇八四・八八	〇
第一目雑　　収　入	三〇、〇〇〇	一一四、〇八四・八八	一一四、〇八四・八八	〇	〇	八四、〇八四・八八	〇
経常部計	八三、一二八、八五八	七〇、四七三、一四八・〇一	六六、四七七、一九九・四九	〇	三、九九五、九四八・五二	〇	一六、六五一、六五八・五一

財政部所管清査権運特別会計（単位　円）

款項目	予算額	予算決定後増減額 前年度繰越額	予算決定後増減額 準備金支出額	流用増減額（△印減）	予算現額	支出済額	翌年度繰越額	不用額	備考
歳出経常部									
第一款清査権運総署	七〇、九七五、六二七	〇	九六、六五〇	〇	七一、〇七二、二七七	六六、一六四、八二四・六〇	〇	四、九〇七、四五二・四〇	
第一項俸　　津	六四〇、五八四	〇	〇	〇	六四〇、五八四	五五九、〇〇一・一七	〇	八一、五八二・八三	
第一目簡任俸給	九、六〇〇	〇	〇	〇	九、六〇〇	九、六〇〇・〇〇	〇	〇	
第二目薦任俸給	一一八、二〇〇	〇	〇	△六三、九一五	五四、二八五	四六、三五九・一三	〇	七、九二五・八七	慰労金ニ流用払六三、九一五円

第三目委任俸給	二四八、八八〇	〇	〇	〇	二四八、八八〇	二二七、八四二・三八	〇	二一、〇三七・六二	
第四目在勤津貼	一七六、六四〇	〇	〇	〇	一七六、六四〇	一三七、〇七八・〇六	〇	三九、五六一・九四	
第五目特別津貼	八五、七四〇	〇	〇	〇	八五、七四〇	六四、〇六一・七二	〇	二一、六七八・二八	
第六目補償津貼	一、五二四	〇	〇	〇	一、五二四	一四四・八八	〇	一、三七九・一二	
第七目慰労金		〇	〇	六三、九一五	六三、九一五	六三、九一五・〇〇	〇	〇	薦任俸給ヨリ流用受六三、九一五円
第二項弁公費	一、五六六、一〇五	〇	〇	〇	一、五六六、一〇五	一、二八五、六七二・九六	〇	二八〇、四三二・〇四	
第一目用人費	六一一、八二三	〇	〇	〇	六一一、八二三	五三四、八五四・一三	〇	七六、九五七・六七	
第二目給費	四四〇、〇三一	〇	〇	〇	四四〇、〇三一	三三三、五五七・五八	〇	一〇六、四七三・四二	
第三目庁費	二六二、二〇二	〇	〇	〇	二六二、二〇二	二二七、〇八八・九二	〇	三五、一一三・〇八	
第四目備品費	一八八、一一〇	〇	〇	〇	一八八、一一〇	一四八、三七七・二九	〇	三九、七三二・七一	
第五目招待費	四、八〇〇	〇	〇	〇	四、八〇〇	四、五三一・八一	〇	二六八・一九	
第六目租地及租屋費	二五、九二〇	〇	〇	〇	二五、九二〇	一九、四八四・九三	〇	六、四三五・〇七	
第七目機械運転機械用品	八、二六六	〇	〇	〇	八、二六六	八七四・七六	〇	七、三九一・二四	
第八目試作試験費	一七、七四九	〇	〇	〇	一七、七四九	一六、九〇三・五四	〇	八四五・四六	
第九目講習会費	七、二二五	〇	〇	〇	七、二二五	〇	〇	七、二二五・〇〇	
第三項機密費	一八、〇〇〇	〇	〇	〇	一八、〇〇〇	一八、〇〇〇・〇〇	〇	〇	
第一目機密費	一八、〇〇〇	〇	〇	〇	一八、〇〇〇	一八、〇〇〇・〇〇	〇	〇	
第四項購買諸費	六七、五六九、九六九	〇	〇	〇	六七、五六九、九六九	六三、〇六五、四四九・六二	〇	四、五〇四、五一九・三八	
第一目阿片購買費	六六、八八八、〇〇〇	〇	〇	〇	六六、八八八、〇〇〇	六二、七二五、四三七・七三	〇	四・一六二、五六二・二七	
第二目搬運保管費	四九〇、〇〇〇	〇	〇	〇	四九〇、〇〇〇	一四八、〇四三・〇五	〇	三四一、九五六・九五	
第三目購買附加費	三〇、〇〇〇	〇	〇	〇	三〇、〇〇〇	三〇、〇〇〇・〇〇	〇	〇	
第四目集貨手続費	一六一、九六九	〇	〇	〇	一六一、九六九	一六一、九六八・八四	〇	〇・一六	
第五項稽査費	二八六、〇〇〇	〇	九六、六五〇	〇	三八二、六五〇	三六〇、九三三・八三	〇	二一、七一六・一七	準備金支出九六、六五〇円
第一目犯則処分費	七、五〇〇	〇	〇	〇	七、五〇〇	一八五・七九	〇	七、三一四・二一	
第二目査獲奨励金	二三〇、五〇〇	〇	九六、六五〇	〇	三二七、一五〇	三一二、七四八・〇四	〇	一四、四〇一・九六	準備金支出九六、六五〇円
第三目稽査諸費	四八、〇〇〇	〇	〇	〇	四八、〇〇〇	四八、〇〇〇・〇〇	〇	〇	

第六項補虧損款	五、〇〇〇	〇	〇	〇	五、〇〇〇	四、六六八・五一	〇	三三一・四九	
第一目補虧損款	五、〇〇〇	〇	〇	〇	五、〇〇〇	四、六六八・五一	〇	三三一・四九	
第七項各項支出款	八八、三〇四	〇	〇	〇	八八、三〇四	七七、八三〇・〇〇	〇	一〇、四七四・〇〇	
第一目慰労金	四四、八四〇	〇	〇	九、一八一	五四、〇二一	五四、〇二一・〇〇	〇	〇	賜金恤金給与金ヨリ流用受九、一八一円
第二目賜金恤金給与金	三八、三四六	〇	〇	△九、一八一	二九、一六五	二三、八〇九・〇〇	〇	五、三五六・〇〇	慰労金ニ流用払九、一八一円
第三目各項支出款	五、一一八	〇	〇	〇	五、一一八	〇	〇	五、一一八・〇〇	
第八項借入金利息	三九二、九二五	〇	〇	〇	三九二、九二五	三八四、八九〇・五一	〇	八、〇三四・四九	
第一目借入金利息	三九二、九二五	〇	〇	〇	三九二、九二五	三八四、八九〇・五一	〇	八、〇三四・四九	
第九項交付金	四〇八、七四〇	〇	〇	〇	四〇八、七四〇	四〇八、三七八・〇〇	〇	三六二・〇〇	
第一目制度提奨交付金	二〇〇、〇〇〇	〇	〇	〇	二〇〇、〇〇〇	一九九、七〇〇・〇〇	〇	三〇〇・〇〇	
第二目塩務協助費	七、〇〇〇	〇	〇	〇	七、〇〇〇	六、九九〇・〇〇	〇	一〇・〇〇	
第三目産塩奨励交付金	一、〇三〇	〇	〇	〇	一、〇三〇	一、〇三〇・〇〇	〇	〇	
第四目産塩助成交付金	五、〇〇〇	〇	〇	〇	五、〇〇〇	四、九四八・〇〇	〇	五二・〇〇	
第五目煙政助成金	一九五、七三〇	〇	〇	〇	一九五、七三〇	一九五、七三〇・〇〇	〇		
第二款準備金	一〇〇、〇〇〇	〇	△九六、六五〇	〇	三、三五〇	〇	〇	三、三五〇・〇〇	第一款第五項稽査費ニ準備金支出九六、六五〇円
第一項準備金	一〇〇、〇〇〇	〇	△九六、六五〇	〇	三、三五〇	〇	〇	三、三五〇・〇〇	
第一目準備金	一〇〇、〇〇〇	〇	△九六、六五〇	〇	三、三五〇	〇	〇	三、三五〇・〇〇	
経常部計	七一、〇七五、六二七	〇	〇	〇	七一、〇七五、六二七	六六、一六四、八二四・六〇	〇	四、九一〇、八〇二・四〇	
歳出臨時部									
第一款営繕費	五四三、一七〇	〇	〇	〇	五四三、一七〇	六六、八三二・五四	四七五、七七三	五六四・四六	政務院指令第七号ニ依リ定額繰越
第一項新営費	四九三、一七〇	〇	〇	〇	四九三、一七〇	一七、三九七・〇〇	四七五、七七三	〇	
第一目清査工廠新営費	四九三、一七〇	〇	〇	〇	四九三、一七〇	一七、三九七・〇〇	四七五、七七三	〇	
第二項各所修繕費	五〇、〇〇〇	〇	〇	〇	五〇、〇〇〇	四九、四三五・五四	〇	五六四・四六	

第一目各所修繕費	五〇、〇〇〇	〇	〇	〇	五〇、〇〇〇	四九、四三五・五四	〇	五六四・四六
第二款塩務工作費	二〇、〇〇〇	〇	〇	〇	二〇、〇〇〇	二〇、〇〇〇・〇〇	〇	〇
第一項塩務工作費	二〇、〇〇〇	〇	〇	〇	二〇、〇〇〇	二〇、〇〇〇・〇〇	〇	〇
第一目塩務工作費	二〇、〇〇〇	〇	〇	〇	二〇、〇〇〇	二〇、〇〇〇・〇〇	〇	〇
第三款撥入一般会計	七、六〇〇、〇〇〇	〇	〇	〇	七、六〇〇、〇〇〇	七、六〇〇、〇〇〇・〇〇	〇	〇
第一項撥入一般会計	七、六〇〇、〇〇〇	〇	〇	〇	七、六〇〇、〇〇〇	七、六〇〇、〇〇〇・〇〇	〇	〇
第一目撥入一般会計	七、六〇〇、〇〇〇	〇	〇	〇	七、六〇〇、〇〇〇	七、六〇〇、〇〇〇・〇〇	〇	〇
臨時部計	八、一六三、一七〇	〇	〇	〇	八、一六三、一七〇	七、六八六、八三二・五四	四七五、七七三	五六四・四六

成紀七三五年度財政部所管　清査権運特別会計資産数量価額受払表

種類	越高		受入		払出		在庫	
	数量	価格	数量	価格	数量	価格	数量	価格
	両	円	両	円	両	円	両	円
生阿片	七七、〇八四・四〇	二〇三、五〇〇・六〇	一三、九二八、〇二六・二〇	一〇一、五二八、三八五・七〇	一二、八二八、九七三・三〇	九三、五四〇、〇六三・六〇	一、一七六、一三七・三〇	八、一九一、八二二・七〇
規格阿片	二五、四八六・〇〇	一九八、二〇七・〇〇	七六七、三〇五・〇〇	七、八四二、三九一・五〇	六一九、二四四・〇〇	五、九九〇、四三四・五〇	一七三、五四七・〇〇	二、〇五〇、一六四・〇〇
煙膏	五一六・二〇	二、二八六・一〇	一、九八五・三〇	一三、一〇〇・五五	八三八・七〇	四、一八九・〇五	一、六六二・八〇	一〇、一九七・六〇
麻薬	三三二・八七	九、九八六・一〇	七、一七六・六〇	二一五、二九八・〇〇	六、〇三四・四二	一八一、〇三二・六〇	一、四七五・〇五	四四、二五一・五〇
合計	一〇三、四一九・四七	四一三、九七九・八〇	一四、七〇四、四九三・一〇	一〇九、五九九、一七五・七五	一三、四五五、〇九〇・四二	九九、七一五、七一九・七五	一、三五二、八二二・一五	一〇、二九六、四三五・八〇

運特別会計資産数量価格受払表(Ｉ)

規	格	阿	片	
工廠	厚和	大同	張家口	計
8,486.00 63,207.00	10,000.00 80,000.00	0 0	7,000.00 55,000.00	25,486.00 198,207.00
0 0	0 0	0 0	0 0	0 0
3,000.00 24,000.00	167,000.00 1,704,500.00	62,000.00 619,000.00	113,500.00 1,130,500.00	345,500.00 3,478,000.00
421,805.00 4,329,937.50	0 0	0 0	0 0	421,805.00 4,329,937.50
0 34,454.00	0 0	0 0	0 0	0 34,454.00
433,291.00 4,451,598.50	177,000.00 1,784,500.00	62,000.00 619,000.00	120,500.00 1,185,500.00	792,791.00 8,040,598.50
0 0	121,000.00 1,136,500.00	37,800.00 349,000.00	93,500.00 861,500.00	252,300.00 2,347,000.00
342,500.00 3,454,000.00	1,000.00 8,000.00	2,000.00 16,000.00	0 0	345,500.00 3,478,000.00
0 0	0 0	0 0	0 0	0 0
21,444.00 165,434.50	0 0	0 0	0 0	21,444.00 165,434.50
363,944.00 3,619,434.50	122,000.00 1,144,500.00	39,800.00 365,000.00	93,500.00 861,500.00	619,244.00 5,990,434.50
69,347.00 832,164.00	55,000.00 640,000.00	22,200.00 254,000.00	27,000.00 324,000.00	173,547.00 2,050,164.00

資料 19　成紀735年度清査権運特別会計計算書

成紀七三五年度財政部所管　清査権

出納科目			生阿片				
			工廠	厚和	大同	張家口	計
越高		数量 金額	41,800.50 2,338.00	18,416.70 104,560.20	1,700.80 8,888.40	15,166.40 86,714.00	77,084.40 202,500.60
受之部	収納	数量 金額	0 0	3,602,411.20 25,192,494.25	998,978.00 6,980,307.00	2,116,522.90 14,807,216.90	6,717,912.10 46,980,018.15
	保管転換	数量 金額	6,623,883.70 47,427,959.50	30,000.00 240,000.00	0 0	0 0	6,653,883.70 47,667,959.50
	生産	数量 金額	0 0	0 0	0 0	0 0	0 0
	雑件	数量 金額	432,785.60 6,161,816.20	40,677.00 231,076.50	29,453.40 172,331.75	53,314.40 316,183.60	556,230.40 6,881,408.05
	累計	数量 金額	7,098,469.80 53,592,113.70	3,691,504.90 25,768,130.95	1,030,132.20 7,161,527.15	2,185,003.70 15,210,114.50	14,005,110.60 101,731,883.70
払之部	売下	数量 金額	5,320,000.00 39,463,100.00	0 0	0 0	0 0	5,320,000.00 39,463,100.00
	保管転換	数量 金額	30,000.00 240,000.00	3,677,513.00 26,533,873.75	1,023,420.30 7,134,901.85	1,922,950.40 13,759,183.90	6,653,883.70 47,667,959.50
	生産	数量 金額	421,600.30 3,363,462.25	0 0	0 0	0 0	421,600.30 3,363,462.25
	雑件	数量 金額	411,958.20 2,928,502.40	8,682.00 44,721.55	6,711.90 35,050.10	6,137.20 37,267.80	433,489.30 3,045,541.85
	累計	数量 金額	6,183,558.50 45,995,064.65	3,686,195.00 26,578,595.30	1,030,132.20 7,169,951.95	1,929,087.60 13,796,451.70	12,828,973.30 93,540,063.60
現在		数量 金額	914,911.30	5,309.90	0	255,916.10	1,176,137.30 8,191,822.70

麻			薬		合　計
工　廠	厚　和	大　同	張家口	計	
0 0	0 0	0 0	332.87 9,986.10	332.87 9.986.10	103,419.47 412,979.80
0 0	0 0	0 0	0 0	0 0	6,717,912.10 46,980,018.15
3,017.21 90,516.30	0 0	0 0	0 0	3,017.21 90,516.30	7,002,400.91 51,236,475.80
0 0	0 0	0 0	0 0	0 0	421,805.00 4,329,937.50
0 0	1,177.90 35,337.00	1,078.89 32,366.70	1,902.60 57,078.00	4,159.39 124,781.70	562,375.09 7,052,744.30
3,017.21 90,516.30	1,177.90 35,337.00	1,078.89 32,366.70	2,235.47 67,064.10	7,509.47 225,284.10	14,807,912.57 110,012,155.55
3,016.91 90,507.30	0 0	0 0	0 0	3,016.91 90,507.30	5,575,316.91 41,900,607.30
0 0	298.40 8,952.00	878.66 26,359.80	1,840.15 55,204.50	3,017.21 90,516.30	7,002,400.91 51,236,475.80
0 0	0 0	0 0	0 0	0 0	421,600.30 3,363,462.25
0.30 9.00	0 0	0 0	0 0	0.30 9.00	455,772.30 3,215,174.40
3,017.21 90,516.30	298.40 8,952.00	878.66 26,359.80	1,840.15 55,204.50	6,034.42 181,032.60	13,455,090.42 99,715,719.75
0 0	879.50 26,385.00	200.23 6,006.90	395.32 11,859.60	1,475.05 44,251.50	1,352,822.15 10,296,435.80

前表つづき(Ⅱ)

出納科目			煙膏				
			工廠	厚和	大同	張家口	計
越高		数量	0	280.60	0	235.60	516.20
		金額	0	1,115.30	0	1,170.80	2,286.10
受之部	収納	数量	0	0	0	0	0
		金額	0	0	0	0	0
	保管転換	数量	0	0	0	0	0
		金額	0	0	0	0	0
	生産	数量	0	0	0	0	0
		金額	0	0	0	0	0
	雑件	数量	0	910.60	527.30	497.40	1,985.30
		金額	0	6,408.45	2,882.75	2,809.35	12,100.55
	累計	数量	0	1,241.20	527.30	733.00	2,501.50
		金額	0	7,523.75	2,882.75	3,980.15	14,386.65
払之部	売下	数量	0	0	0	0	0
		金額	0	0	0	0	0
	保管転換	数量	0	0	0	0	0
		金額	0	0	0	0	0
	生産	数量	0	0	0	0	0
		金額	0	0	0	0	0
	雑件	数量	0	418.20	157.10	263.40	838.70
		金額	0	1,861.45	795.35	1,532.25	4,189.05
	累計	数量	0	418.20	157.10	263.40	838.70
		金額	0	1,861.45	795.35	1,532.25	4,189.05
現在		数量	0	823.00	370.20	469.60	1,662.80
		金額	0	5,662.30	2,087.40	2,447.90	10,197.60

〔注〕 合計欄はⅠとⅡとの計。

成紀七三五年度財政部所管　清査権運特別会計固定資産価額増減内訳表

種目	細分	署名	年度首価額	増	減	年度末価格	増減事項
土地	工廠新営予定敷地	総署	○	一七、三九七・○○	○	一七、三九七・○○	増ハ購入
計			○	一七、三九七・○○	○	一七、三九七・○○	

清査総署
権運総署

成紀七三五年度財政部所管　清査権運特別会計固定資産価額増減表

種目	年度首価額	増	減	年度末価額	増減事由
土地	○	一七、三九七・○○	○	一七、三九七・○○	増ハ購入
計	○	一七、三九七・○○	○	一七、三九七・○○	

＊「秘」と捺印。タイプ印刷。本文一三頁。一頁一二行三一字。別表九。沼野資料。

【資料20】

成紀七三六年度経済部所管
清査権運特別会計歳入歳出決定計算書

経済部

成紀七三六年度経済部所管　清査権運特別会計歳入歳出決定計算書説明

成紀七三六年度経済部所管清査権運特別会計歳入歳出決定計算書ニ掲出スルトコロノ

歳入ノ収入済額ハ　五五、三一三、〇二八円二〇

ニシテ

歳出ノ支出済額ハ（撥入一般会計　一〇、六〇〇、〇〇〇円ヲ含ム）　一〇三、七六八、〇六八円七八

ナリ故ニ歳出ノ歳入ニ超過スルコト　四八、四五五、〇四〇円五八

ナリト雖モ

収入勘定ニ属スルモノ

阿片、麻薬ノ価格	八五、五六二、六五一円七〇
土　地	四四、六六七円五〇
建　物	三、一八六円〇〇
合　計	八五、六一〇、五〇五円二〇

支出勘定ニ属スルモノ

前年度ヨリ繰越シタル

阿片、麻薬ノ価格	一〇、二九六、四三五円八〇
未整理款項ニシテ本年度収入済トナリタル額	三、九二三、〇〇〇円〇〇
未整理款項ニシテ本年度不納欠損トナリタル額	七二、九四八円五二
売下代金翌年度納付許可額ニシテ本年度収入済トナリタル額	一、五〇〇、〇〇〇円〇〇
合計	一五、七九二、三八四円三二

ナルヲ以テ之ト差引計算スレバ　二一、三六三、〇八〇円三〇

ノ過剰ヲ生ス該過剰ハ本年度ノ利益金ニシテ之カ事業運転資本ニ繰入レ以テ本年度ノ決算ヲ結了ス

歳入之部

成紀七三六年度清査権運特別会計歳入ノ

収入済額ハ

歳入経常部	五五、三一三、〇二八円二〇
歳入臨時部	〇円
合計	五五、三一三、〇二八円二〇

ニシテ之ヲ

予算額

歳入経常部	一一八、八四六、四三四円〇〇
歳入臨時部	〇円
合計	一一八、八四六、四三四円〇〇

ト比較スレバ　六三、五三三、四〇五円八〇

ヲ減少セリ

歳入経常部

第一款　清査権運収入

本年度収入済額ハ　五五、三一三、〇二八円二〇

ニシテ之ヲ

本年度予算額　一一八、八四六、四三四円〇〇

ニ比較スレバ　六三、五三三、四〇五円八〇

ヲ減少セリ今各項ニ就キ其ノ予算ニ対スル増減ノ金額並ニ其ノ増減ヲ生ジタル事由ヲ左ニ掲記ス

第一項　清査収入

本年度収入済額ヲ其ノ予算額ニ比較スレバ　六四、三六六、七五〇円〇〇

ヲ減少セリ

此ノ減少ヲ生ジタル所以ハ阿片売下最盛期ニ於テ華中ノ法幣下落ニ依ル経済的影響並ニ輸送飛械(ママ)ノ運航不円滑ナリシタメ阿片出売収入ノ少カリシニ因ル

第二項　塩税収入

本年度収入済額ヲ其ノ予算額ニ比較スレバ　三九五、四八三円七七

ヲ増加セリ

此ノ増加ヲ生ゼシ所以ハ塩政ノ普及並ニ産塩指導宜シキヲ得タル為生産塩ノ多カリシニ因ル

第三項　雑収入

本年度収入済額ヲ其ノ予算額ニ比較スレバ　四三七、八六〇円四三

ヲ増加セリ

此ノ増加ヲ生シタル所以ハ私塩ノ押収量多カリシニ因ル

歳出之部

成紀七三六年度清査権運特別会計歳出ノ

予算額ハ

歳出経常部	九三、八〇七、一三七円〇〇
歳出臨時部	一〇、六一四、五五〇円〇〇
合　　計	一〇四、四二一、六八七円〇〇

ニシテ予算現額ハ

歳出経常部	九三、八〇七、一三七円〇〇
歳出臨時部	一一、〇九〇、三二三円〇〇
合　　計	一〇四、八九七、四六〇円〇〇

ナリ故ニ予算現額ノ予算額ニ比シ増加スルコト　四七五、七七三円〇〇

ニシテ右ハ前年度ヨリ繰越シタル金額ナリ

成紀七三六年度清査権運特別会計歳出ノ

支出済額ハ

歳出経常部	九三、〇〇六、六八一円一一
歳出臨時部	一〇、七六一、三八七円六七
合　　計	一〇三、七六八、〇六八円七八

ニシテ
予算現額
歳出経常部　九三、八〇七、一三七円〇〇
歳出臨時部　一一、〇九〇、三三三円〇〇
合　計　一〇四、八九七、四六〇円〇〇
ニ比較スレバ　一、一二九、三九一円二三
ヲ減少セリ
此ノ減少額ノ内
歳出経常部　二〇、〇〇〇円〇〇
歳出臨時部　三二七、四七五円〇〇
合　計　三四七、四七五円〇〇
ハ翌年度ニ繰越シタル金額ニシテ　七八一、九一六円二三
ハ全ク不用トナリシ金額ナリ
今茲ニ款項ニ就キ前記翌年度ニ繰越シタル事由ヲ左ニ掲記ス
歳出経常部
第一款　清査権運総署
第二項　弁公費ニ於テ満州国治安部ヨリ譲受予定ナリシ拳銃一〇〇挺ハ時局関係ニ依リ入手困難トナリシトコロ内政部ノ斡旋ヲ以テ別途購入ノ道ヲ講ジタルモ遂ニ年度内納入ニ至ラサリシニ因リ之カ経費年度内支出ヲ了スルコト能ハサリシヲ以テ政務院指令第七号ニ依リ　二〇、〇〇〇円〇〇
ヲ繰越シタリ

歳出経常部計　二〇、〇〇〇円〇〇

歳出臨時部

第一款　営繕費

第一項　営繕費ニ於テ清査工廠庁舎並ニ倉庫新営ニ当リ都市建設局ヨリ建設計画上ノ理由ニ基キ既定敷地ノ変更方申出アリタル為新敷地ヲ選定並ニ設計替ヲ余儀ナクセラレ予想外ノ日子ヲ要シタル関係上年度内竣功ニ至ラス之カ経費年度内支出ヲ了スルコト能ハサリシヲ以テ政務院指令第七号ニ依リ三二七、四七五円〇〇ヲ繰越シタリ

歳出臨時部計　三二七、四七五円〇〇

成紀七三六年度経済部所管　清査権運特別会計損益計算書

利益之部	
清査権運収入	五五、三一三、〇二八円二〇
在庫品	八五、五六三、六五一円七〇
土地	四四、六六七円五〇
建物	三、一八六円〇〇
合計	一四〇、九二三、五三三円四〇
損失之部	
清査権運総署	九二、九三〇、六三一円一三
各項支出款	七六、〇四九円九八
撥入一般会計	一〇、六〇〇、〇〇〇円〇〇

営繕費	一六一、三八七円六七
前年度ヨリ繰越シタル阿片、麻薬ノ価格	一〇、二九六、四三五円八〇
〃 未整理款項ニシテ本年度収入済トナリタル金額	三、九二三、〇〇〇円〇〇
〃 未整理款項ニシテ本年度不納欠損トナリタル金額	七二、九四八円五二
〃 売下代金翌年度納付許可額ニシテ本年度収入トナリタル金額	一、五〇〇、〇〇〇円〇〇
利益金	二一、三六三、〇八〇円三〇
合計	一四〇、九二三、五三三円四〇

成紀七三六年度経済部所管　清査権運特別会計貸借対照表

資産之部	
在庫品	八五、五六二、六五一円七〇
土地	六二、〇六四円五〇
建物	三、一八六円〇〇
合計	八五、六二七、九〇二円二〇
負債之部	
資本金	八、四三二、九八四円〇一
借入金	五五、八三一、八三七円八九
利益金	二一、三六三、〇八〇円三〇
合計	八五、六二七、九〇二円二〇

経済部所管清査権運特別会計（単位円）

	予算額	調定額	収入済額	不納欠損額	収入未済額	予算額与収入済額相差額 増	予算額与収入済額相差額 減
歳入経常部							
第一款清査権運収入	一二八、八四六、四三四	五五、三八五、九七六・七二	五五、三一三、〇二八・二〇	七二、九四八・五二	〇	〇	六三、五三三、四〇五・八〇
第一項清査収入	一一七、六〇〇、〇〇〇	五三、三〇六、一九八・五二	五三、二三三、二五〇・〇〇	七二、九四八・五二	〇	〇	六四、三六六、七五〇・〇〇
第一目阿片売出収入	一一七、六〇〇、〇〇〇	五三、三〇六、一九八・五二	五三、二三三、二五〇・〇〇	七二、九四八・五二	〇	〇	六四、三六六、七五〇・〇〇
第二項塩税収入	一、〇九四、六三三	一、四九〇、一一五・七七	一、四九〇、一一五・七七	〇	〇	三九五、四八二・七七	〇
第一目塩税収入	一、〇九四、六三三	一、四九〇、一一五・七七	一、四九〇、一一五・七七	〇	〇	三九五、四八二・七七	〇
第三項雑収入	一五一、八〇二	五八九、六六二・四三	五八九、六六二・四三	〇	〇	四三七、八六〇・四三	〇
第一目雑入	一五一、八〇二	五八九、六六二・四三	五八九、六六二・四三	〇	〇	四三七、八六〇・四三	〇
経常部計	一二八、八四六、四三四	五五、三八五、九七六・七二	五五、三一三、〇二八・二〇	七二、九四八・五二	〇	〇	六三、五三三、四〇五・八〇

経済部所管清査権運特別会計（単位円）

	予算額	予算決定後増加額 由前年度繰越額	予算決定後増加額 準備金支出額	流用増減額（△印減）	予算現額	支出済額	翌年度繰越額	不用額	摘要
歳出経常部									
第一款清査権運総署	九三、六二六、四六二	〇	〇	〇	九三、六二六、四六二	九二、九三〇、六三一・一三	二〇、〇〇〇	六七五、八三〇・八七	
第一項俸津	五九五、七五三	〇	〇	〇	五九五、七五三	五一二、九八一・九五	〇	八二、七七一・〇五	
第一目簡任俸給	九、六〇〇	〇	〇	△一、八二二	七、七七八	四、〇〇〇・〇〇	〇	三、七七八・〇〇	第七目ニ流用払
第二目薦任俸給	九六、〇六〇	〇	〇	△三、〇〇九	六四、〇五一	五三、四二四・八七	〇	一〇、六二六・一三	六一、八三九円

第三目委任俸給	二四一、二〇〇	〇	〇	△二八、〇二七	二一三、一七三	二〇四、六四八・一一	〇	八、五二四・八九	第六目ニ流用払 九円
第四目在勤津貼	一六八、一九二	〇	〇	〇	一六八、一九二	一二三、一二八・六二	〇	四五、〇六三・三八	
第五目特別津貼	八〇、七〇〇	〇	〇	〇	八〇、七〇〇	六五、九三一・三五	〇	一四、七六八・六五	
第六目補償津貼	一	〇	〇	九	一〇	一〇・〇〇	〇	〇	第二目ヨリ流用受 九円
第七目慰労金	〇	〇	〇	六一、八三九	六一、八三九	六一、八三九・〇〇	〇	〇	第一、二、三ヨリ流用受 六一、八三九円
第二項弁公費	一、四四八、三九八	〇	〇	〇	一、四四八、三九八	一、一九三、〇七一・七六	二〇、〇〇〇	二三五、三二六・二四	
第一目用人費	六一五、六八七	〇	〇	〇	六一五、六八七	五二八、一五二・二九	〇	八七、五三四・七一	
第二目給費	四〇〇、三二八	〇	〇	〇	四〇〇、三二八	三一七、六九八・八六	〇	八二、五二九・一四	
第三目語学津貼	四、二〇〇	〇	〇	〇	四、二〇〇	一、五六四・三九	〇	二、六三五・七一	
第四目庁費	二三六、八〇七	〇	〇	〇	二三六、八〇七	二一七、三三八・六二	〇	一九、四六八・三八	
第五目備品費	一三三、二六〇	〇	〇	〇	一三三、二六〇	八四、三三五・〇四	二〇、〇〇〇	一八、九二四・九六	政務院指令第七号ニ依リ定額繰越
第六目招待費	六、〇〇〇	〇	〇	〇	六、〇〇〇	五、〇九四・二三	〇	九〇五・七七	
第七目租地及租屋費	二五、九二〇	〇	〇	〇	二五、九二〇	二一、三五五・九九	〇	四、五六四・〇一	
第八目機械運転用品	一六、三三二	〇	〇	〇	一六、三三二	一、八四九・七六	〇	一四、四八二・二四	
第九目試作試験費	三、七四九	〇	〇	〇	三、七四九	三、六六八・八八	〇	八〇・一二	
第十目講習会費	七、二一五	〇	〇	〇	七、二一五	三、〇二三・七〇	〇	四、一九一・三〇	
第三項機密費	三、〇〇〇	〇	〇	〇	三、〇〇〇	三、〇〇〇・〇〇	〇	〇	
第一目機密費	三、〇〇〇	〇	〇	〇	三、〇〇〇	三、〇〇〇・〇〇	〇	〇	
第四項購買諸費	九〇、〇一五、〇〇〇	〇	〇	〇	九〇、〇一五、〇〇〇	八九、七〇六、六二五・七七	〇	三〇八、三七四・二三	
第一目阿片購買費	八九、六〇〇、〇〇〇	〇	〇	〇	八九、六〇〇、〇〇〇	八九、四三六、三二四・五〇	〇	一六三、六七五・五〇	
第二目搬運保管費	四〇〇、〇〇〇	〇	〇	△六、〇〇〇	三九四、〇〇〇	二四九、三〇一・二七	〇	一四四、六九八・七三	第三目ニ流用払 六、〇〇〇円
第三目購買附加費	一五、〇〇〇	〇	〇	六、〇〇〇	二一、〇〇〇	二一、〇〇〇・〇〇	〇	〇	第二目ヨリ流用受 六、〇〇〇円
第五項稽査費	三六二、〇〇〇	〇	〇	〇	三六二、〇〇〇	三三二、四五八・九六	〇	二九、五四一・〇四	
第一目犯則処分費	七、五〇〇	〇	〇	〇	七、五〇〇	四六四・〇〇	〇	七、〇三六・〇〇	

第二目査獲奨励金	三三〇、五〇〇	〇	〇	△九、六〇〇	三二〇、九〇〇	二九八、三九四・九六	〇	二二、五〇五・〇四	第三目ニ流用払 九、六〇〇円
第三目稽査諸費	二四、〇〇〇	〇	〇	九、六〇〇	三三、六〇〇	三三、六〇〇・〇〇	〇	〇	第二目ヨリ流用受 九、六〇〇円
第六項借入金利息	九一〇、二九一	〇	〇	〇	九一〇、二九一	八九一、〇四九・一三	〇	一九、二四一・八七	
第一目借入金利息	九一〇、二九一	〇	〇	〇	九一〇、二九一	八九一、〇四九・一三	〇	一九・二四一・八七	
第七項交付金	二八三、〇二〇	〇	〇	〇	二八三、〇二〇	二八二、四四三・五六	〇	五七六・四四	
第一目制度提奨交付金	二〇〇、〇〇〇	〇	〇	〇	二〇〇、〇〇〇	一九九、四三四・〇〇	〇	五六六・〇〇	
第二目塩務協助費	七、〇〇〇	〇	〇	〇	七、〇〇〇	六、九九〇・〇〇	〇	一〇・〇〇	
第三目産塩奨励交付金	一、〇二〇	〇	〇	〇	一、〇二〇	一、〇二〇・〇〇	〇	〇	
第四目産塩助成交付金	五、〇〇〇	〇	〇	〇	五、〇〇〇	四、九九九・五六	〇	〇・四四	
第五目煙地灑漑交付金	五〇、〇〇〇	〇	〇	〇	五〇、〇〇〇	五〇、〇〇〇・〇〇	〇	〇	
第六目蒙旗交付金	二〇、〇〇〇	〇	〇	〇	二〇、〇〇〇	二〇、〇〇〇・〇〇	〇	〇	
第二款各項支出款	八〇、六七五	〇	〇	〇	八〇、六七五	七六、〇四九・九八	〇	四、六二五・〇二	
第一項各項支出款	七五、五七五	〇	〇	〇	七五、五七五	七一、八八一・〇〇	〇	三、六九四・〇〇	
第一目慰労金	五九、五七五	〇	〇	二、七六二	六二、三三七	五九、六四三・〇〇	〇	二、六九四・〇〇	第三、四目ヨリ流用受 二、七六二円
第二目退職賜金	五、〇〇〇	〇	〇	六、八一八	一一、八一八	一一、八一八・〇〇	〇	〇	第四、五、六目ヨリ流用受 六、八一八円
第三目公傷病療養費	二、〇〇〇	〇	〇	△二、〇〇〇	〇	〇	〇	〇	第一目ニ流用払 二、〇〇〇円
第四目公死傷病恤金	五、〇〇〇	〇	〇	△五、〇〇〇	〇	〇	〇	〇	第一、二目ニ流用払 五、〇〇〇円
第五目臨時生計津貼	一、〇〇〇	〇	〇	△五八〇	四二〇	四二〇・〇〇	〇	〇	第二目ニ流用払 五八〇円
第六目各項支出款	三、〇〇〇	〇	〇	△二、〇〇〇	一、〇〇〇	〇	〇	一、〇〇〇・〇〇	第二目ニ流用払 二、〇〇〇円
第二項各項発還款及補虧損款	五、一〇〇	〇	〇	〇	五、一〇〇	四、一六八・九八	〇	九三一・〇二	

第一目各項発還款	一〇〇	〇	〇	四、〇六九	四、一六九	四、一六八・九八	〇	〇・〇二	第二目ヨリ流用受 四、〇六九円
第二目補塡損款	五、〇〇〇	〇	〇	△四、〇六九	九三一	〇	〇	九三一・〇〇	第一目ニ流用払 四、〇六九円
第三款準備金	一〇〇、〇〇〇	〇	〇	〇	一〇〇、〇〇〇	〇	〇	一〇〇、〇〇〇・〇〇	
第一項準備金	一〇〇、〇〇〇	〇	〇	〇	一〇〇、〇〇〇	〇	〇	一〇〇、〇〇〇・〇〇	
第一目準備金	一〇〇、〇〇〇	〇	〇	〇	一〇〇、〇〇〇	〇	〇	一〇〇、〇〇〇・〇〇	
経常部計	九三、八〇七、一三七	〇	〇	〇	九三、八〇七、一三七	九三、〇〇六、六八一・一一	二〇、〇〇〇	七八〇、四五五・八九	
歳出臨時部									
第一款営繕費	一四、五五〇	四七五、七七三	〇	〇	四九〇、三二三	一六一、三八七・六七	三二七、四七五	一、四六〇・三三	
第一項新営費	四、五五〇	四七五、七七三	〇	〇	四八〇、三二三	一五二、〇一七・七八	三二七、四七五	八三〇・二二	
第一目巴彦們都分局庁舎新営費	四、五五〇	〇	〇	〇	四、五五〇	三、七二〇・二八	〇	八二九・七二	
第二目清査工廠新営費	〇	四七五、七七三	〇	〇	四七五、七七三	一四八、二九七・五〇	三二七、四七五	〇・五〇	政務院指令第七号ニ依リ定額繰越
第二項各所修繕費	一〇、〇〇〇	〇	〇	〇	一〇、〇〇〇	九、三六九・八九	〇	六三〇・一一	
第一目各所修繕費	一〇、〇〇〇	〇	〇	〇	一〇、〇〇〇	九、三六九・八九	〇	六三〇・一一	
第二款撥入一般会計	一〇、六〇〇、〇〇〇	〇	〇	〇	一〇、六〇〇、〇〇〇	一〇、六〇〇、〇〇〇・〇〇	〇	〇	
第一項撥入一般会計	一〇、六〇〇、〇〇〇	〇	〇	〇	一〇、六〇〇、〇〇〇	一〇、六〇〇、〇〇〇・〇〇	〇	〇	
第一目撥入一般会計	一〇、六〇〇、〇〇〇	〇	〇	〇	一〇、六〇〇、〇〇〇	一〇、六〇〇、〇〇〇・〇〇	〇	〇	
臨時部計	一〇、六一四、五五〇	四七五、七七三	〇	〇	一一、〇九〇、三二三	一〇、七六一、三八七・六七	三二七、四七五	一、四六〇・三三	

成紀七三六年度経済部所管　清査権運特別会計資産価格受払総括表

	前年度ヨリ越高		受入		払出		翌年度ニ越高	
	数量(両)	価格(円)	数量(両)	価格(円)	数量(両)	価格(円)	数量(両)	価格(円)
生阿片	一、一七六、一三七・三〇	一二、三四九、四四一・六五	一八、七一三、九二五・二〇	一九六、四九六、二一四・六〇	一一、九一五、七七八・三〇	一三五、一一五、六七二・一五	七、九七四、二八四・二〇	八三、七二九、九八四・一〇
規格阿片	一七三、五四七・〇〇	二、〇五〇、一六四・〇〇	二一〇、〇〇五・〇〇	二、五五二、四六〇・〇〇	二四三、〇〇〇・〇〇	二、九一六、〇〇〇・〇〇	一四〇、五五二・〇〇	一、六八六、六二四・〇〇
煙膏	一、六六二・八〇	一〇、一九七・六〇	四八五・〇〇	三、三三〇・二〇	二、一四七・八〇	一三、五二七・八〇	〇	〇
麻薬	一、四七五・〇五	四四、二五一・五〇	四、三五二・九七	一三〇、五八九・一〇	九五九・九〇	二八、七九七・〇〇	四、八六八・一二	一四六、〇四三・六〇
合計	一、三五二、八二二・一五	一四、四五四、〇五四・七五	一八、九二八、七六八・一七	一九九、一八二、五九三・九〇	一二、一六一、八八六・〇〇	一三八、〇七三、九九六・九五	八、一一九、七〇四・三二	八五、五六二、六五一・七〇

成紀七三六年度清査権運特別会計　生阿片各署別数量受払表(単位両)

出納科目	工廠	厚和署	大同署	張家口署	計
前年度ヨリ越高	九一四、九一一・三〇	五、三〇九・九〇	〇	二五五、九一六・一〇	一、一七六、一三七・三〇
受之部					
収納	〇	四、四〇四、〇〇五・三〇	二、三八六、八二一・二〇	四、三七七、九七六・〇〇	一一、一六八、八〇二・五〇
保管転換	七、〇〇二、三八九・四〇	〇	〇	〇	七、〇〇二、三八九・四〇
生産	〇	〇	〇	〇	〇
雑件	二八六、九七二・二〇	一八四、五六九・六〇	二八、九九四・二〇	四二、一九七・三〇	五四二、七三三・三〇
累計	八、二〇四、二七二・九〇	四、五九三、八八四・八〇	二、四一五、八一五・四〇	四、六七六、〇八九・四〇	一九、八九〇、〇六二・五〇
払之部					
売下	四、三〇〇、〇七三・〇〇	〇	〇	〇	四、三〇〇、〇七五・〇〇
保管転換	〇	三、五一三、七八八・三〇	一、三一四、二五三・七〇	二、一七四、三四七・四〇	七、〇〇二、三八九・四〇

	生産	雑件	累計	翌年度ニ越高
	一一一、〇〇四・五〇	三三七、六八八・九〇	四、七三八、七六八・四〇	三、四六五、五〇四・五〇
	〇	一五八、六五二・七〇	三、六七二、四四一・〇〇	九二一、四四三・八〇
	〇	一三、四三七・八〇	一、三三七、六九一・五〇	一、〇八八、一三三・九〇
	〇	二、五三〇・〇〇	二、一七六、八七七・四〇	二・四九九、二二二・〇〇
	一一一、〇〇四・三〇	五〇二、三〇九・四〇	一一、九二五、七七八・三〇	七、九七四、二八四・二〇

成紀七三六年度清査権運特別会計　規格阿片各署別数量受払表(単位両)

出納科目	前年度ヨリ越高	受之部 収納	受之部 保管転換	受之部 生産	受之部 雑件	受之部 累計	払之部 売下	払之部 保管転換	払之部 生産	払之部 雑件	払之部 累計	翌年度ニ越高
工廠	六九、三四七	〇	〇	一一一、一〇五	〇	一八〇、四五二	〇	九八、九〇〇	〇	〇	九八、九〇〇	八一、五五二
厚和署	五五、〇〇〇	〇	四九、〇〇〇	〇	〇	一〇四、〇〇〇	五七、〇〇〇	〇	〇	〇	五七、〇〇〇	四七、〇〇〇
大同署	二二、二〇〇	〇	四、九〇〇	〇	〇	二七、一〇〇	一五、一〇〇	〇	〇	〇	一五、一〇〇	一二、〇〇〇
張家口署	二七、〇〇〇	〇	四五、〇〇〇	〇	〇	七二、〇〇〇	七二、〇〇〇	〇	〇	〇	七二、〇〇〇	〇
計	一七三、五四七	〇	九八、九〇〇	一一一、一〇五	〇	三八三、五五二	一四四、一〇〇	九八、九〇〇	〇	〇	二四三、〇〇〇	一四〇、五五二

成紀七三六年度清査権運特別会計　煙膏各署別数量受払表(単位両)

出納科目	工廠	厚和署	大同署	張家口署	計
前年度ヨリ越高	〇	八二三・〇〇	三七〇・二〇	四六九・六〇	一、六六二・八〇
受之部　収納	〇	〇	〇	〇	〇
保管転換	三七〇・二〇	〇	〇	〇	三七〇・二〇
生産	〇	〇	〇	〇	〇
雑件	〇	〇	一一四・八〇	〇	一一四・八〇
累計	三七〇・二〇	八二三・〇〇	四八五・〇〇	四六九・六〇	二、一四七・八〇
払之部　売下	〇	〇	〇	〇	〇
保管転換	〇	〇	三七〇・二〇	〇	三七〇・二〇
生産	〇	〇	〇	〇	〇
雑件	三七〇・二〇	八二三・〇〇	一一四・八〇	四六九・六〇	一、七七七・六〇
累計	三七〇・二〇	八二三・〇〇	四八五・〇〇	四六九・六〇	二、一四七・八〇
翌年度ニ越高	〇	〇	〇	〇	〇

成紀七三六年度清査権運特別会計　麻薬各署別数量受払表(単位両)

出納科目	工廠	厚和署	大同署	張家口署	計
前年度ヨリ越高	〇	八七九・五〇	二〇〇・二三	三九五・三二	一、四七五・〇五

受之部 収納	受之部 保管転換	受之部 生産	受之部 雑件	受之部 累計	払之部 売下	払之部 保管転換	払之部 生産	払之部 雑件	払之部 累計	翌年度ニ越高
〇	九五九・九〇	〇	〇	九五九・九〇	〇	〇	〇	〇	〇	九五九・九〇
〇	〇	〇	二、一六五・六〇	三、〇四五・一〇	〇	九五九・九〇	〇	〇	九五九・九〇	二、〇八五・二〇
〇	〇	〇	五〇二・九三	七〇三・一六	〇	〇	〇	〇	〇	七〇三・一六
〇	〇	〇	七二四・五四	一、一一九・八六	〇	〇	〇	〇	〇	一、一一九・八六
〇	九五九・九〇	〇	三、三九三・〇七	五、八二八・〇二	〇	九五九・九〇	〇	〇	九五九・九〇	四、八六・八一二

成紀七三六年度経済部所管　清査権運特別会計固定資産価格増減表(単位円)

種目	年度首位価格	増	減	年度末価格	増減事由
土地	一七、三九七・〇〇	四四、六六七・五〇	〇	六二、〇六四・五〇	増ハ購入
建物	〇	三、七二〇・二八	五三四・二八	三、一八六・〇〇	増ハ新営 減ハ減価償却
合計	一七、三九七・〇〇	四八、三八七・七八	五三四・二八	六五、二五〇・五〇	

成紀七三六年度経済部所管　清査権運特別会計固定資産価格増減内訳表(単位円)

種目	細分	署名	年度首価格	増	減	年度末価格	備考
土地	工廠新営予定地	経済本部	一七、三九七・〇〇	四四、六六七・五〇	〇	六二、〇六四・五〇	増ハ購入
建物	事務所建	張家口清査権運署	〇	三、七二〇・二八	五三四・二八	三、一八六・〇〇	
合計			一七、三九七・〇〇	四八、三八七・七八	五三四・二八	六五、二五〇・五〇	

＊「秘」と捺印。タイプ印刷。本文一四頁。一頁一一行三一字。別表一二。沼野資料。

〔資料21〕成紀七三五年度阿片収納実績一覧表

清査総署

成紀七三五年度阿片収納実績総集計表（単位　数量両、金額円）

		一等	二等	三等	次等	国内品	等外品	計
張家口署	数量	八、三〇三・四〇		七〇・〇〇		二、一〇八、一四九・五〇		二、一一六、五三三・九〇
	金額	四九、八二〇・四〇		三五〇・〇〇		一六、九二〇、五七九・〇〇		一六、九七〇、七四九・四〇
大同署	数量	六、五〇〇・〇〇	一、四〇六・〇〇	九一五・〇〇	七〇〇・〇〇	九九九、四五七・〇〇		九九八、九七八・〇〇
	金額	三九、〇〇〇・〇〇	七、七三三・〇〇	四、五七五・〇〇	二、八〇〇・〇〇	八、二二四、二九三・〇〇		八、二六八、四〇一・〇〇
厚和署	数量	七、二一九・八〇	三、三八七・三〇	一、六三六・四〇	五八五・一〇	三、五八八、五七四・七〇	一、〇〇七・九〇	三、六〇二、四一一・二〇
	金額	五五、四二三・六〇	二三、五五四・五〇	九、二九二・六〇	二、四五九・二〇	三七、二九九、二二二・一〇	六、〇四七・四〇	三七、三九五、九八八・四五
計	数量	二三、〇二三・二〇	四、七九三・三〇	二、六二一・四〇	一、二八五・一〇	六、六八六、一八一・二〇	一、〇〇七・九〇	六、七一七、九一三・一〇
	金額	一四四、二四三・〇〇	三一、二八七・五五	一四、二一七・六〇	五、二五九・二〇	六三、四三四、〇八四・一〇	六、〇四七・四〇	六三、六三五、一三八・八五

附表一　包頭特殊収納実績表(厚和管内)

		一等(八円八〇銭)	二等(八円)	計
二月	数量	三、〇一一・五〇	七七七・六〇	三、七八九・一〇
	金額	二六、五〇一・二〇	六、二二〇・八〇	三二、七二二・〇〇

備考　(　)内単価

附表二　固陽特殊収納実績表(厚和管内)

		一等(八円)	二等(七円五〇銭)	三等(七円)	次等(六円)	計
三月	数量	一、八三五・八〇	一、四九〇・二〇	五五五・三〇	五九・四〇	三、九四〇・七〇
	金額	一四、六八六・四〇	一一、一七六・五〇	三、八八七・一〇	三五六・四〇	三〇、一〇六・四〇

備考　(　)内単価

附表三　応県阿片特殊収納実績表(大同署管内)

		九成(一三円)	八成(一二円)	計
十月	数量	七、五〇〇・〇〇	二〇、一五〇・〇〇	二七、六五〇・〇〇
	金額	九七、五〇〇・〇〇	二四一、八〇〇・〇〇	三三九、三〇〇・〇〇
十二月	数量	一二、三七五・〇〇		一二、三七五・〇〇
	金額	一六〇、八七五・〇〇		一六〇、八七五・〇〇

計　数量	一九、八七五・〇〇	二〇、一五〇・〇〇	四〇、〇二五・〇〇
計　金額	二五八、三七五・〇〇	二四一、八〇〇・〇〇	五〇〇、一七五・〇〇

備考一　十月分ハ応県特殊収納人ヨリ収納ス
二　十二月分ハ喬日成ヨリ直接収納ス
三　（　）内単価

附表四　王英・白献郷阿片特殊収納実績表（厚和署管内）

		九成（一三円）	八成（一二円）	計
十二月	数量	五、八八四・〇〇	四、〇〇〇・〇〇	九、八八四・〇〇
	金額	七六、四九二・〇〇	四八、〇〇〇・〇〇	一二四、四九二・〇〇
〃	数量		八一七・五〇	八一七・五〇
	金額		九、八一〇・〇〇	九、八一〇・〇〇
計	数量	五、八八四・〇〇	四、八一七・〇〇	一〇、七〇一・五〇
	金額	七六、四九二・〇〇	五七、八一〇・〇〇	一三四、三〇二・〇〇

備考一　十二月右欄ハ包頭局ニテ左欄ハ厚和署ニ於テ収納ス
二　（　）内は単価

附表五　涼州阿片特殊収納実績表

		九成（一二円五〇銭）	八成（一一円五〇銭）	七成（一〇円五〇銭）	六成（六円）	計
七月	数量		七、一〇〇・〇〇			七、一〇〇・〇〇
	金額		八一、六五〇・〇〇			八一、六五〇・〇〇

区分		(一)	(二)	(三)	(四)	(五)
八月	数量	一七、三七一・三〇	三五、九七四・〇〇	四二、一三一・二〇		九五、四七六・五〇
	金額	二一七、一四一・二五	四一三、七〇一・〇〇	四四二、三七七・六〇		一、〇七三、二一九・八五
九月	数量	三三、九一五・一〇	五四、〇六七・六〇	八、一一二・八〇		九六、〇九五・五〇
	金額	四二三、九三八・七五	六二一、七七七・四〇	八五、一八四・四〇		一、一三〇、九〇〇・五五
十月	数量	一五九、六〇四・〇〇	七七、九五七・八〇	四六、六三三・三〇		二八四、一九五・一〇
	金額	一、九九五、〇五〇・〇〇	八九六、五一四・七〇	四八九、六四九・六五		三、三八一、二一四・三五
十一月	数量	一六、〇一五・八〇	八七、八一四・四〇	三七、二八六・七〇		一四一、一一六・九〇
	金額	二〇〇、一九七・五〇	一、〇〇九、八六五・六〇	三九一、五一〇・三五		一、六〇一、五七三・四五
十二月	数量	一、八六七・〇〇	八、六六八・八〇	一四、〇三八・四〇	一、〇〇七・九〇	二五、五八二・一〇
	金額	二三、三三七・五〇	九九、六九一・二〇	一四七、四〇三・二〇	六、〇四七・四〇	二七六、四七九・三〇
計	数量	二二八、七七三・二〇	二七一、五八二・六〇	一四八、二〇二・四〇	一、〇〇七・九〇	六四九、五六六・一〇
	金額	二、八五九、六六五・〇〇	三、一二三、一九九・九〇	一、五五六、一二五・二〇	六、〇四七・四〇	七、五四五、〇三七・五〇

備考 （ ）内単価

附表六　阿片収納人組合別収納実績表

署	張家口署								
組合	張北					崇礼			
区分	数量				金額	数量			
成分	九成	八成	七成	計		九成	八成	七成	計
八月	六〇・〇〇〇			六〇、〇〇〇	四八〇、〇〇〇	五〇、〇〇〇			五〇、〇〇〇
九月	一八八、〇〇〇			一八八、〇〇〇	一、五〇四、〇〇〇	二四〇、〇〇〇			二四〇、〇〇〇
十月	三三五、〇〇〇			三三五、〇〇〇	二、六八〇、〇〇〇	一一〇、〇〇〇			一一〇、〇〇〇
十一月	一三九、六〇〇			一三九、六〇〇	一、一一六、八〇〇	一三一、四〇〇			一三一、四〇〇
十二月	八二、七〇〇		三、三九四	八六、〇九四	六八八、七五二		八二、二〇〇		八二、二〇〇
計	八〇五、三〇〇		三、三九四	八〇八、六九四	六、四六九、五五二	五三一、四〇〇	八二、二〇〇		六一三、六〇〇

資料 21　成紀 735 年度阿片収納実績一覧表

	大同署					張家口署															
	晋北					計					興和					宣化					
	金額	数量				金額	数量				金額	数量				金額	数量				金額
九成		計	七成	八成	九成		計	七成	八成	九成		計	七成	八成	九成		計	七成	八成	九成	
五〇、〇〇〇	七二〇、〇〇〇	九〇、〇〇〇			九〇、〇〇〇	一、六〇〇、〇〇〇	二〇〇、〇〇〇			二〇〇、〇〇〇						七二〇、〇〇〇	九〇、〇〇〇			九〇、〇〇〇	四〇〇、〇〇〇
三九、〇〇〇	一、六八〇、〇〇〇	二一〇、〇〇〇		一〇、〇〇〇	二〇〇、〇〇〇	五、〇二四、〇〇〇	六二八、〇〇〇			六二八、〇〇〇	五一二、〇〇〇	六四、〇〇〇			六四、〇〇〇	一、〇八八、〇〇〇	一三六、〇〇〇			一三六、〇〇〇	一、九二〇、〇〇〇
二二、一〇〇	二、五七六、〇〇〇	三二二、〇〇〇		二二、〇〇〇	三〇〇、〇〇〇	五、〇四〇、〇〇〇	六三〇、〇〇〇			六三〇、〇〇〇	五〇四、〇〇〇	六三、〇〇〇			六三、〇〇〇	九七六、〇〇〇	一二二、〇〇〇			一二二、〇〇〇	八八〇、〇〇〇
	一、二四〇、〇〇〇	一五五、〇〇〇		一五、〇〇〇	一四〇、〇〇〇	三、四四〇、八〇〇	四三〇、一〇〇		三九、五〇〇	三九〇、六〇〇	四二四、〇〇〇	五三、〇〇〇			五三、〇〇〇	八四八、八〇〇	一〇六、一〇〇		三九、五〇〇	六六、六〇〇	一、〇五一、二〇〇
	一、二三一、二四〇	一五二、六五五	四、五一四	九一、三二五	五六、八一六	一、六八六、五五二	二一〇、八一九	九、二九四	八四、八二五	一一六、七〇〇	三三四、四〇〇	四一、八〇〇	五、九〇〇	一、九〇〇	三四、〇〇〇	五、八〇〇	七二五		七二五		六五七、六〇〇
三〇一、一〇〇	七、四三七、二四〇	九二九、六五五	四、五一四	一三八、三二五	七八六、八一六	一六、七九一、三五二	二、〇九八、九一九	九、二九四	一二四、三二五	一、九六五、三〇〇	一、七七四、四〇〇	二二一、八〇〇	五、九〇〇	一、九〇〇	二一四、〇〇〇	三、六三八、六〇〇	四五四、八二五		四〇、二二五	四一四、六〇〇	四、九〇八、八〇〇

厚和署

厚和			
数量 八成	数量 七成	数量 計	金額
一〇〇、〇〇〇		一五〇、〇〇〇	一、二〇〇、〇〇〇
五三、〇〇〇		九一、〇〇〇	七二八、〇〇〇
三〇、九〇〇	二、六〇〇	二四五、六〇〇	一、九六四、八〇〇
九一、八〇〇		九一、八〇〇	七三四、四〇〇
二七四、七〇〇	二、六〇〇	五七八、四〇〇	四、六二七、二〇〇

托克托				
数量 九成	数量 八成	数量 七成	数量 計	金額
	八〇、〇〇〇		八〇、〇〇〇	六四〇、〇〇〇
八四、五〇〇	二六、七〇〇		一一一、二〇〇	八八九、六〇〇
三〇、〇〇〇			三〇、〇〇〇	二四〇、〇〇〇
三一、九〇〇	一、五〇〇		三三、四〇〇	二六七、二〇〇
一四六、四〇〇	一〇八、二〇〇		二五四、六〇〇	二、〇三六、八〇〇

包頭				
数量 九成	数量 八成	数量 七成	数量 計	金額
三四、〇〇〇			三四、〇〇〇	二七二、〇〇〇
二六、〇〇〇			二六、〇〇〇	二〇八、〇〇〇
三〇、〇〇〇	六、〇〇〇		三六、〇〇〇	二八八、〇〇〇
一〇、〇〇〇	一〇、〇〇〇		二〇、〇〇〇	一六〇、〇〇〇
六、三〇〇	六、〇〇〇		一二、三〇〇	九八、四〇〇
一〇六、三〇〇	三二、〇〇〇		一三八、三〇〇	一、〇二六、四〇〇

豊鎮				
数量 九成	数量 八成	数量 七成	数量 計	金額
二〇〇、〇〇〇			二〇〇、〇〇〇	一、六〇〇、〇〇〇
二二〇、〇〇〇	二〇、〇〇〇		二四〇、〇〇〇	一、九二〇、〇〇〇
四〇、〇〇〇	六〇、〇〇〇		一〇〇、〇〇〇	八〇〇、〇〇〇
一五三、三一五	六〇、〇〇〇	一五、八〇〇	二二九、一一五	一、八三二、九二〇
六一三、三一五	一四〇、〇〇〇	一五、八〇〇	七六九、一一五	六、一五二、九二〇

薩拉斉			
数量 九成	数量 八成	数量 七成	数量 計
四八、〇〇〇	五〇、〇〇〇	二六、〇〇〇	一二四、〇〇〇
三四、三〇〇	八、七〇〇		四三、〇〇〇
八二、三〇〇	五八、七〇〇	二六、〇〇〇	一六七、〇〇〇

	金額	計 数量 九成	計 数量 八成	計 数量 七成	計 数量 計	計 金額	計 数量 九成	計 数量 八成	計 数量 七成	計 数量 計	計 金額
		八四、〇〇〇	一八〇、〇〇〇		二六四、〇〇〇	二、一一二、〇〇〇	三七四、〇〇〇	一八〇、〇〇〇		五五四、〇〇〇	四、四三二、〇〇〇
	九九二、〇〇〇	三九七、五〇〇	一二八、七〇〇	二六、〇〇〇	五五二、二〇〇	四、四一七、六〇〇	一、二三五、五〇〇	一三八、七〇〇	二六、〇〇〇	一、三九〇、二〇〇	一一、一二一、六〇〇
		四九二、一〇〇	五六、九〇〇	二、六〇〇	五五一、六〇〇	四、四一二、八〇〇	一、四二三、一〇〇	七八、九〇〇	二、六〇〇	一、五〇三、六〇〇	一二、〇二八、八〇〇
	三四四、〇〇〇	八四、三〇〇	七八、七〇〇		一六三、〇〇〇	一、三〇四、〇〇〇	六一四、九〇〇	一三三、二〇〇		七四八、一〇〇	五、九八四、八〇〇
		一九一、五一五	一五九、三〇〇	一五、八〇〇	三六六、六一五	二、九三二、九二〇	三六五、〇三一	三三五、四五〇	二九、六〇八	七三〇、〇八九	五、八四〇、七一二
	一、三三六、〇〇〇	一、二四九、四一五	六〇三、六〇〇	四四、四〇〇	一、八九七、四一五	一五、一七九、三二〇	四、〇〇一、五三一	八六六、二五〇	五八、二〇八	四、九二五、九八九	三九、四〇七、九一二

備考　単価八円

成紀七三五年度月別阿片収納実績表　其ノ一(自一月至六月)

署・等級	区分	二月	三月	四月	五月	六月	計
張家口署 一等	数量	七、三〇二・〇〇	一、〇〇一・四〇				八、三〇三・四〇
	金額	四三、八一二・〇〇	六、〇〇八・四〇				四九、八二〇・四〇
二等	数量						
	金額						
三等	数量			七〇・〇〇			七〇・〇〇
	金額			三五〇・〇〇			三五〇・〇〇

次等	数量						
	金額						
国内品	数量					九、二三〇・五〇	九、二三〇・五〇
	金額					一三九、二三七・〇〇	一三九、二三七・〇〇
計	数量	七、三〇二・〇〇	一、〇〇一・四〇	七〇・〇〇		九、二三〇・五〇	一七、六〇三・九〇
	金額	四三、八一二・〇〇	六、〇〇八・四〇	三五〇・〇〇		一三九、二三七・〇〇	一七九、三九七・四〇
大同署 一等	数量	四〇〇・〇〇	六、一〇〇・〇〇				六、五〇〇・〇〇
	金額	二、四〇〇・〇〇	三六、六〇〇・〇〇				三九、〇〇〇・〇〇
二等	数量	五〇〇・〇〇	九〇六・〇〇				一、四〇六・〇〇
	金額	二、七五〇・〇〇	四、九八三・〇〇				七、七三三・〇〇
三等	数量	六一五・〇〇	三〇〇・〇〇				九一五・〇〇
	金額	三、〇七五・〇〇	一、五〇〇・〇〇				四、五七五・〇〇
次等	数量	二〇〇・〇〇	五〇〇・〇〇				七〇〇・〇〇
	金額	八〇〇・〇〇	二、〇〇〇・〇〇				二、八〇〇・〇〇
国内品	数量					一九、七七七・〇〇	一九、七七七・〇〇
	金額					二七六、八七八・〇〇	二七六、八七八・〇〇
計	数量	一、七一五・〇〇	七、八〇六・〇〇			一九、七七七・〇〇	二九、二九八・〇〇
	金額	九、〇二五・〇〇	四五、〇八三・〇〇			二七六、八七八・〇〇	三三〇、九八六・〇〇
厚和署 一等	数量	五、三八四・〇〇	一、八三五・八〇				七、二一九・八〇
	金額	四〇、七三六・二〇	一四、六六六・四〇				五五、四二三・六〇
二等	数量	一、八九七・一〇	一、四九〇・二〇				三、三八七・三〇
	金額	一三、三七八・〇五	一一、一七六、五〇				二三、五五四・五五
三等	数量	一、〇八一・一〇	五五五・三〇				一、六三六・四〇
	金額	五、四〇五・五〇	三、八八七・一〇				九、二九二・六〇

次等	数量	五二五・七〇	五九・四〇				五八五・一〇
	金額	二、一〇二・八〇	三五六・四〇				二、四五九・二〇
国内品	数量				七一〇、〇〇〇・〇〇	三二一、九〇〇・〇〇	一、〇三一、九〇〇・〇〇
	金額				九、九四〇、〇〇〇・〇〇	四、五〇六、六〇〇・〇〇	一四、四四六、六〇〇・〇〇
計	数量	八、八八七・九〇	三、九四〇・七〇		七一〇、〇〇〇・〇〇	三二一、九〇〇・〇〇	一、〇四四、七二八・六〇
	金額	六〇、六二三・五五	三〇、一〇六・四〇		九、九四〇、〇〇〇・〇〇	四、五〇六、六〇〇・〇〇	一四、五三七、三二八・九五
計							
一等	数量	一三、〇八六・〇〇	八、九三七・二〇				二二、〇二三・二〇
	金額	八六、九四八・二〇	五七、二九四・八〇				一四四、二四三・〇〇
二等	数量	二、三九七・一〇	二、三九六・二〇				四、七九三・三〇
	金額	一五、一二八・〇五	一六、一五九・五〇				三一、二八七・五五
三等	数量	一、六九六・一〇	八五五・三〇	七〇・〇〇			二、六二一・四〇
	金額	八、四八〇・五〇	五、三八七・一〇	三五〇・〇〇			一四、二一七・六〇
次等	数量	七二五・七〇	五五九・四〇				一、二八五・一〇
	金額	二、九〇三・八〇	二、三五六・四〇				五、二五九・二〇
国内品	数量				七一〇、〇〇〇・〇〇	三五〇、九〇七・五〇	一、〇六〇、九〇七・五〇
	金額				九、九四〇、〇〇〇・〇〇	四、九一二、七〇五・〇〇	一四、八五二、七〇五・〇〇
計	数量	一七、九〇四・九〇	一二、七四八・一〇	七〇・〇〇	七一〇、〇〇〇・〇〇	三五〇、九〇七・五〇	一、〇九一、六三〇・五〇
	金額	一二三、四六〇・五五	八一、一九七・八〇	三五〇・〇〇	九、九四〇、〇〇〇・〇〇	四、九一二、七〇五・〇〇	一五、〇四七、七二二・三五

備考一、国内品ハ新方式ニヨル残貨収納
二、旧等級別ハ旧方式ニヨル残貨収納並ニ包頭・固陽特殊収納
三、一月ハ実績ナシ

成紀七三五年度月別阿片収納実績表　其ノ二(自七月至十二月)

署	種別	区分	七月	八月	九月	十月	十一月	十二月	計
張家口署	国内品	数量		二〇〇、〇〇〇・〇〇	六二八、〇〇〇・〇〇	六三〇、〇〇〇・〇〇	四三〇、一〇〇・〇〇	二一〇、八一九・〇〇	二、〇九八、九一九・〇〇
		金額		一、六〇〇、〇〇〇・〇〇	五、〇二四、〇〇〇・〇〇	五、〇四〇、〇〇〇・〇〇	三、四四〇、八〇〇・〇〇	一、六八六、五五二・〇〇	一六、七九一、三五二、〇〇
大同署	国内品	数量		九〇、〇〇〇・〇〇	二一〇、〇〇〇・〇〇	三四九、六五〇・〇〇	一五五、〇〇〇・〇〇	一六五、〇三〇・〇〇	九六九、六八〇・〇〇
		金額		七二〇、〇〇〇・〇〇	一、六八〇、〇〇〇・〇〇	二、九一五、三〇〇・〇〇	一、二四〇、〇〇〇・〇〇	一、三八二、一一五・〇〇	七、九三七、四一五・〇〇
厚和署	国内品	数量	七、一〇〇・〇〇	三五九、四七六・五〇	六四八、二九五・五〇	八三五、七九五・一〇	三〇四、一一六・九〇	四〇一、八九〇・七〇	二、五五六、六七四・七〇
		金額	八一、六五〇・〇〇	三、一八五、二一九・八五	五、五四八、五〇〇・五五	七、七九四、〇一四・三五	二、九〇五、五七三・四五	三、三二七、六五三・九〇	二二、八五二、六一二・一〇
	等外品	数量						一、〇〇七・九〇	一、〇〇七・九〇
		金額						六、〇四七・四〇	六、〇四七・四〇
	計	数量	七、一〇〇・〇〇	三五九、四七六・五〇	六四八、二九五・五〇	八三五、七九五・一〇	三〇四、一一六・九〇	四〇二、八九八・六〇	二、五五七、六八二・六〇
		金額	八一、六五〇・〇〇	三、一八五、二一九・八五	五、五四八、五〇〇・五五	七、七九四、〇一四・三五	二、九〇五、五七三・四五	三、三四三、七〇一・三〇	二二、八五八、六五九・五〇
計		数量	七、一〇〇・〇〇	六四九、四七六・五〇	一、四八六、二九五・五〇	一、八一五、四四五・一〇	八八九、二一六・九〇	七七八、七四七・六〇	五、六二六、二八一・六〇
		金額	八一、六五〇・〇〇	五、三〇五、二一九・八五	一二、二五二、五〇〇・五五	一五、七四九、三一四・三五	七、五八六、三七三・四五	六、四一二、三六八・三〇	四七、五八七、四二六・五〇

＊「極秘」と捺印。タイプ印刷。一二表。沼野資料。

【資料22】成紀七三五年度配給関係統計表

配給股

阿片譲渡先実蹟(ママ)表　(管外)

譲渡先	実蹟 数量(両)	実蹟 単価(円)	実蹟 金額(円)	備考
上海戒煙総局	八〇五、〇〇〇・〇〇	一八・〇〇	一四、四九〇、〇〇〇・〇〇	本年一月分管外配給高二〇〇、〇〇〇・〇〇両金額三、〇三五、〇〇〇・〇〇ハ昨年度収入分トシテ処理セシニ依リ本年度分ヨリ除ク
天津土薬商会議所	二二〇、〇〇〇・〇〇	一八・〇〇	三、九六〇、〇〇〇・〇〇	
残貨計	一、〇二五、〇〇〇・〇〇		一八、四五〇、〇〇〇・〇〇	
上海戒煙総局	一、二〇〇、〇〇〇・〇〇	一五・〇〇 一五・五〇	一八、四〇〇、〇〇〇・〇〇	内四〇万両ハ単価一五・〇〇円ノ価格六、〇〇〇、〇〇〇円
天津土薬商会議所	三〇〇、〇〇〇・〇〇	一六・〇〇	四、八〇〇、〇〇〇・〇〇	
北京土薬商会弁事処	一、二〇〇、〇〇〇・〇〇	一六・〇〇	一九、二〇〇、〇〇〇・〇〇	
広東(楊彦卿)	一〇〇、〇〇〇・〇〇	一八・〇〇	一、八〇〇、〇〇〇・〇〇	
関東専売局	八〇、〇〇〇・〇〇	一五・〇〇	一、二〇〇、〇〇〇・〇〇	
北京禁煙総局	五〇、〇〇〇・〇〇	一六・〇〇	八〇〇、〇〇〇・〇〇	
新貨計	二、七九五、〇〇〇・〇〇		四三、八六〇、〇〇〇・〇〇	
総計	三、八二〇、〇〇〇・〇〇		六二、三一〇、〇〇〇・〇〇	

譲渡阿片内訳

管外　残貨阿片

搬出月日	譲渡先	内訳　搬出数量	単価	金額	摘要
5・25	上海戒煙総局	四〇、〇〇〇・〇〇	一八・〇〇	七二〇、〇〇〇・〇〇	
	5月計	四〇、〇〇〇・〇〇		七二〇、〇〇〇・〇〇	
6・30	上海戒煙総局	四三、〇〇〇・〇〇	一八・〇〇	七七四、〇〇〇・〇〇	
	6月計	四三、〇〇〇・〇〇		七七四、〇〇〇・〇〇	
	累計	八三、〇〇〇・〇〇		一、四九四、〇〇〇・〇〇	
7・12	上海戒煙総局	三八、〇〇〇・〇〇	一八・〇〇	六八四、〇〇〇・〇〇	
18	〃	三八、〇〇〇・〇〇	〃	六八四、〇〇〇・〇〇	
23	〃	三九、〇〇〇・〇〇	〃	七〇二、〇〇〇・〇〇	
30	天津土薬商会議所	一〇〇、〇〇〇・〇〇	〃	一、八〇〇、〇〇〇・〇〇	
31	上海戒煙総局	四二、〇〇〇・〇〇	〃	七五六、〇〇〇・〇〇	
	7月計	二五七、〇〇〇・〇〇		四、六二六、〇〇〇・〇〇	
	累計	三四〇、〇〇〇・〇〇		六、一二〇、〇〇〇・〇〇	
8・6	上海戒煙総局	三三、〇〇〇・〇〇	一八・〇〇	五九四、〇〇〇・〇〇	
12	〃	二〇、〇〇〇・〇〇	〃	三六〇、〇〇〇・〇〇	
14	〃	二七、〇〇〇・〇〇	〃	四八六、〇〇〇・〇〇	
14	〃	四四、〇〇〇・〇〇	〃	七九二、〇〇〇・〇〇	
14	天津土薬商会議所	一二〇、〇〇〇・〇〇	〃	二、一六〇、〇〇〇・〇〇	

資料 22　成紀 735 年度配給関係統計表

15	上海戒煙総局	四四、〇〇〇・〇〇	一八・〇〇	七九二、〇〇〇・〇〇
17	〃	四一、〇〇〇・〇〇	〃	七三八、〇〇〇・〇〇
19	〃	四四、〇〇〇・〇〇	〃	七九二、〇〇〇・〇〇
20	〃	四四、〇〇〇・〇〇	〃	七九二、〇〇〇・〇〇
22	〃	一一〇、〇〇〇・〇〇	〃	一、九八〇、〇〇〇・〇〇
25	〃	八二、〇〇〇・〇〇	〃	一、四七六、〇〇〇・〇〇
26	〃	四四、〇〇〇・〇〇	〃	七九二、〇〇〇・〇〇
27	〃	三二、〇〇〇・〇〇	〃	五七六、〇〇〇・〇〇
	8月計	六八五、〇〇〇・〇〇		一二、三三〇、〇〇〇・〇〇
	累計	一、〇二五、〇〇〇・〇〇		一八、四五〇、〇〇〇・〇〇
9・30	天津土薬商会議所	三〇、〇〇〇・〇〇	一六・〇〇	四八〇、〇〇〇・〇〇
	9月計	三〇、〇〇〇・〇〇		四八〇、〇〇〇・〇〇
	累計	一、三二五、〇〇〇・〇〇		二三、二五〇、〇〇〇・〇〇
10・1	北京土業商務弁事処	三〇、〇〇〇・〇〇	一六・〇〇	四八〇、〇〇〇・〇〇
4	上海戒煙総局	二七、〇〇〇・〇〇	一五・〇〇	四〇五、〇〇〇・〇〇
5	〃	二七、〇〇〇・〇〇		四〇五、〇〇〇・〇〇
7	〃	二七、〇〇〇・〇〇		四〇五、〇〇〇・〇〇
8	〃	二七、〇〇〇・〇〇		四〇五、〇〇〇・〇〇
8	〃	四二、〇〇〇・〇〇		六三〇、〇〇〇・〇〇
9	〃	二八、〇〇〇・〇〇		四二〇、〇〇〇・〇〇
11	〃	二二、〇〇〇・〇〇		三三〇、〇〇〇・〇〇
11	〃	五、〇〇〇・〇〇		七五、〇〇〇・〇〇
12	〃	二七、〇〇〇・〇〇		四〇五、〇〇〇・〇〇

13	上海戒煙総局	三〇、〇〇〇・〇〇		四五〇、〇〇〇・〇〇	
14	〃	四二、〇〇〇・〇〇		六三〇、〇〇〇・〇〇	
14	〃	三〇、〇〇〇・〇〇		四五〇、〇〇〇・〇〇	
15	〃	三〇、〇〇〇・〇〇		四五〇、〇〇〇・〇〇	
15	〃	三六、〇〇〇・〇〇		五四〇、〇〇〇・〇〇	
	10月計	七〇〇、〇〇〇・〇〇		一〇、八〇〇、〇〇〇・〇〇	
	累計	二、〇二五、〇〇〇・〇〇		三四、〇五〇、〇〇〇・〇〇	
11・16	上海戒煙総局	六七、〇〇〇・〇〇	一五・五〇	一、〇三八、五〇〇・〇〇	
18	〃	七〇、〇〇〇・〇〇		一、〇八五、〇〇〇・〇〇	
20	〃	六〇、〇〇〇・〇〇		九三〇、〇〇〇・〇〇	
22	〃	七〇、〇〇〇・〇〇		一、〇八五、〇〇〇・〇〇	
24	〃	四〇、〇〇〇・〇〇		六二〇、〇〇〇・〇〇	
27	〃	四〇、〇〇〇・〇〇		六二〇、〇〇〇・〇〇	
28	北京土業商務弁事処	五〇、〇〇〇・〇〇	一六・〇〇	八〇〇、〇〇〇・〇〇	
29	上海戒煙総局	三〇、〇〇〇・〇〇	一五・五〇	四六五、〇〇〇・〇〇	
30	〃	二三、〇〇〇・〇〇		三五六、五〇〇・〇〇	
30	広東(楊彦卿)	一〇、〇〇〇・〇〇	一八・〇〇	一八〇、〇〇〇・〇〇	
	11月計	九一〇、〇〇〇・〇〇		一四、三八〇、〇〇〇・〇〇	
	累計	二、九三五、〇〇〇・〇〇		四八、四三〇、〇〇〇・〇〇	

管外 新貨阿片

12・15	上海戒煙総局	四〇、〇〇〇・〇〇	一五・五〇	六二〇、〇〇〇・〇〇	
15	〃	二七、〇〇〇・〇〇		四一八、五〇〇・〇〇	

資料 22　成紀 735 年度配給関係統計表

17	北京禁煙総局	五、〇〇〇・〇〇	一六・〇〇	八〇、〇〇〇・〇〇	
18	上海戒煙総局	四〇、〇〇〇・〇〇	一五・五〇	六二〇、〇〇〇・〇〇	
18	〃	二七、〇〇〇・〇〇		四一八、五〇〇・〇〇	
20	〃	二七、〇〇〇・〇〇		四一八、五〇〇・〇〇	
24	〃	二七、〇〇〇・〇〇		四一八、五〇〇・〇〇	
24	〃	二七、〇〇〇・〇〇		四一八、五〇〇・〇〇	
25	関東専売局	二四、五三一・四〇	一五・〇〇	三六七、九七一・〇〇	
26	上海戒煙総局	二七、〇〇〇・〇〇	一五・五〇	四一八、五〇〇・〇〇	
26	〃	二七、〇〇〇・〇〇		四一八・五〇〇・〇〇	
26	関東専売局	二七、九五二・一〇	一五・〇〇	四一九、二八一・五〇	
27	〃	二七、五一六・五〇		四一二、七四七・五〇	
27	北京土業商務弁事処	四〇、〇〇〇・〇〇	一六・〇〇	六四〇、〇〇〇・〇〇	
28	上海戒煙総局	二七、〇〇〇・〇〇	一五・五〇	四一八、五〇〇・〇〇	
29	〃	三〇、〇〇〇・〇〇		四六五、〇〇〇・〇〇	
29	〃	三〇、〇〇〇・〇〇		四六五、〇〇〇・〇〇	
30	〃	四四、〇〇〇・〇〇		六八二、〇〇〇・〇〇	
	12月計	八八五、〇〇〇・〇〇		一三、八八〇、〇〇〇・〇〇	
	累計	三、八二〇、〇〇〇・〇〇		六二、三一〇、〇〇〇・〇〇	

阿片配給実績表(ママ)

管内総計

月別	旬別	壱等 数量	壱等 金額	弐等 数量	弐等 金額	参等 数量	参等 金額	囍牌 数量	囍牌 金額	合計 数量	合計 金額
1月	上旬	五、〇〇〇	四〇、〇〇〇							五、〇〇〇	四〇、〇〇〇
	中旬										
	下旬	六、〇〇〇	四八、〇〇〇			一、〇〇〇	七、〇〇〇			七、〇〇〇	五五、〇〇〇
	計	一一、〇〇〇	八八、〇〇〇			一、〇〇〇	七、〇〇〇			一二、〇〇〇	九五、〇〇〇
2月	上旬	六、〇〇〇	四八、〇〇〇	三、〇〇〇	三、五〇〇					九、〇〇〇	七〇、五〇〇
	中旬	二、二〇〇	一七、六〇〇	二〇〇	一、五〇〇	二〇〇	一、四〇〇			二、六〇〇	二〇、五〇〇
	下旬	五、二〇〇	四一、六〇〇	二〇〇	一、五〇〇	二〇〇	一、四〇〇			五、六〇〇	四四、五〇〇
	計	一三、四〇〇	一〇七、二〇〇	三、四〇〇	二五、五〇〇	四〇〇	二、八〇〇			一七、二〇〇	一三五、五〇〇
	累計	二四、四〇〇	一九五、二〇〇	三、四〇〇	二五、五〇〇	一、四〇〇	九、八〇〇			二九、二〇〇	二三〇、五〇〇
3月	上旬	六、二〇〇	四九、六〇〇	一、二〇〇	九、〇〇〇	二〇〇	一、四〇〇			七、六〇〇	六〇、〇〇〇
	中旬	二〇〇	一、六〇〇	一、二〇〇	九、〇〇〇	一、二〇〇	八、四〇〇			二、六〇〇	一九、〇〇〇
	下旬	一、五〇〇	一三、〇〇〇	四〇〇	三、〇〇〇	四〇〇	二、八〇〇			二、三〇〇	一七、八〇〇
	計	七、九〇〇	六三、二〇〇	二、八〇〇	二一、〇〇〇	一、八〇〇	一三、六〇〇			一二、五〇〇	九六、八〇〇
	累計	三三、三〇〇	二五八、四〇〇	六、二〇〇	四六、五〇〇	三、二〇〇	二三、四〇〇			四一、七〇〇	三二七、三〇〇
月	上旬	六、四〇〇	五一、二〇〇	一、三〇〇	九、七五〇	一、二〇〇	八、四〇〇			八、九〇〇	六九、三五〇
	中旬	一、八〇〇	一四、四〇〇	一、六〇〇	一三、〇〇〇	三、四〇〇	二三、八〇〇			六、八〇〇	五〇、二〇〇
	下旬	一、四〇〇	一一、二〇〇	三〇〇	二、二五〇	二〇〇	一、四〇〇			一、九〇〇	一四、八五〇

資料 22　成紀 735 年度配給関係統計表

8月					7月					6月					5月					4	
累計	計	下旬	中旬	上旬	累計	計	下旬	中旬	上旬	累計	計	下旬	中旬	上旬	累計	計	下旬	中旬	上旬	累計	計
四九、〇〇〇					四九、〇〇〇					四九、〇〇〇					四九、〇〇〇	七、一〇〇	二、〇〇〇	三、五〇〇	一、六〇〇	四一、九〇〇	九、六〇〇
三九二、〇〇〇					三九二、〇〇〇					三九二、〇〇〇					三九二、〇〇〇	五六、八〇〇	一六、〇〇〇	二八、〇〇〇	一二、八〇〇	三三五、二〇〇	七六、八〇〇
一五、〇〇〇					一五、〇〇〇					一五、〇〇〇					一五、〇〇〇	五、六〇〇	一、六〇〇	二、五〇〇	一、五〇〇	九、四〇〇	三、二〇〇
一二三、五〇〇					一二三、五〇〇					一二三、五〇〇					一二三、五〇〇	四二、〇〇〇	一三、〇〇〇	一八、七五〇	一一、二五〇	七〇、〇〇〇	二四、〇〇〇
一三、五〇〇					一三、五〇〇					一三、五〇〇					一三、五〇〇	五、五〇〇	一、二〇〇	二、九〇〇	一、四〇〇	八、〇〇〇	四、八〇〇
九四、五〇〇					九四、五〇〇					九四、五〇〇					九四、五〇〇	三八、五〇〇	八、四〇〇	二〇、三〇〇	九、八〇〇	五六、〇〇〇	三三、六〇〇
六二、三〇〇	二一、〇〇〇	八、八〇〇	三、六〇〇	八、六〇〇	四一、三〇〇	二三、八〇〇	九、八〇〇	五、八〇〇	八、二〇〇	一七、五〇〇	一七、五〇〇	四、九〇〇	八、六〇〇	四、〇〇〇							
六二三、〇〇〇	二一〇、〇〇〇	八八、〇〇〇	三六、〇〇〇	八六、〇〇〇	四一三、〇〇〇	二三八、〇〇〇	九八、〇〇〇	五八、〇〇〇	八二、〇〇〇	一七五、〇〇〇	一七五、〇〇〇	四九、〇〇〇	八六、〇〇〇	四〇、〇〇〇							
一三九、八〇〇	二一、〇〇〇	八、八〇〇	三、六〇〇	八、六〇〇	一一八、八〇〇	二三、八〇〇	九、八〇〇	五、八〇〇	八、二〇〇	九五、〇〇〇	一七、五〇〇	四、九〇〇	八、六〇〇	四、〇〇〇	七七、五〇〇	一八、二〇〇	四、八〇〇	八、九〇〇	四、五〇〇	五九、三〇〇	一七、六〇〇
一、二三三、〇〇〇	二一〇、〇〇〇	八八、〇〇〇	三六、〇〇〇	八六、〇〇〇	一、〇二三、〇〇〇	二三八、〇〇〇	九八、〇〇〇	五八、〇〇〇	八二、〇〇〇	七七四、〇〇〇	一七五、〇〇〇	四九、〇〇〇	八六、〇〇〇	四〇、〇〇〇	五九九、〇〇〇	一三七、三〇〇	三六、四〇〇	六七、〇五〇	三三、八五〇	四六一、七〇〇	一三四、四〇〇

9月 上旬	9月 中旬	9月 下旬	9月 計	9月 累計
				四九、〇〇〇
				三九二、〇〇〇
				一五、〇〇〇
				一二、五〇〇
				一三、五〇〇
				九四、五〇〇
九、六〇〇	七、六〇〇	九、六〇〇	二六、八〇〇	八九、一〇〇
九六、〇〇〇	七六、〇〇〇	九六、〇〇〇	二六八、〇〇〇	八九一、〇〇〇
九、六〇〇	七、六〇〇	九、六〇〇	二六、八〇〇	一六六、六〇〇
九六、〇〇〇	七六、〇〇〇	九六、〇〇〇	二六八、〇〇〇	一、四九〇、〇〇〇

10月 上旬	10月 中旬	10月 下旬	10月 計	10月 累計
				四九、〇〇〇
				三九二、〇〇〇
				一五、〇〇〇
				一二、五〇〇
				一三、五〇〇
				九四、五〇〇
三、八〇〇	八、九〇〇	九、六〇〇	二二、三〇〇	一一一、四〇〇
三八、〇〇〇	八九、〇〇〇	九六、〇〇〇	二二三、〇〇〇	一、一一四、〇〇〇
三、八〇〇	八、九〇〇	九、六〇〇	二二、三〇〇	一八八、九〇〇
三八、〇〇〇	八九、〇〇〇	九六、〇〇〇	二二三、〇〇〇	一、七一三、〇〇〇

11月 上旬	11月 中旬	11月 下旬	11月 計	11月 累計
				四九、〇〇〇
				三九二、〇〇〇
				一五、〇〇〇
				一二、五〇〇
				一三、五〇〇
				九四、五〇〇
一六、〇〇〇	一〇、三〇〇	八、一〇〇	三四、四〇〇	一四五、八〇〇
一六〇、〇〇〇	一〇三、〇〇〇	八一、〇〇〇	三四四、〇〇〇	一、四五八、〇〇〇
一六、〇〇〇	一〇、三〇〇	八、一〇〇	三四、四〇〇	二二三、三〇〇
一六〇、〇〇〇	一〇三、〇〇〇	八一、〇〇〇	三四四、〇〇〇	二、〇五七、〇〇〇

12月 上旬	12月 中旬	12月 下旬	12月 計	12月 累計
				四九、〇〇〇
				三九二、〇〇〇
				一五、〇〇〇
				一二、〇〇〇
				一三、五〇〇
				九四、五〇〇
一三、五〇〇	九、五〇〇	六、〇〇〇	二九、〇〇〇	一七四、八〇〇
一六二、〇〇〇	一一四、〇〇〇	七二、〇〇〇	三四八、〇〇〇	一、八〇六、〇〇〇
一三、五〇〇	九、五〇〇	六、〇〇〇	二九、〇〇〇	二五二、三〇〇
一六二、〇〇〇	一一四、〇〇〇	七二、〇〇〇	三四八、〇〇〇	二、四〇五、〇〇〇

資料 22　成紀735年度配給関係統計表

張家口

月別	旬別	壱等 数量	壱等 金額	弐等 数量	弐等 金額	参等 数量	参等 金額	囍牌 数量	囍牌 金額	合計 数量	合計 金額
1月	上旬	五、〇〇〇	四〇、〇〇〇							五、〇〇〇	四〇、〇〇〇
	中旬										
	下旬	一、〇〇〇	八、〇〇〇			一、〇〇〇	七、〇〇〇			二、〇〇〇	一五、〇〇〇
	計	六、〇〇〇	四八、〇〇〇			一、〇〇〇	七、〇〇〇			七、〇〇〇	五五、〇〇〇
2月	上旬	一、〇〇〇	八、〇〇〇	三、〇〇〇	二二、五〇〇					四、〇〇〇	三〇、五〇〇
	中旬	二、〇〇〇	一六、〇〇〇							二、〇〇〇	一六、〇〇〇
	下旬										
	計	三、〇〇〇	二四、〇〇〇	三、〇〇〇	二二、五〇〇					六、〇〇〇	四六、五〇〇
	累計	九、〇〇〇	七二、〇〇〇	三、〇〇〇	二二、五〇〇	一、〇〇〇	七、〇〇〇			一三、〇〇〇	一〇五、五〇〇
3月	上旬	一、〇〇〇	八、〇〇〇	一、〇〇〇	七、五〇〇					二、〇〇〇	一五、五〇〇
	中旬			一、〇〇〇	七、五〇〇	一、〇〇〇	七、〇〇〇			二、〇〇〇	一四、五〇〇
	下旬	一、〇〇〇	八、〇〇〇							一、〇〇〇	八、〇〇〇
	計	二、〇〇〇	一六、〇〇〇	二、〇〇〇	一五、〇〇〇	一、〇〇〇	七、〇〇〇			五、〇〇〇	三八、〇〇〇
	累計	一一、〇〇〇	八八、〇〇〇	五、〇〇〇	三七、五〇〇	二、〇〇〇	一四、〇〇〇			一八、〇〇〇	一三九、五〇〇
4月	上旬	二、〇〇〇	一六、〇〇〇	一、〇〇〇	七、五〇〇					三、〇〇〇	二三、五〇〇
	中旬					二、〇〇〇	一四、〇〇〇			二、〇〇〇	一四、〇〇〇
	下旬	一、〇〇〇	八、〇〇〇							一、〇〇〇	八、〇〇〇
	計	三、〇〇〇	二四、〇〇〇	一、〇〇〇	七、五〇〇	二、〇〇〇	一四、〇〇〇			六、〇〇〇	四五、五〇〇

	5月					6月					7月					8月					
累計	上旬	中旬	下旬	計	累計	上旬	中旬	下旬	計	累計	上旬	中旬	下旬	計	累計	上旬	中旬	下旬	計	累計	上旬
一四、〇〇〇	一、〇〇〇	二、〇〇〇		三、〇〇〇	一七、〇〇〇					一七、〇〇〇					一七、〇〇〇					一七、〇〇〇	
一一二、〇〇〇	八、〇〇〇	一六、〇〇〇		二四、〇〇〇	一三六、〇〇〇					一三六、〇〇〇					一三六、〇〇〇					一三六、〇〇〇	
六、〇〇〇	一、〇〇〇	一、〇〇〇		二、〇〇〇	八、〇〇〇					八、〇〇〇					八、〇〇〇					八、〇〇〇	
四五、〇〇〇	七、五〇〇	七、五〇〇		一五、〇〇〇	六〇、〇〇〇					六〇、〇〇〇					六〇、〇〇〇					六〇、〇〇〇	
四、〇〇〇	一、〇〇〇	一、五〇〇		二、五〇〇	六、五〇〇					六、五〇〇					六、五〇〇					六、五〇〇	
二八、〇〇〇	七、〇〇〇	一〇、五〇〇		一七、五〇〇	四五、五〇〇					四五、五〇〇					四五、五〇〇					四五、五〇〇	
						三、〇〇〇	四、〇〇〇	二、〇〇〇	九、〇〇〇	九、〇〇〇	四、〇〇〇	二、〇〇〇	四、〇〇〇	一〇、〇〇〇	一九、〇〇〇	五、〇〇〇		二、〇〇〇	七、〇〇〇	二六、〇〇〇	二、〇〇〇
						三〇、〇〇〇	四〇、〇〇〇	二〇、〇〇〇	九〇、〇〇〇	九〇、〇〇〇	四〇、〇〇〇	二〇、〇〇〇	四〇、〇〇〇	一〇〇、〇〇〇	一九〇、〇〇〇	五〇、〇〇〇		二〇、〇〇〇	七〇、〇〇〇	二六〇、〇〇〇	二〇、〇〇〇
二四、〇〇〇	三、〇〇〇	四、五〇〇		七、五〇〇	三一、五〇〇	三、〇〇〇	四、〇〇〇	二、〇〇〇	九、〇〇〇	四〇、五〇〇	四、〇〇〇	二、〇〇〇	四、〇〇〇	一〇、〇〇〇	五〇、五〇〇	五、〇〇〇		二、〇〇〇	七、〇〇〇	五七、五〇〇	二、〇〇〇
一八五、〇〇〇	二二、五〇〇	三四、〇〇〇		五六、五〇〇	二四一、五〇〇	三〇、〇〇〇	四〇、〇〇〇	二〇、〇〇〇	九〇、〇〇〇	三三一、五〇〇	四〇、〇〇〇	二〇、〇〇〇	四〇、〇〇〇	一〇〇、〇〇〇	四三一、五〇〇	五〇、〇〇〇		二〇、〇〇〇	七〇、〇〇〇	五〇一、五〇〇	二〇、〇〇〇

9月				10月					11月					12月				
中旬	下旬	計	累計	上旬	中旬	下旬	計	累計	上旬	中旬	下旬	計	累計	上旬	中旬	下旬	計	累計
			一七、〇〇〇					一七、〇〇〇					一七、〇〇〇					一七、〇〇〇
			一三六、〇〇〇					一三六、〇〇〇					一三六、〇〇〇					一三六、〇〇〇
			八、〇〇〇					八、〇〇〇					八、〇〇〇					八、〇〇〇
			六〇、〇〇〇					六〇、〇〇〇					六〇、〇〇〇					六〇、〇〇〇
			六、五〇〇					六、五〇〇					六、五〇〇					六、五〇〇
			四五、五〇〇					四五、五〇〇					四五、五〇〇					四五、五〇〇
二、〇〇〇	四、〇〇〇	八、〇〇〇	三四、〇〇〇	二、〇〇〇	三、〇〇〇	二、〇〇〇	七、〇〇〇	四一、〇〇〇	四、〇〇〇	四、〇〇〇	二、〇〇〇	一〇、〇〇〇	五一、〇〇〇	六、〇〇〇	三、〇〇〇	二、〇〇〇	一一、〇〇〇	六二、〇〇〇
二〇、〇〇〇	四〇、〇〇〇	八〇、〇〇〇	三四〇、〇〇〇	二〇、〇〇〇	二〇、〇〇〇	二〇、〇〇〇	七〇、〇〇〇	四一〇、〇〇〇	四〇、〇〇〇	四〇、〇〇〇	二〇、〇〇〇	一〇〇、〇〇〇	五一〇、〇〇〇	七二、〇〇〇	三六、〇〇〇	二四、〇〇〇	一三二、〇〇〇	六四二、〇〇〇
二、〇〇〇	四、〇〇〇	八、〇〇〇	六五、五〇〇	二、〇〇〇	三、〇〇〇	二、〇〇〇	七、〇〇〇	七二、五〇〇	四、〇〇〇	四、〇〇〇	二、〇〇〇	一〇、〇〇〇	八二、五〇〇	六、〇〇〇	三、〇〇〇	二、〇〇〇	一一、〇〇〇	九三、五〇〇
二〇、〇〇〇	四〇、〇〇〇	八〇、〇〇〇	五八一、五〇〇	二〇、〇〇〇	三〇、〇〇〇	二〇、〇〇〇	七〇、〇〇〇	六五一、五〇〇	四〇、〇〇〇	四〇、〇〇〇	二〇、〇〇〇	一〇〇、〇〇〇	七五一、五〇〇	七二、〇〇〇	三六、〇〇〇	二四、〇〇〇	一三二、〇〇〇	八八三、五〇〇

大同

月別	旬別	壱等 数量	壱等 金額	弐等 数量	弐等 金額	参等 数量	参等 金額	囍牌 数量	囍牌 金額	合計 数量	合計 金額
1月	上旬										
	中旬										
	下旬										
	計										
2月	上旬										
	中旬	二〇〇	一、六〇〇	二〇〇	一、五〇〇	二〇〇	一、四〇〇			六〇〇	四、五〇〇
	下旬	二〇〇	一、六〇〇	二〇〇	一、五〇〇	二〇〇	一、四〇〇			六〇〇	四、五〇〇
	計	四〇〇	三、二〇〇	四〇〇	三、〇〇〇	四〇〇	二、八〇〇			一、二〇〇	九、〇〇〇
	累計	四〇〇	三、二〇〇	四〇〇	三、〇〇〇	四〇〇	二、八〇〇			一、二〇〇	九、〇〇〇
3月	上旬	二〇〇	一、六〇〇	二〇〇	一、五〇〇	二〇〇	一、四〇〇			六〇〇	四、五〇〇
	中旬	二〇〇	一、六〇〇	二〇〇	一、五〇〇	二〇〇	一、四〇〇			六〇〇	四、五〇〇
	下旬	五〇〇	四、〇〇〇	四〇〇	三、〇〇〇	四〇〇	二、八〇〇			一、三〇〇	九、八〇〇
	計	九〇〇	七、二〇〇	八〇〇	六、〇〇〇	八〇〇	五、六〇〇			二、五〇〇	一八、八〇〇
	累計	一、三〇〇	一〇、四〇〇	一、二〇〇	九、〇〇〇	一、二〇〇	八、四〇〇			三、七〇〇	二九、八〇〇
4月	上旬	四〇〇	三、二〇〇	三〇〇	二、二五〇	二〇〇	一、四〇〇			九〇〇	六、八五〇
	中旬	八〇〇	六、四〇〇	六〇〇	四、五〇〇	四〇〇	二、八〇〇			一、八〇〇	一三、七〇〇
	下旬	四〇〇	三、二〇〇	三〇〇	二、二五〇	二〇〇	一、四〇〇			九〇〇	六、八五〇
	計	一、六〇〇	一三、八〇〇	一、二〇〇	九、〇〇〇	八〇〇	五、六〇〇			三、六〇〇	二七、四〇〇

資料 22　成紀735年度配給関係統計表

	5月					6月					7月					8月					
累計	上旬	中旬	下旬	計	累計	上旬	中旬	下旬	計	累計	上旬	中旬	下旬	計	累計	上旬	中旬	下旬	計	累計	上旬
二、九〇〇	六〇〇	五〇〇	一、〇〇〇	二、一〇〇	五、〇〇〇					五、〇〇〇					五、〇〇〇					五、〇〇〇	
三、二〇〇	四、八〇〇	四、〇〇〇	八、〇〇〇	一六、八〇〇	四〇、〇〇〇					四〇、〇〇〇					四〇、〇〇〇					四〇、〇〇〇	
二、四〇〇	五〇〇	五〇〇	六〇〇	一、六〇〇	四、〇〇〇					四、〇〇〇					四、〇〇〇					四、〇〇〇	
一八、〇〇〇	三、七五〇	三、七五〇	四、五〇〇	一二、〇〇〇	三〇、〇〇〇					三〇、〇〇〇					三〇、〇〇〇					三〇、〇〇〇	
二、〇〇〇	四〇〇	四〇〇	二〇〇	一、〇〇〇	三、〇〇〇					三、〇〇〇					三、〇〇〇					三、〇〇〇	
一四、〇〇〇	二、八〇〇	二、八〇〇	一、四〇〇	七、〇〇〇	二一、〇〇〇					二一、〇〇〇					二一、〇〇〇					二一、〇〇〇	
						一、〇〇〇	一、六〇〇	九〇〇	三、五〇〇	三、五〇〇	一、二〇〇	八〇〇	八〇〇	二、八〇〇	六、三〇〇	六〇〇	六〇〇	八〇〇	二、〇〇〇	八、三〇〇	六〇〇
						一〇、〇〇〇	一六、〇〇〇	九、〇〇〇	三五、〇〇〇	三五、〇〇〇	一二、〇〇〇	八、〇〇〇	八、〇〇〇	二八、〇〇〇	六三、〇〇〇	六、〇〇〇	六、〇〇〇	八、〇〇〇	二〇、〇〇〇	八三、〇〇〇	六、〇〇〇
七、三〇〇	一、五〇〇	一、四〇〇	一、八〇〇	四、七〇〇	一二、〇〇〇	一、〇〇〇	一、六〇〇	九〇〇	三、五〇〇	一五、五〇〇	一、二〇〇	八〇〇	八〇〇	二、八〇〇	一八、三〇〇	六〇〇	六〇〇	八〇〇	二、〇〇〇	二〇、三〇〇	六〇〇
五五、二〇〇	一一、三五〇	一〇、五五〇	一三、九〇〇	三五、八〇〇	九一、〇〇〇	一〇、〇〇〇	一六、〇〇〇	九、〇〇〇	三五、〇〇〇	一二六、〇〇〇	一二、〇〇〇	八、〇〇〇	八、〇〇〇	二八、〇〇〇	一五四、〇〇〇	六、〇〇〇	六、〇〇〇	八、〇〇〇	二〇、〇〇〇	一七四、〇〇〇	六、〇〇〇

9月				10月					11月					12月				
中旬	下旬	計	累計	上旬	中旬	下旬	計	累計	上旬	中旬	下旬	計	累計	上旬	中旬	下旬	計	累計
			五、〇〇〇					五、〇〇〇					五、〇〇〇					五、〇〇〇
			四〇、〇〇〇					四〇、〇〇〇					四〇、〇〇〇					四〇、〇〇〇
			四、〇〇〇					四、〇〇〇					四、〇〇〇					四、〇〇〇
			三〇、〇〇〇					三〇、〇〇〇					三〇、〇〇〇					三〇、〇〇〇
			三、〇〇〇					三、〇〇〇					三、〇〇〇					三、〇〇〇
			二、〇〇〇					二、〇〇〇					二、〇〇〇					二、〇〇〇
六〇〇	六〇〇	一、八〇〇	一〇、一〇〇	一、八〇〇	九〇〇	二、六〇〇	五、三〇〇	一五、四〇〇	二、〇〇〇	二、三〇〇	二、一〇〇	六、四〇〇	二一、八〇〇	二、五〇〇	一、五〇〇		四、〇〇〇	二五、八〇〇
六、〇〇〇	六、〇〇〇	一八、〇〇〇	一〇、一〇〇	一八、〇〇〇	九、〇〇〇	二六、〇〇〇	五三、〇〇〇	一五四、〇〇〇	二〇、〇〇〇	二三、〇〇〇	二一、〇〇〇	六四、〇〇〇	二一八、〇〇〇	三〇、〇〇〇	一八、〇〇〇		四八、〇〇〇	二六六、〇〇〇
六〇〇	六〇〇	一、八〇〇	二二、一〇〇	一、八〇〇	九〇〇	二、六〇〇	五、三〇〇	二七、四〇〇	二、〇〇〇	二、三〇〇	二、一〇〇	六、四〇〇	三三、八〇〇	二、五〇〇	一、五〇〇		四、〇〇〇	三七、八〇〇
六、〇〇〇	六、〇〇〇	一八、〇〇〇	一九二、〇〇〇	一八、〇〇〇	九、〇〇〇	二六、〇〇〇	五三、〇〇〇	二四五、〇〇〇	二〇、〇〇〇	二三、〇〇〇	二一、〇〇〇	六四、〇〇〇	三〇九、〇〇〇	三〇、〇〇〇	一八、〇〇〇		四八、〇〇〇	三五七、〇〇〇

資料 22　成紀 735 年度配給関係統計表

厚和

月別	旬別	壱等 数量	壱等 金額	弐等 数量	弐等 金額	参等 数量	参等 金額	囍牌 数量	囍牌 金額	合計 数量	合計 金額
1月	上旬										
	中旬										
	下旬	五,〇〇〇	四〇,〇〇〇							五,〇〇〇	四〇,〇〇〇
	計	五,〇〇〇	四〇,〇〇〇							五,〇〇〇	四〇,〇〇〇
2月	上旬	五,〇〇〇	四〇,〇〇〇							五,〇〇〇	四〇,〇〇〇
	中旬										
	下旬	五,〇〇〇	四〇,〇〇〇							五,〇〇〇	四〇,〇〇〇
	計	一〇,〇〇〇	八〇,〇〇〇							一〇,〇〇〇	八〇,〇〇〇
	累計	一五,〇〇〇	一二〇,〇〇〇							一五,〇〇〇	一二〇,〇〇〇
3月	上旬	五,〇〇〇	四〇,〇〇〇							五,〇〇〇	四〇,〇〇〇
	中旬										
	下旬										
	計	五,〇〇〇	四〇,〇〇〇							五,〇〇〇	四〇,〇〇〇
	累計	二〇,〇〇〇	一六〇,〇〇〇							二〇,〇〇〇	一六〇,〇〇〇
4月	上旬	四,〇〇〇	三二,〇〇〇			一,〇〇〇	七,〇〇〇			五,〇〇〇	三九,〇〇〇
	中旬	一,〇〇〇	八,〇〇〇	一,〇〇〇	七,五〇〇	一,〇〇〇	七,〇〇〇			三,〇〇〇	二二,五〇〇
	下旬										
	計	五,〇〇〇	四〇,〇〇〇	一,〇〇〇	七,五〇〇	二,〇〇〇	一四,〇〇〇			八,〇〇〇	六一,五〇〇

	累計	5月 上旬	5月 中旬	5月 下旬	5月 計	5月 累計	6月 上旬	6月 中旬	6月 下旬	6月 計	6月 累計	7月 上旬	7月 中旬	7月 下旬	7月 計	7月 累計	8月 上旬	8月 中旬	8月 下旬	8月 計	8月 累計	上旬
1	二五、〇〇〇		一、〇〇〇	一、〇〇〇	二、〇〇〇	二七、〇〇〇					二七、〇〇〇					二七、〇〇〇					二七、〇〇〇	
2	二〇〇、〇〇〇		八、〇〇〇	八、〇〇〇	一六、〇〇〇	二六、〇〇〇					二六、〇〇〇					二六、〇〇〇					二六、〇〇〇	
3	一、〇〇〇		一、〇〇〇	一、〇〇〇	二、〇〇〇	三、〇〇〇					三、〇〇〇					三、〇〇〇					三、〇〇〇	
4	七、五〇〇		七、五〇〇	七、五〇〇	一五、〇〇〇	二二、五〇〇					二二、五〇〇					二二、五〇〇					二二、五〇〇	
5	二、〇〇〇		一、〇〇〇	一、〇〇〇	二、〇〇〇	四、〇〇〇					四、〇〇〇					四、〇〇〇					四、〇〇〇	
6	一四、〇〇〇		七、〇〇〇	七、〇〇〇	一四、〇〇〇	二八、〇〇〇					二八、〇〇〇					二八、〇〇〇					二八、〇〇〇	
7								三、〇〇〇	二、〇〇〇	五、〇〇〇	五、〇〇〇	三、〇〇〇	三、〇〇〇	五、〇〇〇	一一、〇〇〇	一六、〇〇〇	三、〇〇〇	三、〇〇〇	六、〇〇〇	一二、〇〇〇	二八、〇〇〇	七、〇〇〇
8								三〇、〇〇〇	二〇、〇〇〇	五〇、〇〇〇	五〇、〇〇〇	三〇、〇〇〇	三〇、〇〇〇	五〇、〇〇〇	一一〇、〇〇〇	一六〇、〇〇〇	三〇、〇〇〇	三〇、〇〇〇	六〇、〇〇〇	一二〇、〇〇〇	二八〇、〇〇〇	七〇、〇〇〇
9	二八、〇〇〇		三、〇〇〇	三、〇〇〇	六、〇〇〇	三四、〇〇〇		三、〇〇〇	二、〇〇〇	五、〇〇〇	三九、〇〇〇	三、〇〇〇	三、〇〇〇	五、〇〇〇	一一、〇〇〇	五〇、〇〇〇	三、〇〇〇	三、〇〇〇	六、〇〇〇	一二、〇〇〇	六二、〇〇〇	七、〇〇〇
10	二二一、五〇〇		二二、五〇〇	二二、五〇〇	四五、〇〇〇	二六六、五〇〇		三〇、〇〇〇	二〇、〇〇〇	五〇、〇〇〇	三一六、五〇〇	三〇、〇〇〇	三〇、〇〇〇	五〇、〇〇〇	一一〇、〇〇〇	四二六、〇〇〇	三〇、〇〇〇	三〇、〇〇〇	六〇、〇〇〇	一二〇、〇〇〇	五四六、五〇〇	七〇、〇〇〇

資料 22　成紀735年度配給関係統計表

月											
9月	中旬							五、〇〇〇	五〇、〇〇〇	五、〇〇〇	五〇、〇〇〇
	下旬							五、〇〇〇	五〇、〇〇〇	五、〇〇〇	五〇、〇〇〇
	計							一七、〇〇〇	一七〇、〇〇〇	一七、〇〇〇	一七〇、〇〇〇
	累計	二七、〇〇〇	二六、〇〇〇	三、〇〇〇	二三、五〇〇	四、〇〇〇	二八、〇〇〇	四五、〇〇〇	四五〇、〇〇〇	七九、〇〇〇	七一六、五〇〇
10月	上旬										
	中旬							五、〇〇〇	五〇、〇〇〇	五、〇〇〇	五〇、〇〇〇
	下旬							五、〇〇〇	五〇、〇〇〇	五、〇〇〇	五〇、〇〇〇
	計							一〇、〇〇〇	一〇〇、〇〇〇	一〇、〇〇〇	一〇〇、〇〇〇
	累計	二七、〇〇〇	二六、〇〇〇	三、〇〇〇	二三、五〇〇	四、〇〇〇	二八、〇〇〇	五五、〇〇〇	五五〇、〇〇〇	八九、〇〇〇	八一六、五〇〇
11月	上旬							一〇、〇〇〇	一〇〇、〇〇〇	一〇、〇〇〇	一〇〇、〇〇〇
	中旬							四、〇〇〇	四〇、〇〇〇	四、〇〇〇	四〇、〇〇〇
	下旬							四、〇〇〇	四〇、〇〇〇	四、〇〇〇	四〇、〇〇〇
	計							一八、〇〇〇	一八〇、〇〇〇	一八、〇〇〇	一八〇、〇〇〇
	累計	二七、〇〇〇	二六、〇〇〇	三、〇〇〇	二三、五〇〇	四、〇〇〇	二八、〇〇〇	七三、〇〇〇	七三〇、〇〇〇	一〇七、〇〇〇	九九六、五〇〇
12月	上旬							五、〇〇〇	六〇、〇〇〇	五、〇〇〇	六〇、〇〇〇
	中旬							五、〇〇〇	六〇、〇〇〇	五、〇〇〇	六〇、〇〇〇
	下旬							四、〇〇〇	四八、〇〇〇	四、〇〇〇	四八、〇〇〇
	計							一四、〇〇〇	一六八、〇〇〇	一四、〇〇〇	一六八、〇〇〇
	累計	二七、〇〇〇	二六、〇〇〇	三、〇〇〇	二三、五〇〇	四、〇〇〇	二八、〇〇〇	八七、〇〇〇	八九八、〇〇〇	一二一、〇〇〇	一、一六四、五〇〇

＊「極秘」と捺印。タイプ印刷。一二表。沼野資料。

【資料23】

蒙疆経済概況〔抄〕

成紀七三六年九月作成

目次

一、概説

成紀七三六年上半期中ニ於ケル輸出入貿易ハ、蒙疆地域経済界ノ伸暢ニ伴ヒ、前期ニ引続キ極メテ良好ナル推移ヲ示シテ居ル。即チ当期中ノ鉄道ニヨル輸出入貿易ハ輸出総額七千三百二十八万八千余円、輸入総額六千三百七十七万九千余円デ差引九百五十万九千余円ノ輸出超過ヲ示シタ。而シテ半期間ヲ通シテ輸出超過ヲ示シタト(ママ)ハ成紀七三三年下半期以来ノコトデアツテ、蒙疆ノ対外貿易ハ著シク改善セラレマサニ事変前ノ常態ニ復シタ感ガアルガ、斯クノ如ク貿易尻ガ顕著ニ改善シタ原因ノ一半ハ貿易統制及ビ為替管理ノ強化並ニソノ運用ノ宜敷ヲ得タノハ勿論デアリ、更ニ根本的ナ原因ハ重要産業開発施設ノ一応ノ完了ニヨル開発資材ノ輸入減少ト、各種産業ノ発達ニ基ク輸出ノ増加、就中特用農作物ヲ始メ薬剤、鉱産物等ノ輸出増加ニ因ルノデアル。今後特用農産物ノ豊作ト糧穀ノ出荷工作トニヨリ下半期ノ輸出貿易ハ更ニ一段ノ活況ヲ期待セラレ、マタ輸入部面ニオイテモ東亜共栄圏各域相互間ノ真摯ナル協調ニヨリ世界情勢ノ悪化ニ基ク物資不足ヲ克服シ、必需物資ノ導入モ極メテ円滑ニ行ハルルモノト信ズルノデアル。

△

政府財政ハ肇建以来一貫シテ健全財政方針ヲ堅持シテ来タガ、特ニ本年度ノ予算編成ニ当ツテハ内外ノ政治、経済等諸般ノ推移ニ即応スルタメ、歳入ニオイテハ租税ソノ他ノ経常的収入ノ増加ヲ期シ、歳出ニオイテハ徹底的重点主義ヲ採リ、コレガ運用ニ当ツテハ実行予算ヲ編成シ、更ニ各種ノ経済(ママ)ニ全面的削減ヲ加ヘラレタ結果、一般会計ニ於テハ完全ニ自給自足財政ガ樹立セラレ、他方特別会計ト雖モ政府債ハ極力コレヲ避ケ、名実共ニ健全財政ノ確立ヲ見タノデアル。而シテコレヲ上半期中ノ徴税実績ニ観ルニ一般経済界ノ好況ト税制改革等ニヨル租税増収ニヨリ、内国税徴収総額ハ一千四百九十六万四千余円ニ対シ(ママ)、前年同期ニ比シ四百八十九万六千余円、約四九パーセント激増シ極メテ良好ナル成績ヲ示シテキル。

△

金融界ハ大様以上ノ如キ内外経済界ノ客観情勢ト政府ノ生産拡充計画、為替貿易計画、財政政策ソノ他ノ経済政策ニ照応シ、資金ノ効率増進、為替ノ統制並ビニ遊資ノ吸収ヲ図リ、以テ産業ノ伸暢、国際収支ノ調整、地場資本ノ培養、通貨価値ノ維持ニ努力ヲシタ結果、一昨年上半期以来産業開発計画ヲ中心ニ異状ナ上昇ヲ示シ金(ママ)融諸指標モ漸次調整セラレ、極メテ健全ナル推移ヲ辿ッタノデアル。即チ当期末ニオケル各銀行預金総額ハ一億二千八百八十三万二千余円、貸出総額ハ二億二百五十四万九千余円デ、コレヲ前期末ニ比較スレバ預金ハ一千四百十一万九千余円、一二・三パーセントヲ増加シ、貸出ハ一千百一万七千四円、五二パーセントノ減少ヲ示シテイル。亦各金融機関取扱ノ地域内為替受払総額ハ三億八千七百六十八万八千余円、対外為替受払総額ハ二億三千八百三十六万九千余円デアッテ、コレヲ前期ニ比較スレバ、地域内為替ハ一億五千八百万五千余円、約二九パーセントノ減少デアルガ、対外為替ハ二千二百三十三万七千円余、約一〇パーセントヲ増加シタ。

二、東亜共栄圏内ニ於ケル蒙疆ノ経済的地位

一、蒙疆ト日本トノ経済関係

臨戦体制下ニ在ル東亜共栄圏内ニ於テ蒙疆ニ課セラレタ経済的使命ノ主要ナルモノハ日本ノ国防産業ニ不可欠ナル石炭、鉄鉱石、石綿、雲母及軽工業材料ノ増産増送ニ在ル。

蒙疆ハ右使命ヲ完遂センガ為ニ共栄圏内西北方ニ於ケル先駆者トシテ最モ防共的意識ニ燃エ、而カモ最モ統制アル組織ノ下ニ一路邁進シ、各般ノ措置ヲ講ジテ対日供給物資ハ其数量ニ於テモ価格ニ於テモ完全ニ約束以上ヲ果シテ居ル。然シ蒙疆ハ由来原始産物タル農産畜産物ノ生産地域デアル為、将来モ引続キ右使命ノ完遂ヲ期センガ為ニハ必要ナル資金ト資材及完成品タル生活必需物資ノ安価ナル導入ガ不可欠デアル。此ノ期待ヲ日本ニ懸ケテ、蒙疆ハ蒙疆民衆ノ多大ナル犠牲下ニ日本物価ヲ基準トシテ蒙疆ノ物価水準ヲ形成シ、日本ノ必要トスル物資ハ原価ヲ割ッテ迄供出シテ来タノデアッタガ、客年貿易調整ノ名ノ下ニ他ノ地域ト一率ニ取扱ハレタ為ニ非常ナル打撃ヲ蒙ッテ居ル。然シ蒙疆ハ各種ノ悪条件ヲ克服シテ其ノ最大使命ノ達成ニ鋭意努力中デアル。

二、蒙疆ト南方諸域トノ経済関係

由来蒙疆ハ華北経済ト有機的相互扶助関係ニアリ、華北ノ最モ必要トスル雑穀、獣肉、獣毛皮、石炭ヲ供給シテ華北民衆ノ切実ナル衣食住問題ニ寄与スル反面、華北ヨリハ加工品タル生活必需品ヲ仰イデ居タ。両者間ノ此ノ関係ハ現在ニ於テモ変リハナイガ、日支事変後輸入生活必需品ノ高騰、日本ノ要請ニ基キ蒙疆ノ有スル国防資源ノ急速ナル開発ニ依ル開発資材数量ノ増加、及一昨年以降連年ニ亘ル天然ノ災害ニ依ル農産、畜産物ノ減退ノ為、蒙疆ハ華北トノ貿易ニ於テ逆調整ガトレテ居ナイ。然シ現在採ツテ居ル輸出増進及輸入ノ統制策ガ漸次効ヲ示シツツアルノデ早晩調整ガトリ得ル見込デアル。

次ニ華中ニ対シテハ華中ノ金融工作及燃料政策ニ寄与スル為豊富ナル薬品及石炭ヲ供給シ、華中ヨリハ綿布、麦粉、茶、揮発油ヲ受ケル目的デ、貿易ノバーターヲ昨年以来新ニ開拓シタガ、未ダ年ヲ暦シテイヌ為数量的ニハ大シタモノデナイ。然シ今後ニ於ケル前途ハ洋々タルモノデアル。

三、各部門別概況

〔中略〕

煙政概況

本年度ニ於ケル罌粟栽培面積指定ニ当リテハ重点主義ヲ採用シ、獲得出来得ル範囲内ニ於ケル指定ヲ為シ、昨年度指定面積ヨリ稍小範囲ニ九一四、〇〇〇畝ノ指定ヲ完了シ、栽培ノ許可、煙地ノ勘査ヲ容易ナラシメ、収穫増加上最重要性ヲ持ツ煙地ノ確保ヲ絶対ナラシメタリ。

而シテ之ガ効果大イニ挙リ、各関係現地機関ノ援助並ニ清査官署、土業組合員ノ努力ト相俟ツテ、当初予定量ヲ遥カニ突破、今ヤ九月十九日現在ニテ九四〇万両ニ達シ、軈テ一、〇〇〇万両ニ迫ラントスル好成績ヲ収メツツアリ。

之ガ管内外配給方面ヨリ見ルトキハ、外ニ於テハ本年度ハ昨年ニ引継キ(ママ)支那各地ノ品不足ヲ補足スルト共ニ蒙疆財政確立上不可欠ナルハ言ヲ俟タザル処ナルヲ以テ、極力意ヲ管外販売ニソソギ所期ノ目的達成ニ邁進セントセリ。

然ルニ興亜院会議ニ於テ華北三百五拾万両、華中三〇〇万両ノ搬出割当ヲ定メラレタルモ、華北ニ於ケル阿片機構ノ未整備ト華北土薬業公会ノ手持厚、並ニ華北ニ於ケル自場生産額ノ過多等諸種ノ原因ニヨリ、華北ニ対スル販売ハ当分ノ間望ミ薄ノ状態ニ立到レリ。而レドモ最大需要地タル華北ニ於ケル事情斯クノ如クナリセバ、本地区内産阿片ノ収納ニ悪影響ヲ及ボスハ勿論、蒙疆財政上ヨリノ見地カラスルモ一大重要事タルヲ以テ、極力華中方面ニ対スル工作ヲ進メ、七月半ニ至リ五〇〇万両契約ノ覚書ヲ取交シタルモ、華北方面其他ノ状勢未ダ混沌タル現況ニ鑑ミ販売ノ万全ヲ期ス為、八月末ニ於テ総量七〇〇万両(自本年七月至翌年六月末)ノ契約ヲ完了セリ。

尚現在(九月十九日)迄ニ積送セシ阿片ハ一〇〇万両ニ及ビ、内八四〇万円ノ入金ヲ見、順調ヲ辿リツツアリ。入金方法ニ関シテハ昨年度ノ如キ軍票買付完了期ヲ待チ入金ヲ完了スルニ於テハ、当政府ノ資金計画上齟齬ヲ来スノミナラズ各諸政一般ニモ悪影響ヲ及ボシタルニ付、本年度ハ六十日利附為替手形ヲ毎月十五日、三十日ノ二回ニ分チ振出シ代金決済ヲ為スコトニ決定シタルヲ以テ、代金取得ニハ何等懸念ヲ生ゼザルニ至レリ。

内ニアリテハ管内全消費量四〇〇万両ト予想セルモ、政府ノ指導方針タル漸減的断禁政策ノ下ニ配給数量ヲ限定シ、官指定配給所ノ生活維持可能程度ニ止メ、本年度中配給数量三十七万両ヲ予定シ、之ガ限度内ニ於テ配給中ニシテ、大約癮者ヲ官指定配給所ニ統合シ、私土ノ跋扈ヲ防止シ所期ノ目的ヲ達成シツツアリ。

本年度ニ於ケル収納、配給両部面ニ於ケル実蹟(ママ)ヲ挙グレバ次ノ如シ(九月十九日現在)

「収納」　(概数)

包頭組合	二三万両
薩拉斉組合	五一万両
厚和組合	八五万両
托克托組合	六〇万両

豊鎮組合	一三三万両		
晋北組合	一八二万両		
崇礼組合	四五万両		
張北組合	一一〇万両		
興和組合	三七万両		
察南組合	二一八万両		
合計	九四四万両		

「管外配給」

自成紀七三六年一月 至成紀七三六年六月	昨年度分阿片販売		
上海宏済善堂	一五〇万両	二、二三〇万円	
華北土薬業公会	一〇〇万両	一、六〇〇万円	
関東専売局	一〇万両	一五〇万円	
小計	二六〇万両	三、九八〇万円	
自成紀七三六年七月 至成紀七三六年九月	本年度分新貨阿片販売		
上海宏済善堂	一〇〇万両	一、四〇〇万円	
合計	三六〇万両	五、三八〇万円	

「管内配給」

張家口清査署管内（察南 斉哈爾盟）　五四、〇〇〇両

大同清査署管内(晋北)　一二、四〇〇両
厚和清査署管内(巴盟)　五〇、〇〇〇両
合　　計　一一六、四〇〇両

蒙疆地区内阿片増産計画

一、生産見込額

年度別	指定見込面積(畝)	災害見込面積(畝)	実耕見込面積(畝)	生産見込額(両)	一畝当生産量(両)	備考
成紀七三六年(昭和十六年)	九一二、〇〇〇	一〇〇、〇〇〇	八一二、〇〇〇	一六、二四〇、〇〇〇	二〇	
七三七年	一、〇〇〇、〇〇〇	一〇〇、〇〇〇	九〇〇、〇〇〇	一九、八〇〇、〇〇〇	二二	
七三八年	一、一二〇、〇〇〇	一一二、〇〇〇	一、〇〇八、〇〇〇	二三、一八四、〇〇〇	二三	
七三九年	一、二〇〇、〇〇〇	一二〇、〇〇〇	一、〇八〇、〇〇〇	二七、〇〇〇、〇〇〇	二五	

説明一、本生産見込ハ清査制度施行以来最モ良好ナル成績ヲ収メツツアル本年度実施指定面積ヲ最低基準トシテ企図シタルモノナルヲ以テ、本年度ニ比シ水利施設ノ整備、栽培方法、割漿技術並品種ノ改良、割漿労働者ノ充分ナル手当、農家必需品ノ円滑ナル供給ヲ期シ得ルニ非ザレバ到底右増産ハ期待シ得ザルモノト思料ス。

二、災害面積ハ年ニ依リ一定セザルモ一応指定面積ノ一割ヲ計上ス。

三、一両ハ三十六瓦トス。

二、収納見込額

年度別	生産見込額(両)	収納率(%)	収納見込額(両)	差引自家消費農家翌年度持越量其他(両)	備考
成紀七三六年(昭和十六年)	一六、二四〇、〇〇〇	六〇	九、七四四、〇〇〇	六、四九六、〇〇〇	
七三七年	一九、八〇〇、〇〇〇	六三	一二、四七四、〇〇〇	七、三二六、〇〇〇	
七三八年	二三、一八四、〇〇〇	六六	一五、三〇二、〇〇〇	七、八八二、〇〇〇	
七三九年	二七、〇〇〇、〇〇〇	七〇	一八、九〇〇、〇〇〇	八、一〇〇、〇〇〇	

説明一、本収納見込ハ清査制度施行以来最モ良好ナル成績ヲ収メツツアル本年度収納実績(九月以降ノ見込ヲ含ム)ヲ最低基準トシテ企図シタルモノナルヲ以テ、本年度以上ノ収納好条件ニ恵マレザレバ右ノ収納確保ハ困難ナリ。

三、配給見込並自家消費、農家翌年度持越其他見込額(単位両)

年度別	配給見込額		収納シ得ザルモノ			備考
	管内配給	管外配給	自家消費量	農家翌年度持越量	其他	
成紀七三六年(昭和十六年)	五〇〇、〇〇〇	九、二四四、〇〇〇	三、五〇〇、〇〇〇	一、〇〇〇、〇〇〇	一、九九六、〇〇〇	
七三七年	六〇〇、〇〇〇	一一、八七四、〇〇〇	三、四〇〇、〇〇〇	一、二〇〇、〇〇〇	二、七二六、〇〇〇	
七三八年	七〇〇、〇〇〇	一四、六〇二、〇〇〇	三、三〇〇、〇〇〇	一、三〇〇、〇〇〇	三、二八二、〇〇〇	
七三九年	八〇〇、〇〇〇	一八、一〇〇、〇〇〇	三、二〇〇、〇〇〇・	一、五〇〇、〇〇〇	三、四〇〇、〇〇〇	

説明一、自家消費量ハ全蒙疆地域内人口五百万人ニ対シ一人〇・七両トシテ算出シ、官土ノ普及ニ従ヒ漸次逓減スルモノト看做セリ。
二、其他ハ密売買等ヲ計上セルモノニシテ、農家持越量並其他ハ取締力ノ整備セザル現況ニ於テハ生産量ノ増加ト共

ニ逓増スルモノト看做ス。

四、全耕地面積対指定面積比較

年度別	全耕地面積（畝）	指定見込面積（畝）	比率（％）	備考
成紀七三六年（昭和十六年）	四〇、〇〇〇、〇〇〇	九一二、〇〇〇	二・二八	
七三七年	四〇、〇〇〇、〇〇〇	一、〇〇〇、〇〇〇	二・五〇	
七三八年	四〇、〇〇〇、〇〇〇	一、一二〇、〇〇〇	二・八〇	
七三九年	四〇、〇〇〇、〇〇〇	一、二〇〇、〇〇〇	三・〇〇	

説明一、全耕地面積ニ対シ一〇％程度迄ハ作付可能ナルベキモ、蒙疆ノ現況ヨリスレバ他農作物ニ及ボス影響、労働力、労賃等ノ関係ニ依リ三％以上企図スルハ困難ト思料ス。

〔後略〕

＊ 表紙および「蒙疆地区内阿片増産計画」各表に「秘」と捺印。タイプ印刷。一部に「蒙古連合自治政府」用箋を使用。本文六九頁。一頁一四〜一五行三一字。沼野資料。なお「付 蒙疆阿片事情概説」は《資料4》として収載した。

【資料24】

成紀七三六年度罌粟栽培並ニ阿片収納販売実績概況〔抄〕

経済部煙政塩務科

序

本稿ハ御諮問ニ基キ成紀七三六年度概況ヲ執筆シタルモノニシテ、項目中ニハ当科主管事務以外ノモノモアリ。御依頼ト同時ニ主管関係各方面ニ連絡シテ資料ノ蒐集ニ努メタルモ意ノ如クナラズ、乏シキ資料ヲ以テ綴リ合ハシタルモノナレバ、内容粗雑且ツ文章□劣ニシテ遅延仕リ、充分御期待ニ沿フヲ得ザル点切ニ御容謝願ヒマス。

尚御指示項目中第六項輸出状況ハ説明ノ都合上第三項ニ包含シ、第八項栽培実績ハ当然第一項二項ニ含マルルモノトシテ省略致シマシタ。

目　次

(五)納税違反者ニ対スル罰則　(六)禁煙特税徴収実績

五、土質肥料

(一)土質　(二)肥料

(イ)罌粟ノ三成分含有状況　(ロ)肥料ノ種類ト施肥量　(ハ)施肥期

六、罌粟栽培ト他作物トノ関係

(一)栽培面積並ニ収穫高　(二)投下費用並ニ利潤

一、罌粟作付面積

阿片ノ害毒ハ今更茲ニ事新シク喋々スル迄モナク遍ク世人ノ知ル処ニシテ、曾テ阿片問題ト云ヘバ之ヲ局限シテスエズ以東ニ於ケル朦朧不可思議ナル背徳事実ヲ意味シテ居タ。モルヒン、ヘロイン、コカイン等ノ麻酔薬類濫用問題ハ各国民ガ麻酔剤耽溺ノ危険ニ目覚メ、其ノ輿論ニ基キ政府当局ガ取締管理ノ必要手段ヲ講ゼシムルニ非ザレバ、永遠ニ全世界ノ癌タルヲ免レナイデアラウ。然ルニ如何ナル国家ト雖モ単独ニ之ガ撲滅ヲ計ラントスルハ徒労ニ終ルノミニテ、誠意的ニ利己的打算ヨリ離脱シタル国際的協力ヲ必要トスル。

東洋ニ於ケル阿片吸飲ノ状況ヲ見ルニ、先ヅ朝鮮、関東州、満州国、中華民国、泰、仏印、フィリッピン、ビルマ、マレー、印度其他ノ各地区ニ支那人ヲ主体トスル多数ノ癮者ヲ容シ頗ル憂慮サレツツアルガ、一八四三年英帝国ガ英国阿片密売者ノタメ支那ノ門戸ヲ開放シテヨリ阿片禍ハ急激ニ支那全土ニ蔓延シ、支那人ハ既ニ阿片ナクシテハ生キ得ザル状態ニ立至ツタノデアル。

然ルニ先進満州国ニ於テハ建国早々断禁政策ヲ採用シ、阿片癮者ノ登録、煙膏ノ配給制ヲ実施シテ着々効ヲ収メツツアル。

吾蒙古自治邦政府管下ニ於テモ夙ニ吸煙断禁ノ必要ヲ認メ、癮者数ノ調査並ニ阿片ノ適正ナル配給ヲ実施シツツ漸減的断禁政策ヲ実施中ナルモ、当地区ノ一部旧綏遠省ハ古クヨリ阿片ノ生産地トシテ知ラレ罌粟ヲ栽培シ居リタルト、当政府ノ財政経済ガ不健全且ツ弱劣ニシテ阿片ニ頼ラザレバ他ニ財源ヲ見出シ得ヌ点、並ニ近来大東亜戦争ノ戦果拡大ニ伴ヒ皇軍ノ掌中ニ帰シタル地域ニ対スル阿片供給地トシテ蒙疆ニ課セラレタル重大使命ハ、罌粟栽培ヲ厳禁シテ積極的ニ断禁ノ実ヲ挙グルヲ妨ゲ居ル現況ナリ。

斯ク如キ理由ニ依リ七三六年度ニ於テハ罌粟栽培面積ヲ左表ノ如ク指定セリ。

政庁盟別	指定面積(畝)	備考
察南政庁	一三八、〇〇〇	
察哈爾盟	一七一、〇〇〇	
晋北政庁	一六〇、〇〇〇	
巴彦塔拉盟	四四二、〇〇〇	
計	九一一、〇〇〇	全耕地面積ノ二・一四%ニ相当ス

備考　栽培面積指定ニ当リテハ水旱地別ノ指定ハナサズ

罌粟ノ作付ニ先立チ栽培ヲ希望スル農家ハ栽培面積ヲ具シ市県旗当局ノ栽培許可ヲ得、次ニ市県旗ニ在リテハ禁煙特税課税ノタメ並ニ密作取締ノタメ罌粟ノ生育期ニ於テ煙地ヲ実則シ勘査ヲ施行ス。然ルニ治安不良並ニ勘査人員ノ不足、勘査員ノ誠意ノ不充分ナル為毎年全煙地ヲ調査スルニ至ラズ、又調査ニ正鵠ヲ失シタル点アリテ、実栽培面積ヲ正確ニ調査スル事ヲ得ザル現状ニアルモ、参考迄ニ市県旗当局ヨリノ報告ヲ綜合シテ成紀七三六年度勘査面積ヲ表示セバ次ノ如シ。

水地旱地別勘査面積並ニ生産想定収買実績表

政庁盟別	勘査面積			勘査百分比		勘査面積ニ対スル生産想定数量(両)	収買実績(両)	収買率(%)
	水地(畝)	旱地(畝)	計(畝)	水地(%)	旱地(%)			
察南政庁	四九、六一二・五五	五三、六八一・四二	一〇三、二九三・九七	四八・〇三	五一・九七	二、〇六五、八七九・四〇	二、二六八、四六三・四〇	一〇九・八
察哈爾盟	一〇、二四〇・九〇	七七、〇四九・六〇	八七、二九〇・五〇	一一・七三	八八・二七	一、七四五、八一〇・〇〇	一、五九九、一八九・九七	九一・六

晋北政庁	三五、九〇四・二三	七七、三〇四・四〇	一一三、二〇八・六三	三一・七二	六八・二八	二、二六四、一七二・六〇	二、三五五、五三一・九七	一〇四・〇
巴彦塔拉盟	七六、三〇七・七二	二二八、九二〇、二〇	三〇五、二二七・九二	二五・〇〇	七五・〇〇	六、一〇四、五五八・四〇	四、八八〇、五七七・六一	七九・九
計	一七二、〇六五・四〇	四三六、九五五・六二	六〇九、〇二一・〇二	二八・二五	七一・七五	一二、一八〇、四二〇・四〇	一一、一〇三、七六二・九五	九一・六

備考一、一畝当生産数量ハ水地、旱地平均二〇両トシテ算出ス
　　二、一両ハ三六瓦ナリ

即チ右表ニ依レバ全地域ニ於テ水地一七二、〇〇〇畝、旱地面(マヽ)四三七、〇〇〇畝、計六〇九、〇〇〇畝ノ栽培地面積ニシテ、指定面積ノ六六・七四%ニ相当ス。而シテ水地旱地ノ比率ハ二八対七二ニシテ約四分ノ一ガ水地、四分ノ三ガ旱地ナル事ヲ知ル。

然ルニ収買実績ヲ観察スルニ、察南政庁管内、晋北政庁管内ノ如キハ一〇〇%ヲ凌駕スルガ如キ不当数字ヲ示シ、他ノ二盟管内ニ於テモ八〇%九〇%ノ高収買率ヲ示セルガ、管内ニ於ケル残貨阿片並ニ密売買ノ跋扈其他ノ事情ヨリ推シ、生産量ニ対シ斯ノ如キ収買結果ヲ得ルハ到底不可能ナリト思惟ス。

故而之ガ因ツテ来ル所ハ、当然勘査面積ガ調査ノ不完全ナルニ依リ実在面積ニ比シテ著シク過少化セルモノト推定セザルヲ得ズ。

斯ノ如キ勘査ノ弊ヲ改メ以テ実際ニ近キ数字ヲ得ンガ為、前表ニ依ル水旱地百分比ヲ基準トシ、現地被害状況、密栽培ノ関係モアルヲ以テ現地各清査署ヨリノ答申ヲ俟チ、勘査洩レノ面積ヲ含ム左表ヲ想定セリ。

水地旱地別罌粟栽培想定面積生産収買数量表

政庁盟別	実在面積(畝)			指定面積ニ対スル百分率(%)	水旱地百分比(%)		生産数量(両)			畝当平均生産量(両)		収買数量(両)	収買率
	水地面積	旱地面積	計		水地	旱地	水地	旱地	計	水地	旱地		
察南政庁	六〇、七五〇	七四、二五〇	一三五、〇〇〇	九七・八三	四五	五五	一、五七九、五〇〇・〇〇	一、二六二、二五〇・〇〇	二、八四一、七五〇・〇〇	二六	一七	二、二六八、四六三・四〇	七九・八二
察哈爾盟(1)	一三、二〇〇	九六、八〇〇	一一〇、〇〇〇	六四・三三	一二	八八	三一六、八〇〇・〇〇	一、五四八、八〇〇・〇〇	一、八六五、六〇〇・〇〇	二四	一六	一、五九九、一八九・九七	八五・七二
晋北政庁	四九、五〇〇	一〇〇、五〇〇	一五〇、〇〇〇	九三・七五	三三	六七	一、一八八、〇〇〇・〇〇	一、六〇八、〇〇〇・〇〇	二、七九六、〇〇〇・〇〇	二四	一六	二、三五五、五三一・九七	八四・二五

巴彦塔拉盟(2)	一三、五〇〇	三三七、五〇〇	四五〇、〇〇〇	一〇一・八二	二五	七五	三、一五〇、〇〇〇・〇〇	五、七三七、五〇〇・〇〇	八、八八七、五〇〇・〇〇	二八	一七	四、八八〇、五七七・六一	五四・九二
計	二三五、九五〇	六〇九、〇五〇	八四五、〇〇〇	九二・七六	二七・九	七二・一	六、二三四、三〇〇・〇〇	一〇、一五六、五五〇・〇〇	一六、三九〇、八五〇・〇〇	二六・四三	一六・六八	一一、一〇三、七六二・九五	六七・七四

備考（1）　察哈爾盟ハ旱風害甚大ナリ。

（2）　巴彦塔拉盟ハ旱害アリシモ密栽培多キニ依リ相殺サレ、実在面積ハ指定面積ト大差ナシ。栽培ノ歴史最古ク、農民ハ阿片ノ売却ヲシブリ、且密売買多キガ為収買率低シ。

二、罌粟作柄概況

成紀七三六年度ニ於テハ罌粟ノ播種期前後（四月上旬ヲ中心トス）ニ於テ降雨少ク、平年ニ比シ十―十五日播種遅延シ、発芽生育共ニ良好ナラズ、加フルニ五月中下旬ニ於ケル二回ニ亘ル突風ニ依ル風害ハ相当激烈ヲ極メ為ト（ママ）全地域ニ亘リ尠ラザル損傷ヲ蒙リタリ。就中察哈爾盟ハ他ノ地区ニ比シ気候寒冷ノタメ毎年約二〇―三〇日間播種期遅レ、被害当時ニ於テハ罌粟ハ丁度発芽直後ノ幼苗ナルヲ以テ倒伏逸段（ママ）著シク、且ツ煙地ノ大部分ガ旱地ナルタメ旱害ヲモ誘発シ、被害最モ甚大ニシテ四割ノ全滅ト想定ス。而シテ農民ハ直チニ一部的或ハ全面的ニ補播セントシタルモ時宜既ニ晩ニ失シ、被災損害ヲ補ツテ他作物ノ作付ヲ以テシ、追播シタルハ一割程度ナリ。

他ノ地区ニ於テハ全滅ノ厄ニ遭ヒタル煙地ハ皆無ナリシモ、部分的ニ追播ヲ余儀ナクサレ、従ツテ収穫ニ大ナル支障ヲ来シタリ。更ニ五月ニ於テハ降雨量寡少ナルガタメ土壌水分ノ不足ニ依ル罌粟ノ生育状況芳シカラズ、殊ニ察南ノ竜関、赤城両県並ニ晋北管内ニ於テハ幼苗二寸三寸程度ノ時期ニ於テハ一時枯死ノ状態ニ陥レルモ、五月下旬ニ於ケル慈雨ニ依リ漸ク再生シタルモ、収穫ノ際漿液ニ乏シキ蒴果モ相当数アリタリ。更ニ巴盟地区、托克托県及ビ察南ノ北南部諸県ニ於テハ局部的ニ雹害、匪害アリ。

以上綜合勘案セバ平年作ニ比シ九分作ト見ラレ、収買実績ハ各機関ノ絶大ナル協助ト治安ノ確立、密栽培ノ存在ニ依リ良好ナル結果ヲ以テ終了シタリ。

三、阿片収買、収納方式販売方式並ニ実績

(説明ノ都合上本項ニ於テ阿片輸出状況ヲモ併セ記ス事トス)

㈠ 収買 (収買トハ指定阿片収納人ガ生産者タル農民ヨリ阿片ヲ買上グル場合ノ用語ナリ)

阿片ノ収買ハ従来罌粟栽培者ト密接不可分関係ニアル土商並ニ京津方面ニ於テ之ガ経験手腕ヲ有スル資本家ヲ阿片収納人トシテ指定シ従事セシメタリ。而シテ之等指定収納人(五十一名)ヲ従来ノ取引地盤タル各地ニ配属シ、宣化、崇礼、張北、興和、大同、豊鎮、厚和、薩拉斉、包頭、托克托ノ各地ニ数名宛ノ収納人ノ集合体タル土業組合ヲ十組合(資本金公称一、〇〇〇万円、払込額五〇〇万円)結成セシメ、指定区域内ニ於ケル生産阿片ノ完全蒐貨ヲ目標ニ収買ニ従事セシメ、尚之等組合ノ統轄事務連絡並ニ阿片ノ地域外搬出金融ノ斡旋業務ヲ司ルタメ、地方組合ヨリ選出サレタル役員ヲ以テ結成スル土業総組合ヲ張家口ニ設立セシメ、収買業務ノ円滑ナル運営ニ完璧ヲ期シタリ。

指定収納人ガ生産者ヨリ阿片ヲ収買スル際ニ於テハ官能鑑定ニ依リ当該等級ヲ決定シ定メラレタル代金ヲ支払フ。収買価格ハ官ニ於テ原則的ニハ全管内一率一両ニ付六円以上(七成品以上ノモノタルコト)ト規定シ、各地ノ実情ニ依リ等級並ニ価格ヲ任意定メ得ルモノトセシガ、収納人ノ不正行為ヲ防止シテ農民ヲ擁護シ、且地域内ノ徒ナル蒐貨競争ニ依リ惹起サルル虞アル可キ価格ノ不当釣上ヲ防止スル見地ヨリ、収納人同志ニ於テ申合セヲ行ハシメ、官ノ認可ヲ経テ後左ノ如キ管内統一等級価格ヲ決定セリ。

等級区分	規格品質	収買価格(円)	備考
一等	九成以上	八・〇〇	
二等	八・五〃	七・〇〇	
三等	八〃	六・〇〇	
次等	六・五〃	五円以下	

(二)　収納方式(収納トハ指定収納人ノ蒐貨セル阿片ヲ一定ノ補償価格ヲ以テ官ニ買上グル場合ノ用語ナリ)

指定収納人ノ収買セル阿片ハ組合毎ニ含有水分量一二%以下ニ晒煙シ、同質毎ノ規格百両包トシテ所轄収納官署ニ納入セシメタリ。

収納官署ニ於テハ右納入阿片ヲ官能鑑定並ニ化学鑑定(日本薬局方ニ依ルモルヒネ分析)ニ依リ鑑定シ、其ノ成分並ニモルヒネ含有率ニ依リ等級ヲ決定シ、直チニ一両ニ付各等級ヲ通ジ一率八円ノ補償金ヲ交付セリ。

収納阿片ノ規格並等級

等級	官能鑑定ニ依ル成分	化学鑑定ニ依ルモルヒネ含有百分率	規格点数	摘要
特等	九・五成以上	一一%以上	二〇五点以上	含有水分量ハ一二%以下トス 官能鑑定ノ一成分ヲ一〇点、化学鑑定ノモルヒネ含有率一%ヲ一〇点トシテ規格点数ヲ算出セリ
一等	九・〇成〃	一〇%〃	一九〇点〃	
二等	八・五成〃	九%〃	一七五点〃	
三等	八・〇成〃	八%〃	一六〇点〃	
四等	七・〇成〃	六%〃	一三〇点〃	

(三)　収納概況

成紀七三六年度ノ阿片収納ハ前年度ノ実績ニ鑑ミテ七五五万両獲得ヲ目標トシテ栽培面積ヲ指定シ、播種宣伝工作、煙地勘査等ノ蒐貨事前工作ヲ実施シテ極力煙地ノ把握ニ努メ、五月一日管内一斉ニ収買期間開始ト同時ニ前年度生産阿片ノ残貨収納ヲ企図セルモ、指定収納人ノ指定遅延シタルタメ諸般ノ準備相整ハズ実績見ルモノナシ。

然ルニ七月下旬ヨリ八月ニカケ新貨出廻期ニ際会スルヤ各地区共予想外ニ出廻リ早ク、八月末ニハ既ニ七五〇万両ヲ突破シ、十月末ニハ遂ニ一千万両ヲ超過シ、未曾有ノ好成績ヲ以テ蒐貨ヲ完了セリ。

斯ノ如キ好成績ヲ収メ得タルハ当事者ノ熱意並ニ関係各機関ノ絶大ナル協助ニ外ナラズモ、尚之ガ原因ヲ検討セバ、

(イ) 前年度繰越阿片並ニ密栽培ノ多カリシコト。

(ロ) 行政力ノ滲透ニ伴ヒ治安確立シ、且ツ清査制度ニ対スル認識ヲ深メタルコト。

(ハ) 華北ニ於テ罌粟栽培ガ許可セラレ相当量生産ヲ見テ該地ニ於ケル需要ヲ満足セシメタル結果、価格下落シ当地区ヨリノ密輸出減ジタルコト。

(ニ) 雑穀ノ公定価格制ノ実施ハ農民ヲシテ之ガ販売ヲ渋リ、之ニ代フルニ貨幣獲得ノタメ阿片ノ販売ヲ促シタルコト。

(収納諸実績別表ノ通リ)

(四) 払下並ニ販売

右収納阿片中等級毎ニ一割五分ヲ管内配給用阿片トシテ官ニ保留シ、残量八割五分ヲ収納補償価格即チ八円ニ政府収入金二円五〇銭(専売金ニ相当ス)ヲ加算シタル十円五〇銭ヲ以テ再ビ優先的ニ土業組合ニ払下ゲ、組合ヲシテ管外ニ販売セシメタリ。

但シ之ノ場合販売先トノ折衝契約ハ種々ノ事情ニ依リ政府ニ於テ斡旋スル事トシ、土業組合ハ政府ヨリ仕向地、品質、価格数量等ノ指示ヲ受ケタル後之ニ基キ販売ヲ行ヒ、其ノ利潤並ニ収買時ノ利潤ニ依リ組合ヲ運営ス。

尚官ニ保留セル管内配給用阿片中、管内ニ於ケル吸食用トシテ配給ヲ予定セル数量ヲ除ク一部数量ヲモ管外ノ需要ニ応ジテ販売セリ。

管内ニ供給スル阿片ハ官ニ於テ指定シタル配給人ヲ以テ結成スル配給人公会ニ原料阿片トシテ管内一律一両ニ付十二円ヲ以テ払下ゲ、配給人公会ニ於テハ之ヨリ吸飲用煙膏ヲ製シテ配給人之ガ販売ニ当ル。

(五) 販売実績

次ニ当地区産阿片ノ管内外販売状況ヲ見ルニ、大東亜共栄圏内ニ於ケル阿片自給自足策ニ則リ、又一ツニハ外貨ヲ獲得シテ蒙疆財政経済ノ確立ヲ計ランガタメ、管外販売ニ重点ヲ置キ、各需要先ニ対シ華北ニ於ケル阿片需要低減、華中ニ於ケル法幣暴落ニ基ク販売価格ノ引下ゲ、輸送機関ノ不足等ノ障碍ヲ排除シツツ、販売ニ万全ヲ期シタリ。

尚管内配給ニ関シテハ漸減的断禁政策ヲ主義トシテ、各地区阿片癮者数並ニ配給人ヲ勘案シテ配給数量ノ適正配給ヲ実施セリ。

（数字的販売実績別表ノ通リ）

別表一　土業組合別阿片収買数量並ニ金額表

土業組合別	収買数量（両）	金額（円）	収買平均単価（円）	摘要
包頭	二四九、二六二・八八	一、九三三、四七八・〇九	七・七五五	
薩拉斉	五七四、三六二・三五	四、四〇九、一三一・三一	七・六九六	
厚和	一、〇三七、九七八・七三	七、九六二、二九九・二八	七・六七〇	
托克托	七九六、一〇〇・〇〇	六、一八九、一一五・七三	七・七七〇	
豊鎮	一、七二七、〇四九・四四	一三、七七一、一一二・一三	七・九七〇	
大同	二、三五五、五三一・九七	一八、四五六、四六二・九〇	七・八三五	
崇礼	五〇二、二八二・〇三	三、九九三、一八三・八一	七・九三〇	
張北	一、〇九六、九〇七・九四	八、六五三、七〇四・一七	七・八九〇	
興和	四九五、八二四・二一	三、九二九、三九二・一八	七・九二〇	
察南	二、二六八、四六三・四〇	一八、〇二三、四四六・〇五	七・九四五	
計	一一、一〇三、七六二・九五	八七、三二一、三二五・六五	七・八六四	

別表二　収納官署別等級別阿片収納数量並ニ補償金額表

収納官署	収納数量（両）					補償金額（円）	単価（円）	摘要
	特等	一等	二等	三等	計			
張家口清査署	六二〇、〇〇〇	三、六〇五、六七六	一四六、三〇〇	六、〇〇〇	四、三七七、九七六	三五、〇二三、八〇八・〇〇	八・〇〇	

大同清査署	二四〇、〇〇〇	一、九四〇、〇〇〇	一五二、二〇〇	三七、二〇〇	二、三六九、四〇〇	一八、九五五、二〇〇・〇〇	八・〇〇	秤量増四二、一〇三両〇五
厚和清査署	一、三五八、九九〇	一、一〇〇、〇〇〇	二一一、六〇〇	三、二〇〇	二、六七三、七九〇	二一、三九〇、三二〇・〇〇	八・〇〇	
豊鎮清査局	—	一、六六〇、〇〇〇	六三、三〇〇	一、四〇〇	一、七二四、七〇〇	一三、七九七、六〇〇・〇〇	八・〇〇	
計	二、二二八、九九〇	八、三〇五、六七六	五七三、四〇〇	四七、八〇〇	一一、一四五、八六六	八九、一六六、九二八・〇〇	八・〇〇	
比率	一九・九%	七四・五%	五・一%	〇・五%	一〇〇%			

備考　収買数量ト収納数量ノ間ニ四二、一〇三両〇五ノ差異ヲ認ムルハ秤量差ナリ。即チ土業組合ノ収買ノ際ハ半液体ノ奶子若ハ一部ニ於テハ乾燥不充分ナル稀土、乾土ノ状態ニテ秤量ノ上取引サレ、此ノ場合ノ秤量ハ必ズシモ収納ノ場合ノ秤量ト一致シ難シ。即チ収納ノ際組合ハ収買阿片ヲ乾燥晒煙シテ控除水分量一二%以下ノ乾土トシテ秤量ノ上納入スルモノナルヲ以テ、収買時ト収納時ノ数量ニハ多少ノ秤量増減ヲ免レズ。又一部的ニハ収買ニ従事スル者ノ故意ヲ以テスル秤量増モナキニシモ非ズ。

別表三　土業組合別等級別阿片収納数量並ニ補償金額表

組合別	特等品(両)	壱等品(両)	弐等品(両)	参等品(両)	計　(両)	単価(円)	補償金額(円)	摘要
包頭	一三六、〇〇〇	一〇〇、〇〇〇	一四、六〇〇		二五〇、六〇〇	八・〇〇	二、〇〇四、八〇〇・〇〇	
薩拉斉	四三三、二九〇	一三〇、〇〇〇	一五、六〇〇		五七八、八九〇	八・〇〇	四、六三一、一二〇・〇〇	
厚和	四五三、〇〇〇	四八五、〇〇〇	一一〇、二〇〇		一、〇四八、二〇〇	八・〇〇	八、三八五、六〇〇・〇〇	
托克托	三三六、七〇〇	三八五、〇〇〇	七一、二〇〇	三、二〇〇	七九六、一〇〇	八・〇〇	六、三六八、八〇〇・〇〇	
豊鎮		一、六六〇、〇〇〇	六三、三〇〇	一、四〇〇	一、七二四、七〇〇	八・〇〇	一三、七九七、六〇〇・〇〇	
大同	二四〇、〇〇〇	一、九四〇、〇〇〇	一五二、二〇〇	三七、二〇〇	二、三六九、四〇〇	八・〇〇	一八、九五五、二〇〇・〇〇	
崇礼	一六〇、〇〇〇	三二一、四二六	二一、三〇〇		五〇二、七二六	八・〇〇	四、〇二一、八〇八・〇〇	
張北	三八〇、〇〇〇	七二一、〇〇〇		六、〇〇〇	一、一〇七、〇〇〇	八・〇〇	八、八五六、〇〇〇・〇〇	
興和	八〇、〇〇〇	三八七、八〇〇	三〇、〇〇〇		四九七、八〇〇	八・〇〇	三、九八二、四〇〇・〇〇	

察南		二、一七五、四五〇	九五、〇〇〇		二、二七〇、四五〇	八・〇〇	一八、一六三、六〇〇・〇〇
計	二、二二八、九九〇	八、三〇五、六七六	五七三、四〇〇	四七、八〇〇	一一、一四五、八六六	八・〇〇	八九、一六六、九二八・〇〇

阿片ノ出廻リ状況ヲ見ル為月別収買収納数量ヲ表示スレバ次ノ如シ。

別表四　各組合月別阿片収買実績調（単位両）

組合別	六月	七月	八月	九月	十月	十一月	合計
包頭	―	二一〇、四三七・八〇	一〇九、七一二・四八	一七、七二四・四二	一一、三八八・一八	―	二四九、二六二・八八
薩県	二、五四八・一五	二九〇、四二四・四五	一四三、〇〇三・九九	八九、五一四・一七	四八、八七一・四九	―	五七四、三六二・三五
厚和	―	二二八、二六五・六六	四九九、七三三・五二	一八一、三六三・七〇	一三八、四一七・八五	二〇〇・〇〇	一、〇三七、九七八・七三
托県	二、五八六・五〇	一四七、五六四・一〇	三三一、一三一・一五	一五四、七八六・八〇	一六〇、〇三一・〇五	―	七九六、一〇〇・〇〇
豊鎮	一、二九七・八〇	一四〇、一八九・七七	九一八、五五三・二四	三八三、〇七八・九三	二八三、九二九・七〇	―	一、七二七、〇四九・四四
大同	―	九六、九八九・八七	一、〇七六、六六一・三九	五六七、二一五・八八	六一四、六六四・八三	―	二、三五五、五三一・九七
崇礼	―	五六、四〇七・四八	三〇二、六〇五・〇〇	一一七、九〇六・六三	一七、二七二・四三	八、〇九〇・四九	五〇二、二八二・〇三
張北	―	九、九六七・八七	七八三、七一〇・〇〇	二五二、八九九・〇六	四六、六八四・八四	三、六四六・一七	一、〇九六、九〇七・九四
興和	―	二九、六二一・六五	二三八、九三四・六〇	一三四、五二四・四二	五六、四九〇・六二	三六、二五二・九二	四九五、八二四・二一
察南	―	七八〇、三〇一・六五	一、一七一、一六一・八二	二六二、七二八・六三	五三、八一九・七三	四五一・五三	二、二六八、四六三・四〇
計	六、四三二・五五	一、八八〇、一六八・三四	五、五七五、二〇七・五九	二、一六一、七四二・六四	一、四三一、五七〇・七二	四八、六四一・一一	一一、一〇三、七六二・九五
	〇・〇五%	一六・九五%	五〇・二三%	一九・三五%	一二・九八%	〇・四四%	一〇〇・〇〇

別表五　収納官署別月別阿片収納数量表（単位両）

	七月	八月	九月	十月	十一月	十二月	計
張家口署	一六〇、〇〇〇	九〇〇、〇〇〇	九九〇、〇〇〇	一、九九〇、〇〇〇	二八七、四五〇	五〇、五二六	四、三七七、九七六
大同署	三八、〇〇〇	三二二、〇〇〇	九四〇、〇〇〇	八二〇、〇〇〇	二五九、四〇〇		二、三六九、四〇〇
厚和署	一八〇、三〇〇	八一〇、〇〇〇	八五五、〇〇〇	七〇六、八〇〇	一三一、六九〇		二、六七三、七九〇
豊鎮局	二〇、〇〇〇	三六〇、〇〇〇	七〇〇、〇〇〇	四二〇、〇〇〇	二二四、七〇〇		一、七二四、七〇〇
計	三九八、三〇〇	二、三八二、〇〇〇	三、四八五、〇〇〇	三、九三六、八〇〇	八九三、二四〇	五〇、五二六	一一、一四五、八六六

即チ右表ニ依リテ阿片ノ出廻ノ最モ旺盛ナルハ八月ニシテ全蒐貨数量ノ五〇％ヲ示シ、次イデ九月、七月、十月ノ順ニシテ、各一九％、一七％、一三％ナリ。

別表六　阿片販売実績表　管外販売之部

販売先	阿片種類	搬出数量（両）	金額（円）	摘要
華中（宏済善堂）	七三五年度収納阿片	一、五〇〇、〇〇〇	二二、三〇〇、〇〇〇	
〃	七三六年度　〃	二、三四八、〇〇〇	三二、一九八、〇〇〇	
〃	計	三、八四八、〇〇〇	五四、四九八、〇〇〇	
華北（土薬業公会）	七三五年度収納阿片	一、〇〇〇、〇〇〇	一六、〇〇〇、〇〇〇	
〃	七三六年度　〃	二〇〇、〇〇〇	二、八〇〇、〇〇〇	
〃	計	一、二〇〇、〇〇〇	一八、八〇〇、〇〇〇	
関東専売局	七三五年度収納阿片	一〇〇、〇〇〇	一、五〇〇、〇〇〇	

関東専売局	七三六年度収納阿片	二〇〇、〇〇〇	二、八〇〇、〇〇〇	
〃	計	三〇〇、〇〇〇	四、三〇〇、〇〇〇	
計	七三五年度収納阿片	二、六〇〇、〇〇〇	三九、八〇〇、〇〇〇	
	七三六年度収納阿片	二、七四八、〇〇〇	三七、七九三、〇〇〇	
総計		五、三四八、〇〇〇	七七、五九八、〇〇〇	

別表七 管内配給之部

配給先	配給数量(両)	単価(円)	金額(円)	備考
張家口署管内	七二、〇〇〇	一二・〇〇	八六四、〇〇〇・〇〇	
大同署管内	一五、一〇〇	一二・〇〇	一八一、二〇〇・〇〇	
厚和署管内	五七、〇〇〇	一二・〇〇	六八四、〇〇〇・〇〇	
計	一四四、一〇〇		一、七二九、二〇〇・〇〇	

別表八 管内外月別販売実績表 管外之部[1]

〔中略〕

別表九 管内ノ部

月別	配給先(両) 張家口署管内	大同署管内	厚和署管内	計	単価(円)	金額(円)	備考
一月	九、〇〇〇	二、四〇〇	一五、〇〇〇	二六、四〇〇	一二・〇〇	三一六、八〇〇・〇〇	

二月	九、〇〇〇	二、〇〇〇	一〇、〇〇〇	二一、〇〇〇	一二・〇〇	二五二、〇〇〇・〇〇	
三月	九、〇〇〇	二、〇〇〇	五、〇〇〇	一六、〇〇〇	一二・〇〇	一九二、〇〇〇・〇〇	
四月	六、〇〇〇	一、〇〇〇	一〇、〇〇〇	一七、〇〇〇	一二・〇〇	二〇四、〇〇〇・〇〇	
五月	六、〇〇〇	一、〇〇〇	五、〇〇〇	一二、〇〇〇	一二・〇〇	一四四、〇〇〇・〇〇	
六月	六、〇〇〇	二、〇〇〇		七、〇〇〇	一二・〇〇	八四、〇〇〇・〇〇	
七月	六、〇〇〇	二、〇〇〇	五、〇〇〇	一三、〇〇〇	一二・〇〇	一五六、〇〇〇・〇〇	
八月	三、〇〇〇	一、〇〇〇		四、〇〇〇	一二・〇〇	四八、〇〇〇・〇〇	
九月	三、〇〇〇		二、〇〇〇	五、〇〇〇	一二・〇〇	六〇、〇〇〇・〇〇	
十月	六、〇〇〇		三、〇〇〇	九、〇〇〇	一二・〇〇	一〇八、〇〇〇・〇〇	
十一月	三、〇〇〇	六〇〇		三、六〇〇	一二・〇〇	四三、二〇〇・〇〇	
十二月	六、〇〇〇	二、一〇〇	二、〇〇〇	一〇、一〇〇	一二・〇〇	一二一、二〇〇・〇〇	
計	七二、〇〇〇	一五、一〇〇	五七、〇〇〇	一四四、一〇〇	一二・〇〇	一、七二九、二〇〇・〇〇	

尚第六項輸出状況〔2〕ニ租税関係トアリタルガ、土業組合ハ官ノ阿片蒐貨代行機関ナルヲ以テ、阿片販売ノ際ハ出産税、輸出税等ノ物資流動ノ際ノ租税ヲ賦課サルル事ナク、唯前述セル如ク販売ニ当リテ収納阿片収納補償価格八円ニ比シ二円五〇銭高ニテ払下グル方式ナレバ、此ノ二円五〇銭ガ政府ノ収入トナル。

四、禁煙特税

㈠ 税率

禁煙特税ハ之ヲ正税ト附加税トニ分チ、税率ハ成紀七三五年度ニ於テハ罌粟栽培地一畝ニ付正税ハ水地十円、旱地六円トシ、附加税ハ正税ノ百分ノ十五ニシテ正税ハ国税、附加税ハ市県ノ収入ナリシ。

然ルニ成紀七三六年ニ於テハ税率ノ一部改正ヲ行ヒ、正税ハ前年通トスルモ附加税ハ正税ノ百分ノ二五トシ、中正税ノ百分ノ十五ニ相当スル分ヲ政庁盟収入、残余ノ百分ノ十ヲ市県旗収入トスル旨規定セラレタリ。

因而之ヲ水地旱地別ニ見レバ

成紀七三五年度　水地(正税) 10円＋(附加税) 1.5円＝11.5円(課税額)
　　　　　　　　旱地(正税) 6円＋(附加税) 0.9円＝ 6.9円(課税額)

一畝当リ水地十一円五〇銭、旱地六円九〇銭ノ課税額ナリ。

成紀七三六年ニ於テハ　水地 10円(正税)＋2.5円(附加税)＝12.5円(課税額)
　　　　　　　　　　　旱地 6円(正税)＋1.5円(附加税)＝ 7.5円(課税額)

水地十二円五〇銭、旱地七円五〇銭ノ課税額ナリ。

(二)　罌粟栽培農家ニ対スル賦課状況

七三五年度ノ調査ニ依レバ概ネ右税率ニ準拠シ居リタルモ、稀ニ攤派制度ノ施行サレツツアル地方、例レバ豊鎮県ノ一部ニ於テハ被災煙地ノ租税迄ヲモ負担セシメラレ、甚ダシキニ於テハ水地八三円旱地五〇円ノ如キ不当金額ノ納税ヲ命ゼラレシ農家アリタリ。

然ルニ七三六年度ニ於テハ当初ニ於テ地方税制確立セラレ、攤派制度ノ廃止アリタル為調査ノ範囲内ニ於テハ斯ノ如キ矛盾ヲ見ズ現定ノ課税ヲ見タリ。

(三)　納税期　其年七月一日ヨリ十月三十日迄

(四)　禁煙特税ノ免除

禁煙特税ノ免除ヲ得ントスル者ハ災害ノ現状ヲ具シ税務局長ニ申請シ、事情止ムヲ得ザルモノト認メラレタル場合ハ罌粟栽培区画毎ニ左記各号ニ依リ免税サル。

1、阿片ノ収穫皆無ナルトキ　全額免除

2、阿片ノ収穫量一畝当リ水地ニアリテハ九両以下、旱地ニアリテハ六両以下ナルトキ　半額免除
3、阿片ノ収穫量一畝当リ水地ニアリテハ十五両以下、旱地ニアリテハ十両以下ナルトキ　四分ノ一額免除

㈤　納税違反者ニ対スル処罰

1、詐偽又ハ故意ニ罌粟栽培ノ届出ヲ怠リ其他ノ不正行為ヲ以テ禁煙特税ヲ逋脱シ又ハ逋脱セントシタル者、並ニ同様ニシテ禁煙特税ノ免除ヲ得又ハ得ントシタル者ハ当該禁煙特税ヲ徴収スルノ外、其ノ一倍以上十倍以下ニ相当スル罰金刑ニ処セラル。但シ罰金額ハ十円ヲ下ル事ナシ。

2、税務官吏ニ禁煙特税ノ課税取締上必要アリト認ムル時ハ罌粟栽培地ヲ検査シ又ハ罌粟栽培人其他ノ関係人ヲ尋問スル事ヲ得ルモ、若シ此ノ場合其ノ職務執行ヲ阻害シ又ハ其ノ尋問ニ対シ答弁ヲナサズ又ハ虚偽ノ答弁ヲナシタル者ハ三百円以下ノ罰金刑ニ処サル。

㈥　禁煙特税徴収実績

禁煙特税ニ関スル事務ハ当科ノ主管スル処ニ非ズシテ曾テ国税科ノ主管ニ属シタルモ現在ニ於テハ各政庁盟ニ移管シアリ。因而成紀七三六年度ニ於ケル本税ノ賦課並ニ徴収実績ヲ内政部ニ問合ハシタル処、該年度ニ於ケル政庁盟ノ決算未了ノ為確実ナル数字無シトノ答解(ママ)ニシテ、玆ニ具体的ニ数字ヲ記シ得ザルヲ甚ダ遺憾トス。

〔後略〕

＊「秘」と捺印。タイプ印刷。本文五九頁。一頁一五行三三字。沼野資料。
〔1〕　本書第17表(一三九頁)、参照。
〔2〕　本資料「序」(五一一)頁、参照。

【資料25】

成紀七三六年度阿片収納事業概況並実績調〔抄〕

経済部煙政塩務科

一、収納概況

本年度阿片ノ収納ハ七五五万両獲得ヲ目標ニ全管内九一万四千畝(別表(一)ノ如ク)ノ栽培ヲ指定シ、阿片収穫事前工作トシテ播種宣伝工作並ニ煙地勘査ヲ実施シ極力煙地ノ把握ニ万全ヲ期シ、五月一日全管内一斉ニ収買期間開始サレルヤ、前年度生産阿片ノ残貨収納ヲ企図シ之ガ集貨ヲ督励セルモ、指定収納人ノ指定遅延ニ伴ヒ収買処設置其他準備ノ都合上コレガ意ノ如クナラズ、残貨収買実績ハ六月ニ於テ僅カニ六千両ノ収買ヲ見タルノミナリ。然ルニ七月新貨ノ出廻期ニ這入ルヤ各地共俄然収買ニ活況ヲ呈シ、生産者ハ続々収買処ニ詰掛ケ各組合共収買資金繰ニ全ク忙殺セラルル現状ヲ以テ、八月末ニハ当初予想数量ノ七五〇万両ヲ獲得シ、十月末ニハ遂ニ壱千万両ヲ突破シ、未曾有ノ好成績ヲ以テ収納ヲ完了セリ。

惟フニ之ガ予想外ノ成果ヲ収メタルハ勿論清査官署員並ニ収買人ノ献身的努力ト関係各機関ノ絶大ナル協助ニ外ナラズモ、尚且之ガ集貨ヲ容易ナラシメタル諸種ノ原因ヲ検討セバ、

(イ) 罌粟種(マヽ)種当初ヨリ幾多自然的条件ニ恵レ、察哈爾盟管内ノ風、旱害ヲ除ク外、管内概ネ作況良好ニシテ、且前年度罌粟栽培ガ(マヽ)地作物ニ比シ極メテ収益多カリシ為予想外ニ栽培生産サレタルコト。

(ロ) 一般行政力ノ滲透ニ伴ヒ治安確立シ、当清査制度ニ対スル認識ヲ深メラレタルコト。

(ハ) 華北ニ於テ栽培ガ許可セラレ相当量ノ生産ヲ見、之ガ京津地方ノ自場消費トシテ需要ヲ充タシ、従ツテ価格下落シ、該地ヨリノ密買者ノ潜入暗躍激減シタルコト。

㈡ 国内主産物タル雑穀ニ公定価格制ガ実施セラレ農民ハ之ガ販売ヲ渋リ、専ラ阿片ヲ売却シ貨幣ヲ取得セントシ納入ヲ急ギタルコト。

等極メテ之ガ集貨上好条件ニ恵レ、加之当署ニ於テハ制度制定以来幾多難関ニ逢着シ、所有辛酸ヲナメ尊キ体験ヲ会得シ、以テ煙政業務運営上ニ妙ヲ得、本年度ノ収納成績ヲ促進セシメタル処亦尠カラズト思料ス。(諸実績別表ノ通)

二、阿片収納機構方式概要

制度制定本来ノ目的ハ阿片収納並ニ配給ヲ政府ニ於テ一元的管理統制シ、直接政府ガ業務運営ニ当リ、中間搾取業者ヲ除キ需要者並ニ生産者タル農民ノ利益ヲ擁護シ、以テ政府財政ノ一助タラシムルヲ理想トセルモ、当地阿片ノ集貨ニ関シテハ栽培ニ古キ歴史ヲ有シ、阿片業者対農民ハ封建的商業関係ヲ以テ連繋シ、尚且接壌地区ニ京津大消費地ヲ控ヘ、之ガ集貨ニ複雑微妙ヲ要シ、単ニ政府ノ力ノミヲ以テ之ガ完全集貨ヲ企図スルハ容易ナラザルモノアルニ鑑ミ、大体成果ヲ収メタル前年度ノ収納機構方式ヲ踏襲シ、政府代行機関トシテ阿片収納人ヲ指定シ、以テ生産阿片ノ完全確保ニ万全ヲ期シタリ。〔1〕

〔中略〕

三、阿片収納諸工作並ニ諸調査

阿片収納事前工作トシテ罌粟種子蒔付期ニ於テ全面的ニ指定許可畝数ノ栽培ヲ実施セシメントシ播種宣伝工作ヲ実施シ、発芽期ヨリ開花期ニ於テハ阿片収納上最モ重要ナル煙地勘査ニ重点ヲ置キ、県公署ト協力シ煙地ノ確保ニ万全ヲ期シタリ。

四、阿片収納工作並ニ収買処ノ指導監督

阿片収買開始セラルルヤ各清査官署員ハ関係各機関トノ緊密ナル連絡ノ下ニ村長会議並ニ農民参集ノ機ヲ逸セズ阿片蒐貨ヲ督励シ、治安不良ニシテ蒐貨成績挙ラザル地方ハ県公署ヨリ警備ヲ受ケ巡回収買ヲ実施シ、生産阿片ノ完全確保ヲ期シタリ。尚一方収買処ノ指導監督ニ関シテハ公正収買ヲ期スベク現地局、分局並ニ本署員ヲ派□、懇ニ指導シ不正行為ヲ未然ニ防止セルト共ニ、特ニ鑑定事務ニ就イテハ厳正ヲ期シ、専ラ生産者ノ擁護ニ努メ、以テ明朗ナル業務運営ヲ期セシメタリ。

五、罌粟種子ノ生産消費状況並罌粟栽培関係諸調査

(一) 罌粟種子ノ生産消費状況調査

罌粟種子ノ重要使途ニ鑑ミ、昨年二月ヨリ三月ニ亘リ之ガ生産消費状況ヲ調査シ、蒐貨上ノ参考ニ供シタリ。

(二) 標準耕作者設定ニ依ル栽培法、作柄、被害状況、収穫量調査

罌粟栽培ニ就テハ未ダ的確詳細ナル資料皆無ニシテ、従来之ガ実態ヲ把握スルヲ得ザリシタメ、本年度ハ各清査署管内ニ罌粟栽培ニ誠意ヲ有スル中産篤農家ヲ夫々二ケ所標準耕作者トシテ指定シ、播種ヨリ収穫完了ニ至ル期間清査署員ヲシテ栽培法、作柄被害状況、生産量等ヲ可及的確実ニ調査シ、以テ将来ニ於ケル農民指導計画樹立並ニ諸改良ノ参考ニ供シタリ。

(三) 罌粟生産費、労働状況調査

阿片収買価格決定ノ基準トナル可キ罌粟ノ生産費ヲ調査シ、併セテ最近頓ニ喧擾セラルル労働力ノ配分状態、労働賃銀ノ調査ヲ実施セリ。

其他出張ノ機会ヲ利用シテ農民ノ声ヲ聴取シ実状ヲ視察シテ作柄、被害状況ノ知得ニ努メタリ。

罌粟種子ノ集貨実績調

由来罌粟種子ハ搾油ノ上食用ニ供セラルル外、最近ニ至リテハ良質ノ軍需塗料原料並ニ石鹼ノ原料トシテ期待セラレ、其ノ利用価値頗ル増大セルニ鑑ミ、東亜共栄圏内ノ資源開発ノ立場ヨリスルモ之ガ集貨ニハ極力意ヲ注ガザル可カラズ。

然ルニ従来之ガ処置等閑視サレ、タメニ罌粟栽培者ハ収穫種子ノ極小部分ヲ翌年ノ播種用並ニ食用、燈用ニ供シ居ルノミニシテ、其ノ大部分ハ罌粟茎ト共ニ燃料ニ供スルカ或ハ栽培地ニ放置シ居ル現状ニテ、加之ニ本地区産種子□播種用トシテ品貨(ママ)不良ニシテ之ガ使用ガ阿片生産ノ低下ヲ来シツツアル状況ニ鑑ミ、早急播種用ニ適セザル本地区産種子ヲ可及的多量集貨シ、之ニ代フルニ優良種子ノ円滑ナル配給ヲ以テシ、他面集貨シタル種子ハ挙ゲテ軍需塗料原料其他ニ供給シ、以テ阿片ノ増産並ニ期待物資ノ獲得ヲ企図スル必要アルニ付、本年度ハ各地土業組合ヲシテ試験的ニ左記ニ依リ罌粟種子ヲ収買セシメタリ。

記

一、各地土業組合ハ附帯事業トシテ阿片収買区域内ニ生産サルル罌粟種子ヲ集貨スルモノトス。
二、集貨期間ハ阿片ノ収買期間ニ準ズ。
三、収買価格ハ最高一瓩四三銭ニ止ム。
四、容器衡器ニ就テハ現地ノ事情ニ適シタルモノヲ使用スルモノトス。
五、集貨種子ハ麻袋詰ノ上、別途何分ノ指示アル迄各地土業組合ニ保管シ置クモノトス。
六、集貨種子ノ販売ハ当部ニ於テ斡旋ス。

而シテ本年度ハ集貨初年度ニシテ集貨方式モ不備ノ点アリ、時宜ヲ遅キニ失シ諸準備整ハズ、且ツ之ガ趣旨不徹底ノタメ合理的ナル成果ヲ挙ゲ得ザリシモ、関係各当局ノ協助ヲ得テ左表ノ如ク大約当初割当数量ニ近キ集貨成績ヲ以テ収買ヲ完了セリ。

成紀七三六年度土業組合別罌粟種子集貨数量並当初割当数量

組合別	集貨数量(瓩)	麻袋数(袋)	一麻袋容量(瓩)	割当数量(瓩)	割当数量ニ対スル実績ノ比較増減(瓩)△＝減
包頭	三〇、一二〇	二、五〇〇	七〇	二四、〇〇〇	六、一二〇
薩拉斉	一七五、〇〇〇	五〇二	六〇	一二〇、〇〇〇	五五、〇〇〇
厚和	八三、二八〇	一、三八八	六〇	六〇、〇〇〇	二三、二八〇
托克托	三二、六四〇	五四四	六〇	四二、〇〇〇	△九、三六〇
豊鎮	一一、四一〇	一六三	七〇	六〇、〇〇〇	△四八、五九〇
大同	四五、六〇〇	五七〇	八〇	六〇、〇〇〇	△一四、四〇〇
察南	八七、〇四〇	一、〇八八	八〇	一二〇、〇〇〇	△三二、九六〇
張北	六六、四〇〇	八三〇	八〇	六〇、〇〇〇	六、四〇〇
興和	一三、八四〇	一七三	〇八	二四、〇〇〇	△一〇、一六〇

崇礼	|	|	|	三〇、〇〇〇	△三〇、〇〇〇(集貨皆無)
計	五四五、三三〇	七、七五八		六〇〇、〇〇〇	△五四、六七〇

別表一　成紀七三六年度各清査署別罌粟栽培指定、生産、収納予想並実績調

署別	指定畝数	当初生産予想数	当初収納予想数量	収納実績	摘要
張家口	三一二、〇〇〇	六、二四〇、〇〇〇	二、八三四、〇〇〇	四、三七七、九七六	一両ハ三六瓦
大同	一六〇、〇〇〇	三、二〇〇、〇〇〇	一、三一〇、〇〇〇	二、三六九、四〇〇	
厚和	四四二、〇〇〇	八、八四〇、〇〇〇	三、四〇六、〇〇〇	四、三九八、四九〇	
計	九一四、〇〇〇	一八、二八〇、〇〇〇	七、五五〇、〇〇〇	一一、一四五、八六六	

備考一、当初生産予想数量ハ一畝当二〇両平均トセリ
一、当初収納予想数量ハ昨年度収納実績率ト治安其他ヲ考慮シ査定セリ
一、収納実績ハ土業組合ヲ通ジ収納セルモノナリ
一、興和土業組合収納分ハ張家口署含ム

別表二　成紀七三六年度収納並押収引継阿片麻薬実績調(両)

土業組合ヲ通シ収納セシ阿片	一一、一四五、八六六・〇〇
特殊収納阿片(日本軍、応県治安維持会、涼州産)	二二、九三六・五〇
押収阿片	三六、八一三・〇〇
引継阿片	三七、三三七・五五
計	一一、二四二、九五三・〇五
外ニ麻薬押収及引継数量	三、三九三・〇七

成紀七三五年度ヨリ七三六年度ニ越高

阿片（収納押収引継特殊）　二、八一七、八七五・一〇

麻薬（押収引継）　一、四七五・〇五

別表三　特殊収納阿片実績調

収納官署別	収納先（納入者）	数量（両）	補償金（元）	摘要
大同署	黒田部隊	四、七八三・〇〇	五六、四〇六・二〇	一両ハ三六瓦トス
〃	治安工作班（応県）	一二、六三八・二〇	一四五、〇八八・五〇	
厚和署	特務機関	五、五一五・三〇	三四、七五一・八〇	
計		二二、九三六・五〇	二三六、二四六・五〇	

備考一、補償価格ハ其都度訓令ヲ以テ制定シ収納セシメタリ

別表四　各地区別収納人数、収買処設置個数、出資額、集貨予想並実績調

阿片収買地区	納入官署	指定収納人数	収買処設置個数	出資金額（元）	阿片収買予想数量	阿片収買実績（両）	摘要
察南	張家口清査署	六名	二〇	六一〇、〇〇〇	一、一八五、〇〇〇	二、二六八、四六三・四〇	
張北	〃	六	一九	六六〇、〇〇〇	一、一一九、〇〇〇	一、〇九六、九〇七・九四	
崇礼	〃	四	五	三七〇、〇〇〇	六二二、〇〇〇	五〇二、二八〇・〇三	
晋北	大同清査署	七	二三	八五〇、〇〇〇	一、四〇一、〇〇〇	二、三五五、五三一・九七	
豊鎮	厚和清査署	六	一八	六九〇、〇〇〇	一、〇七三、〇〇〇	一、七二七、〇四九・四四	
興和	張家口清査署	五	二	二〇〇、〇〇〇	二五二、〇〇〇	四九五、八二四・二一	
厚和	厚和清査署	六	二七	七六〇、〇〇〇	一、一二二、〇〇〇	一、〇三七、九七八・七三	

托克托	〃	四	七	三四〇、〇〇〇	五五五、〇〇〇	七九六、一〇〇・〇〇
薩拉斉	厚和清査署	五	八	三六〇、〇〇〇	四八七、〇〇〇	五七四、三六二・三五
包頭	〃	三	一四	一六〇、〇〇〇	二三四、〇〇〇	二四九、二六二・八八
計		五二	一四三	五、〇〇〇、〇〇〇	八、〇五〇、〇〇〇	一一、一〇三、七六二・九五

備考一、一両三六瓦

一、収買実績ハ十二月末日現在トス

一、右ノ内張北組合地区ハ風害、旱跋ノ為被害ヲ蒙リ、崇礼組合地区ハ治安不良ノ為収納予想数量ニ達セズ収納ヲ完了セリ

一、阿片収買予想数量ハ土業総組合事業計画ニ依ルモノナリ

別表五　各収納官署並月別阿片収納数量調〔2〕

〔中略〕

別表六　厚和署月別並ニ等級別収納実績表（単位両）

月別	特等	一等	二等	三等	合計
七月	一四五、九〇〇	五〇、〇〇〇	一、二〇〇	三、二〇〇	二〇〇、三〇〇
八月	三四五、〇〇〇	七八五、〇〇〇	四〇、〇〇〇	―	一、一七〇、〇〇〇
九月	一七〇、〇〇〇	一、二四五、〇〇〇	一四〇、〇〇〇	―	一、五五五、〇〇〇
十月	六〇六、八〇〇	五二〇、〇〇〇	―	―	一、一二六、八〇〇
十一月	九一、二九〇	一六〇、〇〇〇	九三、七〇〇	一、四〇〇	三四六、三九〇
十二月	―	―	―	―	―
計	一、三五八、九九〇	二、七六〇、〇〇〇	二七四、九〇〇	四、六〇〇	四、三九八、四九〇

備考一、特殊収納ハ別表ヲ以テ表ス
一、収納価格ハ国内品一律八円ヲ以テ収納セリ
一、興和県(興和土業組合)ハ張家口署ヲシテ収納セシメタリ

別表七　張家口署月別並ニ等級別収納実績表(単位両)

月別	特等	一等	二等	三等	合計
七月	—	一六〇、〇〇〇	—	—	一六〇、〇〇〇
八月	二〇〇、〇〇〇	七〇〇、〇〇〇	—	—	九〇〇、〇〇〇
九月	三〇〇、〇〇〇	六九〇、〇〇〇	—	—	九九〇、〇〇〇
十月	一二〇、〇〇〇	一、八五三、〇〇〇	一七、〇〇〇	—	一、九九〇、〇〇〇
十一月	—	一五六、四五〇	一二五、〇〇〇	六、〇〇〇	二八七、四五〇
十二月	—	四六、二二六	四、三〇〇	—	五〇、五二六
計	六二〇、〇〇〇	三、六〇五、六七六	一四六、三〇〇	六、〇〇〇	四、三七七、九七六

備考一、収納価格ハ国内品一律八円ヲ以テ収納セリ
一、興和土業組合収買阿片ハ当署ニ収納セリ

別表八　大同署月別並ニ等級別収納実績表(単位両)

月別	特等	一等	二等	三等	合計
七月	三八、〇〇〇	—	—	—	三八、〇〇〇
八月	八二、〇〇〇	一二〇、〇〇〇	一一〇、〇〇〇	—	三一二、〇〇〇
九月	—	九二〇、〇〇〇	二〇、〇〇〇	—	九四〇、〇〇〇
十月	一二〇、〇〇〇	七〇〇、〇〇〇	—	—	八二〇、〇〇〇

十一月	—	二〇〇、〇〇〇	二二、二〇〇	三七、二〇〇	二五九、四〇〇
十二月	—	—	—	—	—
計	二四〇、〇〇〇	一、九四〇、〇〇〇	一五二、二〇〇	三七、二〇〇	二、三六九、四〇〇

備考一、特殊収納ハ別表ヲ以テ表ス
　一、収納価格ハ国内品一律八円ヲ以テ収納セリ

別表九　阿片等級別各収納官署収納実績調〔3〕

〔中略〕

別表一〇　収納阿片ノ規格並等級決定方法〔4〕

〔中略〕

別表一一　各組合別収買数量並金額調〔5〕

〔中略〕

別表一二　各組合別阿片収買及交署数量実績表

組合別	収買数量	交署数量	差増数量	差減数量	摘要
包頭	二四九、二六二・八八	二五〇、六〇〇・〇〇	一、三三七・一二		
薩県	五七四、三六二・三五	五七八、八九〇・〇〇	四、五二七・六五		
厚和	一、〇三七、七七八・七三	一、〇四八、〇〇〇・〇〇	一〇、二二一・二七		
托県	七九六、一〇〇・〇〇	七九六、一〇〇・〇〇			

	豊鎮	大同	崇礼	張北	興和	察南	計
	一、七二七、〇四九・四四	二、三五五、五三一・九七	五〇二、二八二・〇三	一、〇九六、九〇七・九四	四九五、八二四・二一	二、二六八、四六三・四〇	一一、一〇三、五六二・九五
	一、七二四、七〇〇・〇〇	二、三六九、四〇〇・〇〇	五〇二、七二六・七五	一、一〇七、〇〇〇・〇〇	四九七、八〇〇・〇〇	二、二七〇、四五〇・〇〇	一一、一四五、六六六・七五
		一三、八六八・〇三	四四四・七二	一〇、〇九二・〇六	一、九七五・七九	一、九八六・六〇	四四、四五三・二四
	二、三四九・四四						二、三四九・四四
						差増	四二、一〇三・八〇

別表一三　各組合等級別阿片収買数量調

組合別	一等	二等	三等	次等	合計
包頭	二〇一、三五一・九七	三八、九一八・二四	八、二〇四・六八	七八七・九九	二四九、二六二・八八
薩県	四二八、二六四・六九	一一五、九四二・六二	二五、一八八・七二	四、九六六・三二	五七四、三六二・三五
厚和	七八五、三一八・二三	一九四、五九五・五八	四七、八三四・三八	一〇、二三〇・五四	一、〇三七、九七八・七三
托県	六六一、七一七・三五	九四、七〇三・四〇	三五、一四八・〇五	四、五三一・二〇	七九六、一〇〇・〇〇
豊鎮	一、六八五、五九四・二八	三七、六二六・九三	三、八二八・二三		一、七二七、〇四九・四四
大同	二、〇一七、二九〇・九五	二九一、五八五・〇〇	四四、七〇七・六九	一、九四八・三三	二、三五五、五三一・九七
崇礼	四八〇、九〇六・五八	一八、四八七・二七	二、五三〇・三五	三五七・八三	五〇二、二八二・〇三
張北	一、〇〇〇、八三九・一二	七八、一三〇・九五	一四、二九〇・九九	三、六四六・八八	一、〇九六、九〇七・九四
興和	四六三、〇〇七・七二	二八、七二五・四七	三、九五四・七五	一三六・二七	四九五、八二四・二一
察南	二、一七三、〇七五・〇八	七六、五七一・〇六	一四、六六八・四三	四、一四八・八三	二、二六八、四六三・四〇
計	九、八九七、三六五・九七 八九・一一%	九七五、二八六・五二 八・七八%	二〇〇、三五六・二七 一・八四%	三〇、七五四・一九 〇・二七%	一一、一〇三、七六二・九五 一〇〇・〇〇%

〔中略〕

別表一四　各組合月別阿片収買実績調〔6〕

別表一五　各組合月別阿片収納資金借入表

組合別	七月	八月	九月	十月	十一月	十二月	備考
包頭	一、〇四〇	一、七四〇	一、二七五	六〇五	二〇	五〇	
薩県	三、五〇〇	二、四一〇	二、二八九	一、三八九	四二	四二	
厚和	二、三一〇	四、〇二七	四、七二二	二、三四二	—	二〇〇	
托県	一、二三五	一、七七七	一、八八九	一、五〇九	—	一六九	
豊鎮	一、六四〇	四、二二〇	八、四七九	四、三七九	七四五	二二八	
大同	四、九三四	九、二八九	七、八七四	六、二四六	一、五四五	一、五四五	
崇礼	一、三五〇	二、七〇〇	一、五〇〇	六八〇	三一七	二三〇	
張北	二、五二〇	八、四二〇	五、九三〇	四、三六〇	八五九	七二〇	
興和	八一〇	二、二二〇	一、六四〇	八五〇	四八五	二九五	
察南	七、八九〇	一一、四八〇	一〇、四四〇	三、四三〇	一、六七〇	一、一二〇	
計	二七、二二九	四八、二三三	四六、〇三八	二五、七九〇	五、六八三	四、五九九	

別表一六　市県旗別指定畝数及収買実績調査表

政庁盟別	市県旗別	指定面積(畝)	収買数量(両)	摘要
察南政庁管内	万安	六〇、〇〇〇	一、二一四、五七一・三四	一両ハ三六瓦トス 上記収買数量ハ収納人ガ生産者ヨリ買上ゲタル数量ナリ
〃	宣化	三〇、〇〇〇	五〇〇、八一四・九八	

察南政庁管内	赤城	一〇、〇〇〇	四四、〇〇三・七一
〃	竜関	一五、〇〇〇	一〇五、六二九・五二
〃	陽原	二〇、〇〇〇	三七五、三八四・四一
〃	涿鹿	三、〇〇〇	二八、〇五九・四四
小計		一三八、〇〇〇	二、二六八、四六三・四〇
晋北政庁管内	大同	三〇、〇〇〇	四三九、三二八・〇七
〃	天鎮	二五、〇〇〇	四七四、二七〇・六三
〃	懐仁	二〇、〇〇〇	一五一、二六八・八五
〃	渾源	一〇、〇〇〇	一九五、二〇〇・〇八
〃	広霊	四、〇〇〇	六三、二七三・八〇
〃	山陰	七、〇〇〇	八三、七五二・一八
〃	朔県	五、〇〇〇	二七、九八二・四八
〃	平魯	一、〇〇〇	一七〇・七一
〃	応県	一〇、〇〇〇	二、八八〇・五三
〃	霊邱	三、〇〇〇	五、九四七・七六
〃	陽高	三〇、〇〇〇	七四八、三一七・七四
〃	左雲	一〇、〇〇〇	一一三、三六九・九〇
〃	右玉	五、〇〇〇	四九、七六九・二四
小計		一六〇、〇〇〇	二、三五五、五三一・九七
察哈爾盟管内	張北	五〇、〇〇〇	四八五、〇九九・八三
〃	多倫	八、〇〇〇	八一、九五九・〇三
〃	宝源	二〇、〇〇〇	一〇一、〇二九・七〇
〃	康保	二〇、〇〇〇	一七五、〇八八・四一

〃	徳化	三、〇〇〇	三八、二四三・五三
〃	尚義	五、〇〇〇	二七、四〇一・〇九
〃	商都	一五、〇〇〇	一八八、二八六・三五
〃	崇礼	五〇、〇〇〇	五〇二、二八二・〇三
小計		一七一、〇〇〇	一、五九九、一八九・九七
巴彦塔拉盟管内	厚和	七〇、〇〇〇	五九三、四二八・五三
〃	武川	二一、〇〇〇	三七、九七九・四三
〃	和林	三五、〇〇〇	三四二、四二五・六四
〃	清水河	一二、五〇〇	六四、一四五・一三
〃	陶林	七、〇〇〇	八、三五四・四四
〃	豊鎮	八〇、〇〇〇	一、三五〇、九〇三・二五
〃	涼城	二五、〇〇〇	二九一、五一五・七四
〃	集寧	一二、五〇〇	七六、二七六・〇一
〃	興和	三〇、〇〇〇	四九五、八二四・二一
〃	薩拉斉	六〇、〇〇〇	五七四、三六三・三五
〃	托克托	五〇、〇〇〇	七九五、九八八・七〇
〃	固陽	一九、〇〇〇	七三、五四一・五八
〃	包頭	一三、〇〇〇	一五五、二一一・六三
〃	安北	五、〇〇〇	二〇、五〇八・六七
〃	土黙特旗	二、〇〇〇	一一一・三〇
小計		四四二、〇〇〇	四、八八〇、五七七・六一
合計		九一一、〇〇〇	一一、一〇三、七六二・九五

＊「極秘」と捺印。タイプ印刷。本文一二頁。一頁一四行三一字。別表一六表。沼野資料。

〔1〕以下「指定収納人ノ指定並ニ土業組合ノ結成」、「収買並ニ収納方式及組合払下制度」、「化学鑑定併用」の記述は経済部煙政塩務科「成紀七三六年度罌粟栽培並ニ阿片収納販売実績概況」《資料24》(五一一頁)とほぼ同様。

〔2〕同前、別表五(五二二頁)と同じ。

〔3〕同前、別表二(五一九頁)と同じ。

〔4〕同前の記述(五一七頁)と同じ。

〔5〕同前、別表一(五一九頁)と同じ。

〔6〕同前、別表四(五二一頁)と同じ。

【資料26】

成紀七三六年度煙政事業概況〔抄〕

経済部煙政塩務科

一、収納概況　二、配給概況　三、稽査概況

〔前略〕

三　稽査概況（成紀七三六年度）

㈠、制度創始以来事業方針ノ適正ト運用ノ妙ハ煙政ノ礎ヲ固メ其ノ事業ヲ漸ク軌道ニ乗セタリ。然レドモ未ダ生産農民及一般官民中ニハ制度認識ヲ欠キ、動モスレバ煙政業務遂行ニ支障ヲ来タシタル事例アリタルニ鑑ミ、本年度ハ之等ノ指導誘掖ニ主眼ヲ置キ、他面不正業者ノ弾圧ヲ厳行、生産阿片ノ私土化ヲ防止シ完全集貨ノ実ヲ挙グベク、稽査職務執行ニ万全ヲ期シタリ。

㈡、制度ノ確立並ニ事業ノ円滑ナル運営ハ直接民衆ニ接スル稽査官員ノ素質如何ニ影響スル所大ナレバ、之等稽査官員ノ教養ニ関シ種々計画セルトコロアリタルモ、偶機構改革、人事整理或ハ交流等ノタメ、遂ニ実施ノ時期ヲ失シタルニ依リ、各勤務地ニ於ケル責任者ノ個別的実地教養ニ委スル外ナキニ至リ、特ニ記スベキ事項ナシ。

㈢、残貨取締ノ適否ハ直接翌年度収納事務ニ至大ノ影響アルニ鑑ミ、収納期間終了後ニ於ケル取締ニ関シテハ特ニ留意シ、収納前ニ於ケル煙政諸工作ニ依ル調査結果並ニ生産予想数量、収貨実績ヲ対比考察シ、残貨ノ実体ヲ究ムルト共ニ不正業者其ノ他不逞輩ノ暗躍完封ニ稽査ノ全能力ヲ傾注セリ。

㈣、収納開始前ニ於ケル煙地勘査、播種宣伝工作、作柄調査、栽培調査等ノ煙政諸工作ニ対シテハ、一般稽査ニ支障ナキ限リ極力之ニ協力シ、煙政ノ普及徹底ヲ図リ、民衆ヲシテ制度ニ協力ヲ促スト共ニ取締資料ノ蒐集ニ力メタリ。

㈤、収納期間中ニ於ケル取締ニ関シテハ、収貨ノ万全ヲ期スル為新貨出廻促進ニ取締ノ重点ヲ置キ、生産者中犯行軽微ナルモノニ対シテハ極力没収処分ヲ避ケ強制収納ノ方途ニ出ヅル一方、犯行極メテ悪質ナルモノニ対シテハ仮借ナキ厳罰方針ヲ持シ収納成績挙揚ニ力メタリ。因ニ強制収納セシメタル件数五六二件、阿片数量四二、三五九両七ナリ。

㈥、一月ヨリ十二月ニ至ル一ケ年間ノ押収成績ハ捜査件数六、三二一件、検挙件数一、五五〇件、押収阿片数量九五、六五〇両七、押収麻薬数量一四八、三八五瓦ヲ獲得シ、年頭初ニ於テ計画予想セル十万両ニ垂トシ、概ネ所期目的数量ニ達シタリ。然レドモ昨年度並ニ本年度ヲ通ジ栽培許可耕作畝数、密作予想耕作畝数ヨリスル生産予想数量ト収納数量ヲ対比推考スル時、相当量ノ私土管内ニ残存スルニ想到シ、物押収(ママ)ヨリ見タル右述成績ハ微々タルモノナリ。然レドモ現在疆内ニ於ケル治安状況及行政力ノ滲透程度、並ニ取締官員ノ不足、之レガ装備不完全ハ、稽査執行ノ管内普遍ヲ期待シ得ラレザル事情ヨリ考察スル時、諒トセラルベキモノアリ。サレド稽査職務ノ執行ハ清査制度ノ暢達ニ資セルトコロ大ナリト思料セラル。

㈦、稽査官員ノ配置状況(九月現在)左ノ通ナリ。

署		稽査官	稽査員	計	備考
張家口	日系	六	一二	一八	
	華系	二七	七九	一〇八	
大同	日系	三	一二	一五	
	華系	一七	四二	五九	
厚和	日系	五	一一	一六	
	華系	一六	四五	六一	
計	日系	一四	三五	四九	
	華系	六〇	一六六	二二六	

＊「秘」と捺印。タイプ印刷。本文一二頁。一頁一四行三一字。沼野資料。

【資料27】

阿片売買契約書

蒙古連合自治政府経済部長馬永魁（以下単ニ甲ト称ス）ト宏済善堂理事長李鳴〔1〕（以下単ニ乙ト称ス）トノ間ニ阿片ノ売買ニ付契約スルコト左ノ如シ

第一条　甲ヨリ乙ニ売渡スル阿片ノ数量ハ自成紀七三六年七月至成紀七三七年六月一箇年間七百万円(ママ)トス

第二条　乙ハ別紙阿片月別引取内訳書ニ基キ阿片ノ引取ヲ為スモノトス

第三条　売渡場所ハ張家口飛行場トス

第四条　売渡価格ハ一両（三十六瓦）ニ付蒙幣拾四円トシモヒ含有量標準九パーセント最低、(ママ)五パーセント以上ヲ保証スルモノトス

第五条　売渡阿片ノ代金決済ハ期限六十日ノ利付為替手形（日歩壱銭参厘）ニ依ルモノトシ毎月十五日三十日ノ二回ニ分チ甲ヨリ派出スルモノトス

期日内ニ支払完了セザルトキハ乙ハ期日以後ノ未払額ニ対シ日歩二銭三厘ノ延滞利息ヲ手形引受銀行ニ支払フモノトス

第六条　乙ハ第二条所定ノ引取数量並ニ引取期日ヲ厳守スルモノトス

第七条　甲ハ張家口飛行場ニ於ケル現品引渡完了後生ズルコトアルベキ損書(ママ)ニ対シ其ノ責ニ任セザルモノトス

第八条　本契約ニ定メナキ事項及本契約条項ノ解釈ニ疑義ヲ生シタルトキハ甲ノ解釈スルトコロニ依ル

第九条　本契約ノ有効期間ハ成紀七三六年七月ヨリ成紀七三七年六月ニ至ル一箇年トス

右契約締結ノ証トシテ本書弐通ヲ作成シ各壱通ヲ所持ス

成紀七三六年七月十五日

蒙古連合自治政府
経済部長　馬　永　魁
華中宏済善堂
理　事　長　李　　鳴

薬品月別引取内訳書

成紀七三六年八月迄四五六、〇〇〇両　九月分五四四、〇〇〇両　拾月ヨリ拾弐月迄毎月六〇〇、〇〇〇両　即小計弐百八拾万両
成紀七三七年壱月ヨリ六月迄毎月七〇〇、〇〇〇両　小計四百弐拾万両　合計七百万両トス
尚以上ノ数量ハ航空輸送ヲ原則トシ航空会社側ノ不可抗力ニ依ル輸送減ニヨル積送数ハ不止得モノトス

* タイプ印刷。全三頁。一頁一四行三二字。沼野資料。
〔1〕 李鳴は里見甫の中国名。

【資料28】

阿片売買契約書

蒙古連合自治政府経済部長馬永魁(以下単ニ甲ト称ス)ト華北土薬業公会代表者　　　(以下単ニ乙ト称ス)トノ間ニ阿片ノ売買ニ付契約スルコト左ノ如シ

第一条　甲ヨリ乙ニ売渡スル阿片ノ数量ハ自 成紀七三六年/民国　三十年 十二月至 成紀七三七年/民国　三一年 七月　八箇月間壱百五拾万両トス

第二条　乙ハ別紙阿片月別引取内訳書ニ基キ阿片ノ引取ヲ為スモノトス

第三条　売渡場所ハ北京華北土薬業公会倉庫トス

第四条　売渡価格ハ一両(三十六瓦)ニ付蒙幣拾四円トス

第五条　売渡阿片ノ代金ハ阿片引渡完了後三十日以内ニ蒙疆銀行北京支行ニ払込ムモノトス

期日内ニ支払完了セザルトキハ乙ハ期日以後ノ未払額ニ対シ日歩二銭三厘ノ延滞利息ヲ甲ニ支払フモノトス

第六条　売渡スベキ阿片ノ品種ハ蒙疆生産品ニシテ蒙疆規格ニ依ル特等並一等品トス

第七条　乙ハ第二条所定ノ引取数量、引取期日並ニ第五条所定ノ代金ノ支払期日ヲ厳守スルモノトス

第八条　本契約ニ定メナキ事項及本契約条項ノ解釈ニ疑義ヲ生ジタル時ハ甲乙協議ノ上決定スルモノトス

第九条　本契約ノ有効期間ハ 成紀七三六年/民国　三十年 十二月ヨリ 成紀七三七年/民国　三一年 七月ニ至ル八箇月トス

右契約締結ノ証トシテ本書弐通ヲ作製シ各壱通ヲ所持ス

成紀七三六年十一月　日
民国　三十年十一月　日

蒙古連合自治政府
経済部長　馬　永　魁
華北土薬業公会
代表者

阿片月別引取内訳書

引取期日	引取数量	備考
成紀七三六年 民国三十年十二月中	二拾万両	華北側ニ於テ一時又ハ毎月分ノ繰上引取ノ必要アル場合ハ蒙疆側ハ之ニ応ズルモノトス
成紀七三七年 民国三一年 一月中	二拾万両	
〃 二月中	二拾万両	
〃 三月中	二拾万両	
〃 四月中	二拾万両	
〃 五月中	二拾万両	
〃 六月中	二拾万両	
〃 七月中	拾万両	
合計	壱百五拾万両	

＊　タイプ印刷。全三頁。一頁一六行三二字。沼野資料。

【資料29】

昭和十七年度支那阿片需給計画数量

昭和十七年八月二十日

興　亜　院

	客年十二月会議決定	確定計画	備考
一、蒙　疆			1 単位…千両(一両…三六瓦) 2 阿片年度ハ其ノ年七月一日ヨリ翌年六月三十日ニ至ル一ケ年トス 3 将来蒙疆管内阿片収納高増加ノ場合ハ満州国及南方ニ対シ優先的ニ配給スルモノトス 4 華中ノ配給計画ノ当年度中配給高ハ漢口、南支及香港(一〇万両)分ヲ含ムモノトス
イ、管内阿片収納高	一〇、〇〇〇	七、〇〇〇	
ロ、華北向移出高	二、七〇〇	一、五〇〇	
ハ、華中向移出高	六、〇〇〇	三、七六〇	
ニ、日本向輸出高	六〇〇	六〇〇	
ホ、関東州向輸出高	二〇〇	二〇〇	
ヘ、満州国向輸出高	五〇〇	五〇〇	
ト、南方向輸出高		二四〇	
チ、管内消費高	四〇〇	二〇〇	
リ、翌年度繰越高	一〇〇		
二、華　北			
1 供給計画	六、二一〇	五、二四九	
イ、前年度繰越高	一、四一〇	二、三四九	
ロ、蒙疆阿片移入高	二、八〇〇	一、五〇〇	
(1) 前年度産	一〇〇		

(2) 当年度産	二、七〇〇	一、五〇〇
ハ、管内阿片収納高	二、〇〇〇	一、四〇〇
2 配給計画		
イ、当年度中配給高	六、一五〇	三、七〇〇
ロ、翌年度繰越高	六〇	一、五四九
三、華中		
1 供給計画	六、八二〇	六、五〇〇
イ、前年度繰越高	七二〇	一、八六三
ロ、蒙疆阿片移入高	六、〇〇〇	四、五〇〇
(1) 前年度産		七四〇
(2) 当年度産	六、〇〇〇	三、七六〇
ハ、管内阿片収納高	一〇〇	一三七
2 配給計画		
イ、当年度中配給高	六、七二〇	六、五〇〇
ロ、翌年度繰越高	一〇〇	

＊「極秘」と捺印。タイプ印刷。全一葉。沼野資料。

【資料30】

成紀七三七年度罌粟栽培区域並ニ面積指定打合セ会議案〔抄〕

経済部煙政塩務科

罌粟栽培区域並ニ面積指定ノ件

昨年度当蒙疆阿片ノ収納実績ハ当初ヨリ幾多ノ自然的人為的好条件ニ恵レ、特ニ関係各機関ノ絶大ナル協助ヲ得テ、予想外ノ好成績ヲ収メ得タリ。

而シテ本年度ニ於テハ、

㈠ 管内ハ勿論、全支、満州国、日本並今次大東亜戦争ノ赫々タル戦果拡大ニ伴ヒ皇軍ノ掌中ニ帰シタル東亜共栄圏内各地区ニ対スル阿片ノ供給ハ外国阿片ノ輸入杜絶ニ依リ全ク共栄圏内ニ於テ自給自足ノ止ム無キニ至レリ。又旧臘開催サレタル東京興亜院会議ニ於テハ支那阿片需給計画樹立セラレ、当蒙疆ハ一千万両絶対確保ノ責務ヲ負荷セラルルニ至リテ、此ヲ綜合思考スル時ハ昨年度実績以上ノ蒐貨ヲ期セザル可カラザル状態ニアリ。

㈡ 阿片ガ当政権ニ於ケル政治経済ヲ左右ス可キ必需物資トシテ期待セラレ、外貨獲得ノ方途トシテ阿片ニ依存スル事切ニ大ナリ。

㈢ 大東亜戦争ノ目的完全遂行ヲ期センニハ薬品製造用トシテノ阿片需要モ亦増大ス可ク思推セラル。

㈣ 副産物タル罌粟種子ガ軍需塗料並ニ石鹼原料トシテ頗ル期待サルルニ至レリ。

等ノ主要理由ニ依リ、事業当局トシテハ全地域ニ最大可能限ノ栽培面積ヲ指定シ増産ヲ企図センモ、煙地ノ大半ガ耕地ノ最良質地ヲ占メ居ル関係上、煙地ノ不当増大ハ穀菜類ノ増産ヲ阻害シ、労働力ノ需要増加ニ伴ヒ労賃ノ必然的昂騰等、好マシカラザル諸種ノ現象ヲ惹起シ、尚且罌粟ガ自然的条件ニ甚シク其ノ生育作況ヲ支配セラルル等頗ル不安定ナル危険作物タルニ鑑ミ、彊内経済ノ不健全化ヲ招来スルガ加キ虞ナシトセズ。故ニ本年度指定面積ハ左記ノ通リ昨年ヨリモ稍縮少(ママ)シテ指定シ(八八二、〇〇〇畝ハ当地区全耕地面積ノ二・〇四%ニ相当ス)、土質、治安状況、交通ノ便否、灌漑ノ便否等、生育、蒐貨ト密接ナル関連ヲ有スル諸条件ヲ充分斟酌ノ上、可及的管理容易ナル地域ニ之ヲ指定シ、栽培経営ノ集約化並ニ諸種ノ調査改良ニ依ル単位面積当生産量ノ向上ヲ計リ、以テ最低限度一千万両絶対蒐貨ヲ企図セントス。

記

政庁盟別	本年度指定面積(畝)	収納予想数量(両)	前年度指定面積(畝)
察南政庁管内	一二〇、〇〇〇	二、二四〇、〇〇〇	一四一、〇〇〇
晋北政庁管内	一六〇、〇〇〇	二、三〇〇、〇〇〇	一六〇、〇〇〇
察哈爾盟公署管内	一六〇、〇〇〇	一、六〇〇、〇〇〇	一七一、〇〇〇
巴彦塔拉盟公署管内	四四二、〇〇〇	四、六四一、〇〇〇	四四二、〇〇〇
計	八八二、〇〇〇	一〇、七八一、〇〇〇	九一四、〇〇〇

罌粟栽培区域面積指定ニ関スル法令

暫行阿片管理令施行規則第八条　罌粟ノ栽培区域面積ニ対スル割当ハ毎年経済部長之ヲ定ム

阿片収納協助ニ関スル件

昨年度当地域産阿片ノ収納ニ関シテハ、関係各機関ヨリノ絶大ナル御協助ニ依リ、幸ニシテ壱千余万両ヲ獲得シ得ルト云フ未曾有ノ成果ヲ収メ、以テ国内財政並ニ東亜共栄圏内ノ阿片需給計画遂行上極メテ重大ナル使命ヲ果シタリ。

然而本年度ニ於テモ昨年同様当地域阿片蒐貨ノ重要性ガ痛感セラルルニ当リ、本年度阿片収納上予想サルル諸情勢ヲ考察スルニ、

1、接壌地区タル華北ニ於ケル阿片栽培禁止並ニ満州国ノ阿片収納機構改革ニ伴フ収買価格ノ引上ゲ等ニ依リ、京津市場ハ必然的価格ノ昂騰ヲ見、従ツテ該地ヨリ密売買業者ノ潜入暗躍ガ懸念セラル。

2、疆内主産物タル雑穀ノ公定価格制改廃ニ依リ阿片ガ売惜マレル傾向ニアル。

等、之ガ収納上極メテ楽観ヲ許サザル情況ニアリ。尚且罌粟栽培指定面積ヲ前年度ヨリ稍稍縮減シ、単位面積当リ収穫量ノ増産ヲ図〔リ〕、最低限壱千万両ヲ絶対確保スルニハ尠カラザル困難ガ予想サルルニ付、生産者ト直接関係ニアリ且指導容易ナル地位ニアル現地関係各機関ノ一層一層(ママ)ノ御協助ヲ得テ生産阿片ノ完全蒐貨ヲ図リ、以テ本制度目的ノ完遂ヲ期シ度ニ付、何分ノ御高配賜度。

二(ママ)、罌粟種子集貨協助ニ関スル件

由来罌粟種子ハ其ノ採取法粗放ニシテ煙地ニ放棄スル向モアリ。需要軽視サシ(ママ)夾雑物ノ混合歩合ニ於テモ甚ダシキハ三割ニモ及ブモノアリテ品貨(ママ)良好ナラズ。而シテ収穫種子ノ一部ハ翌年ノ栽培用、生煮食用トシテ利用サルル外、大部ハ民間ノ油房ノ手ニ依リテ亜麻、麻子、芥子ト混合、搾油ノ上、食用、燈用トシテ費消サレツツアリ。

惟フニ当地区産種子ノ含油率ハ平均四〇%ナルモ、搾油方式ガ原始的楔式圧搾法ニシテ極メテ幼稚ナルガタメ、若カ(ママ)二二―二四%ノ搾油率ヲ挙ゲ得ルニ止リ、資源愛護ノ叫声高キ折柄、植物性油ノ不足ヲ補足スル為ニハヨリ合理的科学的搾油法ノ採用ヲ痛感スル所ナリ。

然ルニ偶偶最近罌粟種子ガ軍需塗料原料トシテ期待サルルニ至リタルタメ、客年度当初当部煙政科員ヲ現地ニ出張セシメ、之ガ生産消費状況ヲ詳細調査シタルニ、集貨可能トノ決論(ママ)ニ到達シタルヲ以テ、試験的ニ土業組合ヲシテ集貨セシメタルニ五百余瓲ヲ集貨シ得タリ(附表〔1〕参照)。

尚此ガ対日輸出ハ目下実施中ナリ。

因テ本年度ハ斯ル重要使途ニ鑑ミ罌粟種子管理令ヲ制定シ、管内二、〇〇〇瓲ノ集貨ヲ目標ニ計画ヲ樹立シ、阿片集貨ノ諸工作ト同時ニ集貨宣伝ニ努メ、阿片収買開始ト共ニ土業組合ヲシテ一斉ニ集貨ヲ開始セシメントス。

追テ昨年度ハ初年度ニシテ此ガ収買価格ハ収買方式ノ不備ノタメ又時宜晩ニ失シタルヲ以テ地区的ニ異常ナル昂騰ヲ見タリシモ、

本年度ニ於テハ収買ニ先ダチ罌粟種子管理令ヲ制定シ経済部長ノ規定スル価格ニ依リ集貨セシメントス。
因テ政庁盟県当局ニ於テモ前述ノ如キ集貨ノ趣旨ヲ御賢察ノ上、此ガ集貨ニ対シ何分ノ御協助賜度。

〔後略〕

＊「秘」と捺印。タイプ印刷。本文八頁。一頁一四行三〇字。付表一。沼野資料。
〔1〕 経済部煙政塩務科「成紀七三六年度阿片収納事業概況並実績調」《資料25》掲載の表(五三〇頁)と同じ。

〔資料31〕最近蒙疆経済特殊事情　最高顧問上京原稿〔抄〕

一七、三、一

〔前略〕

蒙疆土業組合改組問題ニ関スル意見

日支事変端ヲ発スルヤ我蒙疆地区ハ皇軍破竹ノ進撃ニ伴ヒ昭和十三年後期ニハ前政権ニ替リ三自治政府ノ成立ヲ見ルニ至リ、次デ蒙疆連合委員会成立シ、防共特殊地域ノ重責ヲ荷フ楽土蒙疆建設ノ基礎ヲ見ユルニ到レリ。然レドモ之ガ健全ナル発展ハ先ヅ財政経済ノ確立ニ在ルヲ以テ不取敢財源ノ確保ニ全力ヲ傾倒シ、其ノ一策トシテ阿片行政ニ付テハ㈠阿片ノ財政経済上ニ於ケル重要性、㈡日支事変勃発ニ伴フ占拠地域内ニ於ケル阿片ノ欠乏、㈢外国阿片輸入ニ依ル資金ノ円ブロック外流出防止等ノ見地ヨリ、之ガ運営如何ハ内外共ニ重大影響ヲ齎スヲ以テ、前政権時代ニ於ケル阿片制度ヲ其ノ儘踏襲スルニ於テハ新政権成立後ニ於ケル前記重要使命ノ遂行ハ不可能ナル処ナルヲ以テ、従来区々ナリシ阿片制度ヲ撤廃シ之ガ一元化ヲ図リ、準阿片専売制度ノ形式ヲ採リ、内ニ於テハ漸減断禁政策、外ニ対シテハ之ガ増産ヲ企テントスル趣旨ニ副フベク、成紀七三四年七月清査制度ノ成立ヲ見タリ。

而シテ該制度実施ト共ニ官代行政納機関タル蒙疆土薬公司ヲ設立セシメ、総テ阿片ノ収買ハ該公司ニ取扱ハシムルコトトシ、公定収納価格ニ依ル収荷手数料(公定補償価格ノ百分ノ九)制ヲ採用シ、ソノ使命ヲ遂行セシメントシタルニ、之ガ成果全ク挙ラズ、□憺タル結果ニ終始シタ。其ノ原因ヲ尋ヌルニ、天災及制度ノ不徹底並ニ治安不良其他ヲ挙グルコトヲ得ルモ、就中特筆スベキハ従来極メテ投機性濃厚ナリシ営業ノ許ニ高利潤ヲ獲得シ居タル特殊阿片取扱業者即土商ナルモノノ阿片取引慣習ハ、制度ノ改正ニ依リ官ノ一元統制下ニ支配セラルルニ到リタルヲ以テ、個人主義的利潤追求ノ感情最モ強キ土商群ヲシテ意識的怠業ヲ醸成セシメ、集荷ニ根本的欠陥ヲ齎ラシタルニ因スルモノナリ。而シテ之ガ集荷数量ノ減少ハ蒙疆ニ於ケル財政、経済ノ健全発展ヲ阻害シタルニ止マラズ、東亜阿片政策遂行上一大暗影ヲ投ジタルモノニシテ、斯ノ状態ニシテ推移セバ其ノ影響ノ波及スル処大ナルモノアルニ鑑ミ、専売的制度其ノモノノ育成ハ暫ク措キ、次年度阿片集荷ニ先立チ不取敢土薬公司ヲ解散セシメ、新ニ従来ノ土商ヲ活用シ各地区ニ組合ヲ新設セシメ、阿片収買、払下制度ヲ採用シ、土商ヲシテ集荷ニ当ラシメタリ。

然ルニ前年度同様治安確立セズ又行政力ノ滲透未ダ徹底セザリシニ不拘、当初ノ予定数量ヲ完全ニ獲得シ、初年度ニ於ケル不成績ヲ挽回セシメタルノミナラズ、七三六年度ニ於テハ県当局等ノ側面的援助ト相俟ツテ破天荒ノ好結果ヲ収メタルモノナリ。之ガ為蒙疆経済界ニ寄与セシ処大ナルノミナラズ、占拠地域ニ対スル阿片需給ノ円滑ヲ図リ外地ニ於ケル阿片事業ニモ多大ノ貢献ヲ齎ラシタルモノナリ。想フニ之ガ成果ハ前記土商ノ運営如何ニ掛ル所ナルモ、斯カル制度ヲ永続セシムルコトハ当政府指導方針タル管内癮者ノ漸減的断禁政策遂行上必シモ是認シ得ザル処ナルノミナラズ、投機性濃厚ニシテ高利潤ヲ常トスル此ノ種事業ハ、政府監督ノ目ヲ掠メ往々不正業者ノ跋扈暗躍ヲ見ルコトアルハ已ムヲ得ザル処ナルヲ以テ、漸次改正ノ上専売制ニ移行セントスルモノナリ。

然レドモ翻テ蒙疆ニ於ケル財政並ニ経済ノ実情ヲ見ルニ、固定財源乏シキ現況ニ鑑ミ蒙疆阿片ノ収買並ニ輸出ニ依存スルノ外ナキ状態ニシテ、特ニ輸出ハ物資ノ貧弱ナル現況ニ於テハ、阿片ハ蒙疆ノ死活ニ関スルト云フモ敢ヘテ過言ニアラザルモノナリ。

加之大東亜戦争ノ戦果ハ既ニ南方圏ヲ制圧シ自然南方諸邦ノ需要ニモ応ゼザルベカラザル状況ニシテ、域内阿片ノ重要性ハ倍加セラルルニ至レリ。既ニ泰、仏印ノ両国ヨリハ夫々輸出ノ申込アリテ之ガ全量供給ハ不可能ナル状態ニ在ルモ、極力之ニ応ズベク善処シツツアリ。

斯クノ如キ新販路ノ展開ハ物資ノ導入及資金ノ獲得ニ新活路ヲ発見シタルモノニシテ、蒙疆経済ニ寄与スル処誠ニ大ナルモノアリ。之ヲ要スルニ阿片集荷ヲ第一義トスル現下ノ諸情勢ヨリセバ、集荷ニ影響ヲ及ボス虞アル方策ハ可及的之ヲ回避シ、只管集荷ヲ促進セシムルコトニ努力スベキナリ。

阿片集荷ノ要諦ハ多々アリト云ヘドモ、就中多年斯業ニ従事シ来レル土商並ニ其ノ配下ノ従業者ヲ能ク把握シ、其ノ性格並ニ慣習ヲアク迄利用スルコトニヨリ初メテ達成シ得ルモノト認メラル。従ツテ仮リニ彼等ノ慣習ニ従ヒ相当ノ利潤ヲ認ムルトスルモ、集荷意ノ如クナラザリシ場合ヲ想到セバ敢テ喋々誹議スベキ処ニアラザルベシ。然レト(ママ)云ドモ現行制度ニ付テハ尚充分研究ノ余地アルヲ以テ、既ニ預算ニ於テモ相当之ヲ是正シ居ルニ鑑ミ、監督者ノ意図自ラ明瞭ナリ。只制度ノ改正ハ飽迄漸進的ニシテ集荷ヲ謬マラザランコトヲ希望シテ止マズ。

故ニ現在ノ政策ハ該収入確保、外貨獲得ノ見地ヨリ集貨ニ重点ヲ置キ、傍ラ之ガ運用ノ是正ヲ逐次改正セントスルニ外ナラズ。昨年度ニ於テハ価格ヲ略統一シ、全管内集買値段ヲ前年度ヨリ引下ゲ、阿片価格ノ高騰ヨリスル物価騰貴ヲ防止セントセリ。然ルニ巷間ヨク集買価格ノ高値ハ雑穀出廻ヲ阻害セシメタルモノト誹毀スルハ当ヲ得ザルモノニシテ、即チ阿片価格ハ一昨年度ヨリ低下シタルモ雑穀ハ一昨年度ヨリ高価ヲ呼ビ、加フルニ凶作ニ非ザルモ出廻過少ノ現象ヲ見タルハ雑穀統制ノ運営ニ繋リシモノナリト思惟ス。尚因ニ罌粟栽培面積ハ全耕地面積ノ二%強程度ニシテ多ク論ズルノ余地ナキモノト認メラル。次ニ官直接収納（各県公署ニ於ケル収納）ヲ唱導セラルル向アルモ、之又旧来ヨリ行ハレ来タリシ阿片取引事情ヲ知ラザルモノニシテ、其ノ集荷理由ハ諒トスベキモ蓋シ空論タルヲ免レズ。満州ニ於テ現ニ経験済ニシテ、満州ハ斯ノ方法ニ失敗シ忽遽トシテ旧制度即チ集買人組合制度ニ立帰リツツアルハ吾人ノ銘記スベキ処トス。官直接収買ニ付テハ集荷能力ヲ過超ニ評過(ママ)シ居ル点ニ誤謬アルト共ニ、旧来ノ慣習商取引ヲ無視シ居ル点ニ於テ重大ナル錯誤アリト信ズルモノナリ。

只昨年末ヨリノ対外取引状況ヲ見ルニ、当蒙疆産阿片モ単ニ従来ノ如ク華北、華中ノ民間同業者ト当部代行機関タル収納人組合トノ間ノ取引ニ止マラズ、本年度ハ日本、満州、南方諸国等対外政府トノ取引関係モ相当生ズル見込ナルヲ以テ、当政権トシテモ収納人組合ニ払下ヲナシ他ニ譲渡セシムルガ如キ従来ノ方法ヲ以テハ種々不便ヲ生ズルヲ以テ、対外的取引ハ当政府ニ於テ為スコトノ建前ノ許ニ、収買阿片ハ全部組合ヨリ政府ニ買上、組合ニハ払下ゲザルコトニ制度ヲ改正セントスル予定ナリ。従ツテ旧来ノ組合ニ於ケル阿片取引ニ於ケル利潤ハ相当抑制セラルル見込ナリ。要ハ政府ノ財政ノ基礎ヲ揺ガシメズ、又国民経済安定、外国貿易ノ進展ヲ阻害セザル限度ニ於テ、現在制度ノ欠陥ヲ漸進的ニ是正スルヲ以テ最モ良策(ママ)スベシ。

〔中略〕

二、鴉片関係

華北興亜院並ニ華北政務委員会ニ対スル要望事項

(一) 当蒙疆産阿片ノ完全引取ニ関スル件

華北向輸出阿片ニ関シテハ旧臘十二月ヨリ本年七月ニ至ル八ケ月間ニ一五〇万両譲渡ノ契約ヲ取結ビタル処ナルガ、昨年末二〇万両ノ譲渡ヲ了シタルニ、之ガ代金決済期間(現品引渡後三〇日払)満了スルモ、仕向先タル華北土薬業公会手持阿片ノ消化不良並ニ負担課税金ノ重荷、其他理由ニ依リ銀行関係ノ承服ヲ見ズ、支払不履行ノ止ムナキニ立到リ、之ノ程延滞期間二〇日ニシテ漸ク其ノ一部支払ヲ受ケタルニ過ギザル現況ニ鑑ミ、当蒙疆阿片ノ華北向輸出ハ今後相当困難性ヲ伴フハ言ヲ俟(マヽ)タザル処ニシテ、今尚本年一月契約分二〇万両ノ積送ヲ見ル能ハズ、引続キ毎月契約分ノ引渡期日、其他代金決済等混沌トシテ予測ヲ許サザル今日、当蒙疆経済界ノ深刻ナル苦境ヲ案ズル時、斯カル状態ヲ以テシテハ到底順調ナル歩ヲ見ルハ不可能ナルニ付、華北土薬業公会ヲシテ阿片引取ノ完全ヲ期セシムル為、禁煙総局課税金ノ減免税、引取阿片ノ消化促進、及銀行借入ノ十掛可能等ノ諸点ニ付善処セシムルベク要望致度。

追而一昨年末東京興亜院阿片会議ニ対スル割当数量ハ三五〇万両ナリシモ、昨年度華北阿片諸事情ヨリ推シ当方資金繰ヲ或程度犠牲ニ供シ一五〇万両トセルモノナリ。

(二) 華中ニ対スル阿片輸送問題

華中宏済善堂ニ対スル当蒙疆産阿片ノ譲渡契約量ハ七〇〇万両ニシテ、昨年八月ヨリ本年六月ニ至ル十ケ月間ニ之ガ輸送ヲ了スル予定ナリシモ、昨年十月ニ於ケル法幣暴落ニ伴ヒ軍票建取引タル当蒙疆トノ取引ハ買付資金ノ調達不能ヲ招来シタルヲ以テ、該堂ノ要請ニ依リ当方トシテモ一時輸送中止ノ止ムナキニ立到リ、之ガ漸ク是正セラレントスルヤ大東亜戦争ノ勃発ヲ期トシ輸送機関タル飛行機ノ欠乏ヲ来シ、順調ナリシ輸送モ遂(マヽ)次困難性ヲ帯ビ来リ、本月初旬ニ至リ漸ク昨年十二月分契約量ノ積送ヲ了シタル状態ニシテ、今後ノ輸送ヲ案ズルニ看過スル能ハズ、該堂ニ対シ再三汽車輸送並汽船輸送ヲ慫慂セシモ、之ヲ以テセバ華北通過料ノ支払ヲ要スベク、従ツテ該堂阿片小売値段ニ転嫁サルルハ必然ニシテ、之ガ不利ヲ説キ一応取止メラレタキ旨申越アリタルヲ以テ、当分ノ間本輸送ハ飛機（ママ）ノ増配ノミニ俟タザルベカラザルモ、現今ノ時勢ニ鑑ミ之ガ完全手配ハ到底達シ得ベクモ無ク、従ツテ輸送ノ不円滑ヲ招キ当蒙疆経済界ヲモ左右スル重大ナル役割ヲ持ツ華中資金ノ獲得モ困難化サルルハ言ヲ俟タザル処ナルヲ以テ、之ガ全面的改善ヲ要スベク、通過料問題ニ関シ華北ト折衝ナシ、汽車汽船輸送ヲ可能ナラシメ、東亜共栄圏内阿片需給ノ万全ヲ期シ、其ノ効（マ）ハ至テ（マ）ハ当蒙疆経済界ニ資スル一助トモナランカ、之ガ成果ハ各方面ニ多大ノ貢献ヲ有スルモノト思料ス。

尚華北通過料ハ一両（三一・二五瓩（ママ））ニ付三五銭ナルヲ以テ当蒙疆阿片一両（三六瓦）ハ四〇銭二厘三毛ニ該当スルモノナリ。

〔後略〕

＊　表題のもとにタイプ印刷の種々の文書が綴られており、本書にはそのうち「蒙古連合自治政府」用箋使用の一一頁分を収載。一頁一五行二九字。沼野資料。

【資料32】

現地状況報告並意見開陳

一七、八、十、

一、現地状況報告

当蒙疆連絡部ハ一昨年十二月二十七日本院ニ於テ決定セラレタル阿片及麻薬政策指導要綱ニ基キ現地機関ヲ指導シ、可及的敏速ヲ期シテ阿片制度ノ普及徹底強化ヲ図ラシメツツアル所ナルガ、昨年度ヨリ本年度ニ至ル二箇年ニ亘ル当蒙疆ニ於ケル阿片諸状況ヲ概設(ママ)スレバ左ノ如シ。

(一) 栽培状況

(1) 昭和十六年度

昭和十五年度栽培指定面積ハ九六二、〇〇〇畝ナリシガ、昭和十六年度ニ於テハ一千万両確保ノタメ更ニ面積ヲ増大、増産ヲ期セントセシモ、面積拡大ニ依ル他農作物ニ及ボス影響(雑穀、蔬菜類トノ競合)、労働力ノ不足等ニ基キ面積ノ増加ハ企図シ得ラレザリシヲ以テ、単位面積ノ増産ヲ図ルコトトシ、指定面積ヲ縮小九一一、〇〇〇畝トシ、煙地ノ把握、密作密取引ノ防遏ニ努メシメタリ。然而煙地勘査ノ結果ハ地方的ノ風害、雹害、旱魃等ニ依リ指定面積九一一、〇〇〇畝ニ対シ実耕面積六二七、〇〇〇畝ニ減ゼラレタリ(煙地調査ハ充分ナラザルヲ以テ尚相当量ノ栽培地有セルモノト推断セラル)。

(2) 昭和十七年度

本年度ハ略昨年度ト同様ノ面積ヲ指定セント計画セシモ、昨年度雑穀蒐貨不振ノ原因ノ一ガ良耕地ヲ罌粟栽培ニ使用セラレタルコト、罌粟栽培ニ依リ労働力不足シ雑穀ノ収穫意ノ如クナラザリシコト等ニ在ルヲ以テ、本年度ニ於テハ罌粟栽培面積ヲ更ニ縮減シ、之ニ依テ生ジタル面積ヲ雑穀栽培ニ移行セシメ、以テ雑穀蒐貨ニ遺憾無キヲ期シ度キ担当当局ノ要望アリタルヲ以テ、一般食料対策上ヨリ見ルモ止ムヲ得ザル事ト之ニ譲リ、昨年度ヨリ約三万畝ヲ減ジ八八二、〇〇〇畝ヲ指定セリ。

㈡　生産収納状況

(1)　昭和十六年度

当蒙疆ガ東亜共栄圏内ニ於ケル最モ重要ナル供給地ニシテ、其ノ成果如何ハ外国阿片ヘノ依存性脱却並ニ全支ヲ通ズル自給策ノ確立具現ニ密接ナル関係ヲ有シ、寔ニ責任重且大ナルモノアリ。従ツテ本院ニ於テ決定ヲ見タル蒙疆ヨリノ移出割当最低額六五〇万両ハ是非共確保ノ意気込ヲ以テ生産並収納計画ヲ樹立、昭和十五年度ニ比シ栽培指定面積ハ減ジタルモ、単位面積ノ増収、煙地ノ把握、密作密取引ノ防遏、適正収納価格ノ決定、収買人制度ノ強力ナル管理統制ニ依ル運用等、生産並収納ニ万全ヲ期シタル結果、天候ニ依ル被害モ比較的少ナク、昭和十五年度収納実績六、七一八、〇〇〇両、生産予想量ニ対スル収納率三五％ニ比シ、十六年度ハ収納実績一一、一四五、〇〇〇両、生産予想量ニ対スル収納率六〇％ヲ示ス飛躍的好成績ヲ挙ゲ得タリ。

(2)　昭和十七年度

本年度ハ昨年十二月十日本院ニ於テ一応決定ヲ見タル蒙疆ヨリノ移出割当最低額一、〇〇〇万両確保ヲ目標ニ、昨年度ニ於ケル実績、治安状況、他農作物トノ関係其他ヲ勘案シ、栽培状況ノ項ニテ記述セル通八八二、〇〇〇畝ヲ指定シ、之ガ生産予想量一七、八六二、〇〇〇両、収納率六一％、収納予想量一〇、九〇八、〇〇〇両ノ生産並収納計画ヲ樹立、播種宣伝工作、栽培技術ノ指導、水利施設ノタメノ井戸堀資金ノ貸与、煙地ノ勘査、蒐貨ノタメノ繳土工作等、生産並収納ニ万全ヲ期シテ諸工作ヲ実施シツツアルモ、現在迄ニ察知シ得タル疆内阿片事情ハ頗ル楽観ヲ許サザルモノアリ。即チ本年ハ播種期前ヨリ生育期、成熟期ニ至ル間ノ旱魃、風害、雹害ニ依リ被害面積ハ増大シ、旱地ノ如キハ枯渇スルモノ続出シ、作柄ハ憂フベキ状態ニ在リ、加之ニ最近ニ於ケル連日ノ降雨ニ依リ、或ハ割漿時期ヲ逸シ或ハ割漿作業ノ収穫ノ妨ゲトナリ或ハ流失スル等、其ノ被害不尠ルモノアリテ、此ノ儘推移セバ本年度生産量ニ激減ヲ来スモノト予想セラル。

而シテ生産量ノ激減ハ収納量ノ減少ヲ意味スルモノナルヲ以テ、目下被害状況、実耕面積、収納可能量等ノ調査ヲ実施スルト共ニ蒐貨対策ヲ講ジツツアルモ、現況ヨリ推シテ達観セバ本年度収納量ハ大約八〇〇万両内外ニ止マルモノト思料ス。

尚昨度迄ハ収納阿片ヲ組合ニ払下、組合ヲシテ管外配給ヲ実施セシメ居リタルモ、本年度ヨリハ政府買上制ヲ実施シ、配給ハ総テ政府ニ於テ管掌シ、組合ヲシテ収納業務ニ専念セシムルコトトセリ。

(三) 配給状況

(1) 昭和十六年度

(イ) 管外配給　昭和十五年来(ママ)ノ本院ニ於ケル需給会議ニ於テ当蒙疆ニ対スル十六年度移出割当、最少限度中南支向前年モノ一三〇万両、十六年産三〇〇万両、北支向十五年産八〇万両、十六年産三五〇万両ト決定セラレタリ。仍テ右計画ニ基キ円滑ナル移出ヲ期スベク諸種対策ヲ考究樹立、前年度ハ在庫品有リタルヲ以テ北支並中南支ニ於テ多少ノ引取遅延アリタルモ略円滑ニ移出ヲ完了、十六年度ニ付テハ割当最低額タル六五〇万両ヲ確保スベク生産阿片ノ収納ニ努力ヲ集注シタル結果、八月ニ至リ一千万両確保ノ見透シツキタルヲ以テ移出契約ノ交渉ヲ開始、華中向七〇〇万両、華北向一五〇万両、関東州向二〇万両ノ契約ヲ締結セリ。
然而中支ニ於テハ旧法幣ノ暴落ニ依リ十一月ニ於テ之ガ販売対策樹立ノタメ一時引取ノ遅延アリタルモ、其他ハ略円滑ニ移出ヲ完了セリ。今之ガ実績ヲ示サバ左ノ通リ。

華中	十五年モノ	一、五〇〇、〇〇〇両	二二、三〇〇、〇〇〇円
	十六年モノ	二、三四八、〇〇〇両	三二、一九八、〇〇〇円
	計	三、八四八、〇〇〇両	五四、四九八、〇〇〇円
華北	十五年モノ	一、〇〇〇、〇〇〇両	一六、〇〇〇、〇〇〇円
	十六年モノ	二〇〇、〇〇〇両	二、八〇〇、〇〇〇円
	計	一、二〇〇、〇〇〇両	一八、八〇〇、〇〇〇円

関東州	十五年モノ	一〇〇、〇〇〇両	一、五〇〇、〇〇〇円
	十六年モノ	二〇〇、〇〇〇両	二、八〇〇、〇〇〇円
	計	三〇〇、〇〇〇両	四、三〇〇、〇〇〇円
計	十五年モノ	二、六〇〇、〇〇〇両	三九、八〇〇、〇〇〇円
	十六年モノ	二、七四八、〇〇〇両	三七、七九八、〇〇〇円
合計		五、三四八、〇〇〇両	七七、五九八、〇〇〇円

(ロ) 管内配給　当蒙疆地区ハ阿片ノ生産地ニシテ且行政力ノ浸透完カラザルト取締力ノ不整備等ニ依リ生産阿片ノ確保困難ニシテ、栽培者ハ自家吸煙用阿片ヲ保留スル習慣多分ニアリ、之ガタメ疆内各都市ニ於ケル配給成績比較的順調ナルヲ除キテハ、官ノ管理統制下ニアル配給機関ヲ通ジテノ消費量ハ疆内推定消費量ニ比スレバ微々タルヲ免レズ。昭和十六年度管内配給量ハ一四四、〇〇〇両ニ過ギズ。

(2) 昭和十七年度

(イ) 管外配給　十六年度ニ引続キ契約阿片ノ移出ヲ実施スルト共ニ、十六年度産収納阿片ニシテ未契約分アリタルヲ以テ之等ノ契約交渉ヲ開始シ、日本向八四一、六六六両、満州向一五〇万両、厦門向五万両ノ契約ヲ締結セリ。右ニ依リ十六年度産阿片ノ契約高ハ総計一一、〇九一、六六六両トナリ、収納高一一、一四五、〇〇〇両ニ対スル残高ハ五四、〇〇〇両ノ少量ニシテ、右ハ管内配給ニ充当シツツアリ。然而契約ニ対スル移出状況ハ華中向ハ輸送機関タル飛行機ノ都合ニ依リ、華北向ハ引取者タル華北土薬業公会ニ於ケル消化不良並資金ノ関係ニ依リ、頭初六月末迄ニ移出完了ノ予定ニアリシモ未ダニ完了セズ、目下移出中ニシテ八月末迄ニハ完了シ得ル見込ナリ。今七月末迄ノ移出実績ヲ示サバ左ノ通リ。

華中	三、八一八、〇〇〇両	五二、五二六、〇〇〇円
華北	七一〇、〇〇〇両	九、九四〇、〇〇〇円
日本	八四一、六六六両	一〇、五二〇、八二五円

満州　一、五〇〇、〇〇〇両　二〇、一三〇、〇〇〇円
厦門　五〇、〇〇〇両　七〇〇、〇〇〇円
計　六、九一九、六六六両　九三、八一六、八二五円

尚七月末現在未移出分ハ華中向八三四、〇〇〇両、華北向五九〇、〇〇〇両、計一、四二四、〇〇〇両ナリ。

(ロ) 管内配給　昭和十六年度管内配給状況ニ於テ記述セル通、管内配給量ハ微々タルモノニシテ、七月上旬迄ノ数量ハ六三、八〇〇両ニ不過、目下配給機構、配給価格等ニツキ検討中ニシテ、管内配給ノ万全ヲ期セントス。

(四) 取締状況

生産阿片ノ確保並配給制度ノ確立如何ハ、阿片収納組織ノ整備強化並阿片制度ノ普及徹底ニ依ル外ハ、総テ取締ニ依存セザルベカラザルヲ以テ、当蒙疆ハ取締力ヲ動員シ密作、密売買、密輸出ノ防遏ニ努力ヲ致シツツアルモ、取締力充分ナラザルタメ、尚華北向相当量ノ密輸行ハレ、之ガ地域内収納ニ及ボス影響看過シ得ザル状態ニ在リ。今参考迄ニ十六年度ニ於ケル査獲実績ヲ挙グレバ左ノ通リ。〔1〕

押収数量　五〇、九九二両
引継数量　四四、六三六両
押収数量　六五、三三七瓦（清査権運署押収品）
引継数量　八三、〇四八瓦（他官庁引継品）

二、意見開陳

昭和十四年以降毎年本院ニ於テ開催セラレタル支那阿片需給会議ニ於テ決定サレタル計画事項ニ対スル現在迄ノ諸実施状況並其ノ間体得セル経験等ニ徴シ、当蒙疆側トシテ左ニ希望並意見ヲ数項開陳ス

(一) 蒙疆ニ対スル昭和十七年度移出割当数量変更方ニ関スル件

昨年十二月一応ノ決定ヲ見タル需給計画ニ依レバ蒙疆ニ対スル移出割当ハ一千万両ナレドモ、現地状況報告(二)生産収納状況

昭和十七年度ノ項ニ於テ既述セル通、現地機関ニ於テ凡有努力ヲ竭シツツアルニモ不拘、本年度ハ収納量八百万両内外ニ止マラザルヲ得ザル状態ナルヲ以テ、八百万両ヲ蒙疆移出可能量トシテ需給計画ヲ再編成セラレ度。

㈡　需給計画割当数量ノ円滑ナル引取方ニ関スル件

需給計画ハ各現地ノ所要量ノ最少限度ヲ基準トシテ決定セラルルモノナル以上、供給地側ハ之ガ円滑ナル供給ヲ期スベキヲ以テ、一方需要側ニ於テモ諸種ノ引取リ難キ事情偶発スル以外ハ円滑ニ引取ル様指導セラレ度。

当蒙疆阿片ノ蒙疆ニ於テ占ムル地位ハ其ノ金額ニ於テ移出総額ノ略七割ニ当リ、貿易上重要且特殊的存在ナルノミナラズ、財政収入上亦主要部門ヲ占メ、移出ノ円滑ナル実施如何ハ直チニ蒙疆財政経済ニ重大ナル影響ヲ及ボスモノナルヲ以テ、当蒙疆トシテハ之ガ取扱ニ慎重ヲ期シ、月別移出計画、月別移出計画ニ基ク月別資金計画、月別物資導入計画等ヲ樹立セザルベカラザルニ付、各需要地側ニ於テハ右事情御諒察ノ上確実ナル月別引取数量ヲ提示セラレ度。

㈢　蒙疆阿片ノ南方進出方ニ関スル件

現在迄察知シ得タル華北並華中ニ於ケル阿片諸状況ニヨリ判断スルニ、華北ニ於テハ収納並配給機構ノ不整備ニ依リ生産阿片ノ大部分ハ私土化シ、官ノ指定セル配給機関ヲ通ジテノ大量消化ハ困難ナル状態ニ在リ。

従而蒙疆ヨリノ本年度引取数量減少セラルルモノト予想サレ、華中ニ於テハ金融関係即チ儲備券ト旧法幣トノ関係ニ依リ地方宏済善堂ノ消化不良ニシテ、タメニ蒙疆ヨリノ本年度引取数量相当減ゼラルルヲ予想サルル等、本年度蒙疆収納阿片ハ右華中華北ノ引取数量減額ニ依リ相当量余剰ヲ生ズルヲ予測サルル次第ナルガ、目下ノ蒙疆財政状態ヨリ長期ニ亘ル余剰阿片ノ手持ハ許サレザル所ナルヲ以テ、何等カ他ニ之ガ消費地ヲ見出サザルベカラズ。他面大東亜戦争ノ勃発並皇軍ノ南方進駐ニ依リ、南方諸地域ハ印度、イラン等外国阿片ノ輸入杜絶セルモノト認メラルルヲ以テ、此等諸地域ニ対スル阿片ノ補給ハ宣撫上将亦華僑工作上焦眉ノ問題ト言ハザルベカラズ。

依而当蒙疆ハ余剰阿片ヲ挙ゲテ南方ニ進出シタキモ、従来ノ取引価格非常ニ低廉ナルタメ、見返リ物資ニ依リ価格差ヲ補塡スルカ或ハ調整料ヲ以テ之ヲ補フ等、特別操作ヲ加ヘザルベカラズ。

然而南方ヨリノ見返リ物資ノ主ナルモノハ直接蒙疆ニ取リテハ尠キモノト思料セラルルヲ以テ、日本、満州、中北支等、南方物資ノ必要ナル各地域ト合同一ツノプールヲ造リ実施スルト共ニ、調整料其他ニツキ理解アル御援助ヲ抑グニ非ザレバ、円滑ナル進出ヲ期スルハ困難ナリト思料スルニ付、何分ノ御配慮得度。

尚南方ニ対スル阿片ノ進出ト見返リ物資ノ導入トハ密接不可分ノ関係ニアルヲ以テ、従来阿片ノ取引ニ経験アリ南方ニ営業組織網ヲ有シ資本的ニモ有力ナル商社ヲ打ツテ一丸トセル特殊配給組織ヲ日本中心トナリ結成セシメ、該組織ニ委託販売セシムルト共ニ円滑ナル物資ノ導入ヲ実施セシメテハ如何。

(四) 華北ニ於ケル生産阿片ノ確保方ニ関スル件

華北ニ於テハ北京ニ於テ昭和十六年二月中旬開催セラレタル現地阿片会議ノ協議事項ニ基キ、域内配給ノ不足ヲ補フタメ実施セシムル一部罌粟栽培ノ指定以外ハ原則トシテ栽培ヲ許容セザル方針ヲ堅持シ居ルモノト思料スルモ、諸状況ヲ綜合スルニ華北ニ於テハ尚大面積ノ密作地アリテ、然モ収納機構ノ不整備ニ依リ之等密作阿片ハ私土化シ、官ノ指定セル配給機関ヲ通ジテノ官土消費不振ニ陥リタルノミナラズ、密作阿片ハ華中ニモ大量密輸サレ、タメニ宏済善堂ニ於テハ密売買品ニ圧倒セラレ消化不良ヲ来シ、延イテハ当蒙疆ヨリノ引取数量ヲ減ゼザルヲ得ザル等、独リ域内ニ於ケル阿片政策ヲ混乱ニ導クノミナラズ華中並当蒙疆ニ迄悪影響ヲ及ボシツツアルヤニ思料スルニ付、密作取締ノ強化、収納配給機構ノ整備等、生産阿片ノ確保ニ万全ヲ期セラレ此等諸障害ヲ除去サルル様善処セラレ度要望ス。

(五) 華北、華中ニ於ケル阿片関係諸税統一方ニ関スル件

華北、華中ニ於テハ阿片ニ対スル課税複雑多岐ニシテ各地区毎ニ同一ナラズ、然モ非常ニ高額ナルタメ私土横行シ、官土ノ配給円滑ナラザル如ク聞キ及ブモ、阿片政策遂行並官土ノ普及徹底ノタメ大乗的見地ヨリ諸税ヲ統一、単一税トシ、然モ可及的低額ヲ以テ実施スルコトトシテハ如何。

(六) 蒙疆阿片ノ本年度予想移出価格ニ関スル件

当阿片ノ移出価格ニ関シテハ各需要地側ノ要望モ有リ、且ツハ各地域ニ於ケル一般低物価政策ニ対応セシムルタメ、本年度

ニ於テ可及的低廉ヲ期スベク計画中ナリシ処、本年度阿片ハ播種期前ヨリ成熟期ニ至ル間ノ大旱魃、風害、雹害、並ニ割漿最盛期ニ於ケル連日ニ亘ル降雨等ニ依リ大減産ヲ予想サレ、当初計画ノ買付価格ヲ以テシテハ農民ハ手離サズ私土化スル虞多分ニアリテ、予定収買量ノ確保期シ難ク、反ツテ値上ヲ実施セザルヲ得ザル状態ニ在リ、買付価格ノ引上並ニ収買量ノ激減ハ収買機関タル土業組合ノ両当原価ヲ大幅ニ増大セシムルコトトナリ、本年度ヨリ実施ノ政府ノ買上制ニ依ル政府収納補償価格ハ当初計画ニ比シ多分ニ増額セザルベカラズ。他面蒙疆政府ハ其ノ為替資金計画並ニ阿片ニ依ル財政収入確保上、目下ノ貧弱ナル財政状態ヨリシテハ補償価格ノ増額ヲ政府自体ニ於テ到底負担シ得ルモノニ非(ママ)ズノ止ムヲ得ズ之ヲ移出価格ニ転化セザルベカラザル逼迫セル現況ニ在リ、由是観是本年度蒙疆阿片ノ移出価格ハ最低一両一四円以上ヲ保持セザルベカラザルモノニシテ、情勢ノ変化ニ依リテハ更ニ高値ヲ現出スルモノト思料スルニ付、右事情御賢察御諒承相成度。

(七) 将来ニ於ケル阿片増産実施ノ可否ニ関スル件

蒙疆ノ現況即チ労働力、水利施設、農家数、一般食料対策、耕地面積等ノ諸状況ヨリ推察スルニ、現行罌粟栽培面積ハ最モ適当量ニシテ、此レ以上ノ増産ヲ企図スルハ他ニ累ヲ及ボスモノト思料スルモ、今仮ニ大東亜戦争ノ勃発並ニ皇軍ノ南方進駐ニ基ク南方諸地域ニ於ケル外国阿片ノ輸入杜絶ニ依ル此等諸地域ニ対スル阿片補給ノタメ、蒙疆ニ増産計画ヲ企図セザルベカラザル事態発生シタルモノトノ想定ノ下ニ、増産ヲ企図スルナランニハ尚幾分増産ヲ実施シ得ベシ。即チ過去三箇年(本年ヲ含ム)ノ平均指定面積八九二千畝ニシテ全耕地面積ノ二・一五%ニ相当ス。即チ満州其他罌粟栽培国ノ実績ニ徴シ三・五%即チ一、五〇〇千畝迄ハ増産ヲ企図シ得ルモノト思料ス。

然而右増産ニ依ル収買見込量ハ、増産部分ガ収穫量比較的少ナキ旱地ニ主トシテ実施サルルト、増産ニ伴フ収穫力不整備ナルトニ依リ、収買率ハ低下シ、従来ノ年平均収買量タル八六〇万両ノ五割増即チ一、三〇〇万両乃至ハ最高一、五〇〇万両以内ニ止マルモノト予想ス。ナホ右増産計画ハ必要労働力、所要ノ水利施設、栽培方法、割漿技術並品質ノ改良、農家必需品ノ円滑ナル供給、他農産物作付面積ノ罌粟栽培ヘノ移行、一般食料対策ノ根本的是正等ノ諸条件ヲ具備シ得テ始メテ成果ヲ期待シ得ルモノニシテ、之ガ実施ニ当リテハ疆内雑穀ノ生産減ニ依リ地域外移出ハ勿論、軍需調弁並ニ疆内自給自足ノ維持困難、水利施設整備ニ伴フ莫大ナル資金ノ放出、大量ニ亘ル労働者ノ移入、輸入物資手当困難ナル折柄ノ農家必需品ノ大量移入等、実際処理上頗ル困難ナル諸問題横タハリ居ルヲ以テ、前途多難ナルヲ予想サルルニ付、増産ヲ実施セザルベカラザル時ニ於テハ此等諸項ニ対シ各地ノ積極的御援助ヲ得度。

＊「蒙古連合自治政府」用箋にタイプ印刷。全一九頁。一頁一五行二九字。沼野資料。
〔1〕数量の右側が阿片、左側が麻薬とみられる。

【資料33】

蒙疆ノ阿片事情ニ関スル報告並意見〔抄〕

興亜院蒙疆連絡部
昭和十七年八月十九日

一、現地状況報告〔1〕

〔中略〕

二、希望並ニ意見

昭和十四年以降毎年本院ニ於テ開催セラレタル支那阿片需給会議ニ於テ決定セラレタル計画事項ニ対スル現在迄ノ実施状況並ニ其ノ間ニ於ケル経験等ニ徴シ、当蒙疆側トシテノ希望並ニ意見ヲ陳レバ左ノ如シ。

㈠　蒙疆ニ対スル昭和十七年度移出割当数量ニ関スル件

昨年十二月ノ決定ヲ見タル需給計画ニ依レバ蒙疆ニ対スル移出割当ハ一千万両ナレドモ、昭和十七年度ノ生産収納状況ノ項ニ於テ既述セル通、現地機関ニ於テ凡有努力ヲ竭シツツアルニモ拘ハラズ、本年度ハ収納量八百万両内外ニ止マラザルヲ得ザル見込ナルヲ以テ、蒙疆移出可能量ヲ八百万両トシテ需給計画ヲ再編成セラレ度。

㈡ 需給計画割当数量ノ円滑ナル引取方ニ関スル件

需給計画ハ各現地ノ所要量ノ最少限度ヲ基準トシテ決定セラルルモノナル以上、供給地側ハ之ガ円滑ナル供給ヲ期スベキヲ以テ、一方需要側ニ於テモ特別ノ事情等発生セザル限リ円滑ニ引取ル様配慮セラレ度。

尚阿片ハ蒙疆ニ於テ貿易上重要且特殊的存在ナルノミナラズ財政収入上亦主要部門ヲ占メ、移出ノ円滑ナル実施如何ハ直チニ蒙疆財政経済ニ重大ナル影響ヲ及ボスモノナルヲ以テ、蒙疆トシテハ之ガ取扱ニ慎重ヲ期シ、月別移出計画、月別移出計画ニ基ク月別資金計画、月別物資導入計画等ヲ樹立セザルベカラザルニ付、各需要地側ニ於テハ右事情考慮ノ上確実ナル月別引取数量ヲ提示セラレ度。

㈢ 蒙疆阿片ノ南方進出方ニ関スル件

華北並ニ華中ニ於ケル阿片事情ヨリ判断スルニ本年度ニ於ケル華北、華中ノ引取数量ハ相当減額ノ見込ニシテ、之ガ為蒙疆阿片ハ相当量余剰ヲ生ズルモノト予測セラルル次第ナリ。而シテ目下ノ蒙疆財政状態ヨリ長期ニ亘ル余剰阿片ノ手持ハ困難ナルヲ以テ、何等カ他ニ之ガ消費地ヲ見出サザルベカラズ。

事情右ノ如クナルヲ以テ蒙疆ハ余剰阿片ヲ挙ゲテ南方ニ進出シタキモ、之ガ為ニハ従来ノ取引価格非常ニ低廉ナルタメ、見返リ物資ニ依リ価格差ヲ補塡スルカ、或ハ調整料ヲ以テ之ヲ補フ等、特別操作ヲ加ヘザルベカラザル実情ニ在リ。

㈣ 華北ニ於ケル生産阿片ノ確保方ニ関スル件

一層密作、密輸ノ取締等ヲ強化シ、蒙疆阿片ノ消化乃至引取ニ極力障害ヲ与ヘザル様配慮セラレ度希望ス。

㈤ 華北、華中ニ於ケル阿片関係諸税統一方ニ関スル件

華北、華中ニ於テハ阿片ニ対スル課税複雑多岐ニシテ各地区毎ニ同一ナラズ、然モ非常ニ高額ナルヲ以テ、阿片政策遂行上諸税ヲ統一シテ単一税トシ、然モ可及的低額ヲ以テ実施セラレ度希望ス。

三、参考事項

(一) 将来ニ於ケル蒙疆阿片ノ増産能力ニ関スル件

蒙疆ノ現況、即チ労働力、水利施設、農家数、一般食料対策、耕地面積等ノ諸条件ヨリ考察スルニ、現行罌粟栽培面積ハ最モ適当量ニシテ、此レ以上ノ増産ヲ企図スルハ他ニ累ヲ及ボス虞ナキニアラザルモ、今仮ニ南方諸地域ニ対スル補給ノタメ蒙疆ニ阿片ノ増産ヲ企図セザルベカラザル事態発生シタル場合ニ於テハ尚幾分増産ヲ実施シ得ベシ。即チ過去三箇年間(本年ヲ含ム)ノ平均指定面積八九二千畝ニシテ全耕地面積ノ二・一五%ニ相当ス。即チ満州其他罌粟栽培国ノ実績ニ徴シ三・五%即チ一、五〇〇千畝迄ハ増産ヲ企図シ得ルモノト思料セラル。

而シテ右増産ニ依ル収買見込量ハ、増産部分ガ主トシテ収穫量比較的少ナキ旱地ニ実施セラルルト増産ニ伴フ取締力不十分ナルトニ依リ、収買率ハ低下シ、従来ノ年平均収買量タル八六〇万両ノ五割増即チ一、三〇〇万両乃至ハ最高一、五〇〇万両以内ニ止マルモノト予想ス。尚右増産計画ハ必要労働力、所要ノ水利施設、栽培方法、割漿技術並ニ品質ノ改良、農家必需品ノ円滑ナル供給、他農産物作付面積ノ罌粟栽培ヘノ移行、一般食料対策等ノ諸条件ヲ具備セザル(ママ)ヲ以テ、之ガ増産ヲ実施スル場合ニ於テハ右諸条件ニ対シ各地ニ於ケル所要ノ援助ヲモ必要トスルニ至ルベシ。

＊「秘」と捺印。「沼野経済部次長殿」と表書き。タイプ印刷。本文一八頁。一頁一一行二八字。沼野資料。

〔1〕「現地状況報告並意見開陳」《資料32》(五五八頁)とほとんど同一内容。

【資料34】

阿片蒐荷対策

一、方　針

本年度生産阿片ハ諸種ノ悪条件ノ発生ニ依リ蒐荷成績極メテ不振ニシテ、此儘放置スルニ於テハ重大ナル事態ヲ惹起スル虞アル状況ナルニ鑑ミ、現有蒐荷機関タル各地土業組合ヲ活用セシムルト共ニ軍、興亜院、特務機関、憲兵隊、政庁、盟、市、県、旗ノ積極的援助協力ヲ仰ギ、官民一体トナリ最大能力ヲ挙ゲテ悪条件ヲ克服シ蒐荷ノ万全ヲ期シ、併而政府財政収入ノ確保、為替資金ノ獲得、東亜共栄圏内各地域ニ対スル円滑ナル供給ヲ図ラントス。

二、要　領

(一) 目　標

阿片蒐荷ノ目標ヲ蒙疆ヨリノ東亜共栄圏内各地域ニ対スル移出最低割当タル七〇〇万両ニ置キ、密売買、密輸出ヲ極力防遏スルト共ニ、可及的速ニ所要数量ヲ確保スル様格段ノ努力ヲ傾注スルモノトス。

(二) 期　間

第一次蒐荷工作　　自九月十五日至十月三十一日

第二次蒐荷工作　　自十一月一日以降

所定収買期間タル十月末迄ヲ第一次工作期間トシ、該期間中ニ所要数量ノ確保ヲ期スルモノトス。

第一次工作期間中ニ於テ所要数量ノ確保困難ナルカ又ハ期間ノ延長ニ依リ所要数量以上確保シ得ル見込ノ場合ハ、第二次工作ヲ十一月以降情況ニ依リ適当期間実施スルモノトス。

三、処　置

(一) 第一次蒐荷工作

(イ) 各地土業組合ノ活用

(1) 収買等級ノ一級引上ニ依ル手持阿片ノ誘出

本年度生産阿片ハ旱害、風害、雹害、並割漿期ニ於ケル連雨ニ依リ品質低下シ、タメニ組合ノ収買等級ハ昨年ニ比シ平均一級下落シ、農民ヲシテ収買価格ノ引下ゲラレタルニ非ザルヤトノ疑念ヲ抱カシメ、之ガ売惜ノ一因トモナリ居ルヲ以テ、今後ハ実際ノ品質ヨリ一級上ノ等級ヲ以テ収買セシメ、右疑念ヲ一掃、手持阿片ノ誘出ヲ期セシム。

(2) 収納等級ノ基準引下

収買等級ノ一級引上ニ依リ組合ハ多大ノ損失ヲ被ルベキヲ以テ、之ヲ補塡スルタメ政府収納等級ノ基準ヲ或程度引下ゲルモノトス。

(3) 郷村ニ対スル蒐荷奨励金ノ支付(ママ)

農民ヲ直接把握シ居ルモノハ郷村長ナルヲ以テ、之ヲ利用シ郷村単位ニ責任ヲ以テ阿片ヲ供出セシムルコトトシ、郷村ニ対シテハ今後ノ蒐荷数量ニ按ジ一両ニ付若干ノ奨励金ヲ支付(ママ)スルモノトス。右ハ郷村制度ノ比較的確立セル地区ニ重点的ニ実施スルモノトス。

(4) 農民誘引策トシテノ福引ノ無償交付

組合収買処ヲシテ其日限リノ簡単ナル福引ヲ発行、納付阿片ノ数量ニ按ジ福引券ヲ交付。其日中ニ抽籤物品又ハ金銭ヲ支給スルコトトシ、射倖心利用ニ依リ農民ヲ誘引スルモノトス。尚賞品ノ額ハ可及的小額トシ、地区ニ依リ収買数量ニ依リ適宜処置スルモノトス。

(5) 政庁盟、市、県、旗ノ蒐貨工作行動費ノ負担

今後政庁、盟、市、県、旗ニ於テ蒐貨工作協助ノタメ行動スル場合ニハ、地方費予算不足ノ状態ニ鑑ミ組合側ニ於テ行動

費ヲ負担スル〔モ〕ノトス。

(ロ)　清査官署ニ於ケル蒐荷工作ノ強行実施

本年度生産阿片蒐荷成績不振ノ原因ハ、災害ニ依ル生産量ノ激減ニ基クモノヲ除キ、京津市価ノ高騰ニ基ク密売買業者ノ潜入暗躍、価格ノ釣上、農民ノ先高ヲ見越セル売惜、雑穀価格ノ引上並ニ豊作ノ及ボシタル雑穀ノ早期売却、阿片ノ隠匿等ニアリテ、尚相当量ノ手持アルヲ予測セラレ、之ガ蒐貨ハ密売、密輸出ノ防過(ママ)ト併行シ結局強力ナル行政力ヲ以テ誘出スル以外手段ナキモノト思料スルニ付、警察力ヲ充分保有スル市県旗ト常ニ行動ヲ共ニシ、管下職員ヲ動員シ誘出工作ヲ強行スルモノトス。之ガタメ要スレバ悪質農民検挙、阿片隠匿者ニ対スル厳罰実施、並ニ之ガ一般農民ヘノ宣伝ニ依ル効果等ヲ期スルヲ要ス。

(ハ)　政庁盟市県旗ノ積極的協力

政庁盟市県旗当局ニ於テハ本年度阿片蒐荷成績ノ如何ガ直接蒙古政府ノ存立ニ影響スルモノナル事ニ深ク思ヲ致シ、施政躍進運動期間中ニ阿片蒐荷工作ヲ包含実施スルハ勿論、清査官署、土業組合ノ蒐荷工作実施ニ当リテハ、其ノ保有スル行政警察力ヲ可及的多量動員、積極的協力ヲナスモノトス。尚工作ニ要スル行動費ハ組合ニ於テ負担スルモノトス。

(ニ)　軍、興亜院、特務機関、憲兵隊ノ援助

本年度阿片蒐荷対策トシテハ既述セル通リ土業組合ノ活用、即チ小範囲ニ止ル収買価格ノ操作、郷村長ノ利用、農民ノ誘引等之ハバ(ママ)消極的誘引策ヲ除キ、他ハ総テ行政警察力ニ依ル誘出工作ノ強行ニ在ルヲ以テ、此ノ間農民トノ間ニ種種ノ問題惹起スルヲ保レ(ママ)難キニ付、軍、興亜院、特務機関、憲兵隊ハ工作ノ主旨ニ基キ問題発生ノ場合ハ政治的ニ円滑ニ解決スル様援助ヲナスモノトス。尚治安不良地区ニ対シ工作ヲ実施スル場合ハ軍ニ於テ出来得ル範囲内ニ於テ便益ヲ与フルモノトス。

＊　タイプ印刷。全七頁。一頁一四行二九字。沼野資料。

【資料35】

阿片蒐荷工作状況

㈠ 繳土工作要領

1 郷鎮閭(村ニ該当ス)長会議ヲ開催シ責任数量ノ割当ヲ為シ、

2 農民ニ対スル直接工作トシテハ、

(1) 栽培台帳、収納票ト照合ノ上未収納分ニ対スル納入督促ヲ行フ。

(2) 期限付割当ニ対スル実行ヲ督励。

(3) 右工作後ノ巡回収買班ノ派遣ニ依ル蒐荷。

(4) 強制収買「所謂叩出シヲ行フ」。

右ハ阿片蒐荷対策綱要ニ基ク繳土工作実施要領ニシテ、地域的、特殊事情ヲ加味シ必ズシモ同一工作ヲ為シアルモノニアラザルモ、大体本要領ニ依リ実施中ナリ。

本年度作柄等ヲ勘案、収納予想数量ヲ一畝(日本ニ於ケル六畝(六・一アール))ニ対シ水乾平均十七両(一両三六グラム、九匁六分)ト算定セルガ、最高ニ在リテハ三十五、六両、最低二、三両、又ハ収獲(ママ)皆無ノ地モアルアリテ一定セズ。

本年総収納ヲ前記実績ヲ基底トシテ五〇〇万両ト予想セルモ、現在ニ於テハ四〇〇万両程度ナラムト推定セラル。

＊「蒙古連合自治政府」用箋にペン書。全二頁。沼野資料。

【資料36】

豊鎮県緻土工作実施要領

一、目　的

本年度当豊鎮県ニ課セラレタル八十万両ノ阿片積極的蒐荷ニ努メ、以テ阿片主産地トシテノ使命ヲ完遂スルト共ニ、政府ノ企図スル資金ノ確保、物資導入ノ円滑化、並国庫ノ増収ニ寄与シ、蒙疆財政経済ノ安定ニ貢献セントス。

二、工作要領

(イ) 本工作ハ九月十六日ヨリ約四十日間ヲ工作期間トス。

(ロ) 工作ハ主トシテ本工作要領ニ基キ実施スルモ、各班責任者ハ現地ノ諸状況ニ応シ適時適切ナル工作ヲ実施シ、班員及随行土業組合収納班員ヲ督励、本年度生産阿片完全蒐荷ヲ期スルモノトス。

(一) 工作班ハ郷村別栽培台帳ヲ携行シ、別紙各郷村別割当数量ヲ郷村閭長ヲシテ蒐荷ニ尽力セシムルコト。而シテ収納ニ際シテハ収納処発行収納票ト照合ノ上、納入不良ノ者ニ対シテハ郷村長又ハ直接栽培者ニ納荷ヲ勧告シ、応ゼザル時ハ強制収買ヲ実施スルコト。

(二) 郷村長ニ対シテハ蒐荷ノ実績ヲ徴シ、其ノ功績顕著ナル者ニ対シテハ特ニ厚和署長ヨリ表彰サルベキ旨熟知セシムルコト。

(三) 各郷村ニ於テ大小地主又ハ有力者ヲ調査ノ上、貸金又ハ小作料ノ代金トシテ受領シアル阿片ヲ調査ノ上強制収買セシムルコト。

(ヘ)(ママ) 工作ニ当リテハ粗暴ノ振舞等ニ依リ徒ニ農民ノ感情ヲ刺戟シ又ハ苟モ他ヨリ指弾ヲ受クル等ノコトナキ様注意スルコト。

(ト) 本工作中ニ於テハ特別ノ事情ナキ限リ没収或ハ押収等ノ強制処分ハ可成之ヲ避ケ、可及的組合収納班ニ収貨セシムルコト。

(チ) 本工作中ニ於テハ凡ユル機会ヲ利用シ伝単ノ配布、口演、集会等ニ依リ極力農民ノ納貨誘導ニ努ムルコト。

(リ) 現地各機関ト密切(ママ)ナル連絡ヲナシ、各地区ニ潜入シアル京津方面ヨリノ不正業者又ハ現地区ノ不正業者ノ調査ヲ実施シ、之ガ絶滅ヲ期スルコト。

(ヌ) 本工作中ニアリテハ罌粟種子ノ収買工作ヲモ併セ行フモノトス。

(ル) 本工作中ハ常ニ適切ナル方法ヲ以テ局又ハ分局ニ行動先ヲ連絡シ置クト共ニ、巡回中特異ナル事情又ハ工作ノ特殊反響ト煙政業務上重大ナル事項ハ速ニ通報スルコト。

(ヲ) 其ノ他工作要領ニ付テハ状況ニ応ジ其ノ都度指示スルコトアル(ママ)。

本工作班ノ編成ハ左ノ通リトス。

区分	工作所在地	責任者	班員
第一区	県城	久木田	呉、鄭、孫、張文華
第二区	麦胡図脳包鉢 八蘇木十八台	大烟	蔣基謙、黄、商
第三区	官村老平地泉 七蘇木	室井	梁、張
第四区	隆盛荘	奥野	澤伏徳、任笹本
第五区	官屯堡大荘科	渡部	須賀、傅、周
第六区	張皋鎮	石川	伊藤、劉、王、盧

＊「蒙古連合自治政府」用箋にタイプ印刷。全四頁。一頁一四行三〇字。沼野資料。

【資料37】

阿片特殊収買方策案

一、方　針

正規阿片収買期間中ニ捕捉シ得ザリシ域内残存阿片ヲ可及的多量把握スル為、玆ニ特殊収買方策ヲ採リ、大東亜共栄圏内ニ於テ当地域ガ課セラレタル阿片供給源トシテノ使命達成、並此等阿片ノ輸出ニ依ル為替資金ノ獲得ヲ図ラントス。

二、要　領

㈠　目　標

生産者自家用阿片及土豪劣伸(ママ)ノ密買所持セル阿片ヲ誘出シ、政府ニ納付セシメントスルモノニシテ、地域内残存阿片推定量三百万両獲得ヲ目標トス。

㈡　収買機構

現指定収買人並此種収買ニ特殊能力ヲ有スルモノノ中ヨリ簡抜シ特殊収買人ヲ指定ス。

㈢　収買期間

成紀七三七年十二月一日ヨリ成紀七三八年三月末日ニ亘ル間トス。但シ情況ニ依リ延長又ハ短縮スルコトアルベシ。

㈣　収買価格

特殊収買人ヲシテ収買セシムル価格ハ地方的密買価格ト対抗スベキ価格トス。

㈤　収買資金

特殊収買人ノ自己資金ニ依ラシムルコトヲ原則トスルモ、情況ニ応ジ政府資金調達ノ斡旋ヲ図ルモノトス。

(六) 政府買上価格

特殊収買人ヨリ納付ニ係ル阿片ノ収納補償価格ハ次ノ如シ。

特等　一四・〇〇　一両ニ付
一等　一二・〇〇　〃
二等　一〇・〇〇　〃

三、処　置

(一) 特殊収買機構ハ十一月二十二日迄ニ選定ヲ了シ十一月末日迄ニ部署ニ就カシム。

(二) 特殊収買機構ハ潜行的ニ隠密ニ行動セシムルモノナルヲ以テ、機構組織分子ノ一覧表ヲ作成シ、軍、特務機関、憲兵隊並政庁盟、市、県、旗主脳者ニ予メ通知シ、行動ノ円滑ヲ期ス。

(三) 特殊収買機構ハ其ノ組織並性格上動モスレバ密輸出ニ陥リ易キヲ以テ、相当ノ保証金ヲ徴シ其ノ行動ヲ制限ス。

(四) 収買価格ハ密買価格ト対抗価格ヲ基準トスルモ、特ニ徒ラナル競争ニヨリ価格ノ釣上ヲ避ケシムル様指示スルモノトス。

(五) 特殊収買地域

察南政庁　万安、宣化、陽原県下
察哈爾盟　崇礼県下
晋北政庁　陽高、天鎮、大同県下
巴彦塔拉盟　豊鎮県下、厚和市

其他多量生産地域ニシテ相当残存セリト推定セラルル地域

＊「秘」と捺印。タイプ印刷。全四頁。一頁一二行二九字。沼野資料。

〔資料38〕蒙疆北支間経済調整会議申合事項〔抄〕

昭和十七年九月四、五日　二日間
於興亜院華北連絡部

興亜院蒙疆連絡部
興亜院華北連絡部

蒙疆北支間経済関係調整ニ関スル申合セ
昭和十七年九月五日

蒙疆北支間ニ於ケル経済関係調整ニ関シ左記ノ通リ申合セヲナセリ

記

〔中略〕

(八)　薬品[1]ニ関スル申合事項

一、昭和十七阿片年度ニ於ケル華北向蒙疆輸出阿片ハ五十万両ニ変更スルモノトス
右取引価格ハ別途協議スルモノトス但シ貿易計画及資金計画ニ於テハ一応八百万円ト計上シ置クモノトス

二、華北向ニ予定シアリタル残リノ薬品百万両ハ特別円取引ニ依リ南方向(香港ヲ含ム)ニ輸出スルモノトシ之ニ依リ得タル特別円ハ華北ニ譲渡スルモノトス
之カ処理ニ関シテハ別途協議スルモノトス

(九)　南方向阿片処理ニ関スル仮諒解事項

一、南方向阿片ハ蒙疆ニ於テ南方軍ト取引ヲ為シ、南方軍ニ於テ之カ搬出手続ヲ採ルモノトス
二、前項取引ハ特別円決済トシ取引価格ハ一両ニ付特別円一三円五一銭以上トスルコト
三、前項ノ特別円ハ連銀ノ特別円勘定ニ振込ムコトトシ連銀ハ蒙銀ニ其ノ対価(連銀特別円等価)ヲ支払フモノトス
四、華北側ハ右特別円ヲ以テ南方其他ヨリ輸入ヲ為スコトトシ右輸入ヲ速ニ確保スル如ク蒙疆側ニ於テモ協力ヲ為スモノトス
五、前項ノ輸入ノ場合ノリンクレートハ概ネ六六円トス
六、第四項ノ輸入ニ依リ生シタル為替上ノ差益ハ第三項ノ対価ト合算シ蒙疆側ニ於テ一両ニ付二〇円四七銭トナル如ク連銀券ヲ以テ蒙疆側ニ譲渡スルモノトス

〔後略〕

＊　タイプ印刷。本文三一頁のうち三頁分。一頁一五行三二字。沼野資料。
〔1〕　同じタイトルの文書が二種あり、うち一つは、タイプ印刷の「阿片」をペン書で抹消のうえ「薬品」と記入。

【資料39】

七三七年度収納阿片販売予定

七三七年度収納阿片販売予定(単位万両)

月別	華北	華中	日本	関東州	満州	南方	香港	管内	合計
一一月		二五					二〇		四五

一二月		二五				五〇		一〇	八五
一月		二五		一五	三〇				七〇
二月	二〇	二五	二〇						六五
三月	一〇	二五	二〇			五			六〇
四月		二五							二五
五月		二五							二五
六月		二五							二五
計	三〇	二〇〇	四〇	一五	三〇	五五	二〇	一〇	四〇〇

備考(1)　興亜院会議ニ於テ決定セラレタル割当ハ華北一五〇万両(内一〇〇万両南方向ニ振替)、華中三七六万両、日本六〇万両、関東州二〇万両、満州五〇万両、南方二四万両、管内二〇万両、計七〇〇万両ナルモ、其後ノ蒐荷成績不振ニシテ目下ノ情況ニテハ四〇〇万両内外ニ止マルモノト予想サルルニ付、四〇〇万両ヲ基準ニ販売予定ヲ作成セリ。

(2)　七〇〇万両ノ各地域向割当比率ニ依リ四〇〇万両ヲ按分スレバ、華北二八五千両、華中二、一五〇千両、日本三四三千両、関東州一一四千両、満州二八五千両、南方七〇九千両、管内一一四千両トナルモ、諸種事情ヲ勘案シ華北三〇万両、華中二〇〇万両、日本四〇万両、関東州一五五両、満州三〇万両、南方七五万両、管内一〇万両ト想定セリ。

＊「蒙古連合自治政府」用箋にタイプ印刷。全二頁。沼野資料。

【資料40】

阿片譲渡契約書

蒙古連合自治政府経済部長馬永魁(以下単ニ甲ト称ス)ト華中宏済善堂理事長李鳴(以下単ニ乙ト称ス)トノ間ニ阿片譲渡ニ付契約スルコト左ノ如シ

第一条　甲ヨリ乙ニ譲渡スル阿片ノ数量ハ自成紀七三七／民国三一年十一月至成紀七三八／民国三二年六月八個月間弐百万両(一両三六瓦)トス

第二条　乙ハ別紙阿片月別引取内訳書ニ基キ阿片ノ引取ヲ為スモノトス

第三条　現品受渡場所ハ張家口飛行場トス

第四条　譲渡阿片ノ品質ハモルヒネ含有量標準九パーセント最低八・五パーセント以上ヲ保証スルモノトス

第五条　譲渡価格ハ一両ニ付蒙幣拾六円トス

第六条　譲渡阿片ノ代金決済ハ期限九十日ノ利付為替手形(日歩一銭三厘)ニ依ルモノトシ毎月十五日三十日ノ二回ニ分チ甲ヨリ振出スモノトス

期日内ニ支払完了セザルトキハ乙ハ期日以後ノ未払額ニ対シ日歩二銭三厘ノ延滞利息ヲ手形引受銀行ニ支払フモノトス

第七条　乙ハ第二条所定ノ引取数量並ニ引取期日ヲ厳守スルモノトス

第八条　甲ハ張家口飛行場ニ於ケル現品引渡完了後生ズルコトアルベキ損害ニ対シ其ノ責ニ任ゼザルモノトス

第九条　本契約ニ定メナキ事項及本契約条項ノ解釈ニ疑義ヲ生ジタルトキハ甲乙協議ノ上之ヲ決定スルモノトス

第十条　本契約ノ有効期間ハ自成紀七三七／民国三一年十一月至成紀七三八／民国三二年六月八個月トス

右契約締結ノ証トシテ本書弐通ヲ作製シ各壱通ヲ所持ス

成紀七三七／民国三一年十月十八日

蒙古連合自治政府
経済部長　馬　永　魁

華中宏済善堂
理事長　李　　鳴

「別紙」

阿片月別引取内訳書

月別	数量（両）	備考
成紀七三七／民国三一年 一一月	二五〇、〇〇〇	
〃 一二月	二五〇、〇〇〇	
成紀七三八／民国三二年 一月	二五〇、〇〇〇	
〃 二月	二五〇、〇〇〇	
〃 三月	二五〇、〇〇〇	
〃 四月	二五〇、〇〇〇	
〃 五月	二五〇、〇〇〇	
〃 六月	二五〇、〇〇〇	
計	二、〇〇〇、〇〇〇	

但シ航空会社側ノ不可抗力ニ基ク輸送減ニヨル引取期日及積送量ノ変更ハ不止得モノトス

＊「写」と捺印。「蒙古連合自治政府」用箋にタイプ印刷。全四頁。一頁一四行三一字。沼野資料。

【資料41】大東亜共栄圏各地域ヲ通ズル阿片政策確立ニ関スル件

興亜院華中連絡部次長[1]
昭和十七年三月二十八日

中連財第二〇一号
昭和十七年三月二十八日

興亜院華中連絡部次長

興亜院政務部長殿

大東亜共栄圏各地域ヲ通ズル阿片政策確立ニ関スル件

従来南方各地域ニ於テハ比島ヲ除キ何レモ阿片制度ヲ制定シテ之ヲ吸飲セシメツツ概ネ莫大ナル財政収入ヲ挙ゲ居リタル処、今般大東亜戦ノ勃発ニ伴ヒ之等諸地域ガ主トシテ仰ギ居タル印度阿片ノ輸入杜絶ハ、泰、仏印ノ如キ一部地場産ヲ以テ充足シ来リタル諸国以外ノ地域ニ対シ、少量ト予想セラルルストツクヲ除キテハ、完全ナル阿片欠乏ヲ招来セシメタルモノト認メラルルヲ以テ、之ガ当面ノ補給ニ依リテ宣撫ニ資シ、且ツ将来ノ配給関係ヲ考究スル為、早急ニ大東亜共栄圏ヲ通ズル大阿片政策ヲ確立シ円滑ナル需給計画ヲ樹立シ、以テ戒煙ノ実施ニ努ムベキハ適当ノ措置ト信ゼラルルニ付テハ、別紙資料御参考迄添付置候条至急御詮議ノ上関係方面ヘ連絡相煩度。

尚当面ノ補給並ニ将来ノ配給ニ関シテハ差シ当リ支那産特ニ蒙疆産ヲ以テ充ツルノ外途ナシト存ゼラルルモ、之等配給ハ左記ノ理由ニ依リ総テ中支ニ於テ管掌スルコトト致度、但南方方面ヘノ輸出取扱機関ニ付テハ考究中ニ有之。

記

一、従来蒙疆ハ北支ヨリ物資ノ供給ヲ受ケ、北支ハ中支ヨリ輸入超過ヲ続ケ、右決済ハ蒙疆ノ中支向阿片ノ輸出代金ヲ北支分ニ付替ヘ北中支ノ決済ヲ為シ、蒙疆北支ノ決済モ右付替ニ依リ実行シ来リタル実績ニ徴シ、蒙疆阿片ハ従来通リ大体全部ヲ一意中支向輸出スルヲ適当トスルコト。

二、当部作製ノ中支対南方各地域輸出入希望物資ニ依レバ、輸出四四七、八五三千元、輸入九四三、五五〇千元ニシテ甚ダシキ片貿易トナルヲ以テ、中支ニ於テ南方各地域ニ対スル配給ヲ管掌輸出スルコトトセバ、之ニ対シ相当ノ調整ヲ期待シ得ルト共ニ、中支ノ対蒙疆又ハ北支トノ関係ハ別途処理スルヲ適当トスルコト。

三、中支ニ於テハ大東亜戦勃発ニ依リ輸送ノ円滑ヲ欠キタル為、現在ノ見透ニ於テハ約百万両ノ年度末繰越ヲ予想サルルト共ニ、目下満州国産及徐州産阿片ノ買付進捗中ニ付、両々相俟チ約百五十万両乃至二百万両ノ余裕ヲ生ズル見込ナルヲ以テ、之ヲ南方各地域ニ対スル当分ノ間ノ補給ニ充ツルコトトス

南方各地域阿片事情考察

一、南方共栄圏各地域ニ於ケル在留支那人ニ関シ国民政府僑務委員会ノ調査報告ニ依ル南洋華僑数ヲ見ルニ（一、九三四年度内馬来ノミハ一、九四〇年度）

泰	二、五〇〇、〇〇〇人
馬来	二、三〇〇、〇〇〇
蘭印	一、二三二、六五〇
仏印	三八一、四七〇
ビルマ	一九三、六〇〇
比島	一一〇、五〇〇
ボルネオ	七五、〇〇〇

計	六、七九三、二二〇

ニシテ、世界華僑総数七、七八六、一七一人ノ中南洋華僑ハ八割七分強ヲ占ム。

二、由来阿片ノ吸食ハ中国人ノ嗜好品ト称セラレ、特ニ之ガ癮者ニ至リテハ大体全人口ノ百分ノ三ヲ占ムルモノト報ゼラレ居ルコトハ種種ナル調査報告ニ徴シテ明ラカナリ。

華僑ニ於テモ本国ニ於ケルト同様其ノ在留地域ニ於テ多量阿片ノ消費ヲ為シ来リタルコトモ同様ナルノミナラズ、南方土着民族間ニ於テモ阿片吸喰者相当ヲ算スル趣ナルモ、玆ニテハ之等ヲ除キ専ラ中国人ヲ対象トシ、前記各地域ノ華僑数ニ右ノ百分ノ三ヲ適用算出スル時ハ各地域ニ於ケル阿片癮者見込数ハ左記ノ通ナリ。

泰	七五、〇〇〇人
馬来	六九、〇〇〇
蘭印	三七、〇〇〇
其ノ他	二二、八〇〇
計	二〇三、八〇〇

而シテ右癮者ノ平均吸食量ヲ一月最低三両（一両　三六瓦）トセバ各地域一ケ年ノ消費量ハ、

泰	二、七〇〇、〇〇〇両
馬来	二、四八四、〇〇〇
蘭印	一、三三二、〇〇〇
其ノ他	八二〇、八〇〇
計	七、三三六、八〇〇

トナルベシ。

三、之ヲ別紙参考資料ニ基キ実績ニ依リ調査スルニ、

(イ) 英領馬来植民地全体ニ於ケル一、九二四―一、九二八年中ノ印度阿片移入平均数量ハ二八九一箱(一箱 一四〇封度入リ 両ニ換算セバ五、〇九九、七二四両)ナリ。

(ロ) 又印度阿片ノ南方各地域ニ対スル輸出実績(一、九二一年)ヲ見ルニ左ノ通。

海峡植民地へ	二、一七五箱	即チ	三、八三六、七〇〇両
仏印へ	一、七六二		二、八二二、六一二
泰へ	一、三九一		二、四五三、七二四
蘭印へ	九六四		一、七〇〇、四九六
英領ボルネオへ	五八		一〇二、三一二
其ノ他へ	三三五		五九〇、九四〇
計	六、六八五		一一、五〇六、七八四

四、右一、乃至三、ヲ綜合勘案スルニ南方各地域ニ於ケル(馬来植民地ヲ除ク)阿片ノ需給状況ハ分明ナラザルモ、少クモ各地共相当量ノ印度阿片ヲ輸移入シ居タルコトハ明カナリ。

而カモ之等阿片ハ其ノ需用(ママ)ノ減少ヲ期待シ得ザルハ中国ノ過去ノ歴史ニ徴スルモ極メテ明瞭ナリ。

由是観是大東亜戦争ノ勃発、皇軍ノ南方各地域進駐ニ伴ヒ之等地域ニ対シ印度阿片ノ輸入ハ断絶セルモノト認メラルヲ以テ、之ガ補給ハ当面焦眉ノ問題ト言フヲ得ベシ。

而シテ此ノ阿片行政ハ英国及其ノ他各国ノ従来執リ来リタル制度ヲ其ノ儘踏襲スルノ必要ナシト雖モ、今之ヲ直チニ放棄センカ密輸密作横行シ、戒煙政策ハ根底ヨリ覆サルルコトトナルベキニ付、茲ニ確固遠大ナル東亜共栄圏内阿片政策ノ樹立ヲ必要トスル理由存ス。

(参考資料)

南方各地域阿片事情

一、新嘉坡阿片(関東庁財務部編国際阿片問題研究参照)

茲ニ謂フ新嘉坡阿片トハ俗ニ言フ英領馬来半島全部ヲ意味シ、コノ英領馬来半島ハ海峡殖民地、馬来連邦州、非連邦州ノ三ツニ区分セラレ、英国ノ政策トシテ生阿片ハ海峡植民地以外ノ諸州ニ輸入スルコトヲ禁止シ、全英領馬来諸州ニテ消費セラルル阿片煙膏ハ新嘉坡ニ於テ輸入セラレタル生阿片ヲ以テ製造セラレ各州政府ニ送付セラレタリ。

(1) 煙膏製造用原料生阿片ハ印度及イランヨリ輸入セラレ、一部分ハ密輸入没収品ヲ以テ充テラル。而シテ判明セル最近数ケ年間ノ煙膏製造高ハ(没収阿片ヨリ製造ノモノヲ除ク)

一、九二四年	二、七〇七、一六二両	原料阿片	二、五六八箱
一、九二五年	二、六三八、〇六五	〃	二、五七〇
一、九二六年	三、七一四、四九一	〃	三、四三七
一、九二七年	三、六六七、三七三	〃	三、一四〇
一、九二八年	三、一九〇、九九八	〃	二、七四一

ニシテ、右ノ内海峡植民地ニ於テ消費セラレタル数量、金額ハ、

一、九二四年	一、一七四、八七〇両	金額	一四、一一四、三〇八弗
一、九二五年	一、二一五、六三〇		一四、五四一、七五七
一、九二六年	一、四一六、六三九		一七、七九二、七五一
一、九二七年	一、三九三、九七三		一八、一二八、〇六九
一、九二八年	一、三四四、三〇一		一七、三四五、七五一

ナリ。

(2) 阿片収入ガ海峡植民地財政ニ対シ如何ナル重要性ヲ有スルカ、同地ニ於ケル判明セル数箇年間ニ於ケル収入予算ノ総額及阿片純収入額ハ、

年別	総収入額		阿片純収入額
一、九二四年	二七、六〇九、五九五弗		一一、五三一、〇七三弗
一、九二五年	二七、一九九、四五五		一三、二一六、八九二
一、九二六年	二八、一三〇、七四〇		一二、九六一、一九五
一、九二七年	三五、〇九〇、〇四四	売上高 一八、一二八、〇六九弗	一四、四四七、〇六九
一、九二八年	三二、九一六、五四四	同 一七、三四五、七五一	一二、三二二、二六三

即チ阿片煙膏ノ売上高ハ総予算ノ過半ヲ占メ純収入ハ四割見当ヲ上下セリ。

(3) 最近ニ於ケル海峡植民地年報ニ依ルニ、

(イ)

一、九三五年度海峡植民地政府ノ歳出入	歳出	三四、七六四、六四〇弗
	歳入	三五、〇四〇、〇八〇
一、九三六年度　同	歳出	三三、三九八、九一二
	歳入	三五、一二四、一三七

ニシテ、コノ歳入ノ内主ナルモノハ一、阿片収入、二、酒類及煙草輸入税、三、印紙及相続税等ニシテ阿片収入ハ四〇%ヲ占ム。

(ロ) 馬来連邦一、九三六年度歳入ハ六八、〇九〇、九〇一弗ニシテ、主ナルモノハ関税収入三一、七六六、二七二弗、消費税収入六、七三五、七〇六弗之ニ次ギ、コノ消費税ハ製造阿片ノ売上ヲ主トス。

(ハ) 馬来非連邦州一、九三五年度歳入ハ二九、二六八、〇〇〇弗ナルモ各王州共阿片収入高位ヲ占ム。特ニジョホール州ノ如キ

ハ一、九三二年度歳出費中阿片準備基金トシテ二五〇、〇〇〇弗ヲ計上シタルコトアリ。

(4) 英国ハイラク及印度ヨリ大体一タヒル(一オンス四分ノ三)ノ阿片ヲ一弗デ買上ゲ精製シ十二弗ニテ販売スルモノナルガ故ニ、之ガ専売収入ハ相当ナルモノトナル筈ナリ。

二、仏領印度支那一、九四〇年度予算中(財政昭和十六年十一月号参照)

1 専売歳入　二〇、六〇〇千ピアストル
(阿片及塩売上代)

2 歳出財務費ノ内阿片及塩ノ仕入代金

A 阿片仕入代金　五、五〇〇、〇〇〇ピアストル
B 塩　〃　一、六〇〇、〇〇〇　〃
計　七、一〇〇、〇〇〇　〃

トナリ、差引一三、五〇〇、〇〇〇ピアストルノ専売純収入トナリ、之ガ全歳入ノ約一三%ヲ占ム。

三、印度阿片ノ外国輸出(一、九二一年国勢調査)

海峡植民地へ	二、一七五箱	計　六、六八五C/Z　(一箱=一四〇ポンド入)
仏印へ	一、七六二	
泰へ	一、三九一	
蘭印へ	九六四	
英領ボルネオへ	五八	
其ノ他へ	三三五	

四、英国植民地等ニ於ケル阿片収入ノ全歳入ニ対スル割合(ジョン、ハーマー、ガビツト著ニ依ル)

海峡植民地　四五・五%

ボルネオ	一二・三
ブルネイ	一四・九
サラワク	一四・〇
香港	二三・四
マレー連邦	一六・八
仏印	二一・〇
蘭印	一一・〇
泰	二三―二四
波斯	五〇

*「蒙古連合自治政府駐日代表部」用箋にタイプ印刷。全一二頁。一頁一四行三〇字。沼野資料。

〔1〕 陸軍少将落合甚九郎。ただし次長心得。

【資料42】

南方占領地域ニ於ケル阿片政策暫定要領[1]

阿片ノ吸煙ハ人体及社会ニ及ボス影響尠カラザルモノ有ル為、従来各国ニ於テハ政策トシテ断禁主義ヲ採用シ来レリ。而レドモ占領地ニ於ケル右政策ヲ検討スルニ、一応其ノ題目ハ断禁政策ト称スレドモ、寧ロ吸煙者ノ漸増、財政収入確保ヲ計ル為ノ販売方策等ヨリ見ルモ、之ガ趣旨ニ反スルモノ多ク、殊ニ南方占領地ニ於ケル阿片収入ハ各地財政収入ノ主要ナル地位ヲ占ムル点ヨリ見ルモ、右政策ハ単ニオ題目タルニ過ギザルモノナリ。故ニ今後南方占領地域ニ於ケル我ガ方ノ施策トシテハ当分ノ間右政策ヲ踏襲シ、各占領地ニ於ケル財政収入確保ノ為左記阿片制度ヲ実施スルヲ可トス。

記

一、南方占領地域ニ於ケル阿片制度ハ専売制度トス。

阿片ノ販売ヲ民間ニ委ヌル時ハ徒ラニ暴利ヲ貪リ、社会ニ害毒ヲ流サントスル傾向多シ。依ツテ阿片ニ関スル限リ政府ノ専売トシテ実施スルヲ可トス。之ガ為、

(A) 原料阿片(生阿片)ノ各地域ニ対スル配給及割当ハ中央ニ於テ統制ス。

(理由)

従来南方占領地域ニ於テハ罌粟ノ栽培ハナク総テ外国ヨリ輸入シ居リタルモノナリ。然ルニ今次戦争ノ結果各地域ニ於テハ輸入杜絶トナリタル為、

(1) 各地域ニ於テ罌粟ヲ栽培シ生阿片ヲ採取スルカ、

(2) 満州国又ハ蒙疆ヨリ原料阿片ヲ輸入スルカ、

ノ問題ヲ生ズ。(1)ニ付テハ今直チニ之ヲ実行スルコトハ困難ニシテ、結局(2)ニ依ル輸入ヲ適当トスルノミナラズ、今後南方諸地域ト満州蒙疆トノ物資交流ノ点ヨリ見ルモ(2)ニ依ルヲ最良ノ方策ナリトス。

故ニ之ガ輸入ニ当リテハ其ノ配給方法及割当量ヲ中央ニ於テ統制スルヲ可トス。

(B) 煙膏ノ製造ハ昭南工場及バタビヤ工場ニ於テ実施ス。

(理由)

従来南方占領地ニ於テ販売スル煙膏ハ昭南工場及バタビヤ工場ニ於テ製造シ(昭南工場ニ於テ製造シタルモノハ馬来全島、サラワク、ブルネイ、北ボルネオ及香港、バタビヤ工場ニ於テ製造シタルモノハジャバ、マズラ、スマトラ、セレベス及蘭領ボルネオ)夫々配給シ居リタルモノナリ。依テ今後モ右ノ配付区分ニ依リ(但シスマトラヘハ昭南工場ヨリ)供給スルコトトシ、其ノ量及代価ニ付テハ各地域ニ対シ中央ニ於テ決定シ、其ノ割当量ヲ両工場ニ於テ製造シ配給スルモノトス。

(C) 販売機構(販売制度)ハ各占領地域ニ於テ従来施行シ来リシ制度ヲ差当リ継承ス。

(理由)

占領各地域ニ於ケル現行制度ヲ統一セントスルコトハ今後阿片政策遂行ノ一大要諦ナルガ、現在ノ占領直後ニ於テハ直チニ之ヲ改訂セントスルコトハ諸種ノ弊害ヲ伴フモノナルヲ以テ、当分ノ間ハ従来ノ制度ヲ採用ス。

(D) 阿片ノ販売価格ハ之ヲ統制ス。

(理由)

阿片ハ常ニ価格ノ低キ地ヨリ高キ地ニ流ルルヲ原則トスルモノナルヲ以テ、占領地ニ於テ販売スル阿片ノ小売価格ハ一応各地ヨリノ報告ニ基キ中央ニ於テ諸種ノ事情ヲ勘案シ統制ス。

製造価格 ＋ 運賃(保険料ヲ含ム) ＋ 利益

(E) 占領各地域ニ於ケル吸煙制度ハ原則トシテ統一スルヲ理想トスレドモ、当分ノ間ハ従来各地ニ於テ施行シ来タリシ制度ヲ採用ス。

(F) 阿片ノ密売、密輸入等ノ取締ニ付テハ(E)ニ同ジ。

南方占領地ニ於ケル原料阿片所要量調

南方占領地ニ於ケル原料阿片所要量調ハ別紙ノ如ク押収阿片(残存量)ヨリ自昭和十七年三月至六月(四ケ月分)ノ所要量ト昭和十七阿片年度所要額トノ和ヲ差引キタルモノナリ。従ツテ右ノ計算ニ依ルト、昭和十七阿片年度ハビルマノ分ヲ除キ一、七三四、六六二両(一両三六グラム)トナル。而レドモ昭南工場分ノ所要額ハ精製阿片ナルニ付之ヲ原料阿片ノ所要量ニ換算スレバ(原料阿片トシテハ原料耗率〇・一ヲ加算シ)一、五六八、九三二両トナリ、総計ニ於テ一、八六七、二九二両トナル。

南方占領地ニ於ケル阿片所要量調

製造所	占領地域	残存量(1)	自昭和十七年三月至六月四ケ月分ノ所要量(2)	昭和十七阿片年度所要額(3)	差引不足額(純所要額)(昭和十七阿片年度)	備考
昭南工場	馬来全島	一四〇、〇〇〇タヒル(一四七、〇〇〇両)	四三、四四四タヒル(四五、六一六両)	一、三〇三、三四九タヒル(一、三六八、五一六両)	(－)一、二〇六、七九三タヒル(－)(一、二六七、一三二両)	
	ブルネイ	—	二四〇タヒル(二五二両)	七、二〇〇タヒル(七、五六〇両)	(－)七、四四〇タヒル(－)(七、八一二両)	
	サラワク	—	二、八三四タヒル(二、九七六両)	八五、〇〇〇タヒル(八九、二五〇両)	(－)八七、八三四タヒル(－)(九二、二二六両)	
	北ボルネオ	—	一、八一六タヒル(一、九〇七両)	五四、五〇〇タヒル(五七、二二五両)	(－)五六、三一六タヒル(－)(五九、一三二両)	
	小計	一四〇、〇〇〇タヒル(一四七、〇〇〇両)	四八、三三四タヒル(五〇、七五一両)	一、四五〇、〇四九タヒル(一、五二二、五五一両)	(－)一、三五八、三八三タヒル(－)(一、四二六、三〇二両)	
バタビヤ工場	蘭印 ジャバ、マズラ、スマトラ、セレベス、蘭領ボルネオ	二四、〇〇〇瓩(六六六、六六七両)	五、七五一瓩(一五九、七五〇両)	二九、二五〇瓩(八一二、五〇〇両)	(－)一一、〇〇一瓩(－)(三〇五、五八三両)	

比島	—	—	100瓩 (三、七七七両)	㈠㈠ 100瓩 (三、七七七瓩)	
ビルマ					
総計	(八一三、六六七両)	(三一〇、五〇一両)	(二、三三七、八二八両)	㈠ (一、七三四、六六二両)	

註⑴ 残存量ハ馬来ニ付テハ富集団軍政部、蘭印ニ付テハ治集団軍政部ノ調査ニ依ル。但シ蘭印ニ付テハ右ノ外衛生材料廠接収ノ分アルモ計算ヨリ除外ス。

⑵ 自昭和十七年三月至六月（四ケ月）所要量ハ馬来ニアリテハ一九四〇年ノ消費実績ノ1/3ヲ、蘭印ニ在リテハ治集団軍政部木村事務官調査一ケ年消費量ノ1/3ヲ見込ミタリ。

⑶ 昭和十七年度所要額ハ馬来ニ在リテハ一九四〇年度ノ実績量ヲ、蘭印ニ在リテハ木村事務官ノ報告ヲ、比島ニ在リテハ渡集団軍政部小林財務部長ノ報告ヲ参照シ計上セリ。

原料阿片ヲ満州及蒙疆ヨリ輸入シタル場合ノ採算調

一、上海渡シノ場合（上海埠頭渡シ）

一両（三六グラム）―一五円八〇銭（軍票）

但シ右一両（三六グラム）ハ原料阿片ナル為、精製阿片ニシタル場合（減耗率〇・一）ハ一両（三六グラム）ハ三二グラムトナル。

従ツテ一タヒル（三七・八グラム）ノ精製阿片ヨリ二一フーン筒五〇本作製シ得ルヲ以テ右三二グラムニテハ四二本ヲ作製シ得。

依テ一本当リ単価ハ一五円八〇銭ヲ四二本ニテ除シ、三七銭六厘ヲ得、之ニ諸掛ヲ加ヘテ三九銭―四〇銭ノ価格トナル。

二、蒙疆渡シノ場合（張家口飛行場渡シ）

一両一四円（蒙疆銀行券）ト計算シ（14円÷42=33銭3厘）、一本当リ単価ヲ算出スレバ三三銭三厘トナリ、諸掛ヲ入レテ三五銭見当トナル。

註　右諸掛中ニハ運賃及諸公課、工場従業員ノ人件費等ハ含マザルモノトス。

（参照）

蒙疆（張家口飛行場渡シ）→戒煙局（税金及益金二円五〇銭ヲ賦課シ十八円ニテ）→中文宏済善堂ニ売渡ス

14円

収納　8円見当

上海渡シ　15円80銭見当

→厦門
→漢口
→広東
→汕頭

三、将来ノ対策

蒙疆ト直接交渉シ原料阿片原価ヲ値下（張家口渡一〇円見当）セシムルト共ニ、張家口ヨリ空路ニテ輸送スルヲ可トス。

註　蒙疆ヨリ直接天津マデ陸路輸送ノ場合ハ華北ニ於テ通過税ヲ賦課セラルルニ依ル。

＊　タイプ印刷。全九頁。一頁一四行三一字。沼野資料。

〔1〕執筆者等不明であるが、興亜院華中連絡部次長「大東亜共栄圏各地域ヲ通ズル阿片政策確立ニ関スル件」《資料41》（五八二頁）にすぐ接して綴込まれていた。

【資料43】

南方占領地ニ於ケル阿片制度考〔1〕

一、生産収納

南方占領地域ニ於テハ罌粟ノ栽培ハシテ居ナイ。或ヒハ以前ハ栽培シテ居タカモ知レヌガ、現在デハ多分法令ニ依リ禁止サレテキルコトト思ハレル……（ママ）従ツテ各地域トモ原料阿片（生阿片）ヲ輸入シテ居タ訳デアル。

戦前ニ於ケル占領各地ノ輸入量ハ、

占領諸地域ニ於ケル阿片輸入量調

年	馬来		蘭印		比島		ビルマ	
一九三八	一、九二〇、〇〇〇タヒル（三、〇一六、〇〇〇両）	一、一三〇、三六二弗七四（三、二七七、六八〇円九二）	二、七七七瓩（六〇四、九一六両）	三三六、五八〇盾（七四六、一三五円）				
一九三九	一、一九八、〇〇〇タヒル（一、二五七、九〇〇両）	七二六、四〇七弗八九（一、四六三、七一一円八九）	五三、四七二瓩（一、四八五、三三三両）	七〇四、六二一盾（一、六一〇、〇五八円）	二四四瓩（六、七七七両）	七、六五一比弗（一六、二七四円）		
一九四〇	七二一、九二〇タヒル（七五八、〇一六両）	四五四、七〇五弗四六（九一六、三二一円五〇）	四三、三七四瓩（一、二〇四、八三三両）	一、一二三、一三四盾（二、七七二、一三九円）	一二七瓩（三、五二七両）	三、一六二比弗（六、七二五円）		
一九四一	二、五四四、〇〇〇タヒル（二、六七一、二〇〇両）	三、三四二、八五六弗〇〇（六、七三五、八五四円八四）	一八、七六七瓩（五二一、三〇五両）	五三三、七六一盾（一、二一九、六四三円）	十月末 四五瓩（一、二五〇両）	三、〇二〇比弗（六、四二三円）		

デアル。

故ニ今後ハ南方占領地域ニ於ケル原料阿片ノ取得ハ、

(1) 南方占領地域ニ於テ各自罌粟ヲ栽培シ以テ需給自足ノ体制ヲ採ルカ、
(2) 満州国及蒙疆ヨリ輸入スルカ、
ノ二ツノ問題ガ起ルノデアル。

(1) ニツイテハ果シテ罌粟ノ栽培ガ南方占領地域ノ気候、風土ニ適スルヤ否ヤ相当調査ヲナス必要ガアルト思ハレル。且又前掲ノ所要量ガ植付ト同時ニ生産ガ出来ルヤ否ヤガ問題デアル。

(2) ニツイテハ満州国及蒙疆ノ地ヨリ輸入スルコトデアルガ、果シテ之等大量ノ阿片ヲ南方諸地域ニ供給シ得ルヤ否ヤガ問題デアル。而シ昭和十七年度ノ支那阿片需給計画数量ニツイテ見ルモ、昭和十七年度ニ於テハ昭和十六年度ヨリ更ニ増産ノ傾向ニアリ、且ツ又将来満州国及蒙疆ト南方占領地間ノ交流物資ノ点ヨリ見テモ、満州国又ハ蒙疆ノ地ニ於テ増産セシメ之ヲ輸入スル方ガ得策ナリト考ヘラレル。

之ヲ要スルニ(1)ニツイテハ相当研究ノ余地ガアリ、当分ノ間ハ(2)ニ依ル輸入ヲ採用スベキデアルト考ヘラル。即チ之ガ輸入ニ当リテハ中央ニ於テ之ヲ統制シ、各地域ニ対スル配給及割当量ヲ決メルノヲ可トスルノデアル。

(参考)

(一) 昭和十七年度支那阿片需給計画打合会議ニ於ケル興亜院政務部第二課長ノ要望(抄)

(1) 東亜共栄圏内ニ於ケル阿片ノ需給自足体制ノ確立ヲ目標トス

(2) 蒙疆ヲ阿片生産供給地トシ華北及華中(南支ヲ含ム)ヲ消費地ト大別スルノ方針ノ下ニ阿片政策ヲ遂行ス

(二) 支那阿片需給計画数量調(抄)昭和十六年十二月九日

	昭和十六年度計画	十二月現在実績及見透	昭和十七年度計画本院案	確定計画	備考
蒙疆					単位千両 一両ハ三六瓦トス

一、管内阿片収納高	七、〇〇〇	一一、二〇〇	一〇、〇〇〇	一〇、〇〇〇	
二、華北向移出高	三、五〇〇	一、四〇〇	三、〇〇〇	二、七〇〇	
三、華中向移出高	三、〇〇〇	七、〇〇〇	六、五〇〇	六、〇〇〇	
四　其他向輸出高		※一、八〇〇	四〇〇	※※一、三〇〇	
五、管内消費量	四〇〇	四〇〇	四〇〇	四〇〇	
六、予　　　備	一〇〇	六〇〇	二〇〇	一〇〇	

註(イ)　阿片年度ハ其ノ年七月一日ヨリ翌年六月三十日ニ至ル一ケ年トス

(ロ)　※一、八〇〇千両ノ内訳ハ　関東専売局　二〇〇　満州国向　五〇〇　厚生省向　六〇〇
某方面向(仏印方向)　五〇〇

※※一、三〇〇千両ノ内訳未確定ナルモ　関東専売局　二〇〇　満州国向　五〇〇　厚生省向　六〇〇
某方面向ハ追テ決定ノ筈

二、煙膏ノ製造

従来南方占領地ニ於テ販売スル煙膏ハ昭南市及バタビヤ市ニ於テ精製シ、之ヲ各地ニ配給シ来リタルモノデアル。今次戦争ニ於テハ右二工場ハ大シタ破壊モナク接収シ得タノデ、之等二工場ヲ運転スレバ、占領地ニ対スル精製阿片ノ供給ハ容易デアルト思料ス。

(1)　昭南工場

昭南工場ハ海峡植民地ガ阿片ノ精製ヲ独占シテキタ関係上同政府ノ設立ニ係リ、精製工場及包装工場ノ二工場ニ分レテキル。精製工場ハ手工業的過程ガ多分ニ含マレテキルノニ反シ、包装工場ハ近代的機械ヲ利用シタ設備ヲ持ツテキル。今次戦争ニハ包装工場ハ大シタ損害ヲ蒙ラナカツタガ、精製工場ハ戦禍ヲ蒙リ之ガ復旧ハ約一ケ月、復旧費約三万円ヲ費スト謂ハレテキル。

(A)　精製工場

位置　昭南市

人員　技師一人　事務員二人　従業員四一人
内訳――煮沸室苦力二七人　臨時煮沸室苦力三人　置場苦力二人　見張長一人　見張人六人　船頭一人　Toti一人
精製機械（設備ハ戦禍ノ為不明、目下調査中）
製造能力　煮沸室三室ニ於テ通常四函ノ阿片ヲ煮沸シ約六、〇〇〇タイルヲ製造ス。最大限ヲ以テ操業スレバ一日六函ヲ煮沸シ約九、〇〇〇タイルヲ精製シ得。

(B)　包装工場
位置　昭南市外
人員　工場長一人　技師二人　事務員六人　従業員二六三人
内訳――組立人二一人　大工四人　タルミ苦力一〇人　婦人管理人四人　婦人検査人一人　監督婦及助監督婦一三人
女技手二一〇人
包装機械　二フーンチューブ用三二台　一チーチューブ用一台
包装能力　二フーンチューブ　一日一台能力一〇、〇〇〇本トシテ三二台ヲ運転シ三二〇、〇〇〇本作製ス
一チーチューブ　一日一台一〇、〇〇〇本トス
一ケ年所要原材料不明

(2)　ジャバ工場
同工場ハ一九〇一年蘭印政府ノ手ニ依リ設立サレタモノデ、此種工場中ノ最古ノ歴史ヲ有シ、又其ノ規模ニ於テモサイゴン及昭南島工場ヨリ優レ、機械ハ独逸ヨリ輸入サレ総テ自動式操作ニ依リ運転シテ居ルノデアル。特ニ粗製阿片ノ製造ニ特色ヲ持ツト謂ハレテ居ル。
位置　バタビヤ市
人員事務員　官吏三六人（内一〇人ハ従軍中）　労働者四〇三人

機械台数　目下調査中

製造能力

年度	精製阿片製造高	年度	精製阿片製造高
一九三一	二八、六三三瓩	一九三七	二五、〇一四瓩
一九三二	二〇、〇三〇	一九三八	二〇、五七〇
一九三三	一六、五二一	一九三九	二四、一五六
一九三四	一四、五六六	一九四〇	二一、九四一
一九三五	一三、五三六	一九四一	二四、二八九
一九三六	一六、三四九		

註　右数字ハ製造能力ト云フハ適当ナラズ。例ヘバ一九二〇年ノ製造高一〇五、八〇〇瓩ナリト云フ。之ニ付テ見レバ現在ノ約四倍ノ製造能力アリト思フ。

一九四一年度所要原材料

(イ)　阿片原料　二九、二五〇瓩

(ロ)　錫　四〇、〇〇〇

(ハ)　鉛　四、〇〇〇

(ニ)　チューブ用座金〔?〕　六三、〇〇〇、〇〇〇個

其他油、万力、水、木材、銅等

以上ノ如ク而（マヽ）モ優秀ナル煙膏製造工場ヲ接収シ得タルニヨリ、南方占領地ニ対スル供給ハ両工場ニヨリ完全賄ヒ得ルモノト思料セラル。

「参考」 戦前ノ精製阿片配給先調

製造工場	配給先
昭南工場	馬来全半島 ブルネイ サラワク 北ボルネオ
バタビヤ工場	爪哇島 マヅラ スマトラ ボルネオ セレベス

三、販売制度

阿片ノ販売ハ専売制度ヲ理想トス。之ノ点ニツイテハ既ニ各地共ニ専売制度ヲ施行シテキルノデ問題ハナイガ、出来得レバ南方占領地同一形式ニ依ル制度ヲ実施シタイ。

(1) 馬来方面(富集団管区)

(A) 戦前ノ状況

昭南市ニ於テ製造セラレタル煙膏ノ販売ハ海峡植民地、馬来連邦及馬来非連邦各州政府共ニ政府ノ直営タル小売店即チ販売所(主任書記及使用人ハ総テ官吏)ノ手ニ依ツテ行ハレル。各販売所ニ於テハ各吸煙者ヲ登録シタル名簿ヲ備ヘ置キ、被登録吸煙者ニ限リ政府ノ定メタル配給量「一日平均約四チューブ(二フーン入)但シ実際ハ無制限」ヲ公定価格ニテ販売スルノデアル。政府ノ売渡価格即チ小売価格ハ全馬来共通ノ値段デ二フーン入一本二十六仙デ販売シ、其レガ為馬来連邦政府及非馬来連邦各州政府等ニ於テハ海峡植民地政府ヨリ夫々原価ヲ以テ配給ヲ受ケテキルノデアル。

(B) 戦後

戦後ニ於テハ富集団軍政部ニ於テ差当リ右制度ヲ踏襲スルコトトシ、戦前小売価格二分入一個二十六仙ヲ五十仙ニ、二銭入一個二円六拾銭ヲ五円ニ引上ゲ、一人当リ一日煙膏販売量二分入三個以内ヲ規定シテ実施シテ居ルノデアル。尚一ケ年ノ消費量総額ハ馬来全島デ(一九四〇年)一、三〇三、三四九タヒルデアル。

(2) 爪哇方面(治集団管区)

(A) 戦　前

阿片工場ニ於テ精製セラレタル阿片ハ一切之ヲ阿片塩専売局ニ於テ買上ゲ、専売局直属ノ各販売所ヲ通ジテ之ヲ直接消費者ニ販売スルノデアル。販売ノ方法ハ各販売所ニ於テ吸飲許可証ノ持参者ニ対シテ一日ノ配給定量一〇グラム迄ヲ販売シテ居ルノデアル。売渡価格ニ就イテハ

〇ジャバ・マヅラニ於ケル販売価格

A	〇・二グラム	一〇仙
B	〇・四	二〇
C	〇・八	四〇
D	二・〇	一・〇〇
E	五・〇	二・五〇

〇外領

スマトラ	一グラムニ付	三五―七五仙
ボルネオ	〃	六二・五―七五仙
セレベス	〃	七五仙

ニシテ一ケ年ノ消費量総額ハ約二三、〇〇〇瓩ト称サレテキル。

(B) 戦　後

戦後ニ於テハ差当リ戦前ノ制度ヲ踏襲スル予定ニシテ目下準備中デアル。

次ニ販売価格ニ就テデアルガ、コレハ出来得レバ各地ノ事情ヲ考ヘテ統制シタイト考ヘル、何故ナラバ阿片ハ常ニ価格ノ低キ地ヨリ高キ地ヘ流ルヽ傾向アルト共ニ、将来ハ戦前ノ如ク豊富ナル供給ハ之ヲ望ミ得ナイカラデアル。尤モ支那大陸トハ異リ各地共海峡ヲ距テタ島嶼デ、殊ニ当分ノ間ハ人民ノ往来ガ出来ヌノデ、差程影響ガナイカモ知レヌガ、之ノ点ニツイテハ相当考究ノ余地

ガアルト思ハレル。

○参　考

○販売所数調

馬来	海峡植民地	五一
	馬来連邦州	一〇九
	馬来非連邦州各州	一〇八
ジャバ	ジャバ、マヅラ	四三四
	外領	三五六

○各地小売価格（戦前ノ日本円ニ換算）

馬来	二フーン筒	二六仙	五二銭
	一銭筒	二六〇	五二三
爪哇及マヅラ	○・二グラム	一〇仙	二二銭
	○・四	二〇	四五
	○・八	四〇	九一
	二・〇	一〇〇	二二八
	五・〇	二五〇	五七一

一〇〇盾＝¥二二八・五〇　一〇〇
¥二〇一・五〇

四、吸煙制度

各地域ニ於ケル吸煙制度ハ原則トシテ統一スルヲ理想トスル。然シ今直チニ之ヲ実施スルコトハ諸種ノ障害ヲ生スルノデ、当分ノ間ハ従来ノ制度ヲ踏襲シタイ。

(1)　馬来方面

馬来ニ於ケル制度ハ登録制度ヲ採用シ政府ノ許可ヲ受ケタル者以外ハ吸煙ヲ禁ゼラレテ居ル。即チ阿片ヲ吸煙セント欲スル者ハ国税局ニ申請シ、医官ノ厳重ナル検査ヲ受ケ吸煙ノ許可ヲ受ケル。之レニ依リ自ラ購入セント欲スル販売所ニ行キ登録ヲ受ケテ阿片ヲ購入スルノデアル。

次ニ購入シタル阿片ハ原則トシテ各自家庭ニ於テ吸煙スルニ規定サレテキル。但シ昭南市ニ於テハ、法律ハ之ヲ認メ得ヌ処ナレド、私設吸煙所ハ相当多数アリタルモノト思料セラル。而シ戦後ニ於テハ吸煙許可証ハ医者ノ診断書ヲ添付申請スルコトトシ、私設吸煙所ハ従来ハ総テ密売買ニ依ル煙膏ニヨリ営業セルモノト認メラルルヲ以テ、今後ハ之ヲ許可制度トシ認メル方針ナリト云ハレテキル。一九三八年ノ全馬来ニ於ケル吸煙者総数(実際阿片購入ノタメニ登録シタル数)ハ六八、〇九七人デ、内支那人ノ吸煙者ガ六七、五三〇人デ、吸煙者総数ノ約九九%ニ当リ、如何ニ支那人ト阿片トノ関係ガ深イカガ判ルノデアル。

(2)　爪哇方面

爪哇ニ於テモ馬来ト同ジク登録制度ヲ採用シテキル。即チ吸煙セント欲スル者ハ原則トシテ鑑札ヲ所持スルヲ要スルモ、内領ニ於テハ バタビヤ市、スマラン市、スラバヤ市ノ三市ニ於テハ必要トセズ、外領ニ於テハ スマトラノ Deli, Serdang, Langkat, Asakan ニ付テハ同ジク鑑札ヲ要シナイノデアル。之ハ海港若クハ甚近傍ニシテ船舶ノ出入多ク、従ツテ多数ノ人々出入スルタメ鑑札ヲ発行スル意義ナカリシニ依ルノデアル。

阿片吸煙者鑑札ヲ受ケントスル時ハ区長ニ申請シ、吸煙許可証ノ交付ヲ受ケ、販売所ニ依テ阿片ヲ購入(吸飲最高制限量ハ各吸飲者ニツキ異ル。支那人ニ於テハ一日十五瓦吸飲スル者アリト云フ)スルノデアル。尚吸煙ノ場所等ニツイテハ別ニ指定ハサレテキナイ。吸煙者ノ調ニツイテハ一九四〇年ノ調(実際ニ登録シタル数)ヲ掲ゲルト、蘭印全部ヲ入レテ総数七七、二四六人デ、内支那人ハ四二、九八二人デ、総数ノ過半数ヲ占メテキルノデアル。而シ殊ニ面白イコトニハ爪哇及マヅラノ統計ヲ見ルト、吸煙者ノ数ハ支那人ヨリ現地人ノ数遥カニ多ク、蘭印政府ノ政策ガ計リ知ルノデアル。

(参考)

(一)　馬来ニ於ケル吸煙者調(一九三八年)

支那人	六七、七四五人(ブルネイニ於ケル支那人二一五人ヲ含ム)
印度人	一四六
馬来人	三六〇
泰　人	二一二

白人		五人
其他		三二
計		六八、三一一

(二) 爪哇方面ニ於ケル吸煙者調（一九四〇年）

爪哇マヅラ	支那人	一〇、〇六〇人	
	現地人	三一、三一六	
外領	支那人	三二、九二二	
	現地人	二、九四八	
計	支那人	四二、九八二	七七、二四六人
	現地人	三四、二六四	

五、阿片吸煙ノ監督及取締

阿片吸煙ノ監督及取締ニツイテハ占領各地共原則トシテ統一スルヲ理想トスレドモ、当分ノ間ハ従来各地ニ於テ施行シ来リシ制度ヲ採用セントス。

(1) 阿片販売所ニ対スル取締

馬来

(イ) 各州関税局高等関税官之ヲ執行シ、登録、登録ノ移転、配当量ノ変更等ニ付、販売所主任書記ノ任務ヲ監督ス。

(ロ) 販売所ニ対シテハ常ニ販売量ヲ一定シ居ルニツキ、現金即チ売上金ト現物トヲ常ニ対査シテ監督ス。

(ハ) 規模大ナル販売所ハ毎日、小ナル販売所ハ二、三日毎ニ検査監督ス。

爪哇

阿片塩専売局ヨリ検査官ヲ出張セシメ監督ス。

(2) 被登録吸煙者ニ対スル取締

馬来

(イ) 被登録吸煙者ハ各自家庭ニ於テ吸煙スルヲ原則トス。

(ロ) 申請ナクシテ吸煙量ノ変更、購入販売所ノ変更又ハ購入中止セル場合ハ登録ヲ抹消スルモノトス。

爪哇(不明)

(3) 阿片ノ密造、密売及密輸入ニ対スル取締

阿片ノ精製、販売ハ政府ノ独占的事業ナル為、馬来及爪哇ニ於テモ阿片ノ密造、密売、密輸入ニ対シテハ殊ニ厳重ナル取締ヲ施行シテイル。

* タイプ印刷。全二二頁。一頁一四行三〇字。沼野資料。

〔1〕「南方占領地域ニ於ケル阿片政策暫定要領」《資料42》(五九〇頁)にすぐ接して綴込まれていた。「本院案」という表記(五九六頁)からみて、興亜院の文書であろう。

【資料44】

東亜共栄圏内ノ阿片需給状態ト満蒙阿片政策ニ対スル一考察〔抄〕

三井物産株式会社商事部商品課
昭和十七年参月拾日

(一) 本品ノ性質上密売買ガ広範囲ニ行ハレ統計ニ現ハレタル数字ノミヲ以テ判断スル事ハ多分ニ危険ノ嫌アレド、別表ノ如ク推算スレバ二、八〇〇函(二〇三瓩)ノ供給不足トナル。

(二) 之レガ調節方法トシテハ、

(イ) 増産。満蒙両国ニテ増産ヲ計ル事。本品ノ収穫ハ天候ニ支配セラレ多大ノ変動アルモ、産地治安ノ増進ト相俟ツテ漸次増産可能ナルベシ。

之レガ資金ハ適当方法ニテ捻出スル事。代行者ヨリ融資セシムル事モ一方法ナルベシ。

(ロ) 吸飲取締ヲ厳重ニスル事。

取締ヲ更ニ厳重ニスレバ或程度ノ吸飲量ヲ減量セシムル事可能ナルベシ(且ツ密輸出ヲ減少シ正規出廻高ノ増加トナル可シ)。

(三) 大東亜戦争ガ継続スル限リ右ニヨリ需給関係ノ調節ハ可能ナルガ、戦争終了ノ場合、北中南支 民国政府ハ歳入資源トシテ外国産安値物ヲ買付ケ〔ル〕モノト思ハル。

仏印、泰、蘭印、馬来 之亦共栄圏外ノ第三国ヨリノ輸入ヲ禁止セヌ限リ右同様安値外国産品ヲ買付ルモノト思ハル。

(四) 斯ル場合、満蒙両国ノ増産分ハ供給過剰トナルベキモ、作付反別ヲ急減スル事ハ当局方針朝令暮改トナリ行政上モ面白カラザルノミナラズ、両国政府財源ニモ相当ノ影響ヲ及ボスベキヲ以テ、此際「大東亜共栄圏内阿片政策」ノ根本的方針ヲ確立ノ要アリ。

(五) 対策

別表ノ通リ満、蒙両国ハ現在ニテ約六、四〇〇函ノ供給余力アリ。前記ノ如ク増産スレバ約九、二〇〇函ノ輸移出余力ヲ生ズベク、依ツテ右ハ北中南支及新共栄圏ヘ供給サルベキガ、従来之等方面ニ輸入セラレタルイラン並ニトルコ品ニ比シ値段突飛高ナル為メ、民国政府ノ如キハ他ヨリ買付不能ノ現状故高値ニテモ買付ケ居レド、泰、仏印、蘭印、馬来ノ如キハ手持並ニ密輸入品モ猶ホ相当アル模様故、之レガ消化ヲ見ル迄ハ売込ミ不能ノ状態ナリ。

(註) 満蒙品相場　一六〇封度　正味約三〇、〇〇〇円
イラン、トルコ品　〃　〃　五／六、〇〇〇円

(イ) 差当ノ対策

蒙疆、北支及満州国ノ要望物資ト中支及仏印、泰、蘭印、馬来ノ供給物資ト Barter ヲ為ス事

(方法)

(A) 満蒙両国品ノ競争売込ミハ産地事情(密輸出入)ニ鑑ミ排スベク、事情ノ許ス限リ予メ各自輸出高ヲ協定、大体ノ目安ヲ立テ同値出来レバ Joint a/c トシ、且ツ輸出値段ハ収買値段トントンニテ売応ズルカ、見返リ輸入品ヲ精々安値買付、之レガ配給値ト見合ヲ付ケ薬品値段ヲ更ニ安クスル事。

(B) 依テ輸出入共両国政府ノ Risk & a/c ニテ政府自ラ之レヲ為シ、実際ノ輸出及見返リ輸入ハ可然代行機関ヲ用フル事。

(備考)

(A) 薬品輸出

	数量	金額	
中南支	三、四四五函	一〇三、三五〇千円	(見返リ品ハ綿布、毛織物、葉煙草、麻袋、茶、臘燭、麺袋等ナルガ中南支ノ供給事情如何ニヨリ変化アルベシ)
泰	一、一〇二〃	三三、〇六〇〃	
仏印	五五一〃	一六、五三〇〃	
蘭印	五五一〃	一六、五三〇〃	
馬来	一、三七八〃	四一、三四〇〃	
合計	七、〇二七〃	二一〇、八一〇〃	
(註)	三、五八二函	一〇七、四六〇千円(中南支ヲ含マザルモノ)	

(B) 蒙疆、北支要望南洋物資ノ主ナルモノ

砂糖	一、〇〇〇千担	五〇、〇〇〇千円
生ゴム	二、五〇〇瓲	五、〇〇〇〃
包米	一〇、〇〇〇〃	一、三五〇〃

錫	五〇瓲	二五〇千円
澱粉	八、〇〇〇〃	一、二八〇〃
葉煙草	一、五〇〇〃	三、〇〇〇〃
小計		六〇、八八〇千円

満州国要望南洋物資ノ主ナルモノ

米	一〇、〇〇〇瓲	三、〇〇〇千円
ゴム	一〇、〇〇〇〃	二〇、〇〇〇〃
葉煙草	七、〇〇〇〃	一四、〇〇〇〃
錫	七〇〇〃	三、五〇〇〃
小計		四〇、五〇〇千円
合計		一〇一、三八〇千円

(ロ) 将来即チ東亜戦争終了後ノ対策

イラン、トルコ品ノ輸入ヲ禁止スル事最モ望マシキモ、民国政府及泰、仏印政府並ニ馬来、蘭印当局ノ歳入ニ関係アル故、軍及当局方針ニテ財源ヲ作ル要アリトセバ、此際各地需要量ノ大部分ヲ満蒙ヨリ一部ヲ外国品輸入ノ事トシ、予メ期初輸出国ト之等輸入国各政府当局ト打合セ(企画院中心)、方針ヲ決定ノ上満蒙政府ノ生産並ニ配給方針ヲ確固タルモノトシタシ。

(以上)

共栄圏阿片需給調[1]（単位 函正味一六〇封度入リ約二、〇〇〇両　一両＝三六瓦）

国名	需要高	生産高	輸出高	輸入高
仏印	（年額）一、六五三	一、一〇二	—	五五一（イラン、印度ヨリ）
泰	一、一〇二	—	—	一、一〇二（イラン、アフガニスタン、印度ヨリ輸入）
蘭印	八二七	二七六	—	五五一（主トシテイラン品）
比島	六九	—	—	六九（イラン品）
新嘉坡馬来	一、三七八	—	—	一、三七八（イラン、印度品）
ビルマ	一六五	一六五（不詳）	（不詳）	—
小計	五、一九四	一、五四三	—	三、六五一
蒙疆	二、八七九	九、一二一	六、八八九（中南支、関東州、満州、日本、北支並ニ密輸）	六四七（満州ヨリ）
北支	二七、一一九	二三、四六七	—	三、六五二（蒙疆ヨリ輸入並ニ同地並ニ満州ヨリ密輸入）
中南支占領地区	一一、二四四	七、七九九	—	三、四四五（蒙疆ヨリ、従来ハイラン、マカオヨリ）
満州国	六、六八四	六、八九〇	一、七二二（蒙疆、北支へ密輸）	一、五一六（朝鮮、関東州ヨリ密輸）
関東州	四一	—	七七一（満州へ密輸）	八一二（蒙疆、朝鮮ヨリ、従来ハイラン、トルコ、朝鮮密輸）
海南島	六	—	—	六（上海ヨリ）
小計	四七、九七三	四七、二七七	九、三八二	一〇、〇七八

朝鮮	—	一、六五三	一、六五三（関東州、台湾へ並ニ満州へ密輸其他）	
台湾	一一〇	—	—	一一〇（朝鮮、満州ヨリ）
小計	一一〇	一、六五三	一、六五三	一一〇
総計	五三、二七七	五〇、四七三	一一、〇三五	一三、八三九

（註）需要高　蒙　疆　生産高、輸出入高ヨリ推算

北　支　人口七、九〇〇万人内吸煙者二%一五八万人一人当リ吸煙量一、二五〇瓦トシテ計算

中南支　安徽、浙江、湖北、江西、江蘇、福建、広東ノ七省人口一七、〇六七万人ノ内占領地区人口ヲ二〇%三、四一三万人内吸煙者二%六八万人一人当リ吸煙量ヲ一、二〇〇瓦トシテ計算

満　州（熱河省）　生産、輸出入高ヨリ推算

関東州　推算

生産高　蒙　疆　一六年度指定栽培面積九二〇千畝一畝当リ平均収穫量二〇両トシテ計算ス

北　支　需要高、輸入高ヨリ推算

中南支　〃

満　州　熱河省禁煙総局調ベニ依ル

阿片生産高（阿片条約加盟国間ノ Official Report ニ依ル）

昭和十六年三月　外務省調

国名	年度	数量 瓩	数量 函（一六〇封度入）数
ユーゴースラビヤ	一九三七	六二	八五四
	一九三八	五三	七三〇

トルコ	一九三七	二六九	三、七〇七
	一九三八	二五一	三、四五九
イラン	一九三四	四五九	六、三二五
	一九三五	八三三	一一、四七九
	一九三六	一、三四六	一八、五四八
	一九三七	五二一	七、一七九
	一九三八	不明	―
ブルガリヤ	一九三七	七	九六
	一九三八	四	五五
ソビエット連邦	一九三七	八五	一、一七一
	一九三八	六二	八五四
英領印度	一九三七	二三八	三、二八〇
	一九三八	不明	―
アフガニスタン（条約非加盟国）		約三〇	四一三

イラン阿片輸出高調べ（一九三八／九）

仕向先	数量	
	函数（一六〇封度入）	噸
仏印	五一〇	三七

泰	四四	六〇六
蘭印	二二	三〇三
英領マレー	五八	七九九
澳門	一八	二四八
ドイツ	三一	四二七
フランス	二九	四〇〇
イタリー	四	五五
オランダ	七	九六
スイス	七	九六
	二五七	三、五四〇

〔後略〕

＊「秘」と捺印。タイプ印刷。本文七頁。一頁一二行二九字。付表四。沼野資料。

〔1〕本表にさらに付表があるが省略する。

【資料45】

成紀七三八年度阿片蒐荷方策案

一、方　針

雑穀、蔬菜等食糧増殖トノ競合ヲ極力避ケシムルタメ特ニ栽培面積ノ増大ハ企図セザルモ、既存生産地ノ保護育成、栽培地ノ徹底管理、栽培者ノ誘掖指導、現存蒐荷機構ノ改善活用、取締機構ノ拡充強化等ニ依リ蒐荷ノ万全ヲ期シ、以テ域内阿片制度ノ確立、大東亜共栄圏内ニ於テ必要トスル阿片ノ供給源トシテノ使命達成、蒐荷阿片ノ輸出ニ依ル為替資金ノ獲得並財政収入ノ確保ヲ図ラントス。

二、要　領

(一) 目　標

阿片蒐荷ノ目標ヲ管外ヘノ供出ニ置キ、敵地区並密輸密買ニ逸脱スルコトヲ防止シ、可及的速ニ所要量ヲ確保シ、何時ニテモ需要ニ応ヘ得ル如ク措置ス。其ノ数量ハ最低七〇〇万両トス。

(二) 既存生産地ノ保護育成

(イ) 政府ヨリノ煙地灌漑設備ノ助成金ノ交付

(ロ) 組合ヨリノ耕作資金並水利施設費ノ貸出

(ハ) 禁煙特税ノ妥当ナル課徴

(ニ) 被災害栽培地ニ対スル減税免税ノ実施

(三) 栽培地ノ徹底管理

(イ) 栽培地区ヲ管理可能地域ト然ラザル所トニ分ケ、管理可能地域内生産阿片ノ完全確保ヲ主眼トシテ重点的ニ栽培地ノ徹底管理ヲ実施ス。

(ロ) 郷村単位ノ栽培面積ノ割当

(ハ) 煙地勘査ノ徹底

(ニ) 煙地勘査ニ基ク阿片納付責任数量ノ割当

(ホ) 被災害面積ノ調査

(ヘ) 栽培者台帳ノ整備

(四) 栽培者ノ誘掖指導

(イ) 産業指導員郷村長並篤農家ニ依ル栽培方法割漿技術等ノ指導

(ロ) 稽査官員並警察官ニ依ル阿片法令ノ普及徹底

(ハ) 優良種子ノ無償配給

(ニ) 生活必需品ノ斡旋配給

(ホ) 肥料ノ斡旋配給

(ヘ) 農具ノ斡旋配給

(ト) 模範郷村長篤農家ノ表彰

(五) 現存蒐荷機構ノ改善活用

(イ) 収買人組合ノ合併

包頭、薩拉斉、托克托、厚和各組合ヲ合併シテ厚和組合ニ、豊鎮、興和組合ヲ合併シテ豊鎮組合ニ、張北、察南組合ヲ合併シテ張家口組合ニ、大同組合ハ其儘トシ、四組合ニ統合整理ス。

統合整理ニ依リ収買人ヲ多少整理ス。

(ロ)　収買人
現存指定収買人ヲ活用スルハ従前通ナルモ、其ノ能力ヲ極度ニ発揮シ且其ノ責任ヲ明カナラシムルタメ、収買地域ヲ分担セシメ収買責任数量ヲ負荷ス。

(ハ)　収買処設置個所
管理可能地域ニハ収買処ヲ、然ラザル所ハ巡廻収買班又ハ小販子ヲ置ク。

(ニ)　収買処職員
収買処職員ハ常置職員トシ、従来ノ収買実績、管轄内ノ栽培面積、交通、治安関係等ヲ勘案シ一二三級ニ分チ定員制ヲ採ル

(ホ)　組合収買処ヲ通ジテ調査係、福祉係ヲ設ケ、郷村長、栽培者ト常時連絡ヲ密ニシ、諸種ノ調査、栽培者ヘノ福祉ノ事務ヲ担当セシム。

(ヘ)　収買価格
七三七年度収買価格ニ据置クヲ原則トス。

但シ華北市場価格ニ大幅ノ変動アル場合ハ該市場価格ノ六割内外ヲ目安ニ指値制ヲ採ルコトアルベシ。

(ト)　七三七年度実施ノ政府買上制ヲ廃止シ組合払下制トス。

(チ)　政府購入価格ハ等外品ヲ除キ一律ニ一両八円トシ、払下価格ハ十一円トス。但シ管内配給用トシテ購入スル価格ハ十円トス。

(リ)　政府ハ払下阿片ニ対シテ仕向地、価格、数量、包装、輸送方法、経路等ヲ指示シ、品質ニ対シテハ政府ニ於テ仕向地毎ニ規格統一ス。

(ヌ)　利益金配分方法ヲ左ノ通定メ全般的ノ活動ヲ期待シ得ルが如クス。
積　立　金　一〇%

資本配当　二五％
収買人配当　三〇％(経副理 一割、人数按分 三割、収買数量按分 六割)
収買所配当　二〇％(収買数量ニ按分)
従業員配当　一〇％
総組合配当　五％

㈥ 取締機構ノ拡充強化
(イ) 鉄路取締
1 受托搬出貨物ノ厳重ナル検査
2 列車内査察ノ励行
3 鉄路従業員ノ指導監督
(ロ) 国境、域内取締
1 移動性並装備ヲ具有スル稽査隊ノ編成
2 売惜、隠匿、密売ノ監視
3 阿片納入割当其他違反者ヘノ連坐式罰則ノ適用
4 収買期間以後ノ阿片手持者ニ対スル厳罰主義ノ適用
5 稽査奨励金支給額ノ増加ニ依ル取締活動ノ期待

㈦ 収納阿片ノ処置
蒐荷目標七〇〇万両ヲ越ユル時ハ七〇〇万両ヲ基底トシテ一応配給計画、資金計画ヲ樹立シ、且ツ之ガ搬出長期ニ亘ルヲ以テ翌年度ヘノ予備ニモ供スルタメ、超過分ハ平衡資金ヲ設定シ保留シ置クモノトス。

三、処　置

㈠ 管理可能地域ヨリノ蒐荷ヲ六〇〇万両、其他ヨリノモノヲ一〇〇万両トシ、市県旗別栽培指定面積、災害予想面積、生産量、蒐荷予想量ハ別表[1]ノ通トス。
㈡ 政庁盟別栽培指定面積ハ七三七年十二月中ニ決定ス。
㈢ 市県旗別面積ハ七三八年一月中ニ決定ス。
㈣ 郷村ヘノ割当ハ七三八年二月中ニ清査官署、土業組合主体トナリ市県旗、郷村長ト協議ノ上決定スルモノトシ、郷村長ニ責任ヲ取ラシム。
㈤ 播種宣伝工作ハ清査官署、土業組合協同シテ三月中ニ実施。
㈥ 煙地勘査並ニ納付責任数量ノ割当ハ罌粟成育期当初可及的速カニ清査官署主体トナリ之ヲ実施シ、責任数量ハ栽培者ニ一々了知セシムルト共ニ郷村長ヲシテ郷村単位ノ納付ノ責任ヲ持タシム。
㈦ 栽培者台帳ハ清査官署中心トナリ市県旗、郷村長、組合ノ援助協力ヲ得テ可及的精密ニ作成。
㈧ 禁煙特税ハ清査官署主体トナリ実施セル煙地勘査ニ基キ課徴セシム。
㈨ 蒐荷工作ハ清査官署並組合主体トナリ市県旗ノ協力ヲ得テ栽培者台帳ニ基キ六月下旬ヨリ着手。
㈩ 収買期間ハ七月一日ヨリ十一月末日迄トシ情況ニ依リ短縮若クハ延期シ得ルモノトス。
⑪ 収買人組合ノ合併ハ二月中ニ内定ス。
⑫ 収買所設置箇所並ニ収買人ノ分担地区ハ三月中ニ決定。
⑬ 収買所職員定員ハ三月中ニ決定。
⑭ 収買価格ハ六月中旬迄ニ決定。
⑮ 阿片収納機構方式ハ五月中ニ決定。
⑯ 利益金配分方法ハ出資ノ関係モ有リ適当ノ時期ヲ選ンデ発表。
⑰ 稽査隊ノ編成ハ予算通過次第可及的速カニ実施。

(十八) 阿片生産収納計画ハ三月中ニ最後決定。
(十九) 配給計画ハ三月中ニ作成。
(二十) 組合決算ハ四月中ニ完了。
(二十一) 組合予算ハ五月中ニ認可。

＊「秘」と捺印。タイプ印刷。全九頁。一頁一四行三〇字。沼野資料。
〔1〕 別表は付されていない。

【資料46】

大陸連絡会議ニ基ク阿片蒐荷緊急対策案

一、方　針

雑穀、蔬菜等食糧増殖トノ競合ヲ避ケシムルモ阿片生産基地トシテ使命ヲ達成セシムル為、前年度ニ比シ若干栽培面積ノ拡充ヲ図リ、傍ラ既存生産地ノ保護育成、栽培地ノ徹底管理、栽培者ノ誘掖指導、蒐荷機構ノ改善活用、取締機構ノ拡充強化等ニ依リ蒐荷ノ万全ヲ期セントス。

二、要　領

(一) 目　標

阿片蒐荷ノ目標ヲ管外ヘノ供出ニ置キ、敵地区並密輸密買ニ逸脱スルコトヲ防止シ、可及的速ニ所要量ヲ確保シ直チニ需要ニ応ヘ得ル如ク措置ス。其ノ数量最低一千万両トス(一両ハ三六瓦)。

㈡ 栽培面積

察南政庁管下 一五〇、〇〇〇畝
晋北政庁管下 二〇〇、〇〇〇畝
察哈爾盟管下 一〇〇、〇〇〇畝
巴彦塔拉盟管下 五〇〇、〇〇〇畝
計 九五〇、〇〇〇畝（五九、三七五陌）

㈢ 生産並収納予想数量

指定面積 九五〇、〇〇〇畝
災害面積（二一五％） 二三七、五〇〇畝（作付不能面積ヲ含ム）
実耕作面積（七五％） 七一二、五〇〇畝（水地四〇％、旱地六〇％）
生産予想数量 一五、六七五、〇〇〇両（全管内水旱地平均一畝当二二両生産）
収納予想数量 一〇、一八八、七五〇両（全管内平均生産量ノ六五％蒐荷）

㈣ 生産地ノ保護育成

(イ) 政府ヨリノ煙地灌漑助成金ノ交付（主トシテ鑿井費）
予算内示額 三〇〇、〇〇〇円
(ロ) 土業組合ヨリノ水利施設費ノ放出 五、〇〇〇、〇〇〇円
(ハ) 土業組合ヨリノ春耕資金ノ貸付
(ニ) 禁煙特税ノ課徴ハ市県旗財務局、清査官署合同シテ調査実施
(ホ) 攤派ノ廃止
(ヘ) 被災害栽培地ニ対スル減免税ノ徹底的実施

㈤　栽培地ノ徹底管理

1、蒐荷上ニ於ケル栽培地ノ区分

甲　地　蒐荷期待地区

乙　地　蒐荷准期待地区

丙　地　特殊地区

2、甲地、乙地ニ対スル重点的管理

(イ)　郷村単位ノ栽培面積ノ割当並指定

政庁盟割当ハ経済部長

市県旗別割当ハ清査署、政庁盟協議

郷村割当ハ清査局、分局、市県旗協議

(ロ)　播種宣伝工作ノ実施(市、県、旗、清査官署、土業組合共同)

(ハ)　煙地勘査ノ徹底

清査官署、財務局、市県旗主体、土業組合ノ協力

(ニ)　煙地勘査ニ基ク阿片納付責任数量ノ割当

(ホ)　被災害面積ノ調査

(ヘ)　栽培者台帖ノ整理

㈥　栽培者ノ誘掖指導

(イ)　郷村長並篤農家把握ニ依ル栽培者ノ誘掖指導

(ロ)　稽査官員並警察官ニ依ル阿片法令ノ普及徹底

(ハ)　優良種子、割漿刀、生活必需品等ノ斡旋配給

(ニ) 模範郷村長、篤農家ノ表彰

(七) 収買機構ノ改善活用

(イ) 収買人ニ対スル収買地区並収買責任数量ノ割当

甲地、乙地区ハ現指定収買人ニ依リ、丙地区ハ特殊収買方法ニ依リ収買セシムルコトトシ収買責任数量ヲ負荷ス。

(ロ) 土業組合収買処、職員定員制ノ実施ニ伴フ調査係、福祉係ノ設置(甲乙地区内)

(ハ) 収買価格ハ七三七年度実施ノ価格ニ据置クヲ原則トスルモ、作柄並市場価格ニ大変動アル場合ハ収買価格ノ改正ヲ行フコトアルベシ。

(ニ) 収買価格ノ改正ニ伴ヒ収納補償価格ヲ改正ス。

(八) 取締機構ノ拡充強化

1、鉄路取締

(イ) 受託搬出貨物ノ厳重ナル検査

(ロ) 列車内査察ノ励行

2、陸路取締

(イ) 移動性並ニ装備ヲ具有スル稽査隊ノ編成

要追加予算額　八〇〇、〇〇〇円

(ロ) 稽査奨励金支給額ノ増加ニ依ル取締活動ノ期待

(ハ) 治外法権ヲ有スル不正業者ニ対スル憲兵隊、領警取締ノ徹底

三、処　置

(一) 政庁盟別栽培指定面積ハ七三七年十二月中ニ決定。

(二) 市県旗別面積ハ七三八年一月中ニ決定。

(三) 郷村ヘノ割当ハ七三八年二月中ニ決定。
(四) 水利施設ハ七三八年三月末迄ニ実施。
(五) 播種宣伝工作ハ三月中ニ実施。
(六) 煙地勘査並納付責任数量ノ割当ハ罌粟成育期当初可及的速カニ実施。煙地勘査ニ基キ禁煙特税課徴。
(七) 被災害面積ハ煙地勘査後引続キ実施。
(八) 栽培者台帖ハ六月中旬迄ニ整理。
(九) 蒐荷工作ハ清査官署主体トナリ市県旗ノ協力ヲ得テ栽培者台帖ニ基キ六月下旬ヨリ着手。
(十) 収買期間ハ七月一日ヨリ十一月末日迄トシ、情況ニ依リ短縮若クハ延期シ得ルモノトス。
(十一) 収買処職員定員並ニ収買人ノ分担地区ハ三月中ニ決定。
(十二) 収買価格ハ六月中旬迄ニ決定。
(十三) 稽査隊ノ編成ハ予算通過次第可及的速カニ実施。

＊「極秘」と捺印。タイプ印刷。全七頁。一頁一四行三二字。沼野資料。

〔資料47〕 里見甫宣誓口述書

極東国際軍事裁判

アメリカ合衆国其他より荒木貞夫其他に対し

宣　誓　書

私即ち李鳴事里見甫は良心にかけて次の事が真実である事を誓ひます。

一九三七年九月又は十月私は新聞記者として上海に参りました。私はそれ以前天津に居つたのであります。

一九三八年一月又は二月に楠本実隆中佐[1]が私に特務部のために多量の阿片を売つて呉れるかどうか尋ねました。彼は此の阿片がペルシャから来る途中にあると云ひました。

特務部は支那派遣日本軍司令官の参謀部の一部でありました。その職務は日本軍占領地域に於ける政治的、経済的、文化的諸問題を取扱ふにありました。

此の多量の阿片は一九三八年の春上海に到着致しました。それは軍隊の使用する埠頭にある倉庫の中に収められました。埠頭にも倉庫にも衛兵がついて居りました。ペルシャの阿片は一六〇ポンドの箱、即ち一九二〇両づつの箱に入れられて来ました。阿片がペルシャから到着した時、私は少量づゝ支那の商人に売り始めました。私が支那の商人から阿片の註文を受けると、私は特務部に部下をつかはすことにして居ました。特務部から私の部下にどれ程の阿片を渡せと云ふ命令を倉庫にあてて発しました。倉庫では阿片を倉庫から引出してその商人に渡すようにして居ました。

時間と場所は予め取り極めてありました。支払は阿片を引渡した時に商人からなされました。私が阿片の販売から得た金は私自身の名義で台湾銀行に預金致しました。月一回又は二回私は楠本中佐に報告を致しました。

私の阿片販売値段は特務部の将校と私との間で協議して決めました。私は彼等に当時の市価を知らせ、私が販売する値段について指示致しました。この手順は特務部が承認致しました。

特務部の指令により私は、私の名義で貯めてある金から原価を三井物産会社に支払ひ、私自身の諸費用を差引いた残高を特務部に支払ひました。

ペルシャからの阿片の積荷が着いた時から一九三九年三月維新政府が形成せられる迄、私は阿片を支那人阿片商人に売り、上に述べた如き方法により支払ひを致して居りました。

維新政府の設立と同時に上海に於ける特務部が解散になりました。而し興亜院の支部が設立されました。その職務は支那の占領地域に於ける日本政府の政治的、経済的、文化的事柄を取扱ふことにありました。楠本中佐は興亜院上海支部の副支部長[2]になりました。興亜院の経済部は阿片と麻酔剤を担当して居りました。興亜院は阿片の取扱ひを維新政府に引渡すことにきめました。維新政府は内政部の下に戒煙総局をつくりました。

阿片の分配のために宏済善堂が組織されました。それは商業会社で、その株主は八つの大きな阿片商でありました。私は戒煙総局長朱曜から宏済善堂の副董事長の椅子につくやうと(ママ)依頼されました。宏済善堂の薫事長は居りませんでした。宏済善堂の契約及び諸規定は維新政府との協議の後、興亜院により起草されました。興亜院の承認により私は副董事長の椅子につく事を引受ける事が出来ました。

戒煙総局は宏済善堂に対し阿片分配の特別許可を出しました。特務部がそれまでに持って居た未販売の阿片は彼等の手で興亜院にうつされ、興亜院は更らに戒煙総局に引渡しました。

一九三九年の末頃には宏済善堂は蒙古阿片をも販売致して居りました。蒙古阿片は蒙古から鉄道、飛行機及び船舶により運ばれました。而しながらその大部分は中華航空株式会社所有且所用の飛行機により運ばれました。この蒙古からの阿片はペルシャ阿片とは別途に取扱はれました。

東京にある興亜院本部は各支部の必要とする阿片の要求を蒙古政府に通知しました。蒙古政府は阿片を北支の中央分配地北京、中南支の中央分配地上海に向け積荷致しました。阿片はこの両中央分配地よりこれら両地域内に於ける各都市に向つて積荷されました。

蒙古から阿片が到着すると政府の倉庫に蔵せられました。宏済善堂は戒煙総局から倉庫よりの阿片持出しの許可を受けました。宏済善堂はそれからこの阿片を戒煙総局により設けられた検査所に持つて行きました。そしてそこで阿片は包装され分類せられ税金のスタンプが押されました。

宏済善堂の売った阿片の値段は蒙古政府に支払ふべき阿片の値段に運賃及び保険料、戒煙総局によつてきめられた関税及び税、それに宏済善堂の手取となる八パーセント以下の手数料を加へた値段で売られました。興亜院は蒙古政府に支払ふべき値を決定し、興亜院の方針は蒙古政府の利得を能ふかぎり大きくすることにありました。

宏済善堂がペルシヤ阿片で儲けた利益は約二千万ドルにも上りましたが、それは特務部のある間は特務部に、それがなくなつてからは興亜院に支払はれました。阿片分配の方針は南京政府及び興亜院によつて決定されました。そしてその方針は一、蒙古政府の歳入、二、南京政府の歳入の上に立てられて居りました。

阿片の供給は到底需要を満す程にいつて居りませんでした。実際の所阿片使用は全々(ママ)積極的に禁止されて居なかつたのであります。戒煙総局も宏済善堂も密輸監視隊を組織しましたが、その目的は非合法的阿片の密輸入又は喫煙を妨止することにありました。

一九四三年の末にかけて学生達やより教育のある階級の者達による阿片反対の示威運動が幾度か行はれました。私はこれを職を辞するによい機会と考へ、南京政府及び興亜院の許可を得て辞職したのであります。

宏済善堂の売つた阿片の量は一九四一年に最高に達しました。私の売つた阿片の量は全体でいくらであつたか正確には記憶致してゐませんが、大体ペルシヤ阿片四千函、蒙古阿片一千万両程であつたと思ひます。

阿片吸飲者の数についての正確な統計は一度もつくられた事がありませんでした。

宏済善堂はヘロイン又はモルヒネの製造乃至販売には手をつけませんでした。しかし私は大連及び天津から相当の量のヘロインが上海に密輸入されたと信じます。それは阿片を買つて吸ふだけの金のない者達によつて用ひられました。

里見甫

Hajime Satomi

一九四六年六月二十八日

左に署名せる将校の目前に於いて右里見甫より誓言せられかつ署名せられたり。

証明書

私　上原英男は此処に日英両語に通じ、里見甫にかせられたる誓を英語より日本語に、日本語より英語に真実に正確に翻訳し且つその誓の性質と目的とは該宣誓者により充分理解せられたり。

H. Uyebara

上原英男

＊　ペン書。全七頁。東京大学社会科学研究所蔵『極東国際軍事裁判記録　検察側証拠書類〈82〉』所収。

〔1〕　楠本は一九三六年八月大佐、三九年三月少将。

〔2〕　正確には興亜院華中連絡部次長。

［資料48］阿片吸煙禁止処理経過事情

南京高等法院

一九四六年（昭和二十一年）五月二十五日

連合軍最高司令部総本部

国際検察局

拝啓……（ママ）　阿片禁止問題ニ関スル資料ヲ要求セラレマスニ関シマシテ、我々ハ、シエン・ヨー・アン（盛有龠）ヲ訊問シタ其ノ記録ト、傀儡南京政府内政部長梅思平ニヨリ用意セラレタル「阿片禁止ノ事業ニ関スル（ママ）」ト云フ陳述書トノ確認セラレマシタル写シヲ同封致シマス。

前述ノ文書類ハ調査ヲ取扱ツタ軍統師（ママ）部ノ調査統計局ヨリ当方ニテ之ヲ取扱フ為我々ニ委託セラレタモノデス。

院長　趙　琛

『阿片吸煙禁止処理経過事情』

阿片ノ栽培、販売、吸煙ニ関シテハ清末以来屡々禁止シタガ、其ノ効果無ク、之レニ加フルニ、内戦頻発シ、政令モ一定ナラズ、禁律モ空文ニ等シク流毒ハ往時ニ比シ尤モ甚シカツタ。

一九三五年ニ至リ、国民政府軍事委員会ハ最大ノ決心ト、最モ綿密ナル計画トヲ以テ、厳重ニ励行シ始メテ略々効果ヲ収メタ。当時実施ノ弁法ハ大約左ノ如クデアル。

一、毒品例ヘバ、ヘロイン、コカイン、モルヒネ等ニ関シテハ即時禁止主義ヲ採用シ、凡ソ製造販売運輸ヲナス者ハ均シク極刑ニ処シ、吸煙者ハ一年以後亦極刑ニ処ス。

二、阿片ニ関シテハ事情ガ比較的複雑ナル為五ケ年禁煙計画ヲ採用シ、吸引者（ママ）ハ年齢ニ因リ期限ヲ定メ強制的ニ禁煙セシメ、阿片吸煙禁絶以前ニ於テハ許可証ヲ取得シ購入ヲ制限スル。

販売及運送ヲナス者ハ亦時業（ママ）商人ヲ指定シ、軍委員会ニ於テ厳格ニ管理シ、配給ヲ統制スル。阿片ノ栽培ヲ為ス者ハ夫々種々ノ原因ニヨリ一時ニ禁絶不可能ナル為、若干僻遠ノ区域ヲ限定シ、尚該省ヲシテ逐年減少セシメ、爾余ノ各省ハ絶対ニ阿片ノ栽培、増殖ヲ禁止スル。之レニ違反セル場合、地方官吏及栽培農夫ノ連帯責任トスル。

之即チ抗戦前ノ禁煙制度ノ大体ノ情況デアルガ、施行後二年ニシテ其ノ効果ハ顕著デアリ、就中江蘇、浙江ノ両省ノ処理ガ最モ其ノ成績ヲ挙ゲ、若シ、戦争ノ勃発無ケレバ、五ケ年禁煙計画ノ十中ノ八九ハ当然完成ス可キデアツタ。

一九三七年日本軍閥ノ侵入以後、北方及東南各省ハ相継イデ陥落シタ為政府ハ継続スルニヨシナキコト言ヲ待タナカツタ。日本軍人及外交官ハ平素夙ニ我国ノ禁煙政策ヲ破壊セントスル悪習ヲ有シ、我国ノ一般人モ日本ガ中国毒化ノ陰謀ヲ保持シ、中国人民ヲシテ、個々ニ阿片ヲ吸煙セシメ国ヲ弱ラセ、民ヲ貧セシメルト風評シテ居タガ、之ハ表面ノ推測ニ過ギズ、其ノ内幕ノ原因ハ蓋シ日本在華駐屯軍及外務機関ガ均シク侵略ノ野心甚大ナルニ因ル。中国ニ於テ遂行ノ特務工作ノ範囲極メテ広汎ナルニ拘ラズ、政府ノ支給スル運動費ハ過少ナル為、遂ニ日本及台湾、朝鮮ノ浪人ヲ利用シ、領事裁判権ヲ以テ護符ト為シ彼等ヲシテ毒品ノ製造又ハ阿片ノ販売、運送ヲ為サシメ、駐屯軍及領事館ハ往々其ノ保護者トナリ、各地ニ奥深ク潜入セシメ、軍部及大使館、領事館ノ為ニ諜報工作ニ任ゼシメ之ヲ交換条件トシ、且之ニ因テ中国ノ土地ノ無頼漢及流民又甚シキニ至ツテハ、不良官吏ト結托シ、種々ノ情報ヲ採取シタノデアル。此ノ故ニ一般ノ中国人ハ皆日本ノ毒化政策アルヲ知ツテ殊ニ其ノ内ニ存スル原因ガ実ニ侵略ナルコトヲ知ラヌノデアルガ之ハ特務工作ノ一種ノ卑劣ナル技術デアル。之ガ戦前日本ノ、中国禁煙政策ヲ破壊セル大略デアル。

戦争勃発以来、日本軍ハ、十余省ニ及ブ都市ヲ占領シ、煙毒ヲ利用シテ情報ヲ探偵シタ。此レヨリ本来ノ様相ヲ一変シ変化益々激シク、其ノ内幕事情ハ戦前ニ比較シ、更ニ複雑広汎デアツタ。此処ニ於テ、煙毒ヲ二方面ニ分ケテ施行シタ。

毒品方面ニ関シテハ、日鮮台ノ浪人ガ到ル処横行シテ、憚ル無キハ言ヲ待タズ、日本軍殊ニ憲兵ハ更ニ進ンデ直接ニ中国ノ阿片販売ノ無頼漢ヲ利用シ、日軍ノ為ニ情報工作ヲ為サシメタ。ソレ故、範囲ハ益々広大ニ、煙毒ノ影響ハ愈々深ク、中国官庁ハ為ス所モナカツタ。只毒品方面ハ現地下級軍人ノミノ利用シタ処デアツテ、日本政府、或ハ軍部ノ全体トシテノ計画デハナカツタ。

中国ニ於ケル阿片取引ハ二ツノ理由ニヨツテ、日本政府ノ系統的政策デアツタ。第一ニ、内蒙古占領ニ続イテ日本人ニヨリ立テラレタル傀儡組織デアツタトコロノ蒙疆自治政府ハ、罌粟ノ栽培ヲ習慣トシテヰル内蒙古デ阿片ヲ購フ事ニ依ツテ財政的不足ヲ解決セント努力シタ。第二ニ、日本自身モ戦争ニ依ル経済的困難カラ切抜ケルニ可能ナル道トシテ阿片ニ頼ツテヰタ。阿片購入用トシテ指定セラレタル蒙疆傀儡政府ノ貸附金ハ先ヅ東京ノ大蔵省ニ送ラレネバナラナカツタ。ソシテソコデ全額ノ幾分カハ保留サレタ。他方デハ上海並ビニ中国ノ都市ニ於テ売ラレタ阿片ノ売上金ノ大部分ハ東条内閣ノ補助資金、及議員ヘノ補助金ニ割当テラレル為東京ニ送ラレタ。ソレハ公然ノ秘密デアリ、ソシテ幾ラカノ本国内ノ日本人モ又コノ東条内閣ノ名ウテノ政策ニ反対シテ居タ事ハ周知ノ事デアツタ。(若シ、宏済善堂ノ会計簿ヲ捜索スレバ、略々其ノ痕跡ヲ発見シ得可シ。)

南京政府(マヽ)阿片禁止ニ関スル処理経過モ亦甚ダ曲折シテ居リ、一九三八年維新政府ハ華北臨時政府ノ例ニ傚ヒ行政院ノ下ニ戒煙総局ヲ設置シタガ、阿片禁止ニ関スル総ベテノ権限ハ日本人ノ掌握スル処デ、日本軍部ハ「里見甫」ナル本名ニシテ、中国名「季見夫」ト変名セル浪人ヲ利用シ、上海ニ在ツテ宏済善堂ナル一会社組織ヲ創設シ、阿片ノ統制、販売、運送ヲ以テ業務トナシ、中国側ノ主要ナル関係人物ハ盛文頤デアリ、之レモ亦日本人ノ指定スル処デ、維新政府ノ指定シ派遣シタ者デハナイノデアル。

此処ニ於テ、特貨営業ハ、全ク季見夫、盛文頤両名ノ手ニ繰ツラレタノデアルガ、維新政府ハ過関ノ方法ガ無カツタ。盛文頤ノ言ニ依レバ、利益支配ノ状況ハ極秘ニシテ、東京ト直接ノ来往ニ依ツタノデアルト。即チ在華日本側機関モ又、其ノ詳細ヲ知ル由ガ無カツタ。維新政府ハ税款ノ極少ヲ得ルノミニシテ、戒煙総分局ノ人事行政ハ、全ク宏済善堂ニ奪ハレタノデアル。之ニ因リ、戦前ノ禁煙政策ハ継続シテ行ハレル事無ク、且、宏済善堂ハ既ニ営業機関ト為リ、監督者モ無ク、阿片煙膏ハ統制商品ノ一種ニ過ギズシテ、販売者ハ唯、単ニ利益ノミヲ図ツタ。コレニ依リ、都市郷村ヲ不問、到ル処吸煙所ハ公然ト開設サレ、吸煙者ハ、ハビコツテ管理スルトコロ無ク、期限ヲ定メテ治療スルガ加キ施設ハ言フマデモ無イ事(マヽ)デアツタ。

一九四〇年三月初頭維新政府行政院ハ戒煙総局ヲ解散シ内政部管轄ニ移スベク決議シタ。其後、間モナク南京国民政府ガ成立シ、一九四三年冬ニ至ルマデ、前後四年間、禁煙問題ハ豪モ改善ナク、政府モ処理方法ナクシテ、只不聞不問ノ問題トシテ放置スルノミデアツタ。

一九四三年十二月ニ南京、上海、杭州及ビ外ノ都市ニ於テ学生ガ阿片店、阿片窟ヲ破砕シテ示威運動ヲ起シタ。一般国民ノ感情ハソノ頂点ニ達シタ。シカシ日本ノ軍隊ハ敢ヘテ之ニ干渉シナカツタ。結果トシテ、日本政府ハ、南京政府ガ、〃阿片ノ利益ハ蒙疆自治政府ノ主ナル財源デアル〃トイフ事実ヲ考慮スル条件ノ下ニ於テハ、モシ中国ガ戦前ノ阿片禁止法案ヲ回復スル事ヲ望ムナラバ、中国ヲ助ケルトイフ意思ヲ表示シテ経済顧問ヲ南京政府ヘ派シタ。日本政府ノ中国ニ於ケル阿片取引ニ関スル態度ノ急変ニツイテ三ツノ事実ラシキ理由ガ発見サレタ。第一ニ、東条内閣ハ秘密ノ目的又ハ政治的目的ニ阿片ノ利益ヲ使用シタ事ニツイテ、日本国内外ノ国民ニ依ツテ攻撃サレタ。第二ニ、日本政府ハ中国国民ノ嫌悪ヲ減少セントシタ。第三ノ最モ重要ナル事実ハ当時ノ日本ハ中国ノ物資統制ニヨツテ阿片取引ノ十倍ノ収入ヲ得テキタ。ソレデ政治的軍事的支出ノ支払ノ為ノ基金ニ困ル心配ハナカツタ。

ソノ結果南京政府ハ日本ノ要求ニ直面シテ次ノ諸点ニツキ考ヘネバナラナカツタ。

一、阿片ノ利益ガ蒙古政府ノ収入ノ主ナル源泉デアルカラ南京政府ハ蒙古ヨリ輸入サレタル阿片販売ノ周旋人ニナル事。

二、当時南京政府ノ収入ハソノスベテノ支出ヲ支払フニ充分ダツタ。ソシテ阿片ノ収入ハ重要ナ項目トシテ考ヘラレテハキナカツタ。モシ日本ガ中国ニ於ケル日本商人ニ味方シテ阿片税増徴ヲ理由ニ他ノ諸税ヲ切リ下ゲタナラバ結果ハモツト険悪トナル。

三、東京トノ交渉ハ怖シカツタ。南京政府ハ阿片禁止問題ニ起因スル各種ノ紛糾ノ中ニマキコマレルカモ知レナイ。ソレ故ニ南京政府ハ阿片問題ニ関スル日本トノ交渉中、次ノ如キ立場ヲトツタ。

(1) 前軍事委員会ノ阿片禁止政策ハ維持セラレ、五年禁止政策ハ続行サレルベキデアル。阿片ノ害悪ハ一九四四年四月カラ三年内ニトリ除カレネバナラヌ。

(2) 戦争前ノ規定ニ従ヒ内蒙古ニ於ケル罌粟栽培ハ禁止セラルベキデアル。ソノ時ノ状況ノ下ニ阿片生産量ハ完全ナ禁止ノ代リニ減少サレネバナラナイ。毎年宏済善堂ニヨリ行ハレル三百万オンスニ上ル蒙古カラノ輸入阿片ハ少クトモソノ$\frac{1}{2}$ニサレネバナラヌ。

(3) 戦争前ニ存在シテキタ生産者、商人、阿片常用者ヲ調整スル軍事委員会ニ依ツテ強調サレテキタ規則ハ、ナホ守ラレルベキデアル。ソシテ日本当局ハ日本及中国ノ悪徒ニ保護ヲ与ヘナイ事ニヨツテ此ノ事ニ就キ中国ヲ援助スベキデアル。

(4) 日本ハ阿片密貿易禁止ノ為ニ中国ヲ援助スベキデアル。サモナケレバ阿片禁止ハ不可能デアル。

交渉ノ結果、日本ハ完全ニ条件ヲ受入レタ。軍事委員長汪精衛氏ハ偶々治療ノ為日本ニ居タノデ、軍事委員会ハ通常通リニ阿片禁止計画ヲ実施シ得ナカツタ。ソレニ当時ノ南京政府代理委員長デアリ、同時ニ上海市長デアツタ陳公博氏ハコノ阿片禁止ニ関スル仕事ノ管理ヲスルニハ余リニモ多忙デアツタ。従ツテソレハ内務部長ニ割当テラレタ。ソレニモ係ラズ軍事委員会指定ノ規定ハ遵守サレタ。従来ノ阿片取引機関ノ継続ハ再ビ里見夫(ママ)及ソノ同志ノ手先トナル恐アルニヨリ、中央阿片禁止局ニ依リ引継ガレタ。局ノ他ノ仕事ハ前ノ儘ニナツテキタ。一九四四年四月一日カラ同年末迄ノ阿片禁止ノ経過情況ハ次ノ如クデアル。

一、一九四四年三月ノ阿片禁止規定発表以来、上海ニ(ママ)麻酔剤製造機関ハ全部、多クノモルヒネ製造者発覚後、自然ニ消滅シタ。同ジ様ナ状態ガ、カクレナキ麻酔剤商人デアリ日本憲兵隊ノ秘密助力者デアツタシヤオ・ユーシエン(曹玉成)ノ死刑執行ニヨリ、阿片及麻酔剤商人ガ漸次南京―上海地区カラ消エ、日本ガ阿片取引ニ公然タル援助ヲ与ヘルコトヲ止メタ。

二、一九四四年四月カラソノ年ノ末迄ノ内蒙古カラノ阿片輸入月平均ハ一〇万オンス以下デアツタ。宏済善堂ノ時ノ毎月ノ輸入ノ四十パーセント以下デアツタ。

三、阿片密貿易ハ阻止サレズ続イタ。シカシ以前ノ如ク横行ハシナカツタ。――麻酔薬常用者ガ数ニ於テハフエナイ一事実デアル。

四、南京、上海ニ、二ツノ戒煙医院ガソレゾレタテラレタ。各県市ニ於ケル公私立医院ハ戒煙奉仕ヲ委託サレタ。

五、阿片常用者ノ登録ハ完了サレタ。

六、全都市及ビ町村ノ吸煙所ハ閉鎖ヲ命ジラレタ。阿片税ハ南京政府ガ其歳入ヲ得ル目的ヲ以テ課セラレタノデハナカツタニモ拘ラズ、一九四四年四月カラソノ年ノ末マデニ徴収サレタ総額ハ四千万弗カラ五千万弗ノ間ヲ算シ、且大蔵大臣ニ手渡サレタ。

以上ハ官庁書類記録ニ依リ、スベテ調査スル事ガ出来ル。昨年十一月汪先生ノ逝去後、陳公博先生ガ軍事委員会委員長ヲ継イダ。此処ニ於テ、十二月初頭、最高国防会議ノ決定ヲ経テ、禁煙事務ハ従来通リ軍事委員会ノ管理ニ依リ効果ヲ増強スル事ニシタ。本年一月一日ニ到リ、遂ニ管轄ヲ移管シタガ処理規定ハ何等変更ナカツタ。

書類第九五六〇号

証

余朱慶儒ハ余ガ日本語及ビ中国語ニ精通セル者ナルコト、並ニ中国語原文及ビ日本語原文ヲ対照ノ上、右ハ本書類ヲ真実ニ且正確ニ翻訳セルモノナルヲ確証セルコトヲ茲ニ証ス。

朱　慶　儒

＊　タイプ印刷。全一一頁。一頁一三行二二字。東京大学社会科学研究所蔵『極東国際軍事裁判記録　検察側証拠書類〈82〉』所収。

【資料49】

蒙疆土業組合収納区画地図

＊　縦五四センチ、横六八センチ。沼野資料。

蒙疆土業組合

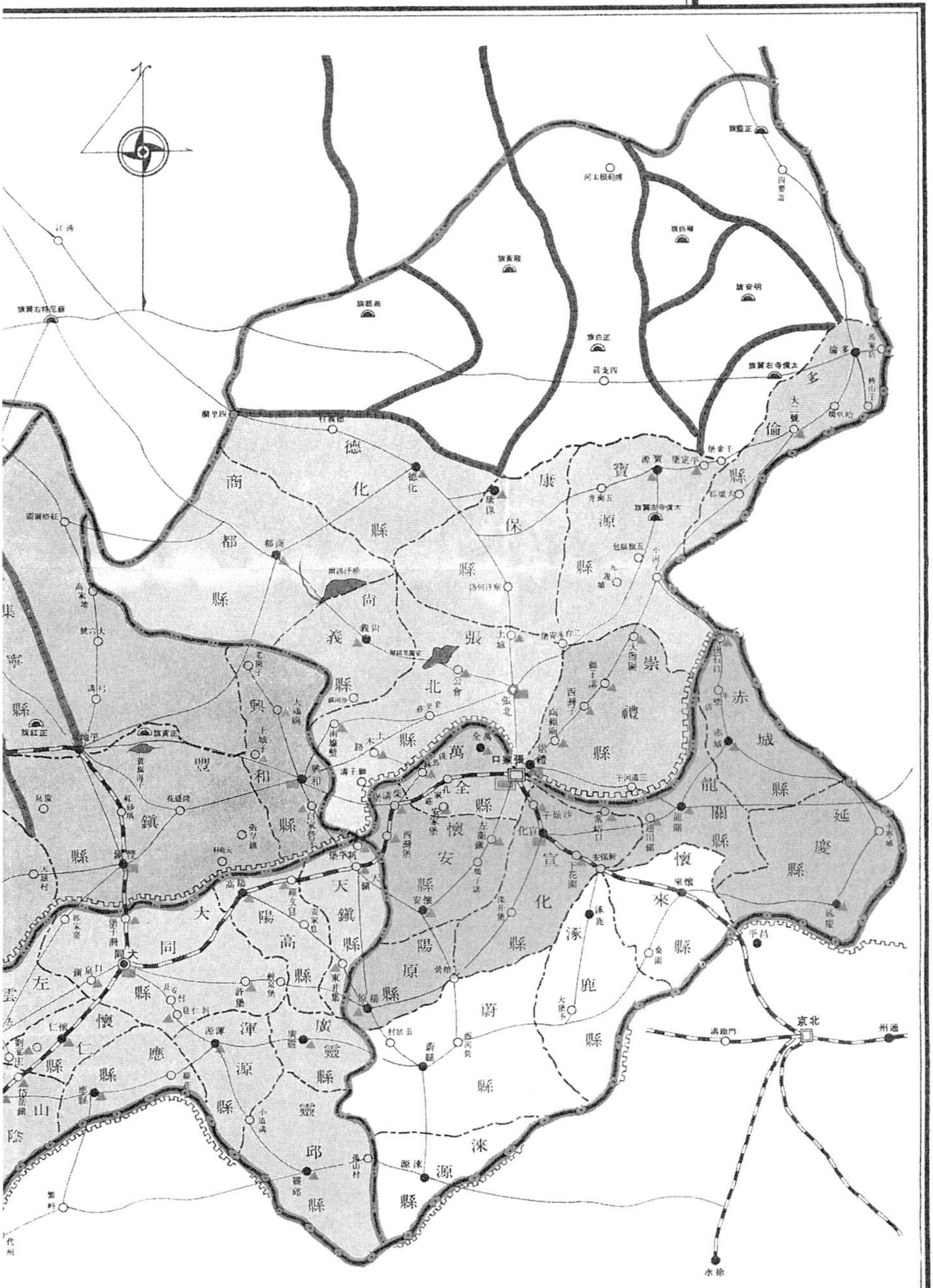

德化縣
商都縣
康保縣
寶源縣
多倫縣
尚義縣
張北縣
崇禮縣
赤城縣
龍關縣
延慶縣
萬全縣
懷安縣
宣化縣
懷來縣
涿鹿縣
陽原縣
蔚縣
淶源縣
天鎮縣
陽高縣
大同縣
懷仁縣
應縣
渾源縣
廣靈縣
靈邱縣
豐鎮縣
興和縣
集寧縣
張家口
北京
通州

收納區劃地圖

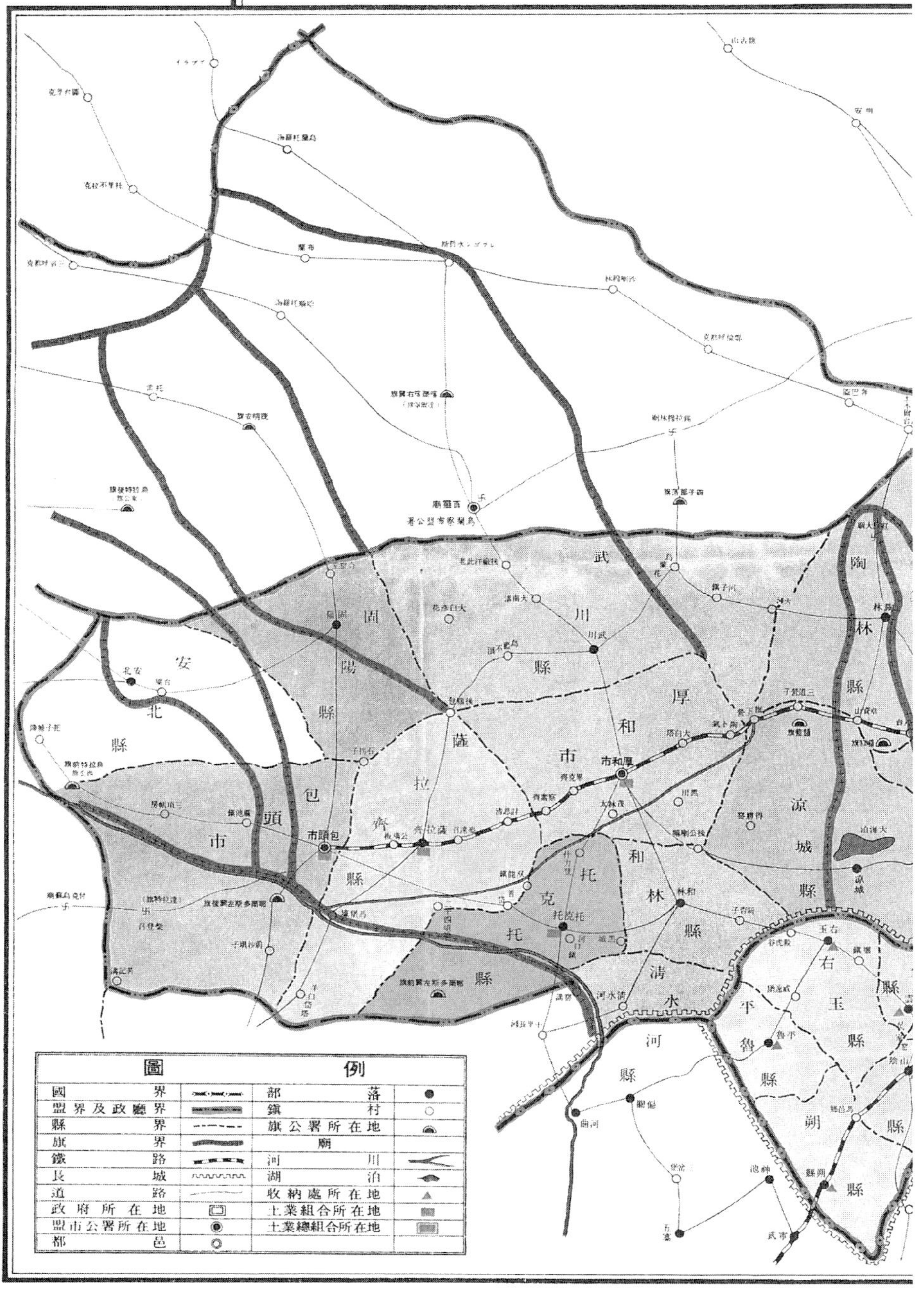

包頭市
厚和市
薩拉齊縣
固陽縣
武川縣
安北縣
托克托縣
和林縣
涼城縣
陶林縣
清水河縣
右玉縣
平魯縣
朔縣
大海泊
圖例
國界
盟界及政廳界
縣界
旗界
鐵路
長城
道路
政府所在地
盟市公署所在地
都邑
部落
鎮村
旗公署所在地
廟
河川
湖沼
收納處所在地
土業組合所在地
土業總組合所在地

あとがき

過ぐる年、送られてきた東京のT古書店の目録を手にして、その一ページに「金井章次氏旧蔵　蒙古連合自治政府関係資料」とあるのが目についた。値段からいってもちょっとした出物である。T書店に電話すると、在庫しているという。私は翌日新幹線で上京した。

その資料はT書店には置いてなく、神田の古書街をほぼ端から端まで斜めに横断した別の場所に置いてあった。みかんなどをいれる三つの小型のダンボール箱には、雑多な書類が雑然と入れられてあった。確かに書類には「蒙古連合自治政府」とか「蒙疆」とかの文字が頻繁に見える。そしてそれらのなかに「阿片」と表書された袋を一つ、また「阿片関係」という表紙の書類綴りを一冊発見したとき、私は自分の勘が当り、わざわざ上京した甲斐のあったことを知った。私は、ながい間探し求めてきた日本の阿片政策に関する第一次的な原資料の一群を遂に目の前にした喜びを押し殺して、わざとつまらなそうに、書類を出し入れした。

気になったのは、目録にうたわれた「金井章次氏旧蔵」を証明するものがいっこう見当たらぬことであった。そのかわり「沼野」「沼野次長殿」といった文字が頻繁に目についた。いずれにせよ、これらの文書類が旧蒙古連合自治政府関係の内部文書であることは、絶対に間違いなさそうであった。書店主にきくと、ほかからも問合せがきているという。この資料が、いまここで即座に押えなければ、二度と入手することができないであろうことはまったく明瞭であった。値段は〝珍品〟にふさわしく、たっぷりと高く付けてあった。ある時間をかけての煩悶と逡巡と交渉ののち、果たしてその値段にふさわしい価値があるかどうかは判断できないまま、もちろんどう転ぼうと〝採算〟のとれるはずのないことは百も承知で、僅かな値引に自分を満足させて、私は大枚を払う決断をした。

早速、送られてきた資料を一通り調べた結果、「金井章次氏旧蔵」というのは、書店が勝手につけたキャッチフレーズで、実際は本文中に記した通り、蒙古連合自治政府の経済部次長の職にあった沼野英不二氏の旧蔵物であることが判明した。また文書は多種多様にわたるが、それらのうち歴史的研究の対象としうる纏まりのあるのは、ほとんど阿片関係に限られることも明らかとなった(その意味ではこの資料はいっそう高くつくものになった)。私は資料の出所を確認するため、T古書店を通じて、沼野氏側との接触を試みたが、T古書店と売主とのあいだにはさらに別の業者が介在しており、出所の追及を強く断られたので、私はこの資料を売却した人の立場を考慮して、それ以上の追及は避けた。

この資料は、序章で述べたように、日中戦争史研究上また日本の阿片政策の研究上、貴重な意味をもっているので、なんらかの形で公開したいと考えていたところ、思いがけず、岩波書店の御厚意をえ、関連資料と解説を加えて、公刊することができた。

本書の作成にあたっては、多くの機関・個人のお世話になった。

機関では、愛知大学図書館・国立国会図書館・東京大学社会科学研究所・東京商工会議所商工図書館・外務省外交史料館その他から、文献・資料の閲覧・複写・転載の御便宜・御厚意をえた。とくに早稲田大学社会科学研究所は、その貴重な御蔵書である満鉄「蒙疆ニ於ケル阿片」の大部分の転載をお許し下さった。

個人では、左記の諸氏の御教示ないし御協助をえた(五〇音順)。

粟屋憲太郎・臼井勝美・大森とく子・倉橋正直・島田泉・友枝隆生・中村尚美・西田美昭・森時彦・由井正臣

本書の原稿を執筆・編集する作業は一九八四年二月二七日から九月一〇日にわたっておこなった。資料の多くは紙質・印刷が粗悪で、判読困難な文字・文章も少なくなく、数字と表の多いのも厄介であり、原資料がしばしば計算ミスを犯しているのにも泣かされた。それだけに製作・印刷について、岩波書店・精興社の方々に一方ならぬ御苦労をお掛けした。

岩波書店では、松嶋秀三氏をはじめ、井上一夫・竹内好春ら諸氏のお世話になった。

これまでの私の旧著の場合と同様、本書の作成についても、鈴木正四先生の暖かいお励ましを受けた。

また本書は、私事ながら、これまでの私の仕事がそうであったように、江口都の妻としての協助なしにはありえなかったものである。

以上ここに記して、あつくお礼申上げる。

一九八五年七月七日

江口圭一

■岩波オンデマンドブックス■

資料 日中戦争期阿片政策——蒙疆政権資料を中心に

1985年7月23日 第1刷発行
2015年5月12日 オンデマンド版発行

編著者 江口圭一（えぐちけいいち）

発行者 岡本 厚

発行所 株式会社 岩波書店
〒101-8002 東京都千代田区一ツ橋2-5-5
電話案内 03-5210-4000
http://www.iwanami.co.jp/

印刷／製本・法令印刷

ISBN 978-4-00-730191-9　　Printed in Japan